Pour paraître le 15 Août prochain.

RESTITUTION

DU

TEMPLE D'EMPÉDOCLE

A SÉLINONTE,

OU

L'ARCHITECTURE POLYCHROME

CHEZ LES GRECS.

PAR J. J. HITTORFF,

ARCHITECTE.

L'ouvrage se compose d'un fort volume de texte in-quarto, accompagné de vignettes gravées sur bois, et de vingt-cinq chromolithographies, format grand in-folio, contenant plus de deux cent quatre-vingts figures.

TABLE DES MATIÈRES.

Dédicace à la mémoire de J.-A. Letronne. Avant-propos. Liste des architectes pensionnaires de l'Académie de France à Rome, et des monuments dont ils ont fait la restauration.

PREMIÈRE PARTIE.

DE LA DÉCOUVERTE DE L'ARCHITECTURE POLYCHROME CHEZ LES GRECS, SUIVI D'UN PRÉCIS ANALYTIQUE DES PREMIÈRES DISCUSSIONS ET DES PRINCIPAUX ÉCRITS RELATIFS AU SYSTÈME DE SON APPLICATION, ET A L'EMPLOI DE LA PEINTURE DANS LES ÉDIFICES PUBLICS ET PARTICULIERS.

CHAPITRE Ier. Relations historiques. C. II. Discussion sur l'architecture polychrôme, dans le cours de M. Raoul-Rochette; article de cet archéologue sur l'ouvrage « Architecture antique de la Sicile, » par Hittorff et Zanth. C. III. Mémoire de l'auteur sur l'architecture polychrôme, lu à l'Institut de France en 1830. C. IV. Mémoire de M. Raoul-Rochette sur les peintures chrétiennes dans les catacombes. C. V. « De la peinture sur mur chez les Grecs, » par M. Raoul-Rochette. C. VI. « Observations sur l'architecture et la sculpture peintes chez les anciens, » par G. Semper. C. VII. « Sur la polychrômie de l'architecture et de la sculpture des Grecs, et de ses limites, » par F. Kugler. C. VIII. Article de M. Raoul-Rochette sur l'ouvrage de M. le duc di Serradifalco « Antichita della Sicilia. » C. IX. « Lettres d'un antiquaire à un artiste, » par M. Letronne. C. X. « Conjectures sur les peintures murales des anciens Grecs, » par G. Hermann. C. XI à XIII. Articles critiques de M. Raoul-Rochette sur les ouvrages de MM. Semper et Kugler, et sur celui de M. Wiegmann, « La peinture des anciens. » C. XIV et XV. Observations sur les précédents articles, et note sur la question « Les Grecs ont-ils peint l'extérieur des monuments construits en marbre blanc? » par M. Letronne. C. XVI. Réponse aux précédents écrits de M. Letronne, par M. Raoul-Rochette. C. XVII. Traduction anglaise de l'ouvrage de M. F. Kugler. C. XVIII à XXXI. Examen critique du livre de M. Raoul-Rochette, « Peintures antiques inédites. » C. XXXII à XXXV. « Appendice aux Lettres d'un antiquaire à un artiste, » par M. Letronne. C. XXXVI à XL. « Lettres archéologiques sur la peinture des Grecs, » par M. Raoul-Rochette.

DEUXIÈME PARTIE.

DESCRIPTION DE LA RESTITUTION DU TEMPLE D'EMPÉDOCLE.

Chapitre XLI. Observations préliminaires. C. XLII. Plan du temple. C. XLIII. Ornements peints sur le sol. C. XLIV. Façade principale. C. XLV. Colonnes avec des chapiteaux à volutes, surmontées d'un entablement à triglyphes. C. XLVI. Forme du chapiteau. C. XLVII. Porte. C. XLVIII et XLIX. Peintures décoratives de la façade. C. L. Fragments en terre cuite qui ont servi à la restitution de l'entablement. C. LI à LIII. Ornements de l'architrave, de la frise et de la corniche. C. LIV. Analogie des peintures sur les vases avec les précédents éléments. C. LV. Ornements du tympan et antéfixes. C. LVI. Encadrement de la porte et peintures décoratives des murs de la cella. C. LVII. Décoration de la façade latérale. C. LVIII. Couverture décorée d'ornements peints. C. LIX. De la restitution de la couverture et d'autres parties du Parthénon par M. Paccard. C. LX. Du caractère varié de l'ordre dorique chez les Grecs. C. LXI à LXVI. Coupes sur la longueur et la largeur du temple. Plafond à double rampant; porte en bronze; peinture décorative; peintures murales historiques et religieuses; caractère de ces peintures; choix des sujets. C. LXVII à LXX. Statue d'Empédocle en sculpture polychrôme et chryséléphantine; autel dans le temple; des offrandes et *ex-voto*; leur disposition et leur participation à l'embellissement des sanctuaires.

TROISIÈME PARTIE.

DES MOYENS MATÉRIELS EMPLOYÉS DANS L'ANTIQUITÉ A L'APPLICATION DE LA POLYCHROMIE, TANT A L'ARCHITECTURE QU'A LA SCULPTURE ET A LA PEINTURE MURALE; DE CEUX PRATIQUÉS DANS LES TEMPS MODERNES, ET DE LA CONVENANCE COMME AUSSI DE LA MANIÈRE D'ADAPTER CES DEUX SYSTÈMES DE DÉCORATIONS AUX ÉDIFICES DE NOTRE ÉPOQUE.

Chapitre LXXI. Remarques générales. C. LXXII. Des stucs coloriés appliqués sur la pierre, et des couleurs employées sans stucs; de l'usage primitif de ces procédés et de leur emploi jusqu'à l'extinction de l'art antique. C. LXXIII à LXXVII. Analyses, par M. Chevreul, d'enduits et de couleurs antiques provenant de la Sicile, de Pompéi, de Paris, et d'une villa gallo-romaine à Saint-Médard des Prés, en Vendée. C. LXXVIII. Description des matières et ustensiles propres à la peinture, trouvés en 1847 dans le tombeau d'une femme peintre. C. LXXIX. Recherches faites, dans le Musée britannique, sur la coloration des marbres du Parthénon, et relation de M. Bracebridge sur la présence de couleurs dans l'Érechthéion à Athènes. C. LXXX à LXXXIV. Analyses et remarques faites par MM. Faraday, Landerer, Chaptal, Humphrey Davy, Geiger, John, Wiegmann, Abeken et autres savants sur des stucs et couleurs provenant d'Égypte, d'Athènes, de Pompéi, d'Herculanum, de Rome, de la villa Adrienne à Tivoli, de Tusculum, et de tombeaux étrusques, suivies d'une récapitulation de ces analyses et remarques. C. LXXXV. Les enduits et les peintures des anciens, d'après les observations de F. Mazois. C. LXXXVI à LXXXVIII. « La peinture chez les anciens, » par M. R. Wiegmann. C. LXXXIX. « Remarques sur la technique de la peinture des anciens, » par M. de Klenze. C. XC. « De la peinture à la résine des anciens, » par M. Knirim. C. XCI à XCIII. « De la peinture encaustique des anciens, » par M. E. Cartier. C. XCIV. Résumé des précédents ouvrages. C. XCV et XCVI. La peinture à l'encaustique des vaisseaux et sur ivoire, d'après les recherches antérieures, les précédents ouvrages et l'opinion de l'auteur. C. XCVII et XCVIII. La peinture à fresque sur stuc poli chez les anciens, d'après M. Wiegmann, l'auteur, et le procédé traditionnellement employé à Milan. C. XCIX. La peinture à la cire, au pinceau et cautérisée, comme procédé employé par les anciens sous le nom de *peinture à l'encaustique.* C. C. La peinture à l'encaustique, d'après le procédé Montabert; de la même technique, d'après les recherches de M. Fernbach de Munich; de la stéréochrômie, nouvelle peinture, d'après MM. Fuchs et Schlotthauer, aussi de Munich; de la convenance, des moyens et des limites de l'application de la polychrômie aux édifices modernes.

QUATRIÈME PARTIE.

EXPLICATION DES PLANCHES.

Frontispice. Il est composé de l'atrium d'un palais de Pluton, d'un tombeau, de stèles, et de trois temples, dont un égyptien, un grec et un romain. Pl. I, II, III, IV. Plan, élévation et coupes transversale et longitudinale du temple d'Empédocle. Pl. V. Fragments de pavés en stuc et en mosaïque, de la Sicile et de Pompéi. Pl. VI. Élévation latérale partielle du même temple, et fragments d'architecture coloriée de la Sicile, de la Grèce et de la grande Grèce. Pl. VII. Fragments de vases en terre cuite, et de monuments construits en marbre et en pierre. Pl. VIII. Façades partielles du Parthénon et du temple à Égine, avec la coloration que ces monuments avaient conservée; frontons, frises et autres fragments d'architecture peinte. Pl. IX. Sarcophages et fragments d'architecture coloriée de la Sicile, en marbre et en pierre, avec et sans stuc. Pl. X. Chéneaux en pierre et ornements en terre cuite coloriée de la Sicile et de Métaponte; restaurations partielles du temple de Thésée à Athènes, et de celui de Némésis à Rhamnus. Pl. XI.

Chapiteaux et autres parties coloriées de l'Érechthéion, et des propylées, stèles et sarcophages d'Athènes. Pl. XII. Moulures peintes des temples et des propylées d'Athènes. Pl. XIII. Chapiteau ionique en marbre, antéfixe et cymaise en marbre et en terre cuite, découverts à Athènes. Pl. XIV. Bas-reliefs, figures et tête en terre cuite coloriée, de la Grèce et de la Sicile. Pl. XV. Stèles, figures et ornements peints, tirés de vases grecs; stèle athénienne en marbre. Pl. XVI. Assises inférieures d'un temple à Sélinonte et du temple de Némésis à Rhamnus; décorations analogues en stuc et en peinture, tirées d'édifices particuliers et publics à Pompéi. Pl. XVII. Monuments divers de la Cyrénaïque, de l'Arabie Pétrée, de la Palestine, de la Sicile, de Pœstum et de l'Italie, ayant des colonnes avec des chapiteaux à volutes, surmontées d'entablements à triglyphes. Pl. XVIII. Décorations en stuc et peintures tirées de vases et de Pompéi, présentant aussi des entablements doriques placés sur des colonnes à chapiteaux ioniques et composites. Pl. XIX. Plans, coupes et détails de tombeaux étrusques et grecs. Pl. XX. Offrandes, colonnes, stèles et ornements divers, tirés de vases peints. Pl. XXI. Colonnes, pilastres, ornements, portes, cymaises, antéfixe et fragments de Pompéi, de la Sicile et de l'Étrurie. Pl. XXII. État actuel et restauration de l'église de Saint-Urbain, près de Rome; partie de la couverture d'un temple à Véies; fragments de stuc colorié de l'Italie et de la France; fragments antiques d'ivoire peints à l'encaustique; fragments de colonnes et de pilastres sculptés et peints, trouvés en France; porte et cloison en pierre de tombeaux de l'Étrurie et de la Sicile; mur du pronaos du temple de la Concorde à Agrigente; partie de mur du bâtiment en aile des propylées d'Athènes; cymaise d'un des temples de Sélinonte. Pl. XXIII. Porche du cirque élevé dans les Champs-Élysées, à Paris. Pl. XXIV. Porche de l'église de Saint-Vincent de Paul, à Paris.

L'ouvrage sera publié complet, ou en sept livraisons, dont six contiendront chacune quatre planches, et la septième la planche du frontispice et le texte.

Le prix de l'ouvrage complet est de 200 francs.

Chaque livraison, fournie de mois en mois, coûtera 30 francs.

Chez l'Auteur, rue Lamartine, n° 40, à Paris;

Et chez les principaux Libraires et Marchands d'estampes de la France et de l'étranger.

ARCHITECTURE POLYCHRÔME

CHEZ LES GRECS.

PARIS, TYPOGRAPHIE DE FIRMIN DIDOT FRÈRES,
RUE JACOB, 56.

RESTITUTION

DU

TEMPLE D'EMPÉDOCLE

A SÉLINONTE,

OU

L'ARCHITECTURE POLYCHRÔME

CHEZ LES GRECS.

PAR J. J. HITTORFF,

ARCHITECTE.

> L'art grec ne suivit jamais d'étroits sentiers; de vastes champs étaient nécessaires à son essor : source abondante, ses eaux débordaient les digues de la routine ; fleuve généreux, ses ondes remplissaient les vallées, fertilisaient les plaines; et partout où l'absence de belles routes menaçait d'arrêter sa marche, l'art des Hellènes traça lui-même ses voies triomphales.

AVEC UN ATLAS.

PARIS,
LIBRAIRIE DE FIRMIN DIDOT FRÈRES,
IMPRIMEURS DE L'INSTITUT, RUE JACOB, 56.

M DCCC LI.

À la Mémoire

de

Jean-Antoine Letronne.

Le témoignage d'estime et d'amitié que m'a donné Monsieur Letronne, en m'adressant les « Lettres d'un Antiquaire à un Artiste, » me fait inscrire le nom de ce digne Ami en tête de cet ouvrage.

C'est reconnaître à quelle source j'ai puisé les forces nécessaires pour l'exécution d'un aussi long travail; car la sympathie avec laquelle cet illustre savant accueillit les premiers résultats de mes recherches sur l'Architecture polychrôme des Grecs a toujours été mon plus ferme encouragement.

J'aurais désiré pouvoir communiquer à ce bon

juge mon livre achevé; ses conseils m'auraient permis d'en diminuer les imperfections. Sa mort inopinée m'a ravi ce précieux avantage.

Puisqu'il ne m'a été donné ni de m'aider de son concours, ni de lui présenter mon œuvre comme la plus sincère expression de mon attachement et de mon admiration; puisque je n'ai pu m'adresser à ce noble cœur, toujours si touché des moindres marques d'affection et de reconnaissance qui lui étaient adressées, je prie ses Enfants de recevoir mon Hommage, et de le reporter pieusement à celui qui leur a laissé un nom si glorieux et si honoré!

Hittorff.

AVANT-PROPOS.

Je visitai la Sicile pendant les années 1823 et 1824. Mon principal but, dans ce voyage, était d'étudier et de recueillir les remarquables ruines des monuments antiques qui couvrent le sol de ce beau et célèbre pays. Toutefois, beaucoup de constructions élevées à des époques postérieures dans les principales villes siciliennes m'ayant offert un grand intérêt, aussi bien sous le rapport de l'histoire de l'architecture moderne que sous celui de l'art, j'en fis également un recueil.

Je publiai, en 1835, le complément de cette dernière partie de mon travail, dans un ouvrage composé de quatre-vingt-seize planches avec texte, et ayant pour titre : « *L'Architecture moderne de la Sicile.* » J'avais commencé dès 1825, en même temps que cette publication, celle des restes des anciennes cités de Ségeste et de Sélinonte; mais la révolution de 1830 ayant apporté de notables changements dans ma position comme dans ma fortune, je me vis, après la mise au jour des huit premières livraisons, forcé d'interrompre temporairement ce travail.

Dans la publication des planches de ces deux ouvrages, j'eus, pour collaborateur, M. L. Zanth, mon ami et ancien élève, aujourd'hui architecte de S. M. le roi de Wurtemberg (1). Cet artiste m'avait accompagné en Italie, dans la grande Grèce et en Sicile. La part qu'il avait prise aux difficiles investigations auxquelles je m'étais livré eut la plus heureuse influence sur les résultats qui en furent la suite, et auxquels coopéra, avec zèle et aptitude, M. W. Stier, depuis professeur à l'Académie d'architecture de Berlin.

Quant à l'ouvrage que je publie aujourd'hui, et qui se

---

(1) Parmi les constructions confiées par S. M. à M. Zanth, la plus remarquable est la villa mauresque appelée *la Wilhelma*, du nom du Roi qui la fit élever dans le parc royal le Rosenstein, situé près de Stoutgard. Dans cette importante conception, l'architecte a su vaincre la difficulté des données, si opposées à notre climat, tout en satisfaisant à l'exigence de la multiplicité des détails et au caractère de grandeur dans la disposition de l'ensemble. Il y a surtout montré qu'un édifice d'un genre d'architecture qui semble puiser son principal charme dans les brillantes et capricieuses fantaisies orientales, ne peut qu'infiniment gagner à être élevé jusqu'à l'esthétique la plus sévère. C'est un hommage rendu aux principes que l'éminent artiste a puisés dans l'étude de l'art antique. L'esprit rationnel qui en est l'essence a réglé l'essor de son imagination; et, en suivant cette voie, M. Zanth devait être assuré, tout en élevant un palais arabe, de marcher sur la trace des glorieux auteurs des plus beaux monuments grecs.

Si l'amour éclairé du Roi de Wurtemberg pour les arts a fourni à M. Zanth l'heureuse et rare occasion de mener à fin une œuvre aussi vaste, les intentions vraiment royales de l'auguste édificateur de *la Wilhelma* ont été comprises par son architecte.

rattache à celui de l'architecture antique de la Sicile, par la restitution complète du plus petit temple de l'acropole de Sélinonte, partiellement publiée déjà dans ce dernier recueil, j'ai dû regretter que le départ de Paris de M. Zanth m'ait privé de la continuation de son concours. La coopération d'un artiste aussi distingué m'aurait aidé beaucoup à amener mon travail à ce degré de perfection que j'aurais voulu atteindre; je n'y ai toutefois épargné ni temps ni dépenses, n'ayant cessé, pendant plus de vingt années, d'en faire l'objet constant de mes études.

Si les causes qui m'ont empêché de continuer la publication commencée, sur l'architecture antique de la Sicile, ne m'ont pas permis non plus d'achever plus tôt le présent ouvrage, j'en ai du moins retiré ce profit, que j'ai pu, dans l'intervalle, chercher à le rendre complet, en y introduisant toutes les découvertes précieuses qui se succédaient d'année en année, et qui, en confirmant la théorie du système général de l'architecture polychrôme chez les Grecs, que j'avais fondée principalement sur des raisonnements et des inductions, me permettaient de l'appuyer sur une suite de nouveaux faits incontestables.

Ce n'est pas que les éléments trouvés en Sicile par mes compagnons de voyage et par moi ne parussent, à beaucoup de savants et d'artistes impartiaux, des preuves suffisantes à l'appui de la polychrômie appliquée aux magnifiques édifices de cette riche colonie grecque; mais quand je voulus en conclure que la coloration constatée sur les monuments siciliens devait être la tradition d'un usage analogue appliqué aux monuments de la Grèce, aussi bien que les formes architectoniques des sanctuaires de Sélinonte, de Ségeste, de Syracuse et d'Agrigente, sont des traditions des temples d'Égine, d'Olympie, de Phigalie et d'Athènes; quand enfin je voulus conclure que le complément indispensable de cette coloration était l'emploi de la peinture d'histoire et de mythologie exécutée sur les murs des édifices helléniques, ma conclusion trouva des incrédules, des contradicteurs persévérants, et donna lieu à une longue lutte.

Cette lutte, j'ai cru devoir la retracer dans une relation historique des faits, et dans l'examen critique des plus importantes publications pour et contre mes opinions. J'y ai été porté, d'abord, parce que je voulais donner à mon ouvrage le caractère d'impartialité et de vérité que je n'ai pas toujours trouvé chez mes adversaires, et ensuite parce que beaucoup de ces écrits étant publiés en allemand, d'autres en latin, et dans des brochures ou des recueils peu accessibles à la plupart des artistes, j'ai voulu que ces derniers pussent, comme les archéologues, connaître par eux-mêmes les débats, les juger par leur propre sentiment, et se former une idée complète du point de départ et du développement de la discussion.

J'ai longtemps hésité à joindre à mon travail l'examen des écrits de M. Raoul-Rochette; mais, en même temps qu'ils dominent dans la discussion par leur nombre, ils contiennent tant d'allégations hasardées, que j'ai cru devoir m'exposer à l'inconvénient de quelques inévitables récriminations personnelles, plutôt que de laisser passer sans réponse l'énoncé de faits qui, s'ils étaient vrais, feraient accuser ma conscience d'artiste. Toutefois, j'aurais examiné plus brièvement ces écrits, si, outre l'intérêt de la vérité, je n'y avais trouvé l'occasion de traiter plusieurs points d'archéologie relatifs à l'art, et d'apporter à leur éclaircissement le modeste tribut de mes études.

Il y a, dans les fonctions de M. Raoul-Rochette comme secrétaire perpétuel de l'Académie des beaux-arts et comme professeur d'archéologie, dans le retentissement de son nom, dû à des publications plus ou moins importantes, selon leur sujet, leur format ou leur mérite; il y a, dis-je, dans tout cela quelque chose qui donne à ses écrits et à ses paroles tant d'apparente valeur, que ceux qui n'ont pas les mêmes avantages sont bien forcés de détruire ce prestige.

D'ailleurs, lorsque, comme ici, il s'agit bien moins d'avoir raison, que de défendre la science contre de graves erreurs et de fausses appréciations, il est du devoir de chacun d'entreprendre cette défense, sans l'affaiblir par aucune considération personnelle.

Nul plus que moi ne respecte le savoir, et ne rend de plus sincères hommages aux hommes si justement renommés qui s'occupent en France, comme dans d'autres pays, de la vaste et difficile science archéologique; mais ce respect, que commande la vraie science, ne saurait aller jusqu'à la soumission aveugle. Rien ne doit obliger un artiste qui croit avoir acquis, par la réflexion et de longues études, le droit d'émettre une opinion et de la soutenir, à se résigner humblement aux attaques injustes et hautaines que chercherait à diriger contre lui un antiquaire blessé dans son amour-propre.

Les hommes les plus éminents ont cessé d'ailleurs de regarder la science de l'archéologie comme accessible aux seuls érudits. Sans citer l'élite des antiquaires français, les savants allemands, si justement appréciés pour la profondeur de leur savoir, ont parfaitement compris que les connaissances philologiques, appliquées à toutes les branches de la littérature ancienne, ne suffisent pas pour lever le voile que les siècles ont étendu sur l'antiquité, et particulièrement sur les ramifications si diverses dont se compose l'étude des arts, et surtout de l'architecture des anciens.

Plusieurs de ces savants, dont les efforts n'ont d'autre but que l'amour et le progrès de la science, n'ont pas hésité, les uns, à s'aider des artistes, et les autres, à les encourager, en reconnaissant publiquement leur utile concours. Ils ont, en cela, agi comme il convenait de le faire, et la science en a amplement profité (1).

Lorsqu'on suit les discussions purement philologiques, souvent si profondes et si ingénieuses des érudits les plus distingués de tous les temps, pour y découvrir le sens, la

---

(1) Ce m'est un devoir de nommer ici l'antiquaire distingué, M. Charles Lenormant, qui, dans un examen de ma traduction des *Antiquités inédites de l'Attique* (tom. IV des *Annales de Corresp. archéol.*), non-seulement m'encouragea par son indulgente critique lors de ce début, mais qui, avec le sentiment du véritable savoir, invita tous les hommes spéciaux dans les arts à se servir de la plume en même temps que du crayon.

valeur certaine d'un mot dans une acception inusitée, qu'y trouve-t-on? Presque toujours des opinions d'autant plus opposées que la question qui se rattache à ce mot est plus importante, et qu'il aura été plus ou moins le sujet d'idées émises et discutées, d'hypothèses soutenues et combattues.

Sous ce rapport, jamais la connaissance la plus approfondie des langues, jointe à celle de tous les auteurs anciens, ne pourra aider à éclaircir un fait douteux dans les arts, autant que la constatation même de ce fait par l'étude de ce qui nous reste des monuments antiques, et par les analogies qu'on en peut tirer; cette étude est une source de découvertes que les connaissances spéciales de quelques artistes ont déjà rendue et peuvent encore rendre très-abondante (1).

Sous ce rapport aussi, les essais tentés par quelques architectes ont eu d'heureux résultats, résultats qui promettent de devenir de jour en jour plus considérables. On le devra à ce grand nombre d'hommes, étrangers et Français, qui joignent à un véritable talent une érudition et une connaissance des langues suffisantes pour faire espérer que

---

(1) Le célèbre Fried. Creuzer exprimait la même pensée lorsqu'il disait, à propos de l'influence des localités sur l'origine des mythes et des symboles : « Ce n'est « pas dans un cabinet d'étude qu'on parviendra à les comprendre ; c'est au milieu « de la nature où ils prirent naissance ; et, à cet égard, le texte le plus affirmatif « ne me paraîtra jamais aussi concluant qu'une conjecture inspirée, à des hommes « instruits et sensés, par la contemplation des lieux. » C'est-à-dire que l'illustre professeur admettait que des preuves matérielles susceptibles de fournir des éclaircissements et des inductions judicieuses doivent dans les appréciations archéologiques, prévaloir sur des notions écrites opposées à ces preuves.

l'archéologie de l'architecture, qui réunit celle de tous les arts comme en un seul faisceau, fera successivement de nouveaux et importants progrès (1).

Ces progrès, indépendamment de leur intérêt historique, tourneront surtout à l'avantage de l'art; car le véritable artiste ne peut s'occuper de l'antiquité sans y chercher quelque leçon, et sans y rencontrer quelque exemple capable de perfectionner son goût, et de servir à améliorer et à enrichir les œuvres contemporaines. C'est en cela surtout que les publications de quelques antiquaires offrent si peu d'intérêt relativement à l'art des anciens, et à la juste appréciation des principes qui y dominent. Cependant un des objets les plus importants de l'archéologie doit être de découvrir et de faire connaître les sources où les anciens puisèrent leurs chefs-d'œuvre, afin de pouvoir aider à en créer de nouveaux, ou du moins à en faciliter la tentative. Mais il semble, d'après ces ouvrages, que, loin d'avancer dans la véritable voie ouverte à la science archéologique par Winckelmann, cette belle science rétrograde même au delà de l'époque où son seul but n'était

---

(1) Parmi ces artistes distingués et contemporains, il suffira de citer, pour l'Angleterre, les noms des C. R. Cockerell, F. L. Donaldson, H. W. Inwood, W. Kinnard; pour l'Allemagne, ceux des C. Böttiger, H. Hübsch, L. de Klenze, G. Semper, J. H. Strack, R. Wiegmann; pour l'Italie, les Amati et Canina; pour la France, Huyot, Mazois, et la plupart des architectes pensionnaires de l'Académie de France à Rome, dont j'ai publié en 1830, dans ma traduction des *Antiquités inédites de l'Attique*, les noms ainsi que les monuments antiques qu'ils ont restitués, et dont je reproduis la liste à la suite de cet avant-propos, en la complétant jusqu'en 1849.

encore que la curiosité et l'érudition. Mais du moins ces efforts, stériles en eux-mêmes, frayèrent le chemin à l'homme de génie qui créa l'histoire de l'art.

J'ajoute que le principal mérite de l'antiquaire ne consiste pas non plus à accumuler des citations de textes et à s'en prévaloir, lors même que ces textes ne seraient pas encore connus. Pour féconder l'archéologie, pour travailler à son véritable développement, il ne faut pas réduire cette belle science, qui embrasse les siècles, les divinités, les nations et les monuments, à une futile apologie de prétentions personnelles.

Mais j'ai hâte de quitter ce pénible sujet; et c'est avec bonheur que j'exprime à tant d'autres érudits et artistes distingués ma vive gratitude, surtout à M. Alexandre de Humboldt, pour les encourageantes exhortations que cet illustre ami n'a cessé de me prodiguer dans ses instructifs entretiens et ses précieuses lettres (1), et au peintre de *l'Apothéose d'Homère*, M. Ingres, cet ami dévoué, si ardent aussi à m'encourager par sa profonde et sympathique appréciation de l'art des Hellènes. Les nobles sentiments qui ont guidé ces hommes m'ont amplement dédommagé, et les forces que j'y ai trouvées ont été de puissants soutiens pour affermir mon courage, et pour me faire arriver à l'accomplissement de ma difficile tâche.

Après avoir mentionné la première partie de mon texte, qui contient, avec les relations historiques sur la

(1) Les personnes capables d'apprécier le génie, on peut dire universel, de M. de Humboldt, ne seront pas étonnées de l'intérêt que ce savant a pris à mon ouvrage, et du jugement éclairé qu'il a pu en porter, malgré son objet, en apparence si étranger aux travaux de prédilection de l'immortel auteur du *Cosmos*.

découverte de l'architecture polychrôme chez les Grecs, l'examen critique des publications faites à ce sujet, il me reste à parler des trois autres parties. Elles comprennent : la deuxième, une description de la restitution du temple de Sélinonte, dédié à Empédocle. J'y examine les divers matériaux qui ont servi à cette représentation coloriée d'un sanctuaire grec, représentation que complètent l'application des peintures sur mur à sujets religieux et historiques, l'exposition des *ex-voto* de tout genre, l'érection de l'autel et celle de la statue du héros. Dans la troisième partie, je traite des moyens matériels employés dans l'antiquité à l'application de la polychrômie, tant à l'architecture qu'à la sculpture, et à la peinture murale; puis des pratiques modernes, et de la manière et des limites dans lesquelles on doit faire usage de ce système de décoration pour les édifices de notre époque. La quatrième partie, enfin, se compose de l'explication détaillée de plus de deux cent quatre-vingts figures, représentées sur vingt-cinq planches qui accompagnent l'ouvrage.

Je sens ce que la rédaction de ce travail peut présenter d'imperfections; combien surtout m'a manqué la faculté d'écrire correctement une langue qui n'est pas mon idiome maternel, et que ma carrière d'architecte pratique m'a empêché de cultiver comme écrivain. Les raisons et les vérités que j'ai eu à établir et à défendre auraient gagné infiniment à l'être avec clarté et avec charme; mais ne pouvant me prévaloir de ces qualités, il me sera permis sans doute de compter sur l'indulgence aussi bien que sur l'intelligence du lecteur. Les hommes graves, qui préfèrent les défauts avoués franchement au vernis à l'aide duquel il est facile de les dissimuler, sauront très-bien peser et compenser, les uns par les autres, les inconvénients et les avantages qu'il y a dans ma position d'auteur. Ils apprécieront d'autant plus la bonté de ma cause, si je la gagne à leurs yeux, que le savant qui n'a cessé d'attaquer cette cause est supérieur, comme littérateur, à l'artiste qui a été forcé de la défendre.

Toutes les planches sont exécutées en chrômolithographie, cet art qui semble avoir été inventé tout exprès pour permettre la reproduction complète du nouvel élément de la polychrômie appliquée à l'architecture et à la sculpture. Je n'ai épargné aucun soin pour l'exactitude des dessins, ni aucune dépense pour leur transport sur les pierres et leur impression en couleurs. Cependant, j'ai à regretter que la Pl. II ne reproduise pas d'une manière satisfaisante le dessin original de l'élévation du temple. Le procédé d'ombrer à la plume, appliqué à cette planche, lui donne un aspect quelque peu dur, que le jaune trop foncé du ton local rend plus sensible encore. La vraie nuance de ce ton est celle que présentent la coupe longitudinale, Pl. IV, et l'élévation latérale partielle, Pl. VI, F. 1.

D'ailleurs, il faut dire que c'est moins encore à l'inexactitude du transport des dessins sur la pierre, qu'à l'emploi de la couleur pendant le tirage, qu'on doit attribuer les imperfections de la chrômolithographie. Aussi, quoique les frais de ce tirage ne m'aient point arrêté, pour que les planches soient, quant aux couleurs, pareilles au

c.

modèle et pareilles entre elles, il est très-regrettable d'en voir néanmoins, ou qui sont mal repérées, ou qui offrent une dissemblance entre des tons qui devraient être identiques.

Ce sont ces imperfections, dont il serait injuste de rejeter la responsabilité sur l'auteur, qui ont occasionné de légères différences, entre des couleurs semblables, sur plusieurs exemplaires d'une même planche.

Quant à la reproduction des couleurs telles qu'elles se sont conservées, il faut remarquer que la manière de voir varie quelquefois aux yeux des artistes, lesquels rendent souvent des couleurs pareilles avec des tons assez opposés. Ces contradictions, chez quelques-uns, prennent leur source dans le désir qu'ils ont de proportionner la vigueur du coloris à l'échelle plus ou moins grande suivant laquelle leurs dessins sont exécutés. Il faut aussi en chercher la cause dans les changements notables que présentent plusieurs fragments d'un même objet dans les tons originaires de leur coloration : tantôt il y a altération de leur éclat primitif, tantôt transformation de la couleur; ainsi les tons rouges deviennent pâles dans de certaines circonstances, ou bruns et graduellement noirs dans d'autres; quelquefois encore le bleu est devenu vert, et le vert est devenu bleu. Ces effets sont dus à la nature des matières colorantes, à celle de leurs fonds, ou à l'action absorbante du soleil sur la couleur, au contact du feu, de l'air, de l'eau, ou de quelque autre substance étrangère (1).

---

(1) M. P. Mérimée, dans l'ouvrage qui a pour titre : *Peintures de l'église de Saint-*

A la suite de ces remarques, exprimées, non pas pour faire les moindres reproches aux personnes qui ont coopéré à la reproduction de mes dessins, mais pour éviter de m'en attirer d'injustes, je remplis un devoir en ajoutant que, malgré la perfection que la chromolithographie a atteinte dans des publications faites en France et en Allemagne, les planches qui accompagnent mon ouvrage présentent dans leur ensemble ce qui aura paru jusqu'à présent de plus riche en tons variés, comme de plus remarquable sous le rapport de la délicatesse des dessins et de leurs nombreux détails. Entre les planches exécutées par M. Roux aîné, on distinguera les trois qui représentent des peintures de Pompéi et les deux coupes du temple d'Empédocle; et parmi ces trois planches, la coupe longitudinale, qui est une œuvre véritablement accomplie dans son genre.

Il en est de même du frontispice et des élévations du porche du Cirque National et du porche de Saint-Vincent de Paul, lithographiés par M. Kellerhoven. Cette dernière planche est, à cause de la multiplicité comme de la finesse des ornements, de la grande variété des couleurs et de la quantité des figures qui composent les tableaux du fond,

---

Savin, fait la même remarque au sujet des changements de couleurs qu'il signale dans les intéressantes fresques du XIe au XIVe siècle de ce curieux monument. « Il y a, « dit-il (p. 49 et suiv.), des roses qui sont devenues d'un noir verdâtre..... le bleu est « fortement altéré : presque toujours il a pris une teinte verdâtre et sale. » Il est, du reste, naturel que ces changements soient plus sensibles encore sous notre climat qu'en Italie, dans la grande Grèce, en Sicile, en Grèce et en Égypte, où j'aurai à les signaler ultérieurement.

une des planches les plus compliquées et les mieux réussies.

La juste part ainsi faite au talent de ces deux artistes, il me reste à payer un autre tribut à M. Engelmann père, qui introduisit la chrômolithographie en France, et à ses successeurs, MM. Engelmann fils et Graff. Ces messieurs ont apporté de si notables perfectionnements dans cette industrie qui est presque un art, que je suis heureux de signaler leur part dans le beau résultat qu'offrent le plus grand nombre des planches; je le suis aussi de pouvoir joindre à ces noms celui de M. Lemercier, pour la belle réussite de la Pl. XXII, sortie de ses presses.

Arrivé au terme d'un travail qui a rempli avec charme, mais souvent aussi avec amertume, une grande partie de ma vie, je ne puis m'en détacher sans donner à la Sicile un souvenir de reconnaissance, à ce pays si beau par la douceur et la pureté de son climat, par les majestueux effets et les imposantes terreurs que l'Etna y répand; si vénérable par les merveilleux débris que l'art grec y a laissés, et qui, ensevelis sous la terre, semés sur les montagnes, abandonnés et mutilés au milieu des habitations modernes, bouleversés ou debout au milieu des villes antiques en ruine, sont encore si empreints de la toute-puissance du génie hellénique qui les créa. Je ne puis quitter la plume sans dire combien le bonheur et l'enthousiasme que j'ai éprouvés au milieu de mes travaux d'investigation sont encore présents à ma mémoire, malgré le quart de siècle qui s'est écoulé depuis cette époque. Ces vingt-cinq ans n'ont en effet rien ôté à la vive impression que produisirent sur moi

AVANT-PROPOS.

ces innombrables blocs de marbre et de pierres qui, jadis temples, théâtres, amphithéâtres, odéons, gymnases et tombeaux, furent les plus éclatants ornements des cités anciennes, et souvent la plus pure gloire des peuples qui les élevèrent (1).

C'est dans ces précieux fragments que la science vient recueillir les notions les moins douteuses pour faire revivre la grandeur des nations éteintes, et que l'art peut puiser les préceptes les plus certains pour transmettre glorieusement, jusqu'à la postérité la plus reculée, le souvenir des peuples modernes, qui deviendront à leur tour des peuples anciens.

Les monuments de la Sicile peuvent, en effet, autant et plus peut-être que ceux de la Grèce, servir à cette noble destination. Offrant un plus grand nombre de restes appartenant à des époques différentes, ils réunissent toutes les phases de l'histoire de l'architecture hellénique, depuis

---

(1) Parmi mes souvenirs de la Sicile, il en est un bien précieux encore : celui de l'insigne honneur que me fit à Palerme, à mon retour de mes travaux d'investigation, le Prince Royal de Bavière, en demandant à venir voir, dans mon modeste asile, les dessins que mes compagnons de voyage et moi avions recueillis. Dire que S. A. R., qui voulut bien prévenir mon empressement à lui communiquer mes travaux chez Elle, les apprécia avec le goût d'un véritable artiste, avec la science d'un savant archéologue, et l'amour passionné pour l'architecture, du créateur de la *Walhalla* et du fondateur de *Munich monumentale*, ce n'est que rendre justice au jugement du Prince ; et si quelque chose pouvait ajouter à la profonde impression de cet hommage rendu par l'héritier d'un trône, non pas à moi et à mes collaborateurs, mais à notre titre d'artistes, c'est qu'à Rome S. A. R. me fit rappeler qu'Elle désirait voir les restaurations des temples siciliens, et qu'en renouvelant sa visite, ce Prince, poëte et savant, me laissa pressentir ce que le Roi Louis de Bavière a confirmé : un règne immortalisé à la fois par une noble et généreuse protection des arts, et par le concours d'artistes dévoués et illustres.

son point de départ, ses développements successifs, son point culminant de perfection, jusqu'aux différentes époques où l'art romain, après avoir puisé aux sources de la Grèce, remplace les œuvres de ses maîtres par des productions moins parfaites, mais qui les surpassent par l'étendue et la magnificence.

Plus riche aussi en monuments des dimensions les plus variées, la Sicile offre, sous ce rapport, un champ bien plus vaste que la Grèce.

Pour ne parler que des temples, on peut dire que, depuis l'ædicule, cette chapelle des anciens, dont les colonnes dépassent à peine la hauteur d'un homme, jusqu'au temple de Jupiter à Agrigente, cette basilique de Saint-Pierre de l'antiquité, dont chaque colonne est d'un diamètre plus fort que celui de la colonne Trajane à Rome et de la colonne de la place Vendôme à Paris, on ne rencontre nulle part un aussi grand nombre d'édifices sacrés qui, par leurs dimensions diverses, remplissent l'immense intervalle entre ces deux extrêmes.

Les ruines siciliennes permettent d'étudier, d'une manière aussi complète que partout ailleurs, outre les temples, les théâtres de toutes dimensions et époques, l'odéon grec et l'amphithéâtre romain, les tombeaux taillés dans le roc, creusés dans la terre, ou bâtis sur le sol. Là encore se trouvent, à côté des murs cyclopéens, tous les autres genres de murailles; à côté du tracé d'un port antique, les enceintes qui circonscrivent d'anciennes cités tout entières. Cependant, et malgré les dernières et importantes fouilles ordonnées par S. M. le roi de Naples, combien de restes précieux ensevelis encore! Combien d'œuvres d'art qui n'ont pas vu le jour, et dont la perfection dépasserait peut-être, sur beaucoup de points, tout ce qui a été découvert en Grèce et ailleurs, où l'exploration fut plus active et plus importante!

Sans parler du grand intérêt historique des bas-reliefs de Sélinonte remontant aux périodes primitives, la beauté incomparable des vases peints, des médailles, des pierres gravées, des figurines en terre cuite, des tessons de vases si gracieusement ornés, des admirables fragments en marbre de sculpture statuaire des plus belles époques, tous ces objets et tant d'autres témoignent de l'élévation extraordinaire à laquelle les arts étaient parvenus dans cette île merveilleuse, sur cette terre si favorisée de la nature, si haut placée par sa gloire guerrière et la gloire plus belle encore et plus durable de ses philosophes, de ses historiens et de ses poëtes.

Aussi, de quel amour de la patrie cette terre, dans son antique et radieuse prospérité, n'a-t-elle pas animé le cœur de ses habitants! On le voit dans le récit de ces guerres intestines et étrangères, où tous, hommes et femmes, vieillards et enfants, rivalisent de dévouement et de courage. Nulle part on n'eut à raconter plus d'actions héroïques; nulle part on ne mit plus d'acharnement dans la défense des dieux pénates. Mais quand même l'histoire écrite ne nous aurait point appris combien, dans la succession des siècles, l'envahissement de la Sicile a coûté de sacrifices à

d

tous ses conquérants, il suffirait de voir aujourd'hui encore le riche comme le pauvre, les hommes élevés au milieu des lambris dorés de leur palais de marbre, et les pâtres vivant au bord de la mer, dans les magnifiques et riantes vallées ou sur les montagnes à la fois arides et verdoyantes; il suffirait, dis-je, de voir et d'entendre tous ceux dont l'enfance a été réchauffée par les rayons du soleil de la Sicile; il suffirait d'avoir posé le pied sur ce sol et d'en avoir respiré l'air, pour comprendre que jamais l'amour de la terre natale ne pourra s'y éteindre.

Les Siciliens, qui voudraient voir leur beau pays régénéré et riche de sa propre fertilité, ne peuvent inspirer que respect et sympathie. Que ces hommes, dont le souvenir est pour moi inséparable de celui de la Sicile, reçoivent dans ces dernières lignes, comme l'hommage le plus pur que je puisse leur offrir, mes vœux ardents pour la prospérité de ce qu'ils appellent, en termes si touchants, « LEUR BELLE ET BIEN-AIMÉE PATRIE! »

LISTE

DES ARCHITECTES PENSIONNAIRES DE L'ACADÉMIE DE FRANCE A ROME,
ET DES MONUMENTS ANTIQUES DONT ILS ONT FAIT LES RESTAURATIONS.

NOTA. Les restaurations sans * sont déposées aux archives de l'Académie des beaux-arts, à l'Institut ; celles avec ce signe ne s'y trouvent pas. La lettre (P) marque les restaurations publiées. Les monuments sans désignation de lieu sont situés à Rome.

ANNÉES.	AUTEURS.	MONUMENTS RESTAURÉS.
1783	Combes	Temple de Mars le Vengeur *.
1784	Bernard	Théâtre de la Villa Adrienne, près de Tivoli *.
1785	Vaudoyer père	Théâtre de Marcellus * (P).
1788	Percier	Colonne Trajane *.
1793	Delagardette	Les temples de Pœstum (P).
1801	Dubuc	Temple de la Pudicité.
1801	Coussin	Temple de Vesta.
1803	Gasse frères	Temple de Mars le Vengeur.
1803	Grandjean	Tombeau de Cœcilia Metella, voisin de Rome.
1804	Ménager	Temple d'Antonin et de Faustine.
1809	Guénepin	Arc de Titus.
1811	Huyot	Temple de la Fortune, à Préneste.
1812	Leclere	Panthéon d'Agrippa.
1814	Gauthier	Temple de la Paix, ou Basilique de Constantin.
1815	Provost	Temple de Jupiter Tonnant.
1816	Suys	Temple de Jupiter Stator.
1817	Caristie	Forum romain * (P).
1818	Landon	Thermes de Dioclétien *.
1818	Déstouches	Cirque de Caracalla *.
1820	Vancleempute jeune	Temple de la Sibylle, à Tivoli.
1821	Garnaud	Trophées de Marius, à l'Aqua Giulia.
1823	Callet	Forum de Pompéi.
1823	Lesueur	Basilique Ulpienne.
1824	Villain	Basilique d'Antonin (dogana di terra).

ANNÉES.	AUTEURS.	MONUMENTS RESTAURÉS.
1825	Blouet............	Thermes de Caracalla (P).
1826	Gilbert aîné........	Temple de Jupiter à Ostie.
1827	Duban............	Portique d'Octavie.
1828	Labrouste (H.).....	Ville et monuments de Pœstum.
1829	Duc..............	Colysée.
1830	Vaudoyer fils......	Temple de Vénus et de Rome.
1831	Labrouste (T.).....	Temple d'Hercule, à Cora.
1832	Delannoy..........	Ile Tibérine (temple d'Esculape).
1834	Garrez............	Ports de Claude et de Trajan, à Ostie.
1835	Morey.............	Forum de Trajan.
1836	Leveil.............	Forum romain.
1837	Baltard (V.)........	Théâtre de Pompée.
1838	Clerget............	Maison d'Auguste, sur le Palatin.
1840	Boulanger.........	Thermes de Dioclétien.
1842	Huchart...........	Temple de Mars le Vengeur.
1843	Lefuel............	Temples de l'Espér., de la Piété, et de Junon Matuta.
1844	Ballu.............	Temple de Minerve Poliade, à Athènes.
1845	Paccard...........	Le Parthénon d'Athènes.
1846	Titeux............	Les Propylées d'Athènes (1).
1847	Tétaz.............	L'Érechthéion d'Athènes (2).
1848	Desbuisson........	Les Propylées d'Athènes.
1849	Thomas...........	Temple de Pœstum.

(1) M. Titeux étant mort à Athènes, M. Chaudet acheva cette restauration.

(2) Le *Mémoire explicatif* de ce beau travail vient d'être publié dans la *Revue archéologique* (année 1851, p. 1 et 82). Ce mémoire et les gravures qui l'accompagnent permettent d'apprécier les savantes recherches de M. Tétaz, le soin avec lequel il a mesuré et dessiné les ruines de l'Érechthéion, et le discernement dont il a fait preuve dans la restauration de ce monument. Si les gravures avaient pu reproduire la perfection des dessins originaux, cette publication aurait donné une idée complète du haut intérêt que présentent en général les travaux des architectes lauréats de l'Institut de France. Du reste, M. Tétaz, comme l'avait fait M. Paccard dans sa restauration du Parthénon, confirme, de la manière la plus formelle, la vérité de mon système, aussi bien sur l'architecture polychrôme chez les Grecs, que sur l'application qu'ils faisaient de la sculpture coloriée et de la peinture murale religieuse et historique, comme moyen de caractériser leurs édifices, d'ajouter à leur magnificence et à leur beauté.

PREMIÈRE PARTIE.

DE LA DÉCOUVERTE DE L'ARCHITECTURE POLYCHRÔME CHEZ LES GRECS, SUIVI D'UN PRÉCIS ANALYTIQUE DES PREMIÈRES DISCUSSIONS ET DES PRINCIPAUX ÉCRITS RELATIFS AU SYSTÈME DE SON APPLICATION, ET A L'EMPLOI DE LA PEINTURE MURALE DANS LES ÉDIFICES PUBLICS ET PARTICULIERS.

CHAPITRE PREMIER.

Relation historique.

De toutes les découvertes auxquelles donnèrent lieu mes recherches sur les monuments antiques de la Sicile, une des plus importantes et des plus inattendues fut celle de la présence de couleurs sur la plupart des ruines de Sélinonte et d'Agrigente, comme sur plusieurs de Syracuse et d'Acræ. La nouveauté apparente de ce fait, si contraire aux idées et aux principes reçus jusqu'alors sur l'architecture des Grecs, lui donna dès sa première publicité un grand retentissement, et suscita bon nombre d'incrédules.

Parmi les antiquaires et les artistes qui s'émurent tout d'abord, les uns, sans vouloir rien entendre ni voir, nièrent la chose; ils traitèrent ma découverte de vision, et parfois même d'imposture; d'autres eurent pitié de la crédulité qui m'avait, disaient-ils, fait prendre des coups de pinceau de peintres du Bas-Empire, arabes, normands ou espagnols, ces possesseurs successifs de l'antique Trinacrie, pour des traces de peintures grecques; d'autres enfin furent convaincus, malgré eux, de la vérité du fait, par la vue de fragments de marbre, de pierre, de terre cuite et de stuc, qui portaient des traces indubitables de couleurs primitivement appliquées. Ils eurent la condescendance d'admettre quelques ornements coloriés, mais si sobrement distribués, si peu prononcés comme valeur de ton, que l'effet, pour s'accorder avec leurs idées, devait être nul, et n'avoir aucune influence sur l'aspect des monuments.

Ces opinions se manifestèrent à Rome après mon retour et celui de mes compagnons de voyage. Toutefois, parmi les personnes qui furent favorables à cette découverte, je pus compter deux des plus célèbres artistes de l'époque, M. le baron Guérin, alors directeur de l'Académie de France, et le chevalier Thorwaldsen, qui restaurait les figures du temple d'Égine, acquises par le prince royal de Bavière. L'imagination du peintre de Didon et de Clytemnestre comprenait l'effet satisfaisant d'un édifice auquel des couleurs harmonieusement distribuées pouvaient ajouter un charme de plus; et la familiarité de l'émule de Canova avec les marbres d'Égine, encore couverts de traces d'azur, de cinabre et d'or, avait rendu le célèbre statuaire plus accessible à la pensée d'une concordance indispensable entre la sculpture coloriée et l'architecture peinte. L'un et l'autre, entièrement convaincus, m'engagèrent, avec la plus grande confiance dans un succès certain, à terminer au plus vite les dessins de ceux des temples de la Sicile que M. Zanth et moi nous avions commencés, et sur lesquels les couleurs originaires pouvaient être reproduites avec certitude et le plus complétement possible.

Lorsque je me reporte à cette époque, je ne puis me défendre d'un certain sentiment de honte, en pensant à l'influence que, pendant l'exécution de ces premières restaurations coloriées, et malgré les encourageantes exhortations de MM. Guérin et Thorwaldsen, je subissais de l'opposition qui bourdonnait autour de moi. Je me sentais disposé à supprimer des couleurs, là où leur présence pouvait donner lieu à la moindre indécision; j'hésitais à leur rendre leur vivacité primitive, à me laisser aller à toute ma conviction pour en ajouter, là où des inductions raisonnées devaient en faire admettre. Mais qui ne douterait parfois de la clarté du jour, au milieu de personnes soutenant toutes qu'il fait nuit?

Cependant, en restant fidèle à la vérité, j'eus la satisfaction de voir que ces premières images de l'architecture et de la sculpture polychrôme réunies, modifièrent l'opinion de la pluralité des artistes et des antiquaires : ces messieurs avouèrent qu'il n'y avait là, en effet, rien d'incohérent, et que si l'aspect leur paraissait au premier abord étrange, il offrait aussi un grand attrait, par la magnificence de l'ensemble comme par le brillant ressort des parties.

Ce résultat me démontra, dès ce moment, que les principales causes de la prévention qui s'était élevée contre la coloration de l'architecture grecque avaient leur source bien plus dans la fausse idée que ses antagonistes se faisaient de l'influence de son application, et dans ce que cet accessoire de l'art de bâtir des Hellènes avait de contraire aux théories établies, qu'elles ne se fondaient sur la certitude du mauvais effet que l'emploi des couleurs sur l'architecture devait produire dans la réalité.

Une autre conviction surgit également pour moi de l'impression produite par ces premiers essais : c'est que, pour faire apprécier et juger, d'une manière compétente, le système de l'architecture polychrôme des Grecs, ce n'était pas en le faisant voir appliqué isolément à un édifice que je pourrais atteindre ce but. Pour y arriver, il fallait offrir aux yeux des juges un monument d'un caractère bien distinct, et restitué avec les accessoires inséparables de sa destination, afin que par leur forme, comme par la variété des matériaux et des couleurs qu'on y avait employés, ils pussent offrir avec le monument un tout complet.

Les produits des trois arts, de l'architecture, de la sculpture et de la peinture, en tant que leur application réunie est indispensable pour constituer un monument hellénique dans sa perfection, pouvaient seuls se coordonner de cette manière, s'appuyer mutuellement, naître pour ainsi dire les uns des autres, et offrir, dans leur puissante unité, la preuve la plus certaine en faveur du système polychrôme; car c'est moins encore dans les faits matériels, quelque puissants qu'ils soient, et dans les inductions historiques et philologiques, que dans son harmonie avec les principes entièrement analogues empreints sur toutes les œuvres d'art créées par le génie des Grecs, que ce système doit trouver le vrai témoignage de son existence, et la preuve de son emploi permanent chez les Hellènes.

Les restes d'un petit temple, ou héroon, que j'avais découverts, avec mes compagnons de voyage, dans l'acropole de Sélinonte, m'offrirent d'abord les matériaux nécessaires pour une pareille restitution.

Je l'entrepris aussitôt après mon retour en France; mais, au milieu de nombreux et importants travaux pratiques, et de la publication, commencée avec M. Zanth, des monuments antiques et modernes de la Sicile, je ne parvins à en achever les dessins qu'en 1830. Ils se composaient d'un plan, de deux élévations et de deux coupes restaurées : j'y joignis un recueil de tous les fragments d'architecture coloriés, connus jusqu'alors. Cette restitution comprenait, non-seulement la partie architectonique proprement dite, mais aussi ce qui devait concourir à la formation d'un sanctuaire grec; les peintures historiques en rapport avec la destination de l'édifice, la statue du héros auquel l'édifice était consacré, les autels pour les sacrifices, les offrandes et *ex-voto*. Tout ce qui pouvait constituer le complément d'un temple consacré et livré au culte s'y montrait réuni pour la première fois, et permettait, pour la première fois aussi, de juger du désaccord ou de l'accord que pouvait offrir le système polychrôme appliqué à tout un ensemble de produits d'art des Grecs.

Pendant la difficile solution du programme que je m'étais proposé, je me livrai à de consciencieuses recherches dans les auteurs anciens et modernes, à l'effet d'y puiser les notions qu'ils pouvaient contenir sur l'existence, les causes et l'origine de l'architecture polychrôme. Je découvris partiellement dans quelques auteurs anciens ce que je cherchais; mais dans les auteurs modernes je ne rencontrai, sur cet important et puissant auxiliaire de la décoration des monuments antiques, que ce qu'ont écrit M. Quatremère de Quincy dans son ouvrage, « Le Jupiter Olympien (1), » MM. Wagner et Schelling, dans la description des statues et du temple d'Égine, M. le baron de Stackelberg, dans sa publication, « Der Apollo Tempel, zu Bassœ, » et M. Dodwell, dans son « Voyage en Grèce. »

Le fait de la coloration, envisagée comme système général, appliqué à l'architecture hellénique, je ne le trouvai ni signalé, ni apprécié, ni développé dans aucun ouvrage d'archéologie, ou trai-

---

(1) Cet éminent antiquaire y dit, p. 30 et 31 : « Outre plusieurs autres autorités de statues coloriées ou peintes qu'on aura l'occasion de rapporter, nous avons, en faveur de notre interprétation du passage de Platon, l'analogie incontestable de l'exemple des couleurs appliquées aux sculptures des bâtiments, et du meilleur temps de l'art. Plus d'un monument antique nous en fournirait des traces sensibles, si la plupart de ces édifices étaient mieux conservés. Les dégradations survenues dans leurs matériaux ont empêché d'y observer pendant longtemps les indications de peintures ou d'enduits colorés dont ils ont presque partout gardé des traces. Je dirai ailleurs, en rapportant les témoignages à l'appui, jusqu'où fut porté, chez les anciens, l'usage de peindre et de colorer les édifices. » Je ne connais aucun ouvrage dans lequel M. Quatremère de Quincy ait donné suite à cette promesse.

tant de l'histoire des arts, publié à cette époque. Ce fait n'arrêta pas même Winckelmann ; il resta inconnu comme avant ce grand archéologue.

Les fruits de ces recherches, auxquelles j'ajoutai le résultat de mes investigations sur tous les autres accessoires décoratifs qui étaient entrés dans ma restitution, je les réunis sous la forme d'un Mémoire que je communiquai, ainsi que mes dessins, à l'Institut de France, Académies des beaux-arts et des inscriptions et belles-lettres, dans le mois d'avril 1830. C'est ce même Mémoire qui est inséré par extrait dans les deuxième et troisième cahiers des Annales de l'Institut de correspondance archéologique, de la même année, comme aussi dans les Annales de la Société libre des beaux-arts, année 1831. Il est suivi, dans ce dernier recueil, d'un rapport de M. Miel et du résumé de la discussion, pour et contre, à laquelle avaient donné lieu la lecture de mon mémoire et la vue de mes dessins, dans une des séances de cette société.

Enfin, en 1832, mes dessins firent partie de l'exposition publique au Louvre.

A Paris, peut-être plus encore qu'à Rome, beaucoup d'artistes crurent difficilement à la réalité de la coloration de l'architecture grecque. Quelques architectes surtout, qui, malgré leurs études des monuments de Rome comme des ruines de Pompéi et d'Herculanum, y avaient laissé inaperçues les traces évidentes de la tradition de cet usage antique, se soulevèrent fortement contre son admission.

Cependant, malgré cette impression défavorable sur plusieurs personnes, j'eus à me féliciter à Paris, comme cela avait eu lieu à Rome, des plus honorables sympathies. Une surtout bien précieuse, celle de M. Percier, me dédommagea amplement des antipathies que mon travail avait suscitées. Lorsque ce vénérable maître eut la bonté de se rendre chez moi pour voir mes dessins, je voulus immédiatement entrer dans les explications nécessaires pour exposer le point de départ de mon travail, et indiquer la source où j'avais puisé les éléments pour ma restitution ; mais le digne chef de notre école, artiste dans l'âme, m'interrompit aussitôt pour me dire, avec son imposante douceur : « Laissez-moi voir d'abord, « mon ami ; c'est une œuvre d'art que vous voulez que j'examine, « pour en exprimer mon opinion. Eh bien ! ce n'est que par les yeux « que je puis la juger, comme c'est par la vue seule que toutes les « œuvres pareilles doivent, avant tout, être appréciées. Quand j'au-« rai bien observé, je vous écouterai. » Le maître resta, en effet, près de quinze minutes devant mon exposition, allant d'un dessin à l'autre, jusqu'à ce que, se retournant vers moi et me serrant les mains avec l'expression du plus affectueux contentement, il me dit : « Savez-vous, mon ami, que cela fait très-bien, mais très-bien, et « que si la distribution des couleurs est telle qu'elle devait être dans « l'origine, un temple ainsi exécuté ne pouvait que produire un « bel effet ? Allons, à vos explications à présent : je les écouterai « avec bien du plaisir. »

C'était donc le même sentiment profond et inné de l'art qui avait inspiré, dans la capitale de la chrétienté, une opinion si favorable sur l'architecture coloriée à un des peintres les plus renommés et au sculpteur le plus célèbre de son temps ; c'était ce même senti-ment qui donna, dans la capitale de la France, à l'architecte le plus haut placé de son époque, la conviction qu'un monument repré-senté avec l'application du système polychrôme n'offrait rien qui pût choquer ni le goût ni la raison, et qu'au contraire cette appli-cation pouvait ajouter à la beauté des formes et faire valoir l'har-monie des proportions architectoniques.

On le croira sans peine : ces opinions favorables, s'augmentant chaque jour de celles des artistes et des archéologues les plus dis-tingués, à mesure que mes dessins plus connus permettaient de se former une idée plus juste sur le fond de la question, avaient une trop flatteuse conformité avec la mienne pour ne pas me rendre très-heureux. Mais si ma satisfaction fut en effet grande, c'était parce que cette concordance d'opinion avec des hommes aussi éminents venait à l'appui de la conviction intime que j'avais eue sur la beauté complémentaire du système polychrôme appliqué à l'architecture, avant même que j'eusse pu en juger par la vue d'un dessin.

En effet, pendant la découverte en Sicile de tant de fragments coloriés, je n'attendis pas la certitude du bon effet des couleurs sur les monuments, pour continuer mes recherches sur l'architecture peinte chez les Grecs, et pour en faire connaître les résultats. Je rendis ce fait public, aussitôt que les matériaux recueillis me parurent suffisants pour en déduire l'existence certaine d'un état de chose normal. Ma correspondance avec mon ancien collègue et ami, M. Lecointe; une lettre adressée à M. le baron Gérard, datée d'Agrigente, le 14 décembre 1823; deux autres, écrites à M. Schorn, l'une de Sélinonte, le 30 du même mois de décembre, l'autre de Naples, le 5 avril 1824, qui parurent la même année, dans les numéros 28 et 39 du *Kunstblatt*, rédigé par ce savant archéologue; enfin, le résumé de tout mon voyage en Sicile, que j'adressai à M. Percier le 17 février, après mon retour à Naples : la plupart de ces communications furent faites alors qu'un sentiment instinctif et de confiance seul pouvait me dire que le fait aussi positif de la coloration des monuments devait, dans son application, être d'accord avec la généralité des principes d'art chez les Grecs.

J'avais toujours pensé, comme doit le faire tout homme qui s'occupe de recherches historiques, qu'elles aient pour objets les peuples ou leurs institutions, leurs sciences ou leurs arts, qu'il ne doit jamais exister, pour l'historien, aucun prétexte qui puisse lui faire suivre une autre tendance que la recherche du vrai. Le dissimuler dans mon travail, par la crainte qu'il pouvait ternir la renommée acquise depuis tant de siècles aux chefs-d'œuvre de la Grèce, n'était pas la tâche que je m'étais proposée. Que d'autres sacrifient leur conviction aux opinions d'hommes systématiquement stationnaires, et préventivement hostiles à tout ce qui dépasse le cercle de leurs études! On doit toujours réprouver de pareilles actions, et l'on ne doit jamais les imiter.

Cependant, personne n'avait encore appuyé ni contredit mes opinions sur l'architecture polychrôme, autrement que dans la conversation. La discussion s'était tenue renfermée jusqu'alors dans des luttes de paroles, où le pour et le contre se plaident toujours avec plus ou moins d'avantage, selon les opinions dominantes de l'auditoire, et où, loin de voir une seule personne modifier ses idées sur celles d'autrui, tout le monde persiste un peu plus dans les siennes. Mais enfin arriva le moment d'un examen suivi, d'une discussion publique et écrite.

CHAPITRE II.

Discussion sur l'architecture polychrôme dans les cours de M. Raoul-Rochette.

Article de cet archéologue sur l'architecture antique de la Sicile.
(*Journal des Savants*, juillet 1829.)

M. Raoul-Rochette, dans son cours d'archéologie de 1824, parla, le premier en France, de mes découvertes, lorsque je me trouvais encore en Sicile; et ce professeur, qui avait puisé ses notions dans mes lettres adressées à mon illustre ami M. Schorn et insérées dans le *Kunstblatt*, continua à en entretenir ses auditeurs, depuis mon arrivée et celle de M. Zanth, à Paris. Il put alors leur montrer nos dessins, exécutés à Rome, et que j'avais été heureux de lui confier pour cet usage.

M. Raoul-Rochette fut le premier aussi qui, à la suite de la publication des cinq premières livraisons de l'*Architecture antique de la Sicile*, écrivit sur cet ouvrage dans le *Journal des Savants* du mois de juillet 1829. A cette époque, revenu d'Italie et de Sicile, cet antiquaire, plein encore des souvenirs de ce qu'il avait vu, me rendait, ainsi qu'à mon collaborateur, le témoignage « que notre « publication offrait, sur celle de MM. Harris et Angell (1), un « accroissement et une richesse de nouveaux et intéressants détails « architectoniques; que le soin extrême que nous avions mis à rele- « ver tous ces détails, et que nous avions montré dans des fouilles « habilement conduites, donnait à notre ouvrage une supériorité « décidée sur tous ceux dont les monuments de la Sicile avaient été « l'objet; témoignage, ajoutait M. Raoul-Rochette, qu'il lui était « d'autant plus permis de nous rendre, que c'était à l'aide des plans « que je lui avais confiés qu'il avait pu vérifier sur les lieux la plu- « part des investigations auxquelles je m'étais livré. » J'avais, en effet, répondu aux instances de ce professeur en lui communiquant des notes détaillées, et des dessins des monuments et autres objets qui pouvaient l'intéresser dans son voyage archéologique, afin de le mettre à même de vérifier mes recherches et leurs résultats.

Aussi, voici ce qu'écrivait M. Raoul-Rochette sur l'élévation restaurée du temple supposé dédié à Empédocle, représentée Pl. 16, livraison IV de l'*Architecture antique de la Sicile*, et dont la restitution complète est le principal objet du présent ouvrage : « Le monument fort remarquable de l'acropole de Sélinonte, qui « a échappé aux recherches des architectes anglais, et qui n'a pu « être découvert par MM. Hittorff et Zanth que par l'effet du « zèle éclairé et persévérant avec lequel toutes les fouilles ont été « dirigées; ce monument est un petit temple dont il ne subsiste « guère que les deux murs d'un angle de la cella, avec des éléments « épars et bien imparfaits des autres membres et de l'ordre même

---

(1) *Sculptured Metopes*, etc., by William Harris and Samuel Angell; London, 1826.

« qui entraient dans sa composition. Cependant, avec ces élé-
« ments réunis par la patience, et combinés par le savoir et par le
« goût, MM. Hittorff et Zanth sont parvenus à produire, du
« monument entier, une restauration satisfaisante. Tel qu'il appa-
« raît dans cette restauration, ce serait un petit monument héroï-
« que ou édicule, dans le genre de celui qu'on appelle vulgairement
« la chapelle de Phalaris à Agrigente; mais ce que celui-ci a surtout
« de remarquable, c'est l'emploi de l'ordre ionique, si rare dans les
« édifices de la Sicile et de la Grèce même, avec cette autre particula-
« rité plus singulière encore, que l'entablement de cet ordre ionique
« est orné de *triglyphes*, ainsi qu'on en a du reste un exemple dans
« le prétendu monument de Théron, à Agrigente. De plus, cet enta-
« blement, *et probablement l'édifice entier*, était peint de diverses
« couleurs appliquées sur ses membres divers, de manière à pro-
« duire un effet riche, piquant et harmonieux. Les fragments de
« stucs coloriés, trouvés sur l'emplacement même de ce monument,
« et suppléés, pour les parties qui manquaient, par des fragments
« du même genre provenant de Syracuse, d'Acræ et de Métaponte,
« ne laissent presque aucun sujet de doute sur cette partie de la
« restauration, et fournissent de nouvelles preuves et un exemple
« décisif de plus à l'appui de ce fait *neuf et capital dans l'histoire
« de l'art*, de temples coloriés où la sculpture et la peinture avaient
« uni leurs ressources dans une juste mesure, afin d'ajouter à la
« puissance et à la richesse des effets de l'architecture. Je puis join-
« dre, continue M. Raoul-Rochette, mon propre témoignage à
« ceux qui résultent des fouilles de MM. Hittorff et Zanth; j'ai moi-
« même recueilli à Sélinonte, à Agrigente et à Palazzolo (l'antique
« Acræ) des preuves de ce fait, non-seulement sur des monuments
« du genre de celui-ci, *mais encore sur des édifices du style le plus
« sévère et du caractère le plus grandiose;* et l'apparition de ces tem-
« ples ornés de couleurs, telle qu'on doit l'attendre des travaux de
« nos deux architectes, et qui eût été regardée, il y a vingt ans,

« comme un hardi paradoxe ou comme un brillant mensonge,
« sera certainement reçue comme une vérité positive. »

A part quelques observations sur des détails, M. Raoul-Rochette n'exprime aucun doute, ni sur la forme du temple, ni sur l'emploi de la colonne ionique avec l'entablement dorique, ni sur l'entablement colorié qui faisait seul partie de ma publication d'alors. Loin de là, M. Raoul-Rochette appuie de son propre témoignage les preuves du fait de la coloration aussi bien sur des monuments du genre de l'héroon de Sélinonte, que sur des édifices du style le plus sévère et du caractère le plus grandiose.

CHAPITRE III.

Mémoire de l'auteur sur l'architecture polychrôme des Grecs.

Lu, en 1830, à l'Institut de France, Académies des beaux-arts et des inscriptions et belles-lettres, et publié dans le tome II des Annales de l'Institut archéologique.

En 1830, année qui suivit celle où M. Raoul-Rochette avait publié l'opinion précédemment citée, je lus à l'Institut de France un mémoire. Dans ce travail, je commence par établir que l'architecture polychrôme a été permanente chez les Grecs, comme un des moyens les plus propres à ajouter au caractère de majesté de leurs sanctuaires le charme d'une élégante beauté; que ce système de coloration, appliqué sous un ciel pur, animé par un beau soleil, entouré d'une brillante végétation, offrait seul le moyen de mettre l'œuvre de l'art en harmonie avec la richesse de la nature; qu'elle était aussi un moyen de conservation de leurs monuments. Je faisais ressortir sa nécessité, de son analogie avec la statuaire coloriée, et l'emploi de celle-ci, conjointement avec la peinture historique murale, aux édifices de l'antiquité, comme offrant, dans leur réunion à l'architecture, un indispensable complément. J'énonçais, enfin, que les plus parfaites productions architectoniques des anciens tiraient leur puissant effet de l'alliance des trois arts, dont les ouvrages, pris isolément, peuvent s'élever jusqu'au sublime, mais dont l'impression simultanée doit frapper l'homme par tout ce que son génie peut produire de plus attrayant et de plus imposant à la fois.

De la connaissance certaine que les premiers temples des Grecs étaient de bois, et leurs premières idoles venues d'Égypte, de la même matière recouverte de couleurs conservatrices, je concluais que le besoin de la conservation des sanctuaires devait leur faire appliquer des couleurs analogues à celles des images qu'ils étaient destinés à recevoir, afin que les temples et les idoles pussent offrir, avec une durée égale, un aspect concordant.

Pour appuyer cette naturelle induction, je citais le passage de Vitruve (1), où cet auteur dit « que les constructions en charpente « furent imitées par les architectes dans celles des temples en pierre « et en marbre, et qu'en coupant l'extrémité des poutres dépassant « les murs, on y appliquait des planches de la forme des triglyphes, « qu'on couvrait *de cire bleue*. » J'en déduisais que si cet ancien usage d'étendre sur le bois une peinture à la cire avait indubitablement continué à être appliqué aux parties des temples où le bois n'avait pas cessé d'être employé, cet usage avait dû être transporté aussi sur les parties en pierre et en marbre imitées de la *charpente, et enfin, par suite de l'influence certaine* de la tradition religieuse et du sentiment d'une harmonie nécessaire entre les détails et le tout, sur l'ensemble des édifices.

J'expliquais la cause du silence de Winckelmann et de ses succes-

---

(1) Livre IV, ch. II.

seurs, sur l'emploi de la coloration à l'architecture antique, comme résultant de l'absence presque complète de notions sur ce fait chez les auteurs anciens; et j'attribuais cette absence à la généralité de l'application de la polychrômie. Ne présentant, dès lors, rien d'intéressant par sa singularité, on ne devait pas y faire attention. J'appuyais cette conclusion de l'exemple de la plupart des édifices tels que le Parthénon, l'Érecthéion, le Théséion, les temples d'Égine et de Bassœ, sur lesquels des traces de la coloration se sont conservées jusqu'aujourd'hui, sans que Pausanias en ait parlé; et je faisais remarquer que, dans le seul passage de son livre, celui qui a rapport au tribunal vert et au tribunal rouge, où il soit question de couleurs, ce n'est pas à cause de leur application que ce voyageur en mentionne la présence, mais parce qu'elles servaient à donner leur nom aux édifices qui en étaient décorés, comme le lieu et la forme avaient fait désigner deux autres tribunaux, l'un sous le nom de Parabiste, et l'autre sous celui de Trigone (1).

Je concluais de ce passage que les couleurs dominantes de ces tribunaux avaient dû être la rouge et la verte; que le système polychrôme avait été appliqué à d'autres édifices que les temples; que le silence des auteurs, loin de prouver contre la coloration de l'architecture, offre la certitude de l'universalité de son application; enfin, que l'abondance des preuves matérielles, devenue si grande depuis, le serait bien plus encore, si, comme le faisait déjà observer M. Quatremère de Quincy, « les modernes, toutes les fois qu'ils « ont aperçu, soit en réalité dans les monuments, soit en récit « chez les écrivains, des traces de ce goût, ne semblaient s'être « accordés, tantôt à les effacer comme injurieux au génie des an- « ciens, tantôt à en dissimuler l'existence, et presque toujours à en « détourner les yeux (2). »

(1) L. I, c. XXVIII, 8.
(2) *Le Jupiter Olympien*, p. 29.

Sans citer alors les monuments de la Grèce et de la Sicile sur lesquels des couleurs s'étaient conservées, je me bornai à mentionner les principaux éléments qui avaient servi à ma restitution d'un temple sicilien. Je commençai par le sol du pronaos et de la cella, imités de l'enduit en stuc qui s'était conservé dans le posticum et le ptéroma d'un des grands temples de Sélinonte, et je tirai, de la présence de cette aire ornée de peintures, le témoignage de l'origine du caractère particulier des mosaïques antiques, en ce sens qu'elles imitaient toujours, dans les compartiments, dans les ornements, ou dans la reproduction de figures d'hommes et d'animaux, des sujets de peinture ou de tableau proprement dits, plutôt que de riches dallages, comme en offrent généralement les magnifiques pavés à compartiments en marbre de differentes couleurs dans les édifices modernes.

Pour justifier la coloration des colonnes, je citais, en dehors des éléments que m'avait donnés la Sicile, une note manuscrite de M. Dufourny, ainsi conçue : « M. Dodwell m'a dit avoir vu dans « la Grèce plusieurs temples dont les colonnes sont revêtues de « stuc, comme le sont, en Sicile, celles de Girgenti, de Séli- « nonte, etc. Quelquefois ces stucs étaient coloriés de gris, de « rouge ou d'azur, comme sont ceux de Sélinonte : il n'y a que les « colonnes en pierre qui étaient revêtues de stuc. » De ce que ce fait, observé à la fin du siècle dernier, a été omis dans tous les ouvrages publiés depuis sur la Sicile, j'en déduisais qu'on ne peut pas tourner en objection le silence de leurs auteurs ni celui des autres voyageurs.

Aux chapiteaux à volutes des colonnes, je signalais de légères traces de couleurs que leurs fragments avaient conservées, et, pour les chapiteaux des antes, la couleur trouvée sur un pareil chapiteau à Sélinonte, comme sur ceux des temples de Jupiter à Égine, et de Némésis à Rhamnus.

J'énonçais que la coloration des moulures de l'entablement avait été restituée d'après celle trouvée sur cette partie même du temple et sur d'autres restes de monuments de la même ville; mais les métopes et l'architrave n'ayant offert que de légères traces de couleurs variées, qui devaient y faire supposer l'existence certaine d'ornements peints, j'indiquai par quelle analogie j'étais arrivé à découvrir, dans de nombreuses imitations d'entablements doriques en terre cuite, trouvées en Sicile, les motifs d'ornements originairement peints dans les métopes et sur les architraves des monuments réels. Je remarquais à quel point chez les anciens les moindres objets, même d'un usage vulgaire, portaient les traces d'imitations puisées sur les édifices; combien les vases en argile offraient souvent la reproduction des magnifiques couronnements de temples ou de célèbres tableaux, et donnaient aux plus modestes ouvrages du potier un reflet des chefs-d'œuvre de l'architecture et de la peinture. Je complétais les preuves à l'appui de l'emploi raisonné des éléments dont je m'étais servi, par des parallèles prouvant une identité incontestable entre ces terres cuites et des restes de monuments grecs et romains. Enfin, après avoir établi la certitude d'une origine commune et d'un type toujours le même en Grèce comme dans ses colonies, je signalais Égine, Métaponte, Pompéi, Herculanum et toutes les autres sources de mes inspirations, pour la restitution de la couverture et des ornements du tympan et du fronton.

Pour expliquer la riche décoration, au moyen de couleurs, des temples supportés par des colonnes et des entablements doriques, je faisais observer qu'avec l'emploi presque général de cet ordre les couleurs offraient le moyen le plus facile de varier la richesse et l'aspect des sanctuaires, et d'arriver à des modifications très-sensibles, selon le caractère des divinités.

Les Grecs, en effet, n'admettaient pas l'emploi des ordres d'architecture selon la différence de leur caractère et de leur richesse, comme l'ont admis les modernes, puisque des colonnes ioniques décoraient l'extérieur du temple de Minerve Aléa à Tégée, et que, dans la cella, des colonnes doriques supportaient des colonnes corinthiennes. L'ordre ionique est employé, dans l'Ionie, à presque tous les temples. Dans toute la Grèce, en Sicile et dans la Grande Grèce, les plus importants édifices étant doriques, et le même ordre employé de préférence à la variété des genres, des ornements peints, plus ou moins abondants, devaient nécessairement servir à leur donner plus ou moins de magnificence apparente.

Il en fut de même chez les Romains dans l'emploi presque général de l'ordre corinthien, dont ils graduèrent le caractère par la différence dans les profils comme dans le nombre des moulures et des ornements sculptés. Cette intention ressort de la simplicité des ordres du Panthéon, du temple d'Antonin et Faustine, de l'arc de Constantin, etc., comparée à la richesse de ceux des temples de Jupiter Stator, de Jupiter Tonnant, du forum Nerva, et autres.

Je désignai la particularité de la colonne ionique avec l'entablement à triglyphes comme un autre exemple de l'absence, chez les Grecs, de la rigidité d'une classification dans les ordres. J'y voyais la preuve d'une époque particulière dans l'histoire de l'architecture, et je déclarais que le temple d'Empédocle n'était, en aucune manière, un exemple isolé.

En faisant remarquer à quel point un temple grec restitué avec ses couleurs offrait une parfaite ressemblance avec les monuments coloriés d'Herculanum et de Pompéi, à quel point encore tous les éléments de l'architecture de ces villes d'origine hellénique, comparés aux mêmes éléments de la Grèce et de la Sicile, portaient les preuves les plus palpables d'une non moins grande analogie, de manière à permettre l'introduction des uns et des autres dans le même monument sans qu'il en pût naître la moindre incohérence, j'y trouvais un témoignage irrécusable à l'appui de la permanence des formes et du système d'architecture chez les anciens, et une preuve certaine que cette similitude à l'extérieur devait exister aussi pour la décoration intérieure.

En cherchant avec soin et discernement la filiation pour arriver de proche en proche au type des monuments de la mère patrie, Herculanum et Pompéi peuvent offrir de puissantes ressources. Quoique pour la restitution du temple d'Empédocle les éléments soient presque tous pris en Sicile et en Grèce, j'ai voulu avoir recours aux précieux restes de ces villes, pour démontrer d'autant plus et faire apprécier davantage l'enchaînement de ces inductions.

Je fis voir que la confirmation évidente en est dans les compartiments en stucs peints, imitant des dalles, placés en hauteur, au bas des murs, et employés tant à l'extérieur qu'à l'intérieur du temple restitué. Cette décoration, si généralement en usage à Pompéi, n'est autre chose que la tradition du système de construction adapté à presque tous les temples de la Grèce, et commun à presque tous les temples romains.

Je motivais la restitution de la couverture de la cella au moyen d'un plafond à double rampant et à charpente apparente; puis j'établissais le fait de ce genre de couverture par la découverte de tuiles antiques peintes en dessous comme en dessus; par l'imitation de ce genre de construction dans les hypogées grecs taillés dans le roc; par la description, dans Vitruve, de la basilique de Fano et des autres édifices semblables; par son existence dans la plupart des constructions de Pompéi, et de ses nombreuses peintures représentant des monuments; enfin, par la conservation de ce système aux primitives basiliques chrétiennes de l'Italie et de la Sicile.

Pour motiver l'ornementation de la charpente, j'en indiquais les traces conservées dans la peinture des poutres en marbre des monuments d'Athènes et autres de la Grèce; puis dans les revêtements en terre cuite si richement sculptés et coloriés qui recouvraient les charpentes, comme à Métaponte, et qui, dans d'autres constructions, étaient exécutés aussi de matériaux plus précieux; enfin, je rappelais pour ces ornements, comme je venais de le faire pour tout le système, la tradition exactement conservée dans les basiliques siciliennes du XIe siècle.

Je traitais ensuite de l'application de la peinture historique sur mur dans les édifices des Grecs, et particulièrement dans les temples : je disais que l'usage de cette décoration avait été général en Grèce, et je citais les portiques d'Athènes, d'Olympie et de Delphes, où Polygnote, Euphranor et Micon, en retraçant les exploits des héros, excitaient leurs compatriotes à l'imitation des vertus guerrières ; les curies, dans lesquelles Protogène et Olbiade peignirent les images des législateurs ; les théâtres, les odéons, que décoraient les portraits des poëtes et les figures des Grâces, leurs inséparables compagnes ; les gymnases, offrant aux regards les demi-dieux vainqueurs dans les combats de Mars et dans ceux des Muses ; les propylées, plus fameux encore par les ouvrages dont les peintres les avaient ornés que par les marbres dont ils étaient couverts ; les palais, les maisons, les tombeaux, dont la peinture d'histoire sur mur faisait l'embellissement principal ; puis, parmi les temples de la seule ville d'Athènes, ceux de Thésée, d'Érechthée, des Dioscures, de Bacchus et d'Esculape, dont les peintures étaient toutes significatives, par rapport aux lieux et aux divinités. Je disais qu'il ne fallait pas confondre ce système caractéristique de toutes les époques de l'art en Grèce, et qui remonte jusqu'à l'Égypte, avec l'usage non moins ancien et général de suspendre, en forme d'offrandes, des tableaux en bois dans les édifices sacrés.

Je parlais enfin de l'Italie, où les plus anciennes peintures étaient exécutées sur mur, comme dans le temple de Junon à Ardée, dans celui à Cœre, d'une antiquité plus reculée, et dans celui de Lanuvium, où Caligula essaya en vain de les enlever du temple en ruine qu'elles avaient décoré. J'ajoutais que la peinture en mosaïque et à figures des anciennes basiliques et de celles de la renaissance était nécessairement une tradition de cet usage.

Quant à l'ordonnance ou à la composition de ces peintures, je disais que celles des vases grecs ou siciliens étant souvent des copies d'œuvres célèbres, devaient en donner l'idée la plus exacte. J'examinai les différents genres de ces compositions, celles où les groupes sont superposés et celles où ils sont rangés sur une seule ligne ; et je motivai le choix de ce dernier système pour ma restitution, sur le peu d'étendue des dimensions de l'édifice.

Les tombeaux des anciens étant une imitation de leurs temples, je puisai, dans la disposition architecturale des peintures qui ornent les tombeaux de Corneto, les idées les plus certaines sur l'emploi de ce genre d'embellissement ; et en suivant ces errements, sans prétendre que mon arrangement dût avoir été rigoureusement partout le même, j'adoptai, appuyé sur des descriptions de Pausanias, une distribution qui laissait, au-dessus des tableaux, un espace à l'exposition des *ex-voto*.

Pour me guider dans la composition des peintures et leur caractère spécial, que je voulais, autant que possible, en harmonie avec le temps où le temple pouvait avoir été élevé, je jetai un coup d'œil rapide sur l'histoire de la Sicile. J'établis, par cet aperçu historique, que les plus anciens sanctuaires de Sélinonte appartenaient à une époque voisine de la fondation de la ville, qui remonte entre la trente-septième et la trente-huitième olympiade ; que les temples élevés ensuite devaient répondre à la soixante-dixième ; que les autres, parmi lesquels je classais celui d'Empédocle, étaient contemporains de la plus brillante période de l'art en Grèce.

D'accord avec l'époque de l'érection du temple, sa petite dimension me le fit adopter comme ayant été destiné à honorer quelque mortel divinisé, en vue des idées religieuses des Grecs, qui firent élever de nombreux ædicules à leurs héros ; enfin, appuyé sur Diogène Laërce, qui rapporte que les Sélinontins offrirent les honneurs divins à Empédocle qui les avait sauvés de la peste, je supposai que le temple pouvait avoir été consacré à ce libérateur des habitants de Sélinonte. Plusieurs auteurs admettent, en effet, qu'Empédocle fut divinisé dans la quatre-vingt-troisième olympiade. Du reste, ajoutais-je, s'il n'y a pas de preuve incontestable pour cette hypothèse, rien ne s'y oppose, et la présomption est assez justifiée par le nom du héros, par la certitude de son culte, la vraisemblance du fait et l'identité des temps.

C'était donc vers la quatre-vingt-dixième olympiade, où peignaient Panænus, Polygnote, Micon et plusieurs autres peintres célèbres qui avaient déjà employé la diversité des couleurs, que les peintures devaient avoir été exécutées ; et c'était sur les vases grecs qui pouvaient être supposés avoir appartenu à cette époque, que je devais chercher le caractère des compositions dont les sujets fussent d'accord avec la destination de l'édifice.

En adoptant, conformément à l'usage antique, la statue d'Empédocle composée d'or et d'ivoire et de toute la richesse de la sculpture polychrôme, ce choix était d'autant plus motivé que ce favori des dieux ne quittait jamais le manteau de pourpre, et marchait toujours la tête ceinte de la couronne pythique. Aussi, la parfaite harmonie de la statue ainsi restituée, avec l'architecture coloriée, devient une preuve de plus à l'appui de ce système, établi si victorieusement par M. Quatremère de Quincy, et confirmé par tant de nouvelles et concluantes découvertes.

Sous ce rapport, je faisais observer combien, à l'extérieur des monuments, les figures sculptées et coloriées avaient d'avantages sur des tableaux, en ce que ceux-ci, conservant toujours les clairs et les ombres du côté où le peintre les a distribués, ne pouvaient offrir le puissant effet de la sculpture polychrôme, qui, sans cesse éclairée de la même manière que le monument, présente continuellement des effets concordants et harmonieux avec celui-ci.

Je détaillais les raisons qui m'avaient guidé dans le choix de la forme donnée à la porte du temple et dans l'adoption du bronze pour la matière y employée, et je citais, à l'appui de la richesse de ce genre de clôture, les portes en or et ivoire du temple de Minerve à Syracuse.

Pour motiver l'autel dans l'intérieur du temple, je rappelais, à l'appui de cette coutume, le passage de Cicéron où cet auteur dit que deux autels étaient placés dans un ædicule à Messine.

Comme autorité à l'appui de la manière dont j'avais distribué les offrandes et *ex-voto*, je citais le bouclier de Pyrrhus au-dessus de l'entrée du temple de Cérès, à Argos; comme aussi les portraits portatifs suspendus au-dessus des peintures murales de Polygnote, dans l'édifice attenant aux propylées. Je mentionnais encore que la représentation, sur des vases, de nombreux *ex-voto* que l'on voit peints dans la partie supérieure des sujets, dont la scène se passe à l'intérieur des temples, était une preuve non moins concluante en faveur de l'emplacement où j'ai distribué les offrandes.

Je terminais en disant que le nombre des fragments conservés et la dimension restreinte du temple me l'avaient fait adopter, comme présentant moins d'écueils à craindre et comme rendant sa publication plus possible. Enfin, que ce n'était pas le modèle parfait d'un sanctuaire antique dont j'avais fait l'objet de mes études, mais un monument qui permettait une restitution plus facile et plus complète avec l'application du système de l'architecture polychrôme des Grecs.

CHAPITRE IV.

Mémoire de M. Raoul-Rochette sur les peintures chrétiennes des catacombes,

Lu, en août 1830, à l'Académie des inscriptions et belles-lettres.

Après la publication de mon Mémoire et l'achèvement complet de ma restitution, M. Raoul-Rochette lut à l'Académie, en août 1830, un écrit intitulé : « Mémoire sur les peintures chrétiennes des catacombes (1). »

Dans ce travail, qui est, pour ce qu'il contient sur les peintures antiques, la reproduction et l'adoption des idées exprimées par M. C. A. Bœttiger dans son *Archéologie de la peinture*, et d'après lesquelles les édifices publics de la Grèce n'avaient été décorés qu'au moyen de tableaux, tous exécutés sur des planches en bois, et jamais peints sur les murs mêmes ; dans ce travail, l'antiquaire français, en ce qui touche la coloration de l'architecture, s'exprime comme il suit : « L'usage récemment constaté sur quelques-uns des plus
« beaux monuments d'architecture grecque, de rehausser par
« l'application des couleurs la saillie et les détails d'un édifice,
« et d'ajouter ainsi, par une combinaison harmonieuse des ressour-
« ces de tous les arts, à la richesse et à l'éclat des monuments ; cet
« usage, qui paraît avoir été répandu dans la Grèce aux plus beaux
« temps de l'art, comme il l'avait été dans l'Égypte dès les plus
« anciennes époques, et dont les preuves multipliées sont dues prin-
« cipalement aux recherches de M. Hittorff ; cet usage, disons-nous,
« semble avoir eu pour conséquence nécessaire et pour effet immé-
« diat, une part considérable donnée à la peinture historique dans
« la décoration des temples et des édifices ainsi coloriés ; et tel est,
« en effet, sur ce point, l'avis de l'habile architecte que je viens de
« citer tout à l'heure. »

J'avais effectivement établi, comme principe général chez les Grecs, l'emploi de la peinture historique sur mur, inhérente aux monuments : j'ajoutais que ces monuments avaient été également enrichis et ornés de tableaux portatifs, peints sur bois et sur toute autre matière.

Dans son Mémoire, M. Raoul-Rochette réfute l'emploi de ce

(1) Je ne sais pas si ce Mémoire a été imprimé, mais j'en possède une copie manuscrite ; et M. Raoul-Rochette en parle, p. xv, dans la dédicace de ses *Peintures antiques inédites*, comme destiné originairement au recueil de l'Académie.

premier genre de peinture, dans l'extension que je lui donne. Il veut qu'il n'ait été employé en Grèce que rarement, et presque toujours par des artistes subalternes, dans les premiers temps de l'art, au moyen de teintes plates, à l'imitation de ce procédé en usage chez les Égyptiens, et à la suite de l'influence de l'Égypte sur la Grèce. Il admet que le Latium offre, dans les peintures d'Ardée et de Lanuvium, certainement exécutées sur mur par des Grecs, un des plus anciens exemples, à joindre à celui des tombeaux découverts à Corneto, qui présentent, sur leurs parois, des peintures murales grecques à teintes plates, comme le sont les peintures moins anciennes des tombeaux de Cumes, de Pouzzol, etc.

D'après cette opinion, qui, selon le savant antiquaire, fait évanouir les nombreux édifices que j'avais dit être ornés de peintures sur mur, il assure qu'à la belle époque de l'art les monuments n'étaient décorés, en Grèce, que par des tableaux accrochés ou fixés aux murailles, et qu'il faut, par conséquent, renoncer à l'idée séduisante de temples peints, et reconnaître que quelques édifices avaient pu recevoir sur leurs murailles l'ornement de tableaux suspendus. Ce qui n'empêche pas, ajoute M. Raoul-Rochette, le fait établi, d'une manière très-probable, par M. Hittorff, de temples dont les principaux détails d'architecture étaient rehaussés par l'éclat des couleurs. Enfin, cet antiquaire conclut que le système de peinture sur mur a été réduit, chez les Grecs, à la belle époque de l'art, à un petit nombre d'applications, à des détails d'architecture et de sculpture coloriés, et à des édifices d'un ordre inférieur, comme les tombeaux; que si la peinture sur mur a signalé l'aurore de l'art de l'antique Égypte, de la Grèce et de l'Étrurie, elle devint ultérieurement la cause de la chute de cet art, et qu'abandonnée au temps de la prospérité de la peinture, elle n'a été propre qu'à sa naissance et à sa décadence.

Sans discuter ici la valeur des inductions de M. Raoul-Rochette quant à la non-existence des peintures sur mur aux belles époques de l'art en Grèce, discussion qui trouvera sa place plus loin, je ferai remarquer seulement le peu de fondement des conclusions de cet archéologue, sur ce que l'absence des peintures murales détruirait le principe de cette décoration, historique et religieuse, que j'admettais avoir prédominé dans les édifices des Grecs, et particulièrement dans les temples. Personne ne peut nier ce principe ni le détruire; car il existe aussi bien dans le cas où les tableaux décrits par les anciens auteurs, comme ayant couvert les parois des temples et d'autres monuments, auraient été peints sur bois et appliqués sur ou incrustés dans les murailles, comme le veut M. Raoul-Rochette, que dans le cas où ils auraient été peints sur les murs mêmes. L'aspect général des deux genres de peintures étant semblable, leur effet, comme décoration monumentale et comme but moral, l'étant nécessairement aussi, le sujet de la discussion ne serait, à vrai dire, d'aucune importance, ni sous le point de vue de l'art, ni sous celui de l'archéologie.

C'est réduire la question à un intérêt purement matériel, à celui de savoir lesquelles des peintures, ou de celles exécutées sur des planches de bois, ou de celles exécutées sur des surfaces de marbre ou de pierre recouvertes de stuc, présenteraient plus de durée et une plus belle exécution. A la première de ces questions, l'antiquité répond par la conservation d'un très-grand nombre de peintures sur mur et l'absence absolue de tableaux antiques sur bois; les temps modernes, par la destruction des lambris en bois dans nombre d'anciennes églises et d'autres édifices, où beaucoup de peintures murales existent encore et surgissent de jour en jour sous le badigeon qui les couvrait (1). Enfin, pour répondre à la deuxième question,

---

(1) Je mentionnerai ici les remarquables peintures murales religieuses des IX, X, XI, XII, XIII, XIV, XV, XVI et XVIIe siècles, recueillies en France sur la demande de la commission des monuments historiques : ce sont, en outre de celles déjà

il suffit de rappeler quelques-unes des belles peintures trouvées à Herculanum et à Pompéi, pour y voir la preuve certaine que les

publiées de Saint-Savin, en Poitou, les consciencieuses copies faites par M. A. Denuelle, à Avignon, dans deux chapelles du palais des papes et dans la cathédrale; à Villeneuve-lès-Avignon, dans l'ancienne Chartreuse; à Arles, dans l'église d'Héliscamps; à Bordeaux, dans la tour de Veyrines; à Saint-Macaire (Gironde), dans une église romane; à Toulouse, dans celle des Jacobins; à Alby, dans celle de Sainte-Cécile; à Narbonne, dans la cathédrale; à Mont-Saunès (Pyrénées), dans l'église dite des Templiers; à Saint-Chef (Isère), dans une église; à Poitiers, dans Sainte-Radegonde, dans Saint-Jean et dans l'église Notre-Dame; à Saint-Savin (Poitou), dans la tour, dans la crypte et au-dessus de la porte de l'église; à Chaise-Dieu (Haute-Loire), dans le cloître des bénédictins; au Puy, à Autun, à Auxerre, au Mans, à Agen, à Chartres, dans les cathédrales de ces villes; à Bourges, dans l'oratoire de l'hôtel de Jacques Cœur; à Limoges, dans l'église Saint-Louis; à Nevers, dans celle de Saint-Reverien; à Metz, dans la salle du chapitre de l'archevêché; à Coucy, dans le château; à Cahors, dans la sacristie de la cathédrale; à Charlieu (Loire), dans le réfectoire de l'ancien couvent des bénédictins; à Vézelay (Yonne), dans l'église Sainte-Madeleine; à Gassicourt (Seine-et-Oise), dans une église; à Verdun, dans la cathédrale; à Roquemadour (Bouches-du-Rhône), dans la chapelle Saint-Michel; à Tournus (Saône-et-Loire), dans la crypte de l'église; à Loches, dans une chapelle au milieu de la forêt; à Digne (Hautes-Alpes), dans l'église Notre-Dame du Bourg; à Saint-Pierre-sur-Dive (Calvados), dans une église; à Semur, dans la cathédrale; à l'église royale de Saint-Denis; à Saint-Martin des Champs, à la Sainte-Chapelle, à Saint-Eustache, et dans beaucoup d'autres églises de Paris; enfin, les copies des peintures historiques et allégoriques profanes faites à Saint-Quentin dans l'hôtel de ville, à Narbonne, dans les châteaux d'Écouen, de Fontainebleau, de Dissay près Bourges, de Villebon, de Blois, de Chenonceaux, de Cheverny, de Condillac; dans les palais de justice de Rouen et de Perpignan; dans l'archevêché d'Alby, etc. Indépendamment de toutes ces peintures murales, exécutées, soit à fresque, soit à la détrempe, et qui témoignent de la tradition antique la plus absolue pour l'emploi général de ce merveilleux complément de l'architecture, il s'en découvre partout d'autres, aussi bien en France que tout récemment encore en Angleterre, en Allemagne et ailleurs. A ce sujet je citerai la remarquable relation consignée dans l'*Allgemeine Bauzeitung*, Vienne, 1845, p. 333, à la suite d'une visite au dôme de Brunswick par les membres du congrès des architectes allemands. « Le congrès, y est-il dit, examina avec le plus vif intérêt la récente découverte des anciennes peintures qui couvraient toutes les surfaces des murs et des voûtes de l'intérieur de la cathédrale de Brunswick. Cette découverte confirma ce qui jusqu'alors n'avait été que pressenti, que la décoration des églises du Nord consista dans l'application de la tables de bois, le plus soigneusement préparées pour être peintes, ne peuvent offrir de surface plus lisse et permettre une plus délicate

peinture sur les parois et les voûtes, de la même manière que cela avait eu lieu dans les églises italiennes, au moyen de la mosaïque et de la fresque; c'est-à-dire, comme on le voit encore dans les églises grecques à Ravenne, dans Saint-Marc à Venise, dans la cathédrale à Moréale, dans la chapelle royale à Palerme, dans le dôme d'Assisi, dans les plus anciennes églises et chapelles à Florence, et enfin dans le Campo-Santo à Pise. Les nombreuses traces de ce genre de décoration qui ont été retrouvées dans les églises allemandes ne sont que très-parcellaires, à côté du complet ensemble des peintures que les soins judicieux de M. Krahe, architecte de la restauration du dôme de Brunswick, remit au grand jour. Au-dessus d'un soubassement, ses hautes murailles montrent, entre des bandeaux d'ornements distribués de cinq en cinq pieds, des zones horizontales ou frises, sur lesquelles sont représentés des sujets de la Bible. Les compositions sont traitées dans le genre des bas-reliefs, où les figures occupent presque toute la hauteur des champs qu'elles décorent. L'exécution ressemble à des gravures sur bois enluminées : sur les couleurs, posées à teintes plates, les contours et les détails sont dessinés par des lignes noires. Le caractère des peintures ne laisse aucun doute qu'elles furent exécutées immédiatement après la construction du monument, vers la fin du XIIe siècle. Les champs des grandes voûtes d'arête sont admirablement ornés de compartiments toujours de forme différente, et séparés entre eux par de riches bordures et des rinceaux également très-variés. Les plus grands de ces compartiments présentent des sujets historiques; les plus petits, des engencements de feuillages et de fleurs dans le style de l'édifice. Les fonds sur lesquels se détachent les figures et les ornements sont toujours foncés, et en général bleus; ainsi se trouve expliqué le système complémentaire de l'architecture du moyen âge. Les gros piliers, les murs et les voûtes, dont les masses paraissent si lourdes dans les églises romanes, perdent leur nudité, leur monotonie, leur aspect triste et sévère; elles se parent du vêtement poétique de la couleur, de la lumière, du libre essor de l'imagination, et un doux charme s'étend sous leurs obscurs portiques; à la communauté des fidèles en prière viennent se joindre les prophètes, les Pères de l'Église, le Christ et ses disciples, les saints et les anges. La vie actuelle ne se trouve pas isolée dans ces temples; elle y est entourée de la vie des temps antérieurs, où le Sauveur, accompagné d'œuvres de charité et de paroles de paix, marcha parmi les hommes; où Dieu lui-même parla à son peuple élu, et lui envoya ses patriarches pour l'instruire et le libérer. Ces peintures n'offrent pas cette imitation matérielle de la nature, exigée aujourd'hui, et qui ôte le caractère religieux aux édifices sacrés; mais elles suffisaient à l'imagination de nos ancêtres, moins sensibles à la perfection de la forme qui frappe les sens, qu'à celle de l'expression qui touche l'âme. La peinture devait agir sur eux comme une aurore naissante, qui donne la faculté exécution que celle de ces tableaux sur stuc, où la suavité et la finesse ont atteint le plus haut degré de perfection.

de formuler en paroles les sublimes pensées qu'elle fait naître. C'était là le but de l'art dans les temples élevés par nos pères. » On voit d'après ces faits, auxquels il faut ajouter ceux relatés dans l'intéressant ouvrage de M. N. C. Kist (Leiden, 1846) sur les peintures murales récemment découvertes en Hollande, entre autres dans la cathédrale et l'église de *Buur* (Buurkerk), à Utrecht; dans la grande église à *Gorkum*, dans beaucoup d'églises de villages près de *Tiel*, dans celles de *Maurik* et *Lienden*, de *Zoelen*, et la grande église de *Bommel*; puis dans le pays de *Gelder*, sur les murs de l'église de *Valburg* à *Overbetuwe*, de l'église de *Hoorn* et de celle de *Neede*, dans le comté de Zutphen; enfin, et plus particulièrement dans l'église de Saint-Pierre à Leyde : d'après ces faits, on voit non-seulement que partout où le catholicisme éleva des temples, aussi bien en Orient qu'en Occident, la peinture sur mur fut universellement appliquée, mais encore que la manière de la distribuer et de l'exécuter fut partout la même aussi, soit à l'origine de cet art pendant son primitif développement jusqu'à son apogée et sa décadence dans le monde païen, soit lors de sa résurrection avec le christianisme jusqu'à sa plus haute ascension, comme pendant les diverses périodes où l'amoindrissement temporaire du sentiment religieux ralentit l'application monumentale et la perfection de la peinture religieuse, sans pouvoir ni faire disparaître entièrement l'une, ni anéantir tout à fait l'autre. En effet, la distribution de ces peintures, semblable à celle dans le dôme de Brunswick et dans les temples grecs, commence à partir d'un socle ou d'un soubassement, au-dessus duquel les compositions, divisées sur la hauteur en divers champs superposés, se développent sur les parois des murs. C'est ce dont les tombeaux étrusques (Pl. XIX) donnent des exemples, sauf la restriction du nombre des champs, qui résulte du peu de hauteur des murs dans ces hypogées et dans les cella des sanctuaires grecs, comparés à l'élévation des murailles dans les hautes nefs de nos églises. Il en est de même de l'exécution, qui consiste, pour les monuments chrétiens, dans la peinture à *tempera* ou à la détrempe, dans celle à la chaux sur une couche de couleur à base calcaire, employées l'une et l'autre sur des parois sèches, et dans la peinture à fresque appliquée sur des mortiers frais, comme cela eut généralement lieu dans toute l'antiquité.

CHAPITRE V.

Article de M. Raoul-Rochette : « De la peinture sur mur, chez les Grecs. »
(*Journal des Savants*, juin, juillet et août 1833.)

———•◆•———

Trois années plus tard, M. Raoul-Rochette publia, dans le *Journal des Savants*, juin, juillet et août 1833, un article traitant *De la peinture sur mur chez les anciens*. C'est, en grande partie, la reproduction du Mémoire précité, sauf quelques différences dans les expressions et les appréciations. Celles-ci dénotent un changement d'idée quant au mérite de mes travaux et à la priorité qui m'était acquise sur la constatation de l'architecture peinte chez les Grecs, que le savant archéologue avait si abondamment reconnue d'abord. Mon opinion concernant la peinture historique sur mur, que j'avais puisée dans des recherches que personne n'avait encore faites, est présentée comme tranchant *légèrement* une question des plus curieuses. Ce serait à la suite des connaissances acquises *avant et sans moi*, sur l'architecture polychrôme, que j'aurais publié mes recherches.

M. Raoul-Rochette, dans ce Mémoire, me critique sur ce que j'aurais « improprement désigné l'ædicule de Sélinonte comme
« un temple, et improprement qualifié Empédocle de divinité. »
Cependant j'avais parlé du premier « comme d'un édifice dont
« la destination, par son étendue très-inférieure à celle des sanc-
« tuaires consacrés aux principales divinités du culte sélinontin,
« avait dû être plutôt d'honorer quelque mortel divinisé. Conjecture,
« ajoutais-je, d'accord avec les mœurs et les idées religieuses des
« Grecs et les nombreux ædicules qu'ils élevèrent à leurs héros, et
« qui permet de croire que le plus petit des temples de Sélinonte

« avait pu être consacré à Empédocle, ce philosophe à qui, d'après
« Diogène Laërce, les Sélinontins offrirent les honneurs divins. »

M. Raoul-Rochette y dit encore que ce monument n'a pas l'importance que je lui attribue, sa largeur n'ayant pas quinze pieds et sa longueur vingt-quatre. Comme si j'avais écrit quelque part qu'il dépassât ces mesures! J'ai dit, au contraire, « que j'avais choisi ce « monument, à cause de ses dimensions restreintes, parce que sa « restitution me présenterait moins d'écueils. » Enfin le docte antiquaire affecte de vouloir, comme malgré moi, que mon temple soit un héroon, tandis que je n'ai jamais prétendu autre chose. Mais il proclame une grave erreur en s'élevant contre l'analogie de ce genre de monument avec un temple; car un héroon ou ædicule est un temple de petite dimension; et, chose qui certainement ne pouvait être ignorée de cet archéologue, il existe à Athènes même un monument qui, mesuré depuis les colonnes de sa façade jusques et y compris le mur du fond de sa cella, a moins de longueur que les mêmes parties du petit édifice de Sélinonte, dont la cella est, à dix-huit pouces près, de la même largeur. Cet édifice n'est cependant « ni un héroon, ni un de ces tombeaux érigés à la mé- « moire des citoyens illustres, des chefs de colonies, des fondateurs « de villes, qualifiés *héros*, » comme il le serait selon M. Raoul-Rochette. Ce monument est partout désigné comme un temple; car c'est le temple de la Victoire sans ailes.

Cet antiquaire, pour m'attribuer des fautes de savoir et des erreurs où il n'y en a pas, tombe ici dans de graves inadvertances. Sans cela n'aurait-il pas vu, et encore à Athènes, que si la destination d'un monument élevé à un héros, et non pas à une divinité proprement dite, devait rendre impropre la dénomination de temple, le Théséion serait aussi improprement appelé temple de Thésée, et l'Érechthéion temple d'Érechthée, qualification que M. Raoul-Rochette n'a jamais critiquée ailleurs et qu'il a toujours employée.

Ce n'est donc ni la plus ou moins grande dimension d'un édifice ayant la forme d'un temple, ni sa destination comme consacré ou élevé à une divinité ou à un héros, qui exclurait cette désignation ; et quand je n'aurais pas, ainsi que je l'ai fait, parlé en même temps de l'édifice en discussion comme d'un ædicule ou héroon élevé à un mortel divinisé, toute l'antiquité m'autorisait à l'appeler un temple.

Du reste, M. Raoul-Rochette reconnaît encore que la découverte d'un pareil édifice et sa restauration sont une œuvre de sagacité, de goût et de savoir très-recommandable ; que les stucs coloriés employés dans la décoration ne peuvent donner lieu au moindre doute ; que l'on peut admettre dans son ensemble, et sauf quelques détails, ma restauration proposée, comme modèle d'édifice colorié : car, dit-il, « jusque-là le travail de M. Hittorff est conforme aux « notions que nous avaient procurées, dès le temps de Stuart et de « feu Dufourny, et surtout depuis le commencement de ce siècle, « les observations de tous les voyageurs, artistes ou antiquaires, « tels que les Akerblad, les Dodwell, les Stackelberg, les Brönsted, « les Leake, les Cockerell, les Huyot, et qui se confirment de jour « en jour, comme le font voir les découvertes de M. le duc de « Luynes à Métaponte. »

Ainsi la constatation du système de l'architecture polychrôme chez les Grecs, que M. Raoul-Rochette avait déclarée depuis 1824 être jusqu'alors *un fait neuf et capital dans l'histoire de l'art*, dû à mes découvertes et recherches spéciales, et dont il écrivait encore, en 1830, que les preuves multipliées m'étaient principalement dues ; cette constatation n'est déjà plus, en 1833, qu'un fait conforme à des observations, à des notions qui remonteraient jusque vers le milieu du dernier siècle.

Il y a plus ; car, ajoute encore cet archéologue, « à l'exception de « quelques notions relatives à l'architecture coloriée, *fait depuis* « *longtemps admis dans la science*, M. Hittorff n'a apporté aucun « élément nouveau dans la question. »

Mais l'ouvrage de Stuart ne contient absolument rien sur la coloration des édifices de la Grèce. Là même où des ornements peints sont représentés, comme sur les planches du temple de Thésée, cette particularité n'est pas seulement mentionnée ; et, à l'exception de l'étoile, dans le fond des caissons, qui est seule désignée comme une peinture, sans indication des couleurs, toutes les parties ainsi décorées le sont sous le nom générique d'ornements, que l'on pourrait croire plutôt sculptés que peints. Ce qu'en a dit de plus important M. Dodwell se réduit à l'indication d'ornements coloriés aux monuments d'Athènes, à la constatation de couleur sur le temple d'Égine, d'après les découvertes postérieures à son voyage, et de la présence de stucs seulement sur d'autres ruines, comme celles de Corinthe et d'Olympie. Quant aux indications données par M. Dufourny, c'est moi qui les ai découvertes dans les manuscrits de ce dernier conservés à la Bibliothèque nationale, et qui les ai citées textuellement dans mon Mémoire. La deuxième livraison de l'ouvrage de M. Brönsted, dans laquelle seule il est question de la coloration de l'architecture, n'a été publiée qu'en 1830, six années après mon retour de la Sicile. Ce savant ami, pour qui j'ai même réduit le dessin de l'entablement du Parthénon, par M. Cockerell, gravé dans cette livraison, Pl. XL, avait d'ailleurs vu à Rome toutes mes premières restaurations coloriées, comme il vit ensuite toutes celles que j'exécutai ici. M. S. Angell n'a fait rien autre chose non plus dans son ouvrage « Sculptured Métopes, etc., » que de constater la présence de couleurs rouges, bleues et vertes sur quelques parties de l'architecture et des sculptures des temples siciliens. M. Huyot, avant qu'il eût eu connaissance de mes travaux, n'avait fait aucune application des couleurs à ses restaurations des édifices d'Athènes ; et MM. Akerblad, Leake, Stackelberg et Cockerell, ainsi que M. le duc de Luynes, tout en constatant des traces de couleurs sur les monuments d'Athènes, d'Égine, de Phigalie et de Métaponte, n'émirent aucune présomption sur l'existence d'un système général de coloration adapté à l'architecture grecque; système que j'ai énoncé le premier, et qui n'a été étudié et discuté qu'à la suite de mes recherches et de la publication de leurs résultats.

Dans de pareilles circonstances, qui rendent les énonciations de M. Raoul-Rochette si inexactes, on doit nécessairement attribuer le changement d'opinion de cet archéologue, ses contradictions si grandes dans l'appréciation de mes travaux sur la polychrômie, à des causes entièrement en dehors de la science.

CHAPITRE VI.

Brochure de M. G. Semper : « Vorläufige Bemerkungen über bemalte Architectur und Plastik bei den Alten. »

(Altona, 1834.)

Une brochure très-intéressante et toute spéciale à l'architecture polychrôme parut en Allemagne, dans l'année 1834; elle a pour titre : *Observations préliminaires sur l'Architecture et la Sculpture peintes chez les anciens, par G. Semper.* C'était dix ans après mon retour de la Sicile, et quatre après la publication de mon Mémoire et l'achèvement de ma restitution du temple d'Empédocle.

Le séjour de M. Semper à Paris, pendant qu'il y étudia l'architecture, peut faire supposer que mes travaux lui furent connus, et qu'il vit, à l'exposition du Louvre, les dessins de la restitution du temple d'Empédocle. Cependant, comme cet artiste ne parle que des planches coloriées publiées dans mon ouvrage intitulé *Architecture antique de la Sicile,* il se pourrait qu'il n'eût connu que ces planches, les explications succinctes qui les accompagnaient, et l'extrait du Mémoire imprimé dans les *Annales archéologiques de* 1836.

Dans cette brochure, pleine d'un jeune et ardent enthousiasme pour la polychrômie, M. Semper confirme l'existence des traces de peintures, non-seulement aux monuments de la Sicile, mais à ceux de la Grèce qu'il avait visités, comme aux monuments de Rome, tels que le Colisée, la colonne Trajane, et les colonnes dites du Jupiter Stator, aujourd'hui la Grécostasis, sur lesquels il constata également la présence des couleurs traditionnellement transmises par les Hellènes aux Romains. Il s'étonne que les modernes aient prêté si peu d'attention à l'important objet de la polychrômie, lorsque la connaissance en est indispensablement nécessaire pour l'intelligence de l'architecture antique : il oppose, aux artistes et aux savants qui n'admettent pas, aux belles époques de l'art, la coloration des édifices, surtout de ceux construits en marbre, le caractère particulier des ornements, et le moyen de conservation que la peinture offrait pour toutes les matières. M. Semper pense aussi que le silence des auteurs anciens, sur l'application des couleurs aux monuments, est une preuve de l'emploi général et usuel de son principe ; de même qu'à cause de l'universalité, à notre époque, du principe opposé, on ne dit pas, dans la description des sculptures de nos artistes, qu'elles sont monochrômes, ni que nos maisons conservent le ton de la pierre, ou sont blanchies à la chaux. L'existence d'ornements peints sur certaines moulures lui fait admettre que d'autres, où des traces de couleurs ne se trouvent plus, en devaient être ornées aussi, comme, par exemple, l'échine des chapiteaux doriques. Ma conviction, à cet égard, s'est trouvée, dès l'origine de mes recherches sur la polychrômie, confirmée par la découverte de colonnes peintes sur des vases, où l'échine était ornée, et qui sont données dans cet ouvrage, Pl. XX, fig. VIII et XII. M. Semper affirme que les marbres des monuments d'Athènes ne doivent pas leur belle teinte d'or à l'effet du soleil, mais qu'ils sont couverts d'une dissolution de silice, qui forme comme un enduit en émail d'un demi-millimètre d'épaisseur ; que, même sur les parties de marbre qui devaient rester blanches, on voit les traces de l'application d'une couleur.

L'auteur annonce ensuite la publication d'un ouvrage avec des planches coloriées, qui doivent contenir, comme type de l'ordre dorique, la restitution du Parthénon ; de l'ordre ionique et corinthien, le Pandroséion et le monument de Lysicrate ; de l'architecture romaine, la colonne Trajane, une basilique ; enfin, un choix d'édifices mauresques, byzantins, gothiques, florentins et vénitiens.

A part le grand développement que présentait le plan de cet ouvrage, j'avais eu également l'idée de démontrer, par une suite de monuments religieux anciens et modernes, l'existence de l'architecture polychrôme à toutes les époques de l'art. Il y a longtemps que j'ai commencé ce travail, qui doit offrir, depuis le temple égyptien jusqu'à l'église chrétienne de nos jours, la filiation incontestable de la polychrômie chez tous les peuples, et montrer la possibilité comme la convenance permanente de son application. Plusieurs dessins, déjà achevés, m'ont valu des encouragements à les publier ; mais les frais considérables qu'occasionnerait une pareille entreprise, et le désir d'achever, avant tout, cet ouvrage qui est le point de départ de ces travaux, m'en ont empêché jusqu'à présent.

Passant à l'application des couleurs à nos édifices, M. Semper dit judicieusement qu'il serait aussi déraisonnable de vouloir, en imitateurs aveugles de l'antiquité, les étendre indistinctement sur toutes nos constructions, qu'il serait inconsidéré de les proscrire par la crainte de l'abus. Envisagée comme embellissement, l'architecture polychrôme est d'autant plus avantageuse, que, sous notre ciel gris, les couleurs s'harmonisent davantage, leur effet étant, en cela, d'accord avec nos forêts, nos prairies, nos fleurs, plus brillantes et plus variées dans l'Occident que dans les pays méridionaux, de même que l'application des couleurs, comme enveloppe conservatrice, y serait encore plus utile, et par conséquent plus convenable (1).

Dans un supplément annexé à sa brochure, M. Semper exprime le regret de ne pas avoir, avant le complément de son travail, connu le livre de M. Gottfried Hermann, « *De veterum Græcorum Pictura parietum, etc.,* » publié en réponse au mémoire *sur la Peinture des anciens*, par M. Raoul-Rochette. Il s'étonne que l'archéologue français, n'admettant pas l'usage de la peinture sur mur, par les célèbres artistes grecs, aux beaux temps de l'art, ait pu vouloir concilier les textes qu'il cite avec sa manière de voir, entièrement en opposition avec la vraisemblance et les idées les plus naturelles; d'où il conclut que si des explications les plus opposées surgissent du texte des auteurs anciens, les faits recueillis dans les recherches sur les monuments doivent être regardés comme les sources principales de la vérité. Aux arguments que M. Raoul-Rochette veut tirer du *nulla gloria* de Pline, M. Semper oppose les contradictions fréquentes de cet auteur, et le peu de connaissances spéciales qu'il devait avoir de l'art de la peinture.

---

(1) Si, comme je l'ai dit p. 12, l'architecture polychrôme devait, dans la Grèce, se trouver en harmonie avec une brillante végétation et un ciel pur, il n'y a en cela aucune contradiction avec ce que M. Semper dit relativement à l'avantage des édifices coloriés sous le ciel gris du climat occidental. D'une part, le ciel y est quelquefois aussi beau pendant la saison d'été, et, d'autre part, rien n'est plus avantageux pour l'effet de l'architecture sous ces mêmes climats, lorsque en hiver le soleil est caché et l'atmosphère voilée par les brumes, que d'aider à l'appréciation des formes par l'application des couleurs susceptibles de préciser ces formes. Qu'on prenne par exemple la frise sculptée du porche du Cirque Pl. XXIII, et on admettra que si le fond colorié donne plus de richesse à cette décoration pendant les belles journées, les figures et les ornements composant cette frise se distingueraient à peine dans les temps nébuleux, le tout étant monochrôme : résultat qui donne en effet à l'emploi de la polychrômie sur nos édifices un avantage de plus que sur ceux de la Grèce. Beaucoup de statuaires m'ont félicité, sous ce rapport, d'avoir détaché sur une teinte jaune d'or les bas-reliefs placés sous le même porche. Non-seulement ils se voient en tout temps très-bien et de très-loin, mais ils semblent encore caressés et vivifiés par des rayons du soleil, lors même que les pluies ou les brouillards obscurcissent l'air.

En admettant la possibilité de quelque cas où les Grecs auraient dévié de l'antique usage de la peinture sur mur et enchâssé des tableaux dans les murailles, M. Semper fait également la remarque que cette différence dans l'application est peu importante, quant au système général et au principe de la décoration. Il croit, du reste, que l'on n'accrocha que rarement, même à Rome, des tableaux entourés de bordures; et il attribue, avec raison, à l'abandon de la peinture sur mur, la décadence de cet art. Des peintures réunies dans des galeries cessent d'être monumentales; elles perdent leur plus bel effet, n'étant pas exécutées en vue de la place qu'elles doivent occuper. Les riches de Rome, amateurs des arts par vanité et non par goût, ne connaissant que les auteurs des tableaux portatifs, devaient préférer ceux-ci et leur attribuer plus de gloire. Aussi, Pline ne pouvait guère penser et écrire autrement qu'il l'a fait.

M. Semper, pour détruire l'accusation de crédulité portée par M. Raoul-Rochette contre M. K. O. Muller, parce que cet archéologue, qui réunit, dit-il, à un savoir solide une bien plus rare intelligence de l'art, avait cité, d'après le colonel Leake, la présence de l'enduit en stuc dans le temple de Thésée, confirme cette assertion. Ce monument, dit-il, montre sur toute sa surface, à l'intérieur, des traces encore bien visibles d'une peinture dont la substance s'est le mieux conservée du côté du sud, mais dont la couleur a disparu ou a changé dans le cours des temps. Ce n'est qu'en enlevant soigneusement la croûte, surtout dans les parties renfoncées et les fentes, que l'on reconnaît la couleur intacte. Sur les autres parties du temple, M. Semper distingua des traces partielles de deux sortes de rouge (sur les colonnes, sur l'architrave, et généralement sur les grandes surfaces, un rouge de brique chaud; sur les ornements, un rouge ardent de cinabre); deux sortes de bleu (bleu de ciel sur les grandes surfaces; bleu plus foncé sur les ornements); la couleur verte, et des traces douteuses de dorure. Les hauts-reliefs de ce temple étaient également couverts d'une croûte de couleur bien conservée dans les plis des draperies. Sur celles d'une figure assise de la frise, au-dessus du pronaos du temple, à droite, se trouve une belle et fraîche couleur rose; mais on rencontre plus généralement la couleur verte. Le fond de cette frise était bleu, et des surfaces entières en existent encore. Sous le gorgerin de l'ante de l'opisthodome, à la droite du spectateur, sur le côté qui est tourné vers les colonnes *in antis,* se trouve un morceau de la peinture bleue, de la largeur d'une main, dont toute la cella paraît avoir été peinte. Parmi les matériaux composés de fragments du plafond du temple, qui ont servi à la construction de la niche qui fut élevée du temps des chrétiens, entre les antes du pronaos, on rencontre encore des morceaux recouverts en entier ou en partie de cette espèce de vitrification ou émail en couleur jaune, que M. Semper regarde comme d'un emploi primitif, qu'il avait déjà signalé aux colonnes du Parthénon, et dont il a rapporté un morceau.

Dans l'intérieur de la cella, à partir du grand socle jusqu'à la hauteur de six assises, il devait y avoir eu un enduit plus épais, comme paraissent le prouver les restes de stuc conservés entre les aspérités de la surface des marbres, ainsi taillés au moyen de réguliers coups de ciseau. On ne peut attribuer aux chrétiens cette taille parfaitement soignée, parce que, s'ils avaient trouvé les murs lisses, ils auraient exécuté leurs peintures sans intermédiaire sur les parois, comme ils ont fait au Parthénon; peintures, continue M. Semper, qui montrent, dans la manière dont elles sont exécutées, dans l'ordonnance et la sévérité de la composition, comme dans les détails, une tradition des anciennes peintures helléniques. J'ajouterai que les dessins, d'un style aussi grandiose que beau et pur, faits d'après les fresques gréco-byzantines du mont Athos, par M. Papety, et qui appartiennent aujourd'hui au Musée, sont une preuve bien plus grande encore de cette influence traditionnelle de l'art antique sur les œuvres peintes par les Grecs modernes (1).

Enfin M. Semper, en regrettant de ne connaître les objections de M. Raoul-Rochette contre mes restitutions des temples siciliens que par ce qu'en écrit M. G. Hermann, termine en disant : « M. Hittorff *peut s'être permis*, et non pas *s'est permis*, comme « le traduit M. Raoul-Rochette, des choses arbitraires dans l'in- « troduction d'ornements étrangers, ou dans la réunion des cou- « leurs ; néanmoins, la vérité du principe qu'il défend est incon- « testable. »

Il résulte de ce travail, resté la seule publication de M. Semper sur le même sujet, et auquel les importantes constructions élevées par cet architecte distingué, à Dresde, l'ont sans doute empêché de donner suite, que l'architecture polychrôme exista sur les monuments athéniens, avec une plus grande extension qu'on ne l'avait supposé jusqu'alors; que la peinture sur murs fut toujours en usage chez les Grecs ; que l'on a pu en dévier quelquefois, mais non pas aux beaux temps de l'art, puisque le Théséion porte encore les traces de la présence originaire de peintures murales; que, dans le cas même où des tableaux avaient pu être faits séparément et incrustés dans les murs, il ne résultait, comme système, aucune

---

(1) On peut lire dans la *Revue des Deux Mondes* (t. 18, juin 1847) l'expression des mêmes idées par M. Papety, dont la perte récente a détruit les grandes et justes espérances dans l'avenir du jeune peintre qui s'était placé si haut déjà parmi ses contemporains. Cet artiste y dit : « L'école byzantine est toute de tradition entre l'art ancien, qui poursuivait le beau pour la forme elle-même, et l'art chrétien, qui ne s'est servi de la forme que pour l'expression de l'idée....... Les peintures de l'Aghia-Labra (la principale église du mont Athos) remontent aux premiers siècles du christianisme, à ces temps où l'art grec n'était pas encore éteint. » Puis, quant au procédé technique : « Les figures sont exécutées à fresque, par petites hachures, assez fines pour disparaître à distance. Les tons sont très-pâles, et n'ont nullement la prétention de lutter avec la réalité. Le tout est plutôt colorié que peint. » On voit que c'est toujours le même principe d'exécution traditionnelle que celui observé dans le Dôme de Brunswick (dont il est parlé p 27), comme partout ailleurs où il reste d'anciennes peintures religieuses sur mur.

différence entre cette décoration et celle par des peintures historiques ou religieuses inhérentes aux édifices ; enfin, que c'est l'exécution dans les ateliers des peintres en dehors des lieux auxquels leurs œuvres étaient destinées, qui, contrairement à l'opinion de M. Raoul-Rochette, a dû amener la décadence de la peinture.

C'était, en effet, ôter à cet art en quelque sorte sa plus noble application, c'est-à-dire sa véritable puissance, sa grandeur, son plus bel attribut, celui de contribuer à la majesté, à la beauté comme au caractère des monuments d'architecture.

CHAPITRE VII.

Ouvrage du Dr Franz Kugler : « Ueber die Polychromie der griechischen Architectur und Scupltur und ihre Grenzen. »

(Berlin, 1835.)

Après la brochure de M. Semper, parut, en 1835, l'ouvrage très-remarquable et plus étendu de M. F. Kugler, sous le titre : *Sur la polychrômie de l'architecture et de la sculpture des Grecs, et de ses limites.* Cet ouvrage se compose : 1° d'une introduction ; 2° des recherches sur l'architecture, comprenant le témoignage des auteurs, les restes des couleurs sur les monuments, les formes de l'architecture, le système de sa coloration ; 3° des recherches sur la sculpture, comprenant également le témoignage des auteurs, les restes des couleurs conservés sur les monuments, le système de la coloration.

Voici l'exposé sommaire de l'introduction de M. Kugler :

« Pendant longtemps, dit-il, les principes de l'esthétique avaient
« établi, pour base fondamentale, que l'architecture et la sculpture

« grecques étaient uniquement circonscrites dans la forme ; que
« l'emploi de la couleur dans ces arts doit en être rejeté comme
« absolument incompatible. On n'eut aucun égard ni à la présence
« de traces de couleurs sur quelques monuments grecs, ni aux
« inductions qu'on en trouve dans les auteurs anciens ; on l'expliqua
« comme les restes d'une tradition barbare imposée par les prêtres,
« ou bien encore on l'attribua à des influences de la barbarie du
« moyen âge. Les partisans de ces opinions n'en ont pas changé
« jusqu'aujourd'hui.

« En revanche, les témoignages de la polychrômie chez les an-
« ciens, qu'on ne peut pas révoquer en doute, ont trouvé depuis
« quelques années des défenseurs. En tête de ceux-ci, il faut placer
« M. Quatremère de Quincy, qui ouvrit, il y a vingt ans, dans son
« *Jupiter Olympien*, le champ à une nouvelle manière de voir. Il
« établit l'emploi de la toreutique chez les Grecs, et chercha à l'ap-
« puyer et à la défendre en même temps que la sculpture poly-
« chrôme. D'autres avancèrent d'un pas ; de nouvelles découvertes
« offrirent la confirmation de cette manière de voir, et l'on arriva
« bientôt au point qu'à l'encontre de l'ancienne théorie, on voulut
« voir dans la sculpture des Grecs une imitation de la nature portée
« jusqu'à la plus complète illusion. Voelkel, d'abord opposé à la
« magnificence, à la richesse d'imagination que devait offrir l'œuvre
« chryséléphantine de Phidias, la statue de Jupiter à Olympie,
« avance avec assurance que les Grecs, de la plus belle période,
« avaient non-seulement tout à fait peint leurs statues avec des cou-
« leurs locales, mais qu'ils y avaient ajouté des effets d'ombre et
« de lumière. Plusieurs personnes adoptèrent cette opinion.

« Il en fut de même pour l'architecture. On commença par réu-
« nir les restes des couleurs trouvés sur les monuments, mais en
« se contentant d'abord du simple exposé des faits, comme dans
« Stuart et les Antiquités de l'Attique. *M. Hittorff fut le premier* qui
« exposa un système complet de l'architecture polychrôme. Dans

« ses recherches en Sicile, il rencontra une application beau-
« coup plus étendue des couleurs; il y réunit celles qui avaient été
« constatées sur les monuments de la Grande Grèce, de l'Étrurie,
« de l'Attique, etc., pour en restituer un ensemble. M. Semper se
« prononça d'une manière plus décisive encore, en ce que, se fon-
« dant sur ses études en Grèce, il veut avoir découvert sur tous les
« monuments du temps de Périclès une couleur générale. Ses restau-
« rations éminemment ingénieuses, qu'il montra à Berlin, excitèrent,
« au moins parmi les jeunes artistes, un complet enthousiasme.

« D'après cet exposé de la question, continue M. Kugler, on
« trouve, d'un côté, une négation et un rejet complet; de l'autre,
« une admission et une appréciation absolue de la polychrômie.
« Par l'importance qu'elle a pour l'intelligence de l'art grec, et par
« la grande influence de celui-ci sur l'art moderne, une discussion
« impartiale de ces opinions opposées serait opportune. L'établir
« est le but de cet écrit. »

Passant à l'examen des témoignages fournis par les auteurs anciens, M. Kugler, en réfutant avec M. Raoul-Rochette le passage
de Pausanias relatif au tribunal rouge et au tribunal vert, dans
le sens que j'avais admis d'accord avec Winckelmann, y ajoute le
tort de donner à la conséquence que j'ai tirée de ce passage une extension que je ne lui ai pas prêtée; car je n'y ai pas trouvé la
preuve de la polychrômie sur *tous* les monuments d'architecture,
les temples, *etc.*, ce dont je n'avais pas besoin pour ces derniers,
« mais sur d'*autres* édifices, ai-je dit, que les temples. »

En citant le passage de Vitruve au sujet des triglyphes recouverts de cire bleue, M. Kugler veut qu'il soit question plutôt de
monuments très-anciens que de ceux d'un style déjà développé;
moins des monuments de la Grèce que de ceux de l'Étrurie et de
la Sicile, parce que, à cause de leur proximité, Vitruve devait
mieux connaître les derniers que les autres. Ces deux suppositions
se détruisent : la première, par la constatation des triglyphes bleus

sur les monuments siciliens comme sur ceux de la Grèce ; la seconde, par le fait, en lui-même très-surprenant et contraire à la pensée de M. Kugler, que, malgré le voisinage de la Sicile, les relations existantes entre cette île et Rome, et malgré l'importance et le nombre des temples et autres édifices siciliens, Vitruve n'en mentionne pas un seul ; mais qu'il parle des monuments d'Athènes et de la Grèce, comme les connaissant par les livres des architectes grecs.

Ce que cet auteur rapporte sur l'emploi du minium pour en couvrir les murs des péristyles, des exèdres et autres lieux ouverts, est également réfuté par M. Kugler, comme ne pouvant être une tradition de l'usage hellénique, à cause que Vitruve dit que cet emploi date de son époque. Mais Vitruve parle seulement de l'abus que l'on faisait de ces couleurs voyantes et chères ; ce qui ne prouve rien contre l'usage modéré qu'on en faisait antérieurement, et encore moins contre l'application incontestable d'autres couleurs à ces mêmes édifices. D'ailleurs, en indiquant les moyens de faire résister le minium aux effets destructeurs du soleil et de la lune, il fallait bien que l'emploi de cette couleur à l'extérieur eût préexisté, comme on en trouve les preuves les plus concluantes dans les ruines de Pompéi et d'Herculanum.

Au sujet du récit de Pline (1) : « A Élis est un temple de Minerve « dans lequel Panænus, frère de Phidias, couvrit l'enduit des murs « avec du lait et du safran dont, encore aujourd'hui, on sent l'odeur « lorsqu'on le frotte avec le pouce mouillé de salive ; » M. Kugler en réfute la conséquence naturelle, que les murs de ce temple devaient avoir été couverts d'une couleur jaune, par l'impossibilité, dit-il, qu'un artiste aussi célèbre ait fait le métier de peintre en bâtiment. Il ajoute que le récit lui-même ne serait qu'une de ces anecdotes peu importantes de Pline, dans la compilation desquelles

---

(1) Liv. XXXVI, ch. XXIII.

cet auteur se plaisait; et que Bœttiger, en admettant le fait, pense que cette peinture s'appliquait seulement au fond des tableaux que Panænus devait exécuter.

On peut certainement ainsi modifier et expliquer ce passage; mais pour moi, qui ai trouvé en Sicile des traces de stuc de couleur jaune sur les murs des temples, traces qui furent confirmées depuis par M. Serradifalco (1), comme M. de Luynes en a constaté sur les colonnes du temple à Métaponte (2), M. de Klenze ainsi que MM. Raoul-Rochette et E. Burnouf à Égine, M. Paccard et d'autres artistes au Parthénon (3), comme M. Donaldson au temple de Thésée (4), et enfin

---

(1) « La trabeazione e l'ante eran coperte da un leggiero strato di stucco colore *giallognola.* » *Ant. di Sicilia*, t. II, p. 15.

(2) « La pierre dont ce temple est construit est une espèce de calcaire dur et grossier. On voit encore quelques traces d'un stuc *jaune*, très-fin, dont il était recouvert. » *Métaponte*, p. 39.

(3) « Le tympan était bleu azur; la corniche rampante et tout l'entablement, qui offrent un ton général *jaunâtre*, étaient richement peints. » Description du temple d'Égine dans les « *Aphoristische Bemerk.* de L. de Klenze, » p. 179. « Je n'y ai découvert (au temple d'Égine) nulle part la moindre trace de couleur que celle de *jaune clair*, qui est aussi le ton local du péristyle et de l'entablement. » M. Raoul-Rochette, *Lettres archéologiques*, p. 189. « D'après M. Paccard, le *jaune* est très-abondant sur les colonnes du Parthénon. Nous-mêmes avons remarqué que les colonnes du temple de Jupiter à Égine sont couvertes d'un stuc *jaune*. » E. Burnouf, « Le Parthénon, » *Revue des Deux Mondes*, décembre 1847. Dans une lettre de M. Monéghetti, qui étudia également les monuments d'Athènes, cet architecte m'écrit, en date du 30 septembre 1846 : « Je vais vous
« soumettre, non-seulement mes opinions, mais celles de différents autres artistes
« dont la décision a pu servir à m'éclairer. Après plusieurs recherches, nous avons
« tous été convaincus que le temple de Minerve avait dû être peint, et voici les
« observations qui nous ont déterminés dans cette opinion. En visitant la façade
« méridionale, on la trouve recouverte d'une croûte de couleur *jaune d'or*, géné-
« ralement attribuée à l'influence du soleil; mais en recherchant attentivement sur
« la face opposée, qui n'est plus sous la même influence, nous avons reconnu
« également une croûte moins vive de couleur, mais *jaunâtre*, et qui a toute l'ap-
« parence d'un enduit; enfin, en mesurant le fronton du même côté, nous décou-
« vrîmes, sous les moulures de l'angle droit, des traces évidentes de couleurs. »

(4) Dans les « *Transactions of the Institute of British architects*, » v. I, part. I,

M. Mauch sur un des temples de Pestum (1) : pour moi, les paroles de Pline ont, par leur clarté, toute l'autorité possible, sans admettre que Panænus ait préparé et étendu lui-même sa couleur de safran, et qu'il n'ait pas peint des tableaux sur mur dans ce temple. Ne dit-on pas tous les jours, Tel architecte a élevé tel monument, sans qu'il faille en conclure qu'il en ait taillé et posé les pierres ? Ne dit-on

p. 85 et 86, note ‡, rapportée plus loin en entier, ce savant architecte dit « qu'il a constaté en 1820, au temple de Thésée, la présence d'une mince couche ou croûte d'une certaine substance sur les colonnes, les architraves et la frise, ce qui le fit incliner à penser que tout l'édifice avait été anciennement couvert ou avec un stuc ou une mince couche de couleur. » — « A thin coating of some substance is « on all the columns and on the faces of all the interior architraves and frizes; and « i am inclined to thinck that the whole edifice was once covered with a stucco « or a thin coat of paint. » Puis, vol. I, part. II, p. 108, dans un rapport dont je parlerai ultérieurement plus en détail, il est dit, à la suite de la mention du résultat des analyses de couleurs provenant de monuments athéniens, faites par le célèbre chimiste Faraday : « Cette analyse prouve que la surface du marbre des colonnes du Théséion, et d'autres parties des édifices d'où proviennent ces échantillons, était couverte d'une couche de couleurs. » — « This analysis proves that the surface of « marble of the shafts of the columns of the Theseum, and other parts of edifices « from which there specimens were taken, were covered with a colored coating. » Quoique le jaune ne soit pas spécialement désigné ici; comme les monuments athéniens offrent généralement ce ton, il est la conséquence naturelle de la présence des stucs coloriés. Une autre coloration serait d'ailleurs aussi opposée au système de M. Kugler, qui est *l'absence de toute couleur.*

(1) M. Mauch, architecte, auteur d'un parallèle des ordres grecs, et professeur à l'École polytechnique à Stouttgart, m'écrivit, en date du 1ᵉʳ septembre 1846, pour confirmer mes idées sur la coloration des détails et des principales parties des temples antiques : « Favorisé par un très-beau soleil, je remarquai, en 1830, à Pestum, que la cymaise de l'architrave du petit temple, dit de Cérès, se composait d'un quart de rond sculpté d'oves et d'autres moulures. Les fonds des oves étaient peints d'un rouge très-vif, et sur les oves mêmes il y avait des traces d'une couleur d'*ocre claire.* Les encadrements et les dards étaient très-frustes, et je les ai restaurés par analogie en noir. Ces mêmes tons, rouge, *jaune* et noir, j'en vis des traces sur *les murs de la cella*, mais sans que je puisse me faire une juste idée de la manière dont ils y avaient été employés. » J'ajouterai que M. Zanth et moi nous avons constaté à Pestum, dans les ornements en stuc placés entre la gorge et l'échine des chapiteaux appartenant aux colonnes du monument dit la Basilique, la présence de couleurs rouges et bleues.

pas qu'un peintre a appliqué à un édifice telle préparation particulière de couleur, sans qu'il en résulte la nécessité qu'il ait mis personnellement les mains au travail matériel de cette opération? Si donc le fait prouve que le stuc jaune existait comme ton local ou général, accessible au toucher et exposé au frottement, ce fait n'est pas opposé à ce que Panænus puisse avoir présidé à l'application de ce stuc, en même temps qu'il fit faire celui sur lequel il devait exécuter les peintures dont on l'avait chargé.

M. Kugler, en rapportant ce que Plutarque dit, dans la vie de Thémistocle (1), « de colonnes ou stèles en marbre blanc élevées autour « du temple de Diane Orientale, dans l'île d'Eubée, qui avaient « également l'odeur de safran, et en prenaient la couleur après « avoir été frottées avec la main, » doute qu'il puisse y avoir quelque rapport entre cette citation et celle de Pline, ajoutant que, dans tous les cas, « ces colonnes devaient être blanches avant ce frottement. »

Il y a, au contraire, un grand rapport entre ces deux faits, qui montrent incontestablement que les murs du temple de Minerve à Élis, comme les colonnes qui entouraient le bois et le temple de Diane dans l'île d'Eubée, avaient été peints en jaune par le même procédé; car la blancheur du marbre des colonnes ne peut prouver qu'une chose, que la couleur safran, dont elles étaient originairement peintes, avait en partie disparu, à la suite du temps, par son exposition en plein air, à la pluie et aux rayons du soleil. Le frottement de la main et la moiteur qui en résultait produisaient l'effet d'un corps gras sur un corps absorbant, et rendaient plus apparente la couleur encore existante dans les pores du marbre. C'est ce qui a lieu pour toute autre couleur appliquée sur le marbre ou la pierre que l'effet du temps a pâlie, au point de la faire entièrement disparaître à l'œil. J'ai pu et je puis démontrer ce fait sur des morceaux de pierre provenant de temples de la Sicile, primitivement

---

(1) Plut., *Themistocles*, c. VIII.

peints en rouge, sur lesquels cette couleur, insaisissable au premier abord, reparaît en la frottant ou en la mouillant.

Enfin, comme dernier exemple d'un passage relatif à la polychrômie des anciens, M. Kugler parle de la séparation ou cloison qui entourait le trône de la statue de Jupiter Olympien, et qui, selon Pausanias, était peinte en bleu (1). Il pense qu'on doit trouver la raison de l'emploi de cette couleur dans son identité avec celle des murs du temple, peints aussi en bleu, mais seulement dans l'intérieur de cet édifice.

M. Kugler n'admet pas que le silence au sujet de la polychrômie puisse être expliqué par cela même qu'étant un usage ordinaire et général, et les auteurs ne parlant principalement que de choses curieuses et extraordinaires, ils n'en devaient pas faire mention. Car, dit-il, il existe des passages qui témoignent contre la polychrômie, ou du moins contre l'extension qu'on a voulu lui donner en dernier lieu. Pausanias cite des édifices construits en briques et en pierres poreuses ; et comme ces matériaux exigeaient un enduit en stuc, il est à croire qu'on essaya de donner à ce stuc l'apparence du marbre que l'on employait à des monuments plus magnifiques. M. Kugler en tire la conséquence que si ces derniers n'étaient pas peints, les autres ne devaient être recouverts que d'un stuc de couleur blanche, à l'effet d'imiter le marbre blanc.

A l'appui de ce dire, M. Kugler énumère trois stades, deux théâtres, le plafond des Propylées, le temple de Bacchus à Athènes, et un autre temple élevé à Gortyne en Arcadie, comme des monuments que Pausanias dit avoir été construits en marbre blanc ou pentélique, et qui, par cette désignation de la matière blanche, ne peuvent pas avoir été recouverts de couleur.

Je ne parlerai ici que des temples, seuls objets de la discussion. Parmi plus de trente dont Pausanias fait mention, et dans lesquels

---

(1) L. V, ch. XI, 2.

sont compris tous ceux d'Athènes, indistinctement construits en marbre blanc, sans que cet auteur en ait parlé comme tels, M. Kugler n'en peut citer que deux désignés comme étant, l'un en marbre blanc, l'autre en marbre pentélique : comment alors ne pas voir que ce fait établit le contraire de ce que M. Kugler veut y trouver ? En admettant que le temple de Bacchus, et même celui élevé à Gortyne, aient été tout entiers en marbre blanc apparent, quoiqu'il ne soit pas question de la blancheur apparente de ce dernier, mais bien de sa construction en marbre pentélique, Pausanias n'ajoute pas ces désignations à tant d'autres temples dont les restes existent, et que nous savons avoir été pour la plupart exécutés aussi en marbre blanc : la conclusion n'en devrait-elle pas être que c'était là une particularité de ces deux édifices, d'offrir aux yeux la blancheur naturelle des matériaux, lorsque tous les autres monuments étaient coloriés ?

Mais je ne puis pas même admettre cette explication en faveur de l'absence de la coloration sur ces deux temples, qui furent nécessairement polychrômes aussi.

Pausanias, comme pour tant d'autres choses, ne désigne ici les matériaux que parce qu'on les lui indique comme un objet plus ou moins remarquable, soit à cause de l'emploi qu'on en a fait, soit à cause des lieux où ils sont mis en œuvre, soit aussi par leurs dimensions inusitées, comme aux Propylées, et non parce que ces matériaux n'étaient pas peints et qu'ils apparaissaient dans leur couleur naturelle.

Lorsqu'on le veut, on juge facilement des différences entre le marbre peint, la pierre peinte, et la pierre recouverte de stuc colorié. En Sicile, où j'ai trouvé et d'où j'ai rapporté des fragments de ces trois genres de l'application des couleurs, j'ai pu distinguer, malgré leur présence, le marbre de la pierre et les qualités variées de celle-ci; variétés qu'on devait même chercher à faire disparaître dans l'ensemble des édifices, dont la plupart en Grèce comme en Sicile, sont construits de matériaux dissemblables, tels que marbre de différente nature, marbre et pierre, pierre d'un grain fin et pierres plus ou moins poreuses; de sorte qu'en Grèce, lorsque l'on voulait distinguer les marbres, cela était possible malgré leur coloration. Celle-ci devenait en même temps indispensable pour dissimuler au premier abord l'usage de matériaux divers employés à un même édifice, usage que la polychrômie peut avoir particulièrement provoqué, puisqu'elle offrait le meilleur moyen d'en faire disparaître l'inconvénient. Mais ce qui doit être concluant dans cette discussion, c'est que Pausanias, en parlant d'un tombeau élevé près de la ville de Tritæa, dit en propres termes (1) : « Avant d'entrer dans la ville, on voit un monument de marbre « blanc remarquable sous d'autres rapports, mais principalement « pour les peintures qui sont sur le tombeau; ouvrage de Ni- « cias, etc. » Car, quoique ces peintures, comme l'ajoute Pausanias, représentent des sujets à figures, relatifs aux personnages que renfermait ce tombeau, il ne peut être douteux qu'indépendamment des surfaces de marbre peintes de la main de Nicias, l'ensemble du monument devait être colorié et décoré d'ornements en couleurs. Si donc, lorsqu'il désigne comme étant de *marbre blanc* le monument dont il décrit les peintures à figures exécutées par Nicias, parce qu'elles étaient l'œuvre d'un artiste célèbre, Pausanias ne signale pas les peintures d'architecture, il faut, à moins de nier une induction que tout esprit judicieux ne saurait repousser, convenir que le silence de Pausanias s'explique par le fait qu'on n'attachait pas d'importance à ce dernier genre de peinture, et que l'écrivain grec ne pouvait pas plus relever ici ce qui était d'un usage aussi commun, qu'il ne l'a relevé dans aucun des autres monuments dont il parle ailleurs (2).

---

(1) L. VII, c. XXII, 6.
(2) Quand on voudrait que les paroles employées par Pausanias, λίθος λευκός, mot

Il n'existe donc aucune raison d'admettre, avec M. Kugler, que les temples en marbres blancs n'aient pas été coloriés, et que leur couleur blanche ait été imitée sur ceux en pierre recouverts de stucs; ce sont les sanctuaires primitifs en bois peint, puis ceux en pierre enduite de stuc, traditionnellement coloriés, qui servaient de type aux temples successivement élevés en marbre. Cela dut être, non-seulement parce que ces derniers, reproduisant la forme des premiers sanctuaires, durent rappeler aussi leur aspect extérieur de coloration, mais encore parce qu'un édifice en pierre très-ordinaire, couvert de stuc et rehaussé des plus brillantes couleurs et de dorures, aurait paru beaucoup plus riche et plus magnifique qu'un édifice en marbre d'une monotone blancheur, et dont la valeur réelle des matériaux n'aurait pas fait disparaître l'apparente pauvreté.

C'est, du reste, le lieu de faire une remarque sur la fausse idée que l'on attache généralement au marbre comme matière précieuse; il n'acquiert vraiment cette qualité que là où il n'en existe pas de carrières, et où il faut le faire venir de très-loin et à grands frais. Qu'a de précieux pour les habitants de Carrare le beau marbre qui y est en si grande abondance, et qu'on y emploie aussi bien aux objets les plus vulgaires qu'aux plus importants? Le granit, cette matière bien plus précieuse encore par sa dureté et sa couleur, qu'est-il en Normandie et en Bretagne, où il abonde? On ne l'y connaît que sous le nom de *pierre* du pays, employée aussi bien à la cabane du plus pauvre paysan qu'à la chapelle du village et à l'église de la ville. Il n'en était pas autrement dans l'Attique, pays si riche en marbre. C'était, comme je viens de le remarquer à cause de sa couleur, la pierre blanche du pays, et, en raison de la finesse de son grain et de sa dureté, la matière la plus recherchée pour les plus importantes constructions. C'étaient enfin ces dernières qualités et

à mot, pierre blanche (de toute nature), ne désignassent pas rigoureusement du *marbre blanc*, quoiqu'elles soient généralement admises dans ce sens, la conclusion serait toujours la même.

non pas sa blancheur qui lui donnaient du prix aux yeux des architectes grecs, et qui faisaient rechercher son emploi, quoiqu'il dût perdre sa couleur native sous les couleurs étrangères qui devaient le couvrir.

L'homme, indépendamment de l'aspect, attache une très-grande importance à la valeur réelle et à la rareté des matériaux. Quoique le bois, le fer et d'autres matières plus communes encore puissent être dorées de façon à n'offrir à l'œil aucune différence entre elles et entre le bronze, le vermeil et l'or même, il suffit de savoir que tel objet est en bronze, en argent ou en or plutôt qu'en fer ou en bois, pour lui prêter plus d'attention, l'admirer et l'estimer davantage.

Les qualités distinctives du marbre auraient même entièrement disparu sous la coloration, que l'usage qu'on en faisait dans les monuments leur aurait donné encore une plus grande valeur, cette substance pouvant être plus rare sur les lieux et avoir occasionné des frais de transport plus considérables.

Le temple de Delphes était construit en pierre poreuse du pays, la façade principale seule était en marbre de Paros; et M. Kugler n'admet pas qu'on ait pu faire venir ce marbre de si loin pour le cacher sous des couleurs. Par ce que je viens de dire, cette circonstance s'explique, et l'on comprend sans difficulté la coloration. D'ailleurs, le mélange de matériaux aussi différents aurait certainement offert un contraste choquant, si la distribution des mêmes tons sur le stuc qui recouvrait les pierres et sur le marbre n'avait donné à ces deux matières une unité d'effet indispensable à la beauté de tout édifice, et à plus forte raison d'un temple entouré de colonnes peu éloignées les unes des autres. En admettant même que du stuc blanc à côté du marbre blanc eût permis d'atteindre aussi à une certaine unité, ce n'aurait pas été avec le degré d'illusion nécessaire et facile à obtenir avec une même couleur, appliquée sur tout l'édifice. Elle pouvait seule faire disparaître la différence des matériaux de la façade principale avec ceux des autres façades.

Pausanias dit (1) « que le temple de Neptune à Anticyre était « enduit de stuc dans l'intérieur; » M. Kugler en tire la conséquence que les murs devaient avoir conservé extérieurement leur couleur naturelle. Cependant il me semble difficile d'en conclure logiquement autre chose, sinon que ces derniers n'étaient pas couverts d'enduit, ce qui n'empêchait pas l'application de la couleur sur la pierre même des murs. L'enduit employé seulement au dedans, comme dans la cella du temple de Thésée à Athènes, fait plutôt présumer que cette préparation était destinée à recevoir des peintures historiques ou religieuses sur mur, tandis que la pierre, au dehors, n'avait reçu qu'un ton général. Il devait en être ainsi du petit temple à Rhamnus, dont les murs en marbre, restés bruts au dedans, étaient taillés avec soin au dehors : les colonnes et l'entablement étaient faits de pierres tendres et poreuses; d'où on est amené à supposer avec raison l'emploi du stuc peint sur ces dernières parties, et l'application simple de la couleur sur les parois des murs en marbre.

Pline parle d'une invention, au temps de Claude, qui consistait à imiter les marbres de couleur par une peinture appliquée sur les marbres blancs; innovation, dit-il, qui, sous Néron, alla jusqu'à donner le change sur la nature des marbres de couleur eux-mêmes, en donnant aux uns les veines et les nuances des autres (2). Vouloir, comme le fait M. Kugler, trouver dans cette assertion la certitude que, puisqu'il s'agit ici d'une première application des couleurs sur marbre, Pline ne l'aurait pas attribuée aux Romains si elle avait été pratiquée cinq siècles avant chez les Grecs, c'est confondre deux choses très-différentes entre elles. Personne, que je sache, n'a encore avancé que les Grecs, en coloriant des marbres, aient eu pour

---

(1) L. X, c. XXXVI, 4.
(2) Nat. Hist., L. XXXV, c. I.

objet l'imitation des marbres de couleur. Tout ce que les recherches ont appris sur ce sujet, prouve une application de différentes teintes uniformes. La pratique dont parle Pline peut donc avoir été une invention romaine du milieu du premier siècle de notre ère, sans qu'elle permette en aucune manière de nier que les monuments en marbre blanc, élevés en Grèce, eussent déjà été peints cinq siècles et plus auparavant.

Enfin, au sujet du ton blanc qui est généralement employé dans les peintures des vases grecs, où l'on voit des simulacres de temples et autres monuments d'architecture, M. Kugler demande « comment on les aurait ainsi représentés, si les édifices que ces « peintures imitent avaient offert l'aspect de diverses couleurs? » Je répondrai : qu'il existe aussi, sur les vases peints, beaucoup de sujets d'architecture, soit des motifs d'édifices complets, soit des objets isolés, tels que colonnes, stèles, autels, qui sont représentés par des couleurs grise, noire et rouge, sans que l'on puisse en tirer la conséquence que ces objets aient été ainsi nuancés pour donner l'idée exacte des différentes couleurs qu'offraient les modèles eux-mêmes. J'ajouterai que je sais beaucoup de gré à M. Kugler d'avoir cherché dans les peintures des vases antiques, que j'ai toujours considérées comme une source des plus fécondes en solutions archéologiques et historiques, relativement à l'architecture, une induction à l'appui de sa cause (1) : cette induction, je comptais la faire valoir aussi pour en déduire, non pas la blancheur de l'architecture grecque, mais l'application de couleurs, plus généralement

(1) Il doit m'être permis de citer, à ce sujet, les paroles du savant archéologue M. Théodore Panofka, qui dit, p. 2 du *Musée Blacas*, publié avant 1830 : « Chose « étrange! les artistes de notre époque ont souvent mieux apprécié le mérite et le « caractère des vases peints, que certains archéologues de profession. Parmi ces « premiers, M. Hittorff a su exploiter avec succès cette mine féconde. Nous aimons « à rendre hommage à la sagacité dont il a fait preuve, en découvrant, par l'examen des vases peints, des renseignements précieux sur les principes et le génie « de l'architecture. »

claires que foncées, aux parties les plus dominantes des édifices, à celles qui occupaient le premier plan, et auxquelles les autres parties, comme les murs des cella, devaient, pour ainsi dire, servir de repoussoir. C'était pour que les colonnes et leur entablement, cette belle couronne et ces beaux soutiens des temples, fussent d'autant plus faciles à distinguer ; car les sanctuaires grecs devenaient un sujet de joie et de vénération pour le voyageur, d'aussi loin qu'il pouvait les reconnaître à leur brillante apparition.

Ainsi, et malgré la certitude pour moi qu'il doit y avoir eu des temples où la coloration en rouge dominait, comme dans ceux dédiés à Bacchus, je n'en ai pas moins la conviction que la plupart étaient peints en jaune. Lorsqu'il ne peut pas être question sur les vases d'une parfaite reproduction des couleurs, mais seulement d'une imitation conventionnelle, les teintes blanches dont parle M. Kugler n'ont rien qui ne soit applicable à la représentation équivalente d'un ton jaune, comme couleur claire, opposée à des tons foncés tels que les rouges, les bleus, les verts et les noirs.

Du reste, c'est ici le lieu de répéter que je n'ai jamais soutenu que les constructions des anciens avaient dû être indistinctement couvertes de ces dernières couleurs. J'ai avancé et je maintiens que de tout temps le blanc, qui est une couleur aussi bien dans la polychrômie qu'ailleurs, a dû être en usage; mais j'ai toujours pensé aussi que, sous le rapport purement artiel, l'aspect à la fois brillant et harmonieux de la nuance dorée a dû la faire préférer par les artistes à la couleur blanche. Comme ton général, le jaune n'est ni aussi éblouissant au soleil, ni aussi tranchant à côté du noir, du vert, du bleu ou du rouge, que le blanc : aussi apparent sur un ciel d'azur, le jaune l'est davantage sur des nuages clairs et gris, et offre le ton le plus agréable au milieu d'une végétation verte (1).

(1) Il n'est personne, ayant visité l'Italie, la Sicile, la Grèce et les pays orientaux,

Les faits précédents, relatifs à la présence du ton jaune sur les temples de la Grèce et de la Sicile, établissent la prédominance de cette couleur dans l'architecture des Hellènes. Toutefois, on a voulu faire valoir en faveur de l'apparence du marbre blanc au Parthénon, la coïncidence de la couleur blanche, comme symbole de la virginité, avec le caractère virginal de Minerve. Il ne saurait en être ainsi, car l'emploi du marbre dans son état naturel, une fois admis comme principe général, sa blancheur n'exprimerait plus aucune allusion dans des temples consacrés à des divinités d'un caractère opposé. Du reste, il serait facile d'établir sur une base aussi peu solide l'application du ton jaune à l'Hécatompédon athénien : cette couleur, qui signifie l'or, l'emblème de la lumière divine, de l'intelligence révélée par la Divinité, cette couleur, qui est le symbole de ce qui est beau et parfait, pourrait s'appliquer tout aussi bien et d'autant plus peut-être à la déesse de la sagesse, que les anciens la dénommaient, à cause de sa blonde chevelure, *flava Minerva*.

Quant aux paroles de l'oracle aux Siphnéens, « *Lorsque Siphnos* « *aura un prytanée blanc et une agora blanche,* » rapportées par

qui n'ait éprouvé l'impossibilité de fixer, même passagèrement, toute couleur blanche éclairée par les rayons du soleil ; et je partage l'opinion de M. Bracebridge, lorsque cet architecte disait, dans une lettre écrite d'Athènes (1835-1836), et relatée p. 105, vol. I, part. II des *Transactions* de l'Institut des arch. brit., ouv. cité : « Quand on considère le brillant éclat du marbre pentélique fraîchement travaillé, on comprend la cause de l'emploi des couleurs, en dehors de la raison d'imiter cet usage attique appliqué à beaucoup d'anciens temples : c'est que les détails des édifices auraient été perdus pour l'œil dans beaucoup de parties, au milieu de l'étincellement général de cette matière. » — « When we consider the brilliancy of Pen« telic marble when fresh worked, there appears a reason for using colors beyond « that of imitating the usages of Attica in more ancient temples, namely, that the « minutiæ of the work in many parts, would have be lost tho the eye admidst the « general brilliancy. » On sait, du reste (et Goëthe, dans son traité des couleurs, explique par la construction de l'œil pourquoi), qu'en fixant une surface blanche très-éclairée, elle éblouit cet organe au point de le rendre incapable de distinguer, pendant quelque temps, des objets vus même sous une lumière modérée.

Hérodote, qui ajoute que « *ces édifices étaient décorés en pierre de* « *Paros* (1); » quant à ces paroles, dis-je, citées par M. Kugler, pour prouver, d'une manière absolue, que tous les monuments en marbre de Paros, élevés au siècle de Périclès, avaient conservé l'aspect blanc de cette matière et n'étaient pas peints, je répondrai :

1° Que la circonstance dans laquelle l'historien parle de l'oracle et des constructions blanches qui s'y rapportent, peut les faire envisager plutôt comme étant une exception à la règle générale, que comme offrant une preuve du contraire;

2° Que l'oracle, prononcé certainement avant l'érection des édifices auxquels il fait allusion, a pu donner aux Siphnéens l'idée de laisser leur marché, et les vastes portiques destinés à la réunion des prytanes, avec l'aspect naturel de leurs pierres blanches, jusqu'à ce que « *l'apparition du bataillon en bois et du messager rouge,* » c'est-à-dire des vaisseaux peints de cette couleur et montés par les Samiens, dont l'oracle avait dit que la ville devait se défier, eût eu lieu;

3° Qu'en rappelant ce que je viens d'exposer, que la couleur blanche dut être aussi bien employée par les Grecs que toute autre couleur pour peindre leurs édifices, l'aspect blanc des deux monuments de Siphnos pouvait être le résultat d'un système de décoration où la couleur blanche dominait à côté de l'emploi de beaucoup d'autres couleurs;

4° Enfin, qu'il est possible et même probable, lorsqu'il s'agissait de constructions en marbre d'une destination profane et d'une étendue aussi considérable que pouvaient l'être un prytanée et une agora, que la peinture n'y était pas nécessairement appliquée sur toutes les surfaces, et que, dans ce cas, son application aux parties les plus importantes suffisait, et n'avait, même avec cette restriction supposée, rien qui fût contraire à l'existence de la polychrômie.

(1) L. III, c. 57.

Ne voyons-nous pas, à presque toutes les cathédrales dites gothiques, la porte principale et les portes latérales décorées de peintures et de dorures, sans que le reste des façades soit peint; tandis que la polychrômie a été très-souvent et complétement appliquée à l'extérieur de petites chapelles et de tombeaux de la même architecture, comme elle le fut, presque sans exception dans l'intérieur, aux grandes comme aux petites églises, depuis le IIIe jusqu'à la fin du XVIIe siècle, et même partiellement encore au delà?

Il faut, d'ailleurs, bien distinguer entre les temples de tous genres des anciens, d'une destination spéciale au culte des dieux, des hommes divinisés ou glorifiés, d'une exécution précieuse dans tous les détails, et d'autres bâtiments d'une destination plus ou moins vulgaire, d'une dimension comparativement immense, et d'une exécution moins soignée. Ces constructions pouvaient présenter une différence dans leur décoration peinte. Si l'aspect traditionnel et la richesse réelle ou apparente des anciens sanctuaires devaient se retrouver sur les nouveaux, à l'effet de produire le même sentiment de vénération qu'avaient inspiré les temples qu'ils remplaçaient, cette nécessité n'existant pas pour les autres édifices a pu, avec l'absence des causes précédentes, y avoir fait introduire des modifications dans l'emploi de la polychrômie. Mais, encore une fois, et quant à l'agora et au prytanée de Siphnos, les paroles de l'oracle et celles d'Hérodote prouvent seulement, même en admettant l'apparence du marbre de Paros à ces deux édifices, qu'ils offraient une exception au système général de la polychrômie, et ne sont en aucune manière la confirmation d'un usage opposé.

Au lieu donc de conclure, avec M. Kugler, que tout ce qui, dans le beau temps de l'art grec, a été construit à Athènes en marbre de Paros ou pentélique, resta blanc à l'extérieur, et que ceux qui veulent étendre le système polychrôme à toutes les parties de l'architecture, sur les monuments véritablement helléniques, n'ont pas pour eux de témoignage écrit, mais en ont contre eux, c'est nécessairement la conclusion contraire qui résulte de ce que je viens d'établir.

M. Kugler, passant à l'usage des Grecs d'embellir leurs monuments d'objets de bronze, mentionne, d'après Homère, leur emploi aux temps héroïques. Il cite le temple en bronze de la Minerve Chalciæcos, à **Sparte**, et particulièrement le temple de Jupiter, à Olympie, celui d'Apollon, à Delphes, et le Parthénon, comme ayant été ornés de boucliers de bronze dorés. Mais, tout en admettant que ces trophées n'ont pu être compris dans la disposition primitive de la décoration, il trouve dans leur présence, dans celle de tant d'autres objets de ce métal cités par Pausanias comme ayant enrichi les temples, dans les séparations de bronze entre les colonnes des pronaos et des posticum, dans les boucliers suspendus autour du gymnase appelé le Lalichmium, à Élis, et dans les traces des trous et les fragments de bronze aux temples d'Athènes et ailleurs, suffisamment d'indices pour admettre que les Grecs avaient une grande prédilection pour décorer l'architecture avec des ornements de cette matière richement dorée.

Passant de la décoration métallique appliquée au navire de Ptolémée Philopator, au monument de Lysicrate à Athènes, où les entailles des chapiteaux font présumer qu'ils avaient un cordon en bronze, et au temple de Cyzicus, dont les joints des murs étaient couverts de lames d'or, M. Kugler conclut en disant « qu'un précieux
« marbre blanc dans sa magnificence naturelle, ou, avec des maté-
« riaux inférieurs, son imitation en stuc, et d'importants orne-
« ments brillants d'or, devaient être les éléments dominants des
« édifices les plus importants de la Grèce. »

Cependant, la vérité est que les découvertes faites depuis ont ruiné totalement ce système, dans lequel l'auteur s'était, à son insu, trop préoccupé de vouloir concilier les monuments helléniques avec la manière générale de voir de notre époque; tentative qui fausserait nécessairement l'antiquité, dont les productions les mieux restituées seront toujours d'autant plus près du vrai, qu'elles s'éloigneront davantage des principes admis jusqu'ici dans l'art moderne.

La seconde partie de l'ouvrage de M. Kugler, qui traite des restes de couleur conservés sur les monuments, qu'il avait pu réunir dans les ouvrages connus jusqu'en 1835, époque de la publication de son travail, je la passe sous silence, puisque j'en reproduis la plus grande partie dans mes planches avec les découvertes postérieures, et que je mentionnerai les autres dans mon texte. Je dois cependant faire remarquer que, partout où les faits sont contraires à son système, M. Kugler cherche tant soit peu à les atténuer, soit en y signalant des contradictions apparentes, soit en essayant de faire douter de leur sincérité; mais comme, encore une fois, les résultats des recherches, faites depuis les dernières quinze années, sont si concluants qu'ils ont dû changer les idées de M. Kugler, ce que ce savant s'est empressé de me dire lors de son dernier séjour à Paris, avec une franchise qui honore son caractère autant que ces travaux glorifient son savoir et son talent, je n'entrerai dans aucun détail à ce sujet.

La troisième partie traite des formes de l'architecture. N'ayant pas trouvé, dans les monuments attiques de la plus belle période de l'art, des preuves que la polychrômie y fût employée avec l'extension qu'il reconnaît avoir existé en Sicile, en Italie et dans le Péloponèse, le savant allemand demande s'il est permis d'en conclure que l'ornementation coloriée s'est moins bien conservée sur les monuments de l'Attique? Cette question, il la résout négativement.

L'examen, dit-il, du développement des formes architecturales dans les monuments des différents pays où l'art grec s'est transplanté, apprend qu'elles se sont modifiées différemment; que dans chaque pays domina un principe particulier; qu'on ne trouve, nulle part, une autorité suffisante pour appliquer les conséquences d'un lieu à un autre, et encore moins pour juger, par la contrée la moins favorisée, du progrès des arts dans celle où l'art atteignit sa plus grande perfection.

A l'appui de cet argument, M. Kugler passe en revue les monuments pélasgiques, ioniens et orientaux, ceux du Péloponèse, de la Sicile et de l'Italie, pour établir que dans les contrées occidentales de la Grèce, aussi bien aux époques les plus florissantes, vers le Ve siècle avant notre ère, qu'aux époques postérieures, l'architecture dorique s'y montre généralement, au lieu de sévère, essentiellement lourde, irrationnelle, et mêlée de beaucoup d'éléments étrangers. On trouve, dit-il, dans les plus anciens restes de Pompéi, beaucoup de motifs grecs ressemblant à ceux qui ne se rencontrent en Grèce qu'aux constructions des IIe et IIIe siècles avant notre ère; et quand on voit les proportions du temple toscan d'après Vitruve, n'est-on pas porté, toujours au dire de M. Kugler, à trouver, dans l'imitation de l'art grec chez les Étrusques, l'influence d'un goût originairement bizarre et corrompu?

J'aurai ultérieurement l'occasion d'établir ce que cet examen et ces déductions ont d'erroné; car, quoique les faits seuls dussent suffire pour détruire complétement, quant à la polychrômie, le système de M. Kugler, je suivrai partiellement ici le point de la discussion que je me propose de traiter complétement, sous peu, dans la suite de mon Architecture antique de la Sicile.

M. Kugler, dans l'indispensable nécessité de séparer presque entièrement le principe général de l'art hellénique de celui qu'il veut voir particulièrement appliqué dans l'Attique, poursuit son but dans un paragraphe spécial, intitulé : « Sur la signification des formes architectoniques, telles qu'elles sont développées dans les monuments athéniens. »

C'est un examen détaillé, où, depuis le sol jusqu'au sommet des édifices, toutes les parties employées aux temples d'Athènes sont envisagées et expliquées sous le point de vue de leur objet et de leur forme relativement à cet objet. Il attribue aux unes, comme aux colonnes, la force verticale et l'élévation ; aux autres, comme aux architraves et aux parties analogues, la résistance horizontale et l'étendue ; à toutes, la beauté des formes. Certainement je ne puis qu'être d'accord avec M. Kugler, dans beaucoup de ses justes et savantes appréciations ; aussi n'est-ce pas là ce qui nous divise, mais bien son jugement si absolument défavorable aux autres productions helléniques, comparées aux monuments d'Athènes.

L'auteur dit, au commencement de cet examen, avec un poétique enthousiasme, que « les monuments de l'Attique se distinguent de « tous les autres par la pureté, l'élégance et l'harmonie des formes, « et que la force et la stabilité, la noblesse et la sérénité, la majesté « et la grâce qui s'y trouvent réunies, n'ont pu l'être à ce point que « par l'influence fécondante de la divine et virginale protectrice de « ce pays. » Je suis de cet avis, mais en même temps de l'opinion absolue que les monuments d'architecture élevés par les Grecs, à la même époque, soit en Grèce, soit ailleurs, doivent participer à ces justes éloges. Leur mérite équivalent ressortira nécessairement de tout jugement où l'on ne mettra pas en cause la beauté des matériaux et le soin exquis de l'exécution ; ces avantages, la position d'Athènes par rapport à ses carrières de marbre, et la possession des trésors de toute la Grèce, pouvaient seules les lui procurer à ce degré. Pour que ces comparaisons soient équitables et rationnelles, on ne devra pas laisser de côté, surtout en Sicile et dans la Grande Grèce, la nature des matériaux donnés par le sol et le besoin d'une solidité extraordinaire, afin que les constructions offrissent une résistance suffisante contre les ébranlements d'une terre minée par les volcans.

Mais telles sont les suites du système de M. Kugler, qu'en voulant, à tout prix, établir que les monuments d'Athènes n'étaient pas coloriés, parce qu'à l'époque où il écrivit on n'avait pas encore constaté avec toute la certitude actuelle leur coloration, cet auteur commence par dire que cet usage, confirmé et admis par lui-même sur les autres monuments de la Grèce et de ses colonies, est nécessairement de mauvais goût, comparé à l'absence de ce système aux monuments de l'Attique ; puis, que ce même mauvais goût que présentent les monuments des autres contrées est une preuve certaine d'infériorité dans tout le système architectural des Grecs, opposé à celui de l'Attique, ou, pour rester plus fidèle aux inductions réelles de M. Kugler, à celui de l'acropole d'Athènes seule : de là cette comparaison incomplète et incompatible avec tout jugement valable en fait d'architecture, où la convenance locale est une des premières qualités à apprécier. Cette qualité, si éminemment empreinte sur les monuments siciliens, les place dans quelques parties d'autant plus près des monuments athéniens et les rend d'autant plus dignes d'admiration, qu'ils en diffèrent davantage, et qu'ils sont moins des copies serviles que les déductions libres d'un même principe. A ce sujet, je ferai voir que la plupart des temples siciliens offrent les mêmes rapports généraux que ceux de l'Attique, tandis que, pour les proportions des colonnes et des entablements, les besoins de la stabilité y ont guidé le sentiment de l'architecte. Le galbe des fûts, le goût et la finesse des ornements, y sont aussi parfaits que dans les monuments athéniens à peu près contemporains ; la résistance à opposer aux causes locales de destruction exigeant en Sicile, pour les grands temples, des colonnes plus fortes, c'est-à-dire, plus courtes dans le rapport de leur diamètre à leur hauteur. Les temples moyens, où cette cause n'existait pas, offrent, ou les mêmes proportions générales et partielles, ou des proportions plus sveltes encore que celles de l'ensemble et des détails des sanctuaires élevés à Athènes.

Dans sa quatrième partie, intitulée : « Système de la polychrômie, » M. Kugler veut que la différence dans les formes et les proportions, qu'il a signalée entre les monuments élevés par Périclès et ceux des autres pays de la Grèce et de ses colonies, en ait produit une plus grande encore dans l'application des couleurs ; que là où il existe, selon lui, un goût barbare, un défaut d'intelligence de formes, il doit se trouver aussi plus d'arbitraire dans la polychrômie ; « que « ce n'est donc qu'avec la plus grande précaution que l'on doit « s'appuyer sur les restes coloriés d'autres monuments et d'autres « contrées, pour en établir un principe général, tel qu'il a dû être « applicable aux édifices élevés à l'époque du plus beau développe- « ment de l'architecture grecque ; et que par conséquent la manière « contraire que j'ai employée, en me croyant autorisé à édifier tout « un système au moyen de détails épars, est contestable. »

Jamais objection ne fut moins fondée que celle-ci, puisque, dans ma restitution d'un temple de la Sicile, je n'ai employé que des éléments provenant d'édifices de cette île, et qui offraient les plus évidentes et les plus incontestables analogies. Mais ce qui est réelle- ment contraire à toute solution satisfaisante, à toute logique, pour arriver à l'éclaircissement d'un fait d'archéologie grecque, c'est que, pour éclairer et rétablir un système appartenant tout entier aux idées antiques, on ait recours à des théories et à des considé- rations modernes. Aussi ne faut-il, pour le démontrer de nouveau, que redire les conclusions de M. Kugler, aujourd'hui totalement réfutées par les faits : « que les plus beaux monuments élevés dans « l'Attique, qui furent exécutés en marbre blanc précieux, conser- « vèrent leur couleur naturelle, et n'eurent de peints que quelques « détails très-subordonnés. »

Examinant ensuite comment et où la peinture devait avoir été appliquée, M. Kugler établit que, pour l'ordre dorique, ce ne pou- vait être que dans les métopes, et sur cette moulure en forme de bec de corbin qui est employée dans la corniche, et dont la Pl. IX, Fig. x, offre un exemple.

« Les métopes, dit M. Kugler, étaient originairement des ouvertu- « res, bouchées par la suite au moyen de dalles ornées de sculpture. « Pour faire valoir celle-ci, et laisser aux triglyphes les fonctions

« de porter la corniche, le fond des métopes dut disparaître der-
« rière un ton foncé. On employa le bleu, à cause de sa présence
« constatée à Athènes sur le fond des bas-reliefs des portiques
« intérieurs. M. Brönstedt, qui les admet sur un fond rouge, s'est
« trompé, parce qu'il n'a eu en vue que les monuments siciliens,
« dont la coloration des métopes en rouge n'est qu'une particularité
« des édifices de ce pays. »

Voilà l'assertion de M. Kugler : mais les faits irrévocablement admis aujourd'hui prouvent que les fonds des métopes du Parthénon, aussi bien que des tympans, étaient peints en rouge, certainement aussi propre que le bleu à faire valoir la sculpture. Pour cette partie de l'entablement, autant que pour les triglyphes, qui étaient bleus, au temple de Minerve comme à ceux de la Sicile, à celui d'Égine comme probablement à tous les autres sanctuaires des Hellènes et de leurs colonies, il existait donc une conformité absolue ; conformité qui ne pouvait évidemment s'arrêter là, qui devait s'étendre sur tout l'ensemble des édifices, et qui ne prouve pas plus contre le bon goût des architectes qui ont fait peindre ainsi, sous Périclès, les temples d'Athènes, qu'elle n'infirme le mauvais goût et l'infériorité des artistes qui ont agi de même pour les temples de la Sicile et des autres villes de la Grèce.

Quant à la moulure en forme de bec de corbin, qui paraît à M. Kugler primitivement destinée à être ornée de feuilles, il admet que ces ornements y furent peints de différentes couleurs. Les perles des baguettes, les oves des quarts de rond, les rais de cœur des talons, les filets et listels, M. Kugler en explique la peinture comme un moyen de lier ces ornements aux grandes parties incolores, et de les faire ressortir davantage. Il restaure le tracé des ornements de la moulure de couronnement du fronton, les ornements en bronze rapportés et les figures des acrotères, au moyen de la dorure. Il rejette, comme ne pouvant avoir été non plus appliquées aux monuments d'Athènes, les traces de couleurs bleue et rouge, trouvées sur les gouttes, la ténie ou le bandeau de l'architrave et le mur de la cella du temple d'Égine.

Le système de M. Kugler, représenté sur une planche gravée d'après un dessin de M. le professeur Strack, et appliqué à une partie de la façade du Parthénon, consiste donc dans la blancheur naturelle du marbre des fûts de colonnes et des chapiteaux, de l'architrave, des triglyphes et du larmier ; dans la coloration en bleu des mutules, du fond et des chapiteaux des métopes ; en rouge, des moulures au-dessus des triglyphes et de la première face du larmier ; dans quelques autres peintures sur des moulures, et dans la dorure des ornements de la cymaise du fronton, des têtes de lion, des bas-reliefs, des boucliers et des inscriptions sur l'architrave. Dans l'intérieur, M. Kugler veut les murs de la cella, les poutres et les antes en blanc ; les chapiteaux des dernières décorés d'ornements peints, les frises bleues, et le fond des caissons orné d'étoiles en or.

Quoique, dit ensuite M. Kugler, une couleur appliquée sur les murs des cella des temples pût faire valoir davantage les colonnes extérieures, il doute que cet emploi ait eu lieu sur les façades latérales, et croit que la disposition des pronaos et des posticum, dont la profondeur faisait naturellement ressortir les colonnes des façades principales et postérieures, doit faire admettre qu'on a voulu réserver cet effet pour ces dernières seules. A l'appui de cette supposition de l'absence de la couleur sur les murs latéraux des cella, on peut, continue le savant auteur, citer un passage de Vitruve (1), celui où cet auteur, en parlant du temple pseudodiptère, vante cette innovation d'Hermogène, en ce que la profondeur plus grande qui en résulte pour les portiques donne un aspect plus noble à l'édifice. Mais comme cet effet, observe M. Kugler, est produit par la projection plus grande des ombres entre les colonnes, on ne comprendrait pas les louanges données par Vitruve, si ce résultat

(1) L. III, ch. 11.

pouvait avoir été généralement obtenu par l'application d'une couleur foncée sur les murs de la cella. Il y a plusieurs réponses à cette remarque et à la conséquence qu'en tire l'auteur : la première, qu'Hermogène, en ôtant la deuxième rangée de colonnes du diptère, ne changeait absolument rien à l'éloignement du mur de la cella, relativement aux colonnes qui entouraient le temple extérieurement. Cet éloignement restait absolument le même. L'éloge de Vitruve ne peut donc pas se rapporter à l'effet produit par une plus grande profondeur du ptéroma et une projection plus grande des ombres sur les murs, l'une et l'autre ne changeant pas. Il y a plus : c'est que la suppression des colonnes intermédiaires devait nécessairement rendre les murs plus accessibles à la lumière, par la raison que si la projection de l'ombre était la même par rapport à la saillie du plafond, il n'en était pas ainsi quant aux colonnes supprimées. Celles-ci, non-seulement devaient, à de certaines heures du jour, porter ombre sur les murs, alors que celle du plafond n'en atteignait plus la base, mais elles devaient en tout temps, par leur masse opaque, leurs ombres et pénombres, empêcher l'action des jours de reflets, qui répandaient indubitablement une puissante clarté sur les murs de la cella du pseudodiptère. La seconde réponse consiste dans l'objection présentée par M. Kugler dans un renvoi : c'est que Vitruve fait, non-seulement l'éloge de l'invention d'Hermogène, parce qu'en ne supprimant que le superflu, elle était économique et rendait le ptéroma plus spacieux, mais parce que cet artiste avait obtenu cet avantage sans rien ôter à l'effet du diptère ; car, ajoute Vitruve, « les colonnades, ou le ptéroma, ayant été inven« tées pour ajouter, par l'éloignement des colonnes, à l'aspect majes« tueux des temples, et pour abriter, en cas d'averses, plus de monde « autour de la cella, le pseudodiptère remplit parfaitement ce but. »

Je donnerais, enfin, pour troisième réponse, que, si foncée que soit la couleur d'un mur, fût-elle même noire, le jour et l'ombre s'y distinguent parfaitement, et laissent juger de l'éloignement d'un objet placé au-devant ; de sorte qu'avec une petite distance entre une colonnade et un mur, celui-ci offrira, avec une couleur rouge, par exemple, des parties d'un rouge clair là où le soleil pourra les atteindre, et des parties d'un rouge foncé là où elles se trouveront dans l'ombre, c'est-à-dire deux valeurs différentes de ton, sur lesquelles se détacheraient les colonnes. Mais la couleur, partout plus foncée, n'en aidera pas moins à faire ressortir celles-ci, lorsque la profondeur sera assez grande pour que les rayons du soleil ne puissent pas atteindre le mur. Il est donc certain que si la peinture appliquée sur les murs des cella offre l'avantage d'aider à une plus grande apparence des colonnes, et à cet aspect majestueux préconisé par Vitruve, l'effet en sera toujours plus puissant dans un temple diptère et pseudodiptère ; il le sera moins dans un périptère, bien moins encore dans un temple pseudo-périptère. C'est surtout dans ce dernier genre de temples, à colonnes engagées, que l'on peut voir combien l'emploi des couleurs foncées, quoique contribuant beaucoup à détacher les colonnes, produit néanmoins peu d'effet comparativement à celui de ces soutiens isolés et éloignés du mur, se détachant sur un fond de couleur identique.

M. Kugler suppose que l'intérieur de la cella des petits temples pourrait avoir été orné de véritables tableaux, et que, dans les Hypètres, les murs devaient être peints pour que les objets d'art qu'on y exposait pussent mieux se détacher.

Passant à l'ordre ionique, l'auteur applique aux temples de cet ordre son précédent système, mais avec des ornements sculptés et peints à la fois ; il veut plus de richesse dans les détails, plus d'or, et un fond bleu pour les frises.

Enfin, M. Kugler se résume en disant « que là où des matériaux inférieurs exigeaient le stuc, la coloration devait être plus abondante ; que, dans la manière différente dont l'architecture s'est développée, il faut chercher l'emploi plus étendu des couleurs sur les monuments du Péloponèse et de la Sicile ; qu'ainsi Pompéi offre déjà une décadence de l'art dans des colonnes peintes de deux couleurs différentes ; et qu'en admettant l'existence de triglyphes bleus sur un des tombeaux de Corneto, on peut classer ce fait, comme celui que j'avais signalé en Sicile, si tant est, ajoute peu courtoisement le savant allemand, *qu'il soit fondé*, à côté de ce que Vitruve dit des triglyphes de cette même couleur. »

Malheureusement pour l'imaginaire système de M. Kugler, ce fait est non-seulement fondé pour les monuments de la Sicile, il l'est encore très-péremptoirement, comme je l'ai déjà dit et redit, pour ceux d'Athènes.

Je ne m'étendrai pas sur le travail de M. Kugler, concernant la sculpture polychrôme ; la plupart des éléments qu'il contient se trouvent dans le *Jupiter Olympien* de M. Quatremère de Quincy, dans les écrits de Voelkel et autres savants : je dirai seulement qu'il admet, indépendamment des œuvres de la toreutique et de celles chryséléphantines aux belles époques de l'art et aux monuments athéniens, la coloration complète des statues et des bas-reliefs, pour ce qui tient aux draperies et aux vêtements, néanmoins sans imitation des étoffes ; et qu'il reconnaît l'usage général de l'emploi de tous les genres d'accessoires en bronze et autres métaux. Pour les nus, son opinion est qu'ils étaient exécutés en ivoire, en marbre et en pierre qui conservaient leur aspect naturel. Toutefois, dans la figure, les yeux, formés de diverses matières, souvent de pierres précieuses incrustées, rappelaient, à un certain point, la nature ; d'autres fois ils étaient peints ; les lèvres l'étaient toujours, et les cheveux étaient dorés.

L'opinion du savant archéologue est donc plus avancée, c'est-à-dire plus près du vrai, pour la sculpture des Grecs que pour leur architecture ; et comme les traces de couleurs trouvées sur les édifices de l'Attique sont aujourd'hui au moins aussi concluantes que celles qui ont guidé M. Kugler dans sa conviction sur la coloration des statues et des bas-reliefs des anciens, rien n'est plus applicable à ce savant lui-même, relativement à la peinture des monuments

d'Athènes, que les paroles qu'il adresse à ceux qui ne partagent pas sa conviction sur la coloration de la plastique. « Nous devons, dit-
« il, quant à l'application des couleurs, dont il ne nous reste pas
« d'exemple complet, nous en fier au génie des Grecs ; car, à moins
« que les sculptures de Phidias, parvenues jusqu'à nous, ne soient
« pas ce qu'il y a de plus digne et de plus admirable ; à moins d'avoir
« pu, avant de les connaître, nous faire une idée de leur inimitable
« perfection, de leur noblesse, de leur pudique beauté ; à moins
« enfin de supposer que des artistes qui créèrent des œuvres aussi
« élevées eussent pu les gâter par un accessoire barbare, nous
« ferons certainement bien de nous prosterner devant ces demi-
« dieux de l'art, et d'avoir foi en ce qu'il ne nous est pas permis
« d'apprécier. »

Mon opinion est donc plus rapprochée de celle de l'auteur, quant à la sculpture. Toutefois, j'ai la conviction que, très-souvent, les étoffes mêmes étaient reproduites ou enrichies d'ornements analogues à ceux des broderies qui les couvraient ordinairement ou représentant des objets symboliques, surtout dans les statues composées de diverses matières précieuses. Je suis certain que les nus étaient peints d'un ton général, sans offrir pour cela une reproduction absolue de toutes les nuances du coloris naturel. Cette certitude résulte pour moi des traces de la couleur de chair sur les nus des colossales figures du temple de Jupiter, à Agrigente, dont des fragments de draperies étaient peints en rouge. Cette certitude est encore la suite d'essais qui me firent voir l'effet désagréable, avec des lèvres et des yeux peints, du ton naturel de l'ivoire et du marbre, rappelant par leur blancheur la pâleur de la mort et donnant à la figure l'apparence d'un spectre pétrifié, tandis au contraire qu'un léger ton de chair produisait, dans les mêmes circonstances, l'effet le plus harmonieux. Le visage y gagnait un véritable charme par l'apparence de la vie, en même temps qu'une incontestable majesté par l'absence de tout mouvement. Je fis ces essais sur les statues de la Vierge et de l'enfant Jésus, qui surmontent l'autel d'une chapelle funèbre élevée, d'après mes dessins, dans le cimetière du Nord. Ce monument de style ogival, d'après les vœux de la comtesse Potocka, née princesse Soltikoff, qui y est ensevelie, étant richement décoré de peintures et de dorures, tant à l'intérieur qu'à l'extérieur, j'appliquai aussi, aux deux figures composant un même groupe, le système polychrôme. Les draperies imitent les plus magnifiques étoffes couvertes de broderies en or, et j'employai des imitations de pierres précieuses dans les bordures et sur ces broderies; enfin, c'était une inspiration des splendides figures de la cathédrale de Cologne et de la Sainte-Chapelle de Paris. Eh bien! ce ne fut que lorsque les nus, essayés d'abord en couleur de marbre, puis d'ivoire, eurent reçu une douce carnation graduée selon les nuances des couleurs naturelles, que l'ensemble présenta un aspect des plus agréables et des plus imposants. Ayant exposé le groupe pendant quelque temps chez moi, et sous un beau jour, ce qui n'a pu avoir lieu dans la chapelle, où la lumière ne lui est favorable que lorsque le soleil arrive à la hauteur de l'horizon, les artistes les plus contraires à la coloration de la statuaire ne purent s'empêcher de trouver l'effet saisissant, et la polychrômie un puissant auxiliaire de la sculpture. Une chose qui frappa surtout les hommes instruits, ce fut la haute idée que ces figures en pierre, couvertes de couleurs à l'encaustique et de morceaux de verre, donnaient, par la possibilité de la comparaison, de ce que devaient avoir été le Jupiter et la Minerve de Phidias. Non-seulement les matières les plus précieuses abondaient dans ces œuvres immortelles, mais ces matières y offraient, dans chaque ornement composé de figures ou d'hommes ou d'animaux, ou de création fantastique, nécessairement autant de chefs-d'œuvre : des camées inappréciables pour le travail de l'art, et l'ivoire inappréciable par sa beauté et les qualités de sa nature, y remplaçaient les cristaux et la pierre; enfin, tout ce qui ne pouvait être dans la production moderne qu'un simple ornement, susceptible d'être exécuté par le premier artisan venu, était une conception de Phidias, une œuvre exécutée par lui ou par ses disciples. Cette impression fut comparativement non moins forte sur tout le monde sans distinction. A ce sujet, je ne puis résister au désir de citer les paroles d'un ouvrier tailleur de pierre, qui, appelé à faire des trous pour y fixer les fausses pierreries avant que rien ne fût peint, dut revenir pour en percer encore quelques-uns au moment où le groupe était, pour ainsi dire, achevé. Lorsque cet homme, certainement libre alors de toute impression religieuse, arriva inopinément devant les deux figures, il s'arrêta tout court, se découvrit, me regarda d'un air stupéfait; puis, levant de nouveau les yeux vers les saintes images, il me dit d'une voix émue : « Mais, Monsieur, en vérité, c'est à se mettre à genoux devant. »

Je doute fort que la belle statue du Christ, en marbre blanc, placée dans l'église de la Madeleine, et due à l'habile ciseau de M. Duret, qui exécuta le groupe de la Vierge et de l'enfant Jésus, produisît jamais un pareil effet, tandis qu'avec l'application de la polychrômie elle eût probablement excité la même sensation. M. Duret partage, sous ce point de vue, entièrement ma conviction; et cet artiste, qui a observé à quel point la coloration exige de choix dans les tons, et à quel point surtout, la carnation une fois donnée aux nus, ceux-ci paraissent infiniment moins soignés, moins étudiés, moins achevés qu'auparavant, acquit également la certitude que les couleurs, appliquées à la sculpture, devaient nécessairement concourir à la perfection de celle-ci, par l'exigence d'un fini excessif dans l'exécution. Les couleurs font paraître à l'œil les moindres aspérités avec une puissance qui ne laisse rien inaperçu; de sorte que l'on peut dire avec certitude que si une figure coloriée avec art et avec goût ne fait pas bien, c'est la sculpture qui est en défaut, et non pas la polychrômie.

J'ajouterai qu'à mon retour de Sicile, voyant à Venise le célèbre

Cicognara, ce savant m'assura que Canova avait été également grand admirateur et partisan de la sculpture polychrôme. A ce propos, il me raconta qu'étant à Rome, et allant un jour, comme d'habitude, à l'atelier de son ami, il en trouva, contre l'ordinaire, la porte fermée ; entré ensuite, après avoir été reconnu par l'illustre statuaire, celui-ci l'avait placé près d'un marbre voilé, en lui disant qu'il allait exposer à ses regards le précieux et cher objet qui lui avait fait tirer la clef de la serrure, et qu'il ne voulait montrer qu'à lui. L'artiste leva alors le voile qui couvrait le buste d'une Vénus, colorié à peu près comme la nature (colorato quasi al naturale), et dont l'aspect le frappa d'admiration. « Me jetant alors dans ses bras, con-
« tinua le narrateur enthousiasmé, je ne pus m'empêcher d'appeler
« mon ami un nouveau Phidias, en le priant d'appliquer une sem-
« blable coloration à une statue entière, et d'en émerveiller le monde.
« Mais Canova répondit avec sa très-sincère modestie (colla tanta
« sua modestia) : « Je suis loin de mériter ce surnom ; mais s'il pou-
« vait être juste, il l'aurait paru, dans le cas actuel, plus encore aux
« Athéniens du siècle de Périclès qu'aux Romains du nôtre. Tu
« sais, cher ami, que j'ai déjà fait des essais avec de légères teintes
« et quelques dorures : sois certain qu'il m'en faudra faire progres-
« sivement beaucoup d'autres encore, avant d'être assuré de la
« réussite d'une statue polychrôme comme je la sens et comme elle
« devrait être. Pour aujourd'hui, le temps n'est pas encore arrivé
« (Per oggi, non è tempo ancora) (1). »

(1) J'ignore si l'auteur de l'Histoire de la sculpture a mentionné ce fait quelque part ; mais il me parut assez intéressant pour en tenir note. C'est dans cette même entrevue que Cicognara, après avoir examiné les ornements des métopes provenant d'Acræ, et dont la pl. VII contient une grande partie, me pria de lui en laisser des calques, pour s'en servir à l'église que Canova avait fait élever à Passagno, lieu de sa naissance. Cette église, tout en marbre blanc, reproduit dans sa disposition principale celle du Panthéon de Rome, et dans son porche celui du Parthénon d'Athènes. Six bas-reliefs, les seuls achevés à la mort de Canova, ornent les métopes du milieu de la façade, et les autres sont en effet décorés d'ornements partiellement

CHAPITRE VIII.

Article de M. Raoul-Rochette sur l'ouvrage de M. le duc di Serra di Falco :
« Antichita della Sicilia. »

(*Journal des Savants*, janvier 1835.)

Dans la même année où fut publié le livre de M. Kugler, il parut dans le Journal des Savants un article sur l'ouvrage de M. le duc di Serra di Falco, ayant pour titre : *Les Antiquités de la Sicile*. M. Raoul-Rochette y proclame, en 1835, la publication de M. le duc, comme il l'avait fait de la mienne en 1829, « l'ensemble le plus « magnifique, le plus véritablement digne et de l'importance des « monuments originaux et de l'état actuel de la science, qui ait « encore été entrepris. » Je n'ai pas à m'occuper ici de cet éloge, qui ne prouve que la facilité de son auteur à distribuer la louange ou le blâme avec la même légèreté. La continuation de mon ouvrage sur l'Architecture antique de la Sicile, fera apprécier ce jugement à sa juste valeur. Je dois seulement signaler la troisième variante dans l'opinion du savant antiquaire sur la restitution du plus petit temple de Sélinonte, et où il critique à présent l'emploi des colonnes aux chapiteaux à volutes avec un entablement à triglyphes, et la manière dont j'en avais restitué la coloration.

---

composés d'après ceux d'Acræ. A part ces reliefs, l'église est enrichie d'autres sculptures exécutées, et d'un tableau peint par son fondateur. Indépendamment du sentiment religieux qui a dû guider dans cette création le célèbre statuaire, il a voulu sans doute y donner aussi les preuves de son talent comme architecte et comme peintre; mais en cela il s'est sans doute moins occupé de son aptitude à atteindre ce but avec succès, qu'il n'aura été séduit par la pensée de se voir comparer un jour à Polyclète d'Argos, cet émule de Phidias, qui paraît ne pas avoir été étranger à la peinture, et qui fut l'architecte d'un temple circulaire, aussi tout en marbre, qu'il éleva à ses frais à Épidaure.

Comme on l'a vu, le premier fait n'avait paru, dans le principe, à M. Raoul-Rochette, qu'une chose remarquable et singulière par sa rareté, et n'avait attiré aucune critique sur M. Zanth et sur moi; car nulle part cet archéologue n'avait dit en 1829, ce qu'il affirmait en 1835, que notre savoir s'était trouvé en défaut à ce sujet. Ce fait de l'emploi simultané des éléments ioniques et doriques que j'avais cité comme n'étant pas isolé, mais dont M. Raoul-Rochette affirmait alors « qu'il n'en existe réellement en Sicile et ailleurs *qu'un seul exemple,* n'est plus qu'un composé de méprises et d'illusions. » Et pourquoi? Parce que M. le duc a restitué le même temple avec des colonnes doriques, et que par suite, et selon M. Raoul-Rochette, « avec la ruine de mes illusions disparaît surtout une grave contradiction dans les doctrines de l'art antique. » Cependant, en disant qu'il existait d'autres monuments où des colonnes avec des chapiteaux à volutes étaient surmontées de l'entablement à triglyphes, j'affirmais un fait, resté il est vrai inaperçu jusqu'alors, mais constant et indubitable, et dont les preuves sont données sur les planches XVII et XVIII. Ces planches offrent en effet, la première, sept monuments encore existants, parmi lesquels plusieurs ont même des colonnes composites et corinthiennes, qui sont tous de pays différents et d'une destination différente, et que couronnent des entablements doriques; la seconde, une suite de peintures antiques, tirées de vases et d'édifices de Pompéi, qui présentent une non moins intéressante réunion des mêmes exemples, nécessairement copiés sur la réalité. Que fallait-il donc au docte professeur pour savoir que ce n'était pas, comme il l'affirme, une *particularité unique dans l'antiquité*, et pour ne pas s'exposer à voir véritablement sa science mise en défaut, et ses affirmations formellement contredites? Il fallait connaître des ouvrages qui devaient lui être familiers; il fallait surtout ne pas être animé d'aucun sentiment étranger à l'amour sincère de la vérité et de la science.

Quant aux couleurs que le critique m'accuse d'avoir mises où il n'y en avait pas, la vérité est que s'il y avait eu un reproche à m'adresser, c'eût été celui de n'avoir pas mis sur les triglyphes la couleur bleue, couleur que les fouilles postérieures à mon séjour en Sicile y ont fait découvrir.

D'ailleurs, M. Raoul-Rochette, qui avait vu les restes du temple sur les lieux en 1829, qui déclarait alors *avoir vérifié mes recherches et reconnu leur exactitude*, serait tout aussi fautif que moi, s'il y avait eu substitution, de ma part, d'une couleur à une autre. Dans ma manière d'agir, qui n'était que ce qu'elle devait être, un hommage rendu à la vérité, il y avait plutôt une réserve à reconnaître qu'un blâme à exprimer, puisque, ayant trouvé la couleur bleue sur les triglyphes de l'entablement d'un des grands temples, je l'avais donné avec cette couleur (1); puisque enfin cette coloration était d'accord avec mon système, et que des triglyphes avec la couleur locale de l'architecture du temple y étaient opposés.

Je ne m'arrêterai pas davantage à discuter et à réfuter les autres allégations toujours contradictoires avec les propres paroles précédemment citées du savant antiquaire : « que ma distribution arbi-« traire des couleurs est contraire aux témoignages classiques; « qu'elle se trouve démentie sur tous les points, par les fragments « réels qui subsistent de l'édifice antique; et enfin, que la restitu-« tion du petit temple de Sélinonte, par M. Zanth et moi, *constitue* « *un assemblage arbitraire, une œuvre d'imagination et de fantaisie,* « *plutôt que de critique et de vérité.* » Ce sera dans la deuxième partie de cet ouvrage, dans la description de la restitution du temple d'Empédocle, que cette discussion trouvera partiellement sa place (2). Cependant je ferai remarquer, dès à présent, cette

---

(1) *Architecture antique de la Sicile*, par J. J. Hittorff et L. Zanth, Pl. 40, F. 1.
(2) Je dis partiellement, parce qu'il n'entre pas dans l'objet de cet ouvrage d'envisager la restitution du temple d'Empédocle sous un autre point de vue que sous celui de la polychrômie. Je discuterai de nouveau tous les autres points de ce

singulière façon de juger une restitution : ne croirait-on pas qu'un pareil travail ne doit comporter, en aucune manière, l'application d'éléments puisés en dehors de l'objet restitué, et que l'imagination de l'artiste ne doit y avoir aucune part? Mais s'il n'y avait rien à ajouter, à rétablir, à reconstituer, ce ne serait pas une restitution, mais bien une reproduction. Car, dans le travail qui est la base de cet ouvrage, et que l'état des restes du monument ne m'a pas permis d'appeler même une restauration, j'avais bien pesé la définition qu'il faut attacher au mot *restitution*. Ainsi, il y a, à la fois, reproduction pour la masse et les profils de l'entablement, restauration pour les chapiteaux et la proportion des colonnes, et restitution pour la forme du temple relativement à la disposition de son porche, pour les emmarchements, la dimension de la porte, les bases des colonnes, la couverture; puis, quant à la décoration, reproduction d'une partie des couleurs comme celles des triglyphes, des mutules, du larmier, du fond des métopes, enfin, reproduction de la coloration locale; mais restitution pour tout le reste, c'est-à-dire, pour un si grand nombre de parties restituées, comparativement à celles reproduites et restaurées, que le mot *restitution* est la seule dénomination convenable. Que l'on me reproche après cela d'avoir manqué des éléments réels, d'en avoir employé provenant d'autres monuments, et enfin d'avoir laissé mon imagination entrer pour quelque chose dans mon travail; ce travail ne pourrait être l'objet d'une juste critique, qu'autant que je n'aurais pas puisé les éléments de ma restitution à des sources que peuvent approuver l'art et la science, aussi bien que la raison, et un jugement indépendant de tout système, de toute influence étrangère et de toute prévention.

Ces observations contenant une partie de la réponse que je fis à

---

travail dans la continuation de mon ouvrage sur l'Architecture antique de la Sicile, que j'espère entreprendre après la présente publication.

l'article de M. Raoul-Rochette, publiée dans le *Journal des Savants* en mai 1835, je ne fais que la mentionner, ainsi que la note dont cet archéologue la fit suivre. Il en est de même de la lettre de M. Serra di Falco, insérée aussi dans ce journal du mois de septembre 1836. Elle avait pour objet de réfuter les inexactitudes que j'avais signalées dans l'ouvrage de cet auteur, et sur lesquelles je reviendrai.

CHAPITRE IX.

« Lettres d'un antiquaire à un artiste, sur l'emploi de la peinture historique murale
« dans la décoration des temples et des autres édifices publics et particuliers,
« chez les Grecs et les Romains, par M. Letronne. »

(Paris, 1835)

Une publication du plus haut intérêt, faite au sujet de mes travaux sur la polychrômie et de la controverse qu'ils avaient soulevée, parut aussi en 1835. Les Lettres, au nombre de seize, qu'elle contenait et que M. Letronne m'adressa, eurent pour objet principal de rectifier l'opinion de M. Raoul-Rochette, contraire à l'application de la peinture sur mur chez les Grecs, aux belles époques de l'art.

Elles contiennent non-seulement ce que cet important sujet exigeait de savantes recherches, de connaissances en philologie et en archéologie, de sentiment des arts, de raisonnements et d'inductions logiques; mais encore des investigations nouvelles et intéressantes dans leurs résultats, sur l'emploi de la mosaïque, sur la peinture extérieure et intérieure des palais et des maisons, et sur les différents moyens d'exécution employés par les peintres de l'antiquité.

Dans ce livre, où l'érudition satisfait le savant et instruit l'artiste par un exposé simple, une discussion claire et la solution la plus juste, M. Letronne rappelle les beaux travaux de M. Quatremère de Quincy au sujet de la sculpture polychrôme ; mes recherches et mes idées analogues au sujet de la coloration de l'architecture et de l'emploi de la peinture sur mur : il cite Winckelmann, les académiciens d'Herculanum et M. d'Agincourt, comme ayant adopté la présence de ces dernières dans les monuments des anciens ; MM. Hirt et K. O. Muller, qui ne l'admettent que partiellement ; Carlo Féa et surtout M. Bœttiger, qui la rejettent ; et enfin M. Raoul-Rochette, qui, en suivant l'opinion de ce dernier, parle des peintures sur mur des Grecs comme d'une illusion, et d'un usage opposé à l'antiquité tout entière.

Au point de vue le plus vraisemblable, l'auteur admet que la peinture sur mur devait être la conséquence de l'architecture et de la sculpture polychrômes, ces dernières traditions d'un usage importé primitivement de l'Égypte. L'imitation, par la peinture seule, des sujets religieux représentés en sculptures coloriées sur les édifices égyptiens, les rendait plus faciles et moins coûteux à exécuter. La disposition des murs en surfaces lisses, dans les cella des temples, présentant le fond le plus durable à la peinture, devait avoir été préférée à l'emploi des planches, intermédiaire propre seulement à des tableaux portatifs, qu'on exposait aussi dans les temples, mais seulement comme offrandes.

Le silence gardé par les auteurs, au sujet de l'architecture polychrôme, ne prouve que la généralité de son application.

D'après Pline, le savant philologue établit l'existence, d'abord adoptée, puis contestée par M. Raoul-Rochette, des peintures d'origine grecque sur mur dans le Latium, à Ardée, à Lanuvium et à Cœré ; de celles dans le temple de Cérès, à Rome, par Damophilus et Gorgasus, et par Fabius Pictor dans le temple de la déesse Salus, aussi à Rome : les premières remontent à 493 ans et les dernières à 302 ans avant Jésus-Christ ; enfin, des peintures sur mur exécutées sous Vespasien, par Cornelius Pinus et Accius Priscus, dans le temple de l'Honneur et de la Vertu. Les plus anciennes peintures latines ayant dû être exécutées par des Grecs, il en résulte que ce genre d'exécution avait dû préexister en Grèce, et s'y être conservé au moins aussi longtemps qu'en Italie. On ne peut donc douter de l'existence de l'usage des peintures historiques et religieuses sur mur dans la Grèce, les arts de ce pays ayant seuls régné pendant si longtemps à Rome et dans tout le Latium.

Du passage de Pline concernant Pausias, M. Letronne conclut que c'étaient bien des peintures sur mur que cet artiste avait exécutées sur les parois d'un édifice à Thespies, primitivement peint par Polygnote. Au sujet de l'enduit au lait et au safran que, selon Pline, Panænus avait appliqué à un temple d'Élis, il admet avec M. Bœttiger que cet enduit fut appliqué sur les places destinées aux peintures de cet artiste, et rejette les objections de M. Raoul-Rochette, qui, forcé d'admettre la présence de peintures exécutées à Élis par Panænus, en fait des peintures d'ornements, comme si le genre d'exécution le plus monumental qu'il puisse y avoir « était un art « subalterne, un métier de décorateur de murailles; » définition bien extraordinaire dans la bouche d'un archéologue, qui croirait abaisser les grands artistes de la Grèce en leur attribuant un genre de peinture qui immortalisa, à la magnifique époque de la renaissance, plus que tous leurs autres travaux, Giotto, André Orcagna, Masaccio, Léonard de Vinci, Raphaël, Michel-Ange, Corrége, Dominiquin, et tant d'autres sublimes artistes.

Afin d'établir le fait du déplacement de peintures sur mur, enlevées avec leur enduit et une portion de la muraille pour être transportées de la Grèce à Rome, M. Letronne cite les passages de Vitruve et de Pline au sujet d'un pareil enlèvement de peintures emportées de Lacédémone pour orner le Comitium pendant l'édilité de Varro et de Murœna. L'importance, la difficulté et la cherté d'une semblable opération, où une partie du mur dut être séparée de l'édifice, font supposer le mérite et le prix de ces peintures, nécessairement historiques. De ce que ce fait n'est cité qu'à propos de la solidité des murs en brique, et non pas à propos des peintures, on en doit tirer la conséquence qu'il ne peut pas avoir été isolé, et que beaucoup d'autres peintures sur mur ont dû être ainsi enlevées de la Grèce et transportées à Rome. Pausanias parle d'un portique situé dans l'Altis d'Olympie, qui portait deux noms, dont l'un était Pœcile, parce que ses parois avaient été autrefois peintes : M. Letronne pense que ces peintures sur mur, comme celles de Lacédémone, avaient été enlevées de la même manière; ce qui rejette l'induction de tableaux exécutés sur bois, et décrochés des murailles.

Les paroles de Vitruve sur la solidité des stucs grecs, qu'on détachait par parties pour les replacer ailleurs, en les entourant de cadres, ne peuvent que s'appliquer à des stucs couverts de peintures intéressantes, soit par leur sujet, soit par leur exécution. En rapprochant cette circonstance d'enduits peints ainsi enlevés, et provenant, selon Winckelmann, de Stabie, de Portici ou d'Herculanum, comme on en trouva à Pompéi, l'auteur en déduit qu'un grand nombre de peintures précieuses sur stuc ont dû être détachées en Grèce par les Romains.

Ce procédé, qui fait voir comment de primitives peintures sur mur ont été transformées en tableaux encadrés et portatifs, amène M. Letronne à parler de la signification si variée, chez les anciens, du mot *tabula* (table, tableau), et de l'emploi qu'on a pu en faire pour désigner même une peinture sur mur; comme cela a lieu chez les modernes, où l'on donne souvent le nom de tableaux aux peintures à fresque que Raphaël exécuta à Rome sur les murailles des stances du Vatican.

Il appuie, enfin, le résultat de son examen philologique sur le mot *impressere*, comme exprimant l'action d'encastrer, des paroles de Pline relatives à deux tableaux attribués à Nicias et à Philocaris, et qu'Auguste avait fait encastrer dans le mur de la Curie consacrée par lui ; puis d'un fait analogue par rapport à de petits tableaux que Marcus Agrippa fit encastrer dans les parois de marbre à l'endroit le plus chaud de ses thermes.

Du premier de ces récits, rapproché du fait des peintures à l'encaustique exécutées par Nicias, en Grèce, sur un tombeau à Tritæa, et sur celui de Mégabize d'Éphèse, M. Letronne conjecture que celles qui portaient à Rome le nom de ce peintre doivent avoir été primitivement exécutées sur mur. Au sujet des petits tableaux de Marcus Agrippa, ce savant ajoute la remarque que si ces peintures avaient été, comme on pourrait le supposer d'après leur désignation, des tableaux sur bois (*tabellas*), leur placement dans une salle de bains des plus chaudes les aurait bientôt détruits, en les faisant se déjeter et se fendre.

Hérodote dit que les Phocéens, en abandonnant leur ville, 600 ans avant Jésus-Christ, embarquèrent tout ce qu'ils purent transporter, excepté ce qui était bronze, cuivre et *peinture*. Ne doit-on pas supposer, dit M. Letronne, que si les tableaux eussent été transportables, c'est-à-dire mobiles et encadrés, au lieu d'être des peintures sur mur, qu'ils n'auraient pu détacher qu'à grands frais, avec beaucoup de temps et de peine, les Phocéens les eussent emportés aussi bien que les meubles, les ustensiles, les statues des temples et les offrandes ?

A l'appui des traces laissées par les anciennes peintures dans le Théséion, à Athènes, le savant, après avoir cité Hirt et K. O. Müller comme ayant reconnu que les peintures de ce temple, attribuées à Micon et Polygnote, se trouvent exécutées sur les parois mêmes de la cella, rapporte l'opinion précitée de M. Semper, la constatation de celle-ci par M. de Dreux, architecte, ancien pensionnaire de l'Académie à Rome, et enfin l'opinion de M. Thiersch, archéologue distingué, qui confirme les renseignements des deux artistes par la lettre suivante, adressée à M. Letronne : « L'hypothèse de M. Raoul-« Rochette, que les peintures des Grecs dans les monuments publics

« étaient *toutes sur bois*, est réfutée, quant au Théséion, par ce
« qui en subsiste encore. Les murailles intérieures du temple se
« composent d'un superbe socle de marbre blanc, en blocs égaux,
« avec saillie d'environ un pouce et demi ; puis, à la hauteur de dix
« à douze pieds, vient la surface qui est couverte d'un stuc dur
« assez bien conservé, ensuite une frise de marbre blanc d'à peu
« près trois pieds, de sorte que la muraille se présente ainsi divisée
« dans sa hauteur :

a	a, frise de marbre.
b	b, champ des peintures couvert d'un enduit.
c	c, socle de marbre.

« Quand on examine avec de la lumière le stuc, on voit encore
« des lignes sans couleur enfoncées dans la surface, comme on en
« a tracé sur les vases pour faire le contour des peintures. Il est
« donc clair qu'on s'y est pris comme pour les vases, et comme on
« a fait aux grottes de Tarquinii, dont plusieurs, ainsi que vous le
« savez, ont été peintes par des artistes grecs. Du reste, il n'y a pas
« la moindre trace de trous de clous sur la surface de la muraille ;
« ce qui ne pouvait manquer d'avoir lieu, si on y avait attaché des
« tables de bois, comme le suppose M. Raoul-Rochette (1). »

A ces renseignements, conformes à ceux de MM. Leake et

---

(1) Comme cette description ferait croire que les stucs sur les murs de la cella du Théséion n'auraient commencé qu'à dix ou douze pieds de hauteur au-dessus du socle, il s'est glissé nécessairement une erreur dans sa rédaction. Il est certain pour moi que M. Thiersch a voulu, au contraire, désigner qu'à partir du socle un espace de dix à douze pieds de hauteur a été couvert des peintures de Micon et de Polygnote, comme l'indique la figure jointe, par ce savant, à sa relation. Du reste, le lecteur trouvera plus loin, chapitre XXV, une lettre de M. de Rangabé, qui contient les éclaircissements les plus complets au sujet des peintures murales antiques du temple de Thésée.

Dodwell, M. Letronne ajoute avec raison que la présence seule du stuc doit déjà être une indication décisive de la peinture sur mur, puisque, si l'on eût voulu recouvrir les parois de la cella de tables de bois, on aurait laissé le marbre à nu et lisse, de même que l'on y aurait trouvé des trous pour recevoir les crochets nécessaires à la suspension des tableaux.

Les murs du bâtiment à gauche des Propylées d'Athènes se sont trouvés absolument dans le même état que ceux du Théséion, c'est-à-dire, piqués et disposés pour que le stuc pût y adhérer. C'est pour M. Letronne une raison d'admettre que les sujets peints, décrits par Pausanias comme les ayant vus dans cet édifice, ont dû également avoir été exécutés sur enduit, sauf ceux d'un caractère votif, qui étaient des tableaux mobiles.

Les termes dont Pausanias se sert en parlant des compositions de Polygnote et d'Onatas dans le pronaos du temple de Minerve Aréa, à Platée, indiquent, selon M. Letronne, qu'elles ont dû être peintes également sur mur. Cette opinion est aussi celle de Winckelmann, de Stieglitz et de Hirt. D'ailleurs Polygnote n'est presque toujours cité que comme ayant exécuté des peintures de ce genre.

Les expressions de Pline, qui dit « qu'Aristóclide peignit le « temple d'Apollon, à Delphes, » ne permettent pas de douter non plus que ces peintures ne fussent sur mur, surtout par la raison que leur auteur dut être contemporain des Polygnote, Panænus, Onatas et Micon, et exercer par conséquent, comme eux, le même genre d'exécution alors si généralement en usage.

Quoique porté à croire, par de simples inductions, que les œuvres de Polygnote et de Micon, dans l'*Anacéum* ou le temple des Dioscures à Athènes, puis celles que Pausanias mentionne dans le temple de Bacchus, comme dans celui d'Esculape, furent peintes sur mur, l'éminent antiquaire ne veut pas l'affirmer positivement; mais en rapportant l'opinion de M. G. Hermann, que, toutes les fois que Pausanias parle de peintures effacées ou endommagées, il y a lieu de croire, comme au Théséion et aux Propylées, qu'elles étaient sur mur, l'auteur ajoute à ces édifices le temple de Diane à Œanthée, dont le voyageur grec dit également « qu'il y « avait sur les parois des peintures qui sont effacées par le temps, et « dont il n'est plus possible de rien voir. »

Quant à l'Érechthéion d'Athènes, où M. Raoul-Rochette ne veut admettre que des peintures sur bois, malgré les expressions de Pausanias, M. Letronne admet que celles relatives à la famille des Butades doivent avoir été exécutées sur la muraille, et le sujet qui se rapporte à la famille de Lycurgue, sur bois, comme un tableau votif, déposé ultérieurement dans le temple.

Pour ce dernier genre de tableaux, le savant philologue reconnaît, comme je l'ai toujours fait, que les anciens ont certainement placé dans leurs édifices des peintures exécutées sur bois; qu'il a pu arriver même qu'il n'y ait eu, dans plusieurs temples, que de ces tableaux, soit qu'ils aient été commencés et finis à des époques moins reculées, soit qu'ils aient pris la place d'anciennes peintures sur mur, effacées par le temps. De l'existence de ces dernières inférer qu'il n'y en eut pas d'autres, serait être aussi exclusif que M. Raoul-Rochette, qui, parce qu'il y a eu des peintures exécutées sur bois chez les anciens, n'en veut partout que de celles-là.

M. Letronne compare ensuite les deux genres de sculptures et de peintures qui décoraient les temples grecs : l'un qui s'exécutait avec les monuments, comme dans les tympans, les frises, sur les acrotères des frontons et les murs des cella; l'autre qui y était successivement réuni, comme les statues et les groupes, les trépieds, les vases, les armes et autres offrandes, avec les tableaux votifs. La première série de ces œuvres, représentant des actions héroïques et divines, relatives à la consécration de l'édifice, et qui devaient exciter tous les beaux sentiments patriotiques et religieux, appartient à la primitive comme à la belle phase de l'art; la deuxième série, qui fut plus particulièrement le produit de la vanité et de l'intérêt individuel, appartient à la seconde phase, qui marque le premier pas vers la décadence. Les œuvres des artistes, n'ayant plus une destination spéciale, allèrent d'abord s'entasser dans des temples, puis dans des pinacothèques ou des galeries. C'est l'époque où Apelle et Zeuxis travaillèrent sans but déterminé, pour l'orgueil des acquéreurs, et où les tableaux de chevalet durent commencer à envahir sur la peinture monumentale. Vient l'énumération d'un grand nombre de ces tableaux votifs, parmi lesquels je mentionnerai seulement les *ex-voto peints et déposés dans les sanctuaires d'Esculape ; les portraits des rois et des personnages illustres consacrés par la reconnaissance des peuples et des particuliers, comme celui de Thémistocle placé dans le Parthénon, ceux des rois de Messénie, qui ornaient l'opisthodome du temple de Messène ; ceux des rois et tyrans de la Sicile, dans le temple de Minerve, à Syracuse, et dans l'Héræum d'Olympie ; ceux enfin des portraits des jeunes filles Éléennes.*

Quant au fait, cité par Cicéron, de tableaux qu'enleva Verrès au temple de Minerve, à Syracuse, fait qui sert principalement à M. Bœttiger et à M. Raoul-Rochette pour appuyer leur opinion sur l'emploi exclusif, dans les temples, de peintures exécutées sur bois, M. Letronne prouve, par la date des combats d'Agathocle représentés sur ces tableaux, et celle où le temple fut construit, que ce dernier existait depuis deux siècles déjà ; qu'en admettant même que l'orateur romain n'ait pas exagéré en disant que Verrès avait laissé les parois du temple « d'une triste et hideuse nudité, » rien ne peut empêcher d'admettre que ces tableaux, aussi bien que les portraits des rois, enlevés en même temps du même temple, n'occupassent alors la place d'anciennes peintures sur mur.

M. Raoul-Rochette donne comme une preuve contre l'emploi de la peinture murale, par les Grecs, une inscription latine du IIe au IIIe siècle de notre ère, trouvée à Rhégium, et qui porte qu'un particulier a légué à un temple, entre autres choses, dix-huit tableaux ; M. Letronne y oppose la remarque que cette inscription atteste ce que chacun sait, que les temples avec leurs dépendances étaient ornés de tableaux votifs, mais non pas qu'il n'y eut jamais en Grèce de peintures sur mur.

La mobilité des tableaux votifs et leur moyenne dimension résultant du petit nombre de figures mentionnées dans leur description, facilitaient leur enlèvement, et expliquent la quantité immense qu'on en transporta à Rome, comparativement aux peintures adhérentes aux édifices, si difficiles à détacher. Ce fait, joint à celui que Pausanias ne mentionne presque pas de tableaux portatifs attribués à des artistes célèbres, tandis que les noms dont il parle sont ceux de peintres plus particulièrement renommés pour l'exécution de peintures monumentales ; ce fait est, pour l'auteur, une autre preuve à l'appui de la certitude que les tableaux décrits par Pausanias ne pouvaient avoir été sur bois et facilement transportables ; que c'étaient au contraire des peintures murales.

M. Letronne pense, comme moi, que les peintures dont Euphranor avait orné le portique de Jupiter Éleuthérien, à Athènes, étaient sur mur. Il trouve la confirmation de mon opinion dans les exposés de Pausanias et de Pline, auxquels il ajoute la judicieuse observation que si ces peintures, citées parmi les plus belles de cet artiste, eussent été sur des tables de bois, elles auraient eu le sort de celles des autres grands peintres, qui furent transportées à Rome.

Il partage de même ma manière de voir relativement à des peintures dans le sénat des Cinq-Cents. M. Raoul-Rochette l'avait réfutée par la raison que Protogène, leur auteur, peignait sur bois ; mais, de la vérité de cette assertion, il ne s'ensuit pas que cet artiste, de même que Pausias et Nicias, qui ont peint aussi sur bois, n'ait pas exécuté des peintures sur mur. Du reste, Pline, en disant que Protogène « peignit un Propylæon dans l'hiéron de Minerve, « à Athènes, où il avait représenté le Paralus et l'Hammoniade, » emploie les mots *Propylæon pinxit* dans le même sens que *ædem pinxit*, ce qui ne permet pas de douter que ces peintures ne fussent exécutées sur l'édifice même. Enfin, pour ôter toute incertitude à cet égard, il faut ajouter que le Paralus, qui représentait, comme l'Hammoniade, un vaisseau consacré aux théories, est mentionné par Cicéron comme un des tableaux les plus célèbres d'Athènes; circonstance qui ne l'aurait pas laissé échapper à la cupidité romaine, s'il eût été mobile.

La citation que j'avais faite du portrait de Calippus, peint aussi dans le sénat athénien par Olbiade, avait été réfutée par M. Raoul-Rochette, qui voulait voir dans cet artiste un législateur; M. Letronne appuie mon opinion, en démontrant chronologiquement qu'Olbiade ne peut être le fils de Callippus, qui commanda les Athéniens contre les Gaulois l'an 279 avant Jésus-Christ, et que, quoiqu'il soit autrement inconnu comme peintre, il faut adopter la leçon de Pausanias, et admettre Olbiade parmi les artistes qui vivaient dans la seconde moitié du IIIe siècle avant Jésus-Christ.

En concluant, de la coloration des temples, que les autres édifices et les habitations particulières devaient aussi avoir participé à ce système, comme on en trouve l'évident témoignage à Pompéi et à Herculanum, j'avais relaté, pour appuyer cette déduction, le passage de Pausanias où cet auteur, après avoir parlé de l'aréopage, ajoute : « Les Athéniens ont d'autres tribunaux qui ne sont pas
« arrivés à ce point de gloire. De ceux qu'on a appelés le *Parabyste*
« et le *Trigône*, l'un a pris son nom de ce qu'il est dans un endroit
« écarté de la ville, et de ce qu'on y juge seulement de petites
« causes; l'autre, de la forme de l'édifice. Les tribunaux dits
« *vert* et *rouge* sont appelés ainsi de leur couleur; et ces noms
« se sont conservés jusqu'à nos jours. » Winckelmann, avant moi, avait remarqué ce passage; et il dit dans son *Histoire de l'art*, en donnant la même signification aux paroles de Pausanias : « Quelques
« édifices étaient enduits en rouge, d'autres en vert. » Cependant

M. Raoul-Rochette récuse cette conséquence, et, d'après le témoignage des scoliastes d'Aristophane, cité par Samuel Petit, Akerblad, Dodwell et d'autres auteurs, il veut « que les *dix tribunaux* « d'Athènes, correspondant au nombre des *dix tribus* primitives, « aient eu chacun pour marque distinctive une des dix premières « lettres de l'alphabet grec, depuis A jusqu'à K, ainsi qu'une cou-« leur particulière ; que cette lettre était tracée en rouge, πυρρῷ βάμ-« ματι, sur un *pieu dressé* à la porte de chaque tribunal, ἐπὶ τῷ σφηκίσκῳ « τῆς εἰσόδου, lequel *pieu était sans doute peint* de la couleur affec-« tée à chaque tribunal ; ce qu'on peut inférer, selon M. Raoul-« Rochette, de l'expression même du scoliaste, πρὸ θυρῶν, appliquée à « la couleur comme à la lettre, et de l'usage de donner à chacun « des juges des dix tribunaux un bâton, βακτηρία, peint de la couleur « et marqué de la lettre distinctive du tribunal auquel il appar-« tenait. »

C'est dans le livre même qu'il faut lire la discussion philologique du savant auteur, sur ce que le peu de clarté des textes des scoliastes laisse de grandes difficultés dans l'emploi du mot *couleur* en place du mot *lettre*, comme sur le sens du mot exprimant un pieu terminé en pointe, au lieu et place de la désignation d'une partie de l'édifice, telle que la clef de l'arc, la frise ou l'architrave, comme le pense Dodwell. D'où il résulte que, ne pouvant admettre la singulière idée des pieux rouges, bleus et jaunes de M. Raoul-Rochette, plantés devant les édifices d'Athènes, le scoliaste a dû nécessairement estropier les paroles d'Aristophane. D'ailleurs, si les lettres de A à K indiquaient les tribunaux, à quoi aurait servi la superfluité de leur désignation au moyen d'autant de couleurs que de lettres? Tandis qu'en nommant l'un *le tribunal vert*, l'autre, *le tribunal rouge*, à cause de leur couleur, comme étaient désignés les autres tribunaux, tels que l'Héliée, l'Odéon, l'Épi-Lyco, le Metichus, le Cœnon, par suite de leur origine, ces analogies étaient tout à fait d'accord avec les dénominations de Parabyste et de

Trigone, μέσον et μεῖζον, dérivant pour l'un de sa position, et pour l'autre de sa forme.

M. Letronne admet donc entièrement la conséquence que j'avais tirée de la preuve écrite dans Pausanias : « que le système de « colorier l'architecture s'étendait à d'autres édifices que les tem- « ples, et que le rouge et le vert devaient avoir été les couleurs « dominantes dans les tribunaux de ce nom ; » mais en aucune manière, comme le dit M. Raoul-Rochette en dénaturant ma pensée, « que j'eusse voulu faire une enluminure générale, non-seulement « de ces tribunaux, mais de tous les endroits publics et privés. » Du reste, à une argumentation pareille à celle de cet archéologue, il n'est besoin d'opposer que ce qu'ajoute M. Letronne, en disant : Il n'existerait aucune preuve directe pour l'application générale de la polychrômie chez les Hellènes, qu'elle devait être la suite nécessaire de sa présence sur leurs temples et leurs sculptures.

Revenant au système de la peinture, l'auteur des Lettres admet qu'à la Lesché de Delphes, comme au Pœcile d'Athènes, les peintures mentionnées par Pline et Pausanias, pour la Lesché ; par les mêmes auteurs, et par Lycurgue, Plutarque et Lucien de Perse, pour le Pœcile, ne peuvent laisser de doute que la décoration peinte de ces édifices n'ait été exécutée sur mur ; que les différents sujets qui y étaient représentés n'offraient pas autant de tableaux encadrés, mais autant de scènes différentes, séparées au moyen d'objets accessoires, comme cela se voit sur le tableau antique de la noce Aldobrandine, et sur la plupart des beaux vases grecs. Il regarde, avec la plus grande raison, comme invraisemblable l'incrustation dans les murs d'immenses surfaces de planches peintes, dont la disjonction et la destruction, dans un temps très-limité, devenaient certaines et irréparables.

Quant au passage de Synésius, qui visita Athènes l'an 402 de notre ère, et qui écrivit à cette époque : « Le portique pœcile n'est plus « pœcile ; le gouverneur de la province a enlevé les tableaux sur

« bois où Polygnote de Thasos avait déposé les fruits de son
« pinceau (1); » passage que MM. Bœttiger et Raoul-Rochette font
surtout valoir contre l'emploi de la peinture sur mur chez les Grecs ;
il est expliqué par la possibilité de l'enlèvement de tableaux votifs
peints sur bois et placés dans le pœcile, alors que les anciennes
peintures étaient déjà détruites; ou, par un malentendu, en supposant que, d'après l'édit de Théodose, en 391, les peintures eussent
été effacées, et que cette action eût été rendue par l'expression
enlevée. En tout cas, lorsqu'un auteur isolé est en opposition avec
tous les autres, une saine critique ne peut le prendre pour la principale base de son opinion.

M. Bœttiger, et après lui M. Raoul-Rochette, s'étaient fait du passage de Pline : « sed nulla gloria artificum est, etc. (2), » le principal
argument en faveur de leur opinion. Voici le résumé de l'examen
qu'en fait leur adversaire : « si, dit-il, ce passage « mais il n'y a de
« gloire que pour les peintres de tableaux, etc., » avait le sens absolu
qu'on lui prête, son auteur se serait donné un démenti, alors qu'il
déclare admirables les peintures sur mur d'Ardée, de Lanuvium, du
temple de Salus ; celles de Polygnote à Thespies, de Panænus à Élis,
et de Protogène à Delphes et à Athènes. D'ailleurs, il n'est pas
admissible qu'une belle peinture adhérente aux parois d'un temple, d'un portique, d'un tribunal, monuments fréquentés par la
foule du peuple, n'aurait produit aucune gloire, et ne serait pas
devenue aussi fameuse que les statues qui restaient également
fixées à leur place, telles que la Minerve du Parthénon, le Jupiter
Olympien, la Vénus de Praxitèle qu'on allait admirer à Cnide, ou
le fameux Cupidon qui attirait la foule à Thespies. Pline n'a pas
voulu une chose aussi déraisonnable. C'est après avoir décrit le
genre de peinture dont Ludius embellissait les murs des maisons, en
peignant des sites et des habitations de campagne, des bois, des

(1) Synes. Epist. CXXXV.
(2) Liv. XXXV, c. XXXVII.

ports, des marines, des scènes familières, qu'il ajoute : *sed nulla gloria artificum est, nisi eorum qui tabulas pinxere : eoque venerabilior antiquitatis prudentia apparet. Non enim parietes excolebant dominis tantum.* « Mais la renommée n'est que pour les artistes
« qui ont fait des tableaux [d'atelier]; et c'est en quoi la sagesse de
« l'antiquité se montre plus vénérable. Car les anciens artistes
« ne décoraient point les murs pour le *seul plaisir des maîtres*
« [*d'une maison*]. » Ce n'est donc pas de murs d'édifices publics, mais de constructions particulières que Pline parle ; et il veut dire que les grands artistes ne voulaient pas laisser enfouir leur talent dans des habitations où le propriétaire pouvait, à son gré, le priver d'une publicité précieuse. Aussi, cet auteur complète-t-il sa pensée en disant : *nec domos* (*excolebant*) *uno in loco mansuras, quæ ex incendiis rapi non possent* : « Ils ne décoraient pas des maisons qui,
« fixées à une seule place, ne pouvaient être soustraites à un incen-
« die. » Quant au passage : *nondum libebat parietes totos pingere,*
« On n'avait pas encore la manie de peindre des murailles entières, » qui s'applique toujours aux maisons, et au genre de peinture décorative qui abonde encore à Pompéi et à Herculanum, il n'a, comme les précédents, qu'un rapport partiel avec la peinture monumentale sur mur. C'est à propos de la citation que Pline fait, dans le précédent paragraphe, des nobles peintures que Marcus Ludius Helotas, d'Ætolie, avait exécutées dans le temple d'Ardée, que cet auteur parle immédiatement après de Ludius, peintre du temps d'Auguste. Le genre aimable de peintures de décoration sur mur dont ce dernier était, selon lui, l'inventeur, ne lui paraît pas manquer de mérite, mais n'est pas, dit-il, comparable aux peintures sur mur « qui avaient des villes pour séjour, » c'est-à-dire qui ornaient les édifices publics, « et devenaient ainsi la propriété du monde
« entier, » c'est-à-dire, des habitants de toute une cité et des étrangers de tous les pays : *omnium eorum ars urbibus excubabat, pictorque res communis terrarum erat.*

Pline n'a donc pas dit qu'il n'y avait eu aucune gloire pour les Polygnote, les Micon, les Panænus, les Pausias, les Aristoclide, à embellir de chefs-d'œuvre les grands monuments de la Grèce ; car leur peinture est, d'après ce qu'en dit expressément cet auteur, aussi célèbre que les sculptures de Phidias, d'Alcmène et de Praxitèle; et, comme le dit encore une fois M. Letronne en terminant, il n'y a nulle contradiction entre la phrase : « sed nulla gloria artificum est, etc., » et les exemples illustres que Pline a cités lui-même : dès lors il faut cesser de vouloir y trouver une preuve que les anciens artistes n'avaient pas peint les parois des édifices publics, puisqu'il y est question de tout autre chose. L'opinion de M. Semper, citée plus haut, quoique basée sur d'autres raisons, est, en cela, d'accord avec celle de M. Letronne et avec la mienne.

Les conclusions de M. Raoul-Rochette, qui sont textuellement : « que la peinture sur mur fut restreinte à une certaine classe d'édi-
« fices, tels que les tombeaux et les monuments funéraires, mais sans
« que la peinture historique ait jamais été comprise dans ce genre de
« travaux, » donnent lieu à son savant adversaire d'examiner également cette intéressante question. Établissant d'abord que les tombeaux des anciens devenaient, par leur objet sacré, de véritables sanctuaires à leurs yeux, et qu'ils offraient partout la ressemblance et le caractère des temples, M. Letronne admet qu'ils devaient, parce que ceux-ci étaient ornés de peintures historiques en rapport avec la destination de l'édifice, être ornés aussi par des sujets relatifs, soit au défunt, soit aux cérémonies funèbres. Ces remarques et ces inductions que j'avais faites dans mon Mémoire, que tout le monde pouvait et devait faire, n'admettent pas de réplique, confirmées qu'elles sont par l'existence de monuments sans nombre.

Une autre conséquence qu'en tire M. Letronne n'a pas moins de valeur. L'usage, dit-il, de peindre sur les murs, dans l'intérieur des tombeaux, des sujets historiques, a subsisté pendant une longue suite de siècles, non-seulement en Italie, mais dans d'autres contrées soumises à l'influence de l'art grec. L'emploi de ces peintures dans les temples atteste qu'il a dû s'en trouver dans les tombeaux, quand celles constatées dans ces derniers n'existeraient pas, et réciproquement. De même, il n'y aurait d'exemples de cet usage que sur des monuments d'une époque récente, on pourrait en conclure qu'il a dû y en avoir sur les monuments les plus anciens. Or, on a de ces exemples séparés par des intervalles de six ou sept siècles, qui prouvent la légitimité de ces déductions, et qui font que les peintures sur mur dans les tombeaux de la Campanie, que M. Raoul-Rochette déclare « moins importantes parce qu'elles sont moins « anciennes, » le sont autant que les autres, en ce qu'elles attestent un fait très-important, au contraire : la permanence de l'usage.

La Grèce, par sa constitution républicaine, n'offrait pas de ces grands tombeaux, comme celui de Mausole à Halicarnasse, et celui d'Hélène à Jérusalem, et la nature de son terrain ne permettait pas l'emploi de cryptes ou grottes, comme celles de Corneto et de Vulci ; aussi les monuments funéraires y sont-ils principalement des stèles et des sarcophages. Ce fait est confirmé par les textes de Pausanias. Dans trois occasions où cet auteur parle de tombeaux ornés de peintures, elles n'ont pu être que l'ornement extérieur de monuments construits au-dessus du sol. S'il a existé dans la Grèce, comme le veut M. Raoul-Rochette, des tombeaux « qu'on sait avoir été *inté-* « *rieurement* ornés de peintures qu'il serait disposé à croire avoir « été exécutées sur mur, » il aurait fallu que ces tombeaux eussent été violés du temps de Pausanias, sans quoi ce voyageur n'aurait pas pu y pénétrer ; ce qu'aucune de ses expressions ne permet de supposer. Aussi le passage de cet auteur relatif à un tombeau situé sur la route de Bura à Égine, en Achaïe, est ainsi conçu : « A la droite « de la route est un tombeau, et *sur* ce monument vous voyez un « homme debout auprès d'un cheval, peinture presque effacée (1). »

(1) L. VII, c. XXV, 13.

Ce passage, dans lequel M. Raoul-Rochette a traduit ἐπὶ τῷ μνήματι par *dans ce tombeau*, au lieu de *sur le monument*, comme l'ont entendu tous les traducteurs, prouve que la peinture était à l'extérieur et non pas à l'intérieur. C'est donc encore un exemple de peintures sur mur, à l'instar de toutes celles qui ornaient intérieurement et extérieurement les temples, les portiques et autres édifices publics.

A propos de Tritæa, aussi une ville de l'Achaïe, Pausanias parle en ces termes d'un autre tombeau, déjà cité p. 49 : « Avant d'entrer
« dans la ville, on voit un monument de marbre blanc remarquable
« sous d'autres rapports, mais principalement pour les peintures,
« ouvrage de Nicias, qui sont *sur* ce tombeau. On y voit une femme
« jeune et belle, assise sur un siége d'ivoire : devant elle, est une
« suivante tenant un parasol ; et un jeune homme debout, encore
« imberbe, vêtu d'une tunique avec une chlamyde jetée par-dessus ;
« près de lui un esclave portant des javelots tient en laisse des chiens
« de chasse. Nous n'avons pu savoir le nom des deux personnages,
« mais tout le monde peut présumer qu'un mari et sa femme ont
« reçu là leur sépulture commune. »

C'est donc encore une construction funéraire avec des peintures sur mur à l'extérieur, exécutées par Nicias, un des premiers peintres à l'encaustique ; et ces peintures n'étaient pas plus sur bois et dans l'intérieur, comme le suppose M. Raoul-Rochette, que celles du monument précité. M. Letronne avait déjà dit à ce sujet, et le répète à l'occasion du tombeau de Tritæa, que ces monuments prouvent, et l'emploi en plein air des peintures murales, simplement garanties au moyen de l'entablement saillant de l'édifice, et le principe de conservation qu'elles devaient porter en elles-mêmes, par suite des couleurs et du vernis qui y étaient employés.

Dans la généralité de ses conjectures, ce savant a certainement raison, et on peut admettre, sans crainte de se tromper, qu'il y a eu des tombeaux, semblables à celui qui occupe le milieu du frontispice de cet ouvrage, sur lesquels, au lieu d'une bande d'ornements comme ici, la face principale était décorée par des figures. Mais il est plus croyable que la forme la plus en usage pour des tombeaux destinés à recevoir ce genre de peinture, était semblable aux ædicules funéraires représentés Pl. XVII, Fig. v et vii. Des colonnes formant portique ou simple avant-corps, en même temps que leur entablement abritait les peintures, donnaient à ces tombeaux la forme consacrée du temple. Sur les planches CXC et CCLXX, vol. II et III de l'ouvrage de Passeri, d'où sont tirées les précédentes figures, on voit deux autres de ces ædicules où se trouve même représenté, avec de légères variantes, le sujet du tombeau élevé sur la route de Bura à Égine ; c'est-à-dire, sur le premier, *auprès d'un cheval, un homme debout, tenant un casque de la main gauche, et la bride de la main droite ;* et sur le second, *un homme debout, également au-devant d'un cheval et lançant un javelot.*

Quant à la disposition des peintures de Nicias sur le tombeau de Tritæa, dont M. Letronne croit difficile qu'on puisse se faire une idée certaine, il n'y a pas de doute que la forme du monument devait être analogue à celle des précédents, et que, pour les sujets, ils doivent avoir été composés de la même manière que ceux d'une autre peinture de vase, donnée aussi par Passeri, Pl. XIII, vol. I, et qui offre, à peu de chose près, absolument la même composition. Cette peinture se divise en deux scènes, comme M. Letronne l'a supposé pour les divers sujets des peintures du Pœcile, et comme cela est pour les différentes actions de la Noce Aldobrandine. Ces scènes ne sont pas séparées par des cadres, mais seulement par un accessoire, qui est ici une colonne surmontée d'une statue. D'un côté de cette colonne on voit *une jeune femme assise sur un siége : devant elle, est une suivante tenant un parasol ; et derrière, une autre suivante debout.* Puis, au côté opposé de la colonne, *un vieillard enveloppé de son manteau, appuyé sur un bâton ;* devant, *un homme debout, tenant une lance et vêtu d'une tunique, avec une chlamyde jetée par-dessus.*

Quoique je n'aie encore touché la question des peintures sur les vases qu'à propos de l'ouvrage de M. Kugler, et que je me propose de la développer ultérieurement, je placerai ici une observation dont les précédentes comparaisons constatent l'importance : c'est que la certitude de voir dans ces peintures l'imitation presque identique d'objets réels, ayant démontré non-seulement l'existence des peintures sur les tombeaux, mais la manière dont elles s'y trouvaient placées et dont les sujets étaient composés, vient à l'appui des résultats analogues obtenus par M. Letronne, sans cette puissante démonstration et avec le secours seul de son savoir philologique.

Fixant, d'accord avec M. Schelling, l'époque où florissait Nicias, et considérant que ses peintures du tombeau à Tritæa avaient environ quatre cent cinquante ans d'existence lorsque Pausanias les vit, M. Letronne remarque d'abord que leur exécution sur mur vient à l'appui de la supposition précédente sur le transport à Rome de pareilles œuvres de cet artiste, et sur leur incrustation dans les murs de la Curie consacrée par Auguste; ensuite, qu'à l'appui du passage de Pline précédemment expliqué, on voit que la place occupée par ces peintures, à l'extérieur d'un monument élevé sur la voie publique, où ils devaient frapper les regards de tous les passants, permettait certainement que la renommée de leurs auteurs se répandît partout.

J'ajouterai que ces œuvres devaient appartenir tout autant au monde entier que des tableaux mobiles transportés à Rome, où la plupart restaient, après des expositions temporaires publiques, renfermés dans des galeries particulières. Ils y étaient beaucoup moins accessibles aux grandes masses des populations que les peintures sur mur des portiques, des temples et des autres édifices de la Grèce, que les habitants pouvaient visiter journellement, comme ils étaient visités par l'élite de toutes les nations qui, de Rome comme de partout ailleurs, venaient étudier et admirer les chefs-d'œuvre de la patrie des arts.

M. Letronne cite encore, d'après Pline (1), le tombeau de Mégabyze ou du Mégabyze à Éphèse, peint aussi sur mur et à l'extérieur par Nicias : puis l'anecdote de Nicomaque, célèbre peintre qui florissait un peu avant Apelle, et dont le même auteur rapporte « qu'ayant fait marché avec Aristrate, tyran de Sicyone, pour « peindre le tombeau que celui-ci érigeait au poëte Titulès, et « qu'ayant fixé le jour où le travail devait être achevé, il n'arriva « que très-peu de temps avant : déjà le tyran furieux s'apprêtait à « le punir ; mais en peu de jours l'artiste exécuta ces peintures avec « une célérité et un art admirable (2). » M. Letronne fait observer qu'il ne peut également être question pour ce tombeau que de peintures comme les précédentes, attendu qu'il aurait été peu naturel de fixer des planches peintes sur les murs, tandis que peindre sur leurs parois ou sur un enduit eût offert assurément beaucoup plus de solidité. Il est certain pour moi que s'il avait pu être question ici de tableaux peints sur des planches, Nicomaque, qui, par le retard qu'il mit à se rendre à Sicyone, devait avoir de bien importantes raisons pour rester ailleurs autant que possible, au lieu d'arriver avant l'époque fixée, et d'achever, comme le dit Pline, ses peintures sur place et en peu de jours, les aurait nécessairement exécutées plus à son aise et plus vite dans son atelier. De cette manière, il pouvait n'arriver que le dernier jour, n'ayant plus qu'à faire clouer ou accrocher ses œuvres sur les murs. Mais il n'est vraiment pas pardonnable de supposer qu'avec leur sentiment exquis et la haute intelligence qui les distingue, les artistes grecs aient pu faire une aussi sotte opération ! Ils ont bien, dans le noble but d'immortaliser, autant que possible, leurs œuvres par l'emploi des matériaux les plus durables, remplacé dans les édifices des poutres et des planches en bois par de magnifiques blocs et des

(1) Liv. XXXV, c. XL.
(2) Liv. XXXV, c. XXXVI.

dalles de marbre; mais cacher de beaux marbres et de belles pierres sous des planches de bois, et couvrir celles-ci, dans les conditions les plus destructives, des chefs-d'œuvre de la peinture, jamais ils n'ont pu le faire, jamais ils n'ont rien fait qui autorisât à leur imputer l'absurdité d'une pareille action !

Le passage suivant de Pausanias : « En continuant de marcher, et « en se détournant comme pour aller à la ville [de Sicyone], on voit « le tombeau de Xénodice, femme morte en couche; il n'est pas « fait selon l'usage du pays, mais de la manière qui convenait le « mieux pour y placer la peinture [qu'on y a mise]. Cette peinture « est digne d'être vue autant qu'aucune autre (1).... » le même passage rendu par M. Raoul-Rochette, en disant de ce tombeau « qu'il était construit dans un système différent de celui pratiqué « dans le pays, mais parfaitement en rapport avec la peinture dont « il était décoré, » est, selon M. Letronne, inexplicable, par le faux sens de la dernière phrase. Cet archéologue, donnant d'abord la description des tombeaux ordinaires de Sicyone, qui étaient, selon Pausanias, « composés seulement d'un socle en pierre, surmonté de « colonnes supportant un faîte semblable aux frontons des tem- « ples, » ajoute que le monument de Xénodice ne différait peut-être de la forme usitée qu'en ce que l'espace était plein, au lieu d'être à jour, à l'instar d'un édifice composé de deux colonnes avec entablement et fronton, et un mur dans le fond, sur la paroi duquel était la peinture.

Dans les « *Antiquities of Athens and other places in Greece,* » M. Donaldson a publié, parmi les détails du théâtre d'*Épidaure*, Pl. II, Fig. IV, la restauration d'un tombeau qu'il admet pouvoir donner une idée de ceux de Sicyone dont parle Pausanias. C'est, à l'exception de son couronnement ornemanisé, trouvé sur les lieux et employé en remplacement d'un fronton, tout à fait la même chose

---

(1) Liv. II, c. VII.

que les tombeaux précités et donnés Pl. XVIII, Fig. v et vii, en supposant toutefois l'espace entre les colonnes vide, lorsqu'ici il était rempli et décoré de peintures, comme au monument élevé à Xénodice. Cette restauration du savant artiste anglais vient donc également à l'appui des sources fécondes qu'offrent les peintures des vases et des importants éléments architectoniques que la science peut y puiser.

D'après ces faits, il faut apprécier le sentiment juste et profond qui guide toujours M. Letronne; et l'on doit complétement partager son opinion, lorsqu'il affirme que le tombeau de Xénodice était, aussi bien que les autres monuments de ce genre, orné d'une peinture historique à l'extérieur, et que des suppositions contraires ne peuvent être sérieuses.

L'usage de ces peintures, auquel venait se rattacher celui de la coloration des détails d'architecture, donnait ainsi aux tombeaux un aspect analogue à celui des autres édifices, et montrait partout chez les Grecs la fidélité au principe de la polychrômie.

Dans la peinture décorative appliquée aux habitations, le docte archéologue pose comme un fait que les Romains ont tout puisé chez les Hellènes, le goût et les moyens d'y satisfaire; que les artistes grecs ont pratiqué à Rome et dans toute l'Italie ce qu'ils pratiquaient dans leur patrie; enfin, que les Romains ont accepté leur héritage; que par conséquent la décoration des anciennes habitations romaines, celle des maisons de Pompéi et d'Herculanum, dont les peintures sont exclusivement grecques par les sujets et l'exécution, doivent donner une idée exacte de la décoration analogue qui embellissait les maisons de la Grèce, à une époque non-seulement contemporaine, mais aussi antérieurement.

M. Letronne explique ensuite comment les plaintes exagérées de Vitruve et de Pline, au sujet des ornements peints en usage à leur époque, n'ont aucun rapport avec les peintures historiques proprement dites, parce que ces auteurs en attestent, au contraire, l'existence chez les anciens, et parce qu'ils en appréciaient l'emploi, en blâmant seulement celui des peintures dans lesquelles l'imitation des objets réels de la nature est remplacée par des créations capricieuses et fantastiques. Joignant à l'attestation de ces auteurs un passage des Ménechmes de Plaute, où il est question de peintures sur mur représentant des sujets mythologiques, le savant antiquaire dit que ce genre de décoration était déjà en usage 200 ans avant Jésus-Christ, et qu'en considérant que ce poëte n'a presque fait, comme Térence, que traduire des pièces et reproduire des mœurs grecques, l'existence en Grèce des peintures sur mur, à une époque bien plus reculée, doit en être la conséquence naturelle.

Comme un des sujets les plus importants, relatif à la décoration des maisons, l'auteur des Lettres discute d'abord le trait rapporté par Andocide, dans le discours qui lui est attribué contre Alcibiade, et par Plutarque, dans la vie du fils de Clinias, concernant le peintre Agatharchus, qu'Alcibiade fit enfermer chez lui, jusqu'à ce qu'il eût peint sa maison. M. Bœttiger, pour concilier son système avec ce fait, voit encore ici des peintures sur bois, parce que, dit-il, Agatharchus était, selon Vitruve (1), un scénographe, ou peintre de décoration de théâtre ; comme si l'exercice de cette branche de l'art dût empêcher d'exécuter des peintures murales.

M. Raoul-Rochette, opposé cette fois à l'opinion de M. Bœttiger, suit celle de Voelkel, et admet les peintures sur mur, mais de décoration seulement.

M. Letronne est convaincu qu'Agatharchus doit avoir été un artiste célèbre et habile à peindre des sujets de figures, parce que ce genre de peinture devait être la principale décoration dans la demeure d'Alcibiade. A l'appui, il cite le passage où Plutarque rapporte, dans la Vie de Périclès, « qu'Agatharchus se montra glo-
« rieux de sa facilité à peindre rapidement *les figures* ; et que Zeuxis

---

(1) Liv. VII, Préf.

« l'ayant entendu, lui dit : Mais moi, je peins pour longtemps; » d'où il suit que si l'artiste, mis en parallèle avec Zeuxis pour sa facilité à peindre, n'avait pas exercé le même genre, la comparaison n'aurait eu aucun sens. L'usage de la décoration des maisons existait par conséquent à Athènes, et la proposition de MM. Bœttiger et Raoul-Rochette, qui veulent ne le faire remonter qu'à Alcibiade, est même opposée aux paroles d'Andocide, « qu'Alcibiade « eut recours à son stratagème, parce qu'Agatharchus avait fondé « son refus sur ce qu'il avait des conventions avec d'autres, » naturellement pour des travaux pareils de son art.

La nudité des demeures d'Aristide et de Miltiade, qu'on oppose à l'existence de la décoration peinte des maisons, ne prouve, dit M. Letronne, que la pauvreté et la simplicité de ces grands hommes, mais non que certains particuliers aisés et riches n'embellissaient pas ainsi leurs habitations. Il en est de même des maisons de Phocion et de Socrate, comme le fit voir, du temps même de ces philosophes et de Xénophon, la magnifique demeure de la courtisane Théodote.

L'importance de ce genre de décoration ressort d'ailleurs du fait qu'Agatharchus resta quatre mois enfermé dans la maison d'Alcibiade, sans avoir même achevé son travail.

M. Letronne ajoute encore un exemple contemporain relatif à Zeuxis, et rapporté par Élien en ces termes (1) : « Socrate disait « qu'Archélaüs, qui avait dépensé quatre cents mines pour sa mai« son, ayant fait prix avec Zeuxis l'Héracliote pour qu'il la peignît, « n'avait rien dépensé pour lui-même » (c'est-à-dire, pour orner son esprit comme il ornait sa maison).

M. Raoul-Rochette, pour ne pas faire de Zeuxis un décorateur de murailles, rejette l'anecdote. Mais son savant antagoniste prouve par d'autres mots de Socrate, relatifs au roi Archélaüs, qui aimait les philosophes et les arts, mais qui était peu instruit, que le trait

---

(1) Hist. var., XIV, 17.

rapporté par Élien offre autant de certitude que ceux que racontent Athénée, Diogène de Laërce, Stobée et d'autres compilateurs. Le prix de sept talents ou 36,000 fr. (plus de 120,000 fr. d'aujourd'hui) que paya Archélaüs à Zeuxis est une garantie de plus qui certifie l'intervention de cet artiste. Il n'était pas plus extraordinaire, dans les beaux temps de l'art en Grèce, d'employer ces hommes de talent à l'exécution de ce genre de peinture, que ce ne l'a été aux belles époques de l'art moderne, où les chefs-d'œuvre des plus célèbres artistes furent exécutés aussi bien sur les parois des édifices publics, sur les murs des palais et des maisons particulières, que sur les toiles des tableaux portatifs.

Dans ce que Xénophon rapporte d'une opinion de Socrate, lorsqu'il disait, « En un mot, la plus belle maison et la plus agréable « est celle où l'on peut se retirer avec le plus d'agrément en toutes « saisons, et renfermer avec le plus de sécurité ce que l'on possède. « Quant aux peintures et aux variétés de couleurs, elles ôtent plus « d'agrément qu'elles n'en procurent (1), » M. Letronne fait voir que ce passage prouve également l'usage de la peinture sur mur dans les maisons, sans que l'on puisse en tirer d'autre conséquence contre les peintures, si ce n'est que, dans une habitation, une belle exposition, une bonne distribution, le moyen d'y placer tout convenablement, paraissaient au philosophe préférables à des peintures qui occupaient les murs et qu'il fallait respecter.

Une autre preuve, dit l'habile philologue, et qui se trouve dans le passage suivant de Galien, vient corroborer tout ce qui précède (2). « Diogène (le cynique) dînant chez un particulier très-soigneux de « ce qui lui appartenait, et très-peu de sa personne, fit mine de « vouloir cracher; puis regardant autour de lui il cracha en effet, « non sur aucun des objets qui l'entouraient, mais sur le maître de

---

(1) Xenoph., Apomn. III, VIII.
(2) Protept., c. VIII.

« la maison. Celui-ci, indigné et demandant la raison d'une telle
« conduite, Diogène lui répondit qu'il n'avait rien vu dans sa mai-
« son d'aussi négligé que lui : car, tandis que *tous les murs étaient
« ornés de peintures remarquables, le pavé composé de cailloux
« précieux qui, par leur arrangement, représentaient des images
« de divinités,* les vases propres et brillants, les lits et leurs couver-
« tures enrichis des plus beaux ornements, il n'avait vu que lui
« seul de négligé. » Cette anecdote, qui est plus récente de quarante
à cinquante années que les faits précédents, ne peut, en effet, laisser aucun doute sur l'emploi de peintures de prix, c'est-à-dire à
figures, dans les riches maisons particulières.

La notion qui s'y trouve relativement au pavé incrusté de cailloux
précieux, donne lieu au savant antiquaire d'examiner la question
des mosaïques à figures, dont il fait remonter l'emploi au Ve siècle
avant notre ère. Admettant, comme je l'avais signalé, l'enduit
peint trouvé sur le sol dans un des grands temples de Sélinonte, et
qui y formait le pavé, comme le point de départ de l'invention
des mosaïques employées ensuite au même usage, M. Letronne
trouve, dans l'analogie et l'harmonie de cette décoration avec les
murs ornés de peintures, la nécessité d'une origine contemporaine,
et l'emploi simultané des mosaïques dans les temples, les édifices
publics, les palais et les habitations particulières. Il adopte l'usage
des cadres à ornements et des sujets à figures. Il pense que la mosaïque trouvée à Olympie date de l'époque de la construction du
temple, et présente conséquemment une idée de ce genre de pavé
au Ve siècle avant notre ère; elle donne naturellement aussi, par le
degré de perfection qu'on y remarque, la certitude que son emploi
remonte bien au delà de cette époque.

Des mosaïques, M. Letronne arrive à la peinture des plafonds et
au passage de Pline (1), où cet auteur dit, en parlant de Pausias : « Et

---

(1) Liv. XXXV, c. XL.

« il inventa le premier de peindre les plafonds (lacunaria) ; car, avant
« lui, ce n'était pas l'usage d'orner ainsi les voûtes (cameras). »

Le savant philologue relève d'abord l'erreur de M. Raoul-Rochette, qui, pour rajeunir l'invention de cet artiste, le dit élève d'Apelle, lorsque Pline le dit élève de son père Brietès, et, pour la peinture à l'encaustique, élève de Pamphile, le maître d'Apelle. Puis rectifiant la traduction de cet archéologue, qui, pour faire de l'invention de Pausias « le second pas dans la décoration des « maisons, » avait traduit le mot *cameras* par *appartements privés*, M. Letronne établit que l'invention de Pausias, en remontant plus loin que l'époque de l'exécution des peintures d'Agatharchus dans la maison d'Alcibiade, donnée par M. Raoul-Rochette comme « le premier pas dans la décoration peinte des maisons, » ne prouve en rien que les plafonds plats à caissons (les *lacunaria* de Pline), longtemps avant que Pausias y introduisît des figures, n'aient pas été décorés de peintures d'ornements. C'est en effet la manière la plus ancienne d'embellir les plafonds des temples, comme on le voit encore aux sanctuaires d'Athènes, où les espaces carrés et oblongs entre les poutres sont enrichis d'étoiles et de rosaces. Ce devait être la même chose dans les constructions particulières, où, comme dans les édifices, la charpente restait souvent apparente, et où des ornements peints avaient dû être employés dans l'origine pour s'harmoniser avec les peintures sur mur. C'était une disposition en tout analogue à celle des maisons et des édifices de Pompéi, dont les traces de charpente dans les constructions, et les peintures, qui représentent des monuments d'architecture, offrent de nombreuses indications. Pausias était peintre de figures, et son invention aura consisté dans l'introduction de sujets à figures isolées ou à mi-corps, de bustes ou de têtes dans les parties renfoncées des plafonds ; genre de décoration dont M. Letronne trouve la tradition conservée dans les exemples qu'on en voit encore à Pompéi, à Baïa, à Rome, et même à Palmyre.

Encore est-il, continue M. Letronne, que deux gloses d'Hésychius donnent lieu de penser que l'usage de peindre des plafonds est beaucoup plus ancien, et que le passage de Pline ne démontre pas qu'il s'agisse plutôt de maisons que d'édifices publics. S'il fallait même attribuer à Pausias l'invention dont parle Pline, elle n'a, encore une fois, absolument rien qui autorise à en tirer la conséquence qu'avant cet artiste les plafonds n'eussent pas d'ornements peints, et les murs pas de figures.

Je remarquerai que le fait, tel qu'il est raconté, doit porter à conclure que l'emploi des figures peintes dans les plafonds horizontaux, qui n'était, du temps de Pausias, pas plus qu'aux époques ultérieures, une application heureuse et raisonnnée, n'a pu surgir dans la pensée des artistes que bien longtemps après l'usage général de l'emploi si avantageux et si naturel des sujets à figures sur les parois verticales des murs. L'invention de Pausias, peu conciliable avec les espaces restreints des caissons, que donne le système de construction des plafonds des anciens, n'aurait été en ce sens qu'une de ces innovations où les hommes, toujours portés à se fatiguer, même des choses les plus convenables, les meilleures et les plus belles, mais d'un usage ancien, cherchent à satisfaire leur penchant à l'inconstance, en faisant, non pas mieux, mais autrement que leurs prédécesseurs. Si l'on considère que des voûtes dont les développements latéraux à partir de leurs naissances, là où elles s'écartent peu encore de la ligne verticale, permettaient d'introduire des sujets à figures dans des compartiments les plus variés de forme, tout en laissant à ces figures une position presque droite et d'accord avec la raison, on est obligé d'admettre que Pline n'a même pu parler que de voûtes à compartiments, ornées de sujets à figures, entourés et accompagnés d'arabesques et d'autres genres de décorations peintes, comme en offrent les voûtes des thermes de Titus, et nullement de plafonds plats.

La question donc de savoir si les Grecs ornaient également de peintures l'intérieur de leurs maisons, est résolue affirmativement par M. Letronne; et cette solution résulte pour lui du goût reconnu des Hellènes pour cette décoration, goût qui ne pouvait, dit-il, s'arrêter aux édifices publics et aux tombeaux.

Le fait de la coloration de tous les monuments d'architecture de quelque importance, en Grèce, rend impossible d'admettre le contraire pour les palais et les maisons. Les moulures et les autres parties de ces constructions devaient être décorées de la même manière, et offrir souvent des peintures historiques sur les parties lisses des façades, comme cela se voit encore sur des palais de l'Italie et sur des habitations de la Suisse et de l'Allemagne. Les traces de peintures conservées sur les parois extérieures des habitations à Pompéi y confirment cet usage, et en attestent l'origine par toutes les autres analogies et applications traditionnelles de l'art grec que présente cette ville.

D'après M. de Klenze, dans sa restitution du temple toscan, et M. Zanth, dans une lettre particulière, beaucoup des maisons que l'on trouve depuis le lac de Constance jusqu'en Pannonie, et le long du cours inférieur du Danube jusqu'aux montagnes de la Thrace, offrent l'aspect des anciens temples grecs de petite dimension. Elles sont, comme ces sanctuaires, surmontées de la frise et du fronton; elles en rappellent la forme et toute la coloration, quelquefois même un dessin identique pour les ornements; et souvent les extrémités des frontons sont surmontées de groupes en bois ou en terre cuite représentant des saints.

M. Letronne, sans discuter si, comme le pense M. de Klenze d'après les idées de Niebuhr, ce mode de construction est passé des peuples rhétiens aux Étrusques, aux Thraces, et de proche en proche aux Grecs, ou si ces constructions ne sont elles-mêmes qu'une introduction romaine et par suite hellénique, dit que l'analogie d'une communauté d'origine donne lieu d'en inférer que les maisons de la Grèce et de l'Italie étaient bâties et ornées de la même manière.

Pour appuyer cette conjecture, il cite les représentations de ce genre de maisons dans les peintures de Pompéi et d'Herculanum, où on les voit souvent surmontées de frontons plus ou moins saillants; puis, pour en prouver l'existence à Athènes, il cite un écrit d'Aristote où il est dit qu'Hippias fit payer un droit à ceux qui voulaient avoir une saillie de l'étage supérieur sur la voie publique, citation qui ne me paraît pas avoir un rapport direct avec l'emploi d'un fronton; car une maison avec une façade dont la partie supérieure formait encorbellement, pouvait aussi bien être couronnée d'un fronton ou n'en pas avoir, qu'une façade dont un ou plusieurs étages étaient saillants sur la rue. Il est à remarquer que cette disposition, dont d'anciennes villes de France et d'Allemagne offrent encore des exemples, est surtout très-usitée chez les peuples orientaux, où les usages antiques se sont le plus conservés.

Quoique les textes anciens feraient croire que les frontons avaient été réservés aux temples seuls, M. Letronne confirme le fait que j'avais déjà énoncé, à savoir, que toutes les peintures de Pompéi, où des frontons couronnent des habitations, des villas et d'autres édifices, de même qu'ils surmontaient les portes des marchés et des villes, comme à Athènes et à Éleusis, les trésors, comme à Olympie, les tombeaux et les arcs de triomphe, sont autant d'exemples pour prouver que la restriction de ce couronnement aux seuls temples n'existait pas. Il cite, à l'appui de cette manière de terminer le haut des maisons, un passage où Hippocrate dit, en ordonnant de disposer une échelle d'une certaine manière : « Vous l'ap-
« procherez d'une tour élevée ou du fronton d'une maison; » puis, ce passage d'Aristophane, où le chœur des oiseaux, dans le cas où la victoire leur serait adjugée, ajoute à ses promesses celle-ci :
« Vous habiterez comme dans des temples, car nous mettrons sur
« vos maisons une couverture avec fronton. » Pour expliquer ensuite le passage tiré de Tite-Live et reproduit par Plutarque, relatif au décret du sénat romain qui permet à César de mettre un

ἀκρωτήριον sur sa maison, M. Letronne trouve dans ce mot comme dans celui de *fastigium*, employé dans la même circonstance par Suétone et Cicéron, l'expression, non pas d'un simple fronton, mais d'un fronton orné de sculptures ; distinction qu'il croit avoir appartenu particulièrement aux temples, tandis que les frontons des maisons n'auraient eu qu'une décoration peinte.

Il n'y a aucun doute que les peintures, étant plus faciles à appliquer, devaient être plus généralement employées pour orner les tympans des maisons que pour décorer ceux des temples, soit avec des figures, soit avec des ornements. Mais la supposition du savant antiquaire, qui conduit nécessairement à admettre que les frontons des temples étaient tous ornés de sculptures, pour porter le caractère sacré qui leur était propre, pourrait être contestée, par le fait que tous les tympans des temples grecs et romains n'en étaient pas indistinctement enrichis. On peut même regarder comme avéré que la peinture était employée, dans certains cas, aussi bien pour orner les frontons des temples que ceux des autres constructions, sans que la conformité entre ce couronnement terminant une maison, et ce même couronnement s'élevant au sommet d'un temple, empêchât de laisser à celui-ci son caractère et son aspect distinctif. En effet, toutes les représentations peintes des divers édifices qui offrent, dans leur partie supérieure, la forme triangulaire des combles, ne sont pas pour cela couronnées de frontons. On y voit souvent les deux rampants du toit seulement, posant sur le mur ou pignon de la maison, et offrant ainsi, par l'absence de la corniche horizontale à la base du triangle, une certaine ressemblance de forme avec un fronton sans tympan triangulaire, mais non pas ce beau faîte, tel que nous le présentent, complété par la sculpture, de magnifiques temples antiques.

Passant aux autres applications de la peinture dont les maisons grecques étaient décorées, M. Letronne cite des textes qui prouvent qu'en Grèce on peignait l'image de Minerve protectrice sur les portes des villes et des maisons, et que des peintures à l'encaustique ornaient les côtés des chambranles et les principales entrées des habitations; enfin qu'à Rome, existait également l'usage de représenter sur les portes des demeures particulières les portraits de Mars, de Rémus et de Romulus.

M. Letronne, après avoir ajouté encore plusieurs intéressantes notions et recherches, au sujet des peintures sur mur dans l'intérieur des palais et des maisons romaines, passe à l'examen des différents moyens d'exécution dont se servaient les anciens. A la suite de ses recherches, il conclut qu'ils n'ont jamais peint à fresque, mais seulement à la détrempe et à l'encaustique; que leurs peintures s'exécutaient sur des fonds de couleur, qui étaient préparés sur le stuc et le marbre, de la même manière que sur le bois, et qu'il n'y avait, par conséquent, pour les artistes, aucune différence entre peindre sur les murs ou sur des planches; ce qui, selon ce savant, répond à M. Raoul-Rochette toutes les fois que cet archéologue rejette la preuve de l'existence des peintures murales, par la raison que l'artiste auquel elles sont attribuées, ayant peint des tableaux sur bois, ne pouvait pas en avoir exécuté sur mur.

Quoique je doive traiter ultérieurement de la technique des peintures anciennes dans l'examen des recherches qui ont été faites à ce sujet, et dans l'exposé de celles auxquelles je me suis livré moi-même, et sans me préoccuper ici de l'emploi spécial des procédés, soit à l'encaustique, soit à tempera, soit à fresque, en tant que pratiqués par les peintres grecs; je ferai remarquer que s'il y a divergence dans les opinions sur ces moyens de peindre, il n'en peut exister quant à la certitude qu'aux époques où tel ou tel genre d'exécution prévalait, chaque artiste y exerçait son talent aussi bien sur la pierre et le marbre recouverts d'enduits que sur le bois également couvert d'une préparation analogue : et, lors même que ces diverses applications auraient présenté des difficultés propres à chacune, comment douter que les grands artistes de la Grèce n'auraient pas aussi bien vaincu ces difficultés matérielles que le firent les artistes célèbres italiens, à la belle époque de la renaissance? Tous y exécutèrent indistinctement d'admirables fresques sur les murs, et d'admirables tableaux à l'huile sur le bois, la pierre, le cuivre et la toile, tous genres de peintures aussi différents dans les moyens et les procédés d'exécution, que ceux connus et pratiqués dans l'antiquité.

M. Letronne, en se bornant aux seules inductions que peuvent fournir les textes, établit que Pline, en parlant de trois manières de peindre des anciens, entend par *encausto* (la peinture à l'encaustique) l'emploi de cires colorées étendues par le moyen du feu, soit sur les murs, soit sur des tableaux; par *in ebore cestro* (la peinture au moyen du cestre sur l'ivoire), une gravure sur cette dernière matière, qui ne pouvait être en grande surface et devait réduire les résultats obtenus à la dimension des miniatures, peintures dont l'auteur avoue ne pas se faire une idée bien juste; enfin, que pour la troisième manière Pline indique la peinture des vaisseaux, au moyen du pinceau, avec de la cire chauffée au feu. Il explique ensuite que le mot ῥαβδίον ne veut pas dire autre chose que *pinceau*, et que le mode de peindre des vaisseaux, par cela seul qu'Homère et Tite-Live en parlent, a dû être plutôt la première manière de peindre que la dernière, c'est-à-dire, l'opposé de ce que dit Pline.

Enfin, l'illustre antiquaire admet que le procédé à l'encaustique, décrit par Vitruve, n'était qu'un vernis à la cire et à l'huile étendu sur des peintures à plat, puis chauffé ou cautérisé, au moyen du feu, pour conserver les couleurs; qu'elle n'est pas indiquée par cet auteur comme un moyen d'exécuter des peintures proprement dites, mais qu'on doit supposer, puisqu'on employait ce vernis pour conserver les couleurs étendues sur de grandes surfaces, qu'à plus forte raison il doit avoir été également mis en usage pour garantir des peintures représentant soit des ornements, soit des figures, afin de conserver les productions de l'art, nécessairement plus précieuses que des couches de couleur, même les plus chères. C'était donc un des moyens employés par les anciens, lorsque les peintures devaient rester exposées à l'air.

Après avoir examiné et discuté tout ce que les auteurs ont dit au sujet de l'encaustique, M. Letronne en limite extrêmement l'emploi dans l'antiquité, et ne voit, sur les tableaux de Pompéi qui représentent des ateliers de peintres, et où les archéologues ont généralement cru reconnaître l'action du broiement des couleurs à la cire, rendue fusible au moyen du feu, que des objets relatifs à des manipulations plutôt applicables au procédé de la peinture à la détrempe.

Cependant, continue le savant antiquaire, il paraît résulter des écrits des auteurs byzantins que la peinture à la cire fondue s'étendit beaucoup, surtout au IVe siècle; mais elle était plutôt appliquée aux ornements peints sur les murailles qu'aux tableaux à figures; car, quoique l'on possède de ces derniers qui remontent jusqu'au IXe siècle, et qu'ils aient été exécutés en Grèce ou en Italie, aucun ne s'est trouvé être à l'encaustique : tous sont à la détrempe, et ont été recouverts d'un vernis.

Ce ne peut donc être encore qu'une tradition conservée de l'antiquité. Elle est une nouvelle preuve à l'appui de l'application générale d'un même procédé servant aux peintures à figures, et de la certitude absolue que ce procédé s'employait avec une égale facilité sur les murs et sur les tableaux en bois.

Là s'arrête le travail de M. Letronne, qu'il termine en concluant « que son opinion est, sur tous les points, différente de celle de M. Raoul-Rochette, et, dans l'ensemble, conforme à la mienne ; qu'en tous les temps, mais principalement aux époques anciennes, la peinture sur mur a fait partie intégrante de la décoration des édifices ; qu'elle faisait le complément du système polychrome, étendu, chez les Grecs comme chez les Romains, à tout, aux armures, aux ustensiles, aux statues, aux bas-reliefs, aux édifices religieux, civils ou privés; que les tableaux mobiles qui ornaient aussi les monuments, d'abord moins nombreux, le sont devenus peu à peu davantage, et ont fini par ne plus exercer que les plus grands peintres; que la peinture sur mur est devenue un genre secondaire, du moins quant à la perfection du travail; enfin, que cette opinion, qui est, au fond, celle de Winckelmann et des plus habiles antiquaires, est la seule conforme aux monuments, aux textes, et que, loin d'être, comme le veut M. Raoul-Rochette, une pure illusion, une erreur opiniâtre, elle est *une théorie historique qu'appuie l'antiquité tout entière.* »

CHAPITRE X.

Opuscule de M. Gottfried Hermann : « De veterum Græcorum picturâ parietum Conjecturæ. »

(Die xiii febr. A. mdcccxxxiv. Lipsiæ.)

Quoique cette dissertation ait paru en février 1834, je n'en parle qu'à la suite des Lettres de M. Letronne publiées en 1835, parce que ce savant ne la connut qu'après avoir achevé son écrit et l'avoir déposé à l'Académie; que moi-même je n'ai pu en prendre connaissance avant la lecture de ces Lettres, et surtout parce que leur examen fait, il me reste peu de chose à dire sur la brochure de M. Hermann.

En mentionnant dans sa préface la dissertation du célèbre professeur allemand, M. Letronne dit qu'il n'y trouva, au lieu d'un travail complet, qu'une douzaine de pages consacrées à la question principale; que M. Hermann rapporte quelques textes omis par

M. Raoul-Rochette, qu'il en explique et corrige plusieurs, et présente quelques objections, mais qu'il ne donne sur la thèse elle-même que des conjectures; que le savant philologue de Leipsick y fait de belles corrections d'autres textes dont lui, M. Letronne, a profité depuis; et qu'il est à regretter que les occupations habituelles de cet érudit distingué ne lui aient pas permis de pousser plus loin ses investigations.

La publication de l'opuscule, *Conjectures sur les peintures murales des anciens Grecs*, auquel avait donné lieu le Mémoire de M. Raoul-Rochette, analysé page 29, se divise en deux parties : l'une a rapport aux explications des textes concernant la sculpture polychrôme; l'autre a pour objet les textes où il est question de la peinture sur mur. M. Hermann, après avoir fait un grand éloge du travail de l'auteur français, observe que les raisons qu'il cite à l'appui de son opinion contre l'emploi, par les Grecs, de la peinture sur des murs enduits, sont, sauf l'adjonction d'un très-petit nombre d'autres raisons, la reproduction de celles émises antérieurement par C. A. Bœttiger.

Quant au sujet du débat, l'auteur n'est pas étonné du désaccord qu'il soulève entre les savants, parce que leurs recherches ne sont pas basées à la fois sur l'étude des monuments existants, sur les témoignages de l'histoire, et sur le caractère particulier et la nature de chaque objet en question. Il admet que la source historique est la meilleure, lorsqu'on sait l'interpréter et la corriger avec justesse : puis il entre dans l'examen des passages concernant les sculptures peintes.

Dans cet examen, tantôt d'accord avec M. Raoul-Rochette, tantôt rectifiant l'opinion de cet archéologue et d'autres auteurs, tels que Voelkel, Schæfer, Schneider, Bekker, Welcker, Jacobi, Walckenaer, Spon, Osann, Kœhler, Bœckh, Bœttiger, Muller, etc., M. Hermann se prononce généralement pour les interprétations qui admettent la sculpture peinte là où, avant les recherches spéciales faites sur les monuments de l'art grec, le sens des mots et des phrases qui avaient rapport à cette particularité était commenté comme exprimant des représentations, au moyen de la peinture seulement, soit d'hommes, soit d'animaux, soit d'autres objets.

Certes, rien n'est plus judicieux que d'exiger, comme le fait M. Hermann, dans les recherches archéologiques sur l'architecture, la sculpture et la peinture, des études qui réunissent, à celles des monuments et de l'histoire, les connaissances particulières que comporte chacune de ces branches si importantes de l'antiquité. Ces études doivent, en effet, marcher ensemble; mais il n'est pas moins vrai, malgré la prédilection naturelle du célèbre professeur pour les ressources philologiques et historiques, que celles-ci ont rarement conduit à des conclusions certaines, sans le témoignage des monuments; tandis que les pierres et les marbres qui avaient conservé des traces de la polychrômie appliquée à la sculpture, ont seuls fixé la véritable valeur des expressions qui, avant cette découverte, trouvèrent presque autant d'interprétations différentes que d'interprètes. Non pas que ces résultats, opposés entre eux, aient été les produits d'un esprit de système; qu'elles n'aient pas eu pour base un véritable et profond savoir, un sincère et constant amour du vrai : mais il faut se rappeler que les descriptions des édifices et des autres monuments d'art, rarement détaillées par les auteurs anciens, ont été, la plupart, écrites par des hommes étrangers à l'architecture, à la sculpture et à la peinture. On sait d'un autre côté que, même pour un artiste et dans sa spécialité, il est excessivement difficile, si ce n'est impossible, de faire un inventaire artistique d'un bâtiment, d'en énumérer les matériaux, d'en indiquer la mise en œuvre, et d'expliquer la composition d'un tableau, d'un bas-relief ou d'un groupe, de manière à ce que cet inventaire et ces explications puissent permettre seulement à deux personnes d'en faire deux reproductions, dont l'une soit semblable à l'autre. On remarquera enfin que cette difficulté devient d'autant plus insurmontable, que ces descriptions, déjà imparfaites, remontent plus loin dans l'antiquité, et ont pour objet des productions d'art, dont le but comme le goût, et par conséquent le caractère qu'elles doivent avoir et l'impression qu'elles doivent produire, sont plus opposés ou plus étrangers au sentiment prédominant de l'époque où on les explique ; sentiment si difficile à neutraliser, et qui n'est pas le voile le moins épais à percer pour arriver à la vérité.

Ce n'est pas que l'étude des monuments ne laisse parfois encore naître et subsister des doutes ; car si les antiquaires philologues distingués sont les plus aptes à lire une inscription mutilée, à la restituer, à l'interpréter, et à trouver, dans la forme des lettres comme dans la construction des phrases, l'époque de leur origine, toutes choses si éminemment utiles à la science, il faut admettre aussi que des artistes qui se sont spécialement livrés à l'étude des monuments d'art antiques ont plus d'aptitude qu'aucune autre personne à juger du tout d'après les parties ; à trouver, dans des fragments en apparence insignifiants, les indications les plus importantes ; à reconnaître, par la comparaison des détails, ou une même origine, ou des créations différentes ; à juger l'identité des époques ou leur dissemblance dans les éléments d'une même construction ; à découvrir, enfin, une quantité d'indices curieux et certains, là où tout autre ne trouverait rien, ou seulement des inductions contraires à la réalité. De ces faits il résulte nécessairement que les observations des antiquaires et leur opinion sur des monuments qu'ils ont vus, mais que réellement ils ne pouvaient étudier que très-partiellement, sont sujettes à de graves erreurs, et ne doivent pas prévaloir contre les observations et l'opinion des artistes.

Mais il en est dans ces cas, comme dans beaucoup d'autres, où chacun se croit plus fort dans sa partie la plus faible, et où l'on a vu quelquefois des archéologues qui ne savaient ni tracer ni lire un plan, ni dessiner un œil, se croire plus d'autorité à juger la destination et la forme d'une moulure, la restitution d'un monument, et la perfection ou les défauts d'une statue, que des architectes instruits et des statuaires de talent. Ce sont les jugements d'hommes semblables, heureusement très-rares parmi les savants illustres cultivant la belle et difficile science de l'archéologie, qui sèment le doute. Ces hommes ne savent que trop qu'en le jetant au vent, il tombe toujours dans quelques sillons où il prend racine, s'entretient et se perpétue aux dépens de la vérité.

Arrivant à la peinture sur mur, M. Hermann, tout en commençant par dire qu'il est d'accord avec M. Raoul-Rochette, ajoute qu'il ne partage pas son opinion sur les passages de Pline, relatifs aux peintures d'Ardée et de Lanuvium, ni sur ceux de Pausanias, concernant celles du tombeau près du Crathis, non loin de Bura, et de celui proche de Tritæa, peint par Nicias. Il met de même fortement en doute l'opinion exprimée par cet archéologue sur ce que le voyageur grec rapporte de Panœnus, au sujet du temple de Minerve à Élide, et des peintures sur la cloison qui entourait la statue de Jupiter à Olympie. Ce savant réfute énergiquement aussi les conséquences tirées par l'antiquaire français du passage de Pline concernant la restauration des peintures de Polygnote par Pausias sur les murs du temple de Thespies, et il affirme, de la manière la plus positive, que des paroles de Pausanias et de Plutarque, relatives aux peintures dans le temple d'Érechthée à Athènes, on doit conclure que ces dernières avaient été peintes sur le mur, et n'étaient, en aucune façon, des tableaux exécutés sur des planches de bois.

Comment, après ces nombreuses rectifications, M. Hermann peut-il dire que « M. Raoul-Rochette discute si bien les erreurs, « telles que celles de M. Welcker et du système de M. Hittorff, « qu'elles lui semblent suffisamment réfutées ? » C'est ce qui est difficile à expliquer, lorsque le savant philologue continue, une ligne après, à me donner raison d'avoir cité Olbiade parmi les artistes qui avaient décoré de peintures les parois du sénat d'Athènes, contre mon adversaire, qui fait de ce peintre un législateur!

Quant au fait relatif à Agatharchus, et aux conjectures de M. Raoul-Rochette, qui cherche à établir que ce peintre, enfermé par Alcibiade dans sa maison, pour le forcer à en décorer les murailles, était un artiste qui ne peignait que sur du bois, et que les peintures exécutées par lui l'avaient été sur des tables de cette matière, ou qu'il n'y avait peint que des ornements, M. Hermann ne les admet pas. Ce savant n'admet pas non plus avec l'antiquaire français que ce que Philostrate dit, dans la vie d'Apollonius, « que sa maison était ornée de tableaux achetés par« tout, » doive s'entendre uniquement de peintures sur bois ou portatives.

Résumant l'opinion de M. Raoul-Rochette, « qu'à la plus belle
« époque de la peinture en Grèce, on ne peignait que des ornements
« sur les murs, à l'exception des tombeaux et plus tard des maisons,
« mais jamais de sujets historiques, » et tout en mentionnant l'écrit de cet archéologue comme une production savante, faite avec soin, M. Hermann conclut qu'il contient bien des points douteux. Ainsi, dit-il, les peintures évidemment historiques d'Ardée et de Lanuvium, et qui offraient des sujets helléniques, doivent avoir été faites par des artistes venus de la Grèce, ou du moins par des élèves de maîtres grecs. Le passage de Pline dans lequel il place l'invention de la peinture des paysages au temps d'Auguste, d'où il s'ensuivrait qu'on ne pouvait, avant cette époque, avoir peint que d'autres sujets, et par conséquent des sujets historiques; ceux où il dit qu'il n'y avait de gloire que pour les peintres de tableaux; qu'Apelle n'avait pas de peintures sur les murs de sa maison; cet autre de Cicéron, qui parle de l'enlèvement des peintures du temple de Minerve à Syracuse : tous passages que M. Raoul-Rochette

fait valoir à l'appui de son opinion, M. Hermann les réfute comme tels.

Il veut bien que les peintres les plus célèbres peignissent, de préférence, des tableaux, et des artistes moins renommés les murailles; mais il n'admet pas qu'il en ait été toujours et partout ainsi, et qu'il s'ensuive que des peintres dont on admirait le talent n'aient pas quelquefois peint sur les murs. Si, poursuit M. Hermann, Pline relate, comme un fait particulier, qu'Apelle n'avait pas de peintures sur les parois de sa maison, c'est que cette décoration était d'un usage général partout ailleurs; et s'il fallait absolument admettre « que les peintures exécutées sur murs ne donnaient pas de gloire « à leurs auteurs, » comment concilier ce dire avec celui du même Pline exprimant la grande admiration que lui avaient inspirée celles d'Ardée et de Lanuvium?

En énonçant de nombreux passages de Pausanias, pour y chercher la valeur des expressions relativement au genre de peinture auquel ils s'appliquent, M. Hermann assure que cet auteur ne parle nulle part de peintures de manière à ce que l'on puisse distinguer absolument s'il s'agit de tableaux ou de sujets peints sur des murs couverts d'enduits, et que Pausanias ne désigne qu'*une seule fois* clairement un tableau. Cependant, à la suite des nombreuses citations que fait l'éminent philologue, sa conviction est que la peinture sur mur a dû précéder celle des tableaux. Il rapporte, à ce propos, le fait donné par Pline et Vitruve concernant le pan de muraille en brique, couvert de peintures à l'encaustique, et transporté, au moyen d'un encadrement en charpente, à Rome, pour orner les Comices de Varron et de Muréna; peintures précieuses, dit M. Hermann, dont le sujet est inconnu, mais qui n'auraient pas été transportées de Lacédémone avec tant de soin et à si grands frais, si elles n'eussent représenté que des ornements.

Enfin ce savant pense, en se résumant, que si la plupart des expressions de Pausanias laissent subsister des incertitudes, toutefois, là où il est question de compositions peintes, *en partie ou entièrement effacées*, il n'est pas possible de douter qu'il ne s'agisse de peintures exécutées sur les murs ; qu'il est inadmissible de vouloir que l'art et l'usage de peindre sur des parois couvertes d'enduits n'aient pas existé dans l'ancienne Grèce ; qu'avec la certitude de son existence la plus reculée, prouvée par les peintures murales de l'Étrurie, « il serait incroyable et étonnant que les Grecs, si habiles, eus-« sent laissé cet art dans l'imperfection, eux qui, ayant trouvé la « peinture à peine formée, la perfectionnèrent au point de surpas-« ser tous les autres peuples ; enfin, que si les Grecs n'avaient pas « connu la peinture sur mur, des notions historiques établiraient « certainement par qui et chez quel peuple a commencé l'emploi de « cet art. »

CHAPITRE XI.

Trois articles critiques de M. Raoul-Rochette : sur la brochure de M. Semper, l'ouvrage de M. Kugler, et le livre de M. R. Wiegmann « La peinture des anciens. »

(*Journal des Savants*, novembre 1836, janvier et février 1837.)

PREMIER ARTICLE.

Il était à supposer que, dans l'examen du premier de ces ouvrages, M. Raoul-Rochette, désormais contraire aux théories et aux faits qu'il contenait, apprécierait les unes et les autres avec son esprit de contradiction. Aussi le critique, qui ne suit pas la marche de l'ouvrage, mais qui choisit les passages et les groupe à son gré, dans le pêle-mêle le plus avantageux à ses vues, commence-t-il par prêter à l'auteur des sentiments qu'il n'a pas eus, des jugements qu'il n'a pas émis.

M. Semper avait dit « que les traces de la polychrômie s'étaient traditionnellement conservées sur presque tous les monuments et à travers tous les pays, depuis les temps antiques jusqu'au commencement du XVe siècle ; »

« Que Bramante, tout en se livrant aux inspirations puisées dans les ruines des monuments antiques, avait conservé avec respect, dans ses œuvres, l'influence de l'architecture partiellement polychrôme de ses devanciers ; »

« Que les autres artistes, tels que Bruneleschi et ses contemporains, placés à la tête de la renaissance, en étudiant l'architecture antique dans son état de mutilation, et par conséquent d'imperfection, étaient arrivés, au temps de Michel-Ange, à ne produire qu'une architecture nue et monochrôme ; »

« Que, cependant, tous les artistes rénovateurs, trop pourvus du véritable sentiment de l'art pour ne pas remarquer ce qui manquait aux œuvres antiques dans leur apparente pauvreté, remplacèrent malheureusement, faute d'avoir mieux étudié leurs modèles, les magnifiques effets de la polychrômie avec l'emploi des ressauts multipliés et des enroulements sans nombre, afin de donner, aux froides masses de pierres sans proportion, de la richesse et de la vie, par la variété des ombres et de la lumière ; »

« Que, dans leurs égarements, ces architectes avaient néanmoins produit une chose complète, en ce sens que le palais le plus surchargé, sorti de l'école de Borromini, se voyait avec plus de satisfaction que de certains ouvrages contemporains, ces bâtards de l'antique, dont la place du Peuple, à Rome, offre le modèle. »

M. Semper, en s'exprimant ainsi, était loin d'imputer, comme l'en accuse M. Raoul-Rochette, à Bramante, à Bruneleschi, et à Michel-Ange, l'absence de style et de caractère, qu'il désapprouve dans la disposition décorative moderne de la place romaine.

L'idée de M. Semper sur l'emploi de la couleur à l'architecture moderne, que M. Raoul-Rochette n'a pu que volontairement méconnaître, n'est pas d'admettre que cet emploi ôterait toute maigreur, toute sécheresse, toute froideur aux édifices de notre époque, et remédierait à l'absence de leur caractère ; mais bien que la peinture distribuée avec goût, avec discernement, et de façon à servir à la fois d'embellissement et de moyen de conservation, serait un accessoire éprouvé ; qu'elle obvierait en grande partie aux inconvénients de la nudité et de la pauvreté, pour arriver, avec l'application des mêmes principes d'art, au même résultat que l'influence de la polychrômie eut sur l'architecture grecque.

Émettre, comme le fait M. Raoul-Rochette, le doute « qu'il suffise « de surcharger nos édifices de couleurs, *de les barbouiller de rouge* « *et de bleu*, pour retrouver le secret du style antique, » comme si telle devait être la conséquence des paroles de M. Semper, c'est prêter à cet artiste une pensée absurde. Aussi, sans m'arrêter à cette manière insolite de combattre un adversaire, j'aime mieux supposer que M. Raoul-Rochette, ignorant nécessairement que l'emploi judicieux des couleurs conduit à la perfection des formes, à leur harmonie, à leurs justes proportions, n'a pu comprendre dans quel sens M. Semper admet la coloration comme le complément le plus avantageux des œuvres de l'architecte.

La peinture ajoute, en effet, aux édifices plus de richesse apparente et plus de charme ; elle leur donne cette espèce de vie dont le souffle du divin créateur pénètre les objets les plus inanimés de la nature. Dans tous, la couleur vient continuellement au secours de la forme ; elle la précise davantage, et ajoute aux merveilleux jeux de la lumière et de l'ombre, qui sont, dans leurs incessants changements, dans leurs nuances toujours variées, une des grandes jouissances pour l'œil et pour l'âme de l'artiste. Malheureusement, il n'est donné à personne de faire comprendre aux cœurs froids ces douces sensations ; ceux-ci applaudissent par convention et désapprouvent par système, et leur admiration augmente ou décroît, selon les circonstances.

La couleur, en conduisant à la perfection de la forme, ne peut donc pas la détruire; et les artistes qui préconisent l'emploi de la première admettent nécessairement la forme comme un élément indispensable à la beauté de l'architecture. M. Raoul-Rochette ne dit donc rien qui ne domine dans la pensée de M. Semper et dans la mienne; c'est à savoir : « que dans la forme résident essentielle-
« ment les conditions du mérite et de la supériorité de l'architecture
« grecque. » Mais la forme n'étant quelque chose que par son objet, et par la donnée qui l'a créée, elle n'a pu être et n'a été soumise à aucun système fixe chez les Grecs, pas plus que cela n'a pu être et ne l'a été pour la coloration. Celle-ci n'a rien dû avoir de rigoureusement uniforme ou arrêté dans son application, ni comme choix, ni comme distribution. Assujetties à de certains principes généraux, les couleurs ont toujours été distribuées et choisies de manière à satisfaire aux exigences conventionnelles de la tradition d'abord, puis au but de l'art, tout en étant très-différemment appliquées à un même genre d'édifices, tels que les temples. Leur caractère, comme expression symbolique, changeant avec les divinités, pouvait faire introduire des couleurs différentes dans un grand nombre de sanctuaires, semblables d'ailleurs. Le rouge, le bleu, le jaune, comme le blanc, pouvaient y être appliqués de manière à ce que l'une ou l'autre de ces couleurs y dominât plus ou moins, et à ce que des temples offrissent plus ou moins de sobriété ou de richesse, un caractère plus gai ou plus triste, tout en présentant un aspect analogue, et susceptible de produire un même charme.

Si M. Semper n'exprime pas tout à fait ces idées sur le système de la polychrômie des Grecs, s'il fait entrer dans l'emploi des couleurs le but de faire valoir davantage les parties les plus nobles d'un monument, est-ce à dire que lui, ou les artistes qui admettent, autrement que M. Raoul-Rochette, l'usage de la polychrômie, ne veulent, comme l'affirme ce critique, que *des barbouillages?* Et n'est-il pas regrettable de voir, faute d'arguments solides, ce savant prêter à des hommes qui auraient le droit de se croire plus que lui en possession du vrai sentiment des arts, les goûts les plus barbares?

M. Raoul-Rochette admet, en quelque sorte, avec M. Semper, que chez les Grecs la peinture, la sculpture et l'architecture étaient, dans le principe, unies ensemble, comme en Nubie et en Égypte: cependant il oppose, quoique d'une manière dubitative, l'origine troglodytique de l'architecture des bords du Nil à l'origine contraire de l'architecture hellénique, comme sortant du système de la charpente. Mais M. Semper, en parlant des monuments égyptiens, ne les cite que comme offrant la réunion des trois arts, sans prétendre que l'architecture grecque soit une imitation absolue de celle de l'Égypte.

C'est dans la tendance universelle de l'enfance des peuples à orner, à embellir, à faire briller les objets qui les entouraient, à leur appliquer enfin les couleurs les plus voyantes, indépendamment de la nature de leurs matériaux, que M. Semper trouve l'origine de la polychrômie, comme point de départ des ornements et de la décoration des édifices.

L'emploi du bois à la construction des temples, la nécessité de le garantir de la destruction au moyen d'une enveloppe quelconque, et de remplacer en même temps la monotonie, la tristesse et la pauvreté de son aspect, a pu faire peindre primitivement par les Grecs leurs édifices, sans aucune influence égyptienne, et avant que les idoles en bois peint leur fussent arrivées d'Égypte; mais ces idoles, où l'application des couleurs avait déjà atteint un certain degré de perfection, ont pu avoir leur influence sur la peinture ultérieure des sanctuaires, et ont dû y introduire un certain progrès que l'art grec a perfectionné depuis, dans son application aux temples en pierre et en marbre.

Qu'en admettant une semblable origine de la polychrônie, il faille concéder que les couleurs et les ornements aient été originairement plus abondants et moins harmonieux que dans des temps postérieurs, c'est possible, sans qu'on doive en conclure qu'aux époques où l'art avait atteint son plus haut degré de développement, on n'employa pas une magnificence plus grande dans le choix des matériaux, plus de richesse dans le nombre et le détail des ornements, des couleurs plus belles et plus éclatantes; sans qu'il ait dû s'ensuivre enfin cette profusion qui, selon le savant critique, a toujours été regardée comme le commencement de la décadence.

Sous ce point de vue, et malgré les inductions qu'il en tire pour restreindre à infiniment peu de chose le concours de la coloration aux monuments de l'acropole d'Athènes, M. Raoul-Rochette ne pourra nier qu'avec la parure des primitives idoles, quelque magnifiquement couvertes qu'elles fussent des plus belles étoffes et des plus précieux bijoux et ornements dont on pouvait disposer, de pareilles figures n'auraient pu jamais être comparées, pour la magnificence des matières, pour la beauté des couleurs et pour la richesse des ornements, à l'aspect que devait offrir le Jupiter Olympien et la Minerve Athénienne de Phidias; de même que ce savant n'a jamais dû admettre que l'abondance des accessoires décoratifs qui embellissaient ces chefs-d'œuvre dénotât un commencement de décadence! Car ce n'est jamais le nombre des ornements, quelque étendu qu'il soit, ni la richesse des matières, quelque précieuses qu'elles puissent être, ni la multiplicité et l'éclat des couleurs employées, qui sont la marque distinctive, constante et indubitable d'une époque rétrograde : c'est uniquement et toujours leur mauvais emploi. L'ignorance et l'absence du goût peuvent produire l'effet de la plus grande profusion et surcharger une œuvre d'art, au point d'en faire une chose informe et désagréable au plus haut degré, avec les mêmes éléments que le goût peut employer pour en faire une production des plus belles et des plus séduisantes.

M. Raoul-Rochette, qui a décrit avec beaucoup de charme la

villa Pia, qu'il désigne *comme une des merveilles de l'art moderne*, aurait-il pu porter, sur cette délicieuse construction de Pirro Ligorio, ce jugement, si la richesse de la décoration qui y est partout employée jusqu'à la limite de la profusion, et quelquefois même au delà peut-être, devait marquer infailliblement le déclin dans la marche des arts?

Si les ornements on ne peut plus multipliés, dont la variété et le goût font un des principaux mérites de cette villa, et qui la font briller à côté de tant de beaux palais, comme un diadème en pierres fines au milieu de couronnes d'or; si ces ornements avaient été distribués et dessinés par d'autres artistes moins habiles, ce savant admettra avec moi qu'ils auraient pu facilement l'être de manière à enlaidir cette belle œuvre au lieu de l'embellir, et à donner lieu à une critique aussi sévère que sa louange est juste.

En architecture surtout, la magnificence et la richesse portées jusqu'à l'extrême, comme la sobriété la plus complète, peuvent être employées de la manière la plus judicieuse à deux édifices contemporains, mais de destination différente, sans que, ni dans l'un ni dans l'autre, on puisse trouver le signe de la décadence ou du progrès. Le tout consiste, encore une fois, dans le sentiment bon ou mauvais qui a dirigé l'application, et non pas dans l'application elle-même.

Vouloir que le génie qui présida à la création et à la distribution de toutes les richesses, de toutes les magnificences qui ornaient la Minerve du Parthénon, en ait éminemment rehaussé le mérite, comme œuvre de sculpture, sans concéder que ce même génie, en présidant à l'emploi d'un semblable principe dans l'ornementation sur le temple lui-même, dut ajouter également à la beauté et à la perfection de son architecture, ce serait résister à l'évidence! C'est cependant ce que fait et persiste à faire M. Raoul-Rochette.

A propos de l'observation de cet antiquaire au sujet du trésor d'Atrée, que M. Semper cite comme une preuve de la richesse des primitives constructions grecques, en rappelant les ornements qui couvraient les colonnes trouvées à l'entrée de ce monument et son revêtement en lames de bronze doré, dont M. Raoul-Rochette rejette l'existence, je ferai remarquer que cet antiquaire, en appuyant son opinion sur la note du docteur Braun (1), où ce savant rapporte que M. Émile Wolf dit n'avoir pas vu de clous dans le trésor d'Atrée, mais beaucoup d'excroissances (*grunii*) de la pierre ressemblant à des clous, et qui avaient pu donner lieu à la méprise, je ferai remarquer, en premier lieu, que M. Donaldson, dans la publication de ce monument, ne parle pas de la présence de clous, mais d'un grand nombre de *trous* qui en constataient l'emploi (2); et en second lieu, que M. Raoul-Rochette a exhibé, dans une des leçons de son cours, un clou en bronze comme provenant du trésor d'Atrée. Du reste, le savant critique se trompe en donnant, pour l'opposer au témoignage du célèbre architecte anglais, le titre d'architecte à M. Émile Wolf. Cet artiste est un sculpteur distingué, qui a signé comme tel plusieurs articles dans les publications de l'Institut archéologique de Rome, où le docte antiquaire a puisé la note de M. Braun.

Mais M. Raoul-Rochette est si peu conséquent, qu'après avoir professé l'existence des lames de bronze au trésor d'Atrée, ensuite rejeté cette application sur l'énoncé de M. Wolf, dans le seul but de récuser en tout M. Semper, il revient ultérieurement au véritable état des choses. Ainsi on le voit (p. 374 des *Peintures antiques inédites*) dire : « qu'il n'est pas douteux que le système de placage « en lames de bronze ou d'argent, ou même d'or, ne fût pour les « Romains une tradition de l'usage grec, de revêtir de *panneaux de*

---

(1) *Bullet. del Instit. di corresp. archeol.*, 1836, p. 58, note 1.
(2) *Antiquities of Athens and other places in Greece.* Subterranean chamber of Mycene, p. 31 : « The whole face of the chamber was covered whit thin plates of brass or bronze, fixedt to the stone construction by metal nails. The holes for which are very evident. »

« *bois peints* les murailles qu'ils voulaient décorer. » Certainement cette induction n'est pas justifiable; mais l'aveu en lui-même est un premier pas en avant, car les revêtements métalliques sont au moins admis dans le Latium. Puis (p. 424-426 du même ouvrage), « que « des tombeaux étrusques avaient eu leurs murs revêtus de lames « de bronze, comme le *Chalciœkos* de Sparte, le *Thalamos* de Danaé, « un temple à Delphes, des faces de tombeaux taillés dans le roc, « près de *Thyatire*, etc.; monuments offrant le même emploi de « revêtements en lames de métal ou en *bois peint*, qui fut le système « de l'antiquité asiatique, et qui n'avait pas été étranger à l'antiquité « grecque (1). » Ce qui fait deux autres pas de plus : l'un qui conduit à l'admission des revêtements en bronze dans l'Étrurie, et l'autre à la constatation du même usage aux temps primitifs de la Grèce. Il

(1) Au sujet des tombeaux de Thyatire, M. Raoul-Rochette renvoie à la relation de M. de Prokesch, « *Annal. dell' Instit. archeol.*, t. VII (lisez t. VI), p. 193. » Voici ce qui y est dit : « La surface des murailles est lisse, on y découvre beau-« coup de petits trous qui font présumer qu'elles étaient autrefois couvertes de « plaques *de marbre fin ou de métal.* » Ainsi l'archéologue français, qui veut à présent des revêtements de bronze, en écrivant que l'antiquaire allemand « a re-« marqué que la surface du rocher avait été autrefois couverte de plaques de métal, » transforme le doute d'une présomption entre deux matières en une affirmation absolue d'une seule. Le lecteur verra bien des fois ce savant rendre aussi peu fidèlement le sens des auteurs qu'il cite. Si M. Raoul-Rochette montre, dans ce cas, un peu de légèreté, il est permis de dire qu'il n'a pas montré beaucoup de jugement, lorsqu'il écrivait (p. 425 de ses *Peintures ant. inéd.*) « que les enfon-« cements observés par M. Donaldson à la façade de quelques tombeaux dans l'Asie Mineure, pour y insérer des plaques de métal, *auraient pu servir aussi bien pour des peintures sur bois.* » Tout le monde comprendra les idées de M. de Prokesch et du savant architecte anglais, de couvrir les parois d'un rocher, taillées en façade de tombeau, de marbre ou de bronze, parce que ce sont des matières plus précieuses et plus solides que celle qu'elles remplaçaient; mais on pourra difficilement supposer qu'avec de la réflexion et du raisonnement, on puisse prétendre qu'au lieu de ces dalles et de ces plaques, les anciens eussent employé des planches peintes pour revêtir des hypogées creusées dans le roc. C'eût été admettre que les constructions exécutées dans toute l'antiquité, à l'effet d'offrir le plus de durée possible, l'auraient été, à cause des matériaux et par suite du procédé, de la manière la plus destructible.

est vrai que c'est encore avec le concours des placages en bois, et pour aboutir à l'inadmissible conséquence « que les peintures de Nicias « avaient été exécutées sur des planches, et avaient formé le revête-« ment intérieur du tombeau de Tritæa. » Enfin, dix années après, en 1847, l'auteur du *Choix des peintures de Pompéi* s'exprime ainsi (p. 186) : « Deux circonstances du mythe de Danaé méritent « de fixer plus particulièrement l'attention. La première de ces « circonstances est la *chambre de bronze* où fut enfermée Danaé. « Que cette *chambre* ne fût pas simplement une image symbolique « tirée de la tradition des temples souterrains de l'Égypte et de la « Nubie, d'où ce culte était venu à la Grèce, comme l'a pensé « M. Creuzer, mais que ce fût réellement *un appartement souterrain* « *plaqué entièrement de lames de bronze,* c'est ce que tend à dé-« montrer le témoignage de Pausanias, qui rapporte que, de son « temps encore, on montrait, parmi les monuments les plus remar-« quables d'Argos, cet *appartement souterrain* où avait été la *cham-« bre de bronze* détruite sous la tyrannie de Périlaos. On sait d'ail-« leurs qu'il existait aussi à Mycènes de ces *constructions souter-« raines* destinées à servir de trésors, telle que la *chambre d'Atrée*, « qui eut probablement cette destination, et qui fut bien certaine-« ment revêtue à l'intérieur de *lames de bronze;* les clous de ce « métal qui s'y trouvent encore attachés, et qui n'ont pu servir qu'à « y fixer ces *lames de bronze*, ne permettent plus le moindre doute « à cet égard. »

Ainsi, comme il ne s'agissait aucunement ici de contredire l'opinion d'un adversaire, tout rentre dans le vrai. Non-seulement la critique faite à M. Semper est oubliée, mais à la suite d'une aventureuse stratégie pour arriver, sans une apparente retraite, à son point de départ, M. Raoul-Rochette va jusqu'à dire (même p. 186, n. 1), « qu'il a établi, en 1836, le fait de l'existence des lames de bronze « dans le trésor d'Atrée, contre M. Braun (c'est-à-dire là même où il « la rejette), en parlant de la possession qu'il tenait de M. Prokesch

« d'un des clous d'Atrée, non à crochet, mais à tête plate, tels qu'ils
« n'aient pu servir qu'à fixer des lames de revêtement; revêtement,
« ajoute le savant antiquaire, admis d'ailleurs par Hirt, Ott. Muller,
« Abeken et Semper, dans ses *Bemerkungen*, etc., p. 8 ; » c'est-à-
dire, dans le livre et à la page qui servirent de prétexte à sa
réfutation !

Que les clous, sujet du débat, aient existé ou non ; qu'ils aient
servi, comme au tombeau de Cæré, pour y attacher des objets précieux ou autres, ou pour retenir, conformément à l'opinion la plus
généralement admise, des lames de bronze : toujours est-il que la
magnificence incontestable et incontestée de la décoration de la
porte à l'extérieur rend on ne peut plus probable une magnificence
analogue dans l'intérieur. Mais, lors même que les colonnes et leurs
accessoires couverts d'ornements eussent été la seule décoration
réellement existante, comme elle était celle de l'entrée, qui dut naturellement caractériser le monument, elle suffit pour appuyer les
idées de M. Semper.

Si cet auteur dit : « Les tombeaux de Corneto et de Vulci, quoi-
« que le contact entre les Grecs et les Étrusques reste une question
« indécise, sont également décorés avec richesse. Ils étaient, à l'ex-
« térieur, couverts d'ornements, de couleurs, de bronzes et de
« dorures. Ce qui y est très-remarquable, ce sont les restes de sculp-
« tures peintes qu'on y trouve, parce qu'elles rappellent à la fois l'art
« égytien et l'ornementation des temps primitifs de la Grèce ; »

Si M. Semper désigne « le développement des arts helléniques,
« comme croissant avec les idées de liberté et du sentiment natio-
« nal, dont l'influence déploya les ailes du génie des Grecs ; » s'il
pense que « le style sévère dut céder sous cette influence, et qu'il
« y eut peut-être un court espace de temps de débordement révo-
« lutionnaire qui précéda la période culminante de l'art, sous Icti-
« nus, Phidias et Polygnote, comme le font supposer les formes
« outrées des plus anciens temples, les exagérations grimaçantes de

« quelques bas-reliefs siciliens, et en quelque sorte une plus grande
« liberté qu'offre la construction préexistante du Théséion, com-
« paré au Parthénon et aux Propylées ; »

Si, à la suite d'autres considérations sur les études incomplètes des monuments de la Grèce par les modernes, M. Semper appelle « les froides reproductions de la forme nue de ces monuments, de vrais squelettes de l'art antique ; » si, arrivant à l'époque où les Grecs n'employèrent presque plus que l'art ionien et corinthien, il y remarque « une richesse exagérée, une profusion asiatique, et, au lieu de l'ornementation peinte et rationnelle, qui faisait valoir toutes les formes, l'emploi des sculptures et des peintures qui les couvraient et les détruisaient ; »

Si M. Semper place dans cette période l'époque où les Romains adoptèrent l'architecture hellénique, en ajoutant que, « malgré le contact dans lequel ils avaient été depuis longtemps déjà avec la Grèce, c'est alors seulement, et quand leurs victoires et leurs richesses transportèrent à Rome l'amour de la magnificence, que paraît y avoir été adopté l'usage de remplacer par des matériaux divers et colorés l'architecture peinte ; »

Si M. Semper fait ces appréciations et ces inductions, la plupart justes, et toutes ingénieuses et profondes, que sont-elles aux yeux de M. Raoul-Rochette? « Une association de tout ce qu'il
« y a de contraire et de disparate dans les mots et les choses, dans
« les lieux et les temps ; un mélange d'exemples empruntés à des
« époques si diverses, d'idées qui s'appliquent à des monuments
« si anciens, exprimées dans un langage si moderne, qu'il en résulte
« quelque chose dont on a peine à se rendre compte. » Enfin, comment le critique juge-t-il la manière dont M. Semper envisage l'architecture romaine? « Légère et inconséquente. »

Pour porter un jugement aussi sévère, M. Raoul-Rochette aura du moins de puissantes raisons, des faits certains à faire valoir? Pas du tout ; car lorsque M. Semper dit que l'emploi en Grèce même de matériaux colorés lui paraît prouvé par la présence d'un fragment de colonne en marbre vert, vu par lui dans l'Érechthéion, M. Raoul-Rochette assure que ce fait est opposé aux propres idées de l'auteur, d'après lesquelles la polychrômie en Grèce consistait seulement dans la peinture des monuments ; comme si la mise en œuvre de matériaux naturellement colorés n'était pas une émanation directe du même principe !

Puis, M. Raoul-Rochette ajoute que le fait ne prouve, du reste, rien, attendu que ces fragments de colonnes vertes, trouvés dans l'Érechthéion, ainsi que ceux de colonnes du même marbre, et d'autres en porphyre rouge, trouvés dans le Parthénon, provenaient, les uns et les autres, *suivant toute apparence*, de la transformation de ces temples en églises byzantines. Mais cette preuve, que le savant antiquaire ne donne lui-même que comme une apparence, n'est donc, tout au plus, qu'une supposition opposée à une autre, et d'ailleurs nullement énoncée ni partagée par M. Dodwell. Ce voyageur n'écrit rien sur l'origine byzantine des colonnes du Parthénon ; et lorsqu'il dit, « La partie intérieure de la cella du temple d'Érech-
« thée était autrefois décorée avec richesse ; une colonne de vert
« antique, et plusieurs fragments de l'élégante frise que je voyais
« gisante parmi les ruines, ont été transportés en Angleterre ; »
M. Dodwell n'a certainement voulu dire qu'une chose : c'est que tous ces fragments avaient servi originairement à la décoration de l'intérieur de la cella.

M. Semper admet que les mosaïques sont d'origine grecque, mais croit que leur extension générale aux édifices date de l'époque de la magnificence romaine. Leur emploi, comme décoration monumentale, lui paraît, sous le rapport de l'art, inférieur à celui de la peinture, celle-ci créant ses productions avec le pinceau, tandis que la mosaïque ne fait que copier les siennes mécaniquement. M. Raoul-Rochette trouve que ces idées manquent d'accord, de justesse et de précision ; et il dit, pour appuyer son jugement,

« Qu'il ne croit fondée, ni dans la raison des choses, ni dans
« l'ordre des temps, l'opinion que la polychrômie soit une imita-
« tion de la mosaïque; mais que, tout en considérant celle-ci
« comme d'un usage plus récent que la polychrômie, on ne peut
« s'empêcher de reconnaître qu'elle a trouvé plus d'une application
« dans l'architecture grecque, à une belle époque de l'art; qu'on
« ne voit pas en quoi l'application de la mosaïque, réduite à ce
« qu'elle fut dans l'antiquité grecque, à la décoration du pavé, aurait
« répugné à un système d'architecture qui admettrait l'emploi de la
« couleur pour la décoration du plafond, de l'entablement et du
« fronton, etc.; » c'est-à-dire, avec des idées réellement confuses,
rien qui eût un rapport direct avec celles de M. Semper!

Mais s'il apparaît, dans l'examen de M. Raoul-Rochette, un parti pris de récuser cet artiste dans tout ce qu'il dit, c'est qu'il s'agit, pour le docte antiquaire, moins d'avoir raison dans ces différentes questions préliminaires, que d'y trouver un auxiliaire pour attaquer d'autres allégations bien plus importantes. En effet, continue le critique, « c'est surtout dans le passage qui suit, que
« M. Semper donne le plus de prise à l'incrédulité et à la critique;
« c'est lorsqu'il assure, en termes si décisifs, qu'*avec l'usage de pein-*
« *dre au moyen de matériaux colorés, la pratique de l'antique poly-*
« *chrômie n'en continua pas moins à Rome. Tous les monuments*
« *de Rome,* ajoute-t-il, *tant ceux qui sont construits de marbre*
« *blanc comme ceux qui sont faits de pierre commune, montrent des*
« *traces de peintures.* »

Le savant archéologue « est confondu de voir des assertions aussi
« positives, généralisées à ce point, lorsqu'il s'agit d'une ville si
« célèbre, si fréquentée dans tous les temps par les artistes de tous
« les pays, si soigneusement étudiée dans tous ses détails par les
« hommes de notre âge, artistes et antiquaires, et quand à l'appui
« d'une notion si nouvelle, si extraordinaire, on ne cite aucun fait
« spécial, on ne désigne aucun monument particulier. Je me trompe,

« ajoute le professeur; le monument qu'allègue M. Semper,
« comme le meilleur exemple de la polychrômie romaine, c'est la
« colonne Trajane; puis il cite encore les trois colonnes de la soi-
« disant Græcostasis, et enfin le Colisée. » Quel singulier langage! M. Semper ne cite *aucun fait*, il ne *désigne aucun monument*
public à l'appui de la polychrômie à l'architecture romaine : *je me
trompe*, il assigne la colonne Trajane, les trois colonnes de la Græcostasis, le Colisée!

M. Semper avait dit que, dans la peinture du Colisée, le rouge
se trouvait *dominant;* c'est-à-dire qu'entre les couleurs qui devaient y avoir été employées, celle-ci l'était plus que les autres;
le critique, tout en ayant traduit littéralement cette phrase
avec le mot *dominant*, parle de l'illusion et de l'enthousiasme de
l'artiste, en se représentant le Colisée *entièrement* peint en rouge.
Puis, il cite M. K. O. Muller, comme ayant adouci cette dernière
assertion de M. Semper, en substituant au mot « entièrement »
les mots « en grande partie, » qui sont tout à fait identiques avec
l'expression « dominant, » dont M. Semper s'est servi.

Une telle manière de discuter n'est-elle pas répréhensible?
M. Raoul-Rochette commence par dire, comme M. Semper, « Le
« rouge est dominant au Colisée; » puis il lui prête cet autre dire :
« Le rouge couvre entièrement le Colisée. » Enfin, un autre savant
reproduit le sens des paroles de M. Semper, et le critique assure
qu'il l'a modifié. C'est un procédé singulier mais commode, qui
consiste d'opposer à ses adversaires jusqu'à la contradiction de ses
propres paroles, de leur faire dire ce qu'ils n'ont pas énoncé,
d'exagérer leurs idées, et de leur créer des antagonistes où il n'en
existe pas.

Quoi qu'il en soit, M. Raoul-Rochette, après avoir effacé toute la
couleur rouge du Colisée, et laissé de côté les colonnes de la Græcostasis, « va se borner à discuter, en peu de mots, ce qui concerne
le *coloriage* de la colonne Trajane; fait, continue-t-il, admis par M. K.

O. Muller et par M. Kugler, et qui, par l'importance de ce monument, mérite d'être, de sa part, l'objet de quelques observations. »

Le savant antagoniste commence donc par citer la lettre de M. Semper du 10 juillet 1833, contenant les observations faites par lui et par *neuf* architectes de différentes nations, au sujet de la découverte des restes de couleurs encore conservées sur la colonne Trajane. Elles consistaient, selon M. Raoul-Rochette, « *en traces de dorure et en un fond de couleur verdâtre, fond qui apparaissait un bleu d'azur entre les oves du chapiteau*, où la couleur avait dû se conserver davantage. »

Je ne m'attacherai pas à l'inexactitude de la traduction de ce passage de la lettre de M. Semper, que M. Raoul-Rochette n'aurait pas hésité de taxer, chez tout autre, d'ignorance de la langue italienne. Mais le critique avait besoin de dire que, d'après les faits signalés par M. Semper, « on se représente la colonne Trajane comme ayant eu ses « bas-reliefs dorés, se détachant sur un fond bleu. » Cependant cette manière de se représenter le monument n'est pas une déduction absolue de la description. Il n'y est parlé littéralement que « *des* « *traces d'une couche de couleur d'or de différentes nuances ;* dans « quelques endroits, d'un rouge faible; dans d'autres, d'un jaune « absolument comme celui dit couleur d'or. Sous l'abaque du cha- « piteau, où la couche de la couleur est le plus conservée, elle pré- « sente l'apparence d'une épaisse croûte qui rappelle les traces de « couleur à l'encaustique noircie par le temps, et qui se remarque « aux temples de Thésée et du Parthénon. Elle est tout aussi dure « que si c'était de la résine, montrant des gerçures réticulaires pa- « reilles à celles du vernis bitumineux (ou goudron) plus ou moins « ancien d'un vaisseau. Cette couche se détache difficilement, sans « endommager la surface du marbre; et là où elle s'est conservée, elle « offre la substance de l'émail ou du verre. Dans les endroits où « l'on réussit à enlever la couleur sans endommager la pierre, celle- « ci conserve une couleur verdâtre décomposée, et quelquefois

« aussi rougeâtre. Entre les oves du chapiteau, on voit des traces « apparentes de couleur d'azur (1). »

Le mot dorure ne se trouve nullement ici, pas plus qu'il n'est question de la singulière *couleur verdâtre*, qui apparaissait *bleu d'azur*, et dont l'invention appartient à M. Raoul-Rochette.

Mais critiquer d'une manière aussi peu réfléchie, et discuter sans un examen sérieux et sincère, c'est rendre toute solution impossible. D'ailleurs, pourquoi tronquer les expressions de M. Semper, puisque son contradicteur tenait par devers lui, pour détruire ce que cet architecte avait avancé, une autre lettre, insérée, trois ans après

---

(1) *Scoprimento d'antichi colori sulla colonna di Trajano, al dott. Kellermann.*
« La lunga esperienza e le molte ricerche da me fatte sopra gli antichi monumenti colorati della Grecia m'invitavano a credere con fondamento che in Roma ancora se ne dovesse trovare alcun testimonio : e di fatto ho il piacere di annunciarvi averne scoperti chiari e non brevi resti sulla colonna di Trajano. Ne feci avvertiti nove architetti di varie nazioni, i quali si disposero a imprenderne meco il piu accurato esame sul monumento : e però jeri facendoci per via di palchi e di corde discendere lunghesso il fusto dalla cima al basso, osservammo a grade agio tutta intorno la colonna, e tutti s'accordammo quella essere ricoperta di uno strato di colore non tanto sottile, il quale non è interamente sparito se non dal lato di libeccio pel magior impeto della pioggia e del vento che vi percuote. La parte che si oppone alle intemperie più ordinarie conserva il colore d'oro, ma in varie gradazioni; che in alcuni luoghi si accosta alquanto al rossiccio, in alcuni altri è il giallo assoluto detto color d'oro. Sotto l'abaco del capitello lo strato del colore è piu che altrove conservato, e presenta tuttora certa apparenza di grassa incrostatura, per cui si assomiglia affatto a quelle tracie di colori encaustici anneriti dal tempo, che si osservano nel tempio di Perseo (*lisez* Teseo) e nel Partenone; e la crosta, appunto come là è dura, quasi fosse di resina, mostrando screpulature reticolate a somiglianza d'antica vernice bituminosa di vascello. Difficilmente si distacca senza danneggiare la superficie del marmo, e dove si rompe fa mostra di sostanza come smalto o vetro. Ove riesce di togliere il colore senza pregiudicare la pietra, questa ritiene un colore verdiccio dilavato, e talvolta anche rossastro. Fra gli ovoli del capitello veggonsi apertamente traccie di azzuro.

« È forza dunque argomantare che tutta quanta la colonna fosse in antico ornata di bei colori, che a quelle superbe sculture dessero da tanta altezza magior risalto.

« Roma, 10 juglio 1833.   G. SEMPER. »
Bullet. dell' Inst. di cor. archeol., année 1833, p. 92.

la première, dans un autre bulletin de l'Institut de correspondance archéologique (1)? Ce document émane de M. Morey, architecte et ancien pensionnaire à l'Académie de France à Rome, qui avait été du nombre des premiers visiteurs de la colonne Trajane. Il avait alors partagé leur opinion; mais s'étant mis depuis à examiner seul ce monument, il y avait trouvé des résultats opposés. Cet artiste, qui écrit que le premier examen s'était fait d'*une manière peu approfondie*, tandis que M. Semper affirme que les neuf architectes *qu'il avait invités à visiter la colonne Trajane en avaient fait avec lui l'examen le plus attentif, le plus exact,* explique en effet :

1° Les traces de couleur jaune, comme un produit de la poussière condensée et brûlée par le soleil, telles qu'en offrent la plupart des monuments antiques en marbre ou en pierre, et surtout l'arc de Septime-Sévère et celui de Titus, à Rome;

2° La couleur verte, qui augmente d'intensité plus elle est voisine de la statue en bronze, comme l'effet de l'oxyde produit par l'eau coulant de cette statue sur les parties supérieures de la colonne;

3° La couleur bleue, assez prononcée, que M. Morey lui-même avait cru remarquer la première fois sur une flèche des oves du chapiteau, comme provenant de la même cause, et n'étant autre que la couleur de bronze produite par l'oxyde;

4° La croûte épaisse d'un blanc sale, répandue sur le chapiteau, l'abaque et les oves, et comparée par M. Semper aux traces de la couleur à l'encaustique noircie par le temps et trouvée sur les monuments athéniens, comme étant un composé de terre et de fer produit par la poussière et le temps;

5° Enfin, les deux petites traces rouges remarquées par lui aussi sur la croûte précédente, comme des marques de *crayon rouge*. En cela, il se fonde sur une analyse faite par M. Peretti, chimiste.

---

(1) Année 1836, p. 39.

M. Morey se résume en disant « que la colonne Trajane n'offrait
« aucune trace positive de couleurs, pas plus que les autres monu-
« ments en marbre de Rome ; qu'en objectant à cette assertion, que
« les édifices de Pompéi sont peints, que des temples grecs ont éga-
« lement des tons encore distincts, il admet que les édifices de Pom-
« péi, construits de pierre, étaient revêtus de stuc ; qu'il croit *très-*
« *fermement* que ceux de Rome, qui n'étaient pas de marbre, étaient
« également peints ; mais qu'on voulait, par ces tons de couleur,
« leur donner une grande apparence de richesse, et les mettre plus
« en rapport avec l'immense richesse des marbres dont les autres
« temples étaient construits, etc. »

Mais les plus anciennes constructions de Rome étant en pierre
recouverte de stuc, et cette manière de bâtir ayant précédé celle des
constructions en marbre de couleur, l'intention de mettre les premières en rapport avec les dernières n'est admissible et logique
qu'en sens contraire, c'est-à-dire, en admettant, ce qui est, que les
monuments élevés postérieurement en marbre devaient être construits en marbre blanc colorié, ou en marbre de couleur, pour
offrir à l'œil la richesse apparente des constructions primitives en
pierre recouverte d'enduits peints.

L'opinion de M. Morey, au sujet de la colonne Trajane, prêtait
au critique une arme assez puissante, à ses yeux, contre son adversaire. Aussi, ne manque-t-il pas d'en inférer « que si ce monu-
« ment a paru à M. Semper le meilleur exemple de la polychrômie
« romaine ; s'il l'a pris pour le modèle d'après lequel il se propo-
« sait de colorier tous les monuments en marbre de Rome antique,
« ce bel et brillant édifice de sa composition court aujourd'hui
« grand risque de s'élever sur une base imaginaire. » Puis, et c'est
là le principal, le véritable but auquel tendaient tous ses efforts,
M. Raoul-Rochette en tire la conclusion que, « si le fait de la poly-
« chrômie romaine, qui avait, dans le système de l'auteur, une si
« grande importance, se trouve ainsi ruiné dans son principal,

« sinon dans son unique élément, il en résulte que l'on doit admet-
« tre *avec beaucoup de réserve* les assertions même les plus posi-
« tives de M. Semper concernant les temples grecs. »

Je suivrai tout à l'heure le docte archéologue dans l'examen particulier qu'il fait de cette dernière partie, la plus importante pour mon sujet, de la brochure de M. Semper ; et je le suivrai également dans le jugement qu'il en porte. Pour l'instant, je dois m'arrêter à la colonne Trajane. Je n'ai pas étudié ce monument au moyen d'échafauds nécessaires, et dans le but d'y découvrir des restes de couleurs, parce que je croyais difficile que des traces de la polychrômie eussent pu s'y être conservées à la suite des moulages faits à différentes époques sur toutes ses surfaces, des dégradations auxquelles il a été exposé par l'amoncellement des terres qui l'avaient partiellement envahi, et par les déblais qui s'ensuivirent. Aussi ne puis-je, pour asseoir mon jugement, que me laisser guider par la valeur relative que peuvent présenter à mon esprit deux témoignages aussi différents.

Les choses prises à ce point de vue, qu'ai-je trouvé? D'un côté, un artiste qui est, à la vérité, vivement impressionné par le résultat de nouvelles investigations sur l'architecture antique, par la nouvelle théorie qui en est résultée, et qu'il a embrassée avec enthousiasme. Cet artiste croit trouver sur la colonne Trajane des restes de couleurs de plusieurs nuances, et qui sont pour lui des faits confirmatifs indubitables, et de la plus haute importance, à l'appui de ses idées. Mais ces idées rencontrent beaucoup d'opposants pour quelques partisans. Sans doute, il craint l'incrédulité des premiers ; il ne veut pas s'exposer à la difficulté de discuter avec eux ce que sa découverte peut avoir d'indécis ; et, certain de l'aveugle assentiment des derniers, il ne s'entourera que de ceux-ci pour être plus assuré de leur témoignage, et pour pouvoir triompher plus facilement de ses antagonistes! Sans doute, il eût pu agir de la sorte ; mais ce n'est pas ce qu'a fait M. Semper. Cet architecte proclame dans Rome le fait si important et si remarquable qu'il a reconnu, et il invite tout le monde à le reconnaître avec lui. Neuf de ses confrères, compatriotes et étrangers, l'accompagnent dans une nouvelle ascension, et tous, après avoir examiné avec soin le monument, partagent sa conviction, sans en excepter M. Morey. Certes, il est difficile d'agir avec plus de loyauté, et d'entourer de plus de précautions le désir de voir constater un fait.

Que vois-je de l'autre côté? Un artiste d'abord de l'opinion de ses confrères, et qui, d'après des recherches faites trois années plus tard, déclare s'être trompé, et explique, d'une manière certainement plausible, que les couleurs qu'en 1833 on a cru distinguer pour telles, n'en sont pas! M. Morey est un artiste certainement véridique; il ne laisse pas moins, dans ses explications et dans la manière dont il a opéré, de donner lieu à quelques remarques sur le manque de précautions prises pour faire constater et confirmer suffisamment ses rectifications. Ainsi, il ne se fait ostensiblement accompagner par personne, ce qui eût été, dans la circonstance, nécessaire et même convenable; et quoique, sur la demande que je lui ai adressée à ce sujet, il m'ait écrit que plusieurs artistes ont pu s'assurer, comme lui, de ce qu'il exprimait dans sa lettre, et particulièrement M. Marquini de Gênes, les moyens de publicité employés par M. Semper, comparés à ceux pris par M. Morey, sont incontestablement à l'avantage du premier. Ensuite, ce dernier, en parlant de l'analyse de la couleur rouge, dit « qu'elle a été recueil-
« lie par M. Peretti, *en la grattant légèrement avec le dos de la*
« *lame d'un canif;* et qu'après quelques jours d'observations et
« d'après l'analyse de celui-ci, il conclut que ce n'était qu'une mar-
« que de *crayon rouge;* » tandis que le certificat de ce chimiste porte : « La substance d'une couleur rouge foncé qui s'est retrou-
« vée sur les oves du chapiteau de la colonne Trajane, a été, par
« moi soussigné, enlevée de ces oves, au moyen *d'une éponge*
« *baignée dans de l'eau acidulée avec l'acide hydrochlorique.*

« Ayant traité ensuite la solution avec l'hydro-ferro-cyanate de
« peroxyde de fer, j'ai obtenu du bleu de Prusse. »

« Cette expérience indique que le rouge qui couvrait les susdites
« oves n'était pas autre chose que du peroxyde de fer entraîné par
« les eaux, et produit par l'oxydation du fer qui forme l'appui su-
« perposé au chapiteau (1). »

Quant au dos de la lame d'un canif substitué à une éponge imbibée d'eau acidulée, quelque grande que soit l'inadvertance ou la méprise que cette substitution laisse supposer, comme elle n'a en elle-même aucune autre importance, je ne m'y arrêterai pas. Mais citer comme une conclusion de M. Peretti : « que la couleur n'était « qu'une marque de *crayon rouge*, » tandis que ce chimiste pense que le peroxyde de fer qu'il a trouvé provient de l'oxydation du fer placé sur le chapiteau et de l'eau qui en découlait, il y a là un changement assez grave, en ce sens qu'il indique, à l'encontre d'un énoncé vague, un fait positif, susceptible d'impressionner facilement. L'origine de la couleur rouge comme provenant de la marque d'un crayon, est donc évidemment un contre-sens prêté à la pensée de M. Paretti, laquelle n'est, du reste, pas plus concluante. Car si le peroxyde provient de l'oxydation du fer, comme le pense ce chimiste, ou d'une marque de crayon rouge, comme le dit M. Morey, rien n'empêche d'admettre, si l'on veut, avec aussi peu de certitude, mais avec tout autant de probabilité, qu'il provient de restes

---

(1) Voici le texte original de ce certificat : « La sostanza di color rosso scuro che si è ritrovata attachata agl' ovoli del capitello di colonna Trajana, fu, da me sottoscritto, tolta dai medesimi col mezzo di una *spugna* bagnata in acqua acidulata col acido idro clorico. Trattata poi la soluzione col idro ferro cianato di perossido di ferro, ha somministrata del blu di Prussia.

« Questa sperienza indica che ciò che copriva di rosso detti ovoli, altro non era che del perossido di ferro che forma la linghiera sopraposta al capitello, e trascinato dalle acque.

« Pietro Peretti, professore di farmacia. »

d'une couleur rouge à base de peroxyde de fer, dont on avait primitivement peint les oves (1).

Est-ce donc que l'écrit de M. Morey puisse inspirer tant de confiance, et celui de M. Semper n'en mériter aucune, non-seulement au sujet de la colonne Trajane, mais même quant à ses observations sur les monuments de la Grèce? Je ne le pense pas, surtout lorsqu'il ressort de la lettre de M. Morey, qu'à l'exception du ton rouge, les autres couleurs ou substances coloriées ne sont expliquées ni à l'aide d'une analyse chimique, ni à la suite d'un examen fait sur les lieux par M. Peretti, et après qu'elles auraient été soumises au moins au jugement *de visu* de ce chimiste. Il doit donc être évident que le document si concluant aux yeux de M. Raoul-Rochette, et qui n'est en réalité que le témoignage douteux d'*un seul* contre l'affirmation absolue de *neuf personnes*, aurait dû être employé avec plus de discernement par cet antiquaire. Il n'en aurait alors pas tiré la désobligeante conséquence, « qu'il fallait admettre avec « beaucoup de réserve les assertions les plus positives de M. Semper « sur les temples de la Grèce; » et le savant critique ne se serait pas exposé à ce que, indépendamment des objections précédentes, je puisse lui opposer le témoignage décisif d'un autre architecte, M. Constant Dufeu, également pensionnaire à l'Académie de France à Rome, aujourd'hui professeur de perspective à l'École d'architecture, qui connaissait les allégations pour et contre la présence des couleurs sur la colonne Trajane, et qui a imprimé « qu'il avait

(1) M. Raoul-Rochette avait déjà dit lui-même que « les traces laissées par un « crayon rouge, et celles qui résultent d'un coloriage rouge, ne différant point par « la matière colorante, mais par le procédé de l'application, l'observation que « M. Morey prête à M. Peretti manquait d'exactitude. » Depuis, M. Morey a cru venir au-devant de cette objection et de la mienne, en disant « que les taches rouges « des oves différaient, par l'aspect de leur nature, de celles qui existaient sur les « monuments de la Grèce. » Mais il n'est pas du tout nécessaire et indispensable que tous les tons rouges employés à Athènes, à Rome, et partout ailleurs, aient eu pour base la même substance.

« trouvé à Rome, en 1834 (une année après l'examen de M. Morey),
« sur la colonne Trajane, d'une *manière évidente et incontestable*
« *pour lui*, des traces de tons rouges sur les oves, et verts sur quel-
« ques parties des cannelures supérieures ; que les tons jaunes, assez
« communs sur les marbres antiques, ne lui ont pas paru concluants;
« mais que les tons rouges et verts sur quelques parties des or-
« nements du couronnement lui ont semblé certains (1) ! »

Je vais à présent citer, relativement à la couleur rouge du Colisée, un autre témoignage non moins certain : c'est celui de M. Duc, aussi ancien pensionnaire à l'Académie de France à Rome, et architecte de la colonne de Juillet à Paris, qui a fait une des plus remarquables restaurations du colossal monument de Vespasien.

Quoique j'aie moi-même rapporté des stucs rouges du Colisée, de l'amphithéâtre de Pompéi et de celui de Syracuse, je vais reproduire ici ce que cet architecte distingué et consciencieux m'écrivit de ses propres observations sur le premier de ces monuments : « Le
« grand édifice sur lequel vous voulez bien me consulter ne ren-
« ferme malheureusement qu'un exemple peu intéressant de l'em-
« ploi de la peinture : je veux parler d'un ton rouge appliqué
« *généralement*, à l'intérieur de tous les étages, sur le soubassement
« des murs des galeries, corridors et escaliers du Colisée. J'ai re-
« cueilli un très-petit nombre de traces de ces parties ; mais l'unité
« du monument fait voir facilement qu'il était *généralisé* dans son
« ensemble. » Je demande si cet extrait ne dit pas absolument la même chose que ce qu'expriment les paroles de M. Semper, « que
« le rouge était la couleur *dominante* dans le Colisée. »

Cependant, serait-il convenable et juste d'accuser M. Duc d'avoir dit ou voulu dire que ce monument était entièrement couvert de

---

(1) *Inauguration du monument érigé à la mémoire du contre-amiral Dumont-d'Urville*; Paris, 1844, imprimerie de Bourgogne et Martinet, rue Jacob, 30. Cette brochure est aussi intéressante par son objet que par la généralité des idées qui y sont exprimées.

rouge à l'intérieur et à l'extérieur, comme l'a fait M. Raoul-Rochette à l'égard de M. Semper, et cela dans le but d'envelopper continuellement de doute les paroles de cet artiste, et d'ébranler sans cesse la confiance qu'elles méritent? En effet, dans tout ce qu'avance cet architecte, et lors même que les inductions qu'il tire de l'ensemble de ses observations pourraient paraître exagérées, les faits sont nécessairement sincères, et doivent inspirer d'autant plus de confiance, que son critique se montre prévenu, et se plaît à les rendre suspects.

Le savant archéologue, passant aux observations de M. Semper sur l'architecture grecque, admet avec cet auteur que « les orne-« ments peints dans les monuments de la Grèce sont dans le plus « parfait accord de caractère et de décoration avec les éléments « plastiques et avec tout l'édifice. » Mais ce qu'il n'admet pas, c'est que l'édifice entier ait été couvert de couleur, comme le pense M. Semper. Pour réfuter cette idée, le critique se sert surtout des arguments de M. Kugler, que j'ai déjà examinés, chap. VII. Il cite Dodwell et Brönstedt; et, transformant peu à peu la couleur d'or, désignée comme offrant, dans quelques parties, l'apparence d'un jaune rougeâtre, il manie son argumentation de manière à la terminer en disant : « Tant qu'on ne produira pas un résidu de ma-« tière colorante, extrait de la surface des marbres antiques, on « sera fondé à nier un *coloriage universel rouge*, qui n'est qu'une « apparence variable qui ne peut être due à une cause naturelle, et « qui blesse la vue autant qu'elle offense le goût. »

Toujours le même procédé! Au Colisée, c'est le rouge qui couvre d'une manière *dominante* cet édifice, dont M. Raoul-Rochette fait une teinte rouge qui le couvre en entier; ici c'est le jaune qui est transformé en rouge : car M. Semper n'a pas parlé de cette couleur, et n'a pu supposer, avec ce savant, que le rouge pût se changer en jaune, pas plus qu'en jaune rougeâtre. Le rouge perd de son intensité ou s'efface, ou il passe au brun rouge ou au noir, comme le démontrent une quantité de fragments de marbre, de pierre et de stucs coloriés que j'ai eus sous les yeux, et dont je possède quelques-uns.

Mais comme, selon le critique, le rouge *blesse la vue* et *offense le goût*, l'enveloppe faite de cette couleur, dont M. Raoul-Rochette prétend que M. Semper veut couvrir tous les monuments, n'est sous la plume du critique qu'un moyen de susciter une prévention irréfléchie contre la polychrômie et ceux qui en admettent l'existence. Cependant, et quoique personne n'ait avancé que le Parthénon fût entièrement peint en rouge, le savant antiquaire ne peut pas ignorer, en y admettant l'emploi partiel de cette couleur, quel rôle important joue, chez les anciens, le pourpre passant par toutes les nuances du rouge, et à quel point cette coloration servait à exprimer ou le caractère particulier des divinités, ou leur puissance et leur majesté, aussi bien que celles des demi-dieux, des héros et des hommes.

Sous ce rapport, l'impression que devait produire sur les anciens le rouge appliqué plus ou moins à la décoration de leurs édifices, comme aux vêtements de leurs dieux et aux leurs, ne peut avoir aucune analogie avec nos impressions aussi changeantes que la mode, et notre goût ne peut ni ne doit entrer pour rien dans un jugement sain et raisonné sur les productions de l'art antique.

Du reste, j'ai précédemment, page 44, cité les témoignages certains sur la présence d'un ton jaune local que les anciens avaient appliqué aux colonnes et à l'entablement du Parthénon.

Les objections formulées à ce sujet par M. Kugler, pour prouver que le marbre n'a pu être peint, à cause d'une plus grande blancheur des parties de l'architrave du Parthénon, inscrites dans les cercles indiquant la place où étaient suspendus les boucliers, comparée à la teinte coloriée des autres parties, ne manquent pas d'une apparence de justesse; mais ces objections ne sont aucunement sans réplique. En effet, la peinture en jaune de l'entablement et des colonnes n'est pas incompatible et avec cette blancheur, qui n'est qu'une nuance plus claire de la teinte locale, et avec celle d'autres surfaces où il n'y a pas eu de boucliers, non plus qu'avec la présence de la croûte jaune-rougeâtre dont beaucoup de parties de ces colonnes ainsi que de l'entablement sont couvertes, et tout en admettant que cette croûte fût le résultat naturel de l'effet du temps; il ne faut supposer pour cela qu'une chose toute simple : c'est qu'à une époque déterminée la couleur locale, appliquée à nu sur le marbre, a disparu en grande partie, comme il n'en pouvait être autrement sans un entretien périodique, qui a dû cesser lors de la perte de la prédominance politique et de la prospérité des Athéniens. Qu'alors, et au moment où l'on enleva les boucliers, il y eût une différence entre le ton local conservé qu'ils couvraient et le ton local qui était resté découvert, cela est indubitable; mais que cette différence ait duré très-longtemps, des siècles enfin, cela ne l'est plus. La couleur a disparu à son tour, elle s'est éclaircie à l'endroit des anciens trophées, de même qu'à côté; mais ces endroits ayant été moins exposés à l'air et à la coloration que le temps donne à tout, et qui a produit partiellement ces tons inégaux, blancs, jaunes, rougeâtres et même noirs, dont le Parthénon porte de nombreuses empreintes; ces tons, réellement peu différents entre eux, pouvaient être moins prononcés dans la circonscription des cercles que dans beaucoup d'autres endroits.

Les remarques de MM. Kugler et Raoul-Rochette contre une application générale de couleur sur les monuments athéniens, par la raison qu'on avait trouvé des fragments d'architecture ornés, dont les parties peintes avaient conservé le marbre intact, tandis que celles non coloriées avaient été rongées et dégradées par le temps; ces remarques ne sont pas plus concluantes que le témoignage de l'inscription concernant le temple de Minerve Polyade à Athènes, où il serait question, comme s'exprime l'antiquaire français, du *poliment* donné au marbre.

Quant à la première de ces objections, il suffit que les ornements aient été peints à l'encaustique, c'est-à-dire, à la cire, et chauffés ensuite, ce qui rendait nécessairement les parties ainsi cautérisées plus durables, et que le ton général ne l'ait été qu'avec une couleur à la cire seulement, et sans la cautérisation. La difficulté de chauffer toutes les surfaces d'un aussi grand monument que le Parthénon, et même celles de tout autre édifice plus ou moins important, et la cherté de ce procédé, devaient lui faire préférer, pour la peinture locale, un moyen plus expéditif, moins durable, il est vrai, mais aussi moins coûteux, et plus facile à renouveler et à entretenir dans une certaine fraîcheur. C'est nécessairement ce qui a dû avoir lieu, et ce qui s'est fait. Cette explication, toute pratique, se trouve confirmée par ce que l'on voit d'analogue à Pompéi, où il existe une grande différence entre les enduits et l'exécution des peintures, selon que les habitations sont plus ou moins riches, et selon les diverses destinations des lieux dans chaque édifice.

Une autre explication pratique répondra à la fausse induction tirée de l'inscription, et qui n'aurait de poids qu'autant qu'il serait impossible d'admettre le *poliment* d'une colonne en marbre, sur lequel on aurait appliqué une couleur. Rien n'est plus facile, et cela peut se faire de nos jours, comme cela s'est fait dans l'antiquité. Du reste, ce serait le cas de penser de M. Raoul-Rochette ce qu'il dit à tout propos des autres savants : « Que sa science est ici en défaut, et qu'il ne s'est pas donné la peine d'apprendre » que beaucoup des colonnes de l'intérieur du Panthéon à Rome, aussi bien polies que les autres, avaient été peintes en jaune, c'est-à-dire que du marbre phrygien dont elles étaient construites on avait fait, au moyen de la couleur, du marbre numidique ; et que c'est leur décoloration dans les parties inférieures, quoiqu'elles fussent à l'abri de l'influence directe du soleil et des changements de température, qui fit remarquer et reconnaître cette particularité. La célèbre inscription, qui ne parle même que de marbres pas encore polis ou *inachevés*, mais non du *poliment* donné au marbre, ne prouve rien en faveur de l'opinion de M. Raoul-Rochette. Dans cette circonstance ce n'était guère la peine que ce savant cherchât à établir qu'il avait été le premier à faire cette citation en 1836, avant, dit-il, qu'il eût connaissance des mentions qu'en avaient déjà faites en 1835 M. K. O. Muller et F. Kugler.

Enfin, le critique oppose à l'observation de M. Semper, qui dit avoir trouvé sur les murs de la cella du temple de Thésée des traces de couleur bleue, l'observation de M. Schaubert, lequel y aurait vu des traces de couleur jaune : d'où il résulte pour le critique que cette dernière couleur ne pouvait avoir été que le ton général donné par le temps aux édifices en marbre, et que le bleu ne doit être regardé que comme un accident, comme un fait très-problématique. En conséquence, et en cela d'accord avec M. Kugler, M. Raoul-Rochette veut que la peinture des temples attiques doive se borner à quelques parties de l'entablement et du fronton, et que *son extension à l'édifice entier,* et particulièrement aux murs extérieurs des cella, qui, selon cet antiquaire, constitue la *nouvelle doctrine* de M. Semper, se trouve détruite par le raisonnement et la critique. Heureusement pour cet architecte, je suis forcé de revendiquer cette condamnation avec la priorité de cette doctrine, résultant des restaurations précitées des temples, que le savant professeur eut l'indulgence d'admirer et de montrer à son auditoire, en 1825, comme des reproductions les plus exactes de l'architecture gréco-sicilienne (1), et qui furent suivies des restitutions plus développées des mêmes temples, que j'exposai, en 1830, au Musée. L'application de couleurs rouges et bleues sur les murs extérieurs des cella fut approuvée alors par beaucoup d'architectes et d'antiquaires : elle leur parut d'un effet très-heureux pour faire ressortir le galbe des colonnes, la proportion des masses, et celle des principales parties des monuments où dominait le ton jaune.

Mais, au fait, quelle valeur attacher à une pareille priorité? En

---

(1) Voyez Ch. I, p. 2 et 3, et Ch. II, p. 9.

quoi la supposition que les murs des cella des temples grecs aient été coloriés a-t-elle pu être taxée de nouvelle doctrine, alors que M. Raoul-Rochette a pu lire en 1817, dans le compte rendu des sculptures d'Égine, par MM. Wagner et Schelling, à la page 218 : « La « cella du temple était rouge-cinabre, comme on pouvait le « supposer d'après des fragments; mais dans l'intérieur les murs « étaient couverts d'un enduit mince à la chaux, qui était poli, et « également peint en rouge (1)? »

Tout artiste, tout homme de goût, si peu capable qu'il soit de se rendre compte de l'aspect des colonnades du Parthénon ou de tout autre temple, admettra qu'un fond de belles et brillantes couleurs produira un effet plus puissant, et fera plus valoir ces magnifiques colonnes jaune d'or, que si elles ne se détachaient que partiellement sur un fond de même couleur, et sur les ombres projetées par ces colonnes. D'ailleurs, lorsque M. H. Hermann suppose et que M. Schaubert affirme que la face intérieure de l'architrave du temple de Thésée était colorée en rouge (2); lorsqu'une décoration peinte sur les murs extérieurs de la cella du Parthénon ne pouvait faire disparaître, dans la pensée des Athéniens, l'emploi du marbre dans cet édifice; lorsque enfin l'on retrouvait dans les bordures qui pouvaient entourer divers compartiments le même genre d'ornementation que l'on voit sur les autres parties du Parthénon, est-ce à dire qu'une semblable disposition devait offrir quelque chose de barbare? Puis ne doit-on pas admettre qu'une décoration ainsi conçue, qui rappelait des tentures de pourpre entourées de bordures d'azur et

---

(1) Die Zelle des Tempels war, wie aus den Bruchstücken zu schliessen, zinnoberroth, von innen aber waren die Mauern derselben mit einem dünnen Kalkbewurf überzogen, welcher glatt geschliffen und ebenfalls roth angestrichen war.

(2) « Bemerkungen über die antiken Dekorazions-malereien an den Tempeln zu Athen, » par H. Hermann, architecte; *Allgemeine Bauzeitung;* Vienne 1836, n° 11. — « Das Erechtheion zu Athen, » traduction allemande par M. Quast, Abth. II, pl. VI, gravée d'après les dessins de M. Schaubert, architecte du roi de Grèce.

semées de broderies d'or, et qui aidait à faire ressortir davantage les principales parties architectoniques, avait été adoptée pour reproduire d'une manière stable les tentures réelles qu'à des fêtes périodiques on suspendait aux temples primitifs? En cela les architectes faisaient comme les statuaires, qui, tout en conservant aux divinités qu'ils représentaient l'aspect des vêtements en étoffes véritables dont étaient couvertes les anciennes idoles, imitaient ces étoffes par des matières durables, telles que le bois et l'ivoire peints, les métaux et les émaux de couleurs variées. Si c'est une idée fixe chez M. Raoul-Rochette, de ne voir que « *du barbouillage de rouge et de bleu* » partout où se sont trouvées des traces de ces couleurs sur les monuments helléniques, il faut le plaindre d'avoir si mauvaise opinion du goût des anciens, et il faudrait partager sa fausse manière de voir, pour ne pas être persuadé que les artistes grecs ont su employer la peinture décorative dans les monuments d'Athènes, avec le même goût et le même sentiment du beau qui les a si bien dirigés dans les autres détails et dans l'ensemble de leur architecture.

Dans tous les cas, soit que les architectes aient été forcés de suivre une tradition primitive, soit qu'ils aient satisfait à de nouvelles données imposées par le culte, ils ont dû le faire sans nuire à la beauté de leurs œuvres; car ils le firent sous l'impression des usages qui avaient agi, dès l'enfance, sur eux comme sur tous leurs contemporains, et qui n'avaient pu les choquer. Le désir de changer, qui, chez le véritable artiste, n'est autre que le besoin d'améliorer et de croire mieux faire que ceux qui l'ont précédé, sans y réussir toujours, se remarque, de période en période, dans les temples de la Grèce comme dans ceux de la Sicile et de la grande Grèce; mais ce désir, qui n'agissait que timidement chez les anciens, qui s'arrêtait presque toujours aux formes et aux proportions secondaires, sans changer le caractère et la disposition générale des édifices, a dû nécessairement influer aussi sur l'application de la peinture à l'architecture; mais il agit indubitablement sur elle avec d'autant plus de précautions et de restrictions, que les changements dans les couleurs auraient paru trop ostensibles, si elles n'avaient pas conservé, en grande partie, leur apparence consacrée. Voilà pourquoi les traces de tons rouges, sur les murs de la cella du temple d'Égine, sont un témoignage certain de l'emploi d'un système analogue, sans impliquer d'une manière absolue l'emploi de la même couleur sur les murs des cella des autres temples de la Grèce. D'ailleurs, si l'on compare l'entablement seul des temples athéniens avec les entablements des temples de la Sicile, et si M. Raoul-Rochette, aussi bien que M. Kugler, est forcé d'y reconnaître aujourd'hui l'emploi identique de couleurs, rouges pour les métopes et bleues pour les triglyphes, genre d'application contraire au système primitif de ces messieurs; cette comparaison ne démontre-t-elle pas la permanence de la tradition dans les parties les plus importantes d'un temple? La frise entière ne s'y trouve-t-elle pas, selon la manière de voir de M. Raoul-Rochette, *barbouillée* des deux couleurs qui choquent tant sa vue? Et toute la surface de cette frise, en beau marbre blanc, n'y a-t-elle pas entièrement disparu sous le pinceau du peintre? Et l'on voudrait ne pas trouver dans cette identité un indice certain d'un même rapport dans la coloration des autres parties du monument! Autant vaudrait soutenir que rien n'est admissible par induction et par analogie, quelque conséquentes et rationnelles que soient l'une et l'autre.

Aux arguments opposés à M. Semper, et tirés de l'absence de traces de couleurs sur les stucs des temples grecs construits en pierres couvertes de cet enduit, ma réponse est simple : C'est qu'indépendamment des nombreux exemples cités page 44, j'en ai touvé en Sicile et rapporté à Paris assez pour que cette objection tombe d'elle-même.

Mais si, pour rejeter la présence des couleurs sur ces stucs, M. Raoul-Rochette argumente de la conservation des couleurs sur les stucs de Pompéi, il aurait dû plus raisonnablement commencer par rejeter la présence du stuc même sur tous les monuments de la Sicile. Car, à voir les innombrables masses de colonnes, d'entablements, de murs renversés ou encore debout, et qui ne conservent plus de traces ni de leurs enduits ni de leurs couleurs, sa conclusion eût eu au moins une certaine apparence de raisonnement. Mais il avait oublié que les couleurs et les stucs retrouvés en Sicile, comme en Grèce, ne l'ont été, pour la plupart, que sur des fragments restés ensevelis sous terre, ou conservés dans des angles, sur les faces inférieures des moulures, et dans les monuments qui, par leur transformation en églises, ou à la suite d'une autre destination, sont restés en partie à couvert et abrités.

Malheureusement, ces parties conservées sous terre, déjà attaquées dans la conservation et la fraîcheur de leurs couleurs, au moment de leur découverte s'effacent souvent rapidement, une fois qu'elles sont exposées à l'air. Cela arrive aussi à Pompéi, comme ne l'ignore pas M. Raoul-Rochette, puisque, en parlant des peintures restées en place dans la maison du poëte tragique, il dit « que le temps et l'influence de l'air extérieur les auront bientôt ternies, comme tant d'autres qui s'effacent et disparaissent chaque jour (1). » Seulement, ces ruines ayant été ensevelies à une grande profondeur sous les cendres du Vésuve, et la plupart étant composées de murs et de colonnes encore debout, et plus ou moins bien abritées depuis leur extraction, au lieu d'avoir été recouvertes à peine d'une terre humide et chargée de sels, leur destruction un peu plus lente s'explique par cela même, et prouve le peu de fondement des objections de cet antiquaire, lorsqu'il dit « que la doc-« trine de M. Semper ne repose sur aucune base solide. »

Certainement la rareté des traces de couleurs sur le peu de stucs

---

(1) *Maison du poëte tragique*, par Raoul-Rochette, antiquaire, et J. Bouchet, architecte, p. 17.

conservés, et qui se présentent, au premier abord, à l'œil, comme blancs, tandis qu'ils étaient rouges, bleus ou jaunes, a de quoi étonner. Mais le fait est qu'en Sicile la cent millième partie des stucs n'est pas restée adhérente aux pierres qui en étaient entièrement couvertes, et que ces stucs ne conservent peut-être pas la dix millième partie des couleurs primitives qui y étaient appliquées.

J'ai rapporté un morceau de l'entablement du temple dont la restitution fait le sujet principal de cet ouvrage, où, à côté de places encore rouges et bleues, le stuc blanc est tellement lisse et intact, que, sans les traces ostensibles de ces couleurs, on pourrait soutenir, avec la plus sincère conviction, que les parties non coloriées ont toujours été blanches. M. Raoul-Rochette a dû se convaincre de cette vérité en Sicile, s'il a voulu s'en assurer. Il connaît même le fragment que je cite, et qui a figuré avec d'autres sur sa chaire : il peut encore le voir, et y puiser la confirmation du fait important que je lui oppose.

Sans examiner, dans ce premier article, le travail de M. Kugler autrement que pour citer les divers passages que j'ai relatés, et où M. Raoul-Rochette prend cet auteur pour guide dans son opinion contre M. Semper, il termine sa critique en jugeant le travail complet, conforme aux résultats des observations les plus récentes, les plus sûres, et comme ne lui offrant, pour sa part, rien à y ajouter, rien à y contredire.

De l'intéressant ouvrage de M. R. Wiegmann, « *La Peinture* « *des anciens,* » dont le critique ne donne aucune idée, aucune analyse, il n'en parle que pour citer par fragments, et d'une manière plus positive que ne le fait son auteur, l'opinion de cet architecte : « que la couche de couleur *rouge jaunâtre,* dont le « Parthénon et beaucoup d'autres édifices anciens portent des « traces, paraît une illusion de M. Semper, en ce que c'est le temps « qui a produit cette couleur, qui n'est, au fond, qu'un oxyde « hydraté de fer. »

M. Raoul-Rochette transforme de même en une négation absolue le doute qu'exprime M. R. Wiegmann sur les remarques de M. Brönstedt, relatives au stuc que cet antiquaire a observé en Grèce, aussi bien sur les monuments en pierre poreuse que sur ceux en marbre : mais il ne rapporte pas le fait cité par le savant artiste, de la présence déjà mentionnée de stuc jaune sur les restes du temple à Métaponte. Le fait devait cependant paraître très-grave au critique, par la concordance qu'il offrait avec celui constaté sur les monuments de la Sicile et avec les principes incessamment émis par moi, et que j'avais appliqués avec M. Zanth à nos premières restitutions exécutées à Rome, comme à celles faites depuis à Paris.

Enfin, M. Raoul-Rochette termine par se prévaloir de l'opinion de M. Wiegmann, « que la raison qui parle contre l'emploi de « la peinture sur de grandes surfaces, telles que les murs des « cella, les fûts de colonnes, les architraves et autres parties sem- « blables, soit d'édifices construits en pierre et stuc, soit d'édifices « construits en marbre, c'est le goût épuré des Grecs, qui ne pou- « vait tendre qu'à embellir les matériaux, mais non à les cacher et « à les rendre invisibles. »

Pour répondre à cette opinion exprimée par l'auteur allemand, je me contente de rappeler ce que j'ai déjà dit : que la frise du Parthénon et celle du temple de Thésée avaient été recouvertes de tons rouges et bleus, ainsi qu'un des côtés de l'architrave de ce dernier temple. M. Wiegmann, déjà réfuté pour ces importantes parties des deux plus remarquables monuments d'Athènes, l'est nécessairement aussi par toutes les autres conséquences que j'en avais déjà tirées. Chez cet architecte érudit, qui n'a pas été en Grèce, qui s'est livré à un remarquable et consciencieux travail sur la technique des peintures décoratives des anciens, mais qui n'est pas entré, avec le même intérêt, dans le sujet spécial de la polychrômie architecturale, c'est encore la même préoccupation, celle de vouloir apprécier les monuments d'art des Grecs avec les idées suscitées par des études conventionnelles d'école, qui paraissent dominer sa pensée. Enfin, c'est une théorie moderne appliquée à l'antiquité, et produite par l'insuffisance des moyens de se rendre un compte exact d'un monument athénien, judicieusement restitué avec toutes ses couleurs. Sous ce dernier rapport, il serait à désirer que MM. Kugler, Raoul-Rochette et Wiegmann se missent à compléter seulement la restitution partielle du Parthénon, telle que l'a donnée le premier de ces auteurs, mais avec les triglyphes bleus et tous les autres éléments de la coloration constatée jusqu'à présent : et ces messieurs jugeraient si toute harmonie ne se trouverait pas détruite; ils verraient si forcément, par la nécessité de l'opposition, les métopes ne devaient pas être coloriées en rouge, comme le tympan, et si, avec la riche et minutieuse ornementation existante des moulures, des filets et des listels, il y a concordance à supposer, en laissant le larmier, l'abaque et l'échine des chapiteaux sans aucune décoration analogue; ils verraient si le ton local des marbres pour les colonnes et pour le reste de l'entablement, laissé blanc, fera mieux que celui d'une belle nuance jaune d'or; si enfin, en poussant la restitution jusqu'à l'ensemble du sanctuaire, les belles colonnades du Parthénon ne se détacheraient pas plus brillantes, plus belles encore, sur un riche ton de couleur, que sur les parties alternativement blanches, grises et noires des murs incolores de la cella, selon qu'ils seraient éclairés par le soleil ou plus ou moins privés de ses rayons.

Il n'y a pas ici de parti pris pour soutenir un système plutôt qu'un autre : il y a chez moi expérience et conviction. Tout en ayant regret que la planche II de cet ouvrage n'offre pas le charme du dessin original, comme le fait la planche IV, qui peut servir partiellement aussi de comparaison, il n'y a personne, doué d'un sentiment inné de l'art, qui, en se représentant cette façade d'un seul ton, à l'instar de celui couleur de pierre de la façade du temple ionique, Pl. XVII, Fig. II; il n'y a personne, dis-je, qui ne doive préférer la restitution coloriée, et qui, non-seulement n'y puisse trouver rien de barbare, mais encore qui n'y voie certainement une heureuse réunion de moyens employés incontestablement à se faire valoir les uns par les autres, à se prêter un mutuel concours, et à se montrer une des causes premières de la perfection qu'atteignit l'art des Grecs dans son point culminant de prospérité et de beauté.

CHAPITRE XII.

Suite des trois articles critiques de M. Raoul-Rochette.

(*Journal des Savants*, novembre 1836, janvier et février 1837.)

DEUXIÈME ARTICLE.

Dans cet examen, où le docte antiquaire rend compte du but de M. Kugler, et loue son impartialité et sa liberté d'esprit, qualités que j'ai appréciées avec bonheur, il rapporte que l'enthousiasme qu'inspirait à Berlin la vue des restaurations coloriées des monuments grecs par M. Semper, inspira à M. Kugler l'idée de son travail; mais que « cet enthousiasme irréfléchi de jeunes artistes, « qui prennent leurs sensations pour des preuves, leurs illusions « pour des réalités; qui sont mieux pourvus d'imagination que « de critique; qui voient enfin les monuments antiques tels qu'ils « les supposent, et qui les restaurent tels qu'ils les voient, » a dû nécessairement céder devant la raison éclairée du savant allemand.

Telle est la conclusion de M. Raoul-Rochette, qui n'a pas vu les dessins de M. Semper, que je n'ai pas, moi-même, eu la satisfaction de voir. Cependant, pour que des monuments restaurés avec l'accessoire du coloris, sans exemple pour les artistes berlinois, aient pu produire un aussi puissant effet au milieu de jeunes architectes nécessairement imbus des doctrines opposées, malgré la prévention bien naturelle que leur éducation devait faire naître en eux, il fallait bien, ou que des temples ainsi reproduits offrissent un aspect agréable à des yeux exercés, ou que tous ces jeunes enthousiastes n'eussent aucun sentiment du beau. Il n'y a que cette alternative, si, comme le dit le critique, la doctrine de M. Semper sur la polychrômie des anciens repose sur *un barbouillage de rouge et de bleu,* sur une enluminure de couleurs *bariolées* qui couvrirait et détruirait toutes les beautés des édifices de la Grèce. Mais cette accusation ne peut être que présomptueuse et inconsidérée, car M. Semper est instruit et lettré, c'est un artiste d'un talent distingué, renommé par les importants monuments qu'il a élevés; et M. Raoul-Rochette en fait un homme préconisant les goûts les plus barbares!

Que l'on cherche à prouver que cet architecte a introduit dans ses dessins des couleurs non suffisamment constatées ; qu'on veuille voir dans sa brochure un système incomplétement confirmé ; que les personnes qui ont vu ses restitutions puissent ne pas les approuver et le dire, il n'y a là rien qui n'appartienne au droit de la discussion. Mais imputer à toutes ses observations un manque de justesse, et à ses restitutions un manque absolu de goût, tellement qu'il faille ne rien croire de ce qu'il avance, et trouver mauvais tout ce qu'il restitue! cela n'est dans le droit de personne, et ne peut être dans celui d'une judicieuse critique. Car enfin toutes les recherches ultérieures faites sur les monuments athéniens, libres de toute influence étrangère, quel résultat ont-elles amené? Elles ont détruit de plus en plus, et rien que par des faits matériels, le système théorique de M. Kugler, et confirmé d'autant celui de M. Semper ; confirmation qu'est venue appuyer également la restauration du Parthénon par M. Paccard, que j'ai déjà mentionné et dont il sera ultérieurement question en détail. Malgré le dédain avec lequel M. Raoul-Rochette parle de l'enthousiasme produit à Berlin par les restitutions de M. Semper, cet enthousiasme n'est pas tant à rejeter. Émané d'artistes chez qui l'éducation n'avait pas entièrement faussé la première et virginale fleur de ce tact instinctif du beau, qui fit les grands hommes de la Grèce, cet enthousiasme est, au contraire, une chose significative. Car une approbation spontanée vaut beaucoup en pareille circonstance ; elle vaut surtout plus que de froides appréciations qui procèdent de causes personnelles et d'intérêts particuliers, c'est-à-dire de sentiments les plus opposés aux libres mouvements de l'âme.

La suite de l'article de M. Raoul-Rochette est entièrement consacrée à combattre les conséquences que, d'accord avec Winckelmann, j'avais tirées du passage de Pausanias relatif au tribunal rouge et au tribunal vert, à Athènes; conséquences que M. Letronne avait confirmées. Je n'entrerai pas de nouveau dans cette discussion, qui est sans aucun intérêt pour l'objet principal de mon travail. M. Raoul-Rochette réfute dans quinze pages les arguments de M. Letronne, et soutient contre ce philologue son opinion première, à savoir que l'origine de la dénomination de ces tribunaux doit être attribuée à *un pieu* planté à l'entrée de chaque tribunal, et peint en rouge devant l'un, et en vert devant l'autre ; et non à la présence partielle ou dominante de ces couleurs sur l'ensemble ou quelques parties importantes de ces édifices.

CHAPITRE XIII.

Fin des trois articles critiques de M. Raoul-Rochette.
(*Journal des Savants*, novembre 1836, janvier et février 1837.)

TROISIÈME ARTICLE.

Dans ce dernier examen, l'auteur suit M. Kugler dans ses recherches sur les textes anciens concernant la polychrômie, ou fournissant des preuves contre son existence. Comme j'ai examiné ce travail chap. VII, et que le critique en adopte les résultats, je n'ai pas à en parler davantage. Mes observations pour l'un subsistent pour l'autre; je remarquerai seulement, quant au passage de Pline, cité par M. Kugler, concernant l'enduit au lait et au safran employé par Panœnus dans le temple de Minerve à Élis, et dans lequel M. Bœttiger avait vu une preuve qu'en de certains cas les grands peintres de la Grèce avaient peint sur mur; je remarquerai que cette preuve, qui avait d'abord paru telle aussi à M. Raoul-Rochette, dont le système au sujet de la peinture murale a toujours été puisé dans celui de l'antiquaire allemand, n'en est plus une pour l'antiquaire français. A l'égard de ce passage, M. Raoul-Rochette abandonne l'idée de M. Kugler, qui ne voulait pas y voir la confirmation de la présence d'un stuc jaune couvrant les murs d'un temple; le critique admet au contraire le passage comme *un témoignage exprès* de Pline pour l'emploi d'*enduits artificiels au safran;* mais il ne veut plus que Panœnus ait exécuté des peintures sur cet enduit préparé par lui. Pour récuser les peintures sur mur du temple de Minerve, que M. Raoul-Rochette avait d'abord admises en suivant son savant guide M. Bœttiger, mais surtout pour ne pas être de l'avis de M. Letronne qui les avait aussi adoptées, il oublie, pour cette fois, son système de l'absence de couleurs locales sur les sanctuaires de la Grèce, « car, dit-il, l'enduit au lait et au safran *couvrait certainement* les murs du temple de Minerve à Élis. » Ainsi le docte archéologue admet positivement ici ce qu'il a combattu et combattra encore, ce qu'il a réfuté et continuera de réfuter.

Au sujet de la barrière qui entourait la statue de Jupiter à Olympie, dont Pausanias rapporte que trois faces étaient décorées par Panœnus de sujets à figures, et la quatrième d'un ton bleu uni, M. Kugler exprime la pensée que ce dernier avait été choisi pour s'accorder avec les murs de la cella, qu'il admet avoir été couverts d'une couleur bleue semblable. M. Raoul-Rochette rejette cette conjecture : pour lui, les trois parois à sujets de figures étant peintes sur un fond bleu, ce fond appliqué sur la quatrième paroi était une conséquence de son emploi aux autres, et non de la peinture bleue sur les murs du temple.

Il n'y a pas de doute que l'admission par M. Kugler de murs peints en bleu, parce que, selon Pausanias, un côté de la barrière l'était ainsi, ne soit hypothétique ; mais au moins a-t-elle pour soi de ne pas vouloir qu'avec des murailles blanches la barrière bleue s'offrît à l'œil comme une tache désagréable. Mais la supposition des fonds bleus pour les peintures de Panœnus est au moins aussi arbitraire ; car ni Pausanias, ni aucun auteur, n'en parlent ; et chercher, comme le fait M. Raoul-Rochette, un appui à sa supposition dans les fonds bleus de la frise du temple de Thésée et du Parthénon, qui *étaient rouges,* cela est peu concluant !

Il reste, il est vrai, au savant antiquaire les fonds bleus employés dans les caissons à étoiles d'or des plafonds de la plupart des temples, et qu'il cite aussi comme un élément à l'appui d'un même ton local sur lequel auraient été exécutées les peintures de la barrière du Jupiter Olympien. Mais trouver dans la représentation symbolique d'un ciel étoilé l'analogie qu'y voit le critique, cela ne paraîtra à personne ni plus conséquent ni plus probable; mieux eût été de dire qu'il a puisé cette idée dans la restitution de la barrière par M. Quatremère de Quincy, qui toutefois n'a pas appuyé son travail de raisons aussi récusables que celles que je viens de réfuter.

En somme, il y a, 1° sous le rapport des convenances, pour que le quatrième côté n'eût pas l'air d'un objet inachevé et abandonné, faute de moyens d'avoir pu le faire décorer comme les autres, de fortes présomptions que le fond des tableaux était d'un ton différent, soit blanc, soit rouge, vert ou noir, comme en offrent indistinctement les peintures de Pompéi, ces traditions les plus certaines, les plus incontestables de la peinture des Grecs; 2° sous le rapport de l'art, et afin qu'une aussi grande surface bleue, malgré les ornementations qu'elle devait offrir, ne fût pas une tache en face du mur de la cella, contre lequel elle était exposée, et dont elle formait la contre-partie, il y a présomption non moins fondée que ce mur du temple, aussi bien que les autres, présentait une décoration peinte, analogue ou identique avec celle de la barrière, comme l'a jugé M. Kugler.

Les passages des anciens cités par cet auteur, et où il est question de la désignation des marbres de Paros, pentélique ou autres, et des pierres blanches dont étaient construits les édifices; ces passages, dans lesquels M. Kugler trouvait une preuve contre la coloration des monuments, sont ensuite passés en revue par M. Raoul-Rochette, qui leur donne la même signification. Ayant également répondu à ces inductions dans le chap. VII, je n'ai rien à ajouter. Il en est de même du passage de Pline, concernant l'invention de la peinture des marbres au temps de Claude.

Le critique partage également les vues de M. Kugler sur l'application des accessoires en bronze doré, mais au faîte seulement et au couronnement, et non au corps même des édifices. A ce sujet il cite la frise de l'Érechthéion en pierre grise d'Éleusis, en admettant que les trous qu'on y remarque, quoiqu'ils fussent remplis des mêmes stucs dont toute la surface était couverte, avaient servi à recevoir les tenons en bronze des reliefs de cette matière qui y avaient été placés ; ce qui, dit-il, réfute les idées de M. Wiegmann, « que la pierre d'Éleusis avait été employée dans la frise de l'Érechthéion, pour y recevoir des figures peintes. » Cet auteur avait basé en effet son opinion, d'abord sur l'emploi de cette pierre, en ce qu'elle était entièrement revêtue de stuc, et que les trous qui s'y trouvaient en étaient remplis, et servaient à sa plus forte adhésion ; ensuite, sur le peu de saillie du nu de l'architrave par rapport à la frise, qui ne permettait pas d'y appliquer des figures d'une saillie convenable ; et enfin, sur ce que l'expression grecque τὸ ζῶον, contenue dans l'inscription de l'Érechthéion où il s'agit de la frise, est employée ordinairement pour signifier une peinture, très-rarement un sujet à figures sculptées.

Dans l'examen des temples du Péloponèse, par M. Kugler, et où cet auteur avait suivi les notions publiées sur la présence des couleurs qui y étaient signalées, tant par M. de Stackelberg, relativement au temple d'Apollon à Bassæ, que par MM. Wagner et Schelling, pour le temple à Égine, M. Raoul-Rochette n'hésite pas à dire qu'elles ne peuvent être admises en toute sécurité, les architectes de l'expédition en Morée n'en ayant pas retrouvé de traces, pas plus que sur les fragments du temple d'Olympie. Mais à part l'admission par ce savant, en 1840, de ces mêmes couleurs au temple d'Égine, et citée p. 44, note 3, c'est donc à dire que si les restes des stucs coloriés venaient à disparaître sur les ruines siciliennes, qui furent constatés en 1823 et 1824 par MM. Harris et Angell, comme par moi et mes compagnons de voyage, et que M. Raoul-Rochette confirma, ainsi que M. Serra di Falco ; c'est donc à dire que si d'autres voyageurs n'en retrouvaient plus ultérieurement de vestiges, leur existence ne serait pas admissible ?

Au sujet du temple de Métaponte, M. Raoul-Rochette, comme

je l'ai déjà fait remarquer ailleurs, oublie d'ajouter ce qui manque au complément des notions de M. Kugler, c'est-à-dire que les auteurs de l'ouvrage sur ce monument y constatent la présence d'un stuc jaune sur le fût des colonnes.

Le docte antiquaire envisage les éléments puisés dans les planches de ma publication sur l'architecture antique de la Sicile, comme à peu près nuls; l'ouvrage de M. Serra di Falco n'ayant pu être connu de M. Kugler, et mon travail ne contenant que des allégations *inexactes*, et même un monument *imaginaire*. Il énonce que M. Kugler signale comme *bizarre* la cymaise représentée pl. 47; et il ajoute, « qu'en comparant cette cymaise, donnée par M. Hit-
« torff, avec la même cymaise donnée par M. Serra di Falco (F. A.
« Tav. XVIII des *Antichità de Selinonte*), M. Kugler aurait pu se
« convaincre que la bizarrerie qui l'étonnait dans le dessin ne se
« trouvait pas dans le monument. »

Il est difficile de porter sur un travail dans lequel l'exactitude est, sinon le mérite principal, du moins la qualité la plus indispensable, un jugement plus sévère. Le prononcer sur une œuvre semblable, dont les matériaux ont été recueillis au moyen des plus grands sacrifices pécuniaires, de fatigues sans nombre, de privations souvent pénibles, et avec le concours de deux artistes dont le talent égale la conscience, c'est totalement condamner cette œuvre, en même temps que c'est accuser les hommes qui l'ont produite, ou d'être incapables, ou de n'être pas véridiques.

M. Raoul-Rochette, qui a toujours cherché à miner le sol sur lequel reposaient des faits peu importants cités par M. Semper, et les arguments qui en découlaient, pour y trouver le moyen d'ébranler surtout d'autres faits véritablement importants et décisifs; M. Raoul-Rochette emploie envers moi une tactique analogue : il insinue que mes travaux sont inexacts, afin de trouver dans cette insinuation un auxiliaire propre à élever des préventions contre l'objet principal de la discussion, la polychrômie et la peinture sur mur. Il faut bien enfin opposer une déclaration franche et nette à son injustice, et mettre le lecteur à même, par un nouvel exemple, d'en être juge.

Je viens de citer plus haut les propres paroles du critique, relativement à la cymaise d'un des temples de Sélinonte, représentée dans ma publication sur l'architecture antique de la Sicile, et qu'il dit avoir été trouvée par M. Kugler très-bizarre, *hœchst seltsam;* ajoutant « que si ce savant comparait cette cymaise avec la même « publiée par M. Serra di Falco, celle-ci le convaincrait que la « bizarrerie de mon dessin ne se trouvait pas dans le monument. »

La première observation à faire, c'est que, dans le sens de la phrase allemande, le mot *hœchst seltsam* n'a pas été employé par M. Kugler dans l'acception du mot *très-bizarre,* mais bien comme synonyme de très-rare, très-particulier, très-singulier, c'est-à-dire, se rapportant à un objet inusité, inconnu jusqu'alors, ce qui est seul d'accord avec l'impression que devait produire ce beau couronnement, ce chéneau monumental, l'*épitithides* dont parle Vitruve (1). Ce devait être, sans contredit, l'unique effet produit par cette cymaise sur toute personne douée de quelque sentiment de l'art et capable d'apprécier la beauté des formes architecturales, en considération de leur convenance, et par rapport aux besoins qui les ont créées et auxquels elles doivent satisfaire.

Aussi n'est-ce pas autrement que parle de cette cymaise, dans son *Parallèle des ordres grecs,* M. Mauch, architecte, ancien professeur à Berlin, et aujourd'hui professeur à l'École polytechnique de Stuttgard. Voici ce qu'il en dit, après l'avoir reproduite pl. VII, avec ma restitution des couleurs : « Cette cymaise, d'une forme « toute particulière (ganz eigenthümlich), est importante pour les « besoins de nos jours, parce que, semblable à un attique, elle « facilite l'emploi des chéneaux, en cachant parfaitement leurs diffé- « rentes pentes (pour l'écoulement des eaux). Cet exemple antique,

---

(1) Liv. III, ch. III.

« tout récemment découvert, vient ainsi à l'appui d'une disposi-
« tion employée déjà antérieurement au musée de Berlin, où elle
« a été motivée par la construction et les localités. »

Non-seulement donc M. Mauch ne trouve rien de bizarre dans ce beau fragment, quoiqu'il ne l'ait vu et copié que dans mon ouvrage; mais, artiste philosophe, il sait en apprécier la beauté relative, et il trouve, dans ce modèle fourni par l'antiquité, l'approbation de l'emploi d'un moyen semblable, appliqué par le célèbre architecte Schinkel au musée de la capitale de la Prusse. Ce jugement exprimé à Berlin, en 1832, dans un intéressant et bel ouvrage connu de M. Kugler, puisqu'il le cite comme contenant cette reproduction de ma planche, ne peut laisser aucun doute sur la valeur équivalente de l'expression dont il s'est servi, et fait absoudre ce savant d'une appréciation inconsidérée que lui prête M. Raoul-Rochette, et qui n'appartient qu'à lui seul.

En affirmant, en effet, après avoir fait voir que la cymaise reproduite par M. Mauch, d'après mon ouvrage, a été jugée par ce professeur comme l'a jugée ensuite M. Kugler; en affirmant formellement qu'elle est identique avec la même cymaise donnée par M. Serra di Falco, sauf la différence qui existe entre les deux échelles, on voit que si le bizarre se trouve quelque part, ce n'est que dans le jugement du critique.

Pour que mon affirmation ait au reste toute la force désirable, et ne puisse donner lieu à aucun subterfuge pour la mettre en doute, j'ai reproduit, sur la pl. XXIV, F. i, la gravure de l'ouvrage de M. le duc, et, F. ii, celle de mon ouvrage. Ce parallèle est tiré de la tav. XX des *Antichità di Selinonte,* et de la planche 46 de l'*Architecture antique de la Sicile*, la planche 47 de ce dernier ouvrage, que cite M. Kugler, donnant la cymaise en grand, avec la restitution des couleurs; tandis que la planche 46 ne la donne que gravée seulement au trait, comme elle l'est dans le livre de l'auteur sicilien.

La même cymaise, ou, pour mieux dire, le même fragment de

chéneau, se voit en grand sur la pl. X, F. 1 de cet ouvrage. Elle est restituée avec quelques changements dans la coloration, et offre plus d'analogie avec les couleurs de semblables couronnements découverts depuis à Agrigente, et qui, encore ignorés alors, n'avaient pu me servir primitivement de guide pour la planche 47 (1).

M. Raoul-Rochette réfute ensuite, comme l'avait fait M. Kugler, la note manuscrite de Dufourny, que j'avais citée dans mon mémoire, et que j'ai rapportée ch. III, p. 15. Le savant étranger avait dit que j'attachais un grand prix à cette note pour soutenir l'*extension* donnée par moi à la polychrômie; mais que Dodwell n'ayant pas parlé dans son voyage de colonnes couvertes de stuc colorié, il fallait que Dufourny *eût mal entendu*, ou que j'eusse, moi, *mal lu*. Il était tout naturel que le critique français renchérît sur cette alternative, en mettant en doute l'existence même de la note. Cependant, quant à la copie de cette note, je l'ai faite exactement, et elle porte des traces certaines de l'époque où elle a été copiée : quant au manuscrit original, si le critique veut dire qu'il n'existe pas à la Bibliothèque, j'affirme qu'il a dû y être détruit ou en être enlevé depuis 1830. Pour le texte en lui-même, je n'en ai tiré d'autre conséquence que celle qu'il offrait le témoignage d'une analogie entre les temples siciliens et ceux de la Grèce, et que, puisque le fait de la présence du stuc colorié sur ces monuments avait été constaté à la fin du siècle dernier, on ne pouvait pas tourner en objection le silence des voyageurs ultérieurs à cet égard.

(1) Je dois faire remarquer ici une erreur commise par M. Raoul-Rochette. Ce savant indique à ses lecteurs la fig. A, Pl. XVIII de l'ouvrage de M. Serra di Falco, qui représente le plan d'un temple, pour y chercher la cymaise en question, tandis que c'est sur la Pl. XX qu'elle se trouve. Quant à une autre inadvertance, celle d'avoir désigné la cymaise sous la lettre A, le docte critique n'a pas vu que les lettres semblables qui l'ont trompé sur la Pl. XX ont pour objet de faire voir que la moulure coloriée, dessinée sur une plus grande échelle, et surmontée d'un A, est la même que celle qui fait partie de la cymaise, et à côté de laquelle se trouve le deuxième A.

D'ailleurs, la note, rédigée naturellement sans prétention par Dufourny, n'étant destinée qu'à son usage, n'exprime pas nécessairement que les temples avec leurs colonnes, dont il y est question, étaient entièrement couverts de rouge, de bleu ou de gris; elle peut ne vouloir dire qu'une chose : c'est que l'on découvre en général ces diverses couleurs sur les stucs, sans prétendre désigner absolument les endroits où elles se trouvent. Dans ce sens, ce dire n'a rien qui contrarie les notions données par Dodwell dans son voyage; car il parle des différents tons de couleurs mentionnés par Dufourny, pour les avoir remarqués sur les constructions en pierre avec stuc, sur celles en marbre, sur quelques parties des entablements, comme sur d'autres fragments encore; et c'est aussi ce que Dufourny avait voulu confirmer par rapport aux monuments siciliens. L'ouvrage de M. Serra di Falco vient complétement à l'appui de cette explication : cet auteur parle du stuc d'une couleur jaune-clair, comme ayant couvert l'entablement et l'ante, par conséquent les colonnes d'un temple (1); il énonce d'autres débris de colonnes enduits de stuc blanc, dont un fragment conservait encore trois bandes horizontales, successivement peintes en rouge, en blanc et en bleu (2). Pourquoi de pareils fragments n'auraient-ils pas été vus par Dufourny un demi-siècle avant les fouilles faites par le gouvernement napolitain, qui ont, avec celles de MM. Angell et Harris, et les miennes, fourni à M. le duc les éléments de ses découvertes et de son ouvrage? Et pourquoi le fait constaté par le savant architecte français mériterait-il moins de créance que le dire du noble auteur sicilien? Mais c'est continuellement, pour arriver au même but, la même inconséquence. Le critique citera le texte des

---

(1) *Antichità della Sicilia*, vol. II, p. 15.
(2) *Antichità della Sicilia*, vol. II, p. 28 : « Rimangon del primo (il tempio E) molti rocchi di colonne intonnacati di finissimo stucco bianco, ed un di essi conserva tuttavia tre zone orizzontale, ciascuna delle quali di rosso, di bianco e di azzuro è successivamente dipinta. »

Antichità della Sicilia, pour dire « que l'entablement entier des « deux temples, ceux d'Hercule et de Castor et Pollux, à Agrigente, « était colorié; » puis il ajoutera que « c'est toujours le même fait « qui se retrouve en Sicile comme en Grèce; » toutes choses que j'avais constatées, dites, imprimées et reproduites sur mes dessins pour d'autres temples siciliens, en 1824, au moyen de fouilles exécutées à mes frais. Ce sera sans cesse M. Serra di Falco qui aura fait une découverte nouvelle, qui l'aura acquise à la science, et fixée. Cet auteur imprime que les antes et l'entablement du plus petit temple de l'acropole de Sélinonte avaient été revêtus de stuc jaunâtre, c'est-à-dire, absolument comme j'avais toujours restauré ce même temple, et comme il est représenté sur les planches II, IV et VI de cet ouvrage, et comme le furent les fragments de colonnes de Métaponte, plusieurs fois mentionnés déjà; il relatera qu'on a découvert des débris de colonnes d'un autre temple, enduits de stuc blanc et enrichis de bandes rouge, blanc et azur; tout cela n'empêchera pas le judicieux critique de terminer son article en disant : « Les notions de Dufourny sur les monuments de Séli- « nonte et de Girgenti manquent absolument d'exactitude, puis- « qu'on n'a retrouvé nulle part de ces colonnes revêtues de stuc « diversement colorié. »

On ne peut guère accumuler, en moins de mots, plus de contradictions ; et M. Raoul-Rochette, en les écrivant avec la pensée qu'elles passeraient inaperçues, a dû compter sur bien peu d'intelligence ou d'attention de la part de ses lecteurs.

CHAPITRE XIV.

Observations de M. Letronne sur le second article de M. Raoul-Rochette.
(*Journal des Savants*, mai 1837.)

Les objections de M. Raoul-Rochette sur la signification admise par M. Letronne, au sujet du passage de Pausanias concernant le tribunal vert et le tribunal rouge, sont particulièrement réfutées dans cet écrit. L'auteur y maintient son opinion, conforme à celle que j'avais adoptée. Les raisons qui m'ont empêché d'entrer précédemment dans le détail des explications de M. Raoul-Rochette étant les mêmes pour ne pas le faire en faveur des nouveaux éclaircissements de M. Letronne, quelque concluants qu'ils puissent être, je ne ferai qu'ajouter ici que M. Serra di Falco les partage également, et en tout point. Ce savant adopte aussi, et sans restriction aucune, les conséquences contestées par MM. Raoul-Rochette et Kugler, résultant de la note de Dufourny, dont il trouve la confirmation dans les découvertes récentes faites en Sicile. Voici en quels termes il s'exprime : « Un témoignage très-important « de l'usage pratiqué par les anciens de couvrir de stuc et de pein- « dre les colonnes de leurs édifices, est contenu dans une note « écrite du savant architecte Dufourny, et extraite de la bibliothèque « du Roi par le courageux et érudit architecte Hittorff. » La note relatée page 15 suit ici textuellement, et un renvoi indique qu'elle est tirée de mon mémoire, publié dans les *Annales archéologiques*. Puis M. le duc continue, mais cette fois-ci comme émanant de sa propre pensée et de son raisonnement personnel : « Le peu « d'attention que l'on a prêté depuis si longtemps à l'architecture « polychrôme, et le peu de développement qu'on lui donna, dérive

« du silence que les auteurs anciens gardent sur cet usage, et par-
« ticulièrement du silence de Pausanias, qui, selon l'avis de quel-
« ques-uns, observateur intelligent comme il le fut des monuments
« de la Grèce, ne se serait pas tu sur un fait aussi important, s'il
« eût été vrai. Si néanmoins nous considérons que plusieurs parties
« des monuments, qu'il décrit, ont été indubitablement peintes,
« comme le font voir les ruines du temple de Minerve, de l'Érechthée,
« de Thésée à Athènes, de Jupiter Panhellénien à Égine, d'Apollon
« Épicurien à Bassæ, il nous paraît que ce même silence tend à nous
« raffermir dans l'idée que le système de peindre les édifices était
« alors général et habituel, et qu'à cause de cela cet auteur n'en
« fit pas mention, absolument de la même manière qu'il ne dit rien,
« dans les temples doriques, comme étant des choses communes et
« ordinaires, ni de la cannelure des colonnes, ni des triglyphes,
« ces ornements caractéristiques dont tous les édifices de cet ordre
« étaient décorés. Lorsque Pausanias, énumérant les tribunaux
« d'Athènes, fait mention du tribunal rouge et du tribunal vert,
« qui tiraient leur nom des couleurs dont ils furent peints, il résulte
« évidemment de son récit, que s'il en parle, ce n'est pas comme
« d'une singularité particulière à ces édifices, mais à cause de l'éty-
« mologie tirée de leurs noms, comme dans les descriptions du
« Parabiste et du Trigone : le nom du premier dérivait du genre de
« causes que l'on y plaidait, et celui du second, de la forme dont il
« était construit. Le silence des auteurs anciens et principalement
« celui de Pausanias, au lieu d'apporter des arguments contre la
« polychrômie chez les Grecs, nous fournirait au contraire une
« preuve de plus en faveur de l'usage général de cet emploi ca-
« ractéristique, dont on a déjà recueilli d'abondants témoignages
« que nous voyons se multiplier à chaque nouvelle découverte, et
« qui seraient bien plus nombreux encore, comme le fait observer
« M. Quatremère de Quincy dans son bel ouvrage, *le Jupiter*
« *Olympien*, si les modernes, toutes les fois qu'ils ont pu apercevoir

« des traces de ce goût, ne semblaient pas s'être accordés, tantôt
« à les effacer, comme injurieux au génie de l'antiquité, tantôt à
« en dissimuler l'existence, et presque toujours à en détourner les
« yeux (1). »

Je ferai suivre cette citation de deux remarques : la première, que M. Serra di Falco donnant comme siennes ces réflexions, je dois les regarder comme d'autant plus avantageuses à l'appui de mon opinion, qu'elles sont la traduction de la page 226 et du commencement de la page 227 de mon mémoire sur l'architecture polychrôme (2); la seconde, que cette opinion si clairement exprimée par M. Serra di Falco, au sujet de l'usage général de la peinture des monuments chez les Grecs et de la peinture en rouge et en vert des tribunaux d'Athènes, aussi bien que celles des découvertes qu'il mentionne, de couleurs trouvées sur les monuments siciliens, et qui corroborent, dans leur ensemble, tous les faits émis par moi et leurs inductions, ont été et sont restées choses non avenues pour M. Raoul-Rochette. D'où il est permis de tirer la conséquence, que le critique jugeant les opinions de M. le duc peu fondées et ses découvertes inexactes, il n'en a tenu aucun compte, pour ne pas contredire les éloges donnés au travail de cet auteur; ou bien qu'ayant reconnu comme fondées et exactes ses opinions et ses découvertes, il les a trouvées tellement contraires à sa cause, qu'il a cru devoir les passer sous silence.

(1) *Antichità della Sicilia*, p. 27 et 28.
(2) *Annales de l'Inst. archéol.*, tom. II.

CHAPITRE XV.

Note sur cette question : « Les Grecs ont-ils peint l'extérieur des monuments construits en marbre blanc? » par M. Letronne.

(*Journal des Savants*, juin et juillet 1837.)

Dans cette note, l'auteur commence par affirmer que l'emploi des mots λίθος λευκός, par les anciens, pour désigner le marbre blanc, n'a pas été contesté par lui, mais qu'il ne tire pas de l'emploi de ces mots la même conséquence que M. Kugler :

1° Parce que, quels que fussent les divers matériaux employés aux édifices grecs, terre cuite, pierre revêtue de stuc, ou marbre blanc, on décorait d'ornements peints leurs entablements et leurs frontons; et quant à l'application de la polychrômie, suivant un système constant et uniforme, à une même époque, il la croit possible, mais peu probable.

2° Parce que les temples construits en pierre poreuse étaient recouverts en stuc, et par conséquent propres à recevoir une décoration peinte; que, dans la plupart des exemples, ces stucs étaient blanchâtres, ou d'un jaune d'ivoire assez clair pour faire ressortir les ornements coloriés de l'entablement et des chapiteaux.

Sous ce rapport, tout en approuvant l'hésitation de M. Kugler à admettre la présence d'un stuc imitant le granit, fait consigné par M. de Stackelberg dans sa description des colonnes du temple dorique à Corinthe, M. Letronne ajoute judicieusement qu'il y aurait de la témérité à rejeter ce témoignage, et que les opinions démenties et déçues des modernes, sur la polychrômie des Grecs, doivent imposer beaucoup de réserve à prononcer « que les Grecs n'ont pas fait telle ou telle chose. »

Au sujet des ornements d'architecture, tantôt sculptés, tantôt peints, M. Letronne cite la découverte, alors récente et rapportée par M. de Klenze (1), que des fragments provenant des propylées d'Athènes avaient été ornés alternativement de sculptures coloriées et de peintures; découverte en faveur du fait des frontons peints, qui ressortait, selon le savant philologue, du passage de l'Hypripyle d'Euripide, comme aussi de l'opinion de M. Wiegmann, précédemment mentionnée; que le stuc qui couvrait entièrement la frise en pierre éleusine de l'Érechthéion avait dû servir à recevoir des figures peintes.

Nullement affirmatif là où le doute peut exister, M. Letronne admet, sous la réserve d'autres résultats à obtenir par de nouvelles découvertes, la même variété dans l'emploi des couleurs par les Grecs, que leurs monuments en offrent dans la proportion, le choix et le caractère des ornements. Il cite à ce sujet ce que M. Ross dit de la difficulté de bien distinguer toutes les couleurs dont les traces visibles sont conservées aux entablements, aux frontons, aux chapiteaux d'antes; et à ce propos il parle aussi des observations de Leake, lorsque ce voyageur dit « que les Grecs étaient si peu « esclaves de la règle, qu'on ne trouve pas deux édifices d'ordre « dorique, encore moins d'ordre ionique, qui soient parfaitement « semblables, tant pour les proportions que pour la décoration. »

Je regarde ces observations comme justes dans leur sens rigoureux, et surtout en les appliquant à des monuments d'époques différentes. Toutefois, les édifices contemporains, soit de la Grèce, soit de la Sicile, offrent dans leurs principales proportions et dans beaucoup de détails une conformité assez grande et assez constante entre eux, pour qu'elle doive faire admettre de certaines règles généralement adoptées et suivies. Comme je l'ai dit, il y eut en tout temps désir de mieux faire; et de là ces changements incessants

---

(1) *Journal des Savants*, 1834, p. 751 et 752.

qui travaillent l'homme en toute chose, et le conduisent aussi bien vers le progrès que vers la décadence; changements qui portent, aux belles époques de l'art en Grèce, l'empreinte d'une certaine réserve et de respect pour ce qui avait été, et dont les traces reparaissent ou disparaissent avec les époques où les arts se relèvent ou déclinent.

Revenant au procédé de la peinture des anciens, M. Letronne trouve que les notions sur cet objet sont également incertaines; que l'on doit croire qu'elle était exécutée *a tempera,* à l'eau liée par un gluten; et il pense que la doctrine qu'il a exposée sur l'absence de la fresque n'a pas été contredite, et que l'opinion contraire, émise par M. Wiegmann, n'en diffère qu'en apparence sur quelques points. M. Letronne croit qu'en certains cas on vernissait cette peinture en détrempe, à l'encaustique, c'est-à-dire, en y appliquant un mélange de cire punique et d'huile chauffée. A ce sujet, le savant philologue entre dans l'examen d'un fragment de l'inscription précédemment citée, et qui a rapport à la peinture à l'encaustique de la cymaise intérieure de la frise du temple d'Érechthée. Le sens de ce fragment lui paraît indiquer qu'il ne s'y agit que de l'application du vernis encaustique sur les ornements déjà peints, et non de la peinture elle-même de ces ornements. Le prix modique de 5 oboles (75 centimes environ) par pied, et surtout l'absence du nom des ouvriers ou artistes à côté de la dénomination, dans la même inscription, du sculpteur, du modeleur, des entrepreneurs et même des scieurs de marbre, lui paraissent des raisons suffisantes pour admettre cette hypothèse.

Il est difficile de pouvoir établir avec quelque sûreté si ce prix était élevé ou modique; car il faudrait pour cela connaître la grandeur et la richesse de l'ornement qu'on a cautérisé ou peint à la cire, ou enduit d'un vernis, c'est-à-dire, savoir s'il s'agissait d'ornements analogues à la plupart de ceux conservés au Parthénon, au Théséion, ou trouvés en Sicile, et dont les contours, gravés sur le marbre ou la pierre, étaient ensuite remplis de différentes couleurs à teintes plates, ou bien d'un ornement sculpté et colorié, comme l'est, au temple d'Érechthée même, celui du gorgerin du chapiteau d'ante qui couronne les murs de la cella, et qui est représenté Pl. XI, F. III. A part le plus ou le moins d'importance du travail, ces différentes applications de la peinture pourraient avoir été faites en y employant d'abord de la couleur à la cire dissoute, pour la chauffer ou la cautériser après, et tout cela d'accord avec l'inscription. Ce n'était, dans le cas dont il s'agit, et lors même que le mot Ἐγκαυστής s'appliquerait, dans l'antiquité, à la même personne qui peint à la cire et qui la chauffe ensuite, qu'une opération sans importance, et pour laquelle il fallait bien peu d'habitude et de moyen pratique. Car le véritable artiste était nécessairement celui qui composait les dessins de ces ornements, et d'après lesquels ils étaient sculptés ou gravés dans le marbre ou la pierre, et non pas celui qui les couvrait ou en remplissait les contours de couleurs diverses, et d'après un modèle donné. Quoi qu'il en soit, M. Letronne trouve, dans le fait de l'inscription, que la peinture du marbre y est incontestablement démontrée.

Reprenant la question principale de savoir si la couleur était appliquée aux murs entiers de la cella, aux colonnes et aux pilastres des temples, M. Letronne pense qu'une analyse seule pourrait terminer le débat, et faire connaître si la belle couleur jaune du Parthénon est réellement une application, comme le veut M. Semper et comme cela a été confirmé depuis par presque toutes les personnes qui l'ont observée sur les lieux. Dans aucun cas, M. Letronne ne partage l'idée de cet artiste, que le Parthénon ait été couvert d'un enduit d'un demi-millimètre d'épaisseur : « Ce ne pouvait « être, dit-il, qu'un enduit posé à la brosse, très-mince, quoiqu'à « plusieurs couches. » C'est-à-dire que M. Letronne pense qu'il ne peut être question d'un stuc ou enduit quelconque, mais seulement d'une peinture étendue à plusieurs reprises, et ayant formé ainsi une très-légère épaisseur. Je ne puis m'expliquer autrement ses expressions d'un enduit posé à la brosse. Il dit ensuite : « Les mots λευκός λίθος ne signifiaient que pierres blanches, et ne s'appliquaient pas, dans l'usage, à tous les calcaires blancs, mais seulement au marbre blanc, et servaient surtout de terme de comparaison pour tous les objets que distinguait une éclatante blancheur ; de manière que si les anciens disent, « Un édifice a été construit en marbre « blanc, » ils indiquent l'espèce de pierre employée à sa construction, et en même temps l'effet produit par cette pierre ; sans cependant que l'on doive en conclure que certaines parties, et même des parties considérables, n'étaient pas revêtues de diverses couleurs. »

Pour sa part, M. Letronne dit avoir toujours été éloigné de l'idée que les grandes parties des édifices grecs fussent bariolées de rouge, de bleu, de vert, et fort enclin à partager l'opinion de M. Kugler, que la variété des couleurs y était employée comme décoration, tandis que la masse présentait une teinte uniforme.

« M. Hittorff, continue M. Letronne, qu'on accuse d'outrer le « système de la polychrômie, n'a pas compris autrement la res- « tauration de ce qu'il appelle le temple d'Empédocle, dont les « colonnes, les murs extérieurs et les principales parties de l'enta- « blement sont jaune d'or, semblable au stuc encore subsistant. »

Le savant antiquaire a autant de peine que M. Kugler à croire, avec M. Semper, que les murs du Théséion étaient entièrement peints en bleu, parce que cet architecte a vu sur leur surface quelques traces de cette couleur ; le bleu aura été employé tout au plus dans les encadrements, et le fond même aura eu ce beau ton jaunâtre qui a pu couvrir tout l'édifice. C'est ainsi que M. Letronne explique les traces de couleur jaune trouvées par M. Schaubert sur ce mur. Il résiste avec M. Kugler à l'idée que l'architrave ait été entièrement rouge, sans nier qu'on y ait vu cette couleur, qui a pu y avoir été employée à quelque bandeau, ou provenir de fragments de figure peinte, comme celle de la frise de l'Érechthéion. Il lui paraît bien difficile de ne pas admettre ce que des observateurs instruits assurent avoir vu, et il permet le doute seulement pour l'explication qu'ils en donnent ou la conséquence qu'ils en tirent.

En résumé, M. Letronne pense avec ce savant que les temples en marbre, comme ceux en pierre recouverte de stuc, offraient une teinte générale qui s'éloignait peu de l'apparence du marbre blanc ; mais qu'il ne s'ensuit pas que les uns et les autres n'aient pas reçu une teinte unicolore, un vernis appliqué sur le stuc ou le marbre.

L'application de ce procédé à l'encaustique paraît à l'archéologue français avoir été faite pour adoucir l'éclat de la pierre et en rehausser la teinte, au moyen d'un ton plus ou moins jaune, depuis l'ivoire jusqu'au jaune d'or. Ce moyen lui semble, avec l'application d'ornements peints de diverses couleurs dans les frontons, les frises, les métopes, mettre la masse plus en harmonie avec les parties coloriées. Il cite, comme exemple à l'appui de sa pensée, l'aspect *cru* du dôme de Milan, tout en marbre blanc, et qui cependant n'offre pas de partie peinte ; et il ajoute que, dans le dessin de la restauration du Parthénon de M. Kugler, les parties blanches mates des grandes masses y détruisent l'harmonie de l'ensemble. Or, l'emploi d'un encaustique sur le marbre, fait par les Grecs pour éviter sa froideur et sa crudité, n'en conservait pas moins aux édifices l'aspect général d'une localité claire, et les textes où il est parlé de marbre blanc ne leur auraient pas été moins applicables. J'ajoute, indépendamment des faits plusieurs fois relatés, relativement à l'application certaine d'une couleur générale sur les temples en marbre, et à la certitude que cette matière se distinguait toujours nonobstant le ton qui la couvrait. que si l'on objectait que le marbre blanc perd avec le temps sa blancheur, et que ce que son aspect primitif pouvait avoir de trop éclatant se trouvait modifié au bout de quelques années et par cela harmonisé, on peut y répondre par cette autre objection, cet autre fait, que la modification dont il s'agit n'étant nullement uniforme en ce sens, que depuis le blanc, le jaune, le jaune rouge, le rouge et le noir, elle produit une diversité de nuances qui détruit autant le bon effet des formes et des proportions architecturales, dans leur état de conception comme unité monumentale, que cette diversité ajoute à leur effet pittoresque dans leur état de ruine, l'architecte devait employer les moyens à sa disposition pour combattre cet effet, et pour maintenir à son édifice l'aspect sous lequel il l'avait créé. Pour cela, une coloration et plus harmonieuse et plus caractéristique que la couleur du marbre, en même temps conservatrice de cette matière et susceptible d'être entretenue et renouvelée, devenait aussi nécessaire qu'elle était incontestablement avantageuse.

Toujours réservé dans ses conclusions, M. Letronne en revient à la nécessité d'une analyse pour décider la question. Ce qu'il prétend établir, c'est seulement que les textes ne s'opposent pas à ce que les masses des grands édifices aient été recouvertes d'une couleur.

Il y a dans cet ensemble d'opinions une incertitude que provoque, dans l'esprit de M. Letronne, l'absence de faits positifs qui lui manquaient en 1836, et qui ont surgi depuis, comme j'ai pu le faire voir, et comme j'aurai occasion de l'établir encore. On y remarque aussi qu'il craint un effet peu satisfaisant, sous le rapport de l'art, dans la peinture d'un temple grec où des couleurs autres que celles blanchâtre et jaune auraient dominé, soit à l'entablement, soit sur les murs de la cella, soit enfin sur les colonnes. Mais aussi on y retrouve un sentiment artistique qui guide l'antiquaire et le philologue, d'une manière assez sûre pour le rapprocher toujours de la vérité et ne l'en éloigner jamais tout à fait.

Si M. Letronne ne s'exprime pas absolument comme moi dans mon examen de l'écrit de M. Kugler, quant aux causes qui ont dû faire préférer aux Grecs l'emploi des tons jaune d'or à celui de la couleur blanche du marbre, là où le choix de l'artiste pouvait être libre, où aucune autre influence que celle de son goût ne le guidait, au moins a-t-il le pressentiment de ces causes, et croit-il à l'existence d'une certaine sympathie pour l'harmonie en toutes choses, qui agit sur nous comme elle a dû agir sur les anciens.

La présence des traces de la couleur bleue et de la couleur jaune, alternativement observée par des artistes distingués sur les murs du Théséion, fait pencher l'antiquaire pour le fond jaune avec bordure bleue. Ceci n'est pas absolument impossible, quoique j'admette le contraire par les raisons déjà plusieurs fois émises, qu'un ton foncé venait admirablement en aide pour augmenter le bel effet des colonnes isolées. Mais que ces tons fussent bleus ou rouges, j'admettrais difficilement qu'ils couvrissent sans exception toutes les surfaces des parois dans une complète uniformité; car l'emploi et le caractère des ornements peints, si recherchés, si détaillés, si fins, dont les nombreux exemples se sont conservés sur les temples grecs, et surtout sur le Parthénon, doivent faire prévaloir la supposition que la décoration des murs fut conçue et disposée d'une manière analogue.

Ce devaient être, en effet, des compartiments variés couverts de couleurs plutôt foncées que claires, surtout sous les colonnades, et bordés de bandes ou d'encadrements d'autres couleurs, soit vers le haut et vers le bas seulement, comme le présentaient les murs des tombeaux gréco-étrusques, soit aussi vers le haut et le bas et tout autour, comme cela se voit encore dans les peintures antiques retrouvées à Syracuse, à Rome, à Herculanum, à Pompéi, et comme j'en ai fait l'application sur les murs de la cella, dans la restitution du temple d'Empédocle, Pl. II.

En citant les exemples de ces dernières villes, je ne puis m'empêcher d'exprimer ma surprise de ce que M. Raoul-Rochette, qui a accompagné d'un texte les beaux dessins de la maison du poëte tragique à Pompéi, exécutés par M. Bouchet; qui a publié et qui publie de grands ouvrages sur les peintures pompéiennes, et qui dit avec tant de justesse, en parlant de cette maison, « qu'on y

« trouve » (et j'ajoute : comme dans toutes les autres habitations),
« caractérisé de la manière la plus positive, le mélange des dispo-
« sitions propres aux Grecs et aux Romains, qui devaient, en effet,
« se rencontrer parmi les habitants d'une ville primitivement grec-
« que, et devenue colonie romaine (1); » que cet antiquaire, qui
remarque « que les bas-reliefs romains offrent presque toujours
« des sujets traités avec les accessoires et dans le costume grec (2); »
qui cite comme un usage hellénique, « celui du chien en mosaï-
« que, incrusté dans le pavé, au delà du seuil de la porte, dans la
« même maison, comme l'étaient, aux deux côtés de l'entrée du
« palais d'Alcinoüs, deux de ces gardiens, exécutés en métaux pré-
« cieux (3); » qui signale partout des analogies entre ce qui avait
été en Grèce et ce qui est encore à Pompéi; qui ne trouve, enfin,
aucune difficulté à affirmer « que les peintures de cette ville pré-
« sentent toujours des sujets grecs, et des réminiscences ou au moins
« une ombre du bel art que la Grèce avait porté à la même hauteur,
« à la même perfection que les autres (4); » je suis surpris, dis-je,
que M. Raoul-Rochette n'ait pas été assez conséquent avec lui-
même pour regarder également le genre décoratif de la peinture
appliqué aux bâtiments publics et particuliers de Pompéi, comme
une réminiscence non moins certaine, comme une ombre non moins
réelle de ce même genre de peinture préexistant en Grèce, soit
aux monuments sacrés, soit aux habitations.

Si cet antiquaire avait eu cette pensée, qui devait surgir naturellement en lui quand il rédigeait la description des peintures sur
mur de la maison du poëte tragique, et où, en parlant de celle
Pl. IX, il dit « qu'elle offrait, au-dessus d'un soubassement noir,
« trois grands compartiments rouges, surmontés d'une frise sur

---

(1) *Maison du Poëte Tragique à Pompéi*, p. 9.
(2) *Idem*, p. 5.
(3) *Idem*, p. 13.
(4) *Idem*, p. 19.

« fond blanc ; au centre, un tableau encadré d'une bordure noire, « *qui rappelle l'usage grec primitif d'insérer dans les murs des* « *peintures sur bois* (1) ; » rien n'eût été plus naturel pour lui, abstraction faite, pour l'honneur des Grecs, *de l'insertion* des tableaux peints sur bois, dans des blocs de marbre ou de pierre recouverts de stuc, que d'être convaincu qu'un mur peut être peint d'un ton local rouge, et être disposé, au moyen de certains accessoires tels que des soubassements, des frises, des encadrements et des bordures, de manière à offrir un aspect très-agréable, et ne choquant nullement ni le goût ni la vue. Rien n'aurait pu mieux donner au docte antiquaire l'idée de grandes surfaces peintes en jaune et rouge, en jaune bleu et rouge, comme en toute autre couleur, et qui, au moyen de panneaux heureusement divisés et proportionnés, accompagnés et enrichis de beaux ornements, auraient pu offrir un aspect des plus satisfaisants ; rien n'aurait pu mieux l'enseigner, sur ce point, que l'examen des huit planches contenues dans l'ouvrage dont il a décrit et expliqué les gravures, mais qu'il a, sous le rapport de la peinture décorative des anciens, aussi bien négligées que les autres innombrables parois peintes dans le même genre à Pompéi comme à Herculanum, qui sont tout aussi instructives que concluantes sur cette question.

L'absence de couleurs sur les monuments, que M. Kugler fait ressortir du fait que les auteurs anciens n'en parlent pas, est une induction à laquelle je crois avoir suffisamment répondu. M. Letronne la réfute également par la raison, qui ne pouvait manquer de naître dans l'esprit de toutes les personnes non prévenues, que ces auteurs ne parlent pas non plus des peintures des entablements irrévocablement constatées, et qui auraient été bien autrement curieuses à relater, sans l'application usuelle d'une coloration générale.

---

(1) Ouvrage précité, p. 28.

Je ne m'arrêterai pas à celles des objections que M. Letronne oppose à M. Kugler relativement aux passages de Pline, de Vitruve et de Sénèque, cités par le savant allemand, au sujet de l'origine de la peinture du marbre chez les Romains, d'abord parce que, comme je l'ai déjà dit, l'imitation du marbre, avec l'aide de la peinture, n'a pas été le but de l'application des couleurs aux édifices de la Grèce; ensuite parce que la certitude du marbre peint au moyen de tons divers et d'ornements y est prouvée par de nombreux exemples. Puis l'emploi de la καῦσις des Grecs sur les figures de marbre, dont parle Vitruve, prouve son origine hellénique, et doit faire présumer une semblable application aux édifices construits de marbre. Cet emploi envisagé de la sorte, M. Letronne admet avec M. Kugler qu'il a dû en être ainsi pour les monuments de l'époque florissante des arts à Athènes, tout en insistant pour que là où des couleurs avaient été partiellement appliquées sur les édifices en marbre, le ton blanc local ait dû avoir été adouci par une teinte additionnelle à l'encaustique.

A propos de cette opinion de M. Letronne, je rappellerai mes observations au sujet de la difficulté et de la cherté d'une cautérisation des couleurs à la cire sur tout un monument de quelque importance. Sans être rigoureusement impossible, on ne peut admettre cette opération que d'une manière exceptionnelle, et non comme un usage général.

Tout en reconnaissant en M. Kugler la profonde érudition dont il a fait preuve dans ses recherches sur les monuments auxquels la peinture a été appliquée à l'extérieur, M. Letronne signale, comme ayant été passés sous silence par ce savant, les tombeaux et entre autres celui à Tritæa en Achaïe, décrit par Pausanias. A ce sujet, l'antiquaire français parle de la belle découverte, faite dès 1833 dans le Pirée, et relatée par M. Ross (1), de stèles décorées de

---

(1) *Kunstblatt*, n° 12, 1836 et 21 février 1837.

peintures, non pas seulement d'ornements, comme on le voit Pl. XI, Fig. vii, mais de sujets à figures admirablement dessinées et coloriées. M. Letronne tire de ce fait, éminemment remarquable, les conséquences naturelles et de la polychrômie aux monuments d'architecture de ce genre, et de l'inadmissibilité de peintures sur des tables de bois incrustées dans le marbre, comme le veut M. Raoul-Rochette pour le tombeau à Tritæa. L'exécution des sujets peints décrits par Pausanias, comme les ayant vus sur ce monument, pouvait et devait avoir eu lieu au moyen du même procédé que celui qui s'est retrouvé sur les stèles du Pirée et de Rhenea.

M. Letronne termine son article par une reproduction de son opinion relative aux peintures que Polygnote et Micon exécutèrent sur les murs du Théséion, et qu'il soutient de nouveau, en opposition aux idées de MM. Raoul-Rochette et Welcker, d'après lesquelles ce devaient être des tableaux en bois accrochés aux murs ou incrustés dans le marbre. Il soutient que ces suppositions sont impossibles : la première, à cause de l'absence de toute trace de trous indispensables pour recevoir des clous ou toute autre attache susceptible de supporter le poids de ces tableaux; et la deuxième, parce qu'il n'existe que la saillie du socle, au-dessus duquel le mur forme une faible retraite, qui ne pouvait être suffisante pour servir à leur encastrement (1).

(1) Les raisons de M. Letronne ont été complétement confirmées, à la suite d'un examen minutieux des murs du Théséion, fait par M. de Rangabé en 1846, et dont le résultat, contenu dans une lettre déjà mentionnée p. 82, et qui sera relatée dans le ch. XXV, est inséré dans la *Revue Archéologique* de juillet et août de la même année. L'auteur s'y prononce de la manière la plus affirmative pour l'exécution des peintures de Polygnote et de Micon sur un enduit en stuc, recouvrant les murs en marbre du temple de Thésée.

CHAPITRE XVI.

Réponses aux observations précédentes de M. Letronne, par M. Raoul-Rochette.
(*Journal des Savants,* juillet et octobre 1837.)

Dans la première de ces réponses, le savant archéologue discute encore une fois, dans huit pages, et toujours à l'appui de son opinion émise, la question du tribunal vert et du tribunal rouge. Comme je l'ai déjà dit, je ne m'occuperai plus de cette discussion. J'aurai également peu de chose à dire à l'égard de la seconde réponse.

Dans celle-ci, le savant critique établit une nouvelle polémique au sujet des peintures sur mur chez les Grecs : c'est un plaidoyer adroit, mais dont l'adresse ne peut dissimuler ce qu'il a de futile. Il y règne une habileté à citer, à commenter, à rétorquer les phrases de son adversaire, pour lui faire dire qu'il avait prétendu connaître plusieurs monuments où des traces de peintures *s'étaient conservées*, tandis que véritablement M. Letronne n'a jamais cité comme tel que le temple de Thésée (1). Ce que M. Raoul-Rochette réfute quant à ce monument, en disant que les vestiges des contours sur les enduits des murs de la cella, dont avait parlé M. Thiersch, n'avaient pas été mentionnés par M. Semper, et que M. de Klenze avait depuis assuré « qu'il n'existe plus sur l'enduit, qui, par sa gros-
« sièreté, paraît provenir du temps des chrétiens, la moindre trace
« de couleurs, la moindre apparence de traits ou de contours ; »
déclaration qui remplit de joie M. Raoul-Rochette, mais qui est réellement peu décisive dans la question ; car si MM. Semper et

---

(1) Voir la note précédente.

Thiersch croient avoir reconnu des fragments de stuc primitif avec des restes du tracé des peintures de Polygnote ou de Micon, tandis que M. de Klenze n'a cru y apercevoir, comme depuis M. de Rangabé, que des stucs trop grossiers pour être antiques, et remontant au temps de la peinture des images du christianisme, cette circonstance ne détruit en rien la préparation originaire et ostensible des murs pour recevoir des enduits (1); préparation regardée par tout le monde comme contemporaine de l'époque de l'érection du Théséion, et qui ne permet aucun doute sur la présence des stucs, et sur leur objet de servir à l'exécution des peintures que vit Pausanias.

Que M. Raoul-Rochette soit heureux de l'absence de la moindre parcelle de peintures sur mur dans chacun des monuments de la Grèce découverts et à découvrir, je le laisse volontiers jouir de ce bonheur, et je ne l'échangerai pas contre mes vifs et bien sincères regrets de la presque impossibilité d'avoir, à ce sujet, quelque découverte à espérer, quelques preuves à produire. Mais vouloir de cette disparition de preuves matérielles, qui n'a rien d'extraordinaire dans les circonstances où se sont trouvés les édifices qui auraient pu offrir des vestiges de peintures sur mur; vouloir résoudre la question de savoir si cet antique et monumental usage existait ou n'existait pas chez les Grecs; ne pouvoir s'appuyer que sur cette disparition, et la faire valoir comme un argument capital inattaquable; c'est là un signe réel de faiblesse dans l'opinion qui y a recours et y voit son unique ressource. Les restes des monuments grecs, dans leur état actuel, ne peuvent être envisagés comme offrant l'aspect qu'ils devaient avoir originairement : l'absence des peintures n'y témoigne ni pour ni contre leur existence antérieure. Elle laisse résider la solution dans les preuves morales, dans les inductions, les rapprochements et les études comparatives.

(1) C'est aussi l'opinion formelle de M. Donaldson, qui l'exprime dans une description du temple de Thésée, rapportée au chapitre suivant.

CHAPITRE XVII.

Traduction anglaise de l'ouvrage de M. Kugler, insérée dans les « Transactions of The Institute of Britisch Architects of London. »

(Londres, 1836.)

Cette traduction, faite par M. W. D. Hamilton, secrétaire de la Société royale de Littérature, est précédée d'observations de M. Donaldson. Ce savant architecte y mentionne les investigations minutieuses entreprises sur les monuments d'Athènes, depuis Stuart et Revett, comme ayant ouvert un nouveau champ aux recherches des architectes et des antiquaires, par la découverte de traces certaines de peintures sur les plus beaux édifices de la Grèce. Il dit que l'idée d'admettre, chez les Hellènes, l'emploi des couleurs pour augmenter l'effet de leurs chefs-d'œuvre d'architecture éveilla à peine l'attention, et fut traitée de théorie chimérique; que les découvertes récentes des voyageurs confirment le fait; mais que j'avais depuis longtemps adopté un système complet de polychrômie, dans mon admirable ouvrage sur la Sicile (je traduis textuellement), en affirmant que tous les membres des monuments d'architecture avaient été peints; que M. Raoul-Rochette attaqua cette hardie conclusion; qu'elle fut défendue par le savant M. Letronne; enfin qu'en Allemagne le sujet fut discuté avec une égale ardeur, et donna lieu à l'ouvrage de M. Kugler. Du reste, M. Donaldson, dans ses observations, ne se prononce ni pour ni contre le système.

Quant à la traduction elle-même de l'ouvrage du docte Allemand, qui ne comprend que la partie directement en rapport avec l'architecture, elle n'offre de remarquable, à côté du livre original, que quelques notes intéressantes, desquelles je citerai :

Page 81, celle qui a rapport aux passages de Sénèque et de Pline, relatés par M. Kugler, comme fixant l'invention de peindre le marbre au règne de Claude, et qui paraissent au savant traducteur devoir se rapporter à des mosaïques, c'est-à-dire, à l'insertion ou l'incrustation, dans d'autres dalles en marbre, de morceaux de marbre de couleurs variées, naturelles ou artificielles ;

Page 85, la note très-importante sur les stucs et les couleurs du temple de Thésée, que M. Donaldson écrivit en 1820 à Athènes, en présence même de ce monument, et qui est ainsi conçue : « Les « dessins de Stuart sur ce temple sont les plus complets parmi ceux « de son ouvrage ; très-peu de remarques peuvent y être ajoutées. « Le fond des caissons était bleu, avec une étoile d'or ; toutes les « moulures et les petits listels, en dedans des colonnades, étaient « peints avec un ornement ; la soffite de la corniche extérieure, à « l'angle du côté N.-O., a un semblable ornement peint, probable-« ment un chèvre-feuille [ou une palmette] ; car ce qui reste du tracé « rendait impossible d'en déterminer la forme. Une mince croûte « d'une certaine substance se trouve sur toutes les colonnes, sur « la face des architraves et des frises de l'intérieur ; j'incline à « penser que *tout l'édifice* a été couvert autrefois, ou avec *un* « *stuc*, ou avec une *mince couche de peinture*. Les soffites des mu-« tules étaient peintes en bleu, et je possède des parcelles de cette « couleur. Tous les listels de l'architrave à l'extérieur, et les faces « des corniches, étaient décorées de peintures ; mais le temps a agi « dessus à un tel degré, qu'elles sont en grande partie enlevées. On « peut néanmoins les distinguer encore, mais on n'en saurait tracer « aucune forme. Les faces intérieures et extérieures des murs de la « cella étaient travaillées avec une pointe, *évidemment pour rece-* « *voir une couche de stuc ou de peinture ;* les trous pour les bar-« rières qui séparaient l'opistodôme du portique se voient dans les

« colonnes et les antes, comme aussi une entaille faite dans leurs
« bases pour recevoir une plinthe, telle que cela se voit au Par-
« thénon (1). »

Enfin la note page 87, où est le remarquable passage qui se trouve dans les *Lettres d'un Architecte*, de M. Wood, publiées à Londres en 1828, et où il est dit, en parlant des monuments de la Grèce : « Vous pouvez voir, dans plusieurs endroits, des « traces d'anciennes peintures d'ornement, et, dans beaucoup de « circonstances, des peintures de deux différents styles et dates, « dont l'une avait été posée par-dessus l'autre. »

On jugera, par les observations qu'on vient de lire, qu'en Angleterre, aussi bien qu'on l'a déjà vu dans les écrits publiés en Allemagne, M. Raoul-Rochette n'a pu rien ôter à la juste appréciation de mes travaux sur la polychrômie. M. Donaldson, qui, quelques années avant ma publication sur l'architecture peinte des Grecs, avait observé le temple de Thésée, et y avait remarqué des traces de couleur sur toutes les faces, n'hésite pas à reconnaître ma priorité pour l'énoncé et le développement de ce système.

M. Raoul-Rochette, qui devait nécessairement avoir connaissance de la traduction de M. Hamilton, lorsqu'il écrivait les précédents articles, datés de 1837, n'en dit pas un mot. Les observations de M. Donaldson, ainsi que celles si éminemment remarquables sur la coloration des monuments athéniens, par M. H. Hermann, architecte, publiées également en 1836, et qui offraient les témoignages et la confirmation les plus irrécusables à l'appui de mon système, ne sont, non plus, ni citées ni commentées.

---

(1) J'ai donné un extrait de cette note p. 44 et 45, n. 4.

CHAPITRE XVIII.

Peintures Antiques Inédites, précédées de recherches sur l'Emploi de la Peinture dans la décoration des édifices sacrés et publics chez les Grecs et chez les Romains, par M. Raoul-Rochette.

(Paris, 1836.)

Avant de parler de cette publication, j'ai cru devoir épuiser l'examen des précédents écrits du même auteur et de ceux de M. Letronne, afin de faciliter les moyens d'en suivre la discussion, quoique quelques-uns soient postérieurs à ce dernier ouvrage de M. Raoul-Rochette. Du reste, il n'ajoute, sur l'architecture polychrôme, rien de nouveau à l'appui de l'opinion déjà publiée et soutenue par cet auteur ; et quant à la question des peintures sur mur, rien non plus qui puisse justifier davantage sa thèse sur leur absence absolue au beau temps de l'art en Grèce, comme sur l'emploi exclusif, chez les Grecs, de peintures sur bois. Ce livre, enfin, n'offre rien qui soit de nature à ébranler l'opinion des archéologues et des artistes qui soutiennent, au contraire, l'exécution de la grande peinture historique ou mythologique, sur mur, à toutes les époques de l'art hellénique, indépendamment de l'usage des peintures sur bois, et concurremment avec leur emploi. Mais comme cette publication forme un corps d'ouvrage plus accessible à tous que les précédents écrits du même auteur, et que les idées vraies et erronées y sont présentées avec la même assurance, et avec un appareil d'érudition très-éblouissant au premier aspect, son analyse devenait pour moi une pénible nécessité.

CHAPITRE XIX.

Dédicace.

La dédicace est adressée à la mémoire de feu Charles Bœttiger; l'auteur y rend hommage aux travaux de cet érudit allemand, relatifs à la peinture sur mur chez les Grecs, dont il a été le premier adversaire, et dans les ouvrages de qui l'antiquaire français avait puisé la plupart des éléments de son opposition à l'existence de cet art monumental. En cela, M. Raoul-Rochette a rempli un devoir dont la plus grande part de mérite revient à M. Letronne, qui signala longtemps avant lui le riche arsenal réuni par M. Bœttiger, et où l'auteur des *Peintures Antiques Inédites* trouva et ramassa, à peu de frais, les armes qui lui fournirent ses moyens d'attaque et de défense.

C'est dans cette dédicace qu'on trouve des phrases comme les suivantes :

« A l'homme (en parlant de M. Letronne) qui voulait à tout « prix rencontrer des *peintures sur mur*, l'antiquité interrogée « dans tous ses monuments aurait montré partout des *peintures* « *sur bois.* » Et rien n'est plus opposé à ce que peuvent montrer les monuments antiques, et à ce qu'admettent les savants les plus aptes à en juger, que cette généralité de l'emploi des peintures sur bois, qui serait, dans son application, une tache faite pour ternir à jamais le génie judicieux des Grecs!

« Déjà, en effet, les esprits se sont considérablement éclairés sur « plusieurs des points qui touchent à l'histoire de la peinture, « notamment *sur l'emploi de la couleur* dans les œuvres de l'archi- « tecture et de la plastique des anciens; et l'exagération qui s'était

« introduite aussi dans cette question tend à se réduire à des
« termes plus raisonnables, à mesure que les monuments sont mieux
« observés et mieux décrits. » Puis M. Raoul-Rochette énumère
les travaux de MM. Semper, Kugler, Wiegmann, etc. Cependant le
lecteur a pu juger, par les discussions précédentes, que les recherches ultérieures constatées ont amené des résultats entièrement opposés.

Enfin, après avoir rapporté l'examen précité du mur du temple de Thésée, par M. de Klenze, cette autre phrase : « Et si l'on
« s'obstine encore à trouver des *peintures sur mur* dans le
« *Théséion*, ce n'est plus, du moins, sur les murailles mêmes de
« cet édifice, où elles ont tout à fait disparu, qu'on ira les chercher;
« ce sera dans le texte de Pausanias, où elles ne sont pas
« davantage. »

Pourtant j'ai fait voir que le dire de M. de Klenze, non-seulement n'affirme pas la non-existence des peintures antiques dans ce temple, mais que MM. de Rangabé et Donaldson les admettent formellement. Puis, quant au texte de Pausanias, comment M. Raoul-Rochette ose-t-il opposer son opinion personnelle aux opinions contraires de tant d'autres savants, et surtout à celle du docte G. Hermann, qui affirme, de la manière la plus positive, que toutes les fois qu'il est question, dans Pausanias, de peintures effacées en partie ou entièrement, il s'agit de *peintures exécutées sur mur;* d'où il résulte, selon cet illustre philologue, que les épisodes de la vie de Thésée, exécutés dans le temple de ce héros, étaient peints sur les parois de ses murailles.

CHAPITRE XX.

Introduction : « Exposé des vues générales sur le caractère propre à la peinture des Grecs, d'où résulte la haute importance accordée à la peinture sur bois. »

Dans l'introduction, la première chose qui frappe après la lecture de la dédicace, où « *tous les monuments grecs ne montrent « partout que des peintures sur bois,* » c'est le regret qu'exprime M. Raoul-Rochette, qu'il ne se soit rien conservé et qu'on ne puisse espérer de rien recouvrer des innombrables travaux de peintures qu'avait produits la Grèce, à toutes les époques de son histoire, sur presque tous les points de son domaine : *peintures sur mur* et sur bois, à l'encaustique, *à fresque* et en détrempe ! C'est ce cri : « Tout a péri, et péri sans retour ! » C'est à Rome qu'a été accompli ce grand naufrage de la peinture antique ; et ce qui pouvait rester à la Grèce, dépouillée par tant de mains et durant tant de siècles, de peintures, ou trop endommagées par le temps, *ou trop adhérentes aux édifices*, ou trop peu dignes d'en être enlevées, *a été détruit sur place !*

Affirmer ainsi qu'il y eut, en Grèce, des *peintures sur mur*, des *peintures à fresque*, qu'elles n'ont pu être enlevées parce qu'elles étaient *trop adhérentes aux édifices*, ou bien ont été détruites *sur place*, n'est-ce pas, de la part du savant archéologue, déclarer vrai ce qu'il nie ? N'est-ce pas admettre ici la peinture murale, qu'ailleurs il ne veut voir nulle part ?

Puis, qu'est-ce à dire « que les peintures sur mur des villes « gréco-romaines de la Campanie, englouties par le Vésuve, ne « peuvent être ici d'*aucune ressource*, attendu que, produites à une

« époque de décadence dans des villes du troisième ou du qua-
« trième ordre, pour des usages domestiques, par des artistes su-
« balternes, elles sont toutes en dehors du domaine de la peinture
« grecque? Que leur connaissance, d'un grand intérêt archéolo-
« gique, mais d'une exécution généralement négligée et d'un style
« médiocre, n'était propre qu'à exercer une influence fâcheuse sur
« l'esprit des antiquaires, en établissant pour eux plus d'une pré-
« somption qu'ils devaient être tentés d'admettre comme autant de
« faits ; en motivant à leurs yeux certains rapports de goût, de
« style, de procédé, et d'exemple même de l'art de peindre, entre
« des murailles ainsi décorées et les édifices des beaux siècles de la
« Grèce ; rapports qui peuvent bien n'être qu'une apparence trom-
« peuse! »

Admettre que les temples et les constructions de Pompéi, qui portent les traces évidentes de trois ou quatre changements dans leurs formes primitives, soient les reproductions identiques des édifices analogues de la plus belle époque de l'art en Grèce, ce n'a été et n'a pu être la pensée de personne qui se soit livré sérieusement à l'étude de l'antiquité. Mais vouloir, d'une autre part, que les édifices de cette ville et ceux d'Herculanum n'offrent, dans le système général de leur construction, dans leurs distributions comme dans leur décoration éminemment monumentale, rien qui puisse rappeler une imitation des œuvres de la mère patrie ; vouloir que les productions des hommes qui s'instruisirent à la même école, qui conservèrent et la même langue et les mêmes mœurs, qui habitaient un climat aussi favorisé que celui de la Grèce, dont les vainqueurs prirent le culte, les lois, les usages, et acceptèrent les arts ; vouloir, enfin, que les peintures de Pompéi ne présentent aucune trace, ou presque pas de traces, dans leur partie matérielle et artielle, des peintures de la Grèce, d'où émane la pratique de cet art aussi bien que ses principes, c'est rejeter ce qui fit le caractère particulier, prédominant et glorieux de toute l'antiquité; c'est renier les bases de l'histoire de l'ancien monde ; car c'est anéantir la tradition, cette source unique où l'antiquité a puisé la résurrection et la conservation de son passé.

Mais, indépendamment de la distribution des maisons de Pompéi, que M. Raoul-Rochette dit lui-même offrir toutes les parties des habitations grecques, et des réminiscences comme des reproductions identiques qu'offrent des milliers d'ornements pompéiens avec ceux conservés en Grèce, indépendamment enfin de toutes les autres analogies que ce savant a reconnues et admises dans son texte de la maison du Poëte Tragique, et qui contredisent mot à mot ce qui précède (1), en ne comparant que les stucs qui couvraient les monuments de la Grèce comme ceux de la Sicile et de partout ailleurs, avec ceux qui couvraient les colonnes et les murs de Pompéi et d'Herculanum, quelle différence y a-t-il entre ces enveloppes et celles exécutées dans la mère-patrie de ces cités, à tant de siècles de distance ? Aucune ; et pas plus entre ces stucs et ceux trouvés à Rome dans tous les genres d'édifices, qu'entre ces derniers et ceux conservés à Cori, à Tivoli et autre part, et appartenant à toutes les époques. Et l'on n'admettra pas que l'emploi traditionnel de cet enduit, qui se retrouve presque identique, et avec les mêmes couleurs, sur les bords du Rhin, du Danube et de la Seine, partout enfin où les Romains portèrent leurs légions et leurs colonies ; on n'admettra pas, dis-je, que cet usage, pour ainsi dire universel, cette reproduction évidente d'un procédé primitivement hellénique, soit une preuve de l'existence d'une même tradition tout aussi étendue, quant aux peintures décoratives (2).

(1) Voir cet ouvrage et ce que j'en ai cité, p. 179 et p. 180.
(2) La récente découverte, à laquelle donnèrent lieu les fouilles exécutées pour l'agrandissement du Palais de Justice à Paris, de murs recouverts d'enduits et de peintures comme à Pompéi, est, sous ce rapport, du plus haut intérêt. Non-seulement ces enduits présentent les mêmes couleurs, le même genre d'ornements, mais on y trouve des traces évidentes de figures peintes, qui ne laissent aucun doute sur l'emploi de sujets historiques ou mythologiques, qui servaient de décoration dans

D'ailleurs, il est hors de doute que c'est la peinture, d'abord appliquée sans intermédiaire sur la pierre même et le marbre, qui a donné lieu à l'invention du stuc. Ce fut à l'effet de substituer à l'aspérité des pierres et à leur porosité, aussi bien qu'à l'apparence des joints, une surface unie, et plus propre à la perfection du dessin et à la solidité des couleurs, de même que pour obvier à la dureté du marbre, incompatible avec une adhérence des peintures aussi forte et aussi durable que celle que permettent les stucs, et pour faire disparaître les traces des nombreux blocs dont les murs étaient construits, que cet enduit fut préféré, et qu'on en couvrit aussi bien la pierre blanche de Paros et Pentélique, que la pierre noire, grise ou jaune d'Éleusis et d'autres lieux. C'est ainsi que le stuc a continuellement été employé, et surtout en vue de sa destination primitive, celle de servir de fond à la décoration caractéristique des édifices grecs et romains, c'est-à-dire aux peintures d'ornements et de figures, qui ne cessèrent jamais d'être le principal objet dans l'art décoratif des anciens.

Que les peintures de Pompéi soient les produits d'une époque de décadence, ce qui n'est, en aucune manière, prouvé pour toutes ; qu'elles aient été destinées à des usages domestiques, ce qui n'est pas le cas pour celles conservées dans des édifices publics ; que des artistes subalternes les aient exécutées, ce qui n'est vrai que comparativement aux grandes célébrités dont les noms sont parvenus jusqu'à nous, car il y a à Pompéi, comme à Herculanum,

---

cet ancien édifice romain. Je dois à l'amitié de MM. Duc et Domay, chargés des nouvelles constructions du Palais, et qui ont recueilli ces précieux restes pour être déposés au Musée de Cluny, quelques fragments qui m'ont permis de m'assurer, à la suite d'une comparaison analytique, de l'analogie de ce moyen de bâtir employé par les Romains dans l'ancienne Gaule comme dans le Latium. Une autre et plus récente découverte encore, faite à Saint-Médard des Prés (dans la Vendée), de restes de constructions antiques, a fourni les mêmes résultats. Voyez la *Description de la villa et du tombeau d'une femme artiste gallo-romaine,* par Benjamin Fillon ; Fontenay, 1849.

des peintures sublimes de conception et admirables d'exécution; toujours est-il que leur emploi est et ne peut être qu'identique avec celui de l'antiquité grecque.

Puis, la décadence ne se reconnaît pas seulement à l'oubli des préceptes, à l'absence du talent dans les œuvres d'art; elle se montre autant et davantage encore dans l'exécution matérielle. Je soutiens, et je suis certain d'être d'accord avec tous les hommes capables de juger la question, que Pompéi offre, dans l'exécution de ses bâtiments et particulièrement des stucs, et dans un grand nombre de peintures, toute la perfection désirable, et rien qui annonce une dégénération assez grande pour que l'on ne puisse plus rien y voir qui porte l'empreinte de la descendance des ouvrages les plus parfaits de la Grèce. Mais n'est-il pas singulier que M. Raoul-Rochette rejette si loin cette analogie de l'application de la peinture à Pompéi, comparée à celles des beaux temps d'Athènes, alors que lui-même trouve, comme je l'ai déjà dit, dans la plupart de ces peintures, *des sujets grecs, et rien que des réminiscences des œuvres immortelles des plus grands artistes helléniques?*

Si des sujets uniquement tirés de l'histoire ou des mœurs des Romains, dont presque aucun n'existe à Pompéi, s'étaient trouvés reproduits sur des planches en bois et cloués sur les murs de pierre ou de marbre, recouverts de stuc, sans doute que de semblables peintures, qu'un semblable moyen d'exécution eussent été une marque de décadence; car c'eût été, quant à l'art, un signe évident d'une influence dégénérante étrangère, et quant à la science de l'exécution, l'oubli des plus simples notions sur ce qui est mauvais ou bon, destructible ou durable, hétérogène ou homogène, discordant ou harmonieux. Heureusement pour les Grecs et pour leurs imitateurs même, les placards en bois peints de M. Raoul-Rochette, fixés, incrustés, encastrés ou enchâssés par lui dans les murs, ne se sont trouvés nulle part, ni en Grèce, ni en Sicile, ni dans la Campanie, ni dans le Latium, ni ailleurs.

Si, à la belle époque de l'art hellénique, on n'avait fait que des peintures sur bois, et s'il est certain que la plupart des peintures trouvées à Pompéi et à Herculanum offrent des copies de tableaux plus anciens et reproduits à cause de la célébrité de leurs auteurs, les copistes n'auraient eu garde d'employer une autre matière, un autre procédé de peinture pour leurs copies, que la matière et le procédé primitivement usités : ils se seraient indubitablement servis de planches réunies ensemble de la même manière, d'une préparation pareille pour les fonds, et de procédés de peinture non moins identiques.

Mais qu'aurait-on trouvé à la suite de cette pratique? Au lieu de quelques peintures détachées exécutées sur des stucs, et qui avaient été incrustées; au lieu de l'immense quantité de tableaux peints sur les murailles, autant de renfoncements vides montrant à nu la grossière construction des murs; puis au bas, de la poussière de bois, et peut-être quelques clous ou crochets en fer. C'est à ces beaux restes que nous serions réduits, en place des immenses richesses que les cendres du Vésuve nous ont conservées, et que nous ne devrions qu'à la décadence de l'art et à l'abandon des traditions des Grecs par leurs descendants (1)!

Mais à quoi sert-il de produire toutes ces raisons, à l'effet de prouver ce qui n'a jamais été douteux pour les vrais archéologues

---

(1) Aucune des quelques rares peintures trouvées à Stabia, à Civita, à Pompéi, près de Cortone, et à Rome, n'était exécutée sur bois : le stuc, l'ardoise ou de minces dalles leur servaient de fond. Deux seulement, celles de Civita et de Rome, furent trouvées *enchâssées dans du bois ;* mais pas une seule peinte sur cette matière. Si M. Raoul-Rochette dit, p. 81, n. 1, « que ces exemples établissent « l'usage qu'avaient les Romains, et par suite les Grecs, de rapporter dans le mur « des peintures exécutées *sur bois* ou *sur enduit*, » il se trompe et trompe ses lecteurs quant au bois, dont, encore une fois, il n'a existé de traces que pour deux cadres, et aucune pour les tableaux proprement dits. Cependant il paraît que récemment, dans les fouilles d'une belle maison, faites à Pompéi en septembre 1847, on a trouvé dans une chambre des vestiges de bois brûlé au bas d'un mur, et dans celui-ci des traces de renfoncements, où l'on suppose que pouvaient avoir été

comme pour les artistes? Et ne suffit-il pas, encore ici comme toujours, d'opposer M. Raoul-Rochette à lui-même, pour faire ressortir ses contradictions incessantes? Je n'ai, pour cela, qu'à revenir encore à la dédicace de son ouvrage (pag. IV), où il écrit : « Mes « observations se portèrent jusque sur la peinture des catacombes de « Rome, où je recherchai, avec tout le soin dont j'étais capable, « tout ce qui pouvait s'y trouver de rapports, en fait de *motifs de* « *composition,* de *détails de costumes* et d'*éléments de représenta-* « *tions*, avec les travaux de l'antiquité profane. » Puis : « Je ne « parle pas de peintures du moyen âge, telles que celles du por- « tique de Saint-Laurent hors les murs, où il s'est conservé, *jusque* « *dans le XIIe siècle,* beaucoup de *réminiscences antiques*, et que « je fis copier à cette intention. » Le docte archéologue affirme que les peintures sur mur des catacombes de Rome offrent, dans la composition, les costumes et les représentations, des rapports avec l'antiquité profane; que les mosaïques de l'église Saint-Laurent, du XIIe siècle, ont conservé beaucoup de réminiscences *antiques;* et les innombrables compositions, tirées de la mythologie des Grecs, des écrits de leurs poëtes et de leurs tragiques, exécutées à Pompéi, n'offriraient que des analogies d'une *apparence*

---

placés des tableaux en bois. Quoique rien ne contredise dans ce fait la supposition que les charbons découverts provenaient de cadres comme ceux qui entouraient la peinture de Civita et celle de Rome, et que les tableaux peints sur stuc qui avaient rempli les renfoncements des murs eussent été enlevés peu après l'éruption du Vésuve qui ensevelit Pompéi, comme cela est constaté pour d'autres objets précieux, l'admission de la présence de petites peintures sur bois ainsi encastrées, et qui seraient l'unique exemple parmi des milliers de peintures qui couvrent les murs des maisons et les édifices de cette antique cité, ne peut être qu'une preuve contre le système de M. Raoul-Rochette. Mais une raison qui doit faire admettre que les tableaux sur bois devaient plutôt être attachés sur les murs qu'encastrés dedans, soit dans les pinacothèques, soit exceptionnellement dans d'autres lieux moins spécialement destinés à cet usage, c'est que beaucoup de peintures décoratives de Pompéi offrent la représentation de tableaux de chevalet, ainsi suspendus sur les murs et penchés en avant, comme cela s'est fait en tout temps et se fait encore.

trompeuse avec les peintures des beaux siècles de la Grèce !

Ce qui surprend plus encore, c'est qu'en admettant, avec M. Raoul-Rochette, que ces rapports entre les œuvres des anciens et celles de leurs successeurs se retrouvent dans des peintures *exécutées* environ 1100 ans après la catastrophe de Pompéi, peintures qui furent les merveilleux chaînons rattachant l'art grec à l'art romain et à celui de la renaissance, ce savant ne trouve qu'*illusion et erreur* dans les idées de ceux qui adoptent cette incontestable filiation, et par conséquent, cette fois, dans ses propres idées, aussi anciennes, du reste, que l'histoire de l'art. Mais ce qui est inouï, c'est de voir dans le *Choix des peintures de Pompéi*, pages 16, 25, 70, 92, 111, 153, 172, 193 et 199, le même savant déclarer toutes ces peintures « *des imitations de grands maîtres* « *grecs, ou de tableaux de hautes et excellentes écoles grecques, ou* « *des emprunts faits à d'originaux célèbres grecs, ou des produits* « *de modèles d'ancien style, ou offrant des contours et des compo-* « *sitions purement grecques,* » et oublier et réfuter à ce point, de 1844 à 1847, son dilemme si opposé, émis et soutenu en 1836 !

Toutefois, une raison nouvelle que croit donner le critique, « c'est, dit-il, que, la pureté la plus exquise du dessin étant la qua- « lité prédominante chez les artistes grecs, il en résulta la nécessité « de peindre sur des tables de bois, *seul moyen* qu'ils eussent alors « à leur disposition pour déployer à leur aise, dans la solitude « laborieuse de l'atelier, toute la finesse de leur dessin, toutes les « délicatesses de leur pinceau. De là le peu de cas qu'ils durent faire « de la peinture sur mur, qui exige une pratique plus expéditive « et plus brillante. »

Je laisse d'abord à M. Raoul-Rochette le soin de concilier cette nécessité, pour les Grecs, de peindre uniquement sur des tables de bois, comme *seul moyen* qu'ils eussent *alors à leur disposition*, avec l'énumération que ce savant fait, à la page précédente, des différentes matières, telles que « les métaux, le marbre, le plâtre, la

« toile, les peaux, l'argile, l'ardoise, l'ivoire, sur lesquelles, dit-
« il, se firent dans l'antiquité de nombreuses applications de l'art
« de peindre, » mais qu'il laisse, ajoute-t-il, « en dehors de cette
« discussion; » ce qui est commode, mais rien moins que logique.

Relever toutes les contradictions du critique est impossible. Elles renaissent comme les têtes de l'hydre de Lerne, pour la destruction desquelles il n'y aurait, en vérité, que le feu qui pût suffire. Peut-être qu'un jour, à force d'approcher des écrits du savant antiquaire le flambeau de la vérité, sa flamme, qui ne détruit que pour épurer, permettra de reconnaître ce qui sera resté à l'abri de son atteinte!

Je reviens à cette nécessité de l'emploi des planches de bois, à ce *seul moyen* laissé aux artistes grecs pour déployer toute la finesse de leur dessin, toute la délicatesse de leur pinceau; puis à ce dédain qu'ils durent avoir de la peinture murale, parce qu'elle exigeait une pratique expéditive.

En présence de semblables raisonnements, n'est-il pas permis de douter que celui qui les fait ait jamais connu la pratique de la peinture? Peut-on admettre qu'il se soit jamais rendu compte de la manière dont un artiste habile exécute les dessins les plus précieux, et de la différence que celui-ci trouverait entre une planche, une toile, une plaque de métal, un marbre, un mur, entre toutes les matières enfin énumérées par M. Raoul-Rochette, lorsque leurs surfaces auront été préparées de la même façon, c'est-à-dire rendues unies et lisses?

A quelque hauteur que cet archéologue élève avec raison l'art du dessin des anciens, mais qu'il envisage ici d'une manière fausse, en prenant la finesse matérielle du trait pour la plus sublime expression de l'art grec, au lieu et place du goût, de la noblesse, du style enfin, ces seules véritables qualités de la peinture antique, mettra-t-il en doute ce que tous les artistes éminents, tous les savants antiquaires, aptes à juger les œuvres d'art, admettront sans objection, qu'un trait plus ou moins gros d'une figure, et tracé par la main d'un grand peintre, peut offrir toutes les hautes qualités de l'art, là où des lignes plus ou moins fines d'une figure *dessinaillée*, si je puis m'exprimer ainsi, par un artiste médiocre, en offriraient tous les défauts ? M. Raoul-Rochette ne croira-t-il donc pas qu'il peut y avoir de la finesse dans un contour fait au charbon, et de la lourdeur dans un trait gravé avec une pointe ? de même qu'une figure circonscrite dans des lignes fines par un homme de talent peut présenter de l'ampleur, de la vigueur, là où des lignes plus grosses d'un artiste médiocre ne donneraient que de la sécheresse et de la maigreur ?

Où donc, avec ces faits, résiderait cette impérieuse nécessité, pour les grands peintres grecs, de n'avoir dans leur atelier que des planches pour exécuter leurs admirables dessins ? Qu'ils se soient servis du bois, et plutôt de cette matière que d'une autre, pour leurs tableaux de chevalet, rien ne s'y oppose ; mais qu'ils n'aient dessiné et peint que sur des planches, et que, sans le concours du bois, ils n'eussent pu exécuter leurs tableaux, parce que le dessin y occupait la première place, c'est là une de ces idées qu'un homme d'esprit peut avoir, mais que personne doué de bon sens n'admettra jamais.

Il en est de même de cet autre argument non moins irréfléchi, que c'était parce que les artistes grecs ne pouvaient bien dessiner que sur le bois et établis bien à l'aise dans leur atelier, que les anciens faisaient peu de cas de la peinture sur mur. En admettant un moment que les murs des temples et des monuments, en Grèce, ornés, selon Pausanias, de grandes peintures mythologiques ou historiques, aient été recouverts par des tableaux peints sur bois, il faudra bien convenir que ces tableaux, destinés, selon le critique, à être *incrustés* ou *encastrés* dans les murs, ou fixés dessus, devaient occuper toute la surface de ces murs, et être préparés pour recevoir le procédé ou de la peinture *a tempera* ou à l'encaustique, ou celui de la fresque, les trois genres de peintures connus des Grecs, mais dont celle à fresque ne pouvait que bien difficilement avoir été exécutée sur bois.

Dans cette hypothèse, est-il donc croyable que les artistes chargés de semblables peintures, qui exigeaient pour des murs d'une étendue moyenne, comme ceux du Théséion, qui ont environ 12 m. de largeur sur 6 m. de hauteur (36 p. sur 18), des panneaux d'une dimension relativement très-grande, lors même qu'on les supposerait divisés dans leur longueur, ce qui eût été peu monumental; est-il croyable, dis-je, que ces artistes eussent exécuté et pu exécuter ces peintures ailleurs que dans le temple même, à l'effet surtout d'y distribuer les clairs et les ombres selon le jour qui pénétrait dans l'édifice, et après que les panneaux auraient été maintenus dans leurs emplacements respectifs? En ce cas, quelle différence pouvait-il y avoir entre l'intérieur de la cella d'un temple couvert et clos, et l'intérieur de l'atelier d'un peintre, pour que celui-ci eût toutes ses aises, et pût exécuter son œuvre avec toute la finesse possible du dessin? Certainement aucune. Évidemment aussi « la solitude labo- « rieuse de l'atelier, » si préconisée par le savant critique pour les artistes de la Grèce, devait se trouver plus sûrement dans un sanctuaire isolé du bruit et fermé à l'accès des hommes, que dans la maison d'un peintre, élevée dans une rue et ouverte à tous les visiteurs, comme nous savons que l'était celle d'Apelle, et probablement les habitations de tous les artistes.

Si, à présent, nous passons au vrai, à la peinture sur des murs couverts d'un enduit susceptible d'offrir, comme cela est incontestable, une surface aussi belle que celle qu'on pouvait donner au bois, et qui devait permettre d'y tracer des lignes matériellement aussi fines que possible, croira-t-on que ce genre de peinture eût été plus difficile à exécuter que l'autre par un même artiste? qu'il eût été plus embarrassé d'arriver au comble de la perfection du dessin sur des panneaux de stuc que sur des panneaux de bois, alors que les surfaces de ceux-ci exigeaient une même préparation que les surfaces d'un mur en marbre, en pierre ou en brique, afin de les rendre aptes à recevoir et à conserver les couleurs?

Lors même que la fresque eût été d'un usage plus ancien et plus général aux monuments de la Grèce que les autres modes de peintures, et que la plupart eussent été exécutées au moyen de ce procédé, il n'en résulterait pas davantage que les artistes en eussent fait peu de cas, parce que ce genre d'exécution n'aurait pas permis, dans le dessin, une perfection égale à celle de la peinture à l'encaustique ou à tempera.

Les qualités particulières de la fresque consistant dans la fraîcheur et la transparence de la coloration, par suite de la nécessité d'une prompte exécution dans l'emploi des couleurs, et dans un nombre plus restreint et moins varié de celles-ci, par opposition à la richesse de la palette et à la facilité des retouches que permettaient les autres procédés, c'était naturellement par le dessin surtout que les grands artistes devaient chercher à donner à leurs œuvres le mérite et la beauté qui les ont rendues célèbres, et qui en ont fait parvenir la renommée jusqu'à nous.

Aussi rien n'était plus facile pour eux que d'arriver à cette perfection, et rien n'est plus certain qu'ils l'atteignirent; car l'ensemble, comme les détails de leurs tableaux, ne pouvant, sous le rapport de la composition et du dessin, ni s'improviser ni se tâtonner sur les murs, ils devaient les avoir étudiés d'avance en y consacrant tous leurs soins, tout leur talent, soit sur les lieux, soit dans leur atelier.

Enfin, et dût M. Raoul-Rochette, malgré les analogies qu'il dit exister dans les peintures des catacombes, dans les mosaïques de Saint-Laurent, avec les peintures de l'antiquité, rejeter de nouveau dans ses capricieuses alternations les exemples des moyens d'exécution de ces mêmes mosaïques, ainsi que des fresques modernes de Pise, de Florence et de Rome, il est indubitable que les peintres anciens durent faire comme tous ceux qui depuis ont exécuté des mosaïques ou des fresques : ces artistes dessinèrent des cartons propres à permettre le transport de leurs compositions sur les murs, et les peintures, faites d'après ces cartons, ne pouvaient être inférieures, comme qualité et beauté du dessin. D'où il suit qu'il n'y a pas de raison, puisée dans le génie de l'art des Grecs, qui puisse déconsidérer leurs artistes les plus renommés, en leur attribuant l'exécution d'admirables peintures sur mur ; et ce n'est certainement pas « ne voir dans les grands peintres de la Grèce « que *des décorateurs de murailles,* » que leur accorder le privilége d'avoir représenté, dans les temples et les édifices publics, les actions de leurs divinités et de leurs héros (1).

M. Raoul-Rochette déclare n'avoir jamais nié qu'au berceau de la civilisation grecque, « alors que les temples, construits *en bois,* « devaient être revêtus de *stuc peint,* comme on peut l'inférer des « triglyphes enduits de cire coloriée en bleu, il n'y ait eu de la « peinture appliquée aux *murailles.* » Mais dire que les temples en bois étaient revêtus *de stuc,* parce que Vitruve rapporte que la tête des poutres l'était de *cire bleue,* et admettre que ces temples avaient des peintures sur leurs murailles, cela ne peut être que l'induction d'idées confuses. Car de ce que Vitruve désigne, dans l'entablement dorique, la tête des poutres peinte à la cire, la seule conclusion à en tirer est que là où d'autres parties furent en bois, telles que les colonnes, elles devaient avoir été peintes de la même manière ; tandis qu'en conclure que ces autres parties en bois étaient couvertes de *stuc peint,* procédé déraisonnable et sans exemple dans l'antiquité, c'est manquer de notions sur l'art de construire des anciens, comme c'est manquer de logique, en fait d'inductions.

---

(1) Ce qui suit, jusqu'à la fin du ch. XX, se rapporte au commencement du § I de l'ouvrage de M. Raoul-Rochette. Comme les objets qui y sont traités n'ont pas de liaison directe avec ce §, j'en ai placé la discussion ici.

Puis donner à ces temples, *construits en bois*, des *murailles* sur lesquelles était appliquée de la peinture, n'est-ce pas bien de l'inadvertance? Pour avoir des murailles, les cella de ces primitifs sanctuaires étaient donc entourées de murs en brique, en pierre ou en marbre, et le bois ne pouvait y être entré en aucune façon? Mais c'est toujours la même absence de réflexion; sans quoi M. Raoul-Rochette aurait dit : « Ne pas nier que les primitifs temples, construits entièrement en bois, devaient avoir été peints à la cire, comme le fait présumer le texte de Vitruve, relativement aux triglyphes bleus; mais que ceux dont les murs étaient construits en maçonnerie, et les colonnes avec leur entablement en bois de charpente, ces dernières parties devaient être peintes à la cire et les murs seulement recouverts de stuc colorié. » C'eût été dire juste, et beaucoup plus à son avantage. Car quel argument puissant n'eût pas offert l'admission de ce fait, *qu'aux époques les plus reculées de l'art en Grèce, on y recouvrait le bois de stuc*, pour y trouver la plus grande probabilité de la conservation traditionnelle de ce procédé, lequel ne laissait plus, même dans l'esprit du savant critique, aucune différence admissible entre une planche en bois et un mur en pierre ou marbre, tous les deux recouverts de stucs peints, comme entre le plus ou moins de finesse des lignes que l'on pouvait tracer sur l'une ou sur l'autre.

Les soi-disant temples en bois recouvert de stuc, avec leurs murailles peintes, ne sont donc pas « un fait depuis longtemps admis dans l'histoire de l'art, et d'accord avec le fait des simulacres de bois peint et tout couverts d'étoffes réelles, comme l'a montré M. Quatremère de Quincy. » Car ce savant aurait dû alors avoir parlé de ces ξόανα d'origine égyptienne comme entourés d'une enveloppe de stuc, seule conséquence du dire de M. Raoul-Rochette. La dénégation de l'influence, d'abord adoptée par ce critique, des simulacres et des monuments égyptiens peints, sur ceux de la Grèce; cette dénégation a aussi peu de poids que sa persistance à ne pas vouloir admettre les traces de la tradition des peintures historiques et religieuses des anciens, dans les monuments de la renaissance de l'Italie, lorsqu'il les a trouvées et admises dans les catacombes de Rome et sous le portique de Saint-Laurent, hors les murs de cette ville.

Vouloir à ce sujet que M. Letronne se soit laissé entraîner à ma suite, sur la foi du prétendu temple d'Empédocle, en admettant la plupart de mes inductions, ce n'est pas être juste. Cet archéologue possédait plus de discernement qu'il n'en faut pour n'avoir pas été fixé, aussi bien que tous les antiquaires et les artistes de mérite, bien longtemps avant moi, sur ce point inattaquable de l'histoire de l'art grec.

Quant à dire qu'on n'a pas fait difficulté de citer ce temple comme *existant;* et quant à insinuer qu'on ait voulu y avoir trouvé des traces de peintures *historiques*, n'est-il pas regrettable de voir introduire, dans une discussion scientifique, des assertions auxquelles il n'est possible de répondre autrement que par une négation formelle?

Que le savant antiquaire conteste la dénomination que j'ai donnée à cet édifice; qu'il en fasse autant pour le mot ΘΕΟΣ, inscrit sur l'autel que j'ai placé dans la cella du temple; il est dans son droit, et j'accorde la justesse de cette dernière observation. Mais aller jusqu'à accuser ses adversaires d'en imposer, c'est dépasser les limites d'un débat scientifique et d'une critique convenables.

Je puis répondre aux doutes tardifs de M. Raoul-Rochette sur la solidité de ma restitution, doutes puisés dans l'ouvrage de M. Serra di Falco, et je ne manquerai pas de le faire dans la description qui va suivre de cette restitution, que je n'ai, encore une fois, pas pu exécuter sans y employer mon imagination d'artiste, mais qui n'en est pas pour cela une œuvre tout imaginaire.

Le docte archéologue, pour réfuter l'influence égyptienne, relativement à l'emploi de sujets en rapport avec les divinités auxquelles les temples étaient dédiés, cite beaucoup d'anciens sanctuaires, et, parmi ceux de la belle époque, le Parthénon, le temple de Jupiter Olympien, ceux de Junon à Argos, d'Apollon à Phigalie, de Minerve à Tégée, de Jupiter à Agrigente, comme n'ayant pas eu de peintures du tout; puis, avec le Théséion et le temple des Dioscures, qui étaient décorés d'accord avec les dédicaces de ces sanctuaires, celui de Minerve Aréa à Platée, comme un exemple différent.

Le manque de notions sur des peintures dans des monuments ne peut pas être une preuve contre leur présence, attendu que Pausanias et beaucoup d'autres auteurs se sont tus sur des objets tout aussi importants, et qui y ont néanmoins existé.

Diodore de Sicile, en parlant du temple de Jupiter à Agrigente, dont il a retracé l'imposante construction, dont il donne la grandeur, et dont il décrit les sujets de sculpture qui en ornaient les frontons, ne dit rien de l'emploi si extraordinaire des figures colossales de l'intérieur du temple, qui ont surgi de ses décombres.

Pourquoi, d'ailleurs, citer ce dernier temple dans cette occurrence, quand le savant antiquaire sait et doit savoir que la guerre des Carthaginois empêcha d'en terminer la couverture, et que, lors même que des peintures auraient dû le compléter, il n'est pas admissible qu'on les y eût déjà exécutées sur les murs, ou accrochées à leurs parois, avant l'achèvement du toit qui devait abriter ces murs et les peintures?

Quant au temple d'Apollon à Phigalie, en quoi donc les colonnes engagées dans les murs latéraux de la cella auraient-elles empêché d'orner de peintures les parois intermédiaires? Absolument en rien. Elles y eussent été aussi bien exposées à la vue que la belle sculpture polychrôme de la frise qui entourait la cella, sans nuire en rien à ce magnifique ornement.

Mais puisque M. Raoul-Rochette a parlé de ce temple, comment la présence seule et le sujet de ces bas-reliefs coloriés, couronnant tout le pourtour du naos, ne lui ont-ils pas fait voir un exemple, relativement aussi identique que possible, entre la décoration d'un sanctuaire égyptien et celle d'un sanctuaire grec? Comment n'a-t-il pas été frappé de l'auxiliaire de cet exemple en faveur de la descendance de la peinture sur mur des Hellènes, tirée des sculptures peintes des Égyptiens?

Quant au temple de Minerve Aréa, où Polygnote représenta, sur les murs du pronaos, Ulysse vainqueur des prétendants, et où Onatas peignit la première expédition des Argiens, est-ce donc qu'une des plus brillantes actions d'Ulysse, le protégé de Minerve, n'offrirait aucun rapport avec cette déesse? Est-ce qu'un acte glorieux de la guerre contre Thèbes, annuellement célébré par les Platéens, ne serait pas un sujet historique propre à élever l'âme et à exalter l'amour de la patrie, une de ces représentations enfin que M. Letronne et moi avons toujours comptées parmi celles qui devaient orner les temples et les édifices publics? Puis, comment la représentation d'une bataille, heureuse pour les habitants de Platée, serait-elle un sujet étranger à la déesse de la guerre et de la sagesse? Certainement en rien; et dans le sens comme dans le but des analogies qui devaient exister entre les peintures monumentales et les monuments, celles du temple de Minerve Aréa prouvent incontestablement et contre l'opinion en faveur de laquelle le critique les avait citées, et pour le peu de discernement dans le choix de cet exemple.

Du reste, quelque général que pût et dût être l'usage des peintures mythologiques et historiques chez les Grecs, il n'excluait pas les exceptions qui existent pour tout, dans tout et partout, dans l'antiquité aussi bien qu'à l'époque de la renaissance et dans les temps postérieurs.

L'inachèvement des édifices n'est pas un fait plus rare chez les anciens que chez les modernes; et si les Propylées à Athènes, si beaucoup de temples, en Grèce comme en Sicile, en conservent de nombreuses traces aux marches, aux colonnes, aux antes, aux entablements, et jusque dans leur ensemble, à plus forte raison a-t-il pu arriver que des temples, d'ailleurs terminés et destinés à recevoir des peintures comme complément de leur décoration, n'en eurent pas tout de suite, et même n'en eurent jamais.

La conclusion de M. Raoul-Rochette, « que la doctrine qui admet « des peintures sur mur, en rapport avec le culte de la divinité « locale, pratiquée par toute la Grèce et aux belles époques de « l'art, est *contraire* à l'histoire de l'art et de son génie, » tombe donc devant l'examen des preuves, toutes négatives, produites à l'appui.

Il en est de même de l'opinion du professeur sur ce qu'il appelle « des peintures *locales*, consistant en teintes plates, étendues dans « des contours de figures au trait, » et qu'il prétend « n'avoir aucun « rapport avec l'existence de peintures de style historique, des- « quelles seules il se propose de rechercher de quelle manière elles « étaient appliquées sur les murailles. » Quoi que fasse M. Raoul-Rochette, les découvertes de ces peintures sur mur, en constatant irrévocablement l'emploi primitif de cet embellissement, seront toujours des preuves irrésistibles en faveur de l'usage traditionnel de ce système, et de son application perfectionnée aux édifices des plus belles époques de l'art hellénique. Ce savant a beau dire, à propos de ces vénérables restes, « laisser à ses adversaires l'innocent plaisir « de peindre les temples de la Grèce, à l'exemple des églises de la « renaissance » (ce que personne n'a voulu faire, tout en regardant la décoration monumentale de ces dernières comme une tradition de celle des premiers), il n'empêchera pas que les précieuses peintures exécutées par des Grecs sur les parois des tombeaux de l'Étrurie, de la Campanie, de la Grande Grèce, et ailleurs, ne soient, indépendamment de tant d'autres éléments existants, à l'appui de l'application permanente des peintures murales chez les Grecs et les Romains, un des témoignages les plus éclatants pour ce système, comme aussi une preuve accablante contre ceux qui n'admettent point dans les édifices d'autres peintures que celles exécutées sur des planches en bois ; c'est-à-dire, la décoration la plus périssable et la plus antimonumentale qu'on puisse imaginer, et dont, pour l'honneur des célèbres artistes de la Grèce, ils ne peuvent être accusés qu'avec la plus grande inconséquence, et avec un manque absolu de respect pour leur supériorité.

CHAPITRE XXI.

§ I. Du sens et de la valeur des mots grecs et latins qui servent à désigner les peintures ; d'où résulte la preuve philologique qu'elles étaient généralement sur bois.

Je ne m'arrêterai pas à la nouvelle discussion du mot πίνακες, dans lequel M. Raoul-Rochette persiste à ne voir que la signification absolue de *peintures sur bois* et détachées, tandis que, comme cela est admis dans la langue latine pour le mot *tabula*, aussi bien que pour le mot *tavola* en italien, *tabla* en espagnol, *table* en français, *table* en anglais, et *tafel* en allemand ; ces mots, tout en pouvant tirer leur origine de panneaux ou planches de bois, n'en ont pas moins été appliqués depuis aussi bien à des tables de marbre, de bronze et d'autres matières.

L'expression « *tabula in pariete picta* » ne s'applique pas non plus à des peintures sur bois : elle n'a jamais voulu dire autre chose qu'un tableau exécuté sur mur. Ici encore, comme l'avait déjà observé M. Letronne, le mot *tabula*, comme synonyme de tableau, ne signifie que la composition peinte, dans le même sens que l'on donne ce nom aussi bien aux admirables peintures exécutées par

Raphaël sur les murs des stances du Vatican, qu'à d'autres de ses compositions moins importantes peintes sur toile, et formant des tableaux portatifs.

Il est curieux de voir le critique citer contre lui-même, dans cette discussion, les *parapegma*, comme étant des *tables* de *bois* ou de *bronze*, et signaler ainsi des surfaces planes en matières toutes différentes, quoique désignées sous le même nom.

Parce que Pollux ne mentionne pas, « parmi les objets qui com-
« posent le mobilier d'un peintre, des *échelles*, aussi nécessaires,
« selon le docte archéologue, au peintre sur mur, que le chevalet
« au peintre sur bois, » il en argumente, de la manière la plus absolue, que la peinture murale n'existait pas.

Mais l'absence non moins certaine des échelles dans les ateliers des artistes qui exécutèrent de pareils travaux sur d'innombrables parois de palais, d'églises et d'autres édifices, depuis l'époque de la renaissance jusqu'à la nôtre, l'absence de ce *meuble* ne témoigne pas plus que leurs peintures, presque toutes encore visibles sur les murs, n'ont jamais existé, qu'elle ne le prouve pour les œuvres semblables des artistes helléniques.

Pour que des échelles fussent aussi indispensables aux peintres sur mur que des chevalets aux peintres sur bois, il faudrait donc nécessairement que les premiers n'exécutassent leurs travaux que juchés sur des échelons? Cependant, et à moins que M. Raoul-Rochette ne se fonde sur les rares exemples de quelques peintres qui peignent, en une demi-journée, ou en un jour au plus, des enseignes dans nos rues, je suis certain qu'il n'a jamais vu un artiste de mérite, ainsi perché pour décorer les murs d'un édifice. L'exécution de cette peinture monumentale exige des échafauds étagés, et sur ces échafauds, des marche-pieds commodes et mobiles, pour permettre de travailler à l'aise, les deux mains libres ; et lorsque, dans leurs ateliers ou ailleurs, les artistes grecs et leurs successeurs exécutèrent de vastes compositions sur bois ou sur toile, ce même moyen, nécessaire pour parvenir à toutes les hauteurs d'un grand tableau portatif, leur était aussi indispensable qu'il pouvait l'être à l'exécution de semblables compositions sur des murs.

L'argument du savant antiquaire est donc un non-sens ; car, si l'omission des échelles dans la nomenclature de Pollux pouvait prouver quelque chose, elle serait une preuve aussi bien contre l'existence de grandes peintures sur bois, que contre le fait de la grande peinture murale.

La peine que se donne le savant archéologue pour établir que les anciens avaient su faire de grandes tables en bois, est vraiment puérile. Personne n'a pu douter de leur intelligence à cet égard. Mais il faut plus que de l'inadvertance pour désigner particulièrement à cet emploi le bois de *mélèze*, « parce que ce bois fournis-« sait de très-grandes planches ; » comme si la solidité de toute construction en bois, et surtout de tables à surface plane, n'était pas d'autant plus assurée que les pièces dont elles se composent sont de dimensions moyennes, très-multipliées et bien ajustées !

Désigner à ce propos, et comme preuve de l'habileté des anciens à construire d'énormes tables en mélèze, le coffre de Cypsélus, qui était en bois de cèdre, et dont les plus grandes parties ne pouvaient guère avoir que 2 mètres sur 1 m. 30 c. (6 pieds sur 4), c'est choisir, il faut l'avouer, un exemple bien peu concluant.

Il est vrai que le savant antiquaire cite plus loin, p. 93, le tableau consacré par Mandroclès dans l'Héræon de Samos, et représentant Darius et son armée passant le pont jeté sur le Bosphore, comme une « peinture sur bois, d'une dimension considérable ; » puis, « comme une nouvelle preuve à l'appui de l'industrie des « Grecs d'assembler des planches pour en faire de grands tableaux, » la circonstance, que celui qui fit exécuter cette peinture fut l'architecte du pont en bois qui y était représenté.

Quoique la dimension *considérable* donnée à ce tableau ne soit prouvée par rien, puisque M. Raoul-Rochette, en disant lui-même que le sujet devait être représenté « par des figures de petite pro-« portion, » aurait pu s'assurer qu'une composition d'une certaine analogie avec celle de la mosaïque dite la bataille d'Alexandre à Arbelles (1), mais composée de personnages approchant de deux tiers de nature, n'aurait exigé qu'une surface très-moyenne d'environ 2 m. 30 c. sur 1 m. 15 c. (7 pieds sur 3 1/2); quoique Hérodote (2) ne précise en rien que la peinture fût sur bois, ce qui peut être admis à cause du caractère votif de cette œuvre d'art, il y a vraiment trop de naïveté à vouloir que nous soyons d'autant moins surpris de voir, à cette époque et dans cette circonstance, chez les Hellènes, « l'industrie d'assembler des planches pour en former un grand tableau, » que l'offrande dont il s'agit avait été consacrée *par l'architecte d'un pont en bois!* Mandroclès, nécessairement un artiste distingué de son temps, n'était pas plus un charpentier ou un menuisier qu'un maçon ou un tailleur de pierre, tout en étant apte à faire employer aussi bien la pierre, le marbre et la brique aux édifices qu'il a dû faire construire ailleurs, que le bois au pont jeté par lui sur le Bosphore. D'ailleurs, en réduisant même la célébrité de cet architecte à la spécialité d'un constructeur de ponts en bois, ce qui n'est pas admissible, au moins aurait-il fallu, dans ces constructions, quelque chose qui ressemblât aux précieux assemblages de planches destinées à devenir des tableaux, pour que le singulier argument du savant archéologue eût quelque apparence de raison. Mais comme, aux ponts antiques pas plus qu'aux ponts modernes, il ne peut y avoir eu, sous ce rapport, que les planchers, il faut admettre, ou que M. Raoul-Rochette n'a jamais passé sur un pareil assemblage de planches, ou qu'en y passant il ne l'a jamais regardé, pour y voir une identité de construction et de matière avec

---

(1) Découverte à Pompéi en 1830.
(2) IV, 88.

des tableaux en planches de mélèze artistement réunies, et une preuve de leur existence au temps de Darius ; ou que son raisonnement ne peut être pris au sérieux. Il faudrait, en effet, n'avoir absolument aucune notion sur la prépondérance des Grecs dans tous les arts et dans toutes les industries, pour ne pas être assuré à tout jamais de leur capacité, d'avoir su aussi bien réunir des planches destinées à des tableaux, alors qu'ils possédaient des artistes capables de les peindre, qu'ils ont su exécuter les admirables objets de menuiserie qui forment les accessoires inhérents à tous bâtiments et le mobilier indispensable pour les habiter, et dont les peintures, les bas-reliefs et les descriptions des anciens nous donnent une si complète et si haute idée.

Mais quelque adresse et quelque soin qu'il faille supposer chez les Hellènes pour l'appropriation du bois à toutes les applications convenables, adresse et soin qui doivent faire admettre que les tables préparées pour des peintures portatives ne pouvaient manquer d'être aussi bien réunies et préparées que possible, d'immenses surfaces de bois, ainsi ajustées et fixées sur les murs, devaient être bien moins durables, bien plus susceptibles de destruction que ces mêmes murs, construits en beau marbre, en belle pierre ou en excellentes briques.

Car c'est particulièrement l'application permanente de planches contre des murs qui entraîne leur détérioration et leur ruine. Les différentes températures qui agissent sur les faces intérieures autrement que sur les faces extérieures, et qui, tantôt humides ou sèches, tantôt froides ou chaudes, exercent continuellement et en sens contraire leur pernicieuse influence, sont en pareil cas, en Grèce aussi bien qu'en Italie et sous d'autres climats, les plus redoutables ennemis d'une matière comme le bois ; matière qui est non moins exposée à être attaquée par les vers, comme le témoigne l'exemple du tableau de la Vénus Anadyomène d'Apelle, dont la figure était attaquée de la carie, qu'à être détruite par l'incendie, comme cela a eu lieu dans le temple de Cérès à Rome, pour le tableau de Bacchus d'Aristide, transporté de Corinthe par Mummius ; deux faits indubitables et cités d'ailleurs par M. Raoul-Rochette. Cependant ces peintures, surtout l'œuvre d'Apelle, étaient, comme objets portatifs, dans les conditions les plus avantageuses pour des tableaux sur bois. N'étant pas dans le cas d'être encastrées ou enchâssées dans les murs, et n'y adhérant pas d'une manière fixe, l'air pouvait circuler derrière, et leur conservation pouvait être garantie par du soin et de la vigilance ; comme cela a eu lieu pour les plus anciennes peintures modernes sur bois, dont quelques-unes, conservées dans les musées, remontent au delà du XIIe siècle.

CHAPITRE XXII.

§ II. De l'enlèvement et du transport des peintures grecques dans l'antiquité, d'où résulte la preuve matérielle qu'elles étaient sur bois.

J'aurais passé sur l'énumération, faite d'après tant d'autres érudits, du grand nombre de tableaux transportés à Rome et déclarés avoir tous été sur bois, parce que, lors même qu'il ne se fût pas trouvé, parmi ces tableaux, des peintures sur mur, cette circonstance n'établirait que la facilité de transporter les premiers, comparée à l'immense difficulté de détacher et de faire voyager les secondes, mais ne prouverait pas qu'il n'eût jamais existé de peintures murales dans les monuments helléniques ; j'aurais, dis-je, passé sur cette énumération, sans aucune importance dans le débat, si M. Raoul-Rochette ne l'avait pas fait précéder furtivement, page 42, de l'énoncé du fait tiré de Vitruve et de Pline, de l'enlèvement d'*une* peinture murale de Lacédémone, exposée à Rome, sous l'édilité de Varron et de Muréna (1); s'il n'avait pas ensuite nié ou oublié ce fait, page 60, où il dit « que, dans le long détail de « tableaux enlevés à la Grèce que fournit l'histoire, elle n'articule *pas un mot* qui ait rapport à des peintures sur mur; » si, sept pages plus loin, il n'avait pas intercalé ce même fait encore une fois, pour en tirer la simple conséquence, « que la célébration de l'édilité « devenait, pour les Romains, l'occasion et le motif d'une sorte « d'exposition périodique de peintures grecques; » et si, enfin, ce savant ne paraissait pas avoir cru trouver, dans cette manière voilée de parler d'un fait aussi important, un moyen de ne pouvoir être accusé de l'avoir omis, tout en ayant passé sous silence ce qu'il a de puissamment contraire à toute sa théorie, ce qu'il oppose de preuves contre ses assertions erronées.

A ce propos, il n'est pas déplacé de reproduire ici une note de Venuti, relative à l'invention de Ludius, rapportée par Pline, et au *sed nulla gloria* de cet auteur; note que M. Raoul-Rochette cite comme un témoignage des plus décisifs en faveur de son opinion, contre celle de M. Letronne et la mienne. En voici la traduction littérale : « L'usage de *peindre sur mur* était très-ancien; il fut pra- « tiqué en Toscane, en Grèce, à Rome, en Égypte, et remonte

---

(1) M. Raoul-Rochette, en ne parlant ici que d'une peinture, manque d'exactitude. En effet, le texte original de Vitruve, liv. II, ch. VIII, porte : « Item Lacedæ- « mone e quibusdam parietibus etiam picturæ excisæ, intersectis lateribus, inclusæ « sunt in ligneis formis, et in comitium ad ornatum ædilitatis Varronis et Murænæ « fuerunt allatæ. » C'est-à-dire littéralement : « De plus, à Lacédémone, on déta- « cha même de quelques murs des peintures, en coupant les briques; elles furent « renfermées dans des cadres de bois et transportées au comitium, pour orner « l'édilité de Varron et de Muréna. » Il s'agit donc de plusieurs peintures, non d'une seule, et probablement de toutes celles importantes qui ornaient l'édifice d'où on les tira, et que feu H. Meyer, comme le remarque M. Raoul-Rochette lui-même, pense provenir d'une des deux Leschés de Sparte, désignée par Pausanias (liv. III, ch. 14 et 15) sous le nom de Pœcile, à l'instar de celle d'Athènes, décorée des chefs-d'œuvre de Polygnote. *Geschichte der Bild. Künste*, II, 220.

« jusqu'aux Chaldéens. Longtemps avant Ludius, il y eut à Rome
« des portiques et des temples peints, et cela par les maîtres *les*
« *plus renommés*. Telles furent, à Rome, les peintures de Damo-
« philus et de Gorgasus, celles du temple de la Liberté et celles très-
« anciennes du temple de Junon à Ardée ; à Platée, dans le sanc-
« tuaire de Minerve, dans un édifice public à Delphes, dans le
« Pœcile d'Athènes, et dans un temple à Thespies, les peintures de
« Polygnote ; enfin, les portraits des philosophes les plus renommés,
« peints dans l'Aréopage et le Prytanée. D'après cela, Pline paraît
« offrir une contradiction relativement à l'introduction, au temps
« d'Auguste, de l'usage de peindre sur mur, et à la célébrité de ce
« genre de peinture. Mais la bonne critique m'enseigne qu'avant
« de contredire un auteur d'un si grand crédit, on doit chercher
« tous les moyens propres à le justifier : voilà pourquoi je suis
« porté à penser que les peintures les plus célèbres furent des ta-
« bleaux peints, encastrés dans le mur, ou, pour la plupart, d'un
« genre différent, et inférieurs aux autres. Quant à l'invention de
« Ludius, je crois qu'elle doit se rapporter à une plus grande faci-
« lité d'exécution de la peinture, et à un goût pour des idées nou-
« velles et fantasques (1). »

(1) « L'uso di dipingere nelle pareti era antichissimo e praticato in Toscana (Pline, lib. XXXV, cap. xii), in Grecia, in Roma, in Egitto, e trovasi che si costumava fino al tempo dei Caldei (Ezech. cap. xxiii ; pres. il Requen. T. I, p. 325). In Roma e nella Grecia assai prima di Ludio si trovano dipinti portici e tempj, e ciò dai più rinomati professori. Sono note in Roma le pitture di Damofilo e Gorgaso (Pline, lib. XXXV, cap. x), quella del tempio della Libertà (Liv. lib. XXIV, c. vi); quelle antichissime di Giunone in Ardea (Pline, lib. XXXV, c. x); quella di Polignoto in Platea nel tempio di Pallade (Paus. lib. IX, cap. iv); quelle dell' istesso autore in un publico edifizio in Delfo (Paus. lib. X, cap. xxv); nel Pecile d'Atene (Plut. in Cim.) e in un tempio in Tespi (Pline, lib. XXXV, cap. ii); e finalmente i ritratti dei filosofi più celebri dipinti nell' Areopago e nel Pritaneo. Dopo tutto questo sembrerebbe Plinio in contradizione circa l'uso introdotto ai tempi d'Augusto di dipingere nelle pareti, e circa la celebrità di tali pitture. Ma la bona critica m'insegna, che prima di contradire un autore di sommo

Certainement rien ne peut être plus affirmatif pour l'existence de la peinture sur mur dans toute l'antiquité, et pour son admission partout où je l'avais signalée : et si Venuti parle de tableaux encastrés, sans désigner aucunement qu'ils étaient sur bois (1), s'il suppose les peintures sur mur d'un autre genre et partiellement inférieures aux tableaux de chevalet, c'est de la manière la plus dubitative, et par la seule raison qu'il désire défendre Pline d'une contradiction ; c'est enfin pour expliquer le *sed nulla gloria* de cet auteur et la soi-disant invention de la peinture sur mur par Ludius, de manière surtout à rendre ces deux allégations d'accord avec le fait réel et admis par le savant antiquaire italien, que les temples et les édifices publics de la Grèce et du Latium étaient décorés de peintures exécutées sur les parois de leurs murailles.

Cependant, M. Raoul-Rochette, qui vient d'affirmer que, dans toute l'histoire de l'art, il n'est pas dit *un mot* de peintures sur mur, que *toutes* étaient sur bois, résume l'opinion de Venuti par ces mots : « Que les meilleures peintures de l'antiquité grecque étaient « exécutées sur bois et encastrées dans le mur, et que tout le reste, « consistant en peinture sur mur, était d'une condition inférieure ; » ajoutant « que c'est effectivement là la vérité, le résultat qu'il se « croit autorisé à proclamer, comme étant conforme sur tous les « points à l'examen de tous les faits de la question. »

De semblables contradictions font hésiter à y suivre l'auteur. Mais s'il a dû croire que personne ne se donnerait le mal de

---

credito, debba cercarsi ogni mezzo di giustificarlo ; però son costretto a pensare che le più famose pitture fossero dipinte in tavola e incastrate nel muro, o veramente che fossero nella maggior parte di un genere diverso e inferiori alle altre. L'invenzione poi di Ludio, credo che si debba riferire alla facilità maggiore del mecanismo della pittura, e al gusto di nuovi e stravaganti pensieri. *Dissertazione del marchese Venuti sopra un' antica pittura trovata nel territorio Cortonese, dans les Atti di Corton.* T. IX, p. 224.

(1) Il est en effet à remarquer que la dissertation où se trouve cette note, traite d'une peinture antique sur *ardoise*, découverte dans les environs de Cortone.

débarrasser la vérité des fausses raisons et inductions sous lesquelles il cherche à l'ensevelir, je n'ai pu, à mon grand regret, me soustraire à cette tâche.

Ainsi, M. Raoul-Rochette ne veut pas que les peintures transportées de Sparte à Rome, avec les parties de mur sur lesquelles elles étaient peintes, fussent des œuvres d'art importantes, parce que Vitruve n'en parle pas sous ce rapport. Mais cet architecte ne cite le fait qu'à propos de la forte adhérence des constructions en briques, et pour produire un exemple de la solidité de ces murs, qui avait permis de les détacher par parties d'un édifice, de les expédier très-loin, et avec le seul secours des cadres en bois dans lesquelles elles étaient enchâssées.

Pline désignant ces peintures comme admirables, leur importance et la certitude qu'elles furent de style historique et de la main d'un artiste renommé ne peuvent être dubitatives, parce que ce ne pouvait évidemment être qu'à cause de leur mérite comme œuvres d'art, et non pour embellir le comitium avec deux pans de murailles en briques d'une grande solidité, que Varron et Muréna firent enlever ces peintures de Sparte, pour les transporter à Rome.

L'insistance du savant archéologue à prétendre que ce fait serait unique, et prouverait contre l'existence multipliée des peintures sur mur en Grèce, parce que l'histoire n'en a pas relaté d'autres exemples; cette insistance n'est pas plus raisonnée que les conséquences aussi peu solides qu'il a tirées de tant d'autres faits réfutés.

Quoiqu'aucun doute fondé ne soit possible sur ce que beaucoup de peintures murales aient pu être enlevées dans l'antiquité d'une manière plus facile, en les détachant avec l'épaisseur du stuc seulement sur lequel elles étaient peintes, comme le furent la plupart des tableaux antiques découverts par les modernes, et tous ceux tirés des fouilles d'Herculanum et de Pompéi, le déplacement et le transport n'impliqueraient plus un travail extraordinaire : il est indubitable que de pareilles opérations ne se sont pas renouvelées très-souvent à l'égard de celles de ces peintures exécutées sur le marbre et sur la pierre. L'enduit y étant employé très-mince, lorsqu'il a, au contraire, une assez forte épaisseur sur les murs des constructions particulières de ces deux villes antiques, et des blocs de pierre, comme de marbre, n'offrant aucune adhérence entre eux, et ne pouvant être sciés ou détachés qu'avec d'immenses difficultés, l'enlèvement des peintures ornant les temples de la Grèce, construits presque en totalité de ces matériaux, n'a pu avoir lieu fréquemment. Ces sublimes compositions ont dû la plupart subir le sort d'être détruites sur place par le temps et par les hommes; au lieu que des peintures exécutées sur des murs en briques, quoique recouverts d'un enduit relativement mince aussi, pouvaient, comme cela avait eu lieu à Lacédémone, être enlevées avec une partie de l'épaisseur du mur, et transportées à des distances très-éloignées.

La conséquence rigoureuse à tirer de ce fait n'est donc pas que les temples grecs n'eurent jamais de peintures sur mur, mais que les œuvres des immortels artistes qui couvrirent les temples de la Grèce purent être arrachées, quoiqu'avec difficulté, du petit nombre de ceux qui avaient des murs en briques, et ne le furent peut-être jamais des sanctuaires construits de marbre et de pierre. Ce qui est d'accord avec les restes de tous les temples helléniques, avec les descriptions de Pausanias, comme aussi avec le texte de Vitruve, qui ne parle que du seul temple de Jupiter et Hercule comme ayant eu sa cella en briques; encore ajoute-t-il que les colonnes et leur entablement étaient en pierre.

Après avoir, de la sorte, alternativement nié la peinture sur mur chez les Grecs, et proclamé l'unique usage de tableaux peints sur bois, puis admis la première et limité l'emploi de la seconde, puis enfin déclaré avoir rétabli le *fait capital de la peinture sur bois*, nullement mis en doute par personne, M. Raoul-Rochette termine

l'introduction de son livre en disant « que, le terrain ainsi préparé,
« il marchera d'un pas plus ferme pour déterminer la part, *certai-*
« *nement fort restreinte,* de la peinture sur mur dans la décora-
« tion des édifices sacrés et publics, et celle, *autrement considéra-*
« *ble*, de la peinture sur bois, » c'est-à-dire, en admettant finalement
la peinture murale, quoique limitée, dont il avait nié l'existence,
et l'emploi partiel, quoique très-multiplié, de la peinture sur
bois, dont il avait déclaré l'usage général et unique !

CHAPITRE XXIII.

PREMIÈRE PARTIE.

DE LA PEINTURE EMPLOYÉE A LA DÉCORATION DES ÉDIFICES SACRÉS ET PUBLICS CHEZ LES GRECS.

§ I. Des tableaux consacrés dans les temples par un motif religieux, et servant à la décoration des lieux sacrés.

Dans cette partie, qui traite de la peinture employée à la décoration chez les Grecs, l'auteur, qui précédemment n'a voulu d'aucune influence égyptienne, et qui la veut et ne la veut pas tout à la fois ici (1), cherche à établir, en dernier lieu, que ce sont les

(1) « Mes idées, dit M. Raoul-Rochette, page 90, n. 3, en parlant d'observations du duc de Serra di Falco, contenues dans ses *Antichità della Sicilia*, T. II; mes idées s'accordent avec les siennes, sauf en un point, en ce qui concerne l'influence des monuments de l'art égyptien sur les productions primitives de l'art grec. *Des temples construits en bois* et renfermant des *simulacres de bois peint,* comme il se représente, avec raison, les premiers temples de la Grèce, devaient être *enduits de couleurs,* sans que cela fût dû à l'exemple de l'Égypte ; et, sans nier cette influence, j'en conteste seulement la nécessité et j'en restitue la portée.

statues ou simulacres de bois venus de l'Égypte, cités avec tant de logique par M. Quatremère de Quincy (1) comme étant le point de départ de la sculpture polychrôme des Hellènes, et que j'avais originairement regardés comme ayant pu avoir une égale influence sur la peinture de leurs temples en bois, l'auteur cherche à établir que ce sont ces statues qui furent l'origine des peintures sur bois en Grèce; « car, ajoute-t-il, c'étaient des *figurines de bois peintes*, « et des *peintures sur planches de cèdre et de sycomore*, telles « que nous en possédons par centaines dans nos cabinets d'anti- « quités. »

En lisant cette affirmation, entremêlée de citations tirées de Pausanias, de renvois à cet auteur, les unes avec indication du livre et du chapitre seulement, et d'autres avec des extraits du texte grec, il est peu de lecteurs qui ne l'admettent de confiance. Cependant rien n'est moins fondé que de vouloir voir dans toutes les idoles en bois dont parle Pausanias, et qui, comme l'ornement principal des temples où elles se trouvaient, devaient être des statues d'une certaine importance matérielle; de vouloir voir, dans ces idoles, des *figurines*, c'est-à-dire de petites statuettes, et surtout de prétendre que ces mêmes idoles fussent à la fois des *peintures sur des planches;* car, pas plus dans les textes rapportés par M. Raoul-Rochette que dans aucun endroit où Pausanias parle de ces statues en bois, il n'y a un seul mot qui puisse justifier ces transformations si contradictoires.

Parlant ensuite des peintures sur mur chez les Chaldéens, énoncées dans Ézéchiel (2), le docte antiquaire admet la transmission de cet art monumental chez les peuples de l'Asie Mineure et de l'Étrurie; « mais sans vouloir, ajoute-t-il, s'arrêter à l'influence « même que put exercer sur les Grecs l'exemple de la Chaldée et

(1) *Jupiter Olympien*, p. 16 et suiv.
(2) XXII, 14.

« de l'Égypte; attendu que cette influence ne repose que sur des
« conjectures, et que la question discutée ne peut être conduite
« à une solution satisfaisante qu'au moyen de faits positifs. »

En rejetant les inductions, les preuves morales, en ne voulant que des faits matériels, tout le monde admettra que s'il peut y avoir doute sur la découverte ultérieure d'antiques peintures sur mur, il y a nécessairement impossibilité qu'on en découvre jamais exécutées sur bois; et M. Raoul-Rochette, qui ne peut défendre son opinion qu'appuyée sur des conjectures, a donc tort de la soutenir, surtout lorsqu'il admet, contrairement à son raisonnement et dans le sens de ses adversaires, l'influence de l'art des Chaldéens sur celui des habitants de l'Asie Mineure et de l'Étrurie, influence qui ne repose pas davantage sur des faits matériels et positifs.

Mais j'arrive à une contradiction plus importante dans la question principale : c'est celle où, après avoir dit, au sujet de sa négation de l'influence égyptienne sur la Grèce, « que *ce n'est pas le
« fait de l'architecture polychrôme qui est en question;* que l'exis-
« tence des temples coloriés dans la Grèce, à toutes les époques
« de sa civilisation et sur tous les points de son domaine, n'est au-
« jourd'hui sujette à aucun doute, du moins dans son principe et
« non dans ce qui concerne les questions de détail, lesquelles sont
« encore loin d'être résolues d'une manière sûre et positive, »
M. Raoul-Rochette ajoute dans un renvoi : « *A cet égard, j'admets
« presque sur tous les points le résultat des observations de
« M. G. Semper* (1). »

Que dire, après cette citation, d'un auteur qui écrivait, dans la même année 1836, les articles que j'ai résumés p. 33 et suiv., où il se montre entièrement opposé, non-seulement aux principes, mais même aux faits énoncés par M. Semper sur l'architecture poly-

---

(1) P. 92, n. 2.

chrôme des Grecs et des Romains, et qui porte ainsi, en même temps et sur le même objet, deux jugements aussi différents, l'un dans le *Journal des Savants*, l'autre dans son livre? Que dire, si ce n'est que cette contradiction, quelque grave qu'elle soit, n'a rien qui puisse surprendre, à la suite de toutes celles qui surgissent à chaque page de son livre?

J'ai déjà parlé du tableau consacré par Mandroclès dans l'Héræon de Samos, à propos de la preuve que le docte antiquaire a voulu trouver dans la circonstance que cet architecte avait construit un pont en charpente, pour établir que cette peinture devait avoir été exécutée sur bois. Il ne me reste donc plus à en parler que pour faire, à la prétention de ce savant, que toutes les autres peintures exposées dans ce sanctuaire devaient également avoir été sur bois et portatives, l'objection que de l'enlèvement, par Verrès, d'un grand nombre de tableaux, et de la certitude qu'il restait encore dans l'Héræon beaucoup de peintures à l'époque de Strabon, il y a autant de vraisemblance à soutenir, en tant que conjecture, que, pour avoir échappé au spoliateur romain, ces dernières étaient peintes sur mur, qu'il y en a d'admettre qu'elles fussent portatives, et aussi faciles à enlever que celles dont il s'empara.

En parlant ensuite de l'Artémision d'Éphèse comme d'un sanctuaire qui n'aurait contenu également que des tableaux sur bois, tout en renvoyant, à ce sujet, au livre X de Pausanias, qui ne le désigne que comme une chapelle ou héroon, *où l'on voit des peintures*, le savant archéologue montre sa distraction habituelle en passant sous silence le temple de Diane à Œonthée, déjà cité par M. Letronne, et dont le voyageur grec dit, dans le même livre et presque à la même page, « que les peintures sur mur y étaient effa-
« cées par le temps, de manière à ne plus rien en distinguer (1). »
Paroles qui, indépendamment de leur clarté pour tout le monde,

---

(1) Paus., X, 38.

sont de celles auxquelles le célèbre philologue, M. G. Hermann, donne le sens absolu d'exprimer des peintures exécutées sur les parois mêmes des édifices.

Que, nonobstant ces nombreux exemples, il puisse rester des doutes sur l'emploi de la peinture murale dans quelques temples et édicules, surtout dans ceux dédiés à Esculape, comme à Cos et ailleurs, où les *ex-voto* de tout genre, consistants en tableaux consacrés par les malades, devaient s'être accumulés dès l'origine de leur construction, il n'y a rien là qui puisse prévaloir contre le principe général. Il en est de même des quelques textes douteux qui permettent de les appliquer à des tableaux sur bois, aussi bien qu'à des peintures exécutées sur toute autre matière et sur mur : ces textes impliquent d'autant moins contre l'opinion que je défends, qu'elle n'exclut pour aucun monument, religieux ou public, l'emploi de tableaux portatifs, comme offrande et ornement accessoire, tout en soutenant que la peinture sur mur n'a cessé à aucune époque d'être la décoration inhérente et monumentale, autant que la plus dominante et la plus caractéristique de l'architecture chez les Hellènes.

M. Raoul-Rochette explique le trait cité par Hérodote relativement aux Phocéens, qui, selon cet historien, « obligés de fuir la domi- « nation des Perses, enlevèrent, avec leurs femmes et leurs enfants, « les statues de leurs dieux et tous les objets sacrés de leurs temples, « à l'exception de ceux en bronze et en marbre, et *des peintures*, » pour en déduire, non pas que la raison de cet abandon dut être que ces dernières étaient exécutées sur les murs, comme l'avait judicieusement admis M. Letronne, mais que, tout en étant sur bois, elles durent à l'embarras qu'elles devaient causer, comparativement aux objets de matières plus précieuses, d'être délaissées par eux, aussi bien que les statues en marbre et en bronze.

Pour soutenir cette conjecture, il faut donc absolument admettre, ou que tous les tableaux abandonnés dans leurs sanctuaires étaient indistinctement de dimensions extraordinaires (ce qui n'est pas soutenable du tout avec l'idée d'offrandes votives et portatives que le savant antiquaire attache aux peintures de la Grèce), ou qu'aucun ne présentait un souvenir glorieux, un sujet particulier de vénération religieuse, un haut mérite d'art, susceptibles d'égaler ou de surpasser la valeur d'objets précieux comme matière ; car comparer, pour l'embarras de l'enlèvement et du transport, une planche peinte avec une statue en marbre, c'est faire une chose irréfléchie. Sans cela, le critique aurait pu se convaincre que des statues en marbre sont généralement beaucoup plus fragiles que des tableaux en bois ; qu'elles offrent, toute proportion gardée, des volumes plus grands et plus incommodes, et qu'elles sont d'un poids infiniment plus considérable. Une figure de marbre, de deux mètres de hauteur, et d'une largeur et d'une épaisseur proportionnelle, peut peser sept à huit cents kilogrammes (1), tandis qu'un tableau en bois de mélèze, de deux mètres sur quatre et d'une épaisseur proportionnelle, par conséquent d'une surface qui comporte des compositions compliquées et des figures de grandeur naturelle, pèserait à peu près le tiers (2). Cependant, quelle différence entre une pareille statue et la difficulté de son transport, surtout avec la charpente et les madriers qui doivent l'entourer et la garantir, et un tableau avec la simple enveloppe en planches que son transport et sa conservation exigent ! C'est-à-dire que le volume et le poids des objets indispensables seulement à l'emballage d'une statue en doubleraient la pesanteur et l'étendue, là où un tableau, parfaitement emballé,

---

(1) Une figure drapée, de 2 mètres de hauteur, sur une largeur réduite de 45 centimètres et une épaisseur de 35 c., produit un cube de 315 c., dont le poids, estimé à raison de 2,500 kilogrammes le mètre cube, donne 787 k.

(2) Un panneau en bois de mélèze, de 2 mètres sur 4 m. et 5 centimètres d'épaisseur, produit un cube de 40 c., dont le poids, estimé à raison de 657 kilogrammes le mètre cube, donne 263 k.

n'augmenterait qu'infiniment peu, soit dans le poids, soit dans la grandeur.

Les raisons de M. Raoul-Rochette n'ôtent donc rien à la valeur des idées de ses adversaires, d'autant moins qu'on ne trouverait pas, quoiqu'il l'assure, dans les ouvrages de H. Meyer et de K. O. Muller, que ces archéologues considèrent les peintures en question comme de véritables tableaux (1).

Je laisse au savant français la satisfaction de mentionner plusieurs

---

(1) Dans le § 99, p. 74 (*Handbuch der Archeol.*, éd. 1830), auquel renvoie M. Raoul-Rochette, on ne trouve en effet, par rapport aux peintures de Phocée, que leur simple désignation, comme appartenant à la deuxième période de l'art grec, exprimée par ces mots : « Gemälde in Phokœa gegen Ol. 60, Herod. 1, 164. » C'est-à-dire, « peinture à Phocée vers Ol. 60, Hérod. 1, 164. » Car K. O. Muller n'a ni pu ni voulu parler de *véritables tableaux*, mais seulement de peintures en général, et sans y attacher aucune idée absolue, soit comme ayant été exécutées sur mur et inhérentes aux édifices, soit comme exécutées sur bois et détachées. Il en est de même de l'ouvrage de H. Meyer, *Geschichte der Bild. Künste*, 1, 41, où cet auteur cite le même trait rapporté par Hérodote, pour en conclure « que « les peintures, dans la première année de la 49ᵉ olympiade, n'étaient déjà plus « à Phocée des objets rares et extraordinaires; » par conséquent, que l'art de peindre des Grecs de l'Asie avait marché de pair avec celui de la Grèce proprement dite, si même il ne l'avait devancé; c'est-à-dire que le docte Allemand n'exprime rien qui ait rapport à la question de savoir s'il s'agissait ici de véritables tableaux ou de peintures sur mur, mais bien et uniquement où en était l'état de l'art au temps du fait historique rapporté; de sorte que si le mot *Gemälde*, qui exprime plus particulièrement le nom générique de peintures et non pas celui de tableaux sur bois, surtout dans ces deux cas, n'avait même aucune autre signification que celle de ce genre de tableaux, son emploi, à propos des questions traitées par K. O. Muller et H. Meyer, ne serait ici d'aucun poids. Cela n'empêche pas M. Raoul-Rochette de citer, encore et à la suite, Heffter, *die Götterdienste auf Rhodus*, t. II, 40, comme partageant son opinion. Et cependant cet auteur dit absolument et presque mot à mot la même chose que Meyer, et, comme celui-ci, à propos de l'état de l'art de la peinture, sous le point de vue de son progrès artistique, au temps de l'abandon par les Phocéens de leur ville natale.

Les trois quarts des notes et des renvois, qui forment à peu près la moitié du volume des « *Peintures antiques*, » sont aussi peu confirmatifs des idées au secours desquelles l'auteur de ce livre les cite, et ont aussi peu de coïncidence directe avec l'objet de la discussion.

textes d'auteurs anciens qui, selon lui, confirment qu'à Rhodes, dans l'île de Samothrace, dans la Grande Grèce et même en Sicile, il y eut plusieurs temples où se trouvaient exposées des peintures votives, dans l'intérieur des cella aussi bien qu'à l'extérieur, sous les portiques; il n'y a là rien que de très-probable, et de conforme à l'usage de toute l'antiquité. Mais j'ai lieu de mentionner que M. Raoul-Rochette, en citant Sillax de Rhégium comme ayant été chargé de peindre un portique public de la ville de Phlionte dans le Péloponèse, a dû être bien convaincu lui-même que les peintures de cet artiste durent être exécutées sur mur, pour n'avoir pas osé les comprendre ostensiblement dans la catégorie de ses tableaux sur bois.

Continuer cette discussion, alors que les textes les plus clairs, comme celui où Strabon parle des peintures exécutées par Kléanthès et Arégon sur les murs du temple de Diane Alpheiôsa en Élide (1), sont torturés pour faire de ces peintures murales des tableaux sur bois; alors que les mots et les phrases relatifs à tous les genres de peintures des anciens, que les philologues les plus érudits expliquent d'une manière dubitative, sont indistinctement proclamés ne s'appliquer qu'à des planches peintes; alors que des statues mêmes ont dû subir cette métamorphose! insister plus longtemps, alors qu'il suffit que l'architecte du temple de Delphes ait été Corinthien, pour prétendre, sans autre raison, qu'Aristoclidès était de Corinthe, et que les peintures dont il avait décoré ce temple étaient toutes sur bois, parce que les artistes de cette ville ne peignaient que sur cette matière (2); insister ainsi pourrait paraître inutile, s'il ne s'agissait moins encore de répandre la lumière sur une discussion spéciale importante, que du devoir de provoquer un sévère examen sur toutes les questions d'art et

---

(1) Strabon, VIII, 343.
(2) *Peintures antiques*, p. 112, n. 3.

d'archéologie qu'a traitées et que pourra traiter le savant antiquaire, habitué à une trop avantageuse prévention en sa faveur pour n'en avoir pas souvent abusé, et pour n'être pas tenté d'en abuser souvent encore.

CHAPITRE XXIV.

§ II. Des Peintures historiques qui faisaient partie adhérente de la décoration des temples, des portiques et d'autres édifices publics.

Dans ce paragraphe, l'auteur admet comme avéré que la plupart des peintures des sanctuaires de la Grèce y étaient disposées de manière à former des pinacothèques, c'est-à-dire des collections de tableaux de tout genre; que la peinture ne remplit à aucune époque, dans la religion des Grecs, un rôle aussi important que la scuplture, et qu'elle ne contribua jamais aussi essentiellement à la décoration des lieux sacrés; que le Parthénon, les temples d'Éleusis, d'Olympie, de Tégée, de Phigalie, ne furent pas bâtis pour être décorés de peintures, et que s'il s'y trouva plus tard des tableaux, ils ne purent qu'être attachés d'une manière quelconque sur les murailles; que dans le nombre presque infini de temples que Pausanias vit en Grèce, et dont il décrit ou indique les sculptures, c'est à peine s'il s'en rencontre deux ou trois qu'il cite comme renfermant des peintures : d'où il suit, continue M. Raoul-Rochette, que les autres ne lui avaient pas offert ce genre d'ornement; car il n'est pas probable qu'en tout lieu, en toute occasion, Pausanias eût passé sous silence les peintures, quand il parlait des *moindres* objets d'art ou de culte qui se trouvaient dans ces temples. Or, cette rareté extrême, pour ne pas dire ce défaut presque absolu de peintures, ne peut s'expliquer ici que de deux manières. Ou il n'y en avait pas dès le principe, ou bien, *étant sur bois*, elles avaient été enlevées plus tard; car, quant à la supposition des murs peints et sciés, moyen extrême qui, dit-il, pouvait servir une ou deux fois, il resterait toujours à expliquer comment Pausanias n'en aurait parlé nulle part.

L'examen auquel je me suis livré dans les précédentes discussions a fait voir à quel point est douteuse l'admission que la généralité des peintures anciennes étaient exécutées sur bois et portatives; par conséquent combien peu est avérée la prétention que les sanctuaires de la Grèce formaient indistinctement des pinacothèques. Tout en admettant comme un fait irrécusable la réunion de beaucoup de peintures indépendantes de la décoration monumentale dans les temples, ces peintures remplissaient absolument le même rôle, par conséquent un rôle aussi important dans la religion des Grecs que les objets sculptés; et, pas plus dans les temps primitifs que par la suite, elles n'eurent pour but de former des collections de tableaux proprement dits. Dans ces offrandes peintes, sous lesquelles pouvait se cacher parfois, comme sous les *ex-voto* sculptés, la pensée profane de perpétuer glorieusement un nom illustré par un haut fait d'armes ou une belle action, le sentiment religieux dominait toujours, et en faisait indubitablement l'objet de la vénération, autant que pouvaient l'être les statues des empereurs, des rois, comme des mortels vainqueurs dans les jeux ou sur les champs de bataille; autant enfin que les chevaux, les chars, les trépieds, les vases, et tant d'autres produits de la sculpture consacrés dans les temples, et offrant pour la plupart, aussi bien que beaucoup de tableaux, non pas des sujets directs de culte, mais bien des dons que les mêmes idées religieuses accumulaient autour de la divinité principale élevée dans chaque sanctuaire, et seule véritablement idolâtrée. L'offrande peinte et l'offrande sculptée avaient donc absolument la même valeur, et les œuvres des peintres, comme celles des sculpteurs, en quelque quantité qu'elles se trouvassent dans un temple, ne pouvaient jamais le transformer, aux yeux des Grecs, pas plus en une pinacothèque qu'en une glyptothèque, c'est-à-dire, pas plus en un musée de peinture qu'en un musée de sculpture (1).

Que certains temples aient été, aient pu être, par la suite des temps, comparés à des galeries offrant de précieuses collections d'objets d'art et de curiosité, ainsi que cela avait lieu, surtout chez les Romains, dans les habitations des riches et dans les édifices publics, rien n'est plus naturel; mais cela n'implique, en aucune manière, l'idée absolument fausse que les temples fussent disposés de manière à former des pinacothèques. Pour avancer une semblable erreur, M. Raoul-Rochette s'est servi, comme toujours, sans aucune réflexion, de ce qu'il a cru pouvoir porter un renfort à son opinion; car M. Wachsmuth, qu'il cite, ne parle des pinacothèques que comme d'édifices particuliers, dont quelques-uns pouvaient avoir été élevés près des temples (2); et M. Quatremère de Quincy, loin d'admettre, à propos de l'Héræon d'Olympie, la pensée que ce temple fût construit pour *former une pinacothèque*, dit expressément, non pas qu'il était, mais « qu'il était *devenu* une « espèce de galerie ou musée d'ouvrages d'art et d'antiquités (3). »

Ce consciencieux savant ne change pas la primitive destination de cet édifice, et il ne commet nullement la singulière confusion de vouloir que des sanctuaires dans lesquels des sculptures et des peintures étaient réunies à la fois, pussent être désignés par la dénomination spéciale de pinacothèques ou galeries de tableaux. C'est un non-sens d'autant plus grand sous la plume de M. Raoul-Rochette, qu'il le produit dans le moment même où il veut que la

---

(1) Je n'ai pas besoin de dire que le mot *glyptothèque* est aussi moderne que la création de l'édifice connu sous ce nom à Munich.

(2) *Hellen. Alterthumskunde.*

(3) *Jupiter Olympien*, p. 186.

sculpture soit, toujours et partout, dominante dans les temples de la Grèce.

Si des offrandes je passe aux peintures murales, cette décoration se montre, là où son application est constatée, plus importante que celle de la sculpture sous le rapport des surfaces occupées, et sous celui des représentations de sujets tirés de la mythologie et de l'histoire, absolument identiques avec celles reproduites par la sculpture. En comparant les compositions exécutées par Polignote et Micon sur les murs de la cella du temple de Thésée, avec celles représentées dans les métopes des façades extérieures et sur les frises du pronaos et du posticum à l'intérieur, y compris même les figures du fronton principal, qui ont existé, mais dont le sujet est resté inconnu, le fait d'une plus grande étendue occupée par la décoration peinte, comparée aux espaces couverts de sculptures, n'est pas moins incontestable que le fait d'une même inspiration religieuse. Elle guida les peintres dans le choix des combats des Athéniens contre les Amazones, de la bataille des Centaures et des Lapithes, et d'autres traits de la vie de Thésée, comme elle désigna aux sculpteurs les mêmes faits, joints aux travaux d'Hercule et à des scènes guerrières où le héros athénien intervint. On voit donc que, loin de pouvoir admettre que la peinture ne remplît, à aucune époque, dans la religion des Grecs, un rôle analogue à celui de la sculpture, le contraire résulte du simple examen des notions certaines que les auteurs anciens nous ont laissées, et de l'investigation des restes d'un des plus beaux temples d'Athènes que le temps a conservé (1).

(1) L'opinion que la sculpture avait dominé dans le monde du paganisme, comme la peinture dans le monde chrétien, a été souvent émise et souvent contredite, selon les différents points de vue sous lesquels la question était envisagée.

Si la quantité matérielle des peintures antiques, comparée à celle des sculptures, devait fournir une solution, il est certain que les notions historiques, jointes aux témoignages des villes d'Herculanum et de Pompéi, démontreraient que les premières étaient beaucoup plus nombreuses que les secondes. S'il fallait chercher

Quant à vouloir que le Parthénon, les temples d'Olympie, de Tégée, d'Éleusis et de Phigalie *ne furent pas bâtis* pour être

cette solution dans la renommée des artistes, il est encore incontestable que les peintres ont joui d'autant et de plus de réputation que les statuaires ; de même que si ce pouvait être la valeur pécuniaire de leurs travaux, elle serait non moins à l'avantage de la peinture, puisqu'il est souvent question de sommes immenses payées pour des tableaux où la matière n'entre pour rien, tandis qu'il n'est presque jamais parlé de pareilles sommes données pour le travail du statuaire. Mais si l'on considère l'importance religieuse, l'action directe des deux arts, comme objets de culte, comme moyens d'influence sacerdotale chez les anciens, il est évident que cette action était dévolue à la sculpture. Employé dès l'origine et pendant très-longtemps à ne fabriquer que des idoles informes, mais consacrées, cet art, qui reste matériel, par sa nature même, dans les œuvres les plus idéales, n'arriva que lentement, dans la forme humaine, à l'expression et à la beauté, qui, excepté pour les œuvres de Phidias, ne furent pas toujours appliquées à la représentation des divinités auxquelles les temples étaient consacrés. Aussi, l'effet produit en tout temps par les statues des dieux agissait infiniment plus sur la grande masse des peuples que sur l'élite des nations, bien moins par une admiration éclairée que par une aveugle superstition, qui avait élevé et qui conservait l'importance de la statuaire, indépendamment de l'art.

D'où il résulte que, quant à la question purement artielle qui s'applique au principe de la décoration monumentale, la peinture y devait au moins égaler la sculpture aussi bien par le nombre que par le mérite, et ses productions devaient, dans leur généralité, rencontrer une plus grande sympathie dans la classe des hommes supérieurs de la Grèce, chez qui la philosophie des arts guidait le jugement et épurait le goût.

Quant au rôle de la peinture dans l'art chrétien, la question est moins complexe. Il est hors de doute que la décoration des premiers sanctuaires élevés au nouveau culte, continuation incontestable de la décoration des monuments antiques, était essentiellement la peinture, soit au moyen de la mosaïque, soit au moyen de la fresque. On comprend en effet que pour les innombrables sujets qui couvraient les murs des basiliques romaines, comme ensuite toutes les églises de l'Orient et de l'Occident, et qui étaient l'enseignement universel de la nouvelle religion par un langage figuré, compréhensible pour tous, comme les paroles du prêtre étaient le langage réel ; on comprend que la statuaire, indépendamment de la difficulté matérielle de son application, jusqu'alors presque uniquement employée à la personnification isolée des divinités et des hommes, ne pouvait servir à représenter, dans chaque temple, toute l'histoire du peuple juif, toutes les sublimes actions de la vie du Christ, dont il s'agissait de répandre la connaissance et les divins préceptes de morale. Mais si cette décoration peinte conserva pendant plus décorés de peintures, c'est une assertion à l'appui de laquelle il n'existe aucune preuve. Il serait, tout au plus, permis de dire que

de dix siècles les mêmes traditions pour le choix, la place et la symbolique des sujets, et la même disposition dans la manière d'en représenter l'ensemble, comme les mêmes types pour les figures prises isolément, il y a cette différence entre le point de départ de la peinture chez les modernes, et celui de la plastique chez les anciens, que la beauté et l'austérité du caractère éminemment religieux, imprimées par les artistes grecs des premiers siècles à leurs œuvres, furent conservées intactes, et devinrent le sol si heureusement préparé que les artistes de la renaissance cultivèrent avec tant de fruit.

Mais à cette époque où la peinture se para de nouveaux noms, les sculpteurs prirent également leur essor, et l'art antique, resté immortel dans ses merveilleux débris, inspira leurs premiers essais. Les scrupules des iconomaques, plusieurs fois ranimés, n'avaient guère plus d'écho au moyen âge, et ils cessèrent longtemps avant le XV⁰ siècle. Des statues isolées, des groupes, des bas-reliefs, dus aux grands artistes, furent admis à ces époques dans toutes les églises; et si l'on jette un coup d'œil sur les armées de figures, sur les groupes sans nombre, sur les quantités de bas-reliefs qui couvrent les pleins des murs et les piliers des cathédrales et des églises ogivales, lorsque les vitraux de couleur en remplissent les vides, on se convaincra à quel point, dans ces temps de la plus fervente ardeur des fidèles, au moment de la plus grande splendeur du christianisme, la sculpture l'emporte sur la peinture, non-seulement par le nombre, mais par le mérite de ses œuvres, dans la décoration de ces vastes basiliques. Toutefois les productions de l'un et de l'autre de ces arts n'eurent jamais, comme chez les anciens, une prépondérance en tant qu'objets de culte. Le maître-autel, longtemps le seul dans les églises, y vint prendre la place qu'occupa l'idole dans le temple antique, et très-longtemps cet autel resta sans statue ni tableau. La première décoration qu'on y adopta fut celle des reliefs en métal repoussés et émaillés, dont les volets, ornés de peintures, qui les couvraient avant et après la messe, amenèrent probablement l'origine des tableaux peints. Ceux-ci restèrent, non pas uniquement, mais en plus grand nombre, la décoration principale; car des sculptures y furent admises, comme souvent ces dernières adjointes à des peintures. Dans ces circonstances, à moins de cas exceptionnels de dévotion envers des images miraculeuses sculptées ou peintes, aucune œuvre d'art ne fut jamais et ne dut être par elle-même un objet de vénération : la religion chrétienne, en admettant la faculté d'honorer les saints, tout en n'adressant la prière qu'à Dieu, sans aucun intermédiaire direct ou indirect de la représentation de l'un ou de l'autre, n'admet, soit par la sculpture, soit par la peinture, aucune influence qui puisse se comparer à celle que les anciens prêtaient à la puissance imaginaire de leurs idoles sculptées.

Cependant, sous le rapport de l'influence religieuse, dans le sens de l'application la disposition des colonnes, dans la cella des trois premiers de ces temples, qui devaient cacher en partie, du point de vue le plus avantageux, les peintures exécutées sur les murs, paraissait défavorable à cette décoration (1).

En supposant, en effet, une grande et unique composition, couvrant toute une paroi, l'observation est admissible. Cependant, ces peintures pouvaient aussi offrir des sujets disposés en plusieurs subdivisions; et dans ce cas, et à cause de la hauteur peu considérable de l'ordre inférieur, leur exposition eût été aussi convenable et aussi satisfaisante que possible.

D'ailleurs, lorsque Phidias n'a pas craint de placer dans le temple de Minerve, à près de treize mètres (environ quarante pieds) d'élévation, dans un jour le plus défavorable, et de manière à ne pouvoir être vues, du sol des portiques, que sous des angles les plus désavantageux, ou en dehors, à un éloignement excessif, les innombrables figures qui couronnent extérieurement la frise du mur de la cella; des peintures distribuées sur ces murs, dans l'intérieur, et permettant des personnages quatre ou cinq fois plus grands, auraient certainement occupé des emplacements beaucoup plus

---

des premières peintures en mosaïque et à fresque, dont il est parlé plus haut, comme dans le sens des œuvres qui surgirent aux plus belles époques de l'art moderne et aux époques les moins favorisées; sous ce rapport, la peinture, par son action rapide et permanente, partielle et multiple, par son caractère lucide et naïf, mystique et compliqué, et par son aspect enfin, qui permet toutes les nuances de la simplicité et de la magnificence, de la gaieté et de la tristesse; par tous ces avantages, la peinture est et sera toujours la décoration la plus puissante, comme la plus parfaite, dans un temple, dans une église, partout où il s'agira d'inspirer à l'âme de douces et profondes méditations, et non de remuer les sens par des impressions immédiates et matérielles.

(1) Quoique, malgré les plus récentes recherches, l'état des ruines laisse toute conjecturale la disposition intérieure du Parthénon et du temple d'Olympie, et que le sanctuaire de Minerve Aléa, à Tégée, ne nous soit connu que par la description de Pausanias, on peut admettre une conformité relative et probable, quoique purement conjecturale, entre l'œuvre de Scopas et celles de Libon et d'Ictinus.

avantageux; emplacements entièrement analogues à ceux que présentaient, à Pompéi et à Herculanum, les murs des péristyles, des atrium corinthiens, et des portiques de toute destination, soit dans les maisons particulières, soit dans les édifices sacrés ou profanes, et que le savant antiquaire n'a pu que trouver d'un bel et heureux effet.

Pour ces trois temples donc, quelque exception qu'ils fassent à la règle générale, et quelque minime que soit leur nombre par rapport à celui si considérable des sanctuaires ordinaires, tous indistinctement aussi bien disposés pour recevoir des peintures que l'était le Théséion, où il y en avait, M. Raoul-Rochette, en disant qu'ils n'étaient pas bâtis pour recevoir des peintures sur mur, n'a avancé qu'une opinion personnelle, sans fondement aucun.

Il en est de même, et plus encore, par rapport au sanctuaire de Cérès à Éleusis : d'abord, parce que ni Plutarque ni Pausanias ne donnent aucune notion détaillée sur l'intérieur de ce mystique édifice, et qui puisse récuser la preuve de peintures murales, ou confirmer toute autre décoration; et ensuite, parce que les résultats des fouilles et la restauration de ce temple, tels que nous les connaissons (1), le montrent admirablement disposé, au contraire, pour recevoir des compositions peintes de plus de 20 m. (60 p.) de longueur, sur deux surfaces de murailles complétement accessibles à la vue; et là où il y a des colonnes, celles-ci sont tellement espacées entre elles et éloignées des murs, que des compositions, même d'une grande étendue, y eussent été parfaitement exposées. Ce magnifique temple n'offrait donc rien d'incompatible avec la possibilité de recevoir des peintures, pas plus que celui d'Apollon à Phigalie, dont la disposition particulière présentait, au contraire, comme je l'ai déjà remarqué, entre les colonnes eng. gées et de chaque côté du

---

(1) Voir le plan et la coupe, ch. IV, Pl. 1, de ma traduction des *Antiquités inédites de l'Attique*.

naos, huit compartiments aussi favorables que possible à l'application de la peinture.

En vérifiant les assertions de M. Raoul-Rochette, il semble que ce savant n'a conservé aucun souvenir de ses voyages, ni des relations des autres voyageurs; ou qu'en s'abandonnant à une idée fixe, il voit les édifices comme il voudrait qu'ils fussent, et non comme ils étaient et comme ils sont.

Je passe à l'argument d'après lequel le docte antiquaire veut tirer une preuve de l'absence des peintures murales dans les temples cités par Pausanias, du silence de cet auteur sur les peintures, comparativement à la description *détaillée* qu'il aurait donnée des sculptures et des moindres objets d'art et de culte.

Il n'y a personne, s'occupant de l'étude des monuments de la Grèce, qui n'ait fait la remarque, au contraire, que les renseignements du voyageur grec sur les édifices qu'il mentionne, et les objets d'art qu'ils contenaient, sont on ne peut pas plus incomplets, et surtout arbitraires comme choix.

La description du temple de Jupiter Olympien, qui est pourtant la plus détaillée, puisqu'elle contient l'indication de la longueur et de la largeur de ce sanctuaire, ne donne pas même le nombre des colonnes, ni à l'extérieur ni à l'intérieur, et, malgré les fouilles faites pendant la dernière expédition française, laisse subsister l'incertitude la plus absolue sur la disposition de la cella. Et comment croire que les offrandes de toute la Grèce et de ses colonies, déposées aux pieds du maître de l'Olympe, se seraient réduites à cinq statues, deux groupes, un trépied, plusieurs cippes, quelques couronnes et vingt-cinq boucliers, seuls objets énumérés par Pausanias? Puis, lorsque cet auteur ne dit pas un mot sur le Parthénon comme monument d'architecture, qu'il ne décrit que la Minerve de Phidias et les sculptures des deux frontons, sans faire aucune mention ni des quatre-vingt-douze métopes qui offraient, sur les façades principales et latérales, une suite d'environ deux cents figures, ni de l'immense relief qui ceignait, comme d'un diadème, le sommet du mur de la cella, avec trois cents autres figures, toutes également créées par le génie de Phidias; est-il admissible d'induire, du silence de Pausanias sur un objet d'art quelconque, qu'il n'ait pas existé? Lorsqu'enfin, à côté de ces omissions capitales, il n'est question, quant aux offrandes réunies dans le naos, que de la statue d'Adrien, et dans le pronaos, que de celle d'Iphicrate, où sont ces descriptions détaillées des sculptures et des moindres objets d'art et de culte, signalées par M. Raoul-Rochette? Elles ne se trouvent nulle part dans le livre de Pausanias, qui a aussi bien passé sous silence, en tout lieu et en toute occasion, beaucoup de sculptures remarquables et d'autres objets, qu'il l'a fait de peintures tout aussi dignes d'être remarquées.

Il pourrait donc parfaitement y avoir eu des peintures sur les murs des temples où il n'en signale pas, même des tableaux peints sur bois, sans qu'il eût été indispensable qu'ils eussent été enlevés. Il n'y aurait même rien d'impossible à ce qu'il y eût eu en Grèce des murailles peintes et sciées, autres que celles enlevées de Lacédémone, puisque le fait indubitable de cette difficile opération, dont Pausanias aurait pu voir les traces à Lacédémone même, ou en entendre le récit, n'a pas non plus été mentionné par lui.

Ainsi se réduisent à leur juste valeur toutes les allégations du savant critique; elles sont, comme toujours, le résultat d'aperçus peu approfondis, qui s'écroulent devant tout examen consciencieux.

En traduisant le mot *ornamenta* par ceux de *tableaux peints sur bois,* dans le texte de Tite-Live (1), où cet historien parle de l'enlèvement des dépouilles de la ville d'Ambracie par M. Fulvius, M. Raoul-Rochette affirme sérieusement que ce fait offre un incontestable témoignage à l'appui de son opinion sur l'universalité de l'emploi de ce genre de peinture chez les Grecs. Mais ce texte, pas

---

(1) L. XXXVIII, 43.

plus que d'autres textes latins analogues, ne contient absolument rien à l'appui de cette assertion, rien qui prête à ce mot une autre signification que celle de toute une série d'objets qui ornaient les temples. Si l'auteur latin se sert plusieurs fois du mot *signa* joint à celui d'*ornamenta*, c'est pour spécifier, par le premier, les statues, à cause de leur grande valeur et de leur importance religieuse, et comprendre, dans le second mot, toutes les autres choses en masse, qui furent partout et toujours la richesse et l'ornement des sanctuaires. Toutefois, le même auteur, et à propos du même fait, se sert également de l'expression *ornamenta*, pour désigner en même temps les statues et ces autres objets d'art et de prix. Ainsi, lorsqu'il dit, « Templa totâ urbe spoliata ornamentis; simulacra « deûm, deos imò ipsos convulsos ex sedibus suis, ablatos esse, » la première partie de cette phrase, « Il spolia tous les temples de « la ville de leurs ornements, » désigne l'enlèvement général de tout ce que contenaient les temples; et la seconde partie, que le consul ne respecta pas même les simulacres des divinités et les dieux qu'il enleva de leurs trônes.

D'ailleurs ce mot n'a, dans aucune traduction, une autre valeur, et il ne peut avoir que celle-là. Sous ce rapport, il règne chez le docte archéologue la plus singulière préoccupation, lorsque, pour ne voir qu'un seul genre d'ornement, composé de planches peintes, dans une quantité de choses différentes, telles que des statues, des bas-reliefs, des peintures de tout genre et sur toutes matières, des trépieds, des autels, des candélabres, des chars, des armures, des armes de toute espèce, des couronnes, et quantité d'autres offrandes ou ex-voto, qui décoraient généralement les cella et les portiques des sanctuaires grecs, il prétend appuyer cette grave erreur par l'affirmation « que Cicéron, *en vingt endroits* de ses Verrines, se sert « du mot « *ornamenta* » pour désigner les peintures employées à « l'ornement des temples. » Cependant, en lisant les trois citations seulement faites par M. Raoul-Rochette (p. 54 et 58 de son livre), et auxquelles il renvoie (1), on trouve que l'orateur romain parle toujours de *signa* et *tabulas pictas*; et que dans le seul passage (2), « *Dices tua quoque signa et tabulas pictas ornamento Urbi, Foroque Populi Romani fuisse?* » Diras-tu aussi que tes statues et tes tableaux peints ont servi d'ornement à la ville et au Forum du peuple romain? où le mot *ornamento* est employé simultanément avec ceux de *statues* et de *peintures*, il l'est dans le sens général et rationnel d'un composé de plusieurs objets différents servant à orner, et qui sont ici les œuvres du peintre et du sculpteur réunis. Cependant, ce sont de pareils arguments, de semblables preuves que le critique appelle « des notions générales irrévocablement acquises à l'his-« toire de l'art; des témoignages de Cicéron, confirmés par toute « une page de l'histoire romaine, au moyen desquels l'antiquité « grecque n'offrait que des peintures sur bois ! »

Qu'ensuite le savant antiquaire dise « que, d'après Pausanias (3), il y avait, dans l'enceinte consacrée à Despœné, quatre bas-reliefs en marbre encastrés dans le mur, et entre ces bas-reliefs, et non moins encastré dans la muraille, un petit tableau sur bois, dont les sujets étaient relatifs aux mystères de la divinité; qu'il affirme que M. G. Hermann a admis et signalé ce fait curieux, lorsqu'il ne s'agit, dans l'auteur grec, que d'une tablette placée entre des bas-reliefs, et portant une *inscription* sur la célébration des mystères de la divinité; et que le docte philologue allemand ne parle du passage cité que pour dire qu'il est le *seul* où le voyageur grec désigne clairement, par le mot ΠΙΝΑΚΙΟΝ (4), une tablette ou planchette, ou

---

(1) Cicer. in Verr., I, § 17 : « Jàm quæ iste signa, quas tabulas pictas ex Achaià sustulerit, non dicam hoc loco; » et § 19 : « Quas iste tabulas illinc, quæ signa sustulit. »

(2) *Idem*, I, § 22.

(3) Pausanias, VIII, 37, 1.

(4) G. Hermann, *de Vet. Græc. Pict.*, p. 17 : « Ægre sane ferimus, quod qui plurimas in Græcià picturas vidit Pausanias, quum in statuis plerumque ex quà materià

un petit tableau en bois. Il n'y a dans tout cela rien qui doive surprendre, le point de départ du savant antiquaire ne pouvant le faire avancer, dans la pénible voie qu'il a choisie, qu'à travers l'accumulation d'arguments erronés et de témoignages non confirmés.

Les paroles de Tite-Live, *parietes postesque nudatos*, et qui se rapportent également aux temples dépouillés d'Ambracie, font faire à M. Raoul-Rochette le raisonnement suivant : « Puisque les *ornamenta* sont des tableaux sur bois, dont l'enlèvement a laissé nus les murs des temples comme leurs *portes*, il y avait des tableaux en bois *placés sur ces portes,* comme j'affirme qu'il devait y en avoir eu sur les parois de la cella : comme de plus, dans une épigramme de Simonide, il est question d'une porte de temple dont les deux battants étaient peints; que sur la porte du temple d'Apollonius de Cyzique il y avait des peintures, l'exemple des temples d'Ambracie prouve que toutes ces peintures étaient sur bois. Car, l'emploi

« factæ sint indicet, de picturis nusquam ita loquitur, ut satis utrum in tabulis an
« in tectorio fuerint, appareat. Nam semel tantum diserte tabulam nominat. — Nous
« sommes fâchés que Pausanias, qui vit beaucoup de peintures en Grèce, et qui
« indique la plupart du temps de quelle matière sont faites les statues, ne parle
« nulle part des peintures, de manière à ce que l'on sache sûrement si elles étaient
« sur des tables de bois ou sur un enduit. Il ne désigne qu'une fois clairement une
« table en bois. » On voit qu'il n'est question ici que de la matière sur laquelle les peintures étaient exécutées, et non des peintures elles-mêmes ; et que M. G. Hermann ne devient en aucune manière l'auxiliaire de M. Raoul-Rochette, ni pour le petit tableau à sujet peint sur bois, ni pour les sujets qu'il dit y avoir été représentés.

Du reste, s'il pouvait y avoir le moindre doute à cet égard, et sans l'appui de Clavier, de Quatremère de Quincy et d'autres savants, qui n'ont vu aussi dans les paroles de Pausanias qu'une tablette à inscription, suspendue entre les sujets sculptés dans le temple de Despœné, la moindre réflexion sur la grandeur matérielle qu'il faut supposer nécessaire pour la peinture d'une suite de compositions qui représentaient tout ce qui avait rapport à la célébration des mystères de la déesse, quelque petites qu'en fussent les figures, devait faire admettre qu'une surface restreinte n'aurait pas suffi, et qu'au lieu du mot ΠΙΝΑΚΙΟΝ (planchette, tablette ou petit tableau), c'était avant tout ΠΙΝΑΞ (planche, table ou grand tableau) que Pausanias aurait employé.

du bronze pour ces clôtures ne s'étant introduit dans l'art antique qu'à partir de l'époque romaine, comme l'a entrevu M. Quatremère de Quincy, en disant, « Nous sommes porté à croire que le « bois devait faire jadis le fond de ces portes célèbres de temples, « que l'on revêtait d'ornements plaqués ou incrustés (1), » il résulte de cette opinion ajoutée aux descriptions des portes du vaisseau de Ptolémée Philopator, de celui d'Hiéron, et à beaucoup d'autres citations analogues, toutes connues et constamment signalées, la preuve, éminemment nouvelle et importante dans la question, de l'existence de portes en bois ordinaire et précieux, incrustées de métaux, de nacre, d'ivoire, et surtout ornées de peintures à l'encaustique rapportées dessus.

Indépendamment de l'inconsistance du point de départ d'un pareil raisonnement, il suffit de la bizarre supposition de tableaux peints accrochés aux portes, pour en faire sentir, sinon l'impossibilité, du moins l'incohérence; comme il suffit de remarquer qu'il n'y a pas un mot, dans les paroles de M. Quatremère de Quincy, qui fixe l'origine des portes de bronze après l'époque romaine. Ce savant dit expressément : « Beaucoup de battants de portes ont été appelés « de bronze, qui ne furent qu'en métal plaqué. » Il n'y a là rien qui préconise la fausse idée que les Grecs n'employaient généralement que des battants de bois apparents, sur lesquels ils plaçaient des peintures à sujets. M. Quatremère de Quincy dans son article n'admet, d'ailleurs, l'usage du bois ordinaire avec des incrustations en bois précieux, que dans les intérieurs; de même, s'il constate que la nécessité de couvrir souvent le bois de couleur, pour le conserver, a pu donner lieu à l'origine d'orner les ventaux de légères peintures en arabesques, ce n'est encore que dans les appartements qu'il faut en chercher les exemples.

Citer à l'appui de son opinion les portes du temple de Minerve à

---

(1) *Dictionnaire d'architecture*, à l'article *Porte*.

Syracuse et celles de l'Olympéion, dont M. Quatremère de Quincy parle, pour y trouver des modèles de ces admirables clôtures des anciens, comme de rares et uniques exceptions, ce ne serait pas même une preuve incontestable de la part d'hommes très-réservés dans leurs assertions ; à plus forte raison, cela ne peut-il en être une concluante de la part de M. Raoul-Rochette. En effet, il y a, non-seulement probabilité, mais certitude, que l'usage primitif et permanent du métal aux séparations usuelles entre les colonnes des temples, aux socles et aux chambranles, à tout ce qui exigeait de la durée et de la solidité, devait l'avoir fait choisir, primitivement aussi, pour la construction des portes des temples. Il existe à Sélinonte la preuve la plus incontestable de cette supposition, dans les plus anciennes comme dans les moins anciennes de ses ruines. Ce sont des traces de la présence de battants, dont le poids considérable avait exigé une consolidation extraordinaire des murs pour résister à l'action de leur pesanteur, et l'incrustation de cercles en métal, au niveau du sol, pour rendre possible leur mouvement ; particularités qui ne laissent aucun doute sur l'usage, à toutes les époques, du bronze pour les fermetures, aussi bien de la cella que de l'opisthodome, qu'il s'agissait de garantir de toute facile destruction par les hommes et par les éléments (1).

Les exemples des portes de marbre et de pierre aux plus anciens tombeaux, signalés aussi par M. Quatremère de Quincy, montrent le but d'une résistance et d'une durée semblables, mais dont l'application aux temples ne pouvait se faire qu'au moyen de portes en bronze, ou au moins de fortes armatures en bois recouvertes de ce métal. C'était certainement ce genre d'application où la fonte et la ciselure, le repoussé et la gravure, les incrustations en or et

(1) *Arch. ant. de la Sicile*, par Hittorff et Zanth, Pl. 31. On y voit la porte de l'opisthodome, accompagnée de deux contre-forts, dont les assises étaient réunies entre elles par des crampons en fer. Pl. 42, on y voit, à l'entrée du pronaos, les quarts de cercle sur lesquels roulaient les battants des portes.

argent, pouvaient se montrer avec tous les degrés de la beauté, comme produits d'art, et de la richesse, comme valeur matérielle, qui dut être le plus en usage et le plus apprécié chez les Grecs, parce qu'il était le plus convenable.

Même pour les cas où, à cause du peu d'importance de l'édifice, ou par économie, les anciens comme les modernes se servaient extérieurement de portes en bois, le métal y entrait toujours pour consolider les armatures et les planches, comme cela se voit dans les tombeaux de l'Étrurie et sur les vases peints. Certainement aussi, ces bois rendaient indispensable, pour les garantir de l'influence de l'air, l'emploi de la peinture; mais ce ne pouvait être ordinairement qu'au moyen de teintes plates, comme on le voit, en effet, dans les imitations peintes, dont la Pl. XIX, fig. v, offre un exemple.

Dans le cas où des sujets peints sur des planches eussent servi à la décoration de portes en bois, ce qui n'est rigoureusement pas impossible, au moins est-il déraisonnable d'admettre que ce fût au moyen de planches suspendues ou accrochées, encastrées ou incrustées; système qui n'offrait pas la solidité suffisante, appliqué à des battants placés à l'entrée d'un temple. Aussi, les textes que cite M. Raoul-Rochette sont-ils jugés par les plus habiles philologues exprimer ou des bas-reliefs coloriés, ou des métaux de différentes couleurs, ou des peintures purement décoratives, c'est-à-dire des objets inhérents aux portes mêmes, et non pas des tableaux peints rapportés dessus.

Une dernière remarque, qui n'est pas sans importance, c'est la nécessité absolue du métal, non-seulement pour les parties des portes qui l'exigeaient impérieusement, et que l'art sut toujours embellir, telles que les pentures, les gonds, les équerres, les serrures, les marteaux, les poignées, comme l'offrent les portes peintes Pl. XX, F. XXII et XXIII, mais pour les ajours et grilles qu'exigeaient toutes les portes des temples antiques, et qui, en réduisant excessivement les parties pleines de ces portes, devaient avoir été une cause première de leur construction complète et plus générale en cette matière, et, par conséquent, une raison majeure pour leur exécution infiniment rare en bois (1).

Lorsque l'on étudie les portes en bronze encore existantes, et parmi lesquelles, en dehors de la grande quantité énumérée par M. Quatremère de Quincy, il faut citer les trois belles portes, dans le magnifique ouvrage sur les monuments normands de l'Italie méridionale, publié par M. le duc de Luynes, on est convaincu que les plus anciennes de ces remarquables productions de l'art des Grecs modernes sont des traditions certaines de l'art antique des Hellènes. Comme en Grèce et en Sicile, ces portes sont revêtues de bronze incrusté d'or et d'argent, d'émaux de couleur; et, comme dans ces pays, leur décoration consiste en compartiments carrés plus ou moins renfoncés, et offrant au sculpteur, au ciseleur, ou au peintre en émail, les places les plus avantageuses pour y représenter l'histoire de la divinité; puis, sur les traverses et les montants intermédiaires, des clous transformés en fleurons, d'où se déroulent en tous sens les plus beaux feuillages, les plus riches entrelas. On dirait même que la tête de Gorgone, qui montrait sa terrible image sur les portes du temple de Minerve à Syracuse, offre sa reproduction dans les têtes de monstres qui apparaissent sur la plupart des portes des églises, pour intimider et éloigner les profanateurs.

Du reste, pour appuyer ces analogies, j'ai donné, Pl. XXII, F. III, le dessin d'une pierre qui servait de clôture au tombeau de Corneto,

---

(1) La Pl. XXI, fig. XVIII et XIX, offre deux portes en bronze, tirées des peintures de Pompéi, et qui présentent des exemples de ces ajours. La porte restaurée du temple d'Empédocle est une inspiration de ce genre d'éléments de l'antiquité. A la porte du Panthéon, à Rome, qui montre également ces ajours, ils se retrouvent placés, au-dessus des parties ouvrantes, d'une manière fixe et indépendants des battants.

dont le plan et une coupe sont représentés Pl. XIX, F. iv et v. Cette pierre, qui est une imitation de la porte d'un temple antique, comme l'intérieur du tombeau l'est d'une cella, offre, sous ce rapport, le plus grand intérêt. On y voit la même disposition en champs ornés et en compartiments sculptés, représentant des sujets à figures; puis dans la partie supérieure, d'où les portes des temples tiraient de l'air et de la lumière, on remarque un compartiment long, sans division, et qui paraîtrait indiquer la place de ces ajours. La seule déviation qu'on observe sur cette pierre est celle de renfoncements angulaires taillés dans dix compartiments, et qui y remplacent les figures : mais comme cette particularité n'ôte rien au principe incontestable de la ressemblance, et la rend seulement moins complète, je ne chercherai ni à émettre de doute sur l'époque de leur origine, ni à établir de conjecture sur leur but particulier.

Les observations qui précèdent rendent oiseux l'examen des redites successives et sans objet du savant antiquaire, pour prouver, ce que personne n'ignore ni ne conteste, qu'en général les plafonds des temples grecs étaient en bois peint. J'ai déjà traité cette question, p. 18 et p. 104, dans l'analyse du livre de M. Letronne, qui l'avait à peu près épuisée; et tout en ajoutant aux citations de M. Raoul-Rochette l'affirmation de l'existence même de voûtes en bois comme extension donnée à l'emploi de cette matière, et qu'il ignorait, il n'en restera pas moins impossible à tout lecteur impartial de trouver dans cette dissertation un fond quelconque, une déduction raisonnable; car la seule conclusion peu sérieuse qu'il est possible d'en tirer ne saurait se résumer que par ces mots : *Toutes les peintures murales des Grecs étaient sur bois et rapportées; sur toutes leurs portes et sur tous leurs plafonds, exécutés en bois, étaient rapportées des peintures murales.*

CHAPITRE XXV.

§ III. Des peintures historiques employées à la décoration des édifices d'Athènes.

Ce chapitre n'étant principalement qu'une discussion philologique à laquelle M. Letronne a fait une réponse qui va suivre ultérieurement, je ne m'arrêterai qu'aux raisons que M. Raoul-Rochette fait valoir en dehors de cette discussion pour soutenir son opinion.

La première, relative aux peintures dans le Théséion, consiste à dire que « le motif allégué par M. K. O. Muller, de la présence du « stuc sur les murs de la cella, comme n'ayant pu y avoir été ajouté « qu'avec l'intention d'y peindre, ne peut être admis, par la raison « qu'il n'existe plus de traces de couleur de ces peintures sur ce « stuc, tandis que l'*enduit* de couleur appliqué aux bas-reliefs « de la frise extérieure était resté sensible à l'œil ; » qu'ensuite M. Semper ayant reconnu sur toutes les sculptures extérieures du temple l'existence de couleur, ainsi que des fragments de stuc dans la cella, ce fait confirme la force de l'objection que, *si l'on eût peint sur le stuc, il devrait s'y être conservé des vestiges de couleur ;* par conséquent, M. K. O. Muller, en admettant la peinture murale du temple de Thésée, d'après les renseignements de M. Semper, aurait fait une fausse application du dire de cet architecte.

Mais cette objection, à laquelle le docte critique prétend que personne n'a répondu parce qu'il n'y avait rien à répondre, est tellement naïve, qu'il faudrait admettre l'absence de toute intelligence chez les lecteurs, pour croire à la nécessité d'une réponse, à moins qu'elle ne soit adressée uniquement à l'auteur de l'objection.

Quand il serait impossible d'assigner une cause particulière à l'absence de couleur sur les murs de la cella du temple de Thésée, il existe tant de conjectures probables et possibles pour expliquer cette absence, qu'il faut un manque réel de réflexion et un oubli complet des vicissitudes de cet édifice, pour s'y arrêter sérieusement. Sans parler des événements politiques et religieux à l'infini qui ont amené la ruine partielle ou complète de tant de temples, peut-il y avoir une cause plus positive de la disparition des Amazones et des Athéniens, des Centaures et des Lapithes, qui décoraient les parois du Théséion, que la transformation de ce temple en une église? Cette circonstance offrirait plutôt un sujet d'étonnement si des couleurs s'étaient conservées, qu'elle n'en peut être un de ce qu'il n'en reste plus de vestige, non-seulement aujourd'hui et au temps de Spon et de Wheler, mais à partir du jour où l'ancien sanctuaire du héros d'Athènes fut dédié au héros chrétien, saint George.

D'ailleurs, et comme je l'ai déjà observé plusieurs fois, ce n'est jamais sur des surfaces planes, exposées au toucher et aux intempéries, que la peinture a laissé des traces; c'est dans des endroits garantis de ces atteintes. C'est ce que confirme M. Semper, que l'antiquaire prétend être d'accord avec lui, tandis qu'il lui est entièrement opposé. Cet architecte (dont je reproduis de nouveau les paroles) dit : « M. Raoul-Rochette accuse de crédulité M. K. O. Muller, parce que cet archéologue, qui réunit à une érudition beaucoup plus profonde, et à un rare discernement, un sentiment des arts beaucoup plus prononcé que lui, admet, sur l'autorité de Leake, que, dans le Théséion, l'enduit de stuc est encore visible. A cela je suis heureux de pouvoir répondre, comme ayant moi-même examiné ce monument pendant deux mois, par une entière confirmation du dire de M. Muller. Ce monument présente, sur toute sa surface extérieure, des traces bien visibles d'une peinture dont la substance matérielle s'est conservée en partie et le mieux au côté sud du temple; on ne rencontre que *çà et là,* en effeuillant la croûte avec le plus grand soin, et surtout dans les parties *renfoncées* et *les crevasses*, la couleur naturelle du monument, deux sortes de rouge, du bleu, du vert, et des traces douteuses de dorures. Les hauts-reliefs de ce temple étaient entièrement couverts d'une croûte de couleur, dont le ton s'est bien conservé dans les plis des draperies, telles qu'une fraîche et belle couleur rose, et ailleurs, généralement du vert. Le fond des reliefs était bleu; il s'en trouve des surfaces entières sous la gorge d'un chapiteau d'ante de l'opisthodome; à côté de cette ante, il s'est conservé de la peinture bleue de la grandeur *d'une main*. Mais, dans l'intérieur de la cella, le temple était couvert, à partir du socle le plus élevé jusqu'à la hauteur de six assises, d'un stuc très-épais. » M. Semper termine, en disant: « Non-seulement l'usage de peindre, mais la manière dont les premiers chrétiens peignirent les temples consacrés au même culte, c'est-à-dire, l'ordonnance, la sévérité du style des figures, paraissent indiquer des traditions antiques, traditions qui peuvent se démontrer jusque dans les détails (1). »

On remarquera d'abord que M. Semper ne parle nullement « *d'enduit de couleur ni de couleurs enduites*, » comme le fait M. Raoul-Rochette, afin de laisser croire à l'emploi extérieurement d'un stuc analogue à celui des murs de la cella, tandis qu'il n'est uniquement question que d'une couche de peinture étendue sur le marbre, et sur laquelle l'accumulation de la poussière, durcie par l'action de la pluie et du soleil, a formé une croûte qu'il faut effeuiller pour retrouver les tons primitifs. M. Semper n'indiquerait pas expressément des endroits abrités, tels que les joints, les crevasses, les plis des draperies, les fonds des métopes et les angles, comme étant les seules places où se soient conservés des vestiges de couleurs, qu'il y aurait toujours absence de jugement dans la déduction du docte antiquaire, par la différence essentielle qui existe entre les deux procédés, celui de la peinture sur du marbre, et

(1) Semper, ouvr. cité, p. 47, et ce que j'ai dit p. 37, 38 et 39.

celui de la peinture sur enduit de stuc recouvrant le marbre. Mais, en dehors de cette raison et de la cause majeure et péremptoire que j'ai signalée, l'objection n'aurait pas, en elle-même, plus d'autorité ; les couleurs visibles sont en si petite quantité sur la surface de tout le monument, surface cinq ou six fois plus grande que celle recouverte de stuc dans la cella, que l'absence actuelle de la moindre trace de peintures ne pourrait rien prouver en faveur de leur absence originaire. Encore une fois donc, malgré le titre d'observateur éclairé que M. Raoul-Rochette donne ici à M. Semper, après avoir ailleurs et à la même époque mis en doute et nié la plupart de ses observations (1), M. K. O. Muller, en trouvant, dans la présence du stuc sur les murs de la cella du Théséion, une preuve certaine que les peintures de Micon avaient été exécutées sur ce stuc, ne peut être accusé d'avoir faussement appliqué les données de l'architecte allemand, comme l'a dit l'antiquaire français ; et cette accusation inconsidérée ne saurait contre-balancer la gravité du caractère, les consciencieux travaux et la profonde érudition de l'archéologue que la science a perdu et pleure encore (2).

La seconde raison, M. Raoul-Rochette la tire d'une lettre que lui a adressée M. Thiersch, et dans laquelle ce savant écrivait « qu'au-dessous du socle de marbre blanc qui règne dans le pour- « tour de la cella jusqu'à une certaine hauteur, il se trouve un « renfoncement dans la paroi, d'un *demi-pouce* de profondeur, « lequel se termine, à une hauteur de quinze pieds, par une frise « du même marbre et de la même saillie que le socle. » M. Thiersch, ajoute son correspondant, est convaincu que c'est dans cet encadrement revêtu de stuc qu'ont été les peintures de Micon et de Polygnote ; et comme il n'existe, sur la muraille, *aucune trace de*

---

(1) V. ch. XI, p. 119, l'examen des articles critiques sur l'ouvrage de M. Semper, par M. Raoul-Rochette, insérés dans le *Journal des Savants* des mois de novembre 1836, janvier et février 1837.

(2) K. O. Muller mourut à Athènes, le 1ᵉʳ août 1840.

scellement, aucun vestige de fer, il présume que le dessin de ces peintures a dû être exécuté sur le stuc, encore mou, avec un burin, puis revêtu de couleurs, lesquelles ont depuis complétement disparu (1).

M. Raoul-Rochette dit qu'il lui convient de ne pas discuter ces idées conjecturales de son savant correspondant, mais bien de se servir du fait important de cet *encadrement* d'un demi-pouce de profondeur. Or, selon lui, « il est évident que cet encadrement ne « peut avoir été pratiqué pour y peindre; car il est sans exemple « et sans raison qu'en peignant sur le mur, on n'ait pas peint à « *fleur du mur;* » un pareil renfoncement ne peut avoir eu pour objet, dans la construction de l'édifice, que d'y rapporter des peintures sur bois, lesquelles n'avaient pas besoin de ferrements pour être scellées, puisqu'il suffisait que les *panneaux de bois* s'ajustassent exactement pour la dimension comme pour l'*épaisseur*, dans la cavité préparée à cet effet! Voilà donc pour le critique *une preuve matérielle*, fournie par un monument attique du premier ordre, de la manière dont les peintures s'appliquaient aux murailles des temples grecs, et dont elles furent appliquées, selon Cicéron, à Syracuse, et, d'après Tite-Live, à Aricie.

Ainsi, ce serait un renfoncement d'*un demi-pouce* qui donne cette importante solution, et c'est sur des planches d'une *pareille* épaisseur, réunies ensemble et placées contre le mur, que M. Raoul-Rochette admet l'exécution des peintures monumentales du Théséion! Il n'y a à cela qu'une réponse à faire : c'est que cette solution est impossible. Aussi est-elle, en admettant même l'exactitude des indices de M. Thiersch, encore plus dénuée de réflexion que toutes celles, si hasardées cependant, qu'a avancées le savant

(1) Cette lettre du savant allemand confirme mon observation, p. 82, n. 1, au sujet des renseignements qu'il avait adressés à M. Letronne; car, en déduisant le socle, d'environ trois pieds, de quinze, il reste douze pieds pour la hauteur des parties du mur recouvertes de stuc.

antiquaire. Il est de toute évidence que des planches de la grandeur voulue, et de *six lignes* d'épaisseur, ne résisteraient pas six heures, sans se déjeter, aux préparations qu'elles avaient à subir pour recevoir la peinture ; et qu'elles ne resteraient pas six minutes debout contre le mur, sans autre moyen d'y être retenues que par les deux rebords en marbre formés en bas par le socle, et dans le haut par la frise supposée.

Pour ne pas voir anéanti par le moindre raisonnement un résultat aussi majeur dans la question, le savant antiquaire n'aurait eu qu'à consulter le premier artisan venu, ou essayer lui-même la résistance d'une planche de six lignes d'épaisseur, de douze pieds de hauteur et d'une largeur proportionnée, ainsi que son adhérence contre un mur renfoncé de six lignes : la réponse et l'expérience lui auraient démontré, à la fois, l'inconsistance de sa supposition.

Mais il y a plus encore à dire que d'opposer cette réfutation : c'est que la saillie inférieure du socle n'a réellement qu'un centimètre, ou quatre lignes et demie, et que celle énoncée de la frise n'existe pas.

Le Théséion, ce monument attique du premier ordre, loin d'offrir une *preuve matérielle* et péremptoire de la manière dont les peintures sur bois s'appliquaient aux murailles des temples grecs, et de faire comprendre à la façon du docte critique et Tite-Live et Cicéron ; ce monument fournit, au contraire, les preuves les plus réelles de la présence des peintures murales, dans toute l'acception du mot. Ces preuves, indépendamment de toutes celles si formelles qui ont été déjà rapportées dans les précédentes discussions, ont trouvé en dernier lieu l'auxiliaire le plus concluant possible dans les consciencieuses investigations faites à Athènes par M. de Rangabé, et qui sont relatées dans la *Revue archéologique* (1).

(1) Quatrième livraison, année 1846, p. 239 et suiv. Paris, A. Leleux, édit.

Voici en substance le résultat des observations de ce savant : « Le soubassement ou le socle a quatre-vingts centimètres de hauteur (deux pieds cinq pouces) ; la retraite du mur sur ce socle est de un centimètre (quatre lignes et demie). Il n'existe point de frise surmontant la muraille ; la surface du socle est lisse et polie ; la partie supérieure du mur, au contraire, est piquée au ciseau avec une industrie et une application merveilleuses ; les piqûres en sont si fines et si régulières, qu'à leur aspect on reste convaincu qu'elles n'ont pu être faites qu'à l'époque de la construction de l'édifice. Les chrétiens n'ont pas pu faire ce travail d'une immense peine pour détruire le poli des parois et les badigeonner ensuite ; car, au Parthénon, leurs peintures sont exécutées sur le marbre même. Le mur a été piqué dès l'origine, dans le but de recevoir le stuc. La saillie d'un centimètre du socle rend impossible que des panneaux eussent pu y rester debout. Les prolongements des murs, hors de la cella, étaient piqués également, et prouvent que le pronaos était aussi recouvert de peintures. Un ciment très-dur et grossier, de quelques centimètres d'épaisseur, adhère encore à plusieurs parties du mur piqué : à son apparence, on ne le jugerait pas du temps de Micon (1). »

(1) Je partage cette opinion de M. de Rangabé, car tous les stucs appliqués sur la pierre que j'ai trouvés en Sicile, et dont je possède des fragments, ont deux et demi, quelquefois trois et demi, et très-rarement cinq millimètres d'épaisseur ; leur adhérence est parfaite, quoique la surface des pierres soit taillée très-lisse et sans aucune aspérité. Ce fait est concluant pour admettre que les stucs primitifs rapportés sur du marbre piqué, comme l'étaient les parois du Théséion, n'avaient pas besoin d'une plus forte épaisseur pour recevoir les peintures sans qu'elles dépassassent la saillie du socle. Même à Pompéi, le stuc, proprement dit, n'a pas plus d'épaisseur sur l'enduit en mortier qui forme, sur la maçonnerie des murs de cette ville, l'équivalent des surfaces taillées de la pierre ou du marbre. Cette analogie qu'offre l'emploi du stuc en Grèce et en Sicile, et, comme je l'ai déjà dit, dans toutes les possessions romaines de l'antiquité, se trouve être la même pour l'application directe des peintures d'ornement sur la pierre dure et le marbre ; car, partout, ces ornements sont gravés d'abord au ciseau, et ensuite couverts de couleur, sans aucun intermédiaire d'enduit.

Confirmant ensuite les arguments de M. Letronne contre l'existence de tableaux de bois, à cause de l'absence absolue de trous dans lesquels auraient pu être scellés des crampons pour suspendre des panneaux en bois, M. de Rangabé remarque « qu'il en existe bien ; mais que cette circonstance est décisive en faveur des peintures murales, parce que, percés dans le mur septentrional et dans le mur opposé à une hauteur de neuf pieds du sol, la disposition et les places, qu'occupaient ces trous, ne laissaient aucun doute qu'ils eussent servi à fixer, d'un côté, le trône de l'évêque, et, de l'autre, la chaire, alors que le temple servait d'église grecque ; qu'ils sont, de plus, postérieurs à l'application du stuc, qui est détruit là où ils existent. »

Enfin, le savant investigateur conclut que, « dès sa construction primitive, la cella et le pronaos du temple de Thésée eurent un socle en marbre poli, au-dessus duquel le mur était enduit d'un stuc qui servit de fond aux peintures de Polygnote et de Micon ; qu'à l'époque où le temple fut changé en église, l'ancien stuc fut ou conservé ou repeint, ou plutôt détruit et remplacé par un nouveau ciment, et que, par-dessus ce ciment, on fit dans le mur les trous exigés par la nouvelle destination de l'édifice. »

Je ne crois pas inutile de faire connaître ici l'hypothèse de M. Welcker, qui, tout en partageant l'opinion des tableaux rapportés sur les murs du temple de Thésée, rejette leur application sur la muraille, au moyen du renfoncement imaginé par M. Raoul-Rochette, et sans le concours de clous. Pour suppléer ceux-ci, le célèbre professeur allemand croit que les panneaux de bois étaient encastrés dans l'enduit, et qu'ainsi retenus, ils n'avaient pas besoin d'être cloués.

Mais cette hypothèse est également inadmissible, non-seulement avec l'épaisseur ordinaire si réduite du stuc des anciens, mais même en supposant ces stucs trois, quatre et cinq fois plus épais ; supposition qui ferait déborder l'enduit et les tableaux d'un pouce et demi (4 c.) par-dessus le socle, et qui n'offrirait, même à cette épaisseur, aucune solidité. Ce moyen exposait, en outre, les tableaux, par leur contact avec l'enduit humide au moment de leur placement, à un élément de détérioration de plus.

Des dalles en marbre ne pouvant ni se déformer ni souffrir de l'humidité, entièrement piquées par derrière comme les surfaces des murs sur lesquelles il s'agirait de les appliquer, et entre lesquelles et le mur on coulerait un mortier fin de ciment ou de plâtre, ne tiendraient pas, ainsi encastrées, sans l'emploi de crochets en métal, nécessaires à une solide adhérence.

Du reste, que chacun observe de quelle manière les lambris en bois, dans nos habitations, sont fixés aux murs ; quelle épaisseur ils ont, quels soins il faut pour les retenir, et néanmoins combien ils sont sujets à se fendre, à se détériorer, ou à se détacher; et tout le monde jugera à quel point une question si facile à résoudre, au moyen d'un examen aussi simple, peut éconduire les esprits les plus érudits. Mais c'est un peu le côté faible de quelques archéologues, qui, au lieu de descendre parfois dans l'atelier d'un artisan pour y chercher des renseignements certains, préfèrent la plupart du temps monter sur le trépied de la Pythie, pour prononcer des oracles obscurs. La question à éclaircir, sans contredit le véritable, le seul but qu'il s'agit d'atteindre, semble, en cela, les occuper beaucoup moins que le mérite personnel de l'avoir éclaircie ; et si une des plus précieuses qualités de l'antiquaire distingué consiste dans le talent d'arriver aux solutions les plus difficiles par des inductions ingénieuses et d'heureuses inspirations, ce glorieux avantage peut ainsi devenir un défaut et aller jusqu'à la manie, en l'appliquant sans discernement et sans résultat (1).

(1) C'est ce que prouva un célèbre antiquaire, qui préférait se livrer aux conjectures les plus hasardées, en présence d'une fouille sur le point d'être achevée, plutôt que d'attendre le résultat aussi prochain qu'indubitable, et qui répondait à son antagoniste, dont le bon sens remettait la solution au lendemain : « Domani,

Pour le Pœcile, c'est le texte de Synésius, sur lequel M. Bœttiger a basé, depuis 1811, sa théorie des peintures sur bois chez les Grecs, qui est de nouveau exploité. M. Raoul-Rochette aurait dû s'en tenir simplement aux paroles de l'évêque, qui rapporte, par ouï-dire, l'enlèvement des tableaux de Polygnote du Pœcile, d'après les ordres d'un proconsul; enlèvement qui eut lieu, selon M. Bœttiger, bien antérieurement au séjour de Synésius à Athènes. Le savant français aurait dû se contenter de cet unique témoignage, sans y ajouter d'autres raisonnements qui le rendent plus discutable encore qu'il ne l'est par lui-même.

Que Synésius ait écrit, vers le milieu du Ve siècle, qu'en fait de produits d'art il n'a plus trouvé de peintures dans le Pœcile de l'ancienne cité de Minerve, comme il a écrit qu'en fait de produits du sol il n'a vu, sur le marché, que quelques cruches de miel; que sa manière de s'exprimer, au sujet des peintures, désigne des planches de bois peintes; non-seulement il n'y a, dans cette expression, rien d'absolu, puisqu'il n'avait pas vu les peintures, ni assisté à leur enlèvement; mais, dans l'état de la question, en présence des éléments à l'appui des peintures murales exécutées dans le Théséion par Polygnote et Micon, et dans le temple de Minerve à Élis, par Panœnus(1), les expressions de l'auteur du *Bas-Empire* ne permettent que l'alternative ou de les commenter de manière à les mettre d'accord avec ces faits, ou de les récuser comme incompatibles avec eux.

N'est-il pas, en effet, contre toute vraisemblance d'admettre que ces trois artistes aient employé la peinture sur mur dans l'intérieur des temples où elles étaient abritées par des plafonds et des toits,

---

domani, tutti quanti potranno indovinare l'arcano; ma viene a merito e a gloria, far lo oggi. »

(1) M. Raoul-Rochette, qui veut, à toute force, faire de cet artiste un peintre exclusif sur bois, n'en admet pas moins le fait des peintures sur mur exécutées par Panœnus à Élis, p. 155, al. 19.

et qu'ils aient exécuté, pour des portiques ouverts, comme le Pœcile, des peintures sur des planches accrochées aux murailles ? Et lorsque, selon la remarque particulière de Pausanias (1), des boucliers d'airain, placés sous ce portique, avaient été enduits de poix pour les préserver de l'oxydation, c'est-à-dire de l'humidité et des intempéries, on voudrait que des tableaux de bois y eussent été exposés aux mêmes atteintes de décomposition et de destruction dont il avait été nécessaire de garantir le bronze, une des matières la plus indestructible en plein air ? Mais cela n'est pas admissible.

Quant aux autres observations analogues, il ne me reste rien à ajouter à celles de M. Letronne, qui ont été précédemment citées ; et je me bornerai à discuter ici les causes accessoires évoquées par le critique, pour consolider le texte de Synésius.

M. Raoul-Rochette trouve, dans le fait que le Pœcile exista longtemps sous le nom de Pisianaction (2), et qu'il ne reçut de peintures que sous Cimon, la certitude qu'il n'avait pas été bâti pour une décoration dont il ne fut orné que longtemps après sa construction, et que par conséquent il ne peut y avoir eu que des peintures sur bois ; raisonnement qui serait appuyé ainsi sur des notions chronologiques et archéologiques très-importantes et très-concluantes. Mais, pour qu'il en fût ainsi, ce portique était donc construit de matériaux incompatibles avec l'application du stuc ? Car, sur des murs en marbre, en pierre ou en briques, les seuls genres de constructions admissibles, la peinture murale était incontestablement applicable, et la difficulté d'y encastrer des tableaux bien plus grande encore, puisqu'il aurait fallu creuser également après coup les renfoncements que le savant archéologue admet avoir été pratiqués, pour cet objet, dans les murs du Théséion. Que pour

---

(1) Paus., I, 15.
(2) Probablement du nom propre Pisianax, que portait l'architecte ou le fondateur de ce portique.

répondre à ces observations, M. Raoul-Rochette veuille objecter que les murailles du Pœcile étaient construites en bois recouvert de stuc, comme il l'admet pour les temples primitifs de la Grèce, il est évident qu'avec cette fiction même le stuc aurait été aussi propice à recevoir des peintures, postérieurement à la construction des murailles, qu'à l'époque où elles furent élevées.

La présence de portraits dans la représentation de la bataille de Marathon, par Panœnus, est ensuite donnée comme une preuve à l'appui de l'emploi de la peinture sur bois, en ce que « le mérite de « la ressemblance, porté *au plus haut degré*, sous le rapport du « dessin et de la couleur, de la physionomie et des costumes, exige « beaucoup d'application et de soin dans l'exécution d'une pein- « ture, qui ne peuvent se trouver dans une peinture sur mur, dont « le travail suppose nécessairement plus de promptitude et de « liberté. »

D'abord, cette extraordinaire perfection dans les portraits n'est relatée, ni par Pausanias, ni par Pline, chez lesquels ce savant antiquaire dit avoir puisé ces renseignements. Le premier s'exprime ainsi (1) : « Les plus reconnaissables parmi les combattants, sont « Callimaque, qui était alors polémarque; Miltiade, l'un des géné- « raux, et le héros Echetlus; » et le second rapporte (2) : « Panœnus, « frère de Phidias, a peint aussi la bataille que les Athéniens livrè- « rent aux Perses à Marathon. L'usage des couleurs avait déjà com- « mencé à cette époque, et l'art s'était perfectionné à ce degré, « qu'on lui attribue d'avoir peint, d'après nature et de manière à « les reconnaître, parmi les Athéniens, Miltiade, Callimaque, Cy- « négirus, et, parmi les barbares, Datis et Artaphernes. »

Il n'y a donc dans ces paroles rien qui coïncide avec « ce mérite « de la ressemblance, *porté au plus haut degré*, et dans le dessin

---

(1) Paus., I, 15.
(2) Pline, XXXV, 8.

« et dans la couleur, et dans la physionomie et dans le costume. » Mais, en admettant ce haut degré de mérite, qui constituerait une perfection matérielle de l'art, que la science archéologique ne place qu'après l'époque où travailla Panœnus, et que M. Raoul-Rochette avance de plusieurs olympiades; en admettant même cette perfection, pourquoi donc eût-il été plus difficile de l'obtenir en peignant sur le mur qu'en exécutant sur le bois, par les mêmes procédés de peinture? Serait-ce donc que les exemples de Pompéi et d'Herculanum ne suffiraient pas pour prouver que les peintures murales sur stuc offrent tous les degrés de la plus exquise délicatesse du pinceau; délicatesse d'exécution qu'il faut de toute nécessité aussi bien admettre chez les plus grands artistes de la Grèce, que chez leurs copistes et leurs imitateurs. Mais, tout en rejetant la rationnelle et judicieuse comparaison des peintures murales de la renaissance avec celles de l'antiquité, comme offrant le point culminant de l'art, le docte critique n'est préoccupé que de la difficulté dont les artistes de notre époque accusent la fresque moderne, que très-peu pratiquent.

Cependant, rien n'établit l'identité du procédé de nos jours avec celui de l'antiquité, et l'usage général de son emploi; et en considérant la fresque et sa pratique connue comme ayant été employées aux peintures murales du Pœcile, qu'en résulterait-il, sinon que Panœnus avait pu y faire ce que le Giotto et d'autres artistes ont fait dans le Campo Santo, où il existe des preuves à l'infini qu'à cette époque, et sans descendre jusqu'aux stances de Raphaël, l'imitation de la nature humaine, comme couleur, comme dessin et comme physionomie, s'y montre réellement à un degré éminent, et que ces fresques ne laissent subsister aucune différence entre ce que ces mêmes artistes exécutèrent d'analogue dans des tableaux sur bois ou sur toile?

La présence de portraits ressemblants dans la peinture de Panœnus ne s'opposait donc pas à ce qu'ils fussent exécutés sur mur, et ne prouve absolument rien en faveur de leur exécution indispensable sur des planches (1).

Il serait d'autant plus oiseux de suivre de nouveau l'auteur dans ses explications philologiques sur la description imaginaire de Philostrate, d'un portique à Naples, orné de peintures, comme sur les peintures du tombeau de Xénodice à Sicyone, mentionnées par Pausanias et sur d'autres textes, que ces différents points ont déjà été traités, et que les réponses qu'y a faites M. Letronne seront l'objet d'une analyse qui va suivre.

Il serait inutile aussi de s'arrêter avec le critique dans le temple de Vénus à Athènes, pour s'y voir montrer l'Amour ailé couronné de roses, peint sur bois par Zeuxis, et dans l'Olympion de la même ville, pour l'entendre dire que les peintures de ce temple, attribuées à la jeunesse de Phidias (2), comme toutes celles que Pausanias vit dans le temple des Dioscures, l'édifice latéral aux Propylées, le temple de Minerve Paliode, celui de Bacchus et d'Esculape, le portique du Cyramique, le Prytanée, le Pompéion et le Parthénon, furent sur bois, et toujours par la raison que le Théséion était ainsi décoré par Micon et Polygnote; il est inutile, dis-je, de s'arrêter à cette prétention, qui est aussi inexacte comme généralité et comme

---

(1) Voir plus loin ch. XXVI, dans l'examen du § IV, qui traite particulièrement des portraits, les autres raisons à l'appui de cette conclusion.

(2) En parlant des peintures attribuées à Phidias, M. Raoul-Rochette cite l'opinion de Rathgeber, pour dire que ce savant suppose « que les tableaux de Phidias « avaient été enlevés par suite de changements introduits dans le plan de l'édifice « par l'architecte du roi de Syrie; » mais il oublie, dans le renvoi, de traduire la partie du texte allemand dans lequel cet auteur admet l'enlèvement de ces peintures au moyen d'enveloppes en planches soigneusement établies, et après avoir été *sciées* des murs du temple.

Non-seulement ces paroles expriment que les peintures de Phidias étaient murales, mais aussi que l'usage du procédé de les enlever, comme cela avait eu lieu à Lacédémone, avec une partie de la muraille, est admis par le savant auteur allemand : remarque que le docte critique n'a pas cru devoir signaler.

principe absolu, qu'elle est raisonnable et juste dans son application partielle.

Les peintures que Pausanias avait vues dans l'édifice en aile des Propylées à Athènes, et dont la plupart sont jugées par MM. G. Hermann et Letronne comme ayant été exécutées sur les murs, et quelques-unes comme étant des tableaux votifs, M. Raoul-Rochette les transforme naturellement toutes en planches peintes. Cet antiquaire en trouve la raison, indépendamment de sa manière d'expliquer le texte grec, dans la présence certaine de plusieurs portraits parmi ces peintures. Il est incontestable, comme l'avait déjà dit M. Letronne, que quelques-uns de ces portraits pouvaient avoir été portatifs, sans qu'il doive s'ensuivre que la décoration principale, surtout les peintures, que Pausanias trouva en partie effacées, ne fussent pas exécutées sur le mur, et sans aussi qu'elles empêchassent la présence de quelques autres ex-voto peints sur bois ou sur toute autre matière. C'était, d'ailleurs, un état de choses aussi naturel que général dans les sanctuaires des Hellènes.

Mais, à part la discussion philologique, à laquelle il est inutile de s'arrêter alors qu'on peut opposer les opinions des deux savants que je viens de nommer à l'opinion de l'auteur de la Peinture chez les Grecs, M. Letronne avait également établi, d'après l'assurance de M. de Dreux (1), architecte, que l'état matériel des murs de l'édifice en discussion était identiquement pareil à celui des murs du temple de Thésée; que cette conformité devenait une présomption puissante à l'appui de l'emploi du stuc, et l'emploi de celui-ci, une présomption non moins puissante pour l'exécution des peintures sur ce stuc.

Quoique M. Raoul-Rochette laisse inaperçus ces faits si éminemment importants dans la question, je suis heureux de pouvoir pro-

---

(1) Ancien pensionnaire à l'Académie de Rome, qui continua à Athènes ses études sur l'architecture des anciens.

duire également ici les résultats du dernier examen qu'en a fait le savant et consciencieux investigateur du Théséion, M. de Rangabé. Voici ce qu'il écrivait à ce sujet à M. Letronne (1) :

« Votre but unique, dans tout le cours de vos *Lettres* et de l'*Appendice* qui les a suivies, ayant été de rechercher la vérité et non pas de soutenir un système, vous me permettrez de vous faire observer que M. de Dreux s'est trompé lorsqu'il a déclaré que les murs de la Pinacothèque aux Propylées sont piqués de même que ceux du temple de Thésée (vos *Lettres*, p. 110). Voici quelle en est, en vérité, la disposition : leur soubassement, haut de 1 m. 07, est lisse et poli, comme toutes les parties des murs en marbre que les anciens destinaient à rester entièrement exposées aux regards. Le mur même est en retraite de ce soubassement de 0 m. 01. A une hauteur de 0 m. 83, il est coupé par une bande en calcaire noir, dit pierre d'Éleusis, large de 0 m. 14. L'intervalle entre le soubassement et la bande, qui est au niveau de l'œil, est également lisse ; et ce qui me paraît prouver qu'il n'était couvert ni de stuc ni de peintures, c'est que sur son côté méridional, à droite (à l'ouest) de la porte, on lit cette inscription, tracée irrégulièrement par les mains de quelques pieux visiteurs : »

ΔΕΣΓΟΙΝΑ
ΑΡΤΕΜΙΚΟΛΑΙΝΗ
Υ Ν ΚΙΟΝ

« Or, si les peintures de cet édifice étaient encore à voir dans le second siècle de notre ère, serait-il permis de croire que le stuc même en aurait disparu à une époque encore assez païenne pour que cette inscription votive puisse lui être rapportée ? D'ailleurs, le culte même de Diane Colœnis ne nous paraît-il pas indiquer une période plus reculée des croyances helléniques ? C'était une

(1) *Rev. archéolog.*, ouv. cité, année 1846, p. 242.

divinité purement locale : . . . . Quant au caractère paléographique de l'inscription, il représente une époque bien antérieure à celle de Pausanias. » . . . .
. . . .

« Au-dessus de la bande noire, il règne une moulure rentrante et lisse, large de o m. 05, qui entoure et, pour ainsi dire, encadre chacun des pans du mur de la Pinacothèque; elle devient large de o m. 2 aux deux côtés des fenêtres qui s'ouvrent dans le mur méridional. Les jambages de ces fenêtres sont ornés de pilastres lisses, de même que les chambranles, et surmontés de moulures peintes de fleurs et de rais de cœur. La porte a ses parois en marbre entièrement brut; ses deux côtés, à l'extérieur, ont un enfoncement large de o m. 23, et profond de o m. 06; le marbre y est également brut. Cette circonstance, ainsi que deux rigoles creusées dans le seuil, le long des parois, prouve que la porte était revêtue ou de plaques de marbre minces et polies, ou plutôt d'airain luisant. A l'exception de ces parties, qui étaient ou polies, ou évidemment revêtues, la surface des murs est partout ailleurs un peu raboteuse, mais pas assez pour indiquer l'intention d'y faire adhérer un stuc. Elle n'est point piquée, comme on l'a cru et comme le sont tous les murs du temple de Thésée; il ne lui manque que le dernier lustre, la dernière main; d'où l'on voit qu'elle n'était pas destinée à être vue sans décoration, comme l'intérieur du Parthénon et l'extérieur des Propylées. J'en infère donc que les peintures étaient ici exécutées sur des tableaux mobiles. Mais alors ces tableaux devaient être suspendus à des clous, et vous me demanderez si l'on en voit les traces sur les murs. Je dois répondre par la négative. Au-dessus de la porte, on voit à la vérité deux trous et deux autres à chacun des côtés, et l'on peut y distinguer encore les restes des attaches en fer, et le plomb qui servait à les fixer. Mais je suis persuadé que c'étaient les attaches du revêtement de la porte ou bien de ses battants. Tout le reste de la surface du mur ne présente aucune trace de scellement. On n'y voit qu'un seul clou enfoncé dans le joint entre-bâillé de deux pierres; mais il ne paraît pas être de l'époque où les ducs d'Athènes changèrent la Pinacothèque en une habitation, et en firent leur chancellerie. Cette absence de trous ou d'attaches est, en effet, hostile à l'idée de tableaux suspendus. Mais croyez-vous impossible que les crochets eussent été fixés à la corniche intérieure du plafond, qui était probablement en bois? car des poutres en marbre de la largeur de la Pinacothèque seraient impossibles. On n'a, d'ailleurs, trouvé en cet endroit aucun débris d'un plafond en pierre. Un fragment d'inscription, trouvé dans les Propylées (*Ant. hell.*, n. 88), parle de plusieurs petits escaliers, d'autres ouvrages en bois, et aussi de crochets. J'ai supposé que cette inscription pouvait se rapporter à la Pinacothèque. Si cela est, les crochets peuvent avoir été fixés dans les ouvrages de menuiserie, que ceux-ci eussent fait partie du plafond, ou qu'ils eussent été appliqués contre le mur. »

« Vous avez épuisé, Monsieur, les textes qui ont rapport à la question de la peinture murale. Les observations qui précèdent, tirées des seules circonstances extérieures, ne font qu'appuyer vos propres conclusions. Elles prouvent, comme vous l'avez établi, que les anciens peignaient, tantôt sur des tableaux de bois mobiles, tantôt sur le mur enduit de stuc; et je crois qu'on peut considérer, comme un fait acquis à l'histoire de l'art, que les peintures de la Pinacothèque étaient des tableaux suspendus, tandis que celles de Micon et de Polygnote, au temple de Thésée, étaient exécutées sur le mur même. »

A ces curieux renseignements, M. Letronne a répondu par la note suivante :

« Comme cette description pourrait ne pas paraître bien claire, je vais mettre sous les yeux du lecteur le dessin même du mur de la Pinacothèque. C'est une réduction du trait que m'a communiqué M. Morey, qui a si consciencieusement relevé et mesuré tous les monuments d'Athènes, et dont le travail, plein d'intérêt, reste enfoui dans ses cartons. Ce dessin (Pl. XXII, F. vi) donne la disposition du soubassement et du reste du mur, dans toute sa hauteur; A est la partie du soubassement, haut de 1 m. 07; B est l'espace en marbre poli, large de 0 m. 83; C la bande de calcaire noir d'Éleusis, large de 0 m. 14; D est la moulure qui encadre le mur proprement dit, E, qui a dû être couvert de tableaux, ou de peintures murales. Personne n'a jamais pu croire qu'il y eût de ces peintures au-dessous de l'encadrement D, c'est-à-dire dans l'une des deux zones lisses et polies du soubassement A et B. L'inscription, citée par M. de Rangabé, ayant été trouvée sur un point de la zone B, comme il le dit, reste tout à fait indifférente pour la question de savoir de quelle espèce étaient les peintures qui furent placées au-dessus de l'encadrement. J'avoue donc ne rien comprendre à la conséquence que M. de Rangabé tire de ce fait. »

« Cet argument écarté, il reste trois faits importants qui démontrent que les peintures de la Pinacothèque ont été murales, comme celles du Théséon. 1° Le nu du mur est *brut* ou *non poli*, tout à fait propre à recevoir un stuc. 2° Il y a, comme au Théséon, absence de trous pour attacher des tableaux. 3° L'encadrement qui affleure le mur, à deux millimètres près, ne permet pas de penser qu'on y aurait mis des tableaux, lesquels auraient débordé l'encadrement d'une manière insupportable; aussi l'impression produite sur tous les voyageurs qui ont examiné cette circonstance avec soin, est qu'il n'a pu y avoir là des tableaux sur bois attachés au mur. Tous les arguments que M. de Rangabé fait valoir pour le Théséon s'appliquent aux Propylées. »

« Je présente ces observations au docte auteur de la lettre, en le priant de soumettre la question à un nouvel examen. »

« Je dois dire que, selon M. Morey, le mur, au contraire, est piqué régulièrement à la boucharde ou à la gradine, comme dans le Théséon. »

Ainsi, les faits se résument à la certitude : 1° que l'inscription placée au-dessus de la bande noire, n'importe à quelle époque elle puisse remonter, n'offre aucune objection contre l'emploi des peintures, dont la place naturelle est au-dessus de la bande; 2° que toute la partie supérieure du mur étant restée raboteuse et inachevée, à côté des parties inférieures qui sont polies, ne pouvait pas être destinée à rester apparente aux yeux des spectateurs.

Cependant, comme cet état d'inachèvement ne paraît pas à M. de Rangabé, en désaccord en cela avec MM. Morey et de Dreux, abrupt au même point que le mur du Théséion, ni destiné à recevoir un stuc semblable à celui de ce temple, il suppose que les peintures doivent y avoir été exécutées sur des tables mobiles.

Mais, de cette supposition, il résulte qu'il faut admettre, ou l'apparence partielle des parois inachevées, ce qui n'est pas probable; ou la présence originaire, sur toutes les surfaces des murs, de tableaux mobiles juxtaposés, ce qui n'est pas possible, à cause des époques différentes auxquelles plusieurs des peintures votives ont dû être placées dans l'édifice; tandis que la possibilité d'employer un enduit susceptible d'être fixé sur un mur en marbre, même peu abrupt, et tel que M. de Rangabé le décrit, serait une réfutation péremptoire des raisons qui ont dicté l'opinion de ce savant. Cet enduit permettrait l'application de peintures sur les surfaces qui y étaient destinées, et l'application d'un ton uniforme et décoratif sur les parties supérieures, réservées pour les *ex-voto* peints ou autres. Eh bien! cette possibilité existe, et les essais de l'application d'un pareil enduit à la cire et à l'encaustique sur les pierres les plus dures, complétement unies ou ravalées, comme sur des marbres préparés jusqu'au point de recevoir le poli, ne peuvent laisser aucun doute à cet égard, et répondent à toutes les objections; car des enduits ainsi appliqués sur des pierres de roche dites de

Saint-Non, et les peintures à la cire qui y ont été exécutées, offrent la réussite la plus complète (1).

Avec un pareil fait, et alors que les Grecs ont créé ce genre de peinture, qu'ils en ont fait un si long et si admirable usage, ils ont nécessairement pu obtenir et faire ce que sans peine j'ai obtenu et fait, non pas par des moyens et des procédés nouveaux, mais après avoir étudié et cherché à retrouver et à imiter leurs procédés. C'est donc dire que les raisons de M. de Rangabé, en faveur de l'absence de la peinture murale dans le petit édifice à gauche de l'entrée de l'acropole d'Athènes, n'existent pas : son opinion, qu'il ne pouvait y avoir eu que des peintures sur bois, tombe d'elle-même ; et aussi bien dans l'hypothèse précitée de M. Letronne que dans l'état de la construction relaté par M. de Rangabé, ses arguments en faveur des peintures murales dans le Théséion subsistent également pour celles des Propylées.

Je passe au moyen de suspension des peintures sur bois ou des tableaux proprement dits. On a vu que M. de Rangabé, en signalant la présence de quelques trous dans les murs, n'admet pas qu'ils aient pu servir à recevoir des crampons ou des clous destinés à cet usage. Aussi, son opinion est que les clous ou crochets nécessaires et indispensables étaient fixés aux plafonds. Il est évident que cette absence de trous est un fait concluant contre toute admission de peintures sur bois, comme décoration inhérente à l'édifice ; et c'est évidemment la cause principale qui fait persister MM. Raoul-Rochette et Welcker, le premier, dans ses idées de les retenir sur le mur du Théséion, en les insérant entre deux rebords

(1) J'ai fait ces applications, en 1842, dans l'église Saint-Vincent de Paul, pour la peinture de la frise supérieure de la nef. Quant à l'essai du même procédé, appliqué sur une dalle de marbre, je l'ai fait faire, après la lecture de la lettre de M. de Rangabé ; et tout le monde peut, dans mon cabinet, se convaincre de la plus complète réussite.

d'un centimètre, rebords qui ne pourraient rien retenir lors même qu'ils existeraient, à plus forte raison lorsqu'il n'en existe qu'un, ce qui annule absolument cet imaginaire système ; et le second, dans la supposition qu'elles étaient encastrées dans un enduit également d'un centimètre d'épaisseur, ce qui, comme on l'a vu, est un moyen non moins illusoire et tout aussi impraticable : car en suspendant des tableaux aux plafonds, c'est-à-dire à des crochets en métal, enfoncés dans la poutre en bois posée sur l'espèce d'architrave qui couronne tous les murs des temples, ces tableaux devaient nécessairement se trouver éloignés des parois de toute la saillie de la moulure dont est surmontée cette architrave. Indépendamment du mauvais effet des crochets en métal enfoncés dans les poutres, et des cordes, des courroies, des chaînes, des tiges ou autres attaches, qui auraient coupé de distance en distance l'architrave et ses moulures, rien n'eût été plus désagréable et, on pourrait dire, plus ridicule, et par conséquent moins admissible, que des planches peintes ainsi suspendues, laissant entre elles et le mur un vide, et étant exposées à faire, au moindre contact, ou au moindre mouvement de l'air, produit par l'ouverture de la porte ou par d'autres circonstances, l'oscillation du balancier d'une pendule. Ce moyen, incompatible avec toute disposition monumentale, et qui offrait les mêmes inconvénients pour les tableaux votifs, n'est pas non plus rigoureusement admissible pour ces derniers, dont l'exposition contre les murs reste toujours un problème, partout où il n'y a pas, dans ces murs, de trous qui permettent d'affirmer qu'ils peuvent avoir servi à y sceller des supports. Car on peut dire avec justesse : Puisqu'on voit sur l'architrave du Parthénon les trous qui ont servi à y sceller des crochets auxquels étaient suspendus des boucliers, on aurait dû trouver, partout ailleurs où la présence d'offrandes analogues, comme par exemple les tableaux votifs, est supposée ou supposable, de pareilles traces de leur suspension.

Non pas qu'il soit impossible que les anciens eussent pu imaginer, aussi bien que les modernes, de longues tringles en métal fixées à de grands intervalles seulement, soit au sommet des murs ou aux plafonds mêmes, pour suspendre des tableaux ou d'autres *ex-voto*, comme objets indépendants de toute décoration monumentale, et sans enfoncer autant de clous ou de supports dans les plafonds ou les murs qu'il y aurait eu de cadres ou d'autres offrandes à placer. Mais ce moyen, auquel l'absence des traces de ce genre de suspension dans les temples où il aurait pu en subsister m'a fait songer dès l'origine de mes recherches, m'a paru manquer de cette naïveté originaire, et par conséquent de ce caractère traditionnel que devait offrir l'usage de la suspension des *ex-voto*, usage aussi ancien que le culte. Si jamais des tringles ont été employées, cela n'a pu être qu'à des époques où la recherche et la complication des procédés remplaça l'inspiration soudaine et la simplicité des moyens. En tous cas, ce procédé, le seul compatible avec l'absence des supports multipliés, n'offre aucun moyen d'admettre l'emploi de peintures ainsi accrochées, avec la possibilité d'y voir une décoration monumentale inhérente aux édifices.

Certes, et quelque rigoureuses que soient toutes ces objections, je me garderai d'en conclure qu'il n'y avait pas du tout de tableaux sur bois et d'autres objets suspendus dans les temples ; mais il n'en est pas moins très-logique et très-rationnel d'admettre qu'il y en avait beaucoup moins qu'on ne le pense, et que la nature des sujets peints et les différentes dates de leur exécution successive, comme de leur apparition dans un sanctuaire, ne sont pas des preuves absolues pour admettre qu'un portrait, par exemple, ou une action individuelle, peinte bien des olympiades après tel ou tel sujet mythologique ou héroïque, remontant à l'époque primitive du temple, n'ait pas, pour cela, pu exister sur les parois de l'édifice. Tout le monde admettra, comme j'ai déjà eu occasion de le dire, qu'avec la même composition, les mêmes artistes exécutants, et les mêmes emplacements occupés, le but moral devait être le même pour les deux genres de décorations ; et que, quant à l'effet matériel et décoratif, celui des tableaux sur bois suspendus devait, en tout cas, être moins satisfaisant que celui de peintures successivement exécutées sur le mur. Reconnaître alors que les parois des édifices étaient préparées comme au Théséion et aux Propylées, et couvertes d'un stuc ou d'un enduit unicolore, et supposer que les peintures dont elles furent décorées primitivement, s'exécutèrent d'après un vaste et beau projet d'ensemble, ou au fur et à mesure, par différents artistes et à différentes époques, ne serait-ce pas admettre un système monumental contre lequel aucune objection, comme impossibilité d'exécution, ne pourrait s'élever, mais qui offrirait, certainement et uniquement, le moyen de disposer même les productions les plus diverses de sujets et de temps, de manière à ne détruire en rien l'effet des édifices ; de leur laisser, au contraire, ce caractère monumental que les Hellènes préconisèrent dans leur architecture, comme dans toutes leurs autres productions ; caractère de grandeur et de beauté qui est incompatible avec le système opposé, si bâtard et si antiartistique, qu'il aurait fait disparaître indistinctement, dans les créations des artistes grecs, ces belles proportions dont l'harmonie était recherchée et adoptée avec tant d'amour et tant de soin par ces grands artistes. Le docte archéologue ne sait pas à quel point, sous ce rapport, son système est sacrilége ; et il ne s'est pas rendu compte que des tableaux sur bois, placés le long des murs dans les temples, ôteraient à telle cella un quinzième, à telle autre un dixième, et à d'autres un sixième de leur largeur, et changeraient ces heureux rapports de forme que leur donna l'étude de la science et le sentiment de l'art.

Je ne prétends pas soutenir ici que les anciens ont toujours respecté les monuments, au point de ne pas appliquer sur et contre les murs et les colonnes des objets nuisibles au bel effet des édifices ; mais ces infractions au goût et au bon sens, dont l'abondance des dons votifs pouvait parfois rendre le prêtre coupable, ne furent jamais un principe, un système absolu.

Après toutes ces considérations, il serait superflu de parler encore du temple de Minerve Aréa à Platée, que M. Letronne avait cité comme offrant des peintures exécutées par Polygnote et Onatas d'Égine sur les murs du pronaos, si, à l'appui de cette explication naturelle du texte de Pausanias (1), je n'avais à ajouter l'induction puissante tirée de la remarque de M. de Rangabé, et précédemment rapportée, « que les faces des murs du pronaos du « temple de Thésée à Athènes y sont aussi bien préparées pour « recevoir des stucs et des peintures murales, que les parois de l'in- « térieur de la cella. » Ce qui est parfaitement plausible; car si quelque part des peintures sur bois devaient se trouver mal placées, c'était, certainement, plutôt encore sous un porche ouvert que dans une cella couverte. Aussi, la désignation seule des lieux où se voyaient les peintures de Polygnote et d'Onatas, en confirmant le sens des expressions de Pausanias, comme s'appliquant à des peintures murales, doit-elle suffire pour réfuter l'opinion contraire (2).

Revenant au passage de Pline, à propos des peintures exécutées par Polygnote sur les murs du pronaos d'un temple à Thespies, que Pausias avait restaurées (3), le savant antiquaire, qui avait jusqu'à présent récusé l'importance de ces paroles, par la raison que, selon lui, le nom de Polygnote y était prononcé *par inadvertance*, veut bien « se borner à dire que, d'après toutes les considérations « existantes, l'exemple cité par Pline de murs peints par Polygnote « doit rester acquis à la peinture sur mur, du grand style et de la « haute époque de l'art. »

---

(1) Liv. IX, c. IV.
(2) Voir ce qui a été dit p. 207, à propos du rapport des sujets de ces peintures avec la divinité du temple.
(3) Pinxit et ipse penicello parietes Thespiis cum reficerentur, quondam Polygnoto picti. Liv. XXXV, c. XL.

M. Letronne avait déjà remarqué combien l'inexplicable récusation de l'auteur latin avait ici quelque chose d'exorbitant, et qu'elle ne pouvait s'expliquer que parce que ses paroles renversaient totalement l'affirmation si souvent répétée de M. Raoul-Rochette, « qu'il n'existait *aucune preuve écrite* de la peinture mu-« rale. » Toutefois, cette remarque du docte philologue n'avait rapport qu'aux publications antérieures de l'auteur de la Peinture chez les Grecs; et le lecteur, qui vient de parcourir ce dernier ouvrage, dont presque chaque page offre les mêmes affirmations, doit être bien plus étonné encore du renouvellement de ces incessantes contradictions, alors surtout que le docte antiquaire les réfute si souvent lui-même.

Du reste, le relevé de ces contradictions, difficiles à justifier, est si ingrat, qu'il faut un devoir aussi impérieux que celui de prémunir contre de semblables abus et d'éviter le mal qu'ils font à la science, pour donner le courage d'y persister jusqu'à la fin.

Cependant, cet hommage forcé rendu à la vérité n'est pas sans restriction, et le fait des peintures murales exécutées à Thespies par le peintre de tant de temples et de monuments helléniques, n'est, aux yeux du savant antiquaire, qu'une exception au système général des Grecs. Il va même jusqu'à nommer *un* archéologue qui persiste à ne voir sur les murs du pronaos thespien que des planches peintes. Ce sont toujours des réticences; c'est toujours cette même manière de citer des auteurs sans objet réel, si ce n'est celui d'impressionner les lecteurs, sachant qu'ils ne peuvent pas constamment recourir à la source, pour peser les citations et juger de leur à-propos et de leur justesse. Que peut-on trouver, en effet, de décisif dans l'opinion des hommes, même les plus respectables et les plus érudits, lorsque, exprimée sur un objet spécial, cette opinion est invoquée à l'avantage ou au détriment d'une discussion tout à fait étrangère ou secondaire à cet objet? S'en prévaloir, dans ce cas, contre son adversaire, comme cela arrive presque toujours à

M. Raoul-Rochette, ce n'est pas discuter avec la dignité convenable ; aussi, en élaguant les notes et les renvois accumulés, par suite de ce procédé, dans le livre de la Peinture chez les Grecs, le nombre en serait réduit au quart.

Il n'en est pas ainsi lorsqu'on relate les œuvres de savants dont l'opinion est fondée sur des recherches spéciales au sujet en discussion ; et l'antagoniste de la peinture murale persistant à meubler le temple d'Érechthée de planches peintes, malgré M. G. Hermann, qui admet expressément que les textes de Pausanias et de Plutarque sont d'accord pour désigner ces peintures comme exécutées sur les murs, montre de nouveau son incurable persistance à lutter aussi bien contre la raison en général, qu'en particulier contre l'incontestable supériorité d'érudition du célèbre philologue.

Pour prouver que les peintures d'un des portiques du Céramique à Athènes, que M. Letronne avait reconnues murales, d'après le texte très-clair de Pausanias ; pour prouver, dis-je, que ces œuvres d'Euphanor étaient des tableaux rapportés, M. Raoul-Rochette dit « *avoir indiqué comment les peintures sur bois étaient placées sur* « *les murs.* » Mais comme le savant antiquaire n'a indiqué que les prétendus renfoncements du Théséion qui n'ont jamais existé, comme le prouve la lettre de M. de Rangabé citée p. 252, il n'a réellement démontré que l'impossibilité de fixer, avec son moyen, *aucune planche sur aucun mur*.

La manière avec laquelle le docte antiquaire semble se complaire à châtier de ses sarcasmes ce qu'il appelle l'*ignorance*, la *négligence* et la *futilité* de ses adversaires, en les accusant sans cesse et sans raison d'avoir ignoré tel fait ou négligé tel texte, est si absolue, si imperturbable, qu'il faut bien y voir de la bonne foi, c'est-à-dire, la suite nécessaire de la regrettable légèreté qui paraît être sa seconde nature. En cela, M. Raoul-Rochette n'a pas les torts qu'on pourrait lui attribuer ; il a, plus que tout autre, droit à l'indulgence. S'il n'en était pas ainsi, il serait, après tant d'autres accusations semblables, trop pénible de qualifier justement celle que le critique formule en dernier lieu, en disant, à propos du Lycée d'Athènes, décoré de peintures par Cléagoras : « qu'après toutes les omissions « de M. Letronne et les miennes, qu'il a relevées, il lui reste à « signaler un fait si grave, qu'il lui paraît difficile à concevoir. » Car d'une part, M. Letronne indique expressément à la page 349, note 1, des *Lettres d'un antiquaire*, le passage de Xénophon, qui constitue la *post-découverte*; et d'autre part, l'extrait de mon Mémoire, inséré dans les *Annales archéologiques*, contient, p. 278, T. II, nominativement *les Gymnases* parmi l'énumération générale des édifices décorés de peintures.

Du reste, n'est-il pas bien puéril de se faire à soi un grand mérite d'avoir annoté, et aux autres un tort grave d'avoir oublié le Lycée d'Athènes, en compulsant quelques livres pour y chercher les monuments que les peintres avaient été appelés à orner? Pour trouver cette notion, le recours à Xénophon, l'historien grec, et à M. Stieglitz, l'archéologue allemand, auxquels M. Raoul-Rochette renvoie ses antagonistes, n'est pas nécessaire. Le *Dictionnaire d'architecture* d'un savant français, publié en l'an IX, et dans lequel le critique a probablement puisé, comme moi, la première indication de ce monument, est on ne peut plus explicite à cet égard. Le vénérable M. Quatremère de Quincy y dit, p. 502, à l'article *Gymnase* : « La peinture n'y brillait pas moins que la sculpture. Le Lycée « d'Athènes avait été orné de peintures par un certain Cléagoras. » Mais ce texte impliquant l'idée de peintures sur mur, le laisser ignorer convenait mieux à l'auteur du système des tableaux sur bois.

Quant au passage de Xénophon, relatif à un songe que représentaient ces peintures, et qui n'est en lui-même d'aucun intérêt pour la discussion, il suffit de lire les quelques lignes qui y ont rapport dans les Lettres de M. Letronne, pour juger les sept pages de dissertations que M. Raoul-Rochette y a consacrées.

La plupart des éléments traités ensuite n'offrent pas plus d'intérêt, et il serait sans objet de réfuter les autres accusations d'oubli dont le critique y continue à gratifier ses adversaires. Ce ne sont que des textes sans aucune analogie directe avec la question, et qui contiendraient des renseignements décisifs au sujet de l'emploi unique de la peinture sur bois ; ou bien, des citations renfermant des preuves certaines en faveur de la peinture sur mur, qui sont mal interprétées, ou qui, forcément admises, ne le sont que par une concession *gratuite*. Là où les plus célèbres antiquaires étrangers se prononcent contre les commentaires du savant français, il en est *surpris, étonné;* et il faut dire qu'il a lieu d'éprouver très-souvent de la surprise et de l'étonnement. Enfin, il ne s'agit, en général, que d'interprétations de textes grecs, que M. Letronne s'est chargé de rectifier, comme je l'ai déjà dit, et dont la récapitulation sommaire suivra le présent examen.

Du reste, tout ce que l'on pourra faire et dire, lorsqu'il sera question de peintures sous des portiques ou à l'extérieur des monuments, n'importe de quelle destination, temples ou autres édifices, n'empêchera pas que la seule raison, le seul bon sens et les faits constatés, se réduiraient-ils aux seuls exemples admis par M. Raoul-Rochette, au lieu d'être aussi nombreux qu'ils le sont, parlent de toute leur puissance en faveur du système général de la peinture sur mur, comme la seule monumentale, la seule convenable. Jamais cette même raison, ce même bon sens et ces faits n'admettront, en pareil cas, des peintures sur bois. L'impossibilité de les *encastrer*, de les *enchâsser* étant aussi patente que leur prompte destruction, et la chose en elle-même étant déraisonnable, antimonumentale, et l'on pourrait dire, antihellénique au plus haut degré, il est évident que là où des tableaux sur bois furent accrochés ou suspendus à des supports, sous des portiques, dans des pronaos et des posticum, à l'extérieur enfin, cela n'a pu être qu'à la suite de causes dont l'effet n'était que fortuit, précaire et passager. De semblables expositions ne peuvent laisser subsister la moindre idée d'une corrélation artistique entre l'architecture, la peinture et la sculpture. Les admettre comme générales, comme résultat d'un principe incessant, serait priver la Grèce et ses artistes de l'éminent mérite d'avoir fait entrer la puissance de ces trois arts dans la perfection complète de leurs édifices; ce serait leur ôter leur plus belle couronne, et les priver du diadème qui brille si resplendissant sur le front des artistes de la renaissance, ces immortels continuateurs de l'art des Hellènes et des Romains.

Sous le rapport de l'effet monumental et de la beauté des édifices, qui seraient, comme je crois l'avoir démontré, annihilés avec l'emploi de tableaux portatifs, les mêmes inconvénients existeraient pour leur admission, comme originaire et unique décoration, dans l'intérieur des monuments, où leur durée seule était moins compromise. Mais si cette dernière circonstance permettait plutôt leur admission dans les cella ou les salles couvertes, ce ne pouvait être au détriment du système prédominant dans tous les édifices. Leur introduction devait laisser intacte l'ordonnance de la peinture locale; des places distinctes devaient être et étaient réservées aux tableaux votifs, peints sur bois; et, je le répète, l'intérêt et la condescendance des prêtres, suscités par l'orgueil et l'ostentation des donateurs, ont pu seuls amener parfois des infractions aux règles du goût et aux préceptes de l'art.

CHAPITRE XXVI.

§ IV. Des portraits ou images, soit en pied, soit en demi-figure, des personnages historiques de la Grèce, exposés dans les lieux publics ou consacrés dans les temples.

Ce chapitre, qui remplit trente-huit pages, n'est également qu'une compilation d'extraits de textes, dans l'explication desquels des statues isolées, des figures entières, des demi-figures en relief, sculptées dans le marbre ou coulées en bronze, sont continuellement confondues avec des peintures sur bois. Le but de cette nomenclature, sans ordre comme sans solution, est de prouver : 1° que partout où les auteurs anciens, et particulièrement Pausanias, parlent de portraits historiques ou mythologiques, ces portraits étaient peints sur bois ou sur métal, attendu que cela résulte « de la condition « même du portrait, *qui ne peut être exécuté que dans l'atelier de* « *l'artiste, et en présence du modèle.* »

C'est donc à dire que les murailles couvertes de fresques, dans presque tous les monuments religieux et publics de l'Italie, ont dû être transportées dans les ateliers des peintres, pour y exécuter les portraits des papes, des princes, des artistes, des savants et d'autres hommes plus ou moins illustres, qui y sont représentés de la manière la plus ressemblante ! ou bien que ces hauts et célèbres personnages se seraient transportés sur les lieux, et auraient monté sur les échafauds pour poser devant les artistes ! S'il avait fallu acheter à cette condition les nombreux portraits de Louis XIV qui se voient sur les voûtes et sur les plafonds du château de Versailles, on admettra que Lebrun aurait attendu longtemps, avant que le prince se fût infligé journellement, et pendant plusieurs mois, la peine et le supplice de monter les échelles et de servir de modèle à son peintre ! Mais, parmi les milliers de tableaux exécutés dans les ateliers, pendant le dernier demi-siècle, qui couvrent aujourd'hui les murs de ce château du grand roi, et qui fourmillent, pour ainsi dire, de portraits contemporains, il n'y en a peut-être pas *un seul* pour lequel les personnages qui y sont représentés aient servi directement de modèle, et posé pendant l'exécution même du tableau. Mais telle est encore ici la fâcheuse manie du critique de se reporter, avec ses idées fixes, dans les temps les plus reculés, pour n'y voir que des choses fausses et imaginaires, plutôt que de puiser sans prévention, dans les analogies incontestables du présent, des renseignements vrais et positifs.

Il devait suffire dans l'antiquité, comme cela a suffi à toutes les époques, à Protogène comme à Raphaël, d'un simple dessin colorié, ou d'une étude peinte d'après nature, soit dans l'atelier du peintre, soit dans la demeure de celui que l'art était appelé à immortaliser, pour servir à l'exécution des portraits historiques les plus ressemblants; et aucun obstacle matériel ne pouvait s'opposer à ce que beaucoup de ces images qui se voyaient dans les édifices publics de la Grèce fussent exécutées sur les murs mêmes, et sans l'indispensable concours de la présence des modèles. D'où il suit que l'objection irréfléchie du docte critique n'en est pas une.

Mais le manque de réflexion est porté plus loin, lorsque M. Raoul-Rochette oppose cette même objection à la représentation des personnages mythologiques, « ces portraits de convention, exécutés « d'après un modèle idéal, dans le seul but de rendre populaires « et présentes en tout lieu les images du beau, personnifiées sous « des noms héroïques, tels que ceux de Nirée, d'Hyacinthe, de « Narcisse, des Dioscures, qui, dit-il, se faisaient *toujours* sur des « tableaux de bois, par le procédé de l'encaustique. »

On voit que les affirmations impératives continuent. Si le savant antiquaire était aussi heureux dans la solution des problèmes mathématiques qu'il l'est peu dans ceux de l'archéologie, il ne pourrait annoncer d'une manière plus absolue des résultats irrévocablement constatés. Non-seulement les nombreuses images de divinités et de héros qui se voyaient dans les grandes compositions peintes sur les murs des temples, rendent déjà cette assertion inadmissible; mais quand même les difficultés d'une semblable exécution pour des portraits réels présenteraient une apparence de raison, personne, excepté le critique, ne se serait hasardé à les admettre également pour la représentation des habitants de l'Olympe, pour ces *portraits de convention*, *exécutés d'après* des modèles imaginaires.

Ou il faut supposer une identité absolue entre les représentations des diverses figures mythologiques, reconnaissables partout et pour tous, par conséquent les mêmes en tout lieu, comme le dit l'auteur des Peintures inédites, et, dans ce cas, ces reproductions n'étaient que des copies d'œuvres préexistantes telles qu'il y en avait aux époques primitives, alors que la beauté n'était pas encore le principal but de l'art; ou bien, il faut supposer un type général, type qui exigeait plutôt la conformité dans l'expression du caractère principal des divinités que dans leurs traits. C'est ce que montrent les chefs-d'œuvre de l'art parvenus jusqu'à nous, et qui offrent entre eux, si je puis m'exprimer ainsi, une grande ressemblance dans leurs dissemblances mêmes. On y trouve bien que chaque divinité porte son type caractéristique; mais l'aspect en est modifié, et leurs images présentent autant de nuances qu'il y a eu d'artistes ayant coopéré à les créer. Les représentations peintes ou sculptées des figures mythologiques étant des conceptions individuelles, improprement désignées par le nom de portraits, car leur modèle n'existe que dans l'imagination, ces figures comportent bien plus l'exécution sur mur que les portraits proprement dits. Pour ceux-ci, il faut un point de départ pris sur la nature, telle qu'elle est; tandis que, pour les autres, les modèles vivants ne sont pas indispensables. Ils peuvent servir à des études préliminaires et préparatoires, mais l'image d'un être idéal ne peut se produire que par le génie des artistes; c'est dans leurs âmes qu'ils en trouvent l'original, et ce n'est qu'à force d'en chercher la reproduction, sans le concours direct d'aucun objet matériel, qu'ils peuvent arriver à le réaliser. Je ne parle que d'hommes supérieurs capables de produire ces images du beau que désigne l'antiquaire, mais qu'il restreint à tort aux seuls personnages héroïques; il s'agit de ces artistes éminents dont les œuvres frappaient d'admiration des nations entières, et qui propageaient le beau et le sublime dans les images des dieux de l'Olympe, avec plus de moyen et plus de puissance qu'il n'était possible de le faire par les images de leurs descendants, les nymphes ou les mortels divinisés. Encore une fois, les auteurs de ces œuvres idéales n'avaient pas besoin d'un modèle à côté d'eux, pour les peindre avec la même perfection, avec le même soin, aussi bien sur le marbre et sur le stuc que sur le bronze et sur le bois.

C'est en appréciant de la sorte ce qui est et a toujours dû être, à côté de ce qui n'est pas et n'a jamais été, que l'on comprendra l'importance des paroles de Dion Chrysostome (1), que M. Raoul-Rochette cite lui-même, comme exprimant « que les places publi-« ques des Grecs étaient ornées de portraits de citoyens illustres, « comme *les temples* de ceux des Héros et des Princes qui avaient « dirigé la destinée des peuples; » ce qui signifie bien que les mêmes honneurs accordés aux divinités dans les sanctuaires étaient rendus, de la même manière, aux grands hommes dans les Forum, soit en élevant à ces mortels illustres des statues autour des portiques et dessous, soit en peignant leurs images sur les murs de ces portiques, comme celles des divinités étaient peintes dans les temples, aussi bien sur les parois des pteroma et des pronaos, que sur celles des cella et des posticum.

Que les vingt-sept portraits des tyrans de Syracuse, enlevés par Verrès du temple de Minerve de cette ville, fussent des peintures non inhérentes à l'édifice, des tableaux portatifs, cela paraît certain d'après les expressions de Cicéron; mais que ces portraits fussent peints sur bois, ce n'est absolument qu'une conjecture, qu'on peut parfaitement refuser d'admettre; car il existe non-seulement autant mais plus de raisons de croire que ce furent des bustes exécutés en métal en forme de boucliers ou de médaillons, ce genre de représentation nous ayant été conservé dans les médaillons sculptés des Propylées à Éleusis, dans quelques autres médaillons semblables conservés dans les musées, comme aussi et surtout

(1) Orat., LXXII.

dans beaucoup de peintures de Pompéi, où l'on voit des bustes ainsi représentés au milieu de panneaux et dans des frises, et cela indépendamment des nombreux exemples de ce genre de représentation dont parlent les auteurs. Quoique ce soient des probabilités plus puissantes par les faits sur lesquels elles s'appuient, que les conjectures de M. Raoul-Rochette toujours si impérieusement imposées comme des vérités absolues, et à l'appui desquelles les auteurs ne fournissent aucun fait concluant, il n'en est pas moins naturel que les portraits en pied ne dussent également être en usage chez les anciens, surtout lorsque ces portraits offraient, en quelque sorte, un trait historique du personnage qu'ils représentaient, et qui les faisait entrer dans le domaine des peintures d'histoire.

« Un fait analogue au précédent, et dont on peut tirer une con-
« séquence toute pareille, est celui que nous apprend Plutarque (1),
« et qui concerne les *portraits des tyrans de Sicyone*, enlevés par
« Aratus à l'époque où il affranchit cette ville, sa patrie. Ces por-
« traits, ouvrages des plus habiles maîtres de l'école nationale,
« étaient certainement placés, soit dans le principal temple de la
« cité, comme à Syracuse, soit dans le Prytanée, ou le Pœcile, ou
« quelque autre grand édifice public ; et l'on doit croire qu'ils
« étaient exécutés *en pied*, à en juger d'après l'exemple cité par
« Plutarque, de celui du tyran Aristrate, qui ne fut sauvé de la
« proscription générale qu'à cause de l'extrême mérite de l'art et
« du talent de son auteur, Melanthius, qui s'était fait aider par
« Apelle. Or, suivant l'idée que nous donne Plutarque de ce *tableau*,
« le tyran Aristrate s'y voyait représenté *debout*, *près d'un char
« portant la figure de la Victoire* : ἅρματι νικηφόρῳ παρεστὼς ὁ Ἀρίστρα-
« τος ; et ce portrait même était bien peint *sur bois ;* ce qui résulte
« encore des expressions de Plutarque : παρέξω τὸν Ἀρίστρατον ἐγὼ

---

(1) In Arat., § XV. Διὸ τὰς μὲν ἄλλας ΕΙΚΟΝΑΣ τῶν τυράννων ἀνεῖλεν εὐθὺς ὁ Ἄρατος, κ. τ. λ.

« παραχωροῦντα τοῦ ΠΙΝΑΚΟΣ. Le peintre Néalcès, ami d'Aratus, pour
« concilier les intérêts de l'art avec ceux de la liberté, qui exigeaient
« la suppression de la figure du tyran, se chargea d'*effacer cette
« figure odieuse, à la place de laquelle il peignit un palmier:* διήλειψεν
« ὁ Νεάλκης τὸν Ἀρίστρατον, εἰς δὲ τὴν χώραν φοίνικα μόνον ἐνέγραψεν; mais cette
« opération fut faite sans doute avec quelque précipitation, car
« les pieds de la figure du tyran effacée restèrent par inadver-
« tance au-dessous du *char*. J'ai dû insister sur ces détails, qui
« contiennent une des particularités les plus curieuses de l'histoire
« de l'art, et qui nous fournissent, sur la manière dont étaient géné-
« ralement conçus ces *portraits* de *Princes*, ou de *Tyrans* de la
« Grèce, un renseignement positif et un exemple authentique, l'un
« et l'autre appartenant à la plus célèbre des écoles grecques de
« peinture. »

Voilà ce que dit M. Raoul-Rochette : voici les observations que l'on peut faire sur ce commentaire et ces conclusions. Plutarque ne parle pas expressément de portraits *enlevés*, comme synonyme d'*emportés*, par Aratus; mais, comme l'a traduit Amyot dans son véridique langage : « Il feit incontinent *effacer* et *abbatre* (c'est-à-dire détruire) toutes les autres images des tyrans : » ce qui, on l'avouera, est bien différent; car cette expression s'appliquerait plus à des peintures exécutées sur mur qu'à des peintures sur bois, en même temps qu'elle désignerait aussi des statues, qui devaient nécessairement exister en plus grand nombre que des images peintes. Il n'y a donc de certitude que pour le portrait peint d'Aristrates, et il n'existe, dans ce seul fait certain, aucune raison pour y trouver *la particularité la plus curieuse de l'histoire de l'art, sur la manière dont étaient généralement conçus les portraits de Princes et de Tyrans* de la Grèce, d'autant moins que l'image d'Aristrates rentrait, par sa composition, dans la catégorie des tableaux d'histoire ou portraits historiques. Cette œuvre n'avait pas non plus pour seuls auteurs Mélanthius aidé par Apelle, mais avec eux tous les disciples du premier de ces célèbres artistes, comme cela résulte, sans aucune contestation possible, des paroles du biographe d'Aratus. Cette circonstance d'un nombreux concours de collaborateurs, pour exécuter une même peinture, était en outre assez curieuse pour qu'elle eût dû être relatée d'une manière conforme au texte grec.

Une chose singulière aussi, c'est la disposition du tableau, telle qu'elle résulte de ce même texte, d'après lequel Aristrates « aurait « été debout *près* du char qui portait une Victoire. » Placer, en effet, un guerrier à côté d'un char, lorsque la Victoire se trouve dedans, c'est célébrer la gloire du guerrier d'une manière dont l'antiquité n'offre aucun exemple. C'étaient les prisonniers qui se trouvaient représentés devant, à côté et derrière les chars, mais non les triomphateurs. Il y a plus : si l'on prend à la lettre l'explication du texte, par M. Raoul-Rochette, au sujet des *jambes oubliées par inadvertance* au-dessous du char, il faut nécessairement supposer que ce tyran se trouva à la fois à côté du char et derrière. De cette façon, Néalcès, après avoir effacé le buste qui aurait dépassé le char, et avoir remplacé ce buste par une palme, pouvait, en effet, avoir oublié d'effacer les parties inférieures du corps, qu'on voyait sous le char, cachées en partie derrière les roues. En supposant la figure à côté et en avant du char, que ce fût de face ou de profil, elle eût été apparente depuis les pieds jusqu'à la tête, et n'eût pas permis de supposer l'oubli des jambes. Mais cette disposition, en offrant le personnage principal d'une façon très-ostensible, ne le montrait pas à la place que la tradition antique permet de croire qu'il occupait. Cette place était dans le char, Aristrates sur le devant, la Victoire derrière lui, le couronnant ; comme de semblables compositions sont représentées sur un grand nombre de médailles, sur des arcs de triomphe, et dans quelques peintures de Pompéi. Le tableau ainsi disposé, et en supposant le char représenté de profil ou de face, tout devient explicable : le héros n'est vu que par le buste, il occupe la vraie place d'honneur; et les chevaux, avec ou sans conducteur, le char et la Victoire, présentaient un ensemble assez important pour justifier le motif de l'intercession de Néalcès et de la concession d'Aratus. Ensuite, comme ordinairement les triomphateurs ont une petite palme ou une branche d'olivier à la main, l'idée de remplacer le héros par une palme plus grande était d'autant plus simple et naturelle, que sa forme permettait parfaitement de remplacer le buste effacé (1). En admettant cette hypothèse, elle expliquerait peut-être mieux, et les mots attribués par Plutarque à Néalcès : « Je laisserai le char et la Victoire, et je ferai sortir Aris-« trates du tableau; » et ceux-ci d'Amyot, si parfaitement explicatifs : « L'on dit qu'au-dessoubs du chariot demourerent *cachéz* les « piedz d'Aristratus : » car alors les pieds doivent avoir été supposés dans le char, et s'y trouver avoir été cachés, avant comme après que la figure avait été effacée.

Si juste que paraisse cette explication, elle peut être faite différemment encore : ce qui prouve une fois de plus qu'il y a toujours d'immenses difficultés à expliquer d'une manière satisfaisante, par le texte des auteurs, les faits relatifs à l'art, lorsque ces faits sont reproduits accidentellement, et dans un autre but que celui de l'art proprement dit.

Quant à l'objet principal de mes observations, elles laissent subsister en entier ces résultats, que les divers portraits des tyrans de Sicyone, mentionnés par Plutarque, peuvent être supposés avoir été peints plutôt sur mur que sur bois, et que celui d'Aristrates ne pouvait, en aucune manière, être regardé comme étant le type général des portraits en usage chez les Grecs, et comme offrant à ce sujet le *renseignement positif, l'exemple authentique* qu'y voit et

---

(1) M. Raoul-Rochette, en changeant en un palmier la palme expressément énoncée par Plutarque, a probablement admis la suppression de la figure entière, ce qui ne se concilie, en aucune manière, avec la singulière inadvertance qu'il prête à Néalcès, d'avoir *oublié* d'effacer les jambes au-dessous du char.

que proclame le critique. L'Aratus vainqueur, représenté avec un trophée, dont Pline parle comme d'une œuvre de Léontisque, et qui offre une autre manière de peindre des portraits de guerriers victorieux, est nécessairement une preuve contre cette dernière assertion.

A l'occasion des portraits peints à Sicyone, c'est peut-être le lieu de rappeler que les Grecs placent l'origine de la peinture dans cette ville ou à Corinthe, et l'attribuent au tracé de l'ombre d'une tête chérie sur une muraille (1). Narration d'un fait réel ou fable imaginée par un poëte, cette tradition est d'accord avec l'histoire de l'art. En effet, l'histoire nous apprend qu'il fallut beaucoup plus de temps aux anciens pour faire progresser l'art de la peinture que pour en perfectionner les procédés matériels; et les tombeaux de l'Étrurie nous montrent des peintures appartenant les unes à l'enfance de l'art et les autres à des époques de progrès, appliquées avec les mêmes procédés sur les mêmes fonds, c'est-à-dire sur des parois de rochers sans enduit ou avec enduit, comme cela a été, dans toute la Grèce, sur les parois en pierre ou en marbre des édifices. Ces fonds, arrivés déjà à une certaine perfection avant que l'on ornât les murs de peintures historiques, présentaient de belles surfaces toutes préparées, et devaient faire préférer, par les artistes, la peinture murale à tous les autres genres de peinture. J'ajouterai que si la peinture sur bois avait originairement existé, il eût été naturel que la tradition rappelât que des planches avaient reçu l'ombre et son tracé. Mais l'idée de peindre sur bois ne pouvait naître dans la pensée des Hellènes, parce qu'un pareil intermédiaire trop compliqué exigeait une industrie spéciale, qui ne devait se développer qu'avec le besoin qui la créa.

Sans doute il pourrait sembler puéril que, sur une induction aussi légère, je cherchasse à appuyer d'une manière absolue les nombreuses preuves que j'ai avancées pour établir l'existence primitive

---

(1) **Pline**, liv. XXXVII, ch. V.

et permanente de la peinture murale. Toutefois, si cette induction ne présente, à l'égard de ces faits, rien de certain, elle fait présumer en leur faveur; ce que ne sauront méconnaître les personnes capables d'apprécier les ingénieuses, intelligentes et profondes fictions des anciens.

Le docte critique prétend ensuite « que *le nœud de la question* « est la manière dont les portraits étaient placés dans les temples et « les édifices publics; » et il cite, à ce sujet, deux passages, selon lui, précieux et restés ignorés jusqu'à présent. Le premier, où Pausanias dit(1), en parlant des courses des jeunes filles de l'Élide dans les jeux Héræens, célébrés à Olympie, « qu'on permettait à « celles qui avaient remporté la victoire de se faire peindre et de « consacrer leurs portraits; » le second (2), où, en parlant d'un portique élevé à Élis, à double colonnade avec un mur dans le milieu, cet auteur dirait « que dans ce mur était encastrée, de chaque « côté, une collection de portraits. » Mais qui a jamais douté que des portraits votifs fussent consacrés dans les temples et ailleurs? Pausanias en cite beaucoup d'autres exemples, dont plusieurs peuvent avoir été des tableaux, mais dont la plupart désignent certainement des portraits peints sur mur. Puis, comment assurer que les portraits des jeunes Éléennes étaient des tableaux placés dans le temple de Junon, lorsque le savant antiquaire, tout en parlant, dans son texte, de ce placement comme d'un fait positif, l'énonce, dans un renvoi, comme une conjecture? En effet, Pausanias ne spécifie pas le lieu dans lequel la consécration pouvait se faire, et il laisse une incertitude absolue sur la manière dont les portraits étaient exécutés et exposés. Ce premier passage n'a donc rien de précieux, puisque, s'il donnait lieu à une conclusion aussi certaine qu'elle est indécise, cette conclusion n'aurait aucune importance :

---

(1) Liv. V, ch. XVI.
(2) Liv., VI, ch. XXIV.

et il n'a pas été cité en premier lieu par M. Raoul-Rochette, puisque M. Letronne, qui place conjecturalement les portraits en question dans l'Héræum d'Olympie, en avait parlé, comme on l'a vu dans mon analyse du livre de ce savant (1). Quant au second passage, où des statues placées contre un mur sont prises pour des peintures encastrées dans le mur, il est certain que si c'est là une précieuse découverte, M. Raoul-Rochette seul pouvait en apprécier le mérite.

En fait donc, ce que ce savant nous apprend sur la manière dont les portraits étaient placés dans les temples et les édifices publics ; ce qu'il nous apprend, enfin, *sur le nœud de la question*, se réduit, comme le remarque à ce propos M. Letronne, à rien (2).

Je ne citerai la redite, relativement aux portraits de Léosthène et de ses enfants, placés dans l'enceinte consacrée à Jupiter et à Minerve, au Pirée ; de Thémistocle, dédié dans le Parthénon ; d'Alcibiade, de plusieurs divinités, de Philarque, enfin des Thesmothètes, peints par Protogène, que pour m'arrêter à celui de Calippus, œuvre attribuée cette fois par le savant critique à Olbiade, après m'avoir reproché assez durement d'avoir pris ce nom pour celui d'un peintre, au lieu d'y voir un législateur, comme il le soutenait alors. Ceci n'est pas pour faire ressortir cette erreur d'érudition et cette légèreté à censurer les autres, alors que le censeur seul est fautif ; mais afin de rendre à M. Raoul-Rochette la justice d'avoir admis cette vérité, après l'avoir contestée.

Mais en quoi ces citations, déjà faites par M. Letronne, par Eichstædt, par Quatremère de Quincy et par moi, avancent-elles la question ? Qu'ajoutent-elles aux faits connus ? Quelle nouvelle solution en tirer ? Celle que M. Raoul-Rochette est forcé d'admettre lui-même : qu'il y avait des portraits dans les monuments sacrés et

---

(1) P. 85, et dans les *Lettres d'un antiquaire*, p. 133.
(2) Appendice aux Lettres d'un antiquaire à un artiste, p. 108.

profanes, et que ces portraits étaient suspendus aux murs et portatifs, ou peints sur les murs et inhérents aux édifices. Aussi, pour distraire le lecteur de cette solution, la seule possible, le docte antiquaire remplit une douzaine de pages d'une dissertation sur les ouvrages de Protogène, pour établir que cet artiste, ayant peint des vaisseaux jusqu'à l'âge de cinquante ans, n'avait jamais peint que sur bois. Ce fait, fût-il affirmé par Pline, serait détruit par la raison que les peintres de talent se sont toujours approprié facilement les procédés techniques en usage à leur époque. Protogène eût bientôt appris à peindre sur mur, s'il était vrai qu'il n'eût exercé pendant longtemps que la peinture sur bois. Ici encore l'opinion de M. Raoul-Rochette n'est pas plus fondée que celle que j'ai réfutée, et d'après laquelle ce savant voulait que les portraits exécutés par le même artiste n'eussent pu être peints sur mur, parce que des portraits ne pouvaient se faire que dans l'atelier. Cependant, puisqu'il s'agit des peintures du Paralus et de l'Hammoniade ou Nausicaa, que Pline dit (1), en effet, avoir été exécutées par Protogène sur les parois du Propyléon athénien, ces sujets, dans lesquels le critique ne veut pas voir les deux vaisseaux sacrés d'Athènes, qui portaient les noms de Paralos et Ammonias, sont pour lui, l'un l'image d'un héros de l'Attique, Paralos, et l'autre le sujet de Nausicaa, tel qu'il est représenté sur le coffre de Cypselus. Il arrive ainsi à la conclusion, que ces peintures étaient des portraits, et rentraient dans la catégorie des œuvres non exécutables sur mur. Le savant archéologue s'appuie sur l'impossibilité d'accorder, avec la représentation des vaisseaux sacrés, la notion *de petits vaisseaux longs*, dont Pline parle comme ayant été introduits par l'artiste dans les ornements qui entouraient ces peintures ; petits

---

(1) Liv. XXXVI, ch. XX. Les anciennes éditions de Pline et les Mss. de la Bibliothèq. nat. portent Hammoniada, Hamoniadam, Amoniadam, et nulle part HÉMIONIDA, qui est une correction de E. Barbaro. (Letronne, append., ouv. cité, p. 128.)

vaisseaux que, selon M. Raoul-Rochette, le peintre aurait relégués dans quelque *coin* de son tableau.

Je ferai, sur la présence de ces accessoires, les observations suivantes, susceptibles d'éclairer cette particularité, et de fournir une certitude de plus à l'appui de l'opinion que ces peintures étaient murales. Voici les paroles de Pline parlant de Protogène : « Son « maître est inconnu. On prétend qu'il a peint des vaisseaux jus- « qu'à l'âge de cinquante ans, et on cite à l'appui qu'en peignant « le Propyléon dans le lieu si célèbre de Minerve à Athènes, où il « représenta le noble Paralus et l'Hammoniade, nommée aussi Nau- « sicaa, il ajouta, dans les parties que les peintres appellent orne- « ment (parerga), de petits vaisseaux longs, pour montrer de quel « commencement ses œuvres étaient parvenues au plus haut point « de l'art. »

Ce qui ressort, en premier lieu, de ces paroles, c'est que les *ornements* (parerga) dont il s'agit devaient être usuels, et habituellement employés par les peintres pour accompagner leurs peintures ; et qu'en y introduisant les petits vaisseaux, Protogène n'a pas pu les avoir relégués dans *un coin* de son tableau. Les placer ainsi avec la pensée attribuée par Pline à l'artiste, c'eût été agir contre le but que celui-ci se proposait, et qui devait être de montrer très-ostensiblement aux yeux du spectateur le moyen qu'il avait imaginé pour exprimer son idée. La supposition du critique n'est donc pas admissible.

Mais si M. Raoul-Rochette avait pris la peine de chercher parmi les éléments antiques des objets analogues, il les aurait trouvés dans les peintures murales de Pompéi, d'Herculanum, des Thermes de Tite, et de la Maison antique découverte dans la villa Négroni. Ces peintures, soit qu'elles représentent des figures isolées ou des compositions de plusieurs figures, sont entourées d'encadrements peints, et ces encadrements se prêtent parfaitement à l'introduction de tous les genres d'accessoires. En effet, si le charme de la couleur et de la forme, puisé dans les innombrables productions de la nature, semble avoir présidé souvent à la conception de ces riches entourages; très-souvent aussi on y voit entremêlés de délicieux petits sujets en harmonie avec les peintures principales. C'est donc de cette manière qu'il est judicieux de supposer l'introduction des vaisseaux allégoriques de Protogène. L'imagination n'aurait, pour cela, que peu de frais à faire; car il existe, parmi les peintures d'Herculanum, de petites frises où plusieurs navires sont peints de la sorte, et qui auraient pu parfaitement avoir été employées dans un but semblable (1). Quoi qu'il en soit du plus ou moins d'identité de ces exemples, il y a, dans ces faits rapprochés du passage de Pline, au moins ceci d'incontestable, que les compositions exécutées par le célèbre artiste, dans le *Propyléon*, étaient accompagnées d'ornements qui formaient des encadrements peints; et que c'est dans ces encadrements que se trouvait l'allégorie qui exprimait la faiblesse des premiers travaux de Protogène, à côté de la supériorité de ses œuvres postérieures. Il y a donc ici certitude sur l'emploi d'un usage que les Hellènes n'appliquaient qu'à la peinture monumentale, et qui se trouvait, selon les expressions précises de Pline, appliqué de même aux œuvres que Protogène exécuta dans les Propylées d'Athènes; et cet emploi devient encore une nouvelle et surabondante preuve du grand nombre de peintures murales qui enrichissaient ce magnifique édifice.

Prétendre, comme on pourrait le faire, que rien ne prouve que des tableaux entourés d'une bordure réelle fussent, indépendamment de cet entourage indispensable, enrichis encore par des cadres peints, ne pourra jamais être une objection de quelque poids, non-seulement parce que c'est un contre-sens que les modernes même n'ont presque jamais commis, et que les anciens devaient être moins susceptibles de commettre, mais parce que, dans la grande quantité de tableaux portatifs représentés dans les peintures antiques, fixés

(1) *Antichità di Ercolano*, de T. Piroli, T. I, Pl. XLV.

droits contre les murs, ou suspendus au mur et penchés en avant, tous n'ont qu'une simple bordure, sans le double emploi d'un second entourage d'ornements peints, entourage qui n'a été employé qu'aux peintures sur murailles, lesquelles ne pouvaient être décorées que de cette manière, et qui seules le furent.

Il importe peu à l'objet principal de la discussion de savoir si les peintures de Protogène représentaient, en effet, deux vaisseaux sacrés des Athéniens, comme le pensent la plupart des savants, ou si la supposition qu'elles consistaient en deux portraits est plus admissible. Mais comme la question est importante sous plusieurs autres points de vue que j'aurai occasion de traiter ultérieurement, je ferai seulement remarquer au critique, qui qualifie d'*absurdités* les interprétations opposées aux siennes, parce que, selon lui, *le travail du célèbre artiste ne pouvait avoir consisté dans la représentation de deux navires, et que c'eût été une singulière combinaison qui aurait placé de petits vaisseaux pour accessoires dans la peinture d'un vaisseau*, je ferai remarquer, dis-je, que c'est encore là se prononcer sans aucune réflexion. Non-seulement la représentation de pareils sujets pouvait offrir un grand intérêt sous le point de vue religieux, mais aussi sous celui de l'art. N'y a-t-il donc jamais eu de tableaux remarquables, comme peintures, dont tout le mérite a été d'offrir la copie fidèle d'un célèbre bâtiment de guerre, ou autre? Et, pour ne pas s'avancer aussi inconsidérément, était-il donc si difficile de se souvenir que de pareils tableaux sont rarement sans personnages, et qu'ils peuvent, par conséquent, présenter un vaste champ à l'application de tous les genres de peintures, et à l'emploi des talents les plus divers et les plus élevés? En se rendant compte de la représentation possible du Paralos et de l'Ammonias comme vaisseaux sacrés, ne fallait-il pas associer aux images peintes de ces navires les actions qui s'y rattachaient, et qui devaient consister dans les pompes religieuses les plus imposantes ; pompes certainement non moins susceptibles de présenter à la peinture les moyens de créer des œuvres sublimes, que, dans un autre genre, les cérémonies des Panathénées les présentèrent à la sculpture? Dans une telle hypothèse, quelle difficulté y aurait-il donc d'accorder, avec une semblable composition, l'introduction accessoire des petits vaisseaux dans les encadrements ornés, sans qu'il ait pu en résulter de l'incohérence et un effet choquant? Nécessairement aucune. Quant à l'importance d'un pareil sujet, les temps modernes l'ont offerte dans la pompeuse solennité, à la fois religieuse et politique, des Épousailles du doge de Venise avec l'Adriatique : cette solennité peut, en quelque sorte, donner une idée de celle que devaient représenter les peintures des vaisseaux sacrés d'Athènes. Quiconque a vu en tableau l'action dans laquelle le Bucentaure, cette magnifique galère du chef de la république, domine sur toutes les embarcations qui l'accompagnent, et où les principaux personnages, aussi bien que leur suite et les spectateurs, présentent les groupes les plus imposants, les plus intéressants et les plus variés ; quiconque, dis-je, a vu un de ces tableaux, sera persuadé que des scènes analogues, avec tous les avantages des lieux, de l'époque, des costumes et des mœurs helléniques, pouvaient permettre à Protogène de créer des chefs-d'œuvre dignes de toutes les louanges que leur décernèrent Cicéron et Pline.

Les principales considérations alléguées en faveur de la transformation des deux représentations de navires en deux portraits humains étant aussi peu fondées, je n'ai nullement besoin, pour repousser cette idée, de prolonger ici cet examen. Errer avec des hommes comme les illustres érudits que le savant antiquaire traite si sévèrement, sera toujours une plus sûre garantie contre de véritables erreurs, que de suivre la voie opposée, semée d'assertions hasardées. D'ailleurs, M. Raoul-Rochette mieux éclairé reconnaîtra peut-être un jour l'erreur d'avoir confondu un Héros et la fille d'Alcinoüs avec deux vaisseaux, comme il a reconnu avoir pris inconsidérément Olbiade, le peintre, pour un législateur. Cet aveu lui paraîtra sans doute plus facile, s'il réfléchit au fait qu'il admet des travaux primitifs de Protogène, comme peintre de vaisseaux. En effet, soit que cette spécialité consistât dans l'exécution des ornements et des figures dont les anciens décoraient leurs navires, soit qu'elle eût pour objet de ne peindre que de petites vues maritimes, comme celles dont je viens de parler, l'une et l'autre de ces occupations, en familiarisant journellement le peintre avec la forme et les détails de tous les genres de bâtiments, devait rendre très-probable chez Protogène un talent particulier pour les reproduire avec facilité et exactitude. D'où il est conséquent de déduire qu'indépendamment du talent qu'il possédait comme peintre de portraits et de sujets historiques, celui de peintre de vaisseaux devait le faire choisir de préférence pour des compositions où deux vaisseaux jouaient le principal rôle.

Tout ce qui est dit encore au sujet des portraits en buste, de profil ou de face, peints sur des médaillons ronds et des boucliers, de matières diverses, n'ajoute et ne peut rien ajouter aux éléments de la discussion relative à la peinture murale. Il n'est aucunement nécessaire d'être savant pour savoir que l'usage de ces sortes de portraits, dont il a déjà été question plusieurs fois, était très-multiplié chez les anciens. Mais le point vers lequel l'auteur des Peintures inédites tend à diriger ses efforts, c'est à faire croire que la plupart de ces portraits étaient incrustés dans les murs, sans pouvoir en fournir une seule preuve certaine. Les textes et les faits ne montrent, à cet égard, que des objets fixés sur les parois, à peu près comme le furent les boucliers anciennement placés sur l'architrave du Parthénon.

On comprend, du reste, parfaitement la peine que se donne le savant archéologue pour faire croire à ses encastrements et à ses incohérentes incrustations; on comprend qu'il s'efforce d'y chercher une espèce d'incorporation avec les édifices qui soit susceptible de contre-balancer la disposition monumentale des peintures sur mur, si essentiellement inhérentes aux édifices. Mais, sans revenir sur cette puérile insistance à vouloir substituer le procédé le plus destructible, le plus inexécutable, le plus inadmissible enfin, à ce que le procédé grec offrait de durable, de facile et de seul admissible dans la décoration architecturale, ce qu'il faut voir dans cette incessante et infructueuse tendance à donner à ses revêtements, en menuiserie peinte, une apparence de solidarité avec l'architecture, c'est qu'au fond la conscience du docte antiquaire semble s'élever, malgré lui, contre la faiblesse d'un système qui établit entre le bois et le marbre une alliance qui ne pouvait être qu'éphémère, qui était contre nature, et qui est restée sans exemple.

Pour la suite du chapitre, qui n'offre toujours que des citations, confusément entremêlées, tirées des auteurs qui ont spécialement traité des portraits de tout genre chez les anciens, à l'exception toutefois des endroits où le savant antiquaire confond, avec des portraits peints, les images en cire coloriée placées dans les atrium, il ne me reste qu'à faire l'extrait du renvoi 4, p. 240, où M. Raoul-Rochette, à propos des médaillons en usage chez les Grecs et les Romains, dit : « On pourrait voir une *tradition de l'antiquité* dans « cette suite de portraits des quarante-deux premiers évêques de « Rome, qui avaient été peints sur la frise intérieure de la grande « nef de la basilique de Saint-Paul hors des murs. L'exécution de « ces peintures, qui se terminaient au pape Symmaque, élu en 490, « était attribuée au pontificat de saint Léon le Grand; et l'on voit en-« core, dans la célèbre basilique de Saint-Apollinaire *in classe*, près « de Ravenne, une suite de portraits semblables, peints également « sur la frise, dont la première exécution doit se rapporter à la même « époque, et qui nous offrent *une réminiscence du même genre*. » Ainsi, après avoir à plusieurs reprises réfuté et rejeté bien loin les témoignages traditionnels en faveur des peintures murales des Grecs et des Romains, témoignages que, dès l'origine de la discussion, j'avais signalés comme se trouvant dans les peintures sur mur des anciennes basiliques, dans leurs mosaïques, comme dans les fresques de Giotto et de Raphaël, c'est, pour ainsi dire, furtivement et presque à la fin de son ouvrage, que le savant archéologue a placé la justification de cette remarque de ses adversaires, et la condamnation de l'opposition qu'il y avait faite ! C'est donc un nouvel hommage rendu à la vérité, peut-être un peu clandestinement ; mais, en songeant à la place que le critique croyait avoir été choisie par Protogène, « *dans quelque coin de son tableau,* » pour y peindre de petits vaisseaux, comme un aveu de sa primitive profession, M. Raoul-Rochette est bien pardonnable d'avoir écrit, dans un coin de son livre, cette confession de ses dernières erreurs.

Ce que le docte antiquaire dit relativement à des planchettes très-minces en bois de sycomore, trouvées incrustées sur des momies égyptiennes, planchettes sur lesquelles étaient peints des portraits, et dont la conservation est, à ses yeux, une preuve pour la durée des tableaux en bois, selon lui, *très-minces aussi*, incrustés dans les murs des temples de la Grèce, ne peut être l'objet d'une réfutation sérieuse. Les caisses en bois des momies, couvertes de peintures dont le développement offrait de bien plus grandes surfaces, et qui n'ont souffert aucune altération, seraient une preuve bien plus concluante. Si M. Raoul-Rochette croit, comme il le dit, que le *fait cité est assez positif* et *d'une analogie assez sensible* pour dispenser de tout commentaire, et qu'il suffit de le recommander à l'attention des lecteurs, je me permettrai de dire qu'il n'est pas possible de commenter, pour y trouver une analogie, deux objets plus opposés. Certes si j'avais été réduit à comparer des planchettes d'une surface de quelques centimètres, placées en Égypte à l'abri de l'air, dans les conditions les plus conservatrices, au fond de caveaux ou de grottes taillés dans le granit ou la pierre, et des tableaux en planches, d'une étendue considérable, exposés, le plus défavorablement possible, à toutes les intempéries, le critique aurait certainement taxé cette comparaison d'une aberration d'esprit, et il aurait eu raison (1).

CHAPITRE XXVII.

§ V. De la Pornographie (2), « ou des peintures licencieuses, la plupart de sujets sacrés, et exécutées de la main d'habiles maîtres, pour être placées dans les temples ou dans les édifices publics, et plus tard dans les habitations particulières. »

Dans ce chapitre, dont l'objet principal est de présenter les mœurs, les usages et les arts des anciens sous le point de vue le plus immoral et le plus corrompu, l'auteur, oublieux de sa dignité

---

(1) On ne se rend en général pas assez compte à quel point les climats de l'Italie, de la Sicile et de la Grèce sont destructeurs du bois; non pas, comme dans les pays occidentaux, par l'humidité, quoiqu'il y tombe des torrents de pluie et souvent de la neige, comme cette année encore à Athènes, mais surtout par les fortes chaleurs et l'excessive sécheresse qui en est la suite, et qui gerce, non-seulement les portes et les volets à l'extérieur des édifices, mais la plupart des objets en menuiserie de l'intérieur des habitations. Le savant antiquaire M. L. Ross, qui a séjourné longtemps en Grèce, dit à ce sujet, dans sa Négation de l'Hypæthre des anciens : « L'ennemi local (de la statue de Minerve du Parthénon) était l'exces-« sive sécheresse, lorsque, dans les fortes chaleurs, les rochers et les marbres, « sous les rayons brûlants du soleil, rougissent au point qu'on n'ose les toucher « de la main, et que les meubles en bois, dans les maisons, se fendent avec de « bruyants craquements. » *Hellenika*, tom. I, p. 17.

(2) Ce mot n'existe pas dans la langue grecque. Il est souvent employé, dit M. Letronne, par ceux qui écrivent sur les arts pour désigner des peintures obscènes, quoique l'étymologie du mot, qui vient de πόρνη, *prostituée, femme publique,* conduise à un sens différent. C'est une erreur, ajoute le savant philologue, que de comprendre sous le titre de Pornographie, comme le fait M. Raoul-Rochette, à la fois un genre particulier de compositions licencieuses et lascives, et les sujets érotiques et voluptueux représentés sur des vases et dans des peintures d'Herculanum et de Pompéi. En effet, beaucoup de ces dernières peintures, que

d'écrivain, déshonore à la fin de sa carrière toute l'antiquité; il flétrit ce que les études de sa vie entière auraient dû lui apprendre à respecter, et ce qu'il s'était complu jusqu'alors, comme professeur d'archéologie, à exalter parfois peut-être au delà des bornes d'une juste appréciation.

Réunir arbitrairement des faits rares; en ajouter qui n'existent pas; calomnier la Grèce et Rome anciennes, pour édifier sur les caprices d'individus isolés, et particulièrement sur la hideuse frénésie de quelques empereurs dépravés, qui souillèrent le trône des Césars, un système aussi monstrueux qu'il est exagéré, c'est ce que fait M. Raoul-Rochette, dans le seul but d'arriver à la conclusion que tous les tableaux mythologiques des anciens appartenaient à un genre particulier de peintures licencieuses, qu'elles étaient toutes *sur bois*, et la plupart *encastrées* dans les murs des habitations particulières, des temples et des édifices publics.

Certainement, les anciens ont produit des œuvres d'art licencieuses; mais, en réduisant ces compositions aux seuls exemples cités par les auteurs, ou à ceux que l'antiquité nous a conservés, il importerait peu à l'opinion que je défends de faire au critique l'indifférente concession que ces produits exceptionnels, provenant d'artistes ou sans mœurs, ou avides d'un lucre puisé à des sources honteuses, fussent des tableaux de chevalet, peints sur bois.

Personne n'admettra que l'on puisse regarder comme des représentations de sujets obscènes tous ceux ayant rapport aux amours des dieux et des héros païens. Ces compositions, séduisantes par leur beauté et leurs grâces, malgré la différence de nos mœurs et de nos sentiments religieux comparés à ceux des anciens, ne peuvent faire éprouver d'autre sensation que celle d'un charme irrésistible, devant lequel tout front chaste ne peut avoir à rougir. Il est donc impossible de comprendre, même celles de ces

---

l'auteur de la Pornographie qualifie lui-même de charmantes, n'ont absolument rien d'indécent.

créations les moins distinguées comme mérite artistique, parmi des peintures abjectes qui ne pouvaient figurer et qui ne figuraient que dans des lieux consacrés, par la plus grande dépravation, à la plus grande débauche.

Encore ne parlé-je que des peintures trouvées à Pompéi et à Herculanum, nécessairement inférieures aux œuvres des grands artistes de la Grèce, dont le goût et le talent exquis devaient s'attacher à exprimer, surtout dans les sujets les plus délicats de leur mythologie, les sensations d'une essence supérieure, indépendantes de tout acte matériel, et auxquelles l'homme peut atteindre, lorsque la seule contemplation de l'objet de ses désirs élève ses jouissances bien au delà de celles de l'unique satisfaction donnée à ses sens.

Mais, pour prouver que l'Olympe des divinités de la Grèce n'était qu'*un vaste champ où le libertinage de l'art pouvait choisir à souhait*, et qu'il n'y avait pas d'*impureté qui ne se trouvât dans le mythe* de quelque dieu, citer le tableau de Ctésilaque, où ce peintre de sujets lascifs, comme le désigne Pline, avait représenté en caricature Jupiter accouchant de Bacchus, est-ce là un témoignage plausible en faveur d'assertions aussi graves? S'il était juste de juger les mœurs et les sentiments religieux des modernes d'après les images et les écrits au moyen desquels on a, à toutes les époques, cherché à ridiculiser ce qui était le plus vénéré dans le culte chrétien, serait-on en droit de se fonder sur ces sacriléges productions, comparativement plus nombreuses que celles semblables que nous connaissons de l'antiquité? Certainement non.

Puis, que penser d'un archéologue qui met de l'insistance à se prévaloir de la représentation licencieuse de la naissance de Bacchus par Ctésilaque, lorsque tous les bas-reliefs antiques, les miroirs étrusques et les peintures de vases, qui offrent ce même sujet, témoignent, au contraire, à quel point éminent le génie des anciens sut y répandre de charme, de noblesse, de beauté, et une entière pudicité?

Certainement, lorsque Phidias représenta, au sommet du Parthénon, la naissance de Minerve, et que ce sujet d'un mythe analogue se trouve si admirablement composé et ennobli par la peinture, la gravure et la sculpture, sur les vases en terre cuite, les miroirs en métal et les camées en pierre fine, mais nécessairement d'une manière inférieure à l'œuvre monumentale de l'immortel artiste athénien, n'y a-t-il pas là les raisons les plus prépondérantes, les plus plausibles pour payer aux Grecs le tribut de la plus grande admiration, à l'encontre des iniques accusations dont ils sont l'objet?

M. Raoul-Rochette cite encore les représentations ayant un rapport direct au mythe de Bacchus, comme fournissant de puissants arguments en faveur de son assertion; et cependant, rien n'est plus rare que de rencontrer, dans ce genre de sujets, ces *orgies*, ces scènes d'*ivresse* et de *débauche* qu'il voit dans tous, et qui permettraient de les classer dans la catégorie des ignobles peintures auxquelles il donne une si répugnante signification. Si l'ivresse y est exprimée, elle n'offre aucunement un aspect avilissant, et l'orgie et la débauche ne s'y trouvent jamais représentées d'une manière abjecte et libertine. Sans ôter à la mythologie païenne son principe matérialiste, il y a, quant aux principes de l'art qui dominent dans la représentation des sujets religieux, et qui ne peuvent être que la conséquence du sentiment général des Grecs, un caractère dominant d'*élévation* que personne ne peut nier, qui n'a jamais été porté depuis aussi loin, et qui montre, dans la continuelle recherche et la continuelle production du beau, la tendance la plus pure et la plus méritoire. Il n'y a pas jusqu'aux scènes particulières des Bacchanales qui ne présentent aucunement, dans leur généralité, des actes indécents; et *l'audace comme l'effronterie*, qui, selon l'auteur de la *Pornographie*, s'attaquaient continuellement, chez les anciens, aux mystères les plus sacrés de leur religion, n'ont jamais été que des exceptions, des égarements individuels, comme il en a existé en tout temps (1).

(1) Dans la collection entière des sujets bachiques du musée du Louvre, pas un

S'il en était autrement, que de motifs pour accuser les époques les plus ferventes du christianisme? car si jamais la représentation vraiment indécente de sujets tirés de la Bible pouvait être appréciée, comme le fait M. Raoul-Rochette, à propos de quelques sujets profanés et ridiculisés des croyances païennes, il suffirait de jeter les yeux sur les peintures de l'épisode de Noé, le plus analogue aux scènes relatives à Bacchus, pour être assuré que si l'indécence est quelque part, elle n'a jamais été portée aussi loin dans les sérieuses productions antiques les plus libres, qu'on la trouve dans les peintures à fresque et sur verre, comme dans les sculptures en pierre et en bois qui ornent un grand nombre de basiliques chrétiennes, élevées depuis le Xe jusqu'aux XV et XVIe siècles (1).

Mais lorsque ces œuvres ne peuvent prouver que l'impuissance de l'art, le sentiment grossier de l'artiste, sans témoigner en rien

seul ne peut motiver les reproches du critique; et si l'on jette un regard sur le délicieux bas-relief représentant les noces de Bacchus, que j'ai donné Pl. XIV, Fig. 1, comme un exemple de la sculpture polychrôme, rien ne saurait, par sa présence fortuite, autant que ce bas-relief, venir à l'appui de la tendance générale des Hellènes à ennoblir, par le sentiment de la pudeur, les compositions mêmes qui, avec des idées opposées, auraient dû nécessairement, au lieu de ce sentiment, exprimer le désordre des sens dans tous ses excès. Aussi rien ne saurait être plus éloquent pour justifier l'antiquité, si légèrement accusée et condamnée par M. Raoul-Rochette, que de placer ici la gracieuse description des noces de Bacchus, par M. T. Panofka (*Musée Blacas*, p. 12): « Regardons, dit cet illustre
« antiquaire, la danseuse qui est à la tête de la procession : quelle grâce dans ses
« pas, et quelle ivresse dans le mouvement de sa tête et de ses cheveux flottants!
« Elle chante l'hymne d'hyménée en l'honneur du couple divin qu'elle devance.
« Vient ensuite la jeune fiancée, modeste et timide, s'attachant à son bel époux,
« mais n'entrevoyant le bonheur qu'à travers le bandeau de *l'innocence; la pudeur*
« empreinte sur ses traits forme un contraste admirable avec la volupté qui anime
« ceux de la première bacchante. Bacchus, appuyé sur sa jeune épouse, ne semble-
« t-il pas résigner la puissance qu'il exerce par le bienfait du vin, pour se soumettre
« lui-même à l'empire de Vénus? Ne trahit-il pas le désir ardent dont son cœur est
« préoccupé? Et certes, la bacchante qui le suit en dansant, au son du tambourin
« qu'elle frappe en cadence, ne doit qu'exciter davantage le feu qui l'embrase. »

(1) Je ne citerai que la Pl. XXII des peintures de l'église de Saint-Savin.

contre la religion et les mœurs en général, à plus forte raison y a-t-il erreur et méprise à vouloir que l'esprit dépravé, railleur et anti-religieux de quelques peintres anciens soit un témoignage absolu à l'appui d'un système permanent d'immoralité et de corruption pour toute l'antiquité.

Du reste, si l'exagération, pour appuyer sa doctrine au sujet des peintures sur bois, et de leur enchâssement dans les murs, jette M. Raoul-Rochette dans l'émission et la défense d'une opinion par elle-même bien plus importante, quoique tout aussi fausse, que le fait des peintures murales, on ne doit pas être étonné que cette opinion lui fasse oublier, parfois, ces dernières; sans cela, il y aurait quelque chose de trop naïf dans la manière dégagée avec laquelle, pour ajouter un *renseignement neuf et curieux à la pornographie*, le savant mentionne, page 260, la découverte qui eut lieu, peu d'années avant 1836, dans l'île d'Égine, « d'un petit édifice souterrain, « de forme ronde, où s'étaient conservées des *peintures sur mur* « avec des groupes d'hommes et de femmes extrêmement lascifs, « d'une belle époque de l'art, et appartenant à une école grecque, » c'est-à-dire, l'existence d'un fait tellement important et concluant, que sa négation a été et est encore le point principal des arguments de M. Raoul-Rochette.

C'est dans la Lettre de M. Letronne à M. F. Jacobs, *Sur la rareté des peintures licencieuses chez les anciens*, qui se trouve en tête de l'Appendice aux Lettres d'un antiquaire à un artiste, qu'il faut lire la réfutation détaillée du chapitre de la pornographie, et de l'incohérente proposition « que les peintures licencieuses, ex-« trêmement multipliées chez les Grecs et les Romains, formaient « un ornement habituel dans les maisons, les palais, les temples « et les portiques. »

Je ne relaterai ici que l'appréciation claire, juste et vraie que fait l'auteur de la Lettre dans la distinction des œuvres d'art antiques qu'il désigne ainsi : 1° Les images contraires à nos sentiments de pudeur, telles que les figures ithyphalliques ; ces symboles, que la religion des anciens permettait d'exposer dans les temples dédiés à Priape, et qui servaient dans des cérémonies de sociétés secrètes ; symboles qui, selon M. Raoul-Rochette lui-même, traités dans le style érotique, n'offrent le plus souvent qu'une image peu propre à influencer les sens ; 2° les ustensiles de forme obscène; les vases peints à sujets licencieux; les figurines lascives, objets de curiosité ou de caprice, à l'usage des débauchés et des courtisanes; 3° les peintures représentant des scènes tendres et amoureuses, tirées de l'histoire des dieux et des héros, ou prises de la vie civile, traitées d'après les principes de l'art, d'une manière plus ou moins vive et passionnée, mais sans aucun motif obscène, et analogues aux sujets mythologiques que les peintres modernes les plus scrupuleux ont traités ; 4° les sujets réellement obscènes, fruits de l'imagination déréglée des artistes, sollicités par le goût des libertins et des courtisanes, qui en faisaient le digne ornement de leurs habitations, avec les figurines, les lampes et les ustensiles obscènes.

Quant aux nombreuses peintures de la troisième catégorie, trouvées à Herculanum, ajoute M. Letronne, il n'y en a que trois ou quatre d'équivoques, et nullement obscènes. A Pompéi, les peintures de ce genre sont plus rares encore, et l'endroit où elles étaient placées devait être l'appartement secret de quelque débauché ou de quelque courtisane. Aussi, sur l'immense quantité de vases peints connus, un très-petit nombre portent des peintures à intentions vraiment obscènes ; les figures ithyphalliques n'ayant qu'une signification symbolique et religieuse.

Le savant philologue prouve ensuite que le mot *pornographie* n'a jamais existé chez les Grecs ; qu'Athénée offre le seul exemple de l'adjectif *pornographe*, comme une épithète donnée à trois peintres ; mais qu'on ne trouve nulle part le substantif *pornographie*, appliqué à la peinture, comme désignant un genre particulier de cet art ; que si le mot avait été employé, il ne pouvait même exprimer que des peintures de courtisanes, de femmes publiques, et non des peintures obscènes. D'où il résulte que, de l'absence du terme générique, on doit conclure de l'absence de la chose elle-même.

Je me borne à ces indications, en ajoutant que les autres paragraphes dans lesquels M. Letronne soutient « qu'il n'y avait point « de peintures obscènes dans les maisons d'Athènes; que les anciens « n'ont pas exposé de peintures obscènes dans les temples; que les « peintures représentant les amours des dieux n'étaient pas obscè- « nes; que les passages d'Ovide et de Properce ne prouvent pas que « les peintures obscènes fussent autre chose que des exceptions; « que les Pères de l'Église ne sont pas de bons juges de l'art païen; « enfin, que les sujets érotiques étaient peints indifféremment sur « mur et sur tableaux mobiles; » en ajoutant, dis-je, que ces paragraphes répandent sur la question la plus grande lucidité, et que tout lecteur y trouvera la preuve incontestable des paroles suivantes, tirées de la conclusion de M. Letronne : « qu'en écartant « tous les faits allégués par M. Raoul-Rochette, lesquels ne reposent « que sur des erreurs ou des méprises, il ne reste plus qu'un très- « petit nombre d'indices de cette prétendue *pornographie* qui, selon « lui, déshonorait les lieux publics et privés, sacrés et profanes, « des villes de la Grèce et de l'Italie. Toute cette fantasmogorie « d'impuretés, qu'une érudition inexacte et confuse a fait passer « sous nos yeux, disparaît dans le premier rayon de la critique. Il « n'en subsiste plus que des exemples, qu'explique suffisamment « la corruption des individus, surtout à Rome, où la concentra- « tion d'immenses richesses dut amener un luxe effréné, et les « désordres qui, partout, l'accompagnent. Ces exemples isolés ont « dû exister en Grèce et en Italie, comme ils existent chez nous, « plus nombreux même, en dépit des efforts de la loi civile pour « protéger les bonnes mœurs, et pour maintenir les principes sur « lesquels repose partout l'ordre social. . . . . . »

Quant à la célébration des fêtes bachiques, qui sont un sujet d'accusations si inexorables de la part de M. Raoul-Rochette contre le dogme religieux et les mœurs des anciens, M. Letronne dit avec raison que, sous ce rapport également, le monde chrétien a peu de chose à reprocher au paganisme, attendu « qu'on doit hésiter à « croire qu'il ait jamais existé une cérémonie religieuse plus hor- « rible, pour le mélange d'impiété, d'obscénité et de religion, que la « fête des fous. » Le savant antiquaire cite à l'appui la description détaillée qu'en fait Millin (1), description que tout lecteur qui la connaît m'approuvera de n'avoir pas cru nécessaire à mon sujet de la reproduire.

CHAPITRE XXVIII.

DEUXIÈME PARTIE.

DE LA PEINTURE EMPLOYÉE A LA DÉCORATION DES ÉDIFICES SACRÉS ET PUBLICS CHEZ LES GRECS.

§ I. *Des peintures de style historique, exécutées sur mur ou autrement, dans les temples de Rome.*

Ici comme ailleurs, c'est toujours la même manière de discuter. L'opinion que M. Raoul-Rochette défend n'est jamais une hypothèse : c'est pour lui un fait avéré. Prétendant l'avoir établie pour la Grèce, elle l'est évidemment pour Rome. Car, si le savant critique s'est élevé maintes fois, comme l'a vu le lecteur, contre le

---

(1) *Mon. inéd.*, tom. II, p. 345 et 346.

raisonnement de ses adversaires, lorsqu'ils faisaient valoir l'existence constatée des peintures murales dans le Latium, comme un procédé d'art introduit, dans cette contrée, par les Grecs, et conservé traditionnellement, cette tradition, admise en sens contraire, est aujourd'hui et en toute chose un fait incontestable. Rome, selon l'érudit archéologue, n'offrant pas plus de traces de la peinture sur mur qu'Athènes, et rien que des tableaux peints sur bois et encastrés dans la muraille; l'absence des uns et la certitude de la présence des autres sont la preuve la plus évidente du transport, chez les Romains par les Grecs, de leurs arts et de leurs procédés.

Je vais, par quelques exemples seulement, donner une idée de quelle manière s'y prend le docte antiquaire à l'effet de conserver en Italie les mêmes avantages qu'il s'est adjugés en Grèce.

Voici comment sont expliquées, cette fois, les notions historiques les plus incontestables, au sujet des peintures exécutées par des artistes grecs sur les murs des temples d'Ardée, de Cœré, de Lanuvium, dont il a été déjà question plusieurs fois.

Si Pline dit clairement que ces peintures étaient très-anciennes, et d'une conservation tellement admirable que, de son temps, elles paraissaient nouvellement peintes, quoiqu'aucun toit ne les abritât; s'il ajoute que les belles figures nues d'Atalante et d'Hélène, peintes dans le sanctuaire de Lanuvium, étaient d'une perfection telle que Caligula, passionnément épris de leur beauté, voulait les enlever, ce que la nature de l'enduit empêcha; si cet auteur ajoute enfin qu'en regardant ces peintures avec attention, on reconnaissait qu'aucun art n'arriva aussi rapidement à sa perfection (1), M. Raoul-Rochette emploie plusieurs pages en raisonnements diffus, pour arriver à la conclusion que ces peintures, que nous devons croire, d'après Pline, nécessairement aussi admirables, par l'imitation parfaite de la nature, au moyen de belles et de fraîches

---

(1) Liv. XXXV, ch. VI.

couleurs, que par le charme et la beauté des formes, au moyen de la perfection du dessin, que ces peintures ne pouvaient et ne devaient être que des productions pareilles aux peintures des *tombeaux de Corneto ou des vases peints, des figures dessinées au trait et coloriées à teintes plates, des enluminures enfin!*

Aussi, pour laisser à cette conclusion toute sa force, le savant archéologue s'est-il abstenu de rapporter les précédentes paroles de Pline, et de relater ce que cet auteur exprime dans un autre endroit de son livre. Il y dit en effet, pour appuyer de nouveau, suivant toute apparence, sur le mérite des peintures du temple d'Ardée, que le peintre en avait été élevé au titre de citoyen de cette cité, et qu'on lisait dans des vers latins, en caractères anciens : « Marcus Ludius Hélotas d'Étolie, qu'Ardée honore à présent et à toujours pour son art, a dignement décoré de peintures ce noble lieu, le temple de Junon la reine, qui partage le trône avec le Très-puissant (1). »

Quoique K. O. Muller et M. Letronne supposent que Pline n'a pas eu en vue les précédentes peintures d'Ardée, parce que cela impliquerait, selon ces savants, quelque inadvertance de sa part, ces suppositions n'ont rien d'absolu. Pline a commis des inadvertances en apparence bien plus grandes que celles qu'on voudrait ne pas lui imputer ici, pour y trouver des raisons suffisantes contre l'identité probable de ces peintures.

En tout cas, M. Raoul-Rochette devait, pour éclairer consciencieusement ses lecteurs, ne pas omettre de reproduire et de discuter ces divers textes de l'auteur romain, et parler d'autant plus de l'opinion de K. O. Muller, qu'il a puisé sans doute, dans l'ouvrage de ce dernier (2), l'idée première de ses conclusions. Le docte Alle-

---

(1) Dignis digna loca picturis condecoravit,
 Reginæ Junonis, Supremi conjugis, templum,
 Marcus Ludius Helotas, Ætolia oriundus,
 Quem nunc et post semper ob artem hanc Ardea laudat.
 Pline, XXXV, 37.

(2) *Die Etrusk.*, tom. II, p. 258, liv. IV, 3, 6.

mand y dit, en parlant des peintures murales de Cœré, d'Ardée et de Lanuvium : « Nous aurons à nous en former une idée, d'après « les peintures des tombeaux de Tarquinie et ailleurs, mais qui elles-mêmes ne sont pas encore assez connues : » on voit que ce n'est que dubitativement, comme une analogie qui laisse entièrement en réserve les différences notables entre des sujets funèbres tracés sur les parois de tombeaux taillés dans le tuf, et des peintures exécutées avec soin, dans un temple, sur des murs recouverts de stuc, représentant deux des plus grandes beautés de la mythologie grecque.

Mais c'est là l'écueil continuel de l'antiquaire français, qui, en prenant pour point de départ les idées d'autrui, mal comprises ou mal appréciées, les exagère tellement, que, de justes et ingénieuses qu'elles étaient dans les limites primitives posées par leurs auteurs, ces idées deviennent fausses et inintelligentes, dans l'extension sans bornes qu'il leur donne.

Si M. Letronne a relaté et discuté le fait des peintures sur mur, dont Fabius Pictor orna le temple de Salus à Rome, au lieu de convenir de cet exemple et de l'admettre comme une preuve certaine en faveur de l'application de la peinture murale, en l'an 450 de Rome; son antagoniste, dans une interminable circonlocution, n'arrive qu'à dire que le « fait n'a pas été *découvert* par M. Le-« tronne, et qu'en le mentionnant, d'après Pline et Valère Maxime « seulement, au lieu d'y joindre un autre texte de Denys d'Halicar-« nasse, il *n'a pas été heureux* dans cette citation ! »

D'abord ce savant avait discuté très au long ce dernier passage (1). Mais l'oubli eût-il eu lieu, est-ce que ce fait en pèserait moins du plus grand poids dans la discussion? Tout lecteur atten-

---

(1) *Lettres d'un antiq.*, p. 422 à 425. Il n'y avait, du reste, pas grand mérite en cela pour M. Letronne, puisque K. O. Muller, dans l'édition de 1830, *Handbuch der Arch.*, cite déjà p. 168, 2, ce fragment de Denys d'Halicarnasse, recueilli par Mai, XVI, 6, c'est-à-dire, *ce texte tout récemment acquis à la science*, dont M. Raoul-Rochette prétend avoir enrichi la discussion.

tif a dû s'y arrêter, malgré la préoccupation de l'auteur des Peintures inédites à l'en éconduire par d'oiseuses distractions.

Le texte de Pline, où cet auteur dit : « Damophilus et Gorgasus « furent les plus célèbres modeleurs, en même temps que peintres. « Ensemble, ils ornèrent, avec les productions des deux arts, le « temple de Cérès à Rome, près du cirque Maxime. Des inscriptions « grecques en vers indiquaient qu'à droite était l'ouvrage de Damo« philus, et à gauche celui de Gorgasus..... Selon Varro, lorsque le « temple dut être restauré, les enduits des murs furent enlevés, en« châssés dans des cadres en planches, et les figures du fronton dis« persées (1); » ce texte, qui n'avait été jusqu'alors l'objet d'aucune contestation; dans lequel tous les savants, depuis Winckelmann, ont vu que les deux artistes grecs, Damophilus et Gorgasus, avaient exécuté, sur deux faces des murs du temple de Cérès, des peintures, et, au faîte de ce monument, des figures en argile; ce texte, M. Raoul-Rochette s'efforce, dans quinze pages, de l'expliquer de manière à ne voir, dans les peintures dont il s'agit, que des *bas-reliefs de terre cuite peints*. Pour en fournir la preuve, le savant critique apprend à ses lecteurs qu'il y avait, dans l'antiquité, un grand nombre d'objets en argile coloriée : figurines, masques, vases, stèles, urnes, frises, entablements, antéfixes, bas-reliefs, etc.; que la coloration de ces argiles n'était pas *un barbouillage* (2); que les

---

(1) « Plastæ laudatissimi fuêre Damophilus et Gorgasus, iidemque pictores : qui Cereris ædem Romæ ad circum Maximum utroque genere artis suæ excoluerunt, versibus inscriptis græcè, quibus significarent, à dextrâ opera Damophili esse, à parte lævâ Gorgasi... Ex hâc, cùm reficeretur, crustas parietum excisas tabulis marginatis inclusas esse (auctor est Varro) : item signa ex fastigiis dispersa.

(2) C'est M. Quatremère de Quincy que M. Raoul-Rochette accuse ici de n'avoir vu *toujours et partout*, dans l'emploi de la couleur sur les œuvres de la plastique, qu'*un barbouillage*; et, à la manière dont l'auteur du *Jupiter Olympien* est admonesté à ce sujet, on est étonné que de pareils reproches puissent être adressés précisément à l'archéologue qui, le premier, a proclamé, soutenu, défendu l'emploi des couleurs, et rendu sensible la perfection que leur concours pouvait ajouter à

anciens peignaient des fruits et des poissons *avec de la peinture véritable*, de manière à les prendre pour des objets réels; que Zeuxis, le grand maître en peinture, s'était distingué dans des travaux de plastique; que Nicias, l'illustre peintre, peignit les marbres de Praxitèle à l'encaustique; que Platon et Plutarque mentionnent une classe de peintres de statues; que la figure de la bacchante de Scopas était peinte; qu'il y avait aux Propylées d'Athènes, en même temps, des métopes vides, destinées à être remplies de sculptures rapportées, et des métopes pleines, qui avaient été peintes; enfin, que Pline, nous apprenant que deux tableaux d'Aristide, le Bacchus et l'Ariane, avaient été déposés par Mummius, de même que des statues en bronze, dans le temple de Cérès, l'intérieur de ce temple ne pouvait pas être orné de peintures *sur toutes ses murailles*.

On croirait qu'avec quinze pages remplies de choses aussi nouvelles, aussi instructives dans la science archéologique, M. Raoul-Rochette devrait être persuadé, au moins lui-même, d'avoir su faire partager son opinion à ses lecteurs. Cependant, il n'en est rien; car, ajoute le docte critique (p. 290), « si l'on persistait à

---

la sculpture. Aussi, au lieu d'un témoignage imprimé et authentique, cité à l'appui de la validité de ce reproche, témoignage qui aurait expliqué cette expression si opposée à la théorie de toute la vie de ce savant, que trouve-t-on? une note dans laquelle il est dit « que c'est dans une discussion élevée au sein de l'Académie, que « M. Quatremère de Quincy s'est servi de cette expression, » c'est-à-dire, le souvenir d'une audition du critique! Certes, s'il y a probabilité, et j'oserai dire certitude, que ces paroles n'ont pas été prononcées avec l'extension qu'on leur donne, c'est dans cette circonstance. L'auteur du *Jupiter Olympien* a pu dire: « Les fragments en terre cuite peinte que nous connaissons sont en général grossièrement coloriés, » parce que cela est vrai; mais il a toujours et dans tous ses écrits admis le fait de l'emploi artistique de ce procédé chez les anciens. Le mot *barbouillage* est sorti très-souvent de la plume de M. Raoul-Rochette, à propos de l'application des couleurs à l'architecture; mais il est plus que douteux qu'au sujet de la peinture employée à la plastique comme objet d'art, il ait pu dépasser les lèvres de M. Quatremère de Quincy.

« admettre l'opinion de Winckelmann; si, ne tenant aucun compte
« d'aucun des témoignages qui viennent d'être attaqués, on s'obsti-
« nait à regarder comme de véritables peintures sur mur les tra-
« vaux des deux artistes grecs, il resterait encore à dire que *rien*,
« absolument *rien*, dans le texte de Pline, n'indique le style ni le
« sujet de ces peintures, qui pourraient bien n'avoir été, comme le
« pensait Lanauze, que des peintures d'ornement. »

Sans doute, tous les hommes sérieux et impartiaux continuent à penser comme Winckelmann et ses plus habiles successeurs, et personne n'adoptera la dernière supposition, plus invraisemblable encore que la première, quoique celle-là ait été puisée dans les Mémoires de l'Académie, et celle-ci dans le livre de M. Grund sur la peinture des Grecs (1).

(1) M. Raoul-Rochette se montre du reste si convaincu de la faiblesse de sa proposition, qu'il dit encore dans une note (même page 290) : « C'est l'opinion expri-
« mée en dernier lieu par K. O. Muller, *die Etrusker*, 2ᵉ partie, p. 263, *durch*
« *Thonbilder und Wandgemälde*; et je ne serais pas surpris que ce fût aussi l'avis
« du plus grand nombre des critiques. Toutefois, les motifs allégués à l'appui de
« l'opinion contraire conserveraient encore une grande valeur; et je remarque que
« dans son *Handbuch der Archæologie*, § 180, 2, p. 189, le savant antiquaire s'est
« exprimé, au sujet des travaux de Gorgasus et de Damophilus, d'une manière
« *moins explicite* qu'il ne l'avait fait d'abord; d'où il semblerait résulter que son
« opinion s'est au moins modifiée sur ce point. »
Cependant K. O. Muller a toujours exprimé absolument la même pensée. En 1828, dans son livre « Les Étrusques, » cité plus haut, il dit, liv. IV, 3, 7, p. 263 : « Le temple de Cérès près du cirque Maxime fut bâti vers 260 (olymp. 72), à la
« manière toscane, et on chargea pour la première fois, à Rome, des Grecs, Damo-
« philus et Gorgasus, de sa décoration, *au moyen de figures en terre cuite et de*
« *peintures sur mur*. » En 1830 et 1835, dans la première et dans la seconde édition de son Manuel de l'archéologie, il écrivait, § 180, 2 : « Le temple voué par le dic-
« tateur Posthumius, et consacré à Cérès, en 261, par Sp. Cassius, est très-remar-
« quable. Comme *peintres* et comme *modeleurs de figures*, deux Grecs, Damophilus
« et Gorgasus, le décorèrent. » Enfin, dans ce dernier livre, au § 319, 5, p. 432, il dit expressément, en parlant de la *peinture sur mur* en Italie : « Les Grecs Damophilus
« et Gorgasus *la* pratiquèrent au temple de Cérès, de même que Fabius au temple de
« Salus. » C'est là ce que M. Raoul-Rochette ose désigner comme une modification dans l'opinion du docte Allemand sur l'exécution des peintures murales du temple

En effet, Damophilus et Gorgasus peuvent avoir exécuté, à la fois, des figures en argile, aussi bien que des compositions en bas-reliefs; et les unes et les autres pouvaient être coloriées. Sous ce rapport, la supposition de Grund, recueillie par le savant français, n'a rien, en elle-même, d'impossible; car ce ne sont que les productions différentes d'un même art. Mais Pline disant expressément que ces artistes étaient à la fois *plasticiens* et *peintres*, *plastæ* et *pictores*, qu'ils avaient orné le temple par des productions de ces deux arts, et que ces peintures avaient été enlevées avec l'enduit des murs, et enchâssées dans des pièces de bois, tandis que les statues qu'ils avaient exécutées furent dispersées, l'hypothèse des bas-reliefs est inadmissible. Quelle qu'ait été la grandeur des plaques ou morceaux de ces bas-reliefs en terre cuite, il est évident que, pour les déposer et les conserver, on n'aurait eu besoin, ni de les insérer dans des châssis, ni d'enlever l'enduit des murs (1).

Quant à vouloir que ces peintures fussent des ornements, et par conséquent les deux artistes des sculpteurs et des peintres de décorations, Pline n'aurait pas manqué de relater cette circonstance comme extraordinaire, si elle avait existé. Mais, en ne désignant aucun genre de peinture, cet auteur a pensé que le bon sens suffirait pour ne pas admettre cette supposition des peintures d'ornement, ne fût-ce qu'à cause de l'absence de toute analogie entre les

---

de Cérès. Mais, en supposant qu'il soit permis de se tromper ainsi soi-même, la plus grande bonne foi ne saurait excuser d'induire de la sorte les autres en erreur.

(1) Des plaques en terre cuite, récemment découvertes, ornées de sujets historiques peints, et dont il est parlé en détail à la fin de la première partie, tout en laissant subsister le fait de la durée de la peinture sur mur et de son adhérence aux monuments, ne sont pas plus admissibles ici, quoiqu'elles offrent une grande apparence d'analogie avec le double talent des deux artistes grecs; car, comme l'exécution proprement dite était la même, et permettait à Damophilus et à Gorgasus de peindre aussi bien sur des terres cuites que sur un mur enduit de stuc, les objections ressortant du texte de Pline s'opposent à l'emploi de semblables plaques, et parlent pour des peintures murales.

deux arts ; analogie qui se trouve, au contraire, au plus haut degré entre les facultés d'un artiste qui sait modeler des statues, et les facultés d'un artiste qui peint des figures. Je ne parle pas même de la raison qui domine toutes les autres : c'est que ni l'histoire ni les monuments ne peuvent faire admettre qu'à l'époque où durent être exécutées les peintures du temple de Cérès, la décoration d'un temple pût consister uniquement en peintures d'ornement (1).

A la prétention de déduire, de la présence dans le temple de Cérès des deux tableaux d'Aristide et de plusieurs statues en bronze, que ce sanctuaire ne pouvait pas être orné de peintures *sur toutes les murailles*, on peut répondre, sans parler même de l'incertitude qu'il s'agisse d'un même édifice (2) : 1° que M. Raoul-Rochette seul ayant avancé que les peintures de Damophilus et de Gorgasus occupaient *toutes* les murailles, tandis qu'il n'est question que de deux de leurs côtés, il restait encore, à droite et à gauche de l'entrée, ainsi qu'au fond, beaucoup de place disponible; 2° que Pline n'ayant pas énoncé que ces peintures couvrissent tout entières les deux parois des murs où elles se trouvaient, certainement rien ne s'opposait à l'admettre : mais la disposition des peintures sur mur, telle qu'elle était et dut être généralement appliquée, voulait qu'elles n'en occupassent qu'une plus ou moins grande surface; 3° enfin, que des statues, des tableaux et d'autres objets d'art

(1) La date de la consécration du temple par Posthumius, en l'an 261 de Rome, trois ans après que ce dictateur l'avait voué, et la circonstance que les peintures furent exécutées par les mêmes artistes qui firent les figures du fronton, nécessairement posées au moment de l'achèvement du monument, permettent peu de douter, malgré les insinuations du critique, que les peintures n'aient pas été exécutées à la même époque.

(2) Il existait en effet, à Rome, deux temples de Cérès, celui élevé près du cirque Maxime et que désigne Pline, et un autre sur le mont Palatin, qui datait également des premiers temps de la république : ces deux monuments sont tracés, sous les numéros 251 et 205, sur le plan de Rome antique, annexé au consciencieux ouvrage « Le siècle d'Auguste, » par M. Desobry. Cet auteur place même, v. II, p. 244, le tableau de Bacchus dans le sanctuaire de Cérès du mont Palatin.

à l'infini, auraient pu être déposés dans le temple de Cérès, les uns, environ deux cent quatre-vingt, les autres trois cent cinquante ans après sa création (1), soit comme produits des amendes prélevées sur les Romains, soit comme trophées pris sur l'ennemi, ou comme *ex-voto* ; il serait encore avéré, ce qui n'est pas, qu'on les eût accrochés aux murs : toutes ces circonstances s'accorderaient parfaitement avec le fait de peintures murales originairement exécutées dans le temple de Cérès, près du cirque Maxime, par Damophilus et Gorgasus.

Du reste, si le savant antiquaire accumule les objections les plus contestables contre les faits et les conclusions de ses adversaires, la plupart du temps par la seule raison que ces faits et ces conclusions viennent de leur part, il vient parfois, à son insu, en aide à leurs idées, lorsqu'il peut attribuer les éléments à l'appui à une autre source. C'est sous cette influence que M. Raoul-Rochette parle de *deux traits* négligés, et qui sont un texte de Suétone (2), et un fragment d'inscription mutilée du calendrier de Maffey (3). Mais ces traits, du temps d'Auguste, ne nous apprennent pas autre chose que ce dont les antiques peintures de Rome, d'Herculanum et de Pompéi nous ont offert mille exemples, à savoir : que des portiques et des atrium étaient décorés, sur leurs murs recouverts de stuc, de peintures d'ornement et de sujets à figures. Cependant, si le docte archéologue prétend et dit, « *qu'il en était de même pour les* « *temples*, » ce ne sera de sa part qu'une juste condescendance.

Mais un document en effet très-curieux, omis par M. Letronne, que Hirt avait toutefois déjà cité en 1822 (4), c'est le passage de

---

(1) Tite-Live, XXVII, 6, dit que les édiles Q. Catius et Lucius Porcius Livinus consacrèrent le produit des amendes à des statues de bronze, qu'ils firent placer dans le temple de Cérès : ce put être vers l'an de Rome 540. Quant à l'époque où Mummius consacra les deux tableaux, on peut fixer à peu près sa date à l'an 610.

(2) Suéton., in August., § 72.

(3) Alde Manuce, Ep. Ortogr., p. 209, et Gruter, p. 133.

(4) Gesch. der Baukunst bei den Alten, t. II, p. 211.

Pline, concernant le transport de la statue de Jupiter dans le sanctuaire de Junon, déjà orné de peintures sur mur représentant des sujets relatifs au culte de cette déesse, et le transport de sa statue dans la cella du maître des dieux. L'erreur étant commise, les prêtres aimèrent mieux laisser subsister un contre-sens dans le principe et la concordance de la décoration des deux temples, que de remédier à une inadvertance qu'ils envisagèrent comme une suite de la volonté des dieux (1). Ce fait est, en effet, non pas seulement *un rare et précieux exemple de l'emploi de la peinture murale dans la décoration des édifices sacrés de Rome, et en rapport avec le culte de la divinité*, mais une preuve péremptoire de cet usage, à ajouter à tant d'autres. Ce devait être encore, aux yeux même de M. Raoul-Rochette, par suite de l'influence traditionnelle des arts de la Grèce sur ceux des Romains, une nouvelle et concluante confirmation en faveur de cette influence dans toute l'antiquité hellénique.

CHAPITRE XXIX.

§ II. Des tableaux employés comme ornements dans la décoration des temples et des édifices publics de Rome.

Le fait, également cité par M. Letronne, des peintures exécutées sur les murs du temple de l'Honneur et de la Vertu, par Cornélius

---

(1) Pline, XXXVI, 5 : « In Jovis æde extitisse picturam, cultusque reliquos omnes femineis argumentis constat. Etenim, facta Junonis æde cùm inferrentur signa, permutasse geruli traduntur; et id religione custoditum, velut ipsis Diis sedem ità partitis. Ergò et in Junonis æde cultus est, qui Jovis esse debuit. »

Pinus et Ancius Priscus (1), ne témoigne, selon M. Raoul-Rochette, que l'emploi de ce genre de décoration, au temps de Vespasien. « Ce temple, dit-il, appartenant à une époque où l'art de peindre « des murs était devenu à peu près général, ne prouve pas plus, « en ce qui concerne l'art des Romains au temps de la république, « que l'exemple du temple d'Isis ou de celui de Vénus à Pompéi, « qui sont aussi peints sur *toutes les murailles.* »

On comprendrait à peine une pareille objection, s'il n'existait, en dehors du temple de l'Honneur et de la Vertu, aucune autre notion confirmative pour des monuments antérieurement construits et décorés de peintures sur mur. Mais, avec l'incontestable application traditionnelle de l'art des Grecs chez les Romains et les preuves précédemment établies, cette objection est on ne peut pas plus mal fondée. Puis, n'est-il pas bien singulier, pour un professeur d'archéologie qui a visité Rome et Pompéi, de dire des deux temples de cette dernière ville, mis en parallèle avec le temple romain, *qu'ils avaient les murailles couvertes de peintures à l'instar de celui-ci?* Car, indépendamment de l'incohérence de cette comparaison, surtout quant à l'ædicule d'Isis, l'un des édifices les moins importants, et le plus exceptionnel comme le plus bizarre, ce qu'il y a surtout à remarquer, c'est que les peintures conservées sur les restes des murailles de l'une et de l'autre de ces ruines, consistent uniquement dans la représentation d'assises de pierres de différentes hauteurs et couleurs ; c'est-à-dire, dans une décoration absolument analogue à celles qu'offrent les murs de la cella du temple de Jupiter, de la Basilique et d'autres constructions de Pompéi ; décoration dont quelques exemples sont représentés sur la Pl. XVI, F. III, IV, V, VI, VII, VIII (2).

(1) Pline XXXV, 36.
(2) Lors de la découverte du temple d'Isis, tout ce qu'on y trouva, en fait de peintures proprement dites, consista en une frise d'ornements composés de rinceaux de fleurs, de feuillages et d'animaux, qu'on voit encore au musée de Naples.

Il n'a donc pu exister aucune ressemblance, même éloignée, entre ces peintures, qui ne sont pas même des peintures d'ornement proprement dites, mais ce que nous désignerions par des peintures de bâtiments, et celles, nécessairement historiques ou mythologiques, du temple de l'Honneur et de la Vertu. Pline ne laisse aucun doute à cet égard, puisqu'après avoir dit que Pinus et Priscus viennent, comme talent, à la suite d'Amulius, qui avait peint une Minerve, cet auteur ajoute que Priscus, dans sa manière de peindre, approchait, néanmoins, des anciens.

Mais M. Raoul-Rochette en choisissant ces deux temples, et surtout celui d'Isis, pour comparer ce petit édifice, bâti et restauré par d'obscurs habitants de Pompéi, à un temple élevé par Marcellus et rétabli par Vespasien, semble avoir été moins préoccupé de fournir un point de comparaison juste, que de chercher, par ce parallèle, à amoindrir et à rabaisser l'idée des peintures murales qui se rattachait à ce dernier monument.

Une observation qui doit trouver ici sa place, c'est que le fait des peintures exécutées dans ce temple, comme monument restitué, c'est-à-dire, en partie reconstruit, donne une grande présomption que le principe généralement suivi chez les anciens, de rétablir, en pareil cas, autant que possible, l'architecture telle qu'elle était, a dû également présider à l'exécution des peintures, là où il y en avait : non pas qu'il faille admettre la reproduction de compositions préexistantes, ce que leur destruction totale pouvait souvent rendre impraticable ; mais, en supposant que cette décoration monumentale ait existé depuis l'origine du temple, une restauration complète devait exiger le rétablissement d'une décoration analogue. D'où l'on peut conclure que le temple de l'Honneur et de la Vertu offre, à la fois, l'exemple de l'application de la peinture sur mur, à l'époque de Vespasien comme à celle de Marcellus, c'est-à-dire, vers l'an 825 de Rome et en l'an 549 ; puis enfin, qu'en tout temps la manière de disposer de pareilles décorations dans les temples devait laisser et laissait parfaitement la possibilité d'y placer beaucoup d'objets d'art mobiles, tels que des tableaux, des statues, des trépieds, des candélabres, etc.

Les coupes (Pl. III et IV) de la restitution du temple d'Empédocle font voir que là où les peintures sont supposées avoir couvert les parois latérales dans leur longueur, comme aussi les parties de mur, à côté des portes (ce qui n'est en aucune manière une chose absolue pour tous les temples), cette disposition permettait encore, dans une cella de bien petite dimension, le moyen d'y placer et d'y suspendre beaucoup d'objets, et, à plus forte raison, dans une cella beaucoup plus grande, comme on le verra plus loin, à propos de la disposition du temple dit de Bacchus, aujourd'hui Sant' Urbano, près de Rome.

D'ailleurs et indépendamment de ce que les temples romains, imités des temples étrusques et grecs, devaient offrir cette disposition rationnelle, à la fois appropriée aux peintures sur mur et à l'introduction d'œuvres accessoires peintes et sculptées, progressivement réunies, il existait pour le temple de l'Honneur et de la Vertu des considérations particulières : d'abord celle que Mutius (1), l'architecte de ce monument, ne pouvait ignorer les principes qui dirigèrent l'arrangement décoratif des sanctuaires de la Grèce, et ensuite que le vainqueur de Syracuse, en dépouillant les sanctuaires siciliens, avait dû les voir décorés, à la fois, de peintures murales et ornés d'objets d'art mobiles : ces circonstances pouvaient avoir coopéré à ce que le temple, que Marcellus fit construire, en fût, autant que possible, une parfaite imitation, ce monument étant le premier de ce genre dans lequel les produits des arts de la Grèce furent exposés aux yeux des Romains.

Il y a loin de là à la conclusion que, dans l'origine, ce temple n'eut pas de peintures sur mur, et dut avoir toutes ses murailles

---

(1) Vitr., lib. III, c. II, et lib. VII, préf.

couvertes de tableaux accrochés. Aucun auteur ne parle ni de leur nombre ni de leur grandeur; et de ce que des tableaux pouvaient avoir été promenés dans des pompes triomphales, et être en bois ou en d'autres matières, il ne s'ensuit aucunement qu'ils n'eussent pu être exposés dans la cella même, sans couvrir et cacher en rien les peintures murales. Le lecteur sera tout à l'heure plus convaincu que jamais de cette affirmation. Enfin je pourrais ajouter que si quelque part il y a lieu de supposer qu'il y eût la place dans un sanctuaire pour les richesses d'arts rapportées par Marcellus, sans annihiler la décoration monumentale, c'est ici, puisque, construit d'abord avec une seule cella, on dut, sur la demande du pontife, y en ajouter une seconde; circonstance qui retarda l'achèvement jusqu'après la mort du fondateur, et laissa à son fils l'honneur de consacrer le temple (1).

Au sujet de la forme de ce monument, M. Raoul-Rochette, après avoir cité toutes les particularités mentionnées par Tite-Live, Pline, Symmaque, saint Augustin et Creutzer, dit, dans la note 2, page 298, « qu'on peut s'en faire une idée assez juste, d'après le temple de « Vénus et de Rome, avec ses deux cella adossées l'une à l'autre. » Mais, indépendamment de ce que cette construction, élevée par Adrien et restaurée par Maxence, n'eût pas dû permettre à un antiquaire de la comparer à un édifice, même analogue, dont le plan fut conçu et tracé de trois à cinq siècles avant ces deux époques, il existe des données assez certaines sur la forme du temple élevé par Marcellus, et sur la position de ses deux cella, pour faire voir combien ces édifices sont dissemblables (2).

(1) Marcellus voua le temple de l'Honneur et de la Vertu, en l'an 532 de Rome; mais l'adjonction d'une deuxième cella en ayant retardé l'achèvement, le consul mourut avant la fin de la construction. Ce fut son fils qui procéda à cette cérémonie, en l'an 549.

(2) Le temple de Vénus et de Rome a été consacré par Adrien, en l'année 883; mais la forme dernière de ce monument, telle qu'elle résulte des travaux exécutés sous Maxence, ne peut être fixée qu'en l'an 1050, environ, de Rome.

Le lecteur jugera, par le parallèle qui suit, à quel point cette dissemblance est frappante.

TEMPLE DE L'HONNEUR ET DE LA VERTU, VOUÉ PAR MARCELLUS, vers l'an 532 de Rome.	TEMPLE DE VÉNUS ET DE ROME, CONSACRÉ PAR ADRIEN, vers l'an 883 de Rome.
Il était *périptère*.	Il est *pseudopériptère*.
Il avait *six* colonnes à sa façade principale et à celle opposée.	Il a *dix* colonnes à la façade principale et à celle opposée.
Il en avait *onze* aux façades latérales.	Il en a *vingt* aux façades latérales.
Son *pteroma*, ou portique, était de la largeur d'*un* entre-colonnement (1)	Son *pteroma*, ou portique, est de la largeur de *deux* entre-colonnements.

(1) Vitr., l. III, c. II, p. 73. (éd. Schneider.) « Peripteros autem erit, quæ habet « in fronte et postico *senas* columnas, in lateribus cum angularibus *undenas*, ita « ut sint hæ columnæ collocatæ, ut intercolumnii latitudinis intervallum sit a parie- « tibus circum ad extremos ordines columnarum, habeatque ambulationem circa « cellam ædis, quemadmodum est in porticu Metelli, Jovis Statoris Hermodi, *et* « *ad Mariana Honoris et Virtutis sine postico a Mutio facta*. »

J'admets avec Rode que les expressions *ad Mariana Honoris et Virtutis*, employées ici, et celles de *ædes Honoris et Virtutis Marianæ*, que Vitruve emploie dans la préface du liv. VII, en parlant du même temple, doivent être remplacées par le changement de *Marianæ* en *Marcellæ*. Il y a, en effet, une contradiction dans ces désignations différentes pour le même monument, en ce que la première n'indiquerait qu'un lieu près duquel se trouvait ce temple, et la seconde, le nom de celui qui l'éleva. Sous ce rapport, il ne peut être question de Marius, parce qu'il n'est, nulle part, parlé de l'érection, par ce consul, d'un temple de l'Honneur et de la Vertu, tandis que, toutes les fois qu'il en est question, ce n'est que pour l'attribuer à Marcellus. MM. Dezobry et Léveil, dans leur plan de Rome antique, ont adopté aussi pour ce temple un périptère, en y appliquant le texte précité de Vitruve. Mais une raison restée inaperçue, et qui me paraît devoir décider incontestablement la question, c'est la particularité de la remarque de Vitruve dans cette même préface, et au sujet du même temple, « que s'il avait été de marbre, il aurait « pu être cité, pour le mérite de l'art et pour la magnificence, parmi les premières « et les plus parfaites œuvres de l'architecture. — Id vero si marmoreum fuisset, « ut haberet quemadmodum ab arte subtilitatem sic ab magnificentia et impensis « auctoritatem, in primis et summis operibus nominaretur. » D'où il résulte que le monument était construit en pierre, et devait être celui élevé à l'époque de Marcellus, où l'emploi de cette matière était encore d'un usage général. Ce ne fut, en effet, que bien longtemps après, et seulement à l'époque de Marius et de Sylla, que la magnificence des matériaux et la richesse des ornements s'introduisirent

Il ne pouvait avoir *qu'un* pronaos formant *une seule* entrée, aux deux cella placées l'une à la suite de l'autre (1).	Il a *deux* pronaos formant *deux* entrées séparées pour les deux cella, placées l'une opposée à l'autre.
Les deux cella communiquaient entre elles (2).	Les deux cella ne communiquaient pas entre elles.
Elles ne pouvaient avoir d'hémicycle au fond.	Elles ont chacune un hémicycle au fond.
Les statues des divinités durent être placées sur des piédestaux élevés contre les murs droits (3).	Les statues des divinités étaient placées sur des piédestaux ajustés dans le mur circulaire.

dans presque tous les travaux des Romains, et surtout dans l'érection des temples. Du reste, les paroles de Vitruve qui se rapportent à un édifice existant à l'époque où cet auteur les écrivait, ne s'opposent pas à la restauration faite par Vespasien environ quatre-vingt-cinq années après, et que plusieurs causes de détérioration ont pu rendre alors nécessaire.

(1) Le posticum étant, du côté de la façade postérieure, la répétition du pronaos, qui précède l'entrée de la cella du temple du côté de la façade principale, il s'ensuit que, là où il n'y avait pas de posticum, il ne pouvait y avoir deux entrées. Le *sine postico* de Vitruve implique donc nécessairement un seul pronaos, une seule entrée.

(2) La communication entre les deux cella résulterait déjà de l'absence d'une entrée postérieure, c'est-à-dire, du posticum; mais, comme le remarque Rode, cette disposition s'explique, surtout, par les paroles de saint Augustin : « Il n'y a « pas d'autre entrée dans le temple de l'Honneur que par celui de la Vertu. — Ne- « minem Honoris templum ingredi posse, qui non sit prius Virtutis ingressus. »

(3) Toutes les personnes qui ont étudié la forme des temples grecs et romains savent que la disposition des hémicycles, au fond des cella, n'offre pas d'exemples d'une haute antiquité, et que, même à Rome, parmi les ruines existantes, le somptueux sanctuaire élevé par Adrien présente, avec le temple de Mars, dans le forum d'Auguste, et le temple de Nerva Trajan, dans le forum de ce nom, les seules exceptions à la disposition générale des cella, dont le mur du fond était ordinairement rectangulaire. On peut voir, Pl. XVI, S. III (Canina, *Architettura antica*), que sur trente-six temples de forme carrée, qui y sont représentés, ces trois édifices seuls se terminent en hémicycle : encore y a-t-il doute sur le dernier de ces temples, Palladio le donnant également sans cette partie circulaire. Je ne crois pas avoir besoin de dire que cette observation s'applique aussi à la restitution du temple de l'Honneur et de la Vertu dans le plan antique de Rome, au siècle d'Auguste. La niche qui s'y trouve dans la première cella est la seule disposition qui ne soit pas d'accord avec la juste idée qu'on doive se faire de ce temple; et l'on comprend, du reste, que cette observation ne peut pas être une critique dans un aussi immense et beau travail, où de semblables détails ne pouvaient pas arrêter MM. Dezobry et Léveil, quelque conscience qu'ils aient mise dans leur restitution.

L'intérieur des cella ne pouvait être décoré, ni de stylobates, ni de colonnes, ni de niches ornées de statues (1).	L'intérieur des cella est décoré de stylobates, de colonnes, et de niches ornées de statues.
Des murs lisses durent y permettre l'exécution de peintures sur mur, et, indépendamment de celles-ci, le placement de tableaux mobiles (2).	Les murs n'offraient aucune partie lisse qui pût permettre l'emploi de la peinture murale et le placement de tableaux mobiles (3).

On voit, par ce parallèle, que M. Raoul-Rochette a aussi mal choisi cette comparaison que la précédente; et qu'au lieu de montrer dans l'une et l'autre un jugement approfondi, qui peut seul conduire à des observations justes, son choix ne dénote, comme toujours, que des aperçus superficiels, qui ne peuvent aboutir qu'à des remarques erronées.

Du reste, si le sanctuaire de Vénus et de Rome pouvait être justement comparé à un sanctuaire analogue, ce serait à celui que Pausanias vit en allant d'Argos à Mantinée : « Il y a, dit-il, sur « cette route, un temple double avec deux entrées, l'une au levant, « l'autre au couchant. On voit une statue en bois de Vénus dans la « première partie, et une statue de Mars dans la seconde. » Car, si

---

(1) Cette décoration n'est pas plus ancienne que l'introduction des hémicycles : elle ne se retrouve qu'aux monuments qui appartiennent à des époques contemporaines.

(2) L'absence de toute décoration architecturale dans les temples grecs et romains des époques antérieures au siècle d'Auguste, et dont témoigne l'immense majorité des ruines des temples de Rome, implique inévitablement, pour le temple de Marcellus, les murs lisses et la conséquence d'une décoration monumentale usitée en Grèce et transportée à Rome.

(3) J'ai cité, dans ma traduction des *Antiquités inédites de l'Attique*, la restitution du temple de Vénus et de Rome, faite en 1830 par M. Léon Vaudoyer; et j'exprime de nouveau le regret que ce beau travail, et toutes les autres restitutions des monuments antiques par les architectes pensionnaires de l'Académie de France, à Rome, ne soient pas gravés. Une autre restitution, mais moins complète, de ce même temple, à cause de l'insuffisance des fouilles d'alors, a été publiée pour la première fois, en 1821, par M. Caristie, dans son intéressant ouvrage : « Plan et coupe du forum romain. »

l'on considère la consécration à ces deux divinités, il est très-admissible que ce temple ait fourni à Adrien l'idée d'ériger le sien à Vénus et à Rome. L'empereur architecte, particulièrement porté à imiter les monuments de la Grèce, donnait à son édifice, avec la même forme, la même destination qu'avait celui de la Corinthie, puisque dédier une des cella à Vénus, et l'autre à Rome divinisée, substituée au dieu de la guerre, c'était toujours consacrer ce dernier sanctuaire à la puissance des armes, en même temps que c'était flatter le juste orgueil des Romains, en élevant l'image de Rome à l'égale de celle de Mars. Pausanias parle encore d'un autre temple double, aussi élevé dans la Corinthie, mais dans la ville de Sicyone. Il avait deux portes, dont une conduisait à la fois dans deux cella consacrées, la première en entrant, au Sommeil, et la deuxième au fond, à Apollon Carnien; tandis que, par la porte opposée, on arrivait dans le temple d'Esculape, adossé par conséquent à la cella dédiée à son divin père.

Après avoir, à la suite de cette discussion sur le temple de l'Honneur et de la Vertu, reproché à M. Letronne l'oubli « des faits do« minant toute la question, dans l'ordre chronologique aussi bien « que sous le rapport de l'importance et de l'autorité des témoi« gnages, » faits qui, comme on l'a vu, ne dominent rien et ne s'appuient sur rien, M. Raoul-Rochette l'accuse surtout « d'avoir « négligé une autre observation aussi curieuse. »

Voici ce dont il s'agit, et ce que dit textuellement le savant archéologue : « Il n'était pas permis à un critique d'ignorer que Visconti « avait cru retrouver le temple de l'Honneur et de la Vertu dans « l'église actuelle de Sant' Urbano, située au-dessus de la vallée d'É« gérie. Cette opinion de l'illustre antiquaire se trouve exposée dans « un mémoire accompagné du plan et de tous les détails de l'édifice « dessinés par Piranesi. Il est bien vrai que Visconti s'était trompé « dans cette attribution, qui ne peut convenir à ce petit temple « antique, ni pour la situation, trop éloignée de la porte Capène,

« ni pour le plan de l'édifice, qui ne comporte qu'une seule cella,
« ni, enfin, pour la construction même, laquelle est certainement
« d'une époque postérieure à Vespasien, peut-être même aux An-
« tonins. Mais l'église de Sant' Urbano n'en reste pas moins un
« édifice très-remarquable en soi, assez bien conservé dans toutes
« ses parties, et dont la connaissance importait en un point essen-
« tiel à la discussion actuelle. Effectivement, cet édifice offre en-
« core, sur les trois parois intérieures de la cella, des vides ou
« renfoncements, séparés par des pilastres, lesquels vides ne purent
« être pratiqués dans la muraille qu'à l'effet d'y rapporter des pein-
« tures ; c'est ce que Visconti n'avait pu manquer de reconnaître,
« et ce qui devint pour lui un moyen d'établir l'identité de ce
« temple avec celui de l'Honneur et de la Vertu, orné de peintures
« de Cornélius Pinus et d'Attius Priscus. L'argument est de peu de
« valeur, puisque bien d'autres temples antiques avaient été décorés
« de peintures pour lesquelles avaient pu servir de pareils renfonce-
« ments ; mais l'observation même est incontestable, et elle acquiert
« une grande importance dans la question qui nous occupe : car
« ces vides pratiqués dans l'épaisseur du mur, et signalés par Vis-
« conti comme autant d'emplacements propres à recevoir des pein-
« tures, ne pouvaient avoir eu d'autre destination que celle-là ; et
« ce qui le prouve, c'est qu'à la place des anciennes peintures, en-
« levées ou détruites par les chrétiens qui ont converti ce temple à
« leur usage, en y laissant subsister les caissons de la voûte antique,
« ornés de stucs peints, dans le goût romain, on substitua, dans les
« renfoncements des murs restés vides, d'autres peintures qui s'y
« voient encore à demi effacées ; monument grossier de l'art chré-
« tien du XIe siècle, et tradition précieuse de l'art antique dans un
« édifice conservé par le christianisme. Nous avons donc ici, pour
« l'archéologie romaine, un fait analogue à celui qui nous est resté
« de l'antiquité grecque dans le temple de Thésée ; nous connais-
« sons avec toute certitude, par ces exemples de temples grecs et

« romains, restés en partie debout, presque aux deux extrémités
« de la carrière de l'art; nous connaissons, dis-je, la manière dont
« étaient placés, dans les temples construits pour être décorés de
« peintures, les tableaux qui formaient cette décoration ; et en
« ajoutant, comme nous sommes en droit de le faire ici, le nom
« de Visconti à ceux des antiquaires qui ont vu, dans ces peintures
« de temples, des tableaux sur bois rapportés, nous pouvons ap-
« précier, par ce nouvel exemple, le soin avec lequel a procédé,
« dans son travail, le critique qui, au sujet du temple de l'Honneur
« et de la Vertu, s'est borné à rappeler la restauration de Vespasien,
« sans faire le moindre usage des notions qui s'y rattachent. »

A lire cette description et les conclusions qui la suivent, le lecteur, qui n'aurait pas vu Saint-Urbain, ne se douterait pas que les peintures chrétiennes y sont exécutées sur mur : car cette circonstance, si importante dans cette discussion, est omise. Sans dire expressément qu'elles sont sur bois, il est certain que la rédaction tend à faire supposer ce dernier genre d'exécution plutôt que le premier. On comprend en effet combien, en parlant avec précision de la présence de *peintures murales modernes à demi effacées*, le docte antiquaire devait prévoir ce que cette particularité ferait naître de suppositions en faveur du primitif emploi d'un pareil procédé, et d'idées contraires à l'insolite parallèle établi entre cet édifice, dans son état réel, et le Théséion, dans l'état fictif qui lui est attribué, et où, au lieu d'une semblable décoration exécutée sur les murs, ceux-ci auraient été couverts de planches peintes. Mais ce qui est difficile à comprendre, c'est qu'on puisse avoir recours à un pareil subterfuge, qui ressort de l'examen auquel je vais me livrer, lorsqu'il ne fallait pour le découvrir que lire l'auteur auquel M. Raoul-Rochette a eu recours, et qu'il déclare partager son opinion. Visconti, en effet, n'a pas dit *un mot* relativement à la supposition, de sa part, qu'il y ait eu des peintures sur bois dans le temple dit de Bacchus, temple que du reste il regarde, sans raisons plausibles, comme ayant été le sanctuaire élevé par Marcellus et restauré par Vespasien. Sous ce rapport seul, l'antiquaire français a raison; et il aurait pu, à ce sujet, à côté de l'erreur de Visconti, signaler celle probablement plus ancienne de d'Agincourt, qui émet la même supposition; mais, encore une fois, M. Raoul-Rochette dit à tort que Visconti admettait, dans l'église de Saint-Urbain, une primitive décoration au moyen de tableaux sur bois. Cet illustre érudit, en discutant le nom du temple de Bacchus qui avait été donné à cet édifice, s'exprime ainsi : « Les uns fondent cette opinion « sur une chronique qu'ils ne citent pas; d'autres, pour accréditer « une pareille erreur, disent qu'on voyait, sous une des peintures « chrétiennes, *un fragment des peintures antiques*, avec des sym- « boles de Bacchus; pour nous, quelque soin et quelque attention « que nous y ayons mis, à l'effet de le retrouver, nous n'y avons « pas réussi; *mais nous avons parfaitement reconnu que l'enduit « des dernières peintures a été refait conformément aux premiers « enduits* (1). » Puis, en citant le texte de Pline, relativement aux peintures exécutées sous Vespasien, par Cornélius Pinus et Attius Priscus, lors de la restauration du sanctuaire de Marcellus, Visconti ajoute : « Il est vrai que Pline ne fait pas mention de la porte « Capène (2) : néanmoins, l'emplacement des peintures se voit très- « certainement dans les vides que nous avons indiqués dans les « planches XI et XII, *et dans lesquels furent substituées, dans les « bas temps, puis renouvelées, celles qui y sont aujourd'hui* (3). »

---

(1) « Altri poi, per coonestare un tal errore, dicono che appariva sotto di una delle pitture cristiane un frammento delle antiche, con simboli di Baccho. Noi, per quanta diligenza ed attentione abbiamo usato per rinvenirlo, non ci è riuscito; ma bensi abbiamo riconosciuto che l'intonacamento delle ultime pitture e rinnovato *secundo le prime.* » Opere varie di E. G. Visconti, v. II, p. 408, 409.

(2) C'est en dehors et près de cette porte qu'est située l'église de Sant' Urbano.

(3) « Vero è che Plinio non fa menzione della porta Capena : nondimeno il sito delle pitture appare certissimo ne' vani che abbiamo indicati nelle tavole XI e XII,

Certes ces deux extraits disent, de la manière la plus claire, que les peintures chrétiennes, sur enduit et sur mur, qui décorent l'église de Saint-Urbain, ont remplacé des peintures antiques, qui avaient été également exécutées sur enduit et sur mur. Il n'est question ici ni de *peintures rapportées*, ni de *tableaux sur bois*, et M. Raoul-Rochette, à moins de n'avoir pas lu Visconti bien attentivement, ne pouvait, sans errer volontairement, ajouter, comme il le fait, le nom de Visconti à ceux des antiquaires qui n'ont vu, dans les peintures des temples, que des tableaux en planches.

Il y a plus : c'est que, dans les notions que M. d'Agincourt donne sur l'ancien temple transformé en église de Saint-Urbain, ce consciencieux auteur dit : « On y retrouve en effet *des traces d'anti-* « *ques peintures au-dessous de celles dont il a été très-anciennement* « *couvert dans toute son étendue*, lesquelles représentent les actions « et les souffrances de saint Urbain (1). »

Ainsi, cet édifice, qui, à la suite de textes ignorés, ou passés sous silence, ou mal compris, était proclamé une tradition précieuse à l'appui de l'emploi de tableaux sur bois encastrés dans les murs ; cet édifice devient au contraire une nouvelle et forte preuve du constant usage de la peinture murale dans toute l'antiquité. Comme ce même genre de décoration a incontestablement existé au Théséion, nous connaissons en effet, par le fait des primitives peintures sur mur, dans l'édifice romain, une nouvelle confirmation de la généralité de la présence de ce système ; confirmation qui n'est du reste importante, dans l'état de la question, que pour montrer l'aveugle persévérance avec laquelle M. Raoul-Rochette continue à se tromper lui-même, sans crainte d'égarer les autres.

---

e in essi furono sostituite ne' tempi bassi, e quindi rinnovate quelle che ora vi sono. » Op. cit., p. 411. Je ferai remarquer que si M. Raoul-Rochette a entièrement omis de citer le texte original précédemment reproduit, il a omis de relater dans celui-ci la dernière partie soulignée.

(1) *Histoire de l'Art*, t. I, p. 34.

Je connaissais l'église de Saint-Urbain ; j'avais étudié les restes de cet antique édifice, dans lequel le culte du Christ a remplacé celui des divinités païennes : car ce monument est visité par tous les artistes, et surtout par les architectes. Non-seulement ces remarquables vestiges m'avaient intéressé à cause du témoignage qu'ils offraient des peintures murales, mais encore et surtout comme exemple d'une disposition qui expliquait ostensiblement la possibilité d'exécuter un grand nombre de sujets peints sur les murs, dans un temple de dimension ordinaire, en même temps que la possibilité d'y placer également beaucoup d'autres objets, soit tableaux, statues, groupes, meubles précieux et *ex-voto* de toute nature. Sous ce point de vue, cette construction contient, à elle seule, les preuves matérielles les plus puissantes pour réfuter toutes les objections qui avaient été faites contre la possibilité de concilier la présence de peintures exécutées sur les murs d'un temple, avec l'adjonction de tant d'autres accessoires peints ou sculptés qui pouvaient s'y être trouvés réunis.

La cella de ce temple n'a en effet que 10 mètres (environ 30 p.) de large, et un peu plus de 12 m. (36 p.) en longueur, avec une élévation jusqu'à la naissance de la voûte d'à peu près 9 m. (27 p.). Néanmoins, le nombre de tableaux peints qui y sont exécutés sur les trois seuls côtés décorés y est de vingt-cinq ; et les compositions, au nombre de deux sur la hauteur, entre les pilastres, pouvaient offrir des figures de 1 m. 30 c. (4 p.), c'est-à-dire, à peu de chose près, de grandeur naturelle.

Mais ces vingt-cinq tableaux peints sur les murs étaient loin d'en occuper toutes les surfaces; car, indépendamment des parois du côté de l'entrée, qui n'avaient pas eu de peintures du tout, il restait sur les trois autres faces, dans le haut, une frise de 1 m. 15 c. (3 p. 6 pouces), et dans le bas, un espace de près de 3 m. 30 (ou 10 p. environ), avec un développement de 34 m. (ou 110 p. à peu près).

Comme le Théséion offre, à l'exception de la hauteur de la cella, qui n'a que 7 m. (ou 21 p.), les mêmes dimensions que la cella du temple romain, ce qui était possible, par le fait, dans le temple dit de Bacchus, pouvait l'avoir été dans celui de Thésée. Du reste, c'est le système que j'ai toujours adopté, car c'est celui qu'offre ma restitution du temple d'Empédocle, auquel j'ai déjà renvoyé le lecteur, en admettant naturellement les différences qui devaient résulter des dimensions des édifices dans la distribution des peintures murales, et surtout ces dissemblances que devait présenter, dans l'application des principes helléniques, aussi bien aux parties purement architecturales qu'à celles essentiellement décoratives, un édifice romain d'une époque de dégénérescence.

D'après ces remarques, comment expliquer que la vue du monument, que le savant antiquaire dit avoir examiné de ses propres yeux, ou du moins la vue des planches originales de François Piranesi, ou de celles qui accompagnent les œuvres variées de Visconti, ou des dessins de l'édifice que M. Raoul-Rochette dit posséder, et auxquels il aurait pu ajouter les gravures dans l'ouvrage de d'Agincourt (1), et une perspective de J. B. Piranesi (2); comment expliquer, dis-je, qu'avec tous ces moyens de s'éclairer, le docte archéologue n'ait fait aucune des réflexions que je viens de mentionner? Il faut qu'il ait mal observé, ou qu'il n'ait pas observé du tout. Le lecteur partagera certainement cette opinion, en voyant la reproduction de la coupe en longueur de l'église Saint-Urbain dans son état actuel, mais sans la voûte, et décorée de peintures chrétiennes, Pl. XXII, F. III. Il verra surtout, dans l'essai d'une restauration de cette coupe, même Pl., F. IV, où j'ai esquissé un grand nombre d'objets accessoires, placés le long de la partie inférieure des murs de la cella et suspendus dans la frise, à quel point cette disposition rend admissible et palpable le principe de la

---

(1) *Histoire de l'Art*, t. II, Pl. XX.
(2) *Veduta interna dell' antico Tempio di Baccho in oggi chiesa di S. Urbano*, dans les *Vedute di Roma, disegnate ed incise da Giambattista Piranesi*.

décoration monumentale, au moyen de la peinture exécutée sur les murailles, avec toutes les choses précieuses d'art et de culte qui pouvaient y avoir été progressivement réunies et conservées, ou momentanément exposées. Enfin, le lecteur jugera, en confrontant, dans sa pensée, cette coupe avec les cella du Théséion et des autres temples analogues, ainsi restituées, combien toutes les objections, toutes les difficultés futiles et imaginaires, faites et soulevées, doivent tomber à la suite de cette solution aussi simple que facile à saisir, aussi claire qu'indubitablement vraie (1).

Oui, le temple de la vallée d'Égérie est une tradition précieuse du Théséion athénien, de même que les plus remarquables monuments de l'Italie, des siècles suivants, sont une tradition de cet antique édifice romain comme de beaucoup d'autres. Depuis les tombeaux les plus anciens, les sanctuaires les plus célèbres du paganisme, jusqu'à la primitive basilique de Saint-Pierre, et de celle-ci à presque toutes les basiliques chrétiennes importantes, soit de l'Italie, soit de la Sicile, soit de la France et de l'Allemagne; depuis les leschés des villes helléniques et les portiques des villes romaines, jusqu'aux portiques du Campo-Santo de Pise, comme de presque tous les couvents et monastères chrétiens; et, pour arriver immédiatement à l'extrémité de la chaîne qui lie tous ces monuments profanes ou sacrés les uns aux autres avec les mêmes chaînons,

---

(1) La comparaison que j'ai voulu établir étant indépendante de la voûte qui couvre l'église de Saint-Urbain, je n'ai donné son état actuel et la restauration de la primitive cella que jusqu'au sommet des murs, là où dans les temples grecs se trouvent placés les plafonds. Il est, du reste, intéressant de remarquer que l'on voit encore au-dessus de la frise unie, qui termine ces murs, une deuxième frise presque de la même hauteur, et dans laquelle sont distribués des trophées d'armes, tels que des cuirasses, des casques, des boucliers, des carquois, des enseignes, etc., qui présentent nécessairement l'imitation de ce genre d'offrandes réelles, à peu près comme je les ai indiquées dans la coupe restaurée; ce qui montre encore une fois ici, comme toujours et partout, une décoration caractéristique, puisée à la source des traditions, dont l'origine remonte à un usage religieux de la plus haute antiquité.

soit aux époques les plus reculées et les plus glorieuses de la Grèce, soit aux temps modernes les plus brillants de l'Italie; enfin, depuis la maison d'Alcibiade, dans la cité de Minerve, les maisons antiques construites sur les bords de la Méditerranée et du Tibre, jusqu'aux stances dans la résidence des papes et les salles de la demeure ducale dans le palais del T, c'est partout le même emploi de la peinture murale disposée d'après les mêmes principes.

Il n'y a dans cette affirmation rien d'hypothétique, rien d'illusoire; il s'agit de faits, de monuments existants à ranger les uns à côté des autres, à comparer, à analyser, à juger. Prouver ainsi, ce n'est pas se jeter dans le domaine du sentiment, éblouir par le brillant spectacle de l'Italie moderne; c'est s'attacher à la réalité, se laisser guider par la raison; c'est se placer sur le véritable terrain de la science, qui est positive, au lieu de se mouvoir sur le sol élastique des textes à controverses, qui ne peuvent être que vagues et obscurs.

D'ailleurs, et je ne puis le redire assez, n'est-ce pas la raison, n'est-ce pas la convenance qui devaient originairement, comme ultérieurement, guider les artistes dans cette distribution de leurs œuvres? Exposer avantageusement leurs peintures pour qu'elles pussent être bien vues, et, là où la grandeur de l'édifice le permettait, rester inaccessibles à toute facile atteinte qui pût les endommager, n'était-ce pas ce qui devait, de prime abord, occuper les peintres dans le choix des emplacements? Et, par une conséquence rigoureuse, pour atteindre ce but les sujets peints sur les murs n'étaient placés ni trop bas ni trop haut; c'est-à-dire qu'ils devaient se trouver assez éloignés du sol pour qu'on n'y pût toucher facilement, et cependant assez près de l'œil pour qu'il pût sans peine en atteindre la plus haute extrémité. De là, les trois divisions naturelles qui constituent le principe général de la décoration des temples : 1° la division inférieure laissée libre, ou du moins sans peintures à sujets inhérentes à l'édifice, et formant un socle, un soubassement, ou un lambris ; 2° la division occupée par les peintures murales, et 3° celle supérieure formant frise. Si cette disposition permettait de placer dans la zone, près du plafond, au-dessus des portes, comme l'indiquent souvent Pausanias et Pline, des objets votifs de toute nature, mais de petite dimension, et sur le sol, le long des murs, des offrandes plus importantes, ce fut plutôt la conséquence fortuite des choses, que la suite d'une disposition préméditée. Puis, cette disposition une fois mise en usage, elle se transmit jusqu'à nous, autant et plus par tradition que comme résultat des mêmes raisons. Sans la tradition, on fût sans doute arrivé à un semblable arrangement par les mêmes causes et les mêmes nécessités ; mais avec la tradition, on s'y maintint d'autant plus que rien ne peut en condamner l'application, car il satisfaisait à toutes les exigences de l'art et du culte.

En prenant pour base ces errements et en en suivant la filiation, qui oserait encore admettre que les tombeaux de l'Étrurie, ornés de peintures, les traces conservées sur les murs du Théséion d'Athènes, les restes du temple dit de Bacchus ou Saint-Urbain, et presque toutes les basiliques chrétiennes ; qui oserait admettre, dis-je, que ces preuves matérielles ne sont pas des éléments aussi sérieux que les raisons tirées des auteurs classiques, lorsque ces raisons ne sont appuyées que sur des textes inintelligibles pour l'art et les monuments ? Aussi quand M. Raoul-Rochette écrit « que trai-« ter la question ainsi, c'est l'abandonner à l'imagination de l'artiste, « et risquer de l'égarer au delà de toutes les bornes raisonnables, » je veux bien admettre que le savant antiquaire dise en cela ce qu'il croit vrai, mais personne ne pourra, en cela, croire vrai ce qu'il dit.

Ce point bien établi, que les temples élevés par les Romains, à l'imitation de ceux de la Grèce, pouvaient être ornés de peintures murales, en même temps que recevoir un certain nombre de tableaux mobiles, on admettra avec moi que, le savant antiquaire eut-il cité, d'après les auteurs modernes qui les ont recueillis avant lui, le double de tableaux portatifs qu'il mentionne d'après eux, cela n'aurait aucun objet. Peu importerait même de concéder que tous ces tableaux furent en bois, quoique cette affirmation absolue ne soit nullement prouvée; car ne connaît-on pas, et le docte critique n'a-t-il pas énuméré lui-même, au moins, onze matières différentes, indépendamment du bois, sur lesquelles les anciens faisaient l'application de l'art de peindre (1)? La supposition que beaucoup d'artistes grecs établis à Rome exécutèrent de ces tableaux que les généraux romains exhibèrent dans leurs triomphes, serait autant fondée qu'elle peut être contestée, que le fait ne saurait témoigner en rien contre la possibilité et la probabilité que ces mêmes artistes exécutèrent également des peintures murales dans les édifices publics; et n'est-ce pas bien présomptueux de s'attribuer, à propos de l'énumération de faits constatant qu'il y eut à Rome des bûchers et des combats de gladiateurs peints, des tableaux votifs représentant des naufrages et des naufragés, des représentations peintes d'actions de justice, et le portrait colossal de Néron; de s'attribuer, dis-je, à propos de pareilles preuves d'érudition, le mérite d'écrivain grave et consciencieux, et d'accuser ses adversaires d'ignorance, parce qu'ils ont judicieusement laissé de côté des notions aussi vulgaires, et aussi complétement insignifiantes dans la discussion?

Mais, puisqu'au sujet de l'oiseuse récapitulation de ces divers genres de peintures, M. Raoul-Rochette admet et assure que le plus grand nombre d'entre elles furent, *ou déposées dans les temples, ou incrustées dans les murs*, et cela depuis Marius et Sylla jusqu'à Auguste, Tibère, Vespasien et Titus, et toujours conformément à l'usage des Grecs, il est constant qu'il a omis d'étudier la disposition des temples de ces dernières époques. Si le savant professeur s'était appliqué au facile examen de ce qu'il nous est parvenu de

---

(1) Raoul-Rochette, *Peintures ant. inéd.*, p. 9, et ce que j'en ai dit p. 198 et 199.

notions certaines sur ces monuments, il se serait convaincu qu'à partir du temps d'Auguste, la décoration des cella des temples subit une grande modification, et qu'elle n'eut alors que très-peu d'analogie avec la décoration des temples grecs et des sanctuaires romains construits à l'instar de ceux-ci. Cette modification est celle qu'offrent, particulièrement à Rome, le Panthéon, les restes du temple du forum d'Auguste, comme de celui du forum de Trajan, et que j'ai déjà signalée au temple de Vénus et de Rome. Dans ces édifices, les murs, autrefois lisses et ornés de peintures murales, en même temps que d'autres objets d'art, présentent un stylobate surmonté de colonnes et orné de niches ; disposition qui ne laissait plus aucune place ostensible et convenable pour les peintures portatives, à moins de supposer qu'on les attachât aux colonnes, ou qu'elles bouchèrent les niches et couvrirent les statues ; ce qui se peut à la rigueur temporairement, mais ce qui est inadmissible pour une exposition permanente, et devient absolument impossible avec le système des tableaux encastrés ou insérés dans les murs, de manière à présenter, selon l'ingénieuse pensée de M. Raoul-Rochette, l'apparence de peintures exécutées sur les parois mêmes. Il résulte donc de ce fait, que dans ces monuments, où la peinture murale n'avait pas d'emplacement assigné, il n'entrait pas, dans le principe décoratif, qu'aucune production peinte pût y trouver place. Que ces productions consistassent en tableaux votifs, consacrés par la piété ou l'orgueil, ou en sujets historiques ou relatifs à la mythologie, représentant des victoires ou des défaites, des images de rois ou de guerriers, des portraits de poëtes ou d'historiens, de citoyens, de prêtres ou de divinités ; qu'ils fussent carrés ou à pans, en forme de boucliers ronds, ovales ou autres, grands ou petits, aucun endroit approprié, absolument aucun ne leur était réservé ; tandis que la disposition des temples de la Grèce, aux époques primitives, comme à la plus belle période des arts, si longtemps la seule en usage à Rome, puis partiellement consacrée sous les empereurs, et arrivée ainsi jusqu'à nous, offrait, au contraire, avec la possibilité d'une application facile et monumentale de la peinture sur mur, les moyens les plus avantageux et les plus convenables d'y ajouter l'exposition de nombreux tableaux, et celle de tous les autres produits des arts dont les temples étaient dépositaires.

CHAPITRE XXX.

§ III. Des portraits des personnages historiques placés dans les temples et dans les édifices privés, et de la manière dont ils y étaient disposés, ainsi que les portraits de style historique.

Le titre de ce paragraphe me dispense de m'y arrêter longtemps. D'après ce que j'ai déjà dit, j'admets (et qui pourrait ne pas l'admettre?) que beaucoup de portraits furent peints, dans l'antiquité, sur du bois, sur de la toile, sur des peaux, sur des métaux et d'autres matières, et que ces portraits étaient conservés et exposés dans les maisons particulières comme dans les édifices publics. Mais ni les monuments ni les textes ne donnent rien d'absolument certain sur la manière dont cette exposition avait lieu; c'est ici, comme partout ailleurs, le bon sens qui doit guider notre jugement.

M. Raoul-Rochette veut que ces portraits, grands ou petits, représentant des personnages en pied ou en buste, à cheval ou dans des chars, aient été, toujours et partout, indistinctement exécutés sur bois, et partout et toujours incrustés dans les murs, aussi bien dans les atrium publics que dans les atrium des habitations particulières, aussi bien sur les murs extérieurs des maisons donnant sur les rues et les places publiques, et abandonnés à tous les inconvénients des intempéries et du passage des habitants, que dans les salles des thermes, où ils étaient incessamment exposés à une détérioration, par le continuel et excessif changement de température et par l'action de l'humidité, alternant constamment avec la sécheresse : moi, je conteste l'adoption de cet inadmissible procédé; je le déclare impossible partout où le moindre jugement, la plus légère expérience ont pu intervenir. J'en ai réfuté l'application extérieure et intérieure dans les tombeaux de la Grèce, où le docte archéologue a, comme on le sait, incrusté et inséré également des tableaux en bois peint, comme il l'a fait dans les temples et sous les portiques ouverts de toutes les villes helléniques; et les mêmes objections, appuyées sur les mêmes faits et sur les mêmes considérations, sont surtout puissantes contre l'admission de ce même procédé, étendu indistinctement à l'exposition de tous les genres de peintures chez les Romains.

Traduire sans cesse par les mots stéréotypés de *tableaux en bois*, *peintures sur bois*, tout ce qui, dans les auteurs anciens, est relatif à la peinture, qu'il s'agisse de marbre, de stuc, d'enduits sur mur, de métaux, ou d'autres matières durables et véritablement susceptibles d'être incrustées, cette rare assurance peut impressionner quelques lecteurs; mais elle ne saurait imposer aux hommes instruits, qui, sous ce rapport, apprécient et jugent parfaitement M. Raoul-Rochette. Quant aux artistes général, et surtout aux architectes, qui peuvent être moins profondément versés dans la philologie, mais auxquels il ne manquera point, pour cela, les moyens de raisonner sainement, et d'apprécier la question avec le concours de leur savoir spécial et des expériences qu'ils ont pu faire, ou qu'ils pourront facilement entreprendre, si quelques-uns pouvaient ne pas être de mon opinion, toute autre tentative de la leur faire partager serait superflue.

Je m'arrêterai, toutefois encore, au raisonnement par lequel le savant antiquaire prétend réfuter les observations soulevées par les causes certaines de destruction auxquelles devaient être exposés des tableaux en bois, incrustés dans les parois en marbre de la salle la plus chauffée des thermes d'Agrippa (1). « Si, dit-il, les peintures « de Pompéi et d'Herculanum, exécutées en détrempe, d'une ma- « nière *si superficielle*, sur des enduits *si légers* et sur des murs « *si minces*, ont résisté aux effets de la lave brûlante ou de la « cendre chaude qui les a couvertes, comme ailleurs des peintures « semblables ont subi sans la moindre altération l'action de l'hu- « midité continuée durant des siècles, c'est qu'apparemment les « *procédés* et les *ingrédients* mis en œuvre par les anciens, dans « leurs divers genres de peintures, avaient, pour en assurer la con- « servation et la durée, des propriétés excellentes. Or, qui peut « douter que, dans la peinture encaustique....., ces propriétés..... « n'aient acquis le plus haut degré d'efficacité et d'énergie? » Puis, ajoute le savant archéologue, « comme la peinture des vaisseaux, « qui était une branche de l'encaustique, *ne se corrompait ni par* « *l'effet des ardeurs du soleil, ni par celui des flots salés ou des* « *vents*, il n'en coûtera pas d'admettre que des peintures encausti- « ques, exécutées avec toute l'habileté que pouvaient y mettre des « artistes tels que Protogène, si jaloux d'assurer à leurs travaux « une longue existence contre tous les accidents du temps et de la « nature, auraient pu facilement résister aux inconvénients de la « chaleur d'une salle des thermes..... »

Ainsi, de ce que des peintures exécutées à la détrempe sur enduit auraient résisté, à Herculanum et à Pompéi, à la lave brûlante et aux cendres chaudes, il s'ensuit que des tableaux peints *sur bois* à l'encaustique auraient résisté ailleurs à des causes semblables de destruction! On comprendrait cet argument, s'il y avait eu dans

(1) « In thermarum quoque calidissimâ parte marmoribus incluserat parvas tabellas, paulo ante cum reficerentur, sublatas. » Pline, liv. XXXV, ch. 48.

ces villes des tables de bois peint incrustées dans les murs, et qui n'auraient pas été brûlées ; mais, au grand avantage de l'archéologie et de l'art, comme je l'ai déjà remarqué, l'emploi général des peintures, sur les murs mêmes, les a seules préservées de la destruction.

Quoique M. Raoul-Rochette dise « que l'objection n'a rien de « sérieux pour quiconque est tant soit peu familier avec l'histoire « de l'art des anciens et avec la connaissance de ses monuments, et « qu'on regrette d'avoir à s'occuper, dans un sujet aussi grave, « d'une aussi futile difficulté, » l'objection est très-sérieuse, au contraire ; et si le docte professeur était aussi familier avec l'histoire de l'art des anciens et celle des monuments, qu'il ne cesse de dire qu'elles sont étrangères à ses adversaires, comment n'aurait-il pas su qu'à Pompéi et à Herculanum les laves et les cendres ont consumé et calciné toutes les pièces de charpente et tous les objets de menuiserie, tels que les portes, les volets, etc., qu'on peut comparer à des panneaux de bois destinés à être peints, même en les supposant, non pas *très-minces*, selon le système préconisé, c'est-à-dire d'un centimètre comme au temple de Thésée, mais en les admettant d'une épaisseur convenable, et en rapport avec la grandeur des tableaux (1)?

---

(1) Mazois, tom. II, p. 41 ; description de la Pl. VIII, représentant la porte d'une maison de Pompéi : « Les battants de la porte dont il est ici question étaient de « bois, et ont dû, par conséquent, être consumés par les cendres brûlantes, lors « de l'éruption ; il ne s'en est point trouvé de conservés dans les ruines de Pompéi. « Les compartiments que l'on voit ici sont imités de la porte en marbre représentée « tom. I, Pl. XIX. Plusieurs portes feintes, peintes sur les murailles, nous apprennent qu'on leur donnait ordinairement une couleur sombre, quelquefois rehaus« sée par des ornements en or : on devait probablement les peindre à l'encaustique ; « c'était le procédé qu'on employait pour les vaisseaux et les bois exposés aux « injures de l'air. »

Page 48, description d'une maison représentée sur la Pl. XI : « De l'escalier en « bois, il ne reste plus rien que la trace de son inclinaison et de la dentelure de « ses marches. Il ne nous est pas difficile de deviner comment la rampe était faite ;

Cependant, selon Mazois, toutes ces boiseries devaient être peintes à l'encaustique. Cette peinture était employée pour les vaisseaux et pour les bois exposés aux injures de l'air.

La justesse de cette observation n'est pas douteuse, et, s'il en était besoin, elle prouverait sans réplique que la peinture à l'encaustique n'a pu garantir à Pompéi, pas plus qu'elle ne le pouvait ailleurs, de la destruction la plus complète, aucune espèce d'objets exécutés en bois, pas plus de grosses pièces que de minces tablettes. Le feu les a partout réduites en cendre, l'humidité en poussière ; et si l'on eût déposé le plus solide vaisseau antique, peint à la cire, sous un hangar, près ou dans la cité détruite, des cendres ou de la poussière en eussent été également les seuls restes.

Mais cette comparaison entre des tables en bois peintes à l'encaustique et des vaisseaux peints à la cire, comme devant résister au soleil, aux eaux salées et aux vents, est-elle, en elle-même, plus judicieuse que les précédentes comparaisons du savant antiquaire ? Je ne le pense pas, et la raison en est simple. C'est que cette peinture des anciens au goudron et à la cire, comme celle au goudron et à l'huile, appliquée à chaud et à froid aux navires modernes, ne peut conserver et garantir le bois, qu'autant qu'elle est entretenue sans cesse, c'est-à-dire, recouverte et renouvelée à des époques rapprochées. La cire et tous les ingrédients, quelque merveilleux qu'on veuille les supposer, n'y pourraient rien faire, sans ce même

---

« car l'artiste chargé de décorer cet atrium l'a répétée sur le mur, de manière à
« figurer d'un côté de l'escalier ce qui était réel de l'autre. »

Page 14 : « La charpente et la menuiserie *calcinées* furent soigneusement resti-
« tuées dans leur ancien état. »

Pompeiana, by W. Gell, édit. 1821, p. 260. The gallery is restored, we are told, as pointed by the carbon of the ancient wood-work.

Vues des ruines de Pompéi, édition française, p. 110 : « Les restaurations de la
« charpente, de l'appui du balcon, aussi bien que des portes en menuiserie, ont
« pu se faire avec la plus grande exactitude, au moyen des empreintes que les *bois*
« *calcinés* de toutes les parties de l'édifice avaient laissées dans les cendres qui les
« enveloppaient, et qui en offrent, pour ainsi dire, les moules. »

entretien, cette même superposition de couches, ce même renouvellement périodique. Si M. Raoul-Rochette avait consciencieusement lu et relaté ce que Pline rapporte de la peinture des vaisseaux, le savant antiquaire aurait dû dire que cette peinture se corrompait, au contraire. L'auteur romain dit en effet (liv. xiv, ch. 23) : « Ce qu'on appelle *zopissa* est raclé des vaisseaux avec la cire ; » puis (liv. xxiv, ch. 26) : « Lorsque la cire est attaquée par les sels de la mer, on *racle* la zopissa ; » c'est donc que les bois étaient goudronnés d'abord, puis peints à la cire, et que ces deux opérations, faites au moyen d'une couche de goudron et d'une couche de cire, composaient la *zopissa*, c'est-à-dire, les *procédés* et les *ingrédients* qu'on employait dans l'antiquité à la peinture des vaisseaux ; peinture qui, encore une fois, ne résistait aucunement, d'une manière illimitée, pas plus aux sels de la mer qu'aux rayons ardents du soleil, et à l'action destructive du feu.

Eh bien ! est-il possible d'admettre qu'il en puisse être de même pour des tableaux de chevalet peints sur bois ? Les artistes les créaient-ils dans le but de faire de leur peinture un moyen de conserver le bois sur lequel ils l'exécutaient ; et le bois, avec une pareille peinture, qu'on ne recouvrait et qu'on ne renouvelait certainement pas, put-il trouver dans cette peinture une garantie de conservation contre les influences destructives dont il s'agit ? Certainement non. Et autant des vaisseaux, des battants de portes en bois, à l'extérieur d'un temple ou d'une habitation, peints à l'encaustique, et repeints lorsque le temps avait plus ou moins absorbé la couleur, pouvaient, par suite de ces opérations, résister longtemps au contact de l'eau et de l'air ; autant une tablette en bois, incrustée dans un mur, et n'ayant pour la garantir que la peinture dont l'artiste l'avait couverte une fois pour toutes, offrait peu de résistance, non-seulement dans des salles de thermes et sous des portiques ouverts, mais même dans l'intérieur des temples et des monuments publics des anciens. Elle était de la sorte plus exposée à se détériorer, puisque toute indication de dégât ne devient visible qu'après le mal fait. Que si l'humidité et les changements de température pouvaient ne pas l'atteindre tout de suite, la carie pouvait s'y mettre d'autant plus facilement, et tout détruire. Ces inconvénients très-préjudiciables, dont l'antiquité a vu des exemples, se trouvaient évités par la peinture sur les murs mêmes.

Quoi qu'il en soit, et nonobstant la certitude que la peinture à la cire, appliquée sur le bois, doit, au lieu d'un préservatif, offrir un aliment de plus à la destruction, dans une salle des thermes destinée à être chauffée à la plus haute température, ce n'est pas contre le procédé de la peinture, en lui-même, qu'est faite l'objection; c'est contre le bois qui lui sert de fond. Que les peintures fussent exécutées sur stuc ou sur marbre, à fresque ou à sec, à la cire au pinceau, ou à la cire avec le concours du cauterium, c'est-à-dire à l'encaustique, elles auraient toujours résisté contre la chaleur et l'humidité, ce qu'elles ne pouvaient faire étant exécutées sur bois : personne ne pourra en douter, et c'est ce qui s'oppose à l'admission gratuite d'un fait aussi anormal que celui d'encastrer entre des dalles de marbre, dans une salle de bains publics, où la chaleur est poussée à l'extrême, des planches peintes. Car enfin les expressions de *parvas tabellas*, dont se sert Pline, n'ont pu signifier que des peintures de petite dimension, qui avaient été exécutées sur des stucs, comme ceux qu'on a trouvés à Pompéi, ou sur des marbres, ce dont l'antiquité offre des exemples, et non sur du bois, dont aucun vestige n'a été conservé, et dont, encore une fois, le lieu ne pouvait raisonnablement permettre l'emploi.

Du reste, M. Raoul-Rochette continue à confondre les choses les plus opposées, à affirmer, avec la même assurance, ce qui est et ce qui ne peut être. Il ne lui suffisait pas que les peintures sur stuc eussent résisté, à Pompéi, aux éruptions de Vésuve; il fallait encore, dans sa manie d'exagération, que ces peintures fussent exécutées à la *détrempe* et d'une manière *superficielle* sur des enduits *légers* et des murs *très-minces*. Cependant, il n'y a rien de plus contraire à ce qui est que ces assertions : car, d'un autre côté, la plupart des peintures sont certainement exécutées à fresque, plusieurs peuvent être à l'encaustique, et ce que l'on entend par une manière de faire *superficielle* y est l'exception; puis les enduits n'ont rien de *léger*, car ils sont aussi compactes, aussi épais et aussi bien manipulés que possible. Quant aux murs *très-minces*, ceux de Pompéi offrent des épaisseurs aussi fortes, selon l'importance des constructions, que celles des autres villes antiques, soit de l'Italie, de la Sicile ou de la Grèce : partout la grosseur des murs est parfaitement en rapport avec leur hauteur et les charges qu'ils avaient à supporter. Mais le savant antiquaire ne leur aurait-il donné que la dimension d'une brique sur champ, qu'ils auraient toujours offert une différence assez sensible encore avec celle d'un centimètre d'épaisseur qu'il donne à ses planchettes en bois, recouvertes de magnifiques peintures!

Les deux tableaux, l'un de Nicias, et l'autre de Philocharès, que Pline cite comme ayant été fixés, attachés, exposés sur les murs de la curie d'Auguste, sont encore, pour M. Raoul-Rochette, des tableaux *encastrés;* et les expressions de « duas tabulas *impressit* « parieti, » aussi bien que celles « quam picturam amavit Tiberius, « atque.... cubiculo suo *inclusit*, » employées par le même auteur à propos du tableau de Parrhasius, que Tibère *renferma* dans sa chambre à coucher; ces expressions seraient synonymes d'*encastrer*, d'*enchâsser*, et prouveraient incontestablement que les mots « tabu-« lam pictam in pariete, » littéralement, un tableau peint sur mur, veulent réellement dire *un tableau peint sur bois, et placé ou rapporté* dans le mur!

Il est certain que le sens du verbe *imprimere*, qui a été employé par Pline pour exprimer *attacher, afficher*, c'est-à-dire, fixer, accrocher, suspendre, exposer, l'a été souvent aussi par les auteurs latins comme équivalent des verbes *imprimer, empreindre, graver, enfoncer*, etc., qui, jusqu'à un certain point, offrent de l'analogie avec l'action d'encastrer ou d'enchâsser un objet. Mais si, en satisfaisant aux lois de la raison et du bon sens, on peut admettre qu'on avait *renfermé* des peintures sur marbre ou sur stuc (incluserat) dans des encadrements de marbre disposés à cet effet, comme ce devait être dans la salle des thermes dont il vient d'être question, on satisfait à ces mêmes lois par rapport à la peinture de Parrhasius, admise comme exécutée sur bois, et comme une chose précieuse dont un empereur pouvait être jaloux de jouir seul, ou avec les personnes qui partageaient sa retraite la plus mystérieuse; on satisfait, dis-je, à ces lois, lorsqu'à l'action d'*enfermer* ce tableau (*includendo*) on donne le sens de l'enfermer dans l'appartement, et non celui de le placer dans un renfoncement creusé avec le poinçon et le marteau : c'eût été l'*encastrer* dans les riches parois d'une chambre à coucher impériale, où cette peinture n'eût pu offrir aucun rapport possible avec toute décoration préexistante.

Or, selon l'histoire de l'art et des monuments de l'époque, cette chambre devait être ornée, ou de revêtements en marbres précieux, dans le genre de ces embellissements qu'offre le Panthéon, ou à la fois de peintures décoratives et de sujets historiques et mythologiques exécutés sur les murs, comme dans les riches habitations à Pompéi, sur les restes des bains de Tite, et dans la maison antique romaine de la villa Negroni.

Par suite de cette remarque, il y a, quant à l'application générale de l'hypothèse de M. Raoul-Rochette, nécessité absolue d'admettre, ou qu'il existait pour les nombreux tableaux importés à Rome, par suite de circonstances successives et imprévues, des places préparées d'avance dans les temples et les autres édifices publics, c'est-à-dire, des renfoncements taillés dans le marbre ou réservés dans les enduits, et d'accord avec la décoration, ou bien que cette décoration, créée conjointement avec les monuments, devait avoir été partiellement et parfois complétement détruite, pour préparer, en les creusant, les emplacements de ces tableaux au fur et à mesure qu'ils arrivaient, et qu'il s'agissait de les encastrer. Cependant, l'une et l'autre de ces inévitables éventualités sont tellement inadmissibles, tellement inconcevables, qu'il semble que si le docte archéologue avait pensé à s'en rendre compte, il aurait renoncé à un système qui conduit forcément à de pareils résultats, et qui, par cela même, ne pouvait avoir existé. Non-seulement tout raisonnement, toute réflexion s'élèvent contre, mais les faits mêmes l'annulent d'une manière la plus indubitable. En effet, comme il est formellement contestable de retenir d'une manière solide, dans des enduits et des stucs de l'épaisseur de ceux du Théséion, et même plus épais, des panneaux de bois, petits ou grands, sans le secours de crampons en métal, et que ni en Grèce, en Sicile, en Italie, et nulle part ailleurs, il ne s'est trouvé aucun vestige de pareilles attaches, pas plus que des traces de renfoncements taillés dans les murailles en pierre ou en marbre des temples qui existent encore en si grand nombre, il est évident que l'absence absolue de ces indispensables témoins pour constater les milliers d'incrustations de tableaux que M. Raoul-Rochette suppose avoir été pratiquées en tout temps et en tous lieux, est une non moins irréfragable condamnation de son opinion à ajouter à toutes les autres.

Le savant antiquaire, pour appuyer en dernier lieu son système, revient sur la découverte si connue et déjà mentionnée des peintures antiques sur stuc, trouvées à Stabie et à Pompéi, au bas des murs dans lesquels elles auraient été ou durent être encastrées, et qui présentaient des renfoncements disposés à cet effet. M. Raoul-Rochette fonde son argument sur la supposition que « ces tableaux « ayant été, selon lui, peints originairement sur le *chevalet, puis* « *transportés sur un enduit*, ont été retrouvés encastrés dans le « bois. » D'où il suit « que le procédé qui s'appliquait à des pein- « tures sur enduit avait pu, à plus forte raison, être appliqué pour

« des peintures sur bois qu'il s'agissait d'encastrer dans le mur. » Sans m'arrêter à ce qu'offre de peu lucide la première phrase, qui doit vouloir dire que les peintures en question avaient été exécutées sur des tables ou sur des plaques de stuc dans l'atelier de l'artiste, et probablement sur un chevalet, j'admets nécessairement ce procédé et pour ces trois peintures, qui sont cependant les seules ainsi retrouvées, et pour d'autres; mais, dans ce cas, les murs décorés sur place d'autres peintures d'ornement devaient être disposés de manière à ce que les renfoncements, pour les sujets peints dans l'atelier, fussent réservés, et à ce qu'ils s'accordassent parfaitement avec la grandeur des tableaux à encastrer. Que ces peintures exécutées sur stuc eussent conservé les traces de cadres en bois, à l'instar des châssis entourant les peintures enlevées de Lacédémone avec les parois des murailles, afin d'en faciliter le transport sans des chances d'accidents, c'est là un procédé raisonnable; mais il n'en serait pas de même si ces cadres en bois eussent été encastrés dans les murs avec les peintures. Cela, non-seulement n'aurait pu être d'aucun avantage, d'aucune nécessité, mais c'eût été, au contraire, provoquer, pour le cas où le bois aurait travaillé et se serait déjeté, le bris des stucs peints. Mais si ces tableaux eussent dû être encastrés dans les murs avec les châssis, et former des peintures encadrées (tabulæ marginatæ) en même temps qu'encastrées, quelle présomption ce fait, relatif à des tableaux sur stuc, offre-t-il à l'appui de la supposition du docte antiquaire concernant des tableaux sur bois? Certainement aucune. Je vais plus loin, et je suppose même que des peintures sur bois ont pu être incrustées dans des murs : car, puisque M. Raoul-Rochette, un des savants les plus connus de notre époque, soutient depuis vingt ans que toutes les peintures de l'antiquité étaient ainsi exposées et conservées, je puis bien, sans trop rabaisser les anciens, admettre que quelque propriétaire capricieux et ignorant a pu faire incruster de la sorte des peintures sur bois. Mais, avec la supposition éventuelle d'une semblable circonstance, il n'en est pas moins vrai que l'histoire de l'art et les monuments des anciens démontrent qu'elle ne serait qu'exceptionnelle et fortuite, comme toute chose dont on accuserait l'antiquité, et qui ne serait basée ni sur la raison, ni sur la convenance.

On sait que Pline, en parlant d'Amulius, dit « que cet artiste « travaillait, habillé de la toge, même sur les échafauds (*in machi-* « *nis*), et que la Maison Dorée ayant, pour ainsi dire, servi de « prison à ses œuvres, on trouve ailleurs peu de ses travaux. »

En ne citant que la première partie du dire de Pline, et en prétendant que les mots *in machinis* expriment à la fois *devant le chevalet* et *sur l'échafaud*, le critique dit être *de l'avis* que les nombreux ouvrages exécutés par le peintre romain dans le palais de Néron étaient sur bois, et placés sur les murs. Quoique cette interprétation, d'après laquelle Amulius aurait peint ses tableaux de chevalet sur des échafauds, au lieu de les exécuter tranquillement dans son atelier, attribue à ce peintre une action aussi peu raisonnable qu'impossible à justifier, il est certain que, quand même cette pensée aurait pu surgir un moment, le fait à peine signalé du long séjour du peintre dans la Maison Dorée ne pouvait laisser aucun doute qu'il s'agissait uniquement de peintures murales, pour l'exécution desquelles il fallait, à la fois, dans le palais à décorer, la présence presque permanente du peintre et des échafauds. C'était, en effet, d'autant plus naturel et conséquent, que l'embellissement des murs, au moyen de peintures d'ornement et de peintures à sujets, était universel sous Néron.

Enfin, M. Raoul-Rochette émet, comme dernière preuve en faveur de son système, l'opinion que les Grecs du Bas-Empire n'exécutaient que des peintures à l'encaustique sur bois, et que c'était « la pratique ordinaire de l'art pendant toute la période byzantine « jusqu'à l'époque de la renaissance. »

Cependant, ce genre de peinture n'a pas même pu être constaté, d'une manière absolue, sur les quelques petits tableaux parvenus jusqu'à nous, tandis que d'abord les mosaïques, et ensuite les fresques exécutées depuis les premiers siècles du christianisme, par les Grecs du bas temps, comme par leurs descendants jusqu'à nos jours, et qui subsistent encore si nombreuses en Grèce et en Italie, offrent réellement, et sans aucune contestation possible, les preuves les plus solennelles de la tradition non interrompue et toujours pratiquée de la peinture monumentale des anciens Hellènes (1).

CHAPITRE XXXI.

Conclusion.

Elle se résume de la manière suivante :

« La peinture sur mur n'appartient qu'au temps de la *naissance* et à celui de la *décadence* de l'art.

« A la première période, ce n'était qu'une *enluminure*, comme celle des peintures dans les tombeaux étrusques et ceux de la Pouille et de la Campanie ; à la seconde période, c'étaient des peintures, comme celles de Pompéi et d'Herculanum. »

« Dans les temps intermédiaires, aux plus belles époques de l'art, la décoration des temples et édifices consistait dans des tableaux peints sur bois. Ils offraient, comme dans le Théséion et au Pœcile

---

(1) Indépendamment de tout ce que j'ai dit précédemment à ce sujet, les faits consignés par M. Didron, dans son *Manuel d'Iconographie chrétienne, grecque et latine*, et surtout par M. Papety, dans son Mémoire sur les peintures byzantines du mont Athos (*Revue des Deux Mondes*, tom. XVIII, juin 1847) ; ces faits confirment complétement ces inductions, les seules qui soient d'accord avec l'histoire de l'art.

d'Athènes, un ensemble de peintures *insérées dans le mur, qui pouvaient paraître exécutées sur le mur,* ou le plus souvent de véritables galeries de tableaux, appelées d'abord des trésors, et plus tard, des *pinacothèques.* »

« S'il y eut, dans cette période, des peintures sur mur, telles que celles de Polygnote à Thespies, de Panœnus à Élis et à Olympie, comme celles enlevées d'un édifice à Lacédémone, ce ne furent que des faits accidentels. »

Je réponds. Si, d'après la discussion qui précède, il pouvait subsister le moindre doute que la peinture murale ait été pratiquée, aussi bien en Grèce qu'à Rome, à toutes les époques de l'art, ce doute devrait déjà disparaître devant l'inadmissibilité de ces conclusions, parce qu'elles sont non-seulement contraires à la marche naturelle de l'histoire de la peinture chez les Grecs, telle que nous la montrent les faits, mais parce qu'elles sont non moins opposées à la marche naturelle de toutes choses humaines. L'histoire du monde physique et moral, qui est celle des pays et des peuples, des sciences et des arts dans leur généralité, ne s'offre jamais uniquement dans son enfance et dans sa vieillesse. Pour arriver à la décrépitude de celle-ci, le passage à travers la virilité et la maturité est indispensable. Les preuves que j'ai développées n'existeraient pas, non plus que les nombreuses inductions, appuyées sur la plus rigoureuse convenance comme sur la raison, la beauté et la durée, que l'existence originaire et incontestée de la peinture sur mur chez les Hellènes suffirait pour qu'il fût impossible d'admettre qu'elle ne parcourut pas toutes les phases de son développement avant d'arriver à sa décadence finale. On comprend qu'un art peut rester stationnaire, comme cela a existé en quelque sorte pour la peinture et la sculpture idéologiques égyptiennes; mais on ne comprendra jamais un départ et une arrivée sans le parcours indispensable du chemin intermédiaire qui devait réunir ces deux points extrêmes, pas plus qu'il n'est compréhensible de vouloir, comme le savant antiquaire, l'exercice, aux temps de la naissance et de la décadence seulement, d'une des branches les plus importantes de la peinture grecque, sans en vouloir l'exercice aux époques de développement et de perfection, ces corollaires absolus entre le commencement et la fin de cette branche de l'art.

La réflexion, qui apprend, par la persévérante poursuite d'une pensée, à raisonner juste, et qui conduit ainsi à la vraie logique, aurait dû ne pas laisser inaperçu, pour M. Raoul-Rochette, cet éternel axiome, et l'éclairer sur ce que son système a d'insoutenable.

Puis, passer des peintures murales de Tarquinies à celles de Pompéi, malgré l'immense intervalle qui sépare les époques où remontent les premières et où s'exécutèrent les secondes; signaler à peine, dans l'espace de tant de siècles, et comme accidentelles encore, trois ou quatre apparitions de ces peintures, sans s'arrêter à l'idée d'un pareil contre-sens!

Admettre que des planches peintes étaient insérées dans les murs du Théséion et du Pœcile d'Athènes, de manière *à paraître exécutées sur le mur*, sans entrevoir l'impossibilité de ce procédé antimonumental!

Remplacer le principe d'une décoration inhérente aux édifices, et d'accord avec leur destination, par une distribution successive de peintures dont l'origine, les sujets et le but étaient étrangers à cette décoration, sans être choqué du manque de concordance qui devait en résulter!

Transformer en pinacothèques ou galeries de tableaux les opisthodomes des temples, alors que leur destination ne cessa jamais d'être d'accord avec le nom de trésors qu'ils portaient également, en ce que ces lieux renfermaient plus souvent des œuvres d'art en matières précieuses, que des tableaux, et ne pas s'arrêter devant cette contradiction!

Confondre enfin l'opisthodome, ainsi transformé, avec la cella, lorsqu'il ne s'agit que de la décoration de celle-ci; confondre de la sorte une véritable dépendance avec le sanctuaire même consacré à la Divinité, quand il importe seulement de connaître comment la peinture avait été appelée à le rehausser de son poétique et brillant éclat, et ne pas reculer devant une confusion semblable!

Il y a, dans tout cela, absence réelle de réflexion; et lorsqu'en vue de ce résultat, M. Raoul-Rochette dit de son livre qu'il a produit *un vaste travail*, il m'est permis de croire que mon labeur a été non moins important, qu'il a été surtout plus pénible, en me forçant de signaler tout ce que l'ouvrage du savant antiquaire contient d'impossibilités, de contradictions et d'erreurs; combien ses appréciations relativement à l'art et à l'archéologie manquent de justesse; combien enfin il serait regrettable que l'*Histoire de l'art chez les Anciens*, dont l'auteur de la Peinture chez les Grecs et les Romains dit s'occuper, pût être déparée par d'aussi graves imperfections (1).

CHAPITRE XXXII.

Appendice aux Lettres d'un antiquaire à un artiste, par M. Letronne.

(Paris, 1837.)

AVANT-PROPOS.

Dans l'examen du précédent ouvrage de M. Raoul-Rochette, j'ai

---

(1) La conclusion de M. Raoul-Rochette est suivie d'un appendice, ayant pour titre : « De quelques pratiques de l'art, qui étaient en rapport avec l'emploi des « peintures sur bois encastrées dans le mur, » puis de la description des planches qui accompagnent l'ouvrage.

Sans faire de ces deux parties, à cause des inévitables redites qui en résulteraient, un examen spécial, j'en parlerai occasionnellement à la suite de mon travail, lorsqu'il y aura quelque intérêt à y revenir.

dit que la réfutation de ce travail, sous le rapport philologique, ayant été faite par mon illustre auxiliaire, je relaterai quelques-unes des objections qu'il y a opposées. Personne ne pouvant récuser en cela la haute compétence de M. Letronne, il aurait suffi sans doute de dire que le savant helléniste réfute, article par article, texte par texte, les allégations controuvées et les inexactes explications de l'auteur de la Peinture chez les Grecs, pour me dispenser d'aller au delà. Toutefois, comme il importe, dans l'intérêt du génie des arts de la Grèce, de détruire en tout point l'injuste accusation, contre ses immortels artistes, d'avoir appliqué, d'une manière déraisonnable, irrationnelle et impossible, le magnifique concours de la peinture au complément de l'architecture, j'ai cru devoir, pour arriver à ce but, exciter à la connaissance complète du livre de M. Letronne par quelques extraits qui vont suivre.

Dans l'avant-propos, le travail de M. Raoul-Rochette est apprécié comme faisant disparaître l'intérêt de la vérité et de la science sous l'influence fâcheuse de l'amour-propre blessé. « Le caractère d'ai-
« greur de la discussion, dit M. Letronne, a ôté à l'auteur le sang-
« froid nécessaire à la recherche du vrai, et lui fait commettre d'in-
« croyables erreurs. Des fautes matérielles déparent cet ouvrage,
« et les textes y sont cités pêle-mêle, sans avoir été compris (1). »

---

(1) Comme exemples, M. Letronne dit, dans la note 1, p. vi : « M. Raoul-Rochette cite le passage d'Ansaltd (*De sacro et publico apud Ethnicos pict. tabul. cultu*, Aug. Taur., 1768), où il est dit que les Grecs et les Romains....... suos credere labores ligneis tabulis consueverant, ut fusè Menardus, Maffeius, Belgradus, abbas de Guasco, aliique sexcenti ostenderunt. Cette opinion est, sauf restriction, celle que j'adopte moi-même. Il me l'oppose cependant, et invoque contre moi l'imposant témoignage d'au moins *six cents* antiquaires (c'est ainsi qu'il entend *aliique sexcenti*) qui, dès 1768, avaient pensé comme Ménard, Maffei, etc.; et ce nombre, ajoute-t-il, *a peut-être été doublé depuis* (*Peintures ant.*, p. 71-72). Le savant archéologue pouvait facilement échapper à l'absurdité de ce nombre de *douze cents* antiquaires occupés du passage de Pline, et à l'embarras de les compter, si on l'en priait. Il lui suffisait de se souvenir de ce que tout écolier sait parfaitement: c'est que *aliique sexcenti* signifie en latin, *et beaucoup d'autres*, non pas, *et six cents autres*.

A l'accusation de nombreuses omissions, portée contre M. Letronne, ce savant répond que, parmi les plus beaux travaux d'érudition, on n'en trouve pas auxquels il n'ait été possible d'ajouter des faits et des idées, quoique, quant à son propre travail, ces omissions ou n'existaient pas, ou, là où on en signalait, elles n'avaient aucun rapport à la peinture. Aussi, ajoute-t-il, M. Raoul-Rochette, en prenant, sans les vérifier, des textes cités dans les ouvrages dont il s'entoure, confond le modelage à la cire avec la peinture à l'encaustique; il prend un tableau peint pour une palette, et ailleurs, des statues, des intailles, des bas-reliefs, des inscriptions, des *plats*, et jusqu'à des *emplâtres*, pour des tableaux peints.

M. Letronne signale ensuite l'interprétation évidemment erronée de ses propres idées, lorsque M. Raoul-Rochette dit que son antagoniste n'a vu, *dans toute l'antiquité, que des peintures sur mur de tout ordre et de toute main,* tandis qu'il n'a jamais mis ni pu mettre en doute l'existence de tant d'autres genres de peintures en usage chez les anciens; puis il signale les nombreuses digressions qui, comme je l'ai déjà mentionné, n'ont, de la part de leur auteur, d'autre but que de faire perdre de vue l'objet réel de la discussion; il signale enfin les dissertations les plus oiseuses sur la valeur de mots généralement reconnus, comme sur le fait, admis pour tout le monde, de l'exécution de la peinture sur bois par les Grecs. « Qu'on cite, dit à ce sujet
« M. Letronne, cinquante ou cent exemples de peintures grecques
« ou romaines sur panneaux de bois, tous les tableaux portatifs possibles qui ornaient les triomphes des vainqueurs du monde; qu'on
« énumère, d'après Boulenger, Voelkel, Sickler, Fr. Jacobs, etc.,
« tous ces exemples de tableaux mobiles transportés de Grèce à
« Rome : si on voulait en argumenter contre la peinture murale, ne
« serait-ce pas comme si l'on concluait de ce que tous les tableaux,
« jadis apportés d'Italie en France, étaient peints sur bois et sur
« toile, que l'existence des fresques de Raphaël, du Corrége et du
« Dominiquin, est une pure chimère? » Cependant, ajouterai-je

les innombrables peintures sur mur de ces sublimes maîtres et de tant d'autres immortels artistes couvrent les parois des églises, des édifices publics, des palais, et jusqu'aux murailles des habitations particulières dans toutes les villes, comme dans presque tous les bourgs et les villages italiens!

L'avant-propos est terminé par quelques mots sur la *Pornographie*, qui rejettent « la malheureuse prétention que les anciens se « soient rendus coupables de l'abus monstrueux d'avoir exposé, aux « regards des femmes et des enfants, des peintures obscènes dans les « temples, les portiques et les maisons particulières ; prétention « puisée, selon M. Letronne, dans des textes grecs, latins, en prose, « en vers, qui expriment le plus souvent autre chose que ce qu'on « leur fait dire. »

CHAPITRE XXXIII.

Lettre à M. F. Jacobs sur la rareté des peintures licencieuses chez les anciens.

Ce remarquable travail est uniquement consacré à détruire l'accusation de la plus dégradante licence, portée par M. Raoul-Rochette contre l'antiquité. Avec ce que j'ai déjà dit à ce sujet, et avec les extraits du livre de M. Letronne, que j'y ai ajoutés, cette question, secondaire à mon objet, se trouve suffisamment traitée. C'est à l'ouvrage même, où la question est si savamment discutée, que je renvoie le lecteur, qui pourra, d'après les titres des paragraphes qui vont suivre, et qui composent cette belle défense, en apprécier le haut intérêt.

Lettre à M. Friedrich Jacobs, sur la rareté des peintures licencieuses chez les anciens.

Observations générales sur le sujet. — Distinction à faire.

§ I. Le mot Πορνογραφία (pornographie) n'existe pas chez les Grecs.

§ II. Il n'y avait point de peintures obscènes dans les maisons d'Athènes.

§ III. Les anciens n'ont pas exposé de peintures obscènes dans les temples.

§ IV. Les peintures des amours des dieux n'étaient point obscènes.

§ V. Les passages d'Ovide et de Properce (cités par M. Raoul-Rochette) ne prouvent pas que les peintures obscènes fussent autre chose que de rares exceptions.

§ VI. Les Pères de l'Église ne sont pas bons juges de l'art païen.

§ VII. Les sujets érotiques étaient peints indifféremment sur mur et sur tables mobiles. — Conclusion.

CHAPITRE XXXIV.

Lettre à M. A. Boeckh, sur les textes relatifs aux arts qu'on prétend avoir été oubliés dans les Lettres d'un antiquaire à un artiste (1).

Le premier paragraphe traite d'omissions de textes, que l'auteur

---

(1) Le jugement que l'illustre philologue Boeckh porte sur les Lettres d'un antiquaire à un artiste, en exprimant « qu'après avoir mis beaucoup de temps à les « lire pas à pas, il n'avait, depuis bien longtemps, rencontré aucun écrit où le sujet « soit traité, sous tous les points de vue, avec une critique aussi délicate et une « raison aussi haute ; » ce jugement forme un curieux contraste avec l'appréciation de M. Raoul-Rochette, condamnant ce même travail comme *spirituel*, *agréable*, et d'une *frivolité* qui ne peut convenir qu'à des lecteurs *superficiels!*

de la Peinture chez les Grecs prétend avoir été faites, et qui n'existent pas.

En voyant, dans le relevé de ces omissions imaginaires, M. Raoul-Rochette vouloir faire ressortir, à côté de chacune de ses accusations, la supériorité de son savoir sur l'*ignorance* de son adversaire, la rigidité, l'activité et la profondeur de ses recherches, opposées au *manque de soin, de zèle et d'étude* dans celles de M. Letronne ; quand ces omissions, comme je l'ai fait voir pour plusieurs, et comme le prouve cet illustre savant pour toutes, sont matériellement controuvées, il est difficile d'exprimer le sentiment que font naître une pareille présomption, de semblables erreurs.

Dans le deuxième paragraphe, se trouvent discutés les passages réellement omis par M. Letronne, parce qu'il ne devait pas s'en servir. Ces passages s'élèvent au nombre de trente. Selon le docte helléniste, les uns sont tout à fait étrangers à la question ; les autres n'y tiennent que d'une manière si indirecte ou si douteuse, qu'un critique sévère devait les écarter.

Signalant, en premier lieu, l'insignifiante dissertation de M. Raoul-Rochette, sur l'expression πίναξ, pour établir une chose tout établie, à savoir, que ce mot signifie *tableau mobile*, M. Letronne dit avec justesse qu'un seul paragraphe de ses Lettres comprend, à ce sujet, en trois lignes, ce qui, dans l'ouvrage sur la Peinture chez les Grecs, est délayé dans vingt pages, avec une profusion d'exemples aussi inutiles que faciles à réunir. Il s'élève de même contre la prétention de son adversaire, d'avoir démontré, le premier, que les Grecs *savaient assembler des planches*, et étaient de *bons menuisiers*, faculté que personne ne leur a jamais contestée.

Reprenant un à un tous les passages soi-disant accusateurs, M. Letronne fait ressortir que M. Raoul-Rochette n'a jamais recours aux textes originaux, à l'effet de compléter le sens des phrases qu'il tire des auteurs modernes, au moyen de ce qui précède et suit leurs citations. De là les nombreuses méprises, les confusions sans fin, les inconséquences dans lesquelles le font tomber ses attaques aussi légèrement faites, qu'elles sont tournées facilement et souvent cruellement contre leur auteur.

Tel est le passage incomplétement cité et mal compris d'Aristophane, au sujet du mot πλαίσιον, désignant le moule où se formaient les briques, au lieu de la singulière et confuse désignation « d'un « assemblage de planches de bois ajustées par le menuisier, si bien « jointes qu'elles ressemblaient à des moules de briques, et qu'elles « pouvaient servir aux mêmes usages; »

Celui de Pausanias, expliqué comme se rapportant « à un *temple* « de Bura, comprenant, d'après M. Raoul-Rochette, dans son « mobilier, des tableaux, *avec toutes sortes de figures dessinées*, » tandis qu'il n'y est question que d'une *grotte* contenant une statue d'Hercule, auprès de laquelle on venait consulter l'avenir, et ayant, pour tout mobilier, *une table* où étaient *écrites toutes les combinaisons des dés amenés par le sort*.

Dans d'autres passages du même auteur, comme celui concernant l'antre de Trophonius, il ne s'agit pas davantage de tableaux peints et dessinés, mais *de récits à écrire sur un tableau*. De même que dans le texte de Plutarque, relatif à un certain Lysimaque descendant d'Aristide, il est question, non pas d'un tableau peint, mais d'un tableau sur lequel se traçaient les explications des songes.

A propos des paroles de Pline, au sujet du nettoyage d'un tableau d'Aristide, paroles qui sont traduites de manière à faire croire que ce tableau fut envoyé du temple d'Apollon dans l'atelier d'un peintre, tandis que Pline dit textuellement que le préteur Junius en confia la restauration à un peintre inhabile qui le gâta, M. Letronne cite le passage d'Arrien sur Épictète, d'où M. Raoul-Rochette a tiré le mot qui lui a fait prendre un *plat* pour un tableau; méprise qui suggère à l'auteur de l'Appendice la remarque que le docte archéologue, en relevant dans le scoliaste d'Aristophane la même méprise, l'avait qualifié d'*inepte*.

C'est à la suite de l'énoncé de cette transformation que sont développées toutes les phases des erreurs d'érudition qui ont amené la métamorphose bien plus extraordinaire encore d'un *emplâtre* en un tableau peint sur bois ; métamorphose qui fait passer, sans s'y arrêter, sur celle comparativement plus insignifiante, où le même érudit voit une *palette*, là où Plutarque n'a pu désigner qu'un *tableau*.

Plusieurs passages de Pausanias sont ensuite examinés et réfutés en même temps que les reproches adressés, avec son assurance habituelle, par M. Raoul-Rochette, à d'autres savants distingués, pour avoir omis ce qu'ils avaient clairement énoncé, et pour avoir prudemment supprimé ce qu'ils n'avaient aucun intérêt, ni à dire, ni à dissimuler.

Puis viennent les rectifications d'un grand nombre d'autres passages de Thémistius, de Sénèque, de Cicéron, de Cornélius Népos, de Plutarque, d'Athénée, de Josèphe, de Servius, etc., dont les interprétations erronées sont remplacées par celles qui donnent leurs véritables sens ; rectifications d'autant plus admissibles et absolues dans la discussion, qu'étant d'accord avec les faits matériels, comme avec toutes les inductions et les raisonnements multipliés que j'ai fait valoir en dehors de la discussion des textes, elles puisent leur force autant dans la science incontestable de M. Letronne, que dans la faiblesse du système soutenu par M. Raoul-Rochette, et au secours duquel cet antiquaire réunit en vain les ressources nécessairement insuffisantes de son savoir philologique.

Quant à l'examen critique des textes concernant la peinture à l'encaustique et sur ivoire, comme ces questions techniques seront traitées dans la deuxième partie de cet ouvrage, il suffira de mentionner le travail de M. Letronne, et d'y renvoyer le lecteur.

Le dernier paragraphe a pour objet les passages expliqués dans les Lettres d'un antiquaire à un artiste, autrement qu'ils ne le sont dans les Peintures antiques.

C'est d'abord un passage de Lucien, qui est relatif à des peintures de paysages, et dans lesquelles M. Raoul-Rochette voit des cartes géographiques; un autre de Pausanias, relativement au tombeau de Xénodice, déjà expliqué et maintenu, comme ne pouvant exprimer que la disposition de peintures murales, et non pas l'encastrement de tableaux mobiles; celui de Philostrate, concernant des peintures placées sous un portique à Naples, et dans lequel le docte archéologue voit, avec Heyne, Jacobs et Welcker, des tableaux encastrés, au lieu de peintures sur mur, symétriquement ajustées. En donnant à ce propos la traduction complète d'un autre texte du même auteur, où il est véritablement question de tableaux en cuivre encastrés, dont les figures étaient représentées au moyen de la toreutique, par des métaux de différentes couleurs, M. Letronne fait ressortir la clarté de l'expression avec la possibilité et la convenance du procédé. Car des plaques en cuivre, en stuc, en marbre, etc., comme je l'ai déjà remarqué plusieurs fois, peuvent parfaitement s'encastrer, sans aucun des choquants inconvénients de ce même procédé, appliqué à des planches en bois (1).

A la conséquence tirée par M. Raoul-Rochette de l'absence, avant Arétée de Cappadoce (2), du mot grec τοιχογραφία (peinture murale), que l'usage de cette peinture devait avoir été fort restreint,

---

(1) Voici la traduction de ce curieux passage de Philostrate (*Vit. Ap.*, T. II, 20, p. 71). C'est une description imaginaire d'un temple qu'Apollonius de Tyane était censé avoir vu dans l'Inde : « Dans ce temple, on avait construit une chapelle, moindre que ne le comportait l'étendue de cet édifice, mais pourtant bien digne d'être vue; car, dans chacune de ses parois, on avait encastré des tableaux de cuivre, sur lesquels étaient peints les exploits de Porus et d'Alexandre, au moyen d'orichalque, d'argent, d'or, de cuivre noir : ...; le tout semblable à une belle peinture qui serait sortie des mains de Zeuxis, de Polygnote et d'Euphranor........ tel était, disent-ils, l'aspect de ces tableaux. Les diverses matières avaient été fondues et mêlées comme auraient pu l'être des couleurs. » Comme le mot πίναξ est employé dans ce texte, M. Letronne observe qu'il y désigne clairement un bas-relief en couleur.

(2) On ne sait au juste le temps où vécut ce célèbre médecin, que plusieurs auteurs désignent comme contemporain du règne de Néron.

M. Letronne oppose l'absence absolue des mots πινακογραφία et πινακογραφέω, pour désigner les peintures sur tables mobiles, ces mots ne se trouvant jamais employés que pour exprimer les dessins des cartes et le sens d'écrire sur des tablettes; d'où le savant helléniste tire à son tour la conséquence que, si la première considération philologique avait une valeur quelconque, et devait prouver l'usage récent de la peinture murale, la dernière conduit à la conclusion formelle que les Grecs ni les Latins n'ont jamais peint de tableaux.

Viennent ensuite quelques objections sur les peintures du temple de Cérès à Rome, transformées, d'après Grund, par l'auteur de la Peinture des Grecs, en bas-reliefs coloriés. Je suis entré moi-même à ce sujet dans quelques détails peut-être superflus pour beaucoup de lecteurs; car, comme le dit M. Letronne : « Pour-« quoi insister sur l'évidence? »

Le passage de Théodoret, où l'illustre philologue trouve la mention de deux genres de peintures, celui sur bois et celui sur mur, tandis que le docte archéologue n'y voit mentionnées que les peintures de deux époques différentes : la première, la belle époque, selon lui, où l'on ne peignait que sur bois; et la seconde, celle romaine, où l'on peignit sur mur; ce passage est maintenu par l'explication de la phrase entière, négligée par M. Raoul-Rochette, et dont le sens général prouve qu'il s'agit de ce qui se pratiquait au temps même de Théodoret, c'est-à-dire entre le commencement et le milieu du Ve siècle.

Après quelques observations sur le passage de Plutarque, dans la vie de Périclès, où il est question de différents artisans employés à l'exécution et au complément de ses édifices, M. Letronne fait un dernier examen de l'explication de M. Raoul-Rochette, déjà donnée par Barbaro et développée par Durand, que le Paralus et l'Ammoniade, peints dans les Propylées d'Athènes, furent des personnages. Comme je crois avoir démontré l'inconsistance des considérations basées sur l'idée que les représentations des deux vaisseaux sacrés d'Athènes ne pouvaient se prêter à produire des peintures aussi renommées que celles dont il s'agit, considérations récusées également par M. Letronne, qui admet que Protogènes avait bien pu représenter ces vaisseaux couverts des personnages composant les théories ou les députations religieuses, au transport desquelles ces bâtiments étaient destinés, je ne m'arrêterai à cette question, que je dois traiter encore une fois ultérieurement, que pour relater que, si M. Letronne exprime que l'explication pour faire du Paralus un héros athénien est assez naturelle, il ajoute qu'elle est peu probable pour l'Ammonias. En effet, dit ce savant, en substituant aux leçons de toutes les anciennes éditions, aussi bien que des manuscrits de la Bibliothèque nationale, qui portent Hammoniada, Hammoniadam, ou Amoniadam, celle de Hémionida (1), pour y voir une femme montée sur un char traîné par des mules, et, dans cette femme, Nausicaa, afin d'expliquer le passage de Pline, « Ammoniada quam « quidam vocant Nausicaam, » il reste encore à faire l'observation qu'il serait peu naturel, et sans exemple analogue dans l'antiquité, qu'une femme représentée dans un char attelé de mules ait été nommée, pour cela, Hemionis, ou *la femme aux mules, seule expression qui rendrait l'équivalent de ce mot,* lequel serait même plutôt un diminutif, signifiant *petite mule;* ce qui, comme l'observe M. Letronne, et comme il faut l'avouer avec lui, serait « un joli nom pour « une princesse. »

Quant au moyen de concilier les deux noms donnés par Pline à l'une des peintures de Protogène, il réside d'abord dans le fait que le vaisseau la Salaminienne se nommait aussi Délienne, et ensuite, dans les différentes désignations de la marine athénienne, contenues dans une inscription découverte en 1834 au Pirée, et parmi lesquelles se trouve, entre autres, la Nausipolis (analogue à Nausicaa); d'où il est facile de concevoir que l'Ammoniade pouvait avoir porté

---

(1) Du mot Ἡμίονος, mule.

originairement le nom de Nausicaa, et avoir été, à cause de sa destination ultérieure comme vaisseau sacré, désignée parfois sous ces deux noms réunis.

Enfin, M. Letronne termine cette dernière partie de son travail en s'accusant cette fois de l'omission faite par lui d'un passage de Solin, d'où il résulte que le contemporain de Protogène, le célèbre Apelle, avait aussi exécuté des peintures sur les murs d'un temple à Pergame; c'est à M. Émeric David que l'on doit cette remarquable découverte. Dans sa Réponse à une note de M. Raoul-Rochette, ce savant s'exprime ainsi (p. 7 et 8) : « Ce temple, étant
« abandonné et apparemment découvert, les araignées et les oi-
« seaux en endommagèrent les peintures. Les Pergaméniens, qui
« voulaient conserver ce chef-d'œuvre, achetèrent à un prix élevé
« le cadavre d'un basilic, et le suspendirent avec un fil d'or au-
« devant des peintures d'Apelle, afin qu'il mît en fuite les araignées
« et les oiseaux. (Basilisci reliquias amplo sestertio comparave-
« runt, ut ædem Apellis manu insignem, nec araneæ intexerent,
« nec alites involarent, cadaver ejus reticulo aureo suspensum, ibi-
« dem locarunt. Sol., XXVII, 53). On voit que,..... si des objets
« aussi précieux eussent été transportables, on ne les eût pas aban-
« donnés pendant plusieurs années aux oiseaux et aux araignées.
« Il y a ici pleine évidence. »

CHAPITRE XXXV.

Addition. — Réponse aux observations critiques de M. Welcker sur les Lettres d'un antiquaire à un artiste.

C'est une réponse succincte. On sait, par ce que j'en ai dit plusieurs fois, que M. Welcker partage en général l'idée du système de l'encastrement dans les murs des peintures sur bois. M. Letronne y oppose les raisons déjà énoncées, et promet de revenir, dans un travail spécial, sur l'ensemble de la question, comme sur la technique de l'art et les passages contre le sens desquels le savant antiquaire allemand a élevé des objections. Projet évanoui, comme *tant d'autres précieux* travaux que son génie pouvait fertiliser, que sa mort a rendus stériles.

CHAPITRE XXXVI.

Lettres archéologiques sur la peinture des Grecs, par M. Raoul-Rochette. Supplément aux Peintures antiques, par le même auteur.

(Paris, 1840.)

Cet ouvrage se compose d'un avertissement et de trois lettres, adressées, la première à M. Hermann, la seconde à M. Boeck, et la troisième à M. Welcker (1).

AVERTISSEMENT.

Je ne puis que renvoyer le lecteur à l'avertissement. Il serait peu indulgent de ma part de faire ressortir, contre M. Raoul-Rochette, l'absence absolue de toute tentative de défendre ses nombreuses et graves erreurs dans la langue des Hellènes et dans celle des Romains, indiquées dans l'analyse précédente. En écrivant cet avant-propos, l'archéologue était trop sous la pénible impression

(1) La deuxième partie de l'ouvrage, qui devait offrir trois autres Lettres, et suivre cette publication, n'a pas encore paru.

d'une défense impuissante contre les justes critiques de son adversaire, pour qu'il ne soit pas, en quelque sorte, équitable d'user d'indulgence. Je ne m'arrêterai donc pas au reproche de *frivolité* qui m'est adressé, et je m'abstiendrai de toute remarque sur la force des représailles de M. Raoul-Rochette dans une discussion de textes anciens; lorsque cet archéologue, à qui M. Letronne a prouvé qu'il était inhabile à bien traduire le latin et le grec, oppose à ce savant qu'il ne sait pas écrire le français.

Je ferai toutefois une seule remarque. L'auteur des Lettres archéologiques déclare : qu'il les avait écrites avant son voyage en Grèce; que, malgré l'*examen approfondi* qu'il avait fait, depuis, des édifices athéniens et la preuve *péremptoire*, qu'il y avait recueillie, que, dans le Théséion, dans la *Pinacothèque* des Propylées, dans le temple de Minerve Poliade, les peintures *n'avaient pas été exécutées sur les murs*, il n'avait pas produit cette preuve, voulant laisser subsister le texte tel qu'il avait été écrit, et préférant réserver, pour un travail architectonique sur les monuments de l'acropole d'Athènes, les détails et les observations faites au sujet des peintures de ces monuments. Mais il me semble que la raison donnée à l'appui de cette réserve ne paraît pas aussi péremptoire que le sont, pour M. Raoul-Rochette, ces prétendues preuves, preuves qu'il était de son devoir de produire ici dans l'intérêt de la science, et qu'il ne pouvait pas dépendre de sa volonté de soustraire à la discussion, sous le prétexte de vouloir les produire ailleurs.

Au reste, les résultats de l'examen consciencieux du temple de Thésée et du bâtiment en aile des Propylées par M. de Rangabé, résultats que connaît le lecteur, et auxquels M. Letronne a joint des renseignements donnés par l'architecte même qui a accompagné M. Raoul-Rochette, présentent la plus grande probabilité que ce savant n'aurait pu y ajouter aucune remarque de quelque intérêt dans la discussion.

CHAPITRE XXXVII.

Lettre première à M. Hermann.

—·•••—

L'auteur commence par exposer que, plus il a étudié l'histoire de l'art des anciens, plus il est convaincu « que la peinture, qui n'avait « pas fait *primitivement*, en Grèce comme en Égypte, une partie in- « hérente et essentielle de la décoration des édifices sacrés, n'y avait « été employée qu'à une époque *tardive,* et sous la forme de tableaux « consacrés πίνακες ἀνακείμενοι ; . . . c'est là *son opinion constante*, sa « conviction intime ; . . . c'est, malgré quelques restrictions plus « ou moins nombreuses, plus ou moins constatées, la doctrine qui « prévaudra ; . . . doctrine pour l'établissement de laquelle le « savant archéologue va discuter philologiquement les textes de « Pausanias relatifs aux peintures d'Athènes, qui sont, selon lui, « pour tout le monde, le nœud de la question. »

Je laisse à M. Raoul-Rochette le soin d'accorder ce qu'il déclare ici être *son opinion constante*, « qu'en Grèce la peinture n'avait pas « fait *primitivement* partie inhérente de la décoration des édifices, » avec ses propres paroles déjà citées, et tirées de la conclusion de ce qu'il appelle son vaste et grave ouvrage, « que l'usage de la pein- « ture sur mur, pour la décoration des édifices sacrés, n'appar- « tient qu'aux temps de *la naissance* et à ceux de *la décadence* de « l'art (1). »

A moins, en effet, que la naissance ou l'origine d'une chose n'implique pas son état primitif, il est certain que l'opinion constante

---

(1) La Peinture chez les Grecs, p. 360.

du savant archéologue se montre ici, comme partout, très-inconstante.

Quant à l'époque *tardive* où M. Raoul-Rochette place l'introduction des tableaux consacrés, s'il faut voir, dans cette expression aussi impropre qu'indéterminée, l'époque qui comprend l'apparition de la belle période des arts en Grèce et les périodes suivantes, il est certain aussi qu'après avoir ôté à la peinture sur mur, d'un côté le commencement de son existence, puis la suite et la fin, elle se trouve n'avoir pas existé. C'est, à vrai dire, un résultat plus logique que celui d'avoir assigné d'abord à cette décoration monumentale la naissance et la décadence, comme les seuls champs de son action; mais c'est aussi, après avoir admis l'emploi de cet art à ces deux périodes extrêmes, fournir derechef des présomptions fondées contre le témoignage de l'intimité de ses convictions et de la constance de son opinion.

Enfin, pour ce qui est du *nœud de la question*, comme résidant seulement dans l'examen des édifices athéniens et des textes de Pausanias, il n'y a pas de doute que ces édifices et ces textes sont des éléments essentiels dans la discussion; mais les premiers ne sont pas plus d'une importance supérieure et absolue, en les prenant isolément, que les paroles de Pausanias ne peuvent l'être, en tant que leur commentaire, plus ou moins torturé et subtilisé, se prête à des explications opposées au bon sens, aux inductions puisées dans l'ensemble des faits, et aux expressions d'autres auteurs. Sous ce rapport, M. Raoul-Rochette aurait dépassé bien au delà des vingt-quatre pages qu'il a remplies pour prouver que les prépositions grecques ἐν (dans) et ἐπὶ (sur) doivent s'entendre, contrairement au sens général et grammatical, la première, comme exprimant la double idée d'écrire et de peindre, soit *sur bois* (ἐν πίνακι), soit *sur mur* (ἐν τοίχῳ), et la seconde préposition ἐπὶ, comme n'ayant été employée que pour exprimer: *rapportés sur, appliqués sur;* que le résultat de cette discussion philologique, aussitôt qu'il devenait favorable au système absolu de cet archéologue, n'avait et ne pouvait avoir aucun poids. Le docte antiquaire est lui-même de cet avis, en ce qu'il prétend pouvoir justifier l'opinion puisée dans son analyse grammaticale, par toutes les circonstances de l'histoire de l'art, qui seraient venues à notre connaissance, et qui résideraient dans l'examen du Théséion, du Pœcile, de la soi-disant Pinacothèque, des Propylées, et de l'Érechthéion de l'acropole.

Le Théséion est donc le premier objet mis de nouveau en discussion, mais sans aucune notion nouvelle, absolument aucune. C'est Chandler, c'est M. Thiersch, ce sont des architectes employés par M. de Klenze; puis M. Ross et M. Pittakis, qui fournissent les éléments de la discussion, les uns pour être acceptés, les autres pour être récusés, selon les besoins de la cause (1). L'auteur avait cependant examiné, approfondi ce temple, lorsqu'il fit imprimer son texte; et, quoi qu'il en ait dit, ce texte est accompagné de notes *ajoutées* après le voyage, et aucune ne contient un éclaircissement appartenant en propre à l'auteur; de sorte que, si nous ne possédions pas le précieux travail de M. de Rangabé, la question n'aurait pas fait un pas pour la constatation définitive de l'état des murs du Théséion. On serait donc en droit de dire que toute cette Lettre est oiseuse et incomplète; et autant il eût été du devoir de son auteur de la rendre intéressante, en la complétant, si ses investigations le lui permettaient, autant ne l'avoir pas fait donne lieu de croire, ou qu'il n'avait rien découvert d'avantageux à son système, ou qu'il a voulu faire de ses *preuves péremptoires*, si affirmativement annoncées, puis gardées en réserve, un moyen de donner un intérêt de curiosité à une publication postérieure, mais qui n'a pas encore paru.

Quant aux peintures du Pœcile qui sont ensuite l'objet, non plus

---

(1) Ainsi Chandler et M. Pittakis, pour avoir écrit, comme témoins oculaires, l'un dans son Voyage en Grèce et en Asie Mineure, et l'autre dans sa Description des antiquités d'Athènes, qu'on voyait, sur les parois du temple de Thésée, de faibles traces des peintures de Micon, sont naturellement réfutés.

de nouvelles remarques, mais de la répétition des mêmes plaidoyers en faveur de l'exécution sur bois, basés particulièrement sur le texte de Synésius, leur lecture ne saura porter atteinte à tout ce qui a été dit à ce sujet par M. Letronne et par moi.

Du reste, dans cette partie du texte comme dans la précédente, il est curieux de voir (p. 28, n. 1) M. Raoul-Rochette apprendre à M. Letronne que les églises grecques-byzantines ont été toujours *couvertes de peintures*, et non pas blanchies à la chaux; puis (p. 35, n. 1), qu'à l'époque de Synésius, l'usage de *peindre sur mur* existait depuis trois siècles; et cela, après avoir dit, dans la dernière phrase du dernier paragraphe (p. 359) de la Peinture chez les Grecs, à propos d'un portrait de Constantin *peint sur bois* et *inséré* dans la façade du palais impérial : « qu'il n'est pas moins constaté par des témoi-« gnages d'écrivains,... tels que saint Basile et saint Jean Chrysos-« tome, que les portraits et *généralement* les travaux de peinture « encaustique... étaient sur bois : *peinture qui serait demeurée* « *la pratique ordinaire de l'art, durant toute la période byzantine et* « *jusqu'à l'époque de la renaissance*, et d'où il résulterait mani-« festement que cet usage du temps de Constantin n'était que *la* « *continuation de celui de l'antiquité grecque.* »

Comme cette assertion sur la généralité de l'usage des tableaux en bois est de quatre années plus ancienne que l'assertion de la généralité de l'usage de la peinture sur mur par les mêmes Grecs de la période byzantine, il faut bien admettre que, parmi ces assertions, aussi formellement opposées, c'est la dernière en date qui doit, aux yeux de celui qui les a énoncées toutes, être la vraie. D'où il résulte qu'en admettant la juste conséquence invoquée par M. Raoul-Rochette relativement à la tradition antique, ce n'est ni M. Letronne, ni moi, qui nous sommes trompés, en faisant remonter au siècle de Périclès l'usage de la peinture murale; mais c'est encore, comme toujours, l'auteur de la Peinture chez les Grecs qui, dans ses Lettres archéologiques, se détrompe lui-même.

L'examen suivant a rapport au bâtiment en aile des Propylées, que le docte antiquaire continue à désigner improprement sous le nom de Pinacothèque, de manière à faire supposer que c'est le nom originaire de l'édifice, et que, par conséquent, sa destination *primitive* avait été de recevoir une collection de tableaux mobiles. Cependant cette désignation ne se trouve, ni dans Pausanias, ni dans Pline, et elle n'a été donnée à cet édifice, par quelques archéologues, que dans le sens que les sujets peints qui y sont énumérés pour s'y être trouvés réunis, en faisaient, comme objet de comparaison, un local analogue à nos galeries de peintures. Le savant K. O. Muller, avec lequel M. Raoul-Rochette dit être *d'accord* en cela, ne prononce nulle part le mot de Pinacothèque; et les paroles allemandes, que l'auteur français cite à l'appui de cet accord, dont il se félicite, ne disent autre chose, si ce n'est que, sur les côtés des Propylées, avançaient deux bâtiments en aile, dont celui du côté du nord servait de *Pœcile*, c'est-à-dire avait une destination conforme à celle du portique de Pisianax, qui, après avoir été peint par Polygnote et ses collaborateurs, avait pris ce nom du mot grec Ποικίλη. Si K. O. Muller annote, au sujet de ce portique, qu'il fut transformé en une galerie de peintures, ce qui n'implique nullement l'idée de la galerie de tableaux, dans le sens que nous lui prêtons, mais ce qui s'applique aussi bien à une colonnade ou portique dont les murs étaient couverts de peintures inhérentes aux parois, il n'en faut pas moins admettre, puisque la désignation de la galerie est parfaitement applicable à la disposition architecturale d'un portique, qu'il eût été plus juste et plus conforme au texte de Pausanias, de comparer le Pœcile à une galerie peinte qu'à une galerie de peintures. Mais quant au bâtiment en aile des Propylées, qui n'a pas plus la forme d'une galerie qu'il n'en pouvait avoir la destination originaire, ce n'était qu'une dépendance de la magnifique entrée de l'acropole d'Athènes, un petit édifice, une espèce de chapelle (*sacellum*), comme dit M. Hermann, décorée d'abord de peintures monumentales, à l'instar des cella des temples, puis ornée, comme ces sanctuaires et d'autres édifices sacrés et profanes, de tableaux votifs, aussi bien que d'autres offrandes qui y étaient successivement déposées, et indépendamment des peintures murales. Mais ce ne pouvait avoir été, et ce n'était pas une Pinacothèque proprement dite. Ce nom ne remontant qu'au siècle d'Auguste, où, de l'aveu forcé de M. Raoul-Rochette, « il paraît pour la première fois dans l'histoire et la langue de l'art (1), » il n'est pas admissible, comme le veut ce savant, que la destination d'une localité, exprimée par son nom, eût préexisté des siècles avant l'apparition de ce dernier. Tout objet ne peut apparaître que simultanément avec sa dénomination.

Ceci établi, il me reste à mentionner que le critique ne voit plus du tout, comme il l'avait fait jusqu'à présent, des peintures murales dans le texte de Pausanias, où ce voyageur parle de peintures sur mur, *en partie ou entièrement effacées*, circonstance où M. Hermann avait admis la présence de ce genre de décoration. La nouvelle raison en est que le procédé de la peinture, usité en Grèce, surtout du temps de Polygnote, aurait été, selon l'auteur des Lettres, la détrempe, aussi bien sur mur que sur bois; et que ces deux genres d'application d'une même technique étant exposés à d'identiques accidents de destruction, il n'en devait résulter rien de positif, ni pour l'un ni pour l'autre genre.

Sans élever pour le moment une discussion sur les procédés des anciens, soit à l'avantage de la fresque, lorsqu'il s'agissait de murs enduits, ou de la peinture à l'encaustique et à la détrempe, lorsqu'il s'agissait également de stuc ou de marbre, ou même de bois, je n'ai qu'à rappeler ce que j'ai déjà dit, que l'identité des procédés de peinture n'a rien à faire ici, mais bien la différence dans la matière sur laquelle ils sont appliqués. Sous ce point de vue, des

---

(1) Lettres archéol., p. 113.

peintures effacées par la vétusté, soit qu'elles fussent exécutées directement sur des murs en marbre, ou sur des parois enduites de mortier ou de stuc, devaient offrir entre elles un aspect à peu près identique, et pareil à celui des fresques et des détrempes modernes sur mur, et en partie détruites; tandis que des tableaux sur bois, lorsque cette matière se détériore par le gonflement, le fendillement, la carie, etc., en dehors des divers dépérissements de la peinture, devaient offrir autant d'aspects différents que de tableaux détériorés.

D'ailleurs, si les expressions de Pausanias pouvaient s'appliquer, comme on le veut, à des tableaux mobiles, il y aurait quelque chose de si contraire à toute supposition sensée, de penser qu'on eût laissé accrochés ou suspendus aux murs des cadres entourant des planches de bois ainsi avariées, et privées, en tout ou en partie, des peintures qui seules les avaient fait placer dans les sanctuaires, qu'il n'est pas admissible qu'avec un peu de réflexion M. Raoul-Rochette ait pu s'arrêter à une semblable idée. Les conséquences, tirées des textes grecs par M. Hermann, subsistent donc, sous ce rapport, dans toute leur force et toute leur importance.

A l'effet d'obtenir le choix des tableaux de différents maîtres et de différentes époques qui auraient formé la collection dans le bâtiment en aile des Propylées, l'auteur des Lettres emploie un singulier et facile moyen de désigner plusieurs artistes comme auteurs des sujets qu'énumère Pausanias. Ainsi, les compositions représentant, l'une, le Diomède..., l'autre l'Ulysse..., sont d'un maître *inconnu;* l'Oreste... avec le Pylade... et les fils de Nauplius... sont d'un artiste qui n'est *pas nommé;* le Persée..., d'un peintre qui n'est *pas connu;* l'Alcibiade... est, *suivant toute apparence,* peint par Aglaophon; la désignation des peintres de l'enfant aux Hydries et du portrait de Musée est passée sous silence; *la Nausicaa...* est *attribuée à Protogène;* le sujet de Polyxène... et celui d'Achille à Scyros..., à Polygnote; enfin le Lutteur, à Timænète. Cependant, les seuls noms mentionnés par Pausanias se réduisent à ces deux derniers artistes, et rien, absolument rien ne peut être donné comme preuve, tant soit peu plausible, de la collaboration dans cet édifice de sept peintres différents. On avouera qu'avec la méthode de créer ainsi, à plaisir, des peintres, l'un sous le nom d'*inconnu*, l'autre, sous celui de *pas nommé*, et un troisième, sous celui de *non connu*, il est facile d'augmenter la liste des artistes anciens; car il suffirait, pour cela, d'y ajouter des indications équivalentes, comme celles de *peintres non mentionnés, non désignés, oubliés,* etc. M. Raoul-Rochette pouvait, de cette manière, augmenter encore le nombre des artistes auxquels il fait exécuter des tableaux pour sa *Pinacothèque*, sans que cela ôtât rien à la légèreté et ajoutât quelque chose au poids de son procédé peu sérieux.

Du reste, tout en laissant aux philologues le soin de tomber d'accord sur la construction vicieuse et la reconstruction véritable des textes de Pausanias, ce qui pourra être un peu long encore, et rend le choix bien difficile pour tout artiste étranger à la spécialité de ces études, il me semble que ces textes, celui corrigé conformément à la proposition de M. Hermann, aussi bien que celui sans cette correction, s'accordent, dans les deux cas, avec l'admission rationnelle de peintures sur mur et de peintures votives (1).

Dans le premier cas, en effet, tous les sujets énumérés par Pausanias, avant sa réflexion sur Homère, où le nom de Polygnote serait incidemment mêlé, auraient été peints, dans l'ordre suivant, sur les trois parois des murs :

---

(1) Voir le *De Vet. Græc.*, ouvrage cité, p. 19, et *Lett. arch.*, p. 46. M. Raoul-Rochette, tout en y disant « que la manière dont M. Hermann a constitué le texte de Pausanias *est excellente*, » y signale, d'un côté, un défaut de liaison, et rejette, d'autre part, complétement le sens de cette reconstruction, d'après laquelle le nom de Polygnote ne s'appliquerait pas à des peintures exécutées dans l'édifice accessoire aux Propylées. M. Welcker aussi n'admet que partiellement la correction, et y propose un changement qu'à son tour M. Raoul-Rochette trouve sans nécessité. M. Letronne admet la correction dans son entier.

Sur la paroi de face :
1° Diomède emportant de Troie la statue de Minerve ;
2° Ulysse, à Lemnos, se saisissant des flèches de Philoctète ;

Sur une paroi latérale :
3° Oreste et Pylade, tuant Ægisthe et les fils de Nauplius ;
4° Polyxène, qu'on va sacrifier sur le tombeau d'Achille ;

Sur l'autre paroi latérale :
5° Alcibiade, avec les emblèmes de la victoire remportée, dans la course des chars, à Némée ;
6° Persée, se rendant à Sériphe et portant la tête de Méduse.

Puis, *au-dessus* de ces peintures, comme l'énonce Pausanias, soit également exécutées sur le mur, soit suspendues comme des tableaux votifs, mais dans une zone supérieure, espace dont j'ai parlé souvent, se trouveraient l'Enfant aux vases, le portrait de Musée, et le Lutteur de Timænète.

Dans le deuxième cas, celui où je lirais le texte non corrigé de Pausanias, de la manière suivante :

« A gauche des Propylées, est un bâtiment ayant des peintures ;
« parmi celles que le temps n'a pas entièrement fait disparaître, il
« y avait Diomède et Ulysse, celui-ci enlevant, à Lemnos, l'arc
« de Philoctète, et celui-là emportant d'Ilion la Minerve. Il y a
« aussi, parmi ces peintures, Oreste tuant Ægisthe, et Pylade
« (tuant) les enfants de Nauplius, venus au secours d'Ægisthe ;
« Polyxène, qu'on va immoler sur le tombeau d'Achille. Homère a
« bien fait de ne pas parler d'une action aussi cruelle, et il me semble
« avoir raison de faire prendre Scyros par Achille, au lieu de l'y
« faire vivre parmi de jeunes filles, comme disent d'autres poëtes,
« et comme l'a représenté Polygnote. Il (cet artiste) a peint aussi,
« dans le même lieu, Ulysse debout près de Nausicaa, avec ses

« compagnes, lavant (des vêtements) dans le fleuve, comme Ho-
« mère l'a décrit (c'est-à-dire, ce dernier sujet en suivant la version
« de ce poëte). Il y a encore d'autres peintures. Alcibiade, avec la
« représentation des emblèmes de la victoire remportée par ses
« chevaux (dans les courses) à Némée. Il y a Persée, se rendant
« à Sériphe et portant à Polyclète la tête de Méduse..... Au-dessus
« de ces peintures, sans parler de l'Enfant qui porte des vases et du
« Lutteur que Timænète a peint, il y a le portrait de Musée. »

Dans ce deuxième cas, et conformément à cette traduction faite, autant que possible, mot à mot, les compositions, cette fois, au nombre de huit, pourraient avoir été, ou en totalité, ou abstraction faite des deux dernières, exécutées par Polygnote; les six premières, trois par trois, sur les parois latérales, et les deux dernières sur la paroi du fond. Quant aux peintures placées au-dessus de celles-ci, je les admets, comme pour la précédente supposition, ou exécutées sur mur, ou sur tables mobiles, et distribuées dans la frise ou zone supérieure.

On pourra, sans doute, objecter à ces deux manières d'entendre le texte de Pausanias, qu'elles reposent aussi sur des suppositions contestables, et je suis loin de le nier; mais en concédant que la première manière, d'accord avec le changement de ponctuation proposé par M. Hermann, laisse subsister le doute sur la probabilité de l'introduction, à propos d'Homère, du nom de Polygnote et de la description de deux de ses œuvres, sans que ni cet artiste ni ses ouvrages fussent pour quelque chose dans les peintures décrites, et sans que les peintres des six autres sujets fussent mentionnés, alors que Pausanias, à propos d'un tableau peu important, cite le nom inconnu de Timænète; en faisant, dis-je, cette concession, au moins la correction n'a en elle-même rien de forcé et d'improbable, en ce que les fautes qu'elle suppose, et qu'elle tend à corriger, sont de celles auxquelles les copies de manuscrits devaient être exposées le plus souvent.

Quant à la deuxième proposition, que je crois la plus près de la vérité, parce qu'elle donne au texte grec, sans y rien changer, un sens, non pas peut-être d'une lucidité parfaite, mais suffisamment compréhensible, si l'on a égard au manque de clarté assez ordinaire chez l'auteur de la Description de la Grèce; ce qui est incontestablement à l'avantage de cette proposition, c'est qu'elle motive parfaitement l'introduction du nom de Polygnote à la suite de celui d'Homère, et donne en même temps, aux principales peintures historiques qui décoraient l'aile des Propylées, un auteur qui, par la renommée de son talent, par l'époque où il vécut, et par les travaux analogues qu'il avait faits, pouvait être regardé comme le peintre le plus digne d'être chargé de cette important travail, et le plus apte à l'exécuter (1).

Mais il y a plus : c'est que les six compositions mentionnées en premier par Pausanias, et indiquées comme occupant la zone inférieure, offrent, dans le choix des sujets, tirés de la guerre de Troie, et dans celui des héros, plus particulièrement protégés par Minerve et qui y dominent, une corrélation telle, une intention si claire d'appropriation locale, une pensée si belle et si profonde, qu'il est impossible de n'y pas reconnaître le génie d'un seul artiste, de celui-là même qui montra, dans le Pœcile d'Athènes, dans la Lesché de Delphes, et dans le pronaos du temple de Minerve à Platée, une continuelle préférence pour représenter les principales actions de ces mêmes héros. C'était, en effet, confier la garde du temple de la Fille de Jupiter aux guerriers divinisés que sa prédilection avait si souvent protégés, et dont les images, vivifiées par l'art du peintre, devaient, dans la pensée hellénique, être un premier rempart à

---

(1) Il y a lieu de supposer que K.O. Muller partageait cette opinion; car il dit, dans son Manuel de l'Archéol. des arts, édit. 1835, p. 130, § 134, 1 : « Polygnote,... qui habitait Athènes probablement depuis l'olymp. 79, 2, peignit..... peut-être aussi la salle attenante aux Propylées. » Polygnot.... wahrscheinlich in Athen seit 79, 2... mahlte ... wohl auch die Halle bei den Propylæen.....

opposer à l'ennemi, et une efficace garantie contre l'envahissement du seuil sacré de ce sanctuaire.

Je dirai encore que le sujet de Persée était tout aussi admirablement approprié, et comme protégé de Minerve, et comme portant la tête de la Gorgone qu'il venait de trancher, et qui brillait sur l'égide comme sur la poitrine de la divinité protectrice d'Athènes. Cette composition devait offrir, en effet, à l'imagination du peintre, un objet de terreur non moins puissant contre toutes les profanations de l'acropole; il se reliait, sous ce rapport, de la manière la plus parfaite aux précédentes compositions, et pouvait également être sorti des mains de Polygnote.

Reste l'Alcibiade, dont le sujet ne paraît pas au premier abord présenter de liaison directe avec les précédentes peintures, et qui peut faire hésiter à lui assigner, à côté d'elles, une place comme peinture murale. Cependant, lorsque l'on songe aux périodes de puissance de cet homme extraordinaire, à l'ascendant qu'il exerçait sur le peuple athénien; lorsque l'on considère combien sa bravoure était grande, et combien de fois la cité de Minerve lui dut son salut et sa prospérité, enfin à quel point l'ostentation et l'orgueil lui étaient familiers; ce serait une supposition certainement en rapport avec le caractère d'Alcibiade, et nullement invraisemblable, que celle d'admettre qu'il eût fait exécuter par Polygnote, sur les murs du bâtiment des Propylées, à côté des autres représentations des héros troyens, une peinture montrant l'heureux vainqueur des jeux olympiques, avec les emblèmes de ses victoires dans les courses à Némée; victoires pacifiques dont les Athéniens étaient aussi fiers que de leurs victoires guerrières (1). Mais, sans

---

(1) Malgré la divergence dans les opinions des savants sur l'époque exacte pendant laquelle vécut Polygnote, rien ne s'oppose rigoureusement à ce que cet artiste pût avoir exécuté l'Alcibiade. Les suppositions de M. Letronne, à l'appui d'une époque antérieure à celle généralement admise, et que ce savant basait sur l'admission de la correction de M. Hermann, d'après laquelle le peintre de Thasos

insister sur ce point, comme rien ne s'oppose, dans mon système, à l'admission que cette peinture, et même celle de Persée, si l'on veut, aient pu avoir été exécutées sur bois par d'autres artistes, et avoir offert des tableaux votifs, comme M. Letronne l'avait déjà supposé pour l'Alcibiade, je laisse au lecteur à choisir entre ces deux alternatives.

Au sujet de cette discussion sur les paroles de Pausanias, je ne puis m'empêcher de remarquer combien, en général, les corrections sont choses graves, et à quel point, pour être utiles, elles doivent être faites et accueillies avec discernement. Pour moi, dans ma sphère très-restreinte, il est vrai, de semblables recherches, l'expérience m'a presque toujours prouvé que, la plupart du temps, ce ne sont pas les textes anciens par eux-mêmes, et indépendamment du plus ou moins de mérite des auteurs, qui manquent de clarté et de précision, mais que ce sont le plus souvent et particulièrement l'intelligence et la connaissance exacte qui nous manquent, et pour nous former une idée juste de ce que ces textes doivent exprimer, et pour distinguer s'ils l'expriment effectivement. Sous ce rapport, les traductions littérales, faites sans aucune autre préoccupation que celle de rendre, autant que faire se peut, mot à mot, les expressions originales, seront toujours les plus fidèles ; tandis que celles faites sous l'influence des notions plus ou moins incomplètes de l'antiquité, et dans le but de faire accorder ce qui paraît obscur avec des équivalents modernes mal appréciés, seront toujours les traductions les plus éloignées de la vérité. Qu'on jette de bonne foi un coup d'œil sur les éditions et les traductions de Vitruve, on trouvera que la connaissance matérielle des monuments antiques de la Grèce et de Rome a seule servi à éclaircir les textes et démontré leur justesse, tandis que les livres et les chapitres de

---

n'aurait rien exécuté dans l'aile des Propylées, me semblent, sous ce rapport, peu décisives.

cet auteur, pour l'intelligence desquels ces éclaircissements ont manqué, sont, malgré toutes les explications et les changements proposés, dans la même obscurité où ils étaient il y a près de trois siècles et demi, époque à laquelle l'ouvrage de l'architecte romain fut traduit pour la première fois. Ce qui équivaudrait à dire qu'un texte qui peut s'expliquer, fût-ce même un peu vaguement, en en conservant la construction, présentera toujours plus de certitude pour croire qu'il exprime le sens vrai que l'auteur a voulu lui donner, que ne peuvent le faire les corrections et les changements, à moins que les résultats n'en soient tels, qu'ils ne permettent aucune objection.

Mais lorsque l'on voit, comme l'a fait M. Raoul-Rochette, attribuer une suite de peintures à différents auteurs auxquels Pausanias n'a pas fait la moindre allusion ; puis ôter à Polygnote la paternité clairement énoncée d'une de ses œuvres, pour substituer au nom de cet artiste celui de Protogène ; puis encore n'admettre, dans le bâtiment des Propylées, qu'*une seule* composition de ce dernier peintre, à propos d'un texte de Pline où il est expressément question de *deux* de ses peintures aussi renommées l'une que l'autre, et réunies dans le même édifice ! s'il n'y a pas, dans ce remaniement des textes à son gré et selon les vues du docte antiquaire, un peu trop de sans-façon et de présomption, au moins ne pourra-t-on y trouver les sentiments d'une prévoyante hésitation et d'un discernement judicieux, les sentiments enfin qui doivent seuls animer le véritable savant, et qui peuvent le conduire au but de discerner juste entre l'alternative de détruire le vrai, par un changement inconsidéré, et celle d'élever le faux, par une substitution irréfléchie.

Du reste, les graves variantes proposées n'en ont pas moins laissé, comme on vient de le voir, une importante lacune à remplir. Tout en trouvant, avec leur secours, une des peintures de Protogène placée dans l'aile des Propylées, l'obscurité subsiste sur l'autre peinture, qui devait, comme conséquence absolue des détails donnés sur la première, indiquer le sujet et l'emplacement de la seconde. Cependant, comme, selon Pline, les deux remarquables ouvrages du peintre de Caune se trouvaient dans un même lieu, il faut bien, puisque, malgré la mutilation du texte de Pausanias, le savant archéologue n'a pu désigner, d'après cet auteur, la place que pour un seul; il faut bien trouver ailleurs un endroit où ils pouvaient avoir été exposés tous deux.

L'auteur des Lettres archéologiques a beaucoup critiqué et rejette bien loin l'opinion de M. Letronne, qui n'admettait pas non plus le placement du Paralus et de l'Hammoniade dans le petit édifice tenant à l'entrée de l'acropole, et supposait que ces peintures devaient avoir été exécutées sur les parois d'un *Propyléon* particulier, dépendant, avec un péribole ou portique extérieur, du magnifique sanctuaire de Minerve, comme le vestibule intérieur du temple d'Éleusis dépendait du grand temple de Cérès (1). Quoique l'acropole d'Athènes n'ait pas offert d'indices d'une semblable construction, ce qui ne prouverait pas absolument contre, puisque l'emplacement du Parthénon permet qu'il puisse y en avoir eu une, au moins la présomption s'accordait avec la possibilité, et avec un exemple antique, en même temps qu'avec le texte de Pline, quant à la désignation expresse des lieux où se trouvaient les deux œuvres de Protogène, tandis que l'opinion contraire ne s'accorde absolument avec rien.

J'ai déjà rapporté de quelle façon M. Raoul-Rochette avait essayé de chercher, dans la transformation du mot *Hammonias* en celui de *Hemionis*, c'est-à-dire, selon ce savant, la *femme aux mules*, et, selon M. Letronne, la *petite mule*, l'origine du deuxième nom de *Nausicaa*, que Pline donne également à la représentation du

---

(1) Voir les planches relatives à ce monument dans ma traduction des Antiquités inédites de l'Attique.

vaisseau l'Hammoniade ; de même que j'ai mentionné les objections dont cette supposition hasardée est susceptible ; mais je n'avais pas encore fait remarquer, comme c'est ici le lieu, que, si l'on admet que le sujet de la rencontre d'Ulysse avec la fille d'Alcinoüs, attribué à Polygnote, est, tel que Pausanias l'a décrit (Liv. I, ch. XXII), la même scène que celle supposée peinte par Protogène, il n'y a rien dans cette description qui puisse venir à l'appui de la déduction du nom de Nausicaa, dérivé du nom d'Hemionis, attendu que rien n'y dit que cette princesse s'y trouvât, soit *dans* son char *attelé de mules*, soit à côté d'un *pareil attelage*, ou même *que ces animaux* fissent partie de cette composition. Le récit d'Homère, qui remplit tout un chant, offre tant d'actions différentes, que le peintre, tout en restant fidèle au divin poëte, pouvait avoir laissé, sinon le char et les mules, du moins ces dernières, parfaitement en dehors. C'est même ce qui résulte du texte de Pausanias, qui désigne « Nausicaa avec ses compagnes, lavant ses vêtements dans le fleuve ; » occupation pendant laquelle Homère laisse « *les mules, détachées du char, chercher librement, sur les bords du fleuve, l'herbe douce comme le miel, qu'elles broient avec délices.* » Il serait difficile, avec le silence de Pausanias, de ne pas accepter cette supposition comme très-probable : et dans tous les cas est-il inadmissible, lors même que les mules eussent été représentées dans la composition, qu'elles puissent y avoir joué un rôle assez important pour effacer le personnage principal Ulysse, et se trouver placées sur le même rang que la fille d'un roi, à l'effet d'avoir pu donner, alternativement avec celle-ci, le nom à une des peintures les plus renommées de la Grèce ? Sous ces différents points de vue très-importants dans l'ensemble des faits, la supposition de M. Raoul-Rochette ne présente pas plus de fondement solide que sous tous les autres.

Puis, quant à l'emplacement, il semblerait juste de présumer que si les Propylées, cette belle entrée de l'acropole d'Athènes, cette magnifique construction qui conduit au temple si célèbre dédié à Minerve, « *celeberrimo loco Minervæ delubri*, » pouvaient offrir deux places convenables qui permettaient d'appliquer à Protogène la juste et rigoureuse portée de ces autres paroles de Pline, « *Propylæon pingeret;* » au lieu de les supposer dans le bâtiment accessoire, élevé à côté et en avant du monument; il semblerait juste, dis-je, de présumer qu'à cette condition la solution du problème ne pourra pas être regardée comme très-éloignée. Eh bien ! ces places existent en effet. Elles présentent chacune une longueur de près de douze mètres sur une hauteur d'environ dix mètres, à partir du sol ; et ce sont les parois des murs latéraux qui limitent le somptueux édifice, à travers lequel il faut passer pour entrer dans l'acropole, c'est-à-dire la partie de la construction de Périclès, qui seule constitue les Propylées, et qui seule aussi a été et a pu être désignée par l'auteur romain.

Une étude sérieuse de ce monument, en vue d'une semblable application de la peinture, ne fait que parler en sa faveur; car sa disposition architecturale ne pouvait être ni plus avantageuse, ni mieux appropriée. C'est au point de faire penser qu'elle serait tout autant le résultat de la préméditation de l'emploi de cette décoration monumentale, que la suite des seules données d'offrir, dans le milieu, une voie aux chars, et, sur les côtés, des passages aux piétons. En effet, la largeur de ces deux derniers passages est d'un tiers plus grande que l'espace central, et ils offrent, entre la double rangée de colonnes du milieu et les murs, une reculée de près de dix mètres, qui était parfaitement en rapport avec la dimension probable des compositions de Protogène. Si, après cela, on considère l'usage des Grecs, d'orner leurs portiques de peintures; si l'on s'arrête au fait que les Propylées n'étaient, en somme, qu'un beau portique, avec cette différence que les parois de ses murs durent être plus abritées que les murailles du Pœcile athénien et de la Lesché de Delphes, on concédera sans doute que ces circonstances, conformes au texte de Pline, et la possibilité d'accorder ce texte avec les paroles de Pausanias, se réunissent pour donner toute la valeur d'une certitude à ma supposition, c'est à savoir : que les peintures de Protogène ont dû être exécutées sur les parois des murs qui portaient le majestueux faîte des Propylées athéniens.

Certainement, ici encore, les objections sont possibles : d'abord, celle toujours et partout si importante aux yeux du docte critique, et réellement sans aucune importance, que les murs des Propylées n'offrent, non-seulement pas de traces de peintures, mais aucune parcelle des stucs ou enduits sur lesquels elles devaient avoir été exécutées ; ensuite, l'objection que Pausanias n'eût pas manqué de parler des compositions de Protogène, si elles avaient occupé les places que je leur assigne, alors que cet auteur décrit les peintures qu'il a vues ou qu'on lui dit avoir été peintes dans l'ædicule adjoint aux Propylées.

Quant à la première objection, je l'ai dit déjà plusieurs fois, et je le répète, ce n'est pas de l'*absence* des traces des enduits primitifs sur les murs, soit du Théséion, soit du Parthénon, soit de l'Érechthée, soit des Propylées et de partout ailleurs, qu'il y a lieu de s'étonner, mais bien de la *présence* des stucs, en quelque minime quantité que ce soit, comparativement à celle dont les monuments antiques étaient couverts, et que l'on a retrouvés avec peine dans les parties inaccessibles à l'homme comme à l'air ; c'est de la *présence* de ces restes de stuc qu'il y a vraiment raison de s'étonner. Comment, sur les monuments si nombreux et si importants de la Grande Grèce et de la Sicile, comme sur tous ceux construits en pierre dans la Grèce et ailleurs, et qui furent à la lettre couverts de stuc, il se serait conservé, et presque toujours sous la terre seulement, de rares traces, à peine suffisantes pour constater matériellement leur emploi général ! et l'on voudrait tirer de cette disparition des enduits, sur des constructions en marbre, où ils ne durent être appliqués que partiellement, une conclusion contre leur emploi primitif sur les parois que la peinture devait embellir ? Tous les genres de dévastations, et par le temps et par les hommes, à travers des milliers d'années, et l'accumulation de toutes les passions destructives, auraient passé sur Athènes, y auraient anéanti un nombre immense d'édifices et de monuments; et l'on serait en droit de s'étonner, de prétendre à l'impossible, sur ce que ces majestueux débris épargnés n'ont conservé nulle part l'indice des préparations, soit pour la peinture à fresque, soit pour la peinture à l'encaustique, sur lesquelles Polygnote ou Protogène auraient exécuté leurs immortels ouvrages! Cela ne se peut qu'avec la volonté de fermer les yeux pour ne pas voir. Si le savant antiquaire n'affirmait pas sans cesse qu'il a visité et étudié avec le plus grand soin les monuments antiques de l'Italie, de la Sicile et de la Grèce, on pourrait admettre, à la rigueur, qu'un fait, quelque constaté qu'il soit par d'autres, pût encore lui paraître douteux; mais on comprendra avec peine que le doute puisse être émis, lorsqu'un examen, même superficiel, des ruines helléniques, devait faire jaillir cette vérité pour quiconque l'aurait cherchée.

M. Raoul-Rochette fait valoir aussi, contre la présence des peintures murales dans l'ædicule des Propylées, que les chapiteaux d'antes des fenêtres, à côté de l'entrée, avaient conservé les couleurs des ornements qui les décoraient, en déduisant de là que, s'il y avait eu des peintures sur les murs, elles auraient dû se conserver aussi. Indépendamment de ce que la conséquence n'est pas juste, parce que le hasard conserve, en pareil cas, comme il détruit, et qu'il n'y a rien de spécieux à en déduire, pas plus que si l'on voulait conclure, des couleurs partiellement effacées ou conservées sur les ornements d'une même moulure, qu'il n'y en avait pas sur les parties d'où la couleur aurait disparu; il faut surtout considérer que les ornements d'architecture, gravés d'abord au ciseau dans la pierre ou le marbre, soit qu'ils fussent peints à la cire, et chauffés, ou brûlés, ou coloriés par un autre procédé, pouvaient, par la forme des moulures et l'abri qu'elles leur offraient, être beaucoup moins exposés à la détérioration que des peintures exécutées sur un enduit quelconque à surface plane, soit à la cire, soit à la fresque. Car, lors même que les parois d'une localité habitée ou employée pendant des siècles à des usages anticonservateurs, comme l'était celle attenante aux Propylées, ne se seraient pas trouvées dans les conditions les plus désavantageuses, il reste constant que tout enduit, à côté d'une simple couche de peinture appliquée dans les mêmes conditions, offrait plus de chance d'être complétement détruit.

Enfin, le savant antiquaire, pour donner une plus forte preuve à l'appui de l'adhérence du stuc, dit « s'être convaincu que, dans « les temples en pierre, cet enduit tenait assez aux surfaces laissées « *plus ou moins raboteuses*, pour qu'il en subsistât toujours quel- « ques vestiges sur les colonnes, les murs et les entablements (1). » Cependant, cette conviction, qu'il assure devoir être partagée par tout homme qui a pu observer sur place les monuments de l'Italie et de la Sicile; cette conviction, dis-je, ne peut pas avoir été puisée dans l'observation de ces monuments; car si le stuc s'est conservé sur de certaines parties de pierres pendant plus de deux mille années, lorsqu'il se trouvait continuellement abrité, ces pierres ne furent pas pour cela laissées *raboteuses*. Partout, absolument partout, à Pompéi, à Pæstum, comme en Sicile, les pierres recouvertes de stuc ont été taillées aussi lisses qu'elles le comportaient; et, dans les temples siciliens, les joints étaient parfois si fins, qu'il fallait, pour les découvrir, les recherches les plus persévérantes. La porosité des pierres et la bonté de l'enduit suffisaient pour produire l'adhérence nécessaire. C'était donc une peine inutile, une erreur gratuite, un fait matériellement inexact, que de convertir des surfaces planes en rugosités, parce que celles-ci paraissaient, au savant antiquaire, plus propres à donner l'idée de mieux retenir le stuc, et de faire croire

---

(1) *Lettres arch.*, p. 67.

davantage que, là où il n'en était pas resté de trace, il ne pouvait y avoir existé ni enduit, ni peinture. Mais ce qui a particulièrement lieu de surprendre, dans ce nouveau genre d'inadvertance, c'est que M. Raoul-Rochette, avant ses études faites sur les lieux, avait eu devant lui, sur sa chaire de professeur, plusieurs fragments de pierre, rapportés de la Sicile avec des restes de stuc ; fragments que je possède encore, et qui témoignent autant en faveur de la certitude de mes affirmations, qu'ils montrent à quel point le savant investigateur a dû mal observer, ou mal retenir ses observations, ou laisser, par son imagination égarée à la suite d'un faux système, effacer de sa mémoire tout souvenir exact de la réalité.

Quant à la seconde objection, je pourrais répondre, comme j'ai été à même de le démontrer, que le silence de Pausanias ne prouve rien, parce que cet auteur a laissé, sans les mentionner, beaucoup d'autres objets d'art aussi remarquables et aussi importants que les œuvres de Protogène. Le voyageur a pu, selon son habitude, se laisser conduire dans l'ædicule des Propylées, s'y arrêter, et parler des peintures qu'il contenait, sans écrire un mot sur les deux compositions qui devaient décorer les Propylées mêmes. Mais, en dehors de cette réponse, que le jugement général porté sur la manière d'écrire de Pausanias rend plausible, il y a à faire valoir d'autres raisons qui peuvent expliquer son silence.

Qu'on admette ou qu'on n'admette pas l'hypothèse de l'exécution de toutes les peintures dans l'aile des Propylées, par Polygnote, on conviendra que celles qui s'y trouvaient devaient remonter après l'érection de l'édifice, et que, si les compositions attribuées clairement à cet artiste étaient parmi les plus anciennes, on peut en conclure que toutes devaient dater à peu près de la XC^e olympiade (424 ans avant J. C.), époque généralement admise comme celle où florissait le peintre de Thasos. Les compositions en partie ou entièrement effacées, dont parle Pausanias, *de visu*, avaient donc, puisque cet auteur écrivit son livre vers l'an 74 de notre ère, près de six cents ans d'existence, et celles supposées dans le portique des Propylées, attribuées par Pline à Protogène, qui fleurit vers la CXII[e] olympiade (336 ans avant J. C.), au delà de cinq siècles. Dans cet état de choses, qui laisse toutefois subsister un temps indécis entre les deux époques de la création de ces peintures, par l'impossibilité de fixer rigoureusement le moment de leur exécution, et qui peut varier de vingt ou trente années, selon que Polygnote aurait travaillé aux Propylées à un âge plus ou moins avancé, et Protogène alors qu'il commença à devenir célèbre; dans cet état de choses, les peintures de ce dernier artiste pouvaient, au temps du séjour de Pausanias à Athènes, avoir été exécutées depuis cinq cent trente à cinq cent quarante ans; et, comme elles étaient beaucoup moins abritées contre tous les genres de destruction que celles exécutées tout près, dans un lieu parfaitement clos, elles pouvaient être plus détériorées encore, et attirer peu ou n'attirer pas du tout les regards.

Cette corrélation de faits, peu susceptibles de varier dans les solutions, n'offre d'ailleurs aucune incompatibilité, ni avec la mention des peintures de Protogène par Cicéron (mort l'an 106 avant J. C.), à l'époque duquel elles pouvaient encore exister, ni avec la mention de Pline (mort l'an 79 de notre ère), qui en parlait d'après les anciens auteurs, mais non d'après ce qu'il avait vu, et où elles pouvaient déjà commencer à se détériorer, ni enfin avec l'absence de toute mention par Pausanias, écrivant près d'un siècle après le naturaliste romain, lorsque les murs des Propylées pouvaient, sans autre cause de détérioration accidentelle et fortuite, ne plus présenter de trace du Paralus et de l'Hammoniade.

Ma proposition n'a donc, sous ces différents aspects, rien encore qui ne soit compatible avec la possibilité; je dirai plus : c'est qu'en vue du grand nombre des compositions, et à moins que les figures n'en fussent de très-moyenne grandeur, les murs du petit édifice en aile aux Propylées devaient être bien remplis, et permettre difficilement l'adjonction des deux peintures de Protogène, dont les sujets exigeaient un grand développement, et ne pouvaient être mieux exposés et pour l'espace et pour le lieu.

Où trouver en effet une place plus propice pour y représenter les cérémonies auxquelles durent donner lieu les imposants appareils des vaisseaux sacrés, si ce n'est sous le majestueux portique à travers lequel se dirigeaient toutes les pompes religieuses des Athéniens? Enfin, quelle décoration était plus en harmonie avec des processions comme celles des Panathénées, formées par les vainqueurs dans les courses, et précédées par les vierges aux mystérieuses corbeilles, lorsque, grave et recueillie, en passant sous un ciel de marbre semé d'or et d'azur, l'élite des habitants de la cité de Minerve voyait, encadrées par de belles colonnes ioniennes, les nobles images de leurs ancêtres; les uns prêts à partir pour une destination sacrée, les autres, au moment d'aborder, à la suite d'une glorieuse mission (1)?

Je me borne à ces remarques, et je laisse avec sécurité, aux archéologues et aux artistes, à décider laquelle des opinions, celle soutenue par M. Raoul-Rochette, ou celle que je défends, concilie véritablement, avec le système de chacun, les circonstances locales, les témoignages de l'histoire de l'art en général, et l'application la plus magnifique comme la plus significative de l'art de la peinture en particulier.

L'examen de l'Érechthéion, qui suit, n'apporte aucun nouvel

---

(1) Depuis que ces lignes ont été écrites, j'ai vu, à l'École des beaux-arts, dans la coupe restaurée des Propylées d'Athènes, par feu M. Huyot, des *batailles peintes* sur les mêmes parois où je place les peintures de Protogène. Comme il n'est question nulle part de ce genre de sujets, il est certain que l'habile architecte s'est laissé moins guider par des documents positifs que par l'avantageuse appropriation de ces places pour semblable décoration. Sous ce rapport, M. Raoul-Rochette ne saurait récuser l'opinion d'un artiste aussi distingué, qu'il cite ailleurs avec la plus grande confiance dans son haut mérite.

élément dans la discussion, si ce n'est celui de faire dire au savant archéologue, qu'appuyé sur les expressions du faux Plutarque, il est plus porté que jamais à voir, dans les paroles de Pausanias, si claires pour exprimer la présence de peintures exécutées sur les murs de ce temple, non pas cette décoration monumentale, mais celle de tableaux en bois placés sur les murailles. Je n'ai donc pas à m'y arrêter, et je laisserai également, sans nouvelle remarque, les rétractations qu'il fait, en ne voulant plus voir de peintures murales, ni dans le Pronaos du temple de Minerve Aréia à Platée, ni dans le portique du Céramique à Athènes, ni dans celui de l'Altis à Olympie, ni dans un temple près d'Œanthia en Locride; dans tous ces édifices, enfin, où le texte de Pausanias ne peut paraître douteux pour aucune personne compétente et désintéressée dans la question.

Au fait, lorsqu'il s'agit de soutenir, comme le poursuit l'auteur des Lettres archéologiques, une aussi fausse appréciation des sentiments de l'art hellénique, sentiments si distingués, au contraire, par l'élévation et le raisonnement, et qui, indépendamment du mérite reconnu des artistes, se trouvent autant dans une belle et noble destination de la peinture, qu'ils manquent dans un emploi vulgaire, sans but et sans beauté, des œuvres de cet art; s'il s'agit, dis-je, de soutenir une pareille appréciation, il n'y a ni plus ni moins d'erreur coupable à prêter aux Grecs des idées à demi raisonnables, que de tout à fait absurdes; et, dans ce dernier cas, la déraison dont on les accuse ne saurait les atteindre.

CHAPITRE XXXVIII.

Lettre deuxième, à M. Boeckh.

Cette épître est consacrée entièrement à continuer la discussion sur les peintures de l'Érechthéion. L'auteur s'y étend, d'abord, sur l'abus que M. Letronne aurait fait de l'extrait précédemment cité d'une réponse de M. Boeckh, dans laquelle cet illustre savant reconnaissait un haut mérite d'érudition et une parfaite justesse d'idées dans les Lettres d'un antiquaire à un artiste. « C'est, selon M. Raoul-« Rochette, ne pas comprendre la modestie ; c'est un manque de « discrétion ; c'est divulguer les secrètes effusions d'une correspon-« dance familière ; c'est se décerner des éloges, de ses propres « mains, sous l'abri d'un nom étranger, et exposer le public à être « dupe d'un compliment ou complice d'une illusion. Aussi, quant « à lui, qui honore l'amitié dans ses épanchements intimes, en les « conservant comme un *dépôt inviolable*, il ne tient compte que des « opinions *produites devant le public.* »

Pour justifier l'exagération prétentieuse et le ton déclamatoire de ce reproche, il aurait dû manquer à M. Raoul-Rochette la certitude qu'il doit avoir, que des hommes graves, de véritables érudits, comme le docte Allemand, ne sauraient jamais laisser faillir leur sévère devoir, en prononçant de fades compliments, des louanges ou des flatteries futiles, lorsqu'il s'agit de juger sérieusement une œuvre de science. Le jugement de M. Boeckh n'a aucun de ces caractères ; il n'est ni tranchant ni obséquieux. Aussi, M. Raoul-Rochette se montre-t-il ici plutôt animé contre les éloges donnés au livre de son antagoniste, que contre l'abus d'une divulgation de correspondance. Sans quoi, après avoir si sévèrement blâmé M. Letronne, aurait-il pu donner l'extrait d'une communication particulière de M. G. Hermann, en disant, en propres termes, « *qu'il ne « croit pas abuser* de la confiance de l'illustre philologue, en trans-« crivant le passage d'une lettre qu'il lui a fait l'honneur de lui « écrire, » et dans laquelle l'illustre professeur de Leipsick exprime une opinion partagée par l'illustre professeur français (1)?

C'est donc encore une de ces incessantes contradictions, qui, toutes puériles et étrangères qu'elles soient au sujet qui devait seul occuper leur auteur, n'en acquièrent pas moins une certaine importance, à côté de tant d'autres légèretés analogues, qui sont relatives à l'objet de la discussion, et qui reproduisent les mêmes inconséquences.

Quant au fond de la discussion, qui a toujours pour objet les textes de Pausanias et du faux Plutarque, la solution en devient, sous la plume du savant archéologue, de page en page plus inextricable, en ce que des arguments et des inductions sans consistance sont le résultat naturel d'opinions erronées. La signification du mot Πίναξ, comme exprimant uniquement un tableau peint sur bois et quelquefois une tablette de cette même matière, étant le point sur lequel pivotent les idées du savant antiquaire, je ne saurais le suivre dans le labyrinthe sans issue de ses subtilités. Que l'emploi de planchettes en bois pour certaines inscriptions d'un faible intérêt particulier, et d'une utilité très-passagère, ait existé chez les anciens, cet emploi, quoique dénué de preuves matérielles, et douteux d'après les textes, n'en est pas moins probable et admissible; mais nier que l'usage général, en rapport avec l'antiquité entière, ait été de se servir, en Grèce comme à Rome, pour les inscriptions, soit annonces, inventaires, sentences, lois, etc., de

---

(1) **Lettres archéol.**, p. 130.

tables de marbre, de pierre, de stuc et de métaux, lorsque cela est prouvé et par les faits et par les écrits; cette négation, qui résulte du système de M. Raoul-Rochette, réfute à elle seule son dilemme.

L'emploi si tardif du mot Πίναξ (Pinax) et de celui Pinacothèque, qui ne remonte qu'au commencement de notre ère, est, d'ailleurs, une présomption grave, quoique accessoire, contre le sens général de peintures sur bois, et contre leur emploi en tout temps, que M. Raoul-Rochette y attache. Si ce savant dit, à propos du premier de ces mots, contenu dans le titre du livre de Polémon, « qu'il sou« tient n'être au pouvoir de personne de fournir, ni philologique« ment, ni historiquement, la moindre preuve, la moindre proba« bilité qu'aucune autre espèce de peinture se trouvait comprise « dans cette description de tableaux, que celle exécutée sur pan« neaux de bois; qu'il nie, de la manière la plus formelle, qu'il y « ait eu aux Propylées de belles peintures murales...; » on avouera qu'au lieu de soutenir et de nier, mieux eût été de prouver et de convaincre.

Il est certain qu'en laissant à ce mot, comme cela est parfaitement plausible, la faculté d'exprimer, dans son acception générale, à la fois, des peintures et des tableaux, sans y attacher le sens absolu, que les unes dussent être toujours sur mur, et les autres incessamment sur bois, il n'y a rien, en cela, qui doive paraître moins naturel chez les anciens, que cela a toujours été et est encore très-conséquent chez les modernes. « Le mot Πίναξ, dit M. G. Hermann, « est employé par Plutarque pour indiquer *la peinture elle-même*, « et non la matière sur laquelle elle est peinte (1). » Quant au sens général chez les modernes du mot *tableau*, il est avéré, en effet, qu'il y a dans nos musées des peintures sur pierre, sur

---

(1) « Nam Πίναξ sic dictus à Plutarcho est, ut picturam ipsam, non materiam in « quâ picta esset, significaret. » (De Vet. Græc., p. 12.)

cuivre, sur bois, sur toile, et même sur des enduits (1); que les œuvres exécutées sur ces différentes matières n'en sont pas moins désignées dans nos écrits, comme dans notre langage, alternativement comme des peintures et comme des tableaux; enfin, que nous n'attachons pas plus à l'une qu'à l'autre de ces expressions l'idée des fonds divers sur lesquels les artistes ont préféré peindre. Dans des circonstances aussi identiques entre l'usage ancien et l'usage moderne, il serait difficile de ne pas admettre l'identité des conséquences telles que les établit M. Hermann. N'est-ce pas, d'ailleurs, le cas de remarquer ici, comme pour tout ce qui est relatif aux arts, que l'influence indubitable de la tradition doit, au contraire, faire placer la source de cette signification chez les anciens, pour la faire descendre chez nous, au lieu de la faire surgir chez nous, pour la faire remonter, contre le cours de toutes choses, jusqu'aux anciens?

M. Raoul-Rochette soutient aussi qu'il n'a pu être question que de tableaux sur bois, là où, dans quelques auteurs, il est parlé de peintures, plus ou moins anciennes, réunies dans le même lieu; comme ce devait être à Olympie, selon Strabon, et dans la maison décrite par Lucien. J'ai déjà établi que la possibilité d'une disposition décorative, exécutée antérieurement sur un mur, peut parfaitement se concevoir avec l'exécution progressive et postérieure de peintures murales, et je ne vois pas ce qu'une pareille circonstance, susceptible de se rencontrer en tout temps, aurait d'extraordinaire; mais, sans qu'il en soit ainsi, puisque le savant archéologue cite de nouveau, à ce propos, un tableau sur bois qui aurait été encastré dans une paroi à Pompéi, assertion qui n'est absolument qu'une

---

(1) Quelques peintures ainsi exécutées, et provenant de l'ancienne galerie de Diane du château de Fontainebleau, sont conservées au Musée du Louvre. Dans les salles du palais de Brera à Milan, on voit aussi plusieurs remarquables peintures à fresque de l'école de Léonard de Vinci, détachées des murs qu'elles décoraient primitivement, et transportées dans cette Pinacothèque.

supposition, tandis que plusieurs sur stuc furent trouvés réellement au bas des murailles dans lesquelles ils devaient avoir été enchâssés, pour se raccorder avec les ornements existants et disposés d'avance, est-ce que ce fait de tableaux mobiles sur enduit, lesquels ont été jugés par tous les antiquaires être d'une date antérieure à l'ornementation peinte sur les murs, ne donne pas la certitude la plus entière que des peintures ainsi exécutées, et plus ou moins anciennes, pouvaient avoir formé une collection comparable à celle des pinacothèques romaines, sans cependant qu'aucun des tableaux fût exécuté sur bois, comme aussi sans prêter à M. Letronne l'idée que ce durent être des pans de murailles peints et sciés comme ceux de Lacédémone (1)?

Il n'y a donc rien d'absolu dans l'universel emploi des *ais* peints du docte antiquaire, pas plus que je ne prétends à celui d'une extension semblable de la peinture murale. Mais, encore une fois, dans les temples et les édifices où le principe de cette décoration monumentale était appliqué, sa disposition n'excluait pas l'introduction de tableaux mobiles sur bois ou sur d'autres matières, pas plus que celle d'œuvres variées de la sculpture exécutées en marbre ou en métal. Sous ce dernier point de vue, il faut dire que les statues que Strabon trouva également dans les édifices de l'Hæreum de Samos impliqueraient une fausse application du nom de Pinacothèque dans son sens absolu, alors que ces édifices contenaient des objets d'art autres que des tableaux; mais cette dénomination s'explique en ce

---

(1) Je viens de dire que le fait cité par M. Raoul-Rochette d'un tableau en bois, trouvé à Pompéi, n'était qu'une supposition. En effet, et je l'ai déjà mentionné, on ne trouva que des cendres au bas du mur dans lequel il y avait un renfoncement. Ce qui laisse le champ libre aussi bien à la conjecture que le tableau supposé avoir occupé ce renfoncement était sur stuc, comme tous ceux recueillis, qu'à l'affirmation qu'il fût sur bois; les cendres pouvant provenir, tout autant du plancher, de meubles ou de châssis, ayant servi au transport d'un panneau en stuc, que d'une peinture sur bois.

que le célèbre géographe devait préférer employer une comparaison ou une analogie facilement compréhensible à ses contemporains, comme l'était, de son temps, l'usage et la destination des pinacothèques, plutôt qu'une circonlocution ou une expression d'un sens plus rigoureux, mais d'une compréhension plus difficile.

Je ne puis passer ici sous silence la curieuse interprétation que donne le savant archéologue du mot στυλοπινάκια en y voyant des panneaux de bois peints, *encastrés sur des colonnes*. A part ce qu'a d'incompréhensible un encastrement *sur* une colonne, encastrer, enchâsser, incruster, entraînant l'introduction d'un objet dans un autre, au moyen d'entailles ou de renfoncements, il faut convenir que ce genre d'exposition de tableaux dépasse de beaucoup la singularité des procédés dont l'auteur des Lettres archéologiques a déjà doté les Grecs. Qu'on suppose qu'ils aient fixé temporairement, au moyen de courroies ou de bandelettes, une peinture sur une colonne, quelque difficile d'abord, et antiartistique ensuite, que soit ce placement, il peut, à la rigueur, s'expliquer et s'excuser, comme une chose accidentelle et passagère; mais vouloir qu'en Grèce ait existé l'usage de mutiler, dans leur belle forme et leur indispensable solidité, des colonnes en marbre et en pierre, cette principale beauté des monuments helléniques, pour y introduire des planches peintes, en vérité, une pareille supposition, qu'on n'oserait pas attribuer aux peuples les moins civilisés, sans paraître injuste, est une si grave atteinte à la raison, que l'on croirait impossible qu'on en accusât les Grecs !

Cet incrustement de tableaux en bois, nécessairement à surface droite, dans des colonnes nécessairement cylindriques, est d'ailleurs si peu praticable, à cause des profondes entailles qu'il pourrait exiger parfois, selon le diamètre des colonnes et selon la dimension des tableaux, à l'effet d'obtenir un moyen quelque peu solide de les retenir, qu'il suffira, pour quiconque ne voudra pas s'arrêter à l'idée qu'on peut s'en former, d'essayer cette ridicule opération. La tentative fera certainement rendre à l'expression στυλοπινάκια sa valeur naturelle et grammaticale de *colonne ornée de peinture*, dans l'acception générale de ce mot, sans y attacher ni en exclure l'idée d'ornements peints, celle de figures peintes, celle, également admissible, d'ornements et de figures réunis (1).

Du reste, si le malheureux usage de ces encastrements avait eu lieu, on serait certainement en droit de demander où il existe des exemples de colonnes entaillées, qui pussent offrir une apparence de preuve en faveur de ce procédé; car si M. Raoul-Rochette exige des témoignages matériels pour croire à l'existence des peintures murales, nécessairement soumises à toutes les éventualités d'une incessante destruction, au moins ne pourra-t-il justifier, par une cause semblable, l'absence de colonnes entaillées, parce que le temps, au lieu d'effacer les entailles, n'aurait pu que les agrandir, concourant ainsi à en justifier l'existence, loin de la rendre impossible.

Non-seulement il n'existe pas de pareil témoignage en Grèce et à Rome, mais on peut assurer qu'il ne s'en trouve de trace chez aucun peuple, ni ancien ni moderne. Si les Grecs avaient eu absolument besoin et avaient voulu qu'on lût une inscription ou qu'on vît une image, sous la forme d'un tableau, sur une colonne, ils auraient inscrit l'une et peint l'autre sur une table y attenant, et par conséquent taillée dans le même bloc de marbre ou de pierre. Cette

---

(1) Les colonnes en mosaïque, découvertes à Pompéi, dans la maison dite *Casa delle quattro colonne a musaico*, donnent une idée complète de ce genre de peintures. Celle de ces colonnes, publiée dans l'ouvrage de M. W. Zahn, *Ornamente aller klassischen Kunstepochen*, Pl. 60, et qui offre, à la fois, des zones couvertes d'ornements architectoniques et de réseaux de tiges et de fleurs, entrecoupées de frises à griffons, à sujets de chasse, où des génies poursuivent des cerfs, et à feuillages mêlés de fruits, est un exemple irréfutable de l'existence de ces colonnes ornées de peintures, aussi bien que de l'origine comme de la juste expression du mot grec qui les désigne.

table, au lieu d'être encastrée, eût été en saillie, comme les consoles aux portiques de Palmyre, qui sont toutes monolithes avec les tambours, à la hauteur desquels elles se trouvent placées pour porter des statues. Mais ce n'est ici qu'une supposition gratuite, et le moyen si simple de tailler ou de peindre des inscriptions sur les colonnes mêmes, comme cela eut lieu sur les colonnes milliaires, aurait été préféré en pareille circonstance.

D'ailleurs, quoiqu'il ne soit pas parvenu jusqu'à nous de colonnes avec des sujets à figures, peints dessus, la magnifique spirale de Trajan, attribuée à un architecte grec, alors surtout qu'on peut admettre que les magnifiques bas-reliefs qu'elle développe pouvaient avoir été coloriés ; ce monument ne donne-t-il pas un puissant argument, sinon une preuve absolue, en faveur de colonnes ornées de peintures, d'une manière analogue au trophée romain, et de leur préexistence en Grèce? Dans ce cas, l'expression grecque, en s'appliquant également à une œuvre semblable, en donnerait également une juste idée (1).

Reste le mot οἰκοπίνακες, qui comporte pour le savant critique l'idée de *panneaux de bois*, encastrés à l'intérieur d'une maison. A qui n'a pas visité Pompéi, il suffit de voir les gravures de la Maison du poëte tragique, pour être en droit de douter que le même savant qui l'a décrite puisse prêter ici à ce mot grec une autre signification que celle de l'intérieur d'une maison peinte, c'est-à-dire, décorée de peintures d'ornement et de figures formant tableaux, comme le sont encore aujourd'hui les habitations de Pompéi

(1) Les compositions à figures disposées en zones horizontales sur les vases grecs offrent, à cause des formes plus ou moins cylindriques de ces derniers, une autre et grande présomption en faveur d'un semblable emploi de la peinture sur les colonnes ; emploi dont il n'est pas douteux que la tradition se soit également conservée dans les figures, sculptées de la sorte, autour des fûts de candélabres, souvent complétement cylindriques ou coniques.

et d'Herculanum, et comme le furent, dans les temps anciens, celles d'Athènes et de Rome.

Je ne sais si mes sentiments personnels, que je crois sincèrement impartiaux, influent à mon insu sur mes appréciations ; mais en voyant cette persévérance à faire disparaître, en tout, les traces du bon sens, et à substituer des propositions embrouillées et déraisonnables à des idées simples et justes, et à rendre une belle langue et un admirable peuple, l'une continuellement plus inintelligible, et l'autre sans cesse moins supérieur, il me semble qu'un pareil résultat ne peut être celui d'une véritable érudition et d'un vrai savoir ; car ces belles qualités, que j'ai si souvent et vainement désiré acquérir, ne sont dignes d'envie qu'autant qu'elles vous guident dans le chemin de la science, qui conduit au noble but de découvrir le vrai, et non lorsqu'elles vous égarent dans la voie opposée, qui aboutit nécessairement à l'erreur.

Je ne ferai qu'une remarque au sujet du fragment d'Aristide, dans lequel il est question *de peintures à demi brisées* (πίνακας ἡμιρραγεῖς...), à la suite d'un tremblement de terre qui avait frappé la ville de Rhodes. M. Raoul-Rochette, en prétendant que le fait de ces peintures *à demi détruites* s'accorde mieux avec des panneaux de bois qu'avec des pans de murailles, tire une conséquence opposée à celle que ce fait comporte. Les commotions qui résultent d'un pareil phénomène, ont une action bien plus puissante sur des murs que sur des bois bien assemblés. Un palais de marbre et une maison en maçonnerie, résisteront, dans ce cas, moins qu'une cabane en charpente et en menuiserie. Autant de pierres dont se compose un mur, autant de parties susceptibles de se détacher les unes des autres, et le mortier le plus adhérent ne saurait y suppléer aux moyens les plus ordinaires employés pour réunir des panneaux de bois ; à plus forte raison, à un système d'assemblage très-soigné qui devait être pratiqué pour donner la plus grande solidité possible à des planches destinées à être transformées en précieux tableaux. J'ai vu des murs renversés ne présenter, après leur chute, que des pierres détachées, tandis que des lambris en bois dont ils avaient été couverts, et jusqu'à des cadres de glaces avec leur parquet, qui y avaient été appliqués, n'avaient presque pas de brisures. Ainsi, dans la supposition de murailles tombées, la conséquence la plus probable serait qu'il s'agissait, à Rhodes, plutôt de peintures murales que de tableaux, quoique ce soit même l'état de choses le plus avantageux pour l'interprétation du docte antiquaire : car s'il fallait admettre, comme cela est plus naturel, qu'il s'agissait de murs partiellement restés debout, mais fendus et renversés à demi, il serait tout à fait impossible qu'Aristide n'eût pas désigné de peintures sur mur. Toutefois, je ne tirerai pas cette conséquence, d'une manière irrévocable, du texte de ce rhéteur; car, s'il avait pu y être question de tableaux sur bois, et quoique la chance leur fût plus avantageuse, il pouvait certainement y en avoir aussi de brisés à demi; et s'il y a, dans la question principale et dans les circonstances que je viens de mentionner, plus de probabilité pour la peinture sur mur, il n'y a, pour elle, pas plus de preuve absolue que pour des peintures sur bois. L'emploi du mot πίναξ n'a donc rien de plus spécieux dans le discours aux Rhodiens que dans tous les autres textes, quant à la signification que M. Raoul-Rochette donne à ce mot; celle-ci reste après, comme elle l'était avant, tout aussi contestable, et ne saurait être invoquée, pas plus contre les peintures murales du temple de Thésée que contre celles des Propylées, et qu'en dernier lieu contre celles de l'Érechthéion.

Je passe sur une longue discussion sans importance, qui termine la lettre. Cette discussion a pour objet le sens des mots ἐν πίνακι τελείῳ, appliqués par le faux Plutarque aux sujets relatifs à la famille des Butades, que représentaient les peintures de l'Érechthée. L'illustre archéologue n'y est pas plus d'accord avec les savants dont il discute les opinions, que ceux-ci ne le sont avec lui et entre eux.

CHAPITRE XXXIX.

Lettre troisième, à M. Welcker.
Questions générales sur la peinture des Grecs.

————

« Il est faux, de toute fausseté, que les temples grecs aient été
« entièrement coloriés; et l'eussent-ils été, il est contraire à toute
« raison, comme à toute vraisemblance, qu'ils aient été couverts,
« sur leurs parois restées libres, de peintures de style historique.
« Il est faux que, dans les temples où nous savons qu'il exista des
« peintures, ces peintures fussent, *comme celles de l'Égypte*, rela-
« tives au mythe du dieu ou à la dédicace du temple. Si c'était là le
« cas de quelques-uns de ces édifices, tels que le temple de Thésée,
« de Bacchus et des Dioscures, à Athènes, le contraire est démon-
« tré, pour la plupart des temples d'Athènes et d'ailleurs, par l'his-
« toire de l'art tout entière. »

Tel est le début de cette lettre, dans laquelle l'auteur cherche d'abord à détruire l'opinion de M. Letronne, par l'exagération complète de ce que ce savant avait dit sur la part que l'architecture et la sculpture coloriées des monuments élevés sur les bords du Nil, pouvait avoir eue à la coloration de l'architecture et à l'application de la peinture chez les Grecs. Supposer et dire « que la vue des
« temples égyptiens, entièrement revêtus de bas-reliefs peints, avait
« dû nécessairement *influer* sur le goût des Grecs, » n'est, cependant, ni une allégation faite à la légère, ni une supposition dénuée de vraisemblance; et l'une et l'autre ont, certainement, plus de fondement que la doctrine de M. Raoul-Rochette en faveur de l'universalité de ses peintures sur bois, et d'après laquelle *l'influence phénicienne n'étant pas étrangère au goût des Grecs pour les*

constructions en bois, les charpentiers et les menuisiers phéniciens auraient contribué en Grèce à fortifier cette direction de l'art. Si le savant archéologue a passé, comme il le dit, près d'un quart de siècle à *l'étude de l'histoire de l'art grec, dans toutes ses branches et à toutes les époques*, pour arriver à cette curieuse découverte, il faut avouer que tant d'efforts et de dévouement méritaient un meilleur résultat (1).

Quelles sont, en effet, les phases certaines de l'architecture des Hellènes? C'est, d'abord, l'époque pélasgique et héroïque, où surgirent ces gigantesques accumulations de pierres qui formèrent les murs, dits cyclopéens, des acropoles, leurs portes et leurs tours, les châteaux forts des princes, et les trésors pour y déposer leurs richesses ; les cella formées de murs seulement, qui furent les premiers temples, après l'autel entouré d'une enceinte, et après la pierre des sacrifices élevée sous la voûte des cieux; enfin, les tombeaux, les prisons, les canaux, les ports, et toutes ces constructions où le bois n'a pas laissé de trace, et dont quelques-unes furent revêtues de brillants métaux et embellies de marbres précieux.

Vint ensuite l'emploi des soutiens coniques isolés, avec leur

(1) Du reste, cette nouvelle théorie sur l'influence phénicienne en Grèce, que M. Raoul-Rochette promet de développer ultérieurement, n'a pas non plus pris naissance chez cet antiquaire : c'est en Allemagne qu'elle a surgi, avec cette différence toutefois que c'est dans les monuments qui n'étaient et ne pouvaient être qu'en pierre et aucunement en bois, tels que les tombeaux circulaires, et les constructions à l'instar de celles du trésor d'Atrée, à Mycènes, que les savants allemands retrouvent des analogies avec les restes d'architecture récemment découverts dans les pays d'où émigrèrent les Pélopides lors de leur établissement en Grèce ; toutefois, non-seulement sans aucune négation de l'influence égyptienne sur l'art des Hellènes, mais en la croyant primordiale sur tous les peuples de l'Asie Mineure et de l'Asie. C'est ce qu'admet, dans sa préface de l'*Hélénika*, V. I, liv. I, le célèbre archéologue, M. Ross, qui présida longtemps avec la plus vive sollicitude aux investigations du sol de la Grèce, ordonnées par le roi Othon. Le docte Allemand cite, au sujet de cette nouvelle théorie, les travaux philologiques de Génésius, et, comme s'y rattachant, ceux dus à l'érudition de M. de Saulcy, sur les monnaies ibériennes, ainsi que les découvertes de M. Botta et d'autres savants français et étrangers.

indispensable couronnement, la colonne et son entablement ; ces deux éléments fondamentaux des ordres grecs, et tout à la fois le point de départ réel et le résumé de l'architecture antique, comme jusqu'ici de l'architecture moderne (1).

Que des arbres, originairement employés à la confection des simulacres religieux, et destinés à recevoir ces informes idoles dans les creux naturels ou artificiels des troncs ; que des arbres fussent ou non l'origine des colonnes, il est constant qu'il exista, en Grèce, de très-anciens temples où elles étaient en bois, comme toutes les parties composant les plafonds, les planchers et la charpente de la toiture, sans aucune preuve certaine que les cella furent construites de la même matière, mais avec plus de probabilité qu'on y employa les pierres ou la brique, aussi bien que des tuiles en terre qui servirent dès lors à la couverture. Toutefois, rien n'établit qu'au début de cette époque les colonnes même n'aient été parfois aussi en pierre, comme les murs des temples, et qu'alors le bois fût réservé seulement pour les parties qui ne pouvaient être exécutées qu'en

---

(1) Quoique les ordres grecs et romains n'aient pas été employés dans leur complément originaire et avec une destination analogue dans l'architecture dite gothique, il n'en est pas moins certain que cette architecture surgit principalement sous l'influence des édifices romains, où l'arc et la voûte dominèrent conjointement avec l'emploi des ordres. Cette manière de bâtir, comme je l'ai fait voir dans l'Architecture moderne de la Sicile, p. 4 et suiv., ne fut nullement la création spontanée d'un des peuples occidentaux chez lesquels seuls elle domina ; et, de même que les architectes abandonnèrent de plus en plus, du XIIe au XIIIe et jusqu'au XVe siècle, les inspirations primitives, puisées sur les constructions romaines, et par conséquent l'introduction des ordres, de même ceux-ci rentrèrent peu à peu dans leur domaine pour dominer partout de nouveau, à partir du XVIIe siècle. L'église de Saint-Eustache à Paris, commencée environ vers 1530, est un des exemples les plus curieux de ce retour aux éléments antiques, et des efforts pour les appliquer au système, encore influent alors, de l'architecture dite gothique. Le millésime de 1640, qui se voit au haut des murs du fond du transept, témoigne que la construction continua pendant plus de cent années, sans subir aucun changement sensible dans son plan primitif. Il est à regretter que la façade élevée vers la fin du XVIIIe siècle n'offre pas ce même témoignage.

charpente proprement dite. En tout cas, ce qui est prouvé par les monuments, c'est que, loin de se développer, soit par une recherche progressive dans la forme, soit par une extension successive donnée à son application, le bois fut, dès la plus haute antiquité, rapidement et complétement remplacé par la pierre, dans toutes les parties où cela était faisable; et à l'exception des bois de la couverture, qui subsistèrent sans cesse, les faits prouvent un prompt abandon de cette matière dans l'érection des monuments.

A la suite de cette marche de l'architecture hellénique, depuis cette seconde période où commence son origine artielle, si je puis m'exprimer ainsi, marche pendant laquelle les nouvelles constructions analogues à celles de l'époque antérieure continuent à être élevées en pierre, et à généraliser, au contraire, cet art monumental de bâtir, est-il survenu autre chose que la conséquence naturelle et logique de ce progrès, qui est de montrer, au point culminant de l'art, à l'autre extrémité du chemin, les poutres et les planches de bois remplacées par des blocs et des dalles de marbre; le travail du charpentier et du menuisier disparu devant l'œuvre du marbrier et du sculpteur? Si je cite encore l'emploi très-ancien des revêtements en terre cuite, qui sont une nouvelle preuve de cette tendance à dissimuler, en même temps qu'à garantir, par une riche et durable enveloppe, les poutres en bois, où donc, parmi ces preuves, découvre-t-on le moindre indice du goût des Grecs *pour le développement* des constructions en bois (1)? Et où donc apparaît, même furtivement, sous ce rapport, l'influence des Phéniciens et de leurs ouvriers? Quel temple enfin a été élevé en Grèce, à l'instar de celui de Salomon, pour témoigner, comme la description de ce sanctuaire, qu'il l'aurait été à l'imitation des temples de la Phénicie? On peut dire plus : si tant est que le seul contact

---

(1) Voir le beau fragment d'une semblable enveloppe, découvert à Métaponte par M. le duc de Luynes, et représenté Pl. IX, F. v.

plus particulièrement commercial peut avoir sous ce rapport une influence quelconque, pourquoi alors ne pas la laisser résider dans l'emploi de revêtements et d'ornements en métaux de toute nature, genre de travail qui fut réellement un art chez ce peuple, et dont Homère, Pausanias, Pline et tant d'autres auteurs attestent et confirment l'usage permanent chez les Grecs, au lieu de chercher une influence phénicienne dans l'introduction et le perfectionnement de la menuiserie, qui n'est non-seulement pas un art, mais qui, parmi les métiers appliqués à la construction des édifices, est certainement un des moins importants et des moins difficiles?

C'eût été plus sensé, de la part de l'illustre antiquaire, que de soutenir, sans aucune raison plausible, que les ouvriers désignés, dans les traditions grecques, sous le nom de Telchines, furent des Phéniciens, et que c'est de leur présence en Grèce, et de la fabrication des simulacres en bois à laquelle ils se livraient, qu'il faut déduire son système. Il est certain, en effet, que parmi les corporations des faiseurs d'idoles, qui se perdent dans la nuit des temps, comme celle des Dédales pour l'Attique et la Crète, et celle des Smilis pour l'île d'Égine, la caste des Telchines est jugée la plus mythique et la plus obscure par les hommes les plus érudits, qui placent le séjour de ces Telchines à Sicyone, à Crète et à Rhodes, mais autant et plus comme habiles à forger les métaux et à les repousser au marteau, que comme ouvriers en bois. D'ailleurs, si le nom de Τελχῖνες (Telchines) signifie quelque chose, c'est comme synonyme de *méchant*, d'après la notion qui donne ce caractère et ce nom aux anciens Rhodiens, comme Pausanias à une portion des primitifs habitants de l'île de Cypre, et qui s'attachait au talent particulier de ces hommes, regardés comme des magiciens. En somme, cette corporation, par son travail, peut être désignée par le mot latin *Mulciber*, qui signifie *forgeron*, et par extension *Vulcain;* désignation d'accord en cela avec la confection des armes qu'on attribue aux Telchines, comme aussi avec la formation des idoles, au moyen d'une âme en bois, toujours recouverte de minces feuilles d'or, d'argent ou de cuivre. Aussi, voulût-on arriver aux Phéniciens par cette voie, ce ne serait qu'en concluant que ce genre de travail ayant été un des plus anciennement en usage chez ce peuple, ils le transportèrent en Grèce.

Du reste, s'il était possible d'attacher le moindre prix aux idoles en bois des Grecs, quelque nombreuses qu'elles fussent, comme leur existence, aux époques les plus reculées, n'est mise en doute par personne, ni comme provenance directe de l'Égypte, ce que M. Raoul-Rochette veut bien concéder, ni comme produits indigènes, inspirés sous l'influence égyptienne, ce qui résulte du mythe de Dédale, on conviendra que c'était s'engager, d'une manière bien inconsidérée et bien inutile, que d'aller chez un peuple, comparativement sans nom dans les arts, chercher des ouvriers en bois pour leur attribuer le mérite d'avoir eu la plus grande influence sur le progrès de l'architecture des Hellènes, dont le développement n'eut lieu qu'avec l'emploi de la pierre et du marbre.

Il y a certainement, dans cette idée de l'auteur des Lettres archéologiques, plus de confusion que d'érudition; et si tant est qu'il soit nécessaire de trouver au dehors une influence, supposer, du fait incontestable des idoles égyptiennes, que les Grecs aient colorié et orné de peintures leurs temples, pour les mettre d'accord avec ces simulacres peints, sera toujours plus sensé que de placer cette influence dans la plus discutable des hypothèses (1).

Dût M. Raoul-Rochette, qui continue à citer, en faveur de

---

(1) Il est curieux de voir M. Raoul-Rochette être d'une confiance, on pourrait justement dire, aveugle, dans les dessins des monuments siciliens publiés par M. Serra di Falco, et dont il n'a cependant fait que diriger l'exécution et la gravure, et n'en avoir aucune dans ses opinions quelquefois très-justes comme archéologue. Voici ce que dit cet auteur à propos de l'examen des plus anciennes métopes de Sélinonte, dont les sculptures portent ostensiblement les traces du type égyptien; d'abord quant à l'influence phénicienne. « ... D'altronde benchè sian note le numerose colonie « de' Fenici, e le frequentissime relazioni che essi tenero nella Grecia, pure egli

l'influence phénicienne sur les tableaux en bois, le palmier de Délos, le laurier de Delphes, l'olivier à Athènes et le saule de Samos; dût ce savant regarder les arbres de la Grèce entière comme ayant été consacrés tous, ce culte aussi bien que le placement des simulacres du Jupiter Dodonéen, de la Diane d'Éphèse, et de la Diane Cédréatis, l'un dans le « sein » d'un chêne, l'autre dans le creux d'un aune, et le dernier dans le cœur d'un cèdre, et la suspension aux branches de tablettes votives, d'abord à inscriptions et quelquefois, mais plus tard, à figures symboliques; tous ces usages religieux, intéressants en eux-mêmes, n'en sont pas moins les éléments les plus puérils pour y trouver l'origine de l'emploi prétendu unique et universel de planches peintes à toutes les époques de l'art chez les Grecs.

« è vero ugualmente che costoro dediti soltanto al commercio, nulla curavansi di
« stabilire ne' paesi da lor frequentati usi religiosi e sacre teocrazie; che anzi la loro
« industria, volta solo al fabbricar delle stoffe e degli utensili, non presentava di
« che l'arte figurata giovar si potesse. Noi veggiam difatti che ne' sanctuari più
« antichi de' luoghi da essi frequentati, ed ove fondate avevan colonie, sì come in
« Pafo, in Samo, in Iccara ed in Tespia, le travi, le colonne e le pietre simboleg-
« giavan tuttavia le divinità (Clement. Alex. Protr., IV, p. 40.). E sinanco nel
« Santuario, che lor procacciò maggior rinamonza, in quello cioè di Bacco in
« Tebe, il nume era da principio una trave (Clem. Alex. in Strom. I, c. 24).
« Da tutto ciò apertamente ricavasi, che un popolo uso a venerar pietre e co-
« lonne, nulla influir potea sulla cultura dell'arte figurata, la quale della esecuzione
« degli idoli ad umana conformazione ebbesi vita ed alimento. Che se indiretta-
« mente i Fenici al progresso dell'arte contribuirono, ciò avenne solamente com-
« municando a' Greci le loro cognizioni sul modo di lavorare i metalli, in che
« teneansi per espertissimi, et che forse dagli Egiziani avevano apprese » (Antichità della Sicilia, t. II, p. 90, n. 31). Puis, quant à l'influence égyptienne, p. 34 :
« Egli è pur vero, che nella prima epoca della sua civiltà la Grecia videsi esposta
« all'influenza di molti popoli, come de' Cari, de' Libi, de' Traci, de' Fenici, de' Lici
« e degli Egiziani, ma se vogliam lo sguardo alla storia, a' sacri riti ed alle arti di
« questi popoli anti-elleni, essi sembran quasi tutti provenire dall'Egitto o dalla
« influenza di lui... » Du reste, cette citation tire son véritable intérêt de la circonstance, que l'opinion du noble savant est d'accord avec celle des érudits les plus célèbres qui ont écrit sur l'histoire de l'art hellénique.

La préoccupation du savant va même si loin, qu'en disant qu'aux primitives époques du culte des fétiches en Grèce, « le premier « usage qui se fit *de la peinture* dut consister en tablettes votives « suspendues aux branches des arbres sacrés, ou attachées à la base « même des *simulacres*, » il oublie la conséquence rigoureuse de cette supposition : cette conséquence donnerait en effet aux figures peintes sur bois une origine contemporaine à celle des idoles sculptées dans la même matière ; d'où il suivrait, à l'encontre des faits les plus avérés, que les progrès de l'art de peindre auraient dû précéder ceux de la statuaire, puisque celle-ci ne fit, pendant une longue période, que reproduire scrupuleusement ces idoles dans leur état informe ; car, en tant qu'il se serait principalement agi alors d'objets imités par la peinture, cette imitation n'étant circonscrite par aucun système religieux, elle ne pouvait rester à l'état stagnant d'imperfection dans lequel s'arrêta la sculpture, aussi longtemps que la théogonie put s'opposer à une idéale personnification des divinités.

Il est vrai qu'en admettant son étrange hypothèse, le docte archéologue exprime le regret que son savant correspondant ne la partage pas, ajoutant que, si ce qu'il croit être des tablettes *peintes*, ne sont, aux yeux de M. Welcker, que des tablettes *écrites*, K. O. Muller ne fait aucune difficulté d'y voir de véritables petits *tableaux peints*. Ainsi, en désaccord avec le célèbre professeur de Bonn, M. Raoul-Rochette assure être d'accord avec le non moins renommé professeur de Gœttingue. Malheureusement, cette assertion, si formelle qu'elle soit, ne se trouve, ni dans le texte du paragraphe, ni dans celui de la note qui devait le confirmer (1). Le premier porte littéralement : « La peinture devint, en Grèce, *plus tard encore* « que la plastique, un art indépendant ; en partie, parce que le « culte des Grecs en avait peu besoin. Homère, qui mentionne « plusieurs fois des vêtements avec des figures tissées dans l'étoffe,

---

(1) K. O. Muller, *Manuel arch.*, § 73, n. 1.

« ne parle d'aucun autre genre de peintures que de *vaisseaux aux
« joues rouges*, et d'un ornement de cheval en ivoire, qu'une Mœo-
« néenne ou une Carienne colorie de pourpre. Pendant longtemps,
« toute peinture consista dans l'enluminure des statues ou des bas-
« reliefs en terre cuite et en bois. » Quant à la note, elle ne contient
que ces mots : « Des πίνακες sont suspendues comme tablettes votives
« (Votivtafeln) aux statues des dieux... de même aux arbres sacrés. »

En effet, de ces textes il résulte qu'à l'encontre de l'affirmation
précitée, K. O. Muller n'exprime nullement que les tablettes dont
il s'agit fussent de *petits tableaux peints ;* ses paroles prouvent le
contraire. D'accord avec tous les hommes éminents qui se sont occupés de l'histoire de l'art des anciens, l'auteur du Manuel archéologique place l'origine de la peinture bien postérieurement à l'origine de la sculpture; et, suivant la tradition hellénique, c'est aux
villes de Corinthe et de Sicyone qu'il attribue l'honneur de l'invention du dessin au trait, suivie de celle de la peinture monochrôme ;
ce qui est conforme aux mêmes éléments traditionnels que j'ai déjà
relatés, d'après Pline, où le point de départ de l'art d'Apelle consiste à fixer par un trait le contour d'une ombre humaine projetée
sur une muraille, et où le développement de cet art se trouve dans
l'action de remplir ce contour par des couleurs composées de briques pilées. Ces points de départ, aussi simples que naturels, et les
progrès qui en furent la suite, militent autant en faveur d'une primitive application de la peinture sur des murs, que la complication
intermédiaire des planches est opposée à son application primitive
sur des tables de bois; complication que simplifie peu, on l'avouera,
le soin que prend M. Raoul-Rochette, de faire artistement réunir et
rassembler ces tables par d'habiles menuisiers de la Phénicie, pour,
une fois peintes, les encastrer dans les murailles ou les appliquer
dessus. J'ajouterai que la peinture des vases, qui eut son berceau
également à Corinthe, dont la fabrication remonte, sinon plus, du
moins aussi loin dans l'antiquité que la peinture elle-même, et dont

le procédé consiste à tracer le dessin sur l'argile encore ductile et à la peindre ensuite, offre, dans sa grande et incontestable analogie avec la pratique de la peinture murale, exécutée sur des parois avec ou sans enduits, une preuve de plus à l'appui de l'existence de celle-ci avant les tableaux sur bois.

Mais j'abandonne ce hochet d'une monomanie scientifique, à qui ne veut s'en laisser dessaisir, pour répondre à une nouvelle objection contre l'opinion de M. Letronne et la mienne, « *que les « sculptures et les peintures dans les temples grecs aient été en rap- « port avec le mythe du dieu, ou avec la dédicace du temple*, » non pour reproduire les témoignages déjà cités en faveur de cette opinion, mais pour relever l'incompétence d'un autre exemple que M. Raoul-Rochette prétend trouver dans les sujets qui ornaient les métopes d'un temple à Sélinonte (1). « Ils représentent, dit ce sa- « vant (p. 143, n. 1), Apollon poursuivant Daphné, Actéon déchiré « par ses chiens, Hercule combattant l'Amazone, Minerve terrassant « un Géant, et Jupiter séduisant Sémélé, *et ne peuvent, de quelque « manière qu'on les explique, trouver leur raison dans l'intention « d'approprier des représentations si diverses au mythe d'une seule « et même divinité.* »

Je remarquerai d'abord, ce qu'omet de faire le docte archéologue, que ces sculptures étaient placées, savoir : les trois avec les sujets d'Hercule, de Jupiter et d'Actéon, dans l'intérieur du temple, au-dessus de l'entrée du pronaos, où, des six métopes qui décoraient la frise, ces trois seules furent retrouvées. Puis, que les deux sujets

---

(1) Ce temple est marqué E dans le t. II de l'ouvrage de M. Serra di Falco, où se trouvent aussi, sur les Pl. XXX, XXXI, XXXII, XXXIII et XXXIV, les métopes sculptées ; ce même temple est représenté sous la lettre R, dans mon *Arch. ant. de la Sicile*. Ces métopes n'ayant été découvertes qu'à la suite des dernières fouilles faites aux frais du gouvernement de Naples, elles n'ont pu être dessinées en Sicile, par mes collaborateurs et moi, ni gravées à l'époque de la publication des planches de ce temple ; mais elles y seront jointes ultérieurement.

d'Apollon et de Minerve ornaient, avec quatre autres compositions détruites, la frise du posticum. Chacune des six compositions, qui devaient occuper une des deux extrémités du temple, auraient donc pu offrir un sujet mythologique d'accord avec la divinité du lieu, sans l'être, d'une manière rigoureuse, avec les six autres. En outre, comme ces sculptures ne se trouvaient pas à l'extérieur de l'édifice, où un rapport direct avec le mythe consacré dans le sanctuaire était plus exigible, on conviendra que des actions d'un symbolisme même indirect, telles que la mythologie des Hellènes en fournit à l'infini, dans l'abondance et la variété de ses fictions poétiques, n'auraient rien ôté aux appropriations ou analogies admises par M. Letronne et par moi.

Mais si jamais sujets offraient, aussi bien entre eux que dans leur ensemble, une corrélation parfaite et de la plus grande facilité à saisir, ce sont, certainement, les représentations dont il s'agit. En effet, dans le pronaos, au-dessus de l'entrée principale du sanctuaire, c'est, dans une des métopes du milieu de la frise, Jupiter et Sémélé; puis, à gauche, Hercule vainqueur de l'Amazone; et, à l'extrémité de droite, Diane punissant l'impiété d'Actéon. Et il n'y aurait, entre le sujet du Maître des dieux, son fils Alcide et sa fille la Reine des bois, aucune analogie! Et cette analogie ne serait pas la même encore entre les précédentes métopes et celles représentant Minerve et Apollon, le frère de Diane, qui tous les deux avaient Zeus pour père! Et c'est un docte antiquaire qui assure que ces sujets ne pouvaient pas être appropriés au mythe d'une seule et même divinité! Cependant, en supposant que le temple fût consacré au dieu qui les dominait tous, la difficulté s'évanouit, et cette supposition semble surtout plus fondée par le fait que l'image de Jupiter occupait une des métopes de l'entre-colonnement du milieu du pronaos, c'est-à-dire, la place la plus favorable à tout sujet principal, place qui devait avoir été d'autant plus éminente que la seconde métope de ce même entre-colonnement pouvait offrir une deuxième scène des amours terrestres du chef de l'Olympe, et que les frises extérieures, ainsi que les frontons, n'ont présenté aucune trace d'autres sculptures (1).

J'avoue que si l'explication du problème déclaré insoluble par un professeur, qui occupe une chaire d'archéologie à Paris, depuis plus d'un quart de siècle, avait pu, un moment, me faire attribuer à ce succès quelque mérite, ma conscience m'aurait aussitôt fait sentir que cet avantage n'est d'aucune valeur, alors qu'une inadvertance seule avait pu prêter à cette solution une difficulté qu'elle n'avait pas. Il est de fait que si la moindre réflexion avait présidé au choix de l'exemple cité, M. Raoul-Rochette aurait, avant de l'invoquer, découvert lui-même combien il témoignait contre lui, surtout si, au risque de soulever le soupçon d'un silence volontaire à l'égard des autres temples de Sélinonte, il n'avait pas laissé en dehors de la discussion les sculptures de ces édifices, qui offrent autant de corrélation entre elles, qu'elles démontrent la certitude d'un rapport commun avec la consécration de ces temples.

Ainsi, le sanctuaire, qui se trouve placé le plus près du précédent, et auquel appartiennent deux métopes de la façade principale, représentant le combat des Géants contre les Dieux, offre, dans ces deux sujets, les actions incontestables de ce mythe, auxquelles se liaient, sans aucun doute, les autres compositions, soit qu'on admette que Minerve seule fût partout représentée victorieuse des assaillants de l'Olympe, et qu'alors le temple lui fût dédié; soit qu'une autre divinité y eût été dominante, et eût ainsi indiqué l'objet principal du culte (2).

Il en est de même des sculptures les plus anciennes, appartenant

(1) Les deux quadriges qui décoraient les deux métopes centrales du plus grand des temples de l'acropole de Sélinonte, dont il va être question, viennent à l'appui de la conjecture de deux sujets analogues ainsi placés.

(2) Ce temple porte la lettre F dans l'ouvrage de M. Serra di Falco, et celle S dans le mien. Les bas-reliefs se trouvent dans les deux ouvrages.

au plus grand temple de l'acropole de Sélinonte, et qui en décoraient aussi la façade principale (1). Les métopes retrouvées, dont trois complètes et d'autres en fragments, représentent, l'une, placée au-dessus de l'entre-colonnement du milieu, un quadrige accompagné de trois figures, dont une dans le char, puis, la métope à droite, Persée au moment de trancher la tête de la Méduse, en présence de Minerve, et celle à côté, l'Hercule Mélampyge. En joignant à ces sujets les restes d'une quatrième métope mutilée, mais dont l'état permettait d'y distinguer les traces d'un deuxième char, M. Serra di Falco a jugé, avec beaucoup de sagacité, que ces deux représentations offraient une grande analogie avec la composition de Pélops et d'OEnomaüs se disputant le prix de la course des chars, qui décorait le fronton du temple de Jupiter Olympien. Ainsi, selon le savant Sicilien, l'un des chars représentait *OEnomaüs* dans le quadrige, ayant à ses côtés Stérapie sa femme et Hippodamie sa fille, et l'autre, Pélops, placé aussi dans le char, et accompagné des deux serviteurs dont parle Pausanias dans sa description de l'Olympéion.

Au moyen de cette explication, et sans m'arrêter à la désignation des figures accessoires, il y a lieu d'être surpris que M. Raoul-Rochette n'ait pas plus tenu compte ici qu'ailleurs des paroles de l'archéologue sicilien, lorsque celui-ci dit : « Ce sujet (celui du char) « serait, d'un autre côté, en parfaite harmonie avec ceux des pré-« cédentes métopes, où sont représentées les principales actions de « deux autres héros de la même famille, Hercule et Persée; cir-« constance très-remarquable, lorsqu'il s'agit de l'usage constam-« ment observé par les artistes anciens, de représenter, dans un « endroit désigné des édifices, des sujets en *rapport* et *connexion*

---

(1) Ce monument porte la lettre C dans le livre de M. Serra di Falco, et la même lettre dans le mien. Les sculptures sont également gravées dans les deux publications.

« entre eux, ce dont le monument de Lysicrate, les frontons et mé-
« topes du Parthénon, celles du temple de Thésée, et cent autres
« exemples qu'il serait trop long d'énumérer, nous offrent l'incon-
« testable preuve (1). »

Puis, en outre du peu de fondement qu'il y aurait à vouloir tirer la moindre conséquence d'un manque apparent d'analogie entre des sculptures incomplètes et la dédicace d'un temple, lorsque celle-ci est ignorée, et indépendamment de cette circonstance si grave contre le choix irréfléchi des preuves négatives invoquées; comment le docte antiquaire n'a-t-il pas songé au monument le plus important de la Sicile, dont on connaît la dédicace et dont les principales sculptures sont décrites? Il aurait trouvé dans celles-ci la plus complète appropriation à l'édifice qu'elles décoraient; appropriation qu'il méconnaît, qui y est cependant aussi évidente que partout où elle pouvait être constatée, et que M. Letronne n'avait pas omis de citer comme entièrement concluante. Ce savant connaissait, en dehors de la vallée du Nil, d'où son antagoniste prétend qu'*il n'est jamais sorti*, le majestueux sanctuaire d'Agrigente, dédié au maître de l'Olympe; ce temple, dont un des frontons offrait la composition mythologique des Géants, combattus par les Dieux, et succombant sous la foudre de Jupiter, aidé du concours de Minerve; et où l'autre tympan présentait la composition historique des Troyens, combattus par les Hellènes, et succombant sous le stratagème d'Ulysse, assisté de la divine Pallas.

Mais c'est trop insister, pour défendre les artistes grecs de

(1) « Questo soggetto sarebbe daltronde in perfetta armonia con que' delle metope precedenti, nelle quali sono esposte le gesta di due altri eroi della famiglia medesima, Ercole e Perseo; circostanza notevolissima, ove si abbia riguardo all' uso costantemente osservato dagli antichi artisti, a quello cioè di rappresentare su di una data parte degli edifizî storie, che avessero fra loro rapporto e connessione, di che il monumento di Lisicrate, i frontoni e le metope del Partenone, quelle del tempio di Teseo, e cento altri esempi che lungo saria ricordare, ci offrono incontrastabile prova. » Op. cit. V. II, p. 52.

l'accusation d'avoir ignoré tout sentiment de convenance, en méconnaissant l'indispensable analogie qu'exige l'application de la sculpture et de la peinture à l'architecture. Car ce serait déshériter la nation la plus artistique entre toutes les nations, de la supériorité incontestable dont le monde intellectuel l'a dotée; ce serait nier l'influence qu'elle chercha et qu'elle trouva dans la philosophie de l'art, ce puissant auxiliaire, à la fois ostensible et caché, qui brille comme un divin rayonnement dans les chefs-d'œuvre de la Grèce, sans qu'il nous soit toujours possible de découvrir les mystérieuses causes de leur sublime beauté. Aussi suffira-t-il, pour détruire une pareille accusation et condamner le système qui y conduit, de signaler son déplorable résultat, qui consisterait à annihiler tout ce qui, dans la théorie comme dans la pratique de l'art, fut, est, et sera toujours la gloire des Hellènes.

Malgré l'impérieuse assertion de M. Raoul-Rochette, il n'y a donc rien de *faux*, rien de *contraire* à l'histoire de l'art, dans le fait que les sculptures et les peintures décorant les temples de la Grèce fussent relatives au mythe du Dieu à qui ces temples étaient consacrés. Sous ce rapport, et sans que ce dût être une application absolument semblable à celle de la peinture et de la sculpture coloriée dans les édifices de l'Égypte, ce que M. Letronne n'a nullement prétendu, il est incontestable que si, quelque part, l'influence égyptienne peut être appréciée sur les concordances les plus ostensibles, c'est certainement dans les analogies qu'offre le constant emploi de la sculpture coloriée et de la peinture aux monuments grecs. Mais, lors même que l'histoire serait aussi contraire à la supposition de M. Letronne qu'elle y est favorable, est-ce que la question n'est pas résolue, dominée par assez de faits matériels et par assez d'inductions fondées et de raisons péremptoires, pour que l'*exagération* du principe de connexité égyptienne, exploité par M. Raoul-Rochette contre son adversaire, ne devienne une des preuves les plus fortes à l'appui de la faiblesse d'un système qui est réduit à chercher sa principale défense dans de semblables moyens?

CHAPITRE XL.

Questions spéciales sur l'architecture polychrôme.

Quoique la lettre à M. Welcker contienne encore quelques autres insignifiants développements, qui ne sont que des redites tirées de *la Peinture chez les Grecs*, comme des Lettres précédentes, je laisserai de côté cette question épuisée, et je terminerai mon analyse par l'examen de quelques lignes qui ont directement rapport à l'architecture polychrôme.

Il s'agit, 1° de la phrase déjà citée, où M. Raoul-Rochette dit (p. 141) : « Il est faux, de toute fausseté, que les temples grecs « aient été entièrement coloriés ; »

2° De celles (p. 145) : « Il n'y a peut-être au monde que M. Le-« tronne, conduit à cet excès d'hyperbole par l'esprit de con-« tradiction, sur la foi de guides tels que MM. Semper et Hittorff, « qui ait pu s'imaginer des *temples grecs entièrement peints*..., « exagération si facilement démentie par tous les faits connus, « qu'elle n'a trouvé nulle part la moindre créance, et qu'il est inu-« tile de combattre des idées qui se réfutent elles-mêmes ; »

3° Des concessions que le savant antiquaire veut bien faire (p. 188 et 189), « en admettant dans la restauration peinte du « temple d'Égine, exécutée d'abord à Munich, et reproduite par « M. Blouet, qu'un ton rouge-brun couvrait les parois des murs de « la cella ; » notion que M. Raoul-Rochette dit n'avoir pu constater

lui-même sur les lieux, mais « qui se trouverait d'accord avec le pla-
« cement des objets votifs dans l'intérieur des temples ; car c'était
« la couleur qui devait paraître aux Grecs et aux *Phéniciens, leurs
« instituteurs*, la plus favorable pour faire ressortir ces objets;
« qu'il aurait fallu faire violence à toutes les convenances de l'art
« et à l'habitude des Grecs, s'il se fût agi de peintures proprement
« dites, exécutées sur les murs ainsi coloriés, attendu que les Grecs
« peignaient généralement sur un fond blanc; que, du reste, les
« ruines d'Égine lui ont offert *la couleur jaune-clair* comme ton
« local du péristyle et de l'entablement; »

4° De cette autre phrase (p. 190) : « Quant aux temples d'Athè-
« nes, est-il besoin de dire que toutes les recherches ayant eu pour
« but d'y découvrir des restes d'*une coloration générale*, n'ont
« abouti à aucun résultat, et que les assertions d'antiquaires préoc-
« cupés, ou d'artistes enthousiastes, sur le ton rouge donné aux
« temples de l'Acropole, sur la cella coloriée en bleu du temple de
« Thésée, ne sont que de pures illusions, dont M. Raoul-Rochette
« aurait déjà fait justice par la discussion, et de la vanité desquelles
« il se serait convaincu complétement par l'examen attentif et scru-
« puleux auquel il se serait livré sur ces monuments ? »

5° Enfin de cet énoncé (p. 191 et 192) : « Que, de l'observation
« de tous les édifices de l'art grec encore subsistants, il est résulté,
« pour M. Raoul-Rochette, qu'on n'y a retrouvé de traces de pein-
« ture que sur des membres de l'entablement et sur les moulures de
« la corniche; *jamais sur des faces générales;* en sorte que c'est tou-
« jours le même fait qui ressort des divers éléments d'archéologie
« que nous possédons sur l'ordonnance de ces édifices, et que cette
« idée de temples grecs *entièrement peints* apparaît de plus en
« plus comme une de ces illusions qui n'ont d'autre motif qu'un pur
« caprice ou une volonté systématique. »

Je signalerai d'abord, dans ces extraits, la constatation par le docte
critique, d'un ton *jaune-clair* sur le péristyle et l'entablement

du sanctuaire d'Égine, comme ayant été la couleur locale de ce monument. Comparée avec la négation antérieure du savant, pour soutenir son système et celui de M. Kugler, dans lesquels les masses architecturales des temples devaient être imperturbablement *blanches*, cette constatation vient donc corroborer en entier les principes généraux que j'ai induits des faits identiques découverts en Sicile; faits affirmés par M. Serra di Falco, quant aux ruines de Sélinonte; faits établis par M. le duc de Luynes dans celles de Métaponte; faits constatés par M. de Klenze à Égine, comme par M. E. Burnouf et M. Paccard à Égine et au Parthénon d'Athènes, indépendamment des témoignages de M. Semper; faits établis par M. Monighetti sur ce dernier monument, ainsi que par M. Donaldson sur le temple de Thésée (1).

Je signalerai ensuite l'adoption de la couleur rouge pour les parois de la cella du même temple à Égine. Cette couleur, jadis si antipathique à M. Raoul-Rochette, et qui valut l'épithète de *barbouilleurs* aux artistes qui l'avaient admise d'après leurs observations; cette couleur, si contraire à la théorie de l'art grec, telle que les études profondes de toute la vie du savant antiquaire la lui avaient dévoilée; cette couleur enfin, si réprouvée autrefois, est à présent adoptée et préconisée, comme ayant entièrement couvert les murs des cella! Cependant, ce n'est pas d'après sa conviction puisée sur les lieux, où le savant voyageur n'a plus trouvé de traces de cette couleur : c'est une concession qu'il fait aux procès-verbaux des antiquaires et artistes qui découvrirent le temple d'Égine, et dont il avait d'abord mis en doute la sincérité (2).

Peu occupé, comme toujours, de cette nouvelle contradiction avec son opinion antérieure, si M. Raoul-Rochette admet ce qu'il avait

---

(1) Voir p. 44, n. 1, 2, 3, 4, et p. 45, n. 1.
(2) J. M. Wagners Bericht ueber die Aeginetischen Bildwerke, p. 218. Voir l'extrait rapporté précédemment, p. 148.

contesté, c'est que tout doit fléchir devant sa nouvelle hypothèse de l'influence phénicienne. Aussi, en signalant d'un côté, dans la présence des surfaces rouges, le but de faire valoir les *ex-voto*, qui devaient, selon lui, couvrir toutes les parois des temples, à l'extérieur comme à l'intérieur, c'est, d'autre part et avant tout, l'amour pour cette couleur, attribué aux habitants de la Phénicie, comme *instituteurs* des Grecs, qui porta ceux-ci à l'employer!

Cherchant, sous le premier point de vue, un appui dans le ton rouge, pour soutenir son système de l'absence de peintures murales, le docte antiquaire prétend que ce serait violer la convenance de l'art et les habitudes des Grecs, que de penser qu'ils eussent exécuté des peintures proprement dites sur des murs ainsi couverts, lorsque généralement ils ne peignaient que sur des fonds *blancs;* prétention que le savant trouve suffisamment établie par la citation des mots ἐν λευκώματι et ἐν πίνακι λελευκωμένῳ, qui ne prouvent autre chose, si ce n'est l'emploi en Grèce de la couleur blanche, pour des tablettes ou autres objets destinés à recevoir presque toujours des inscriptions, et quelquefois seulement des peintures. Mais, sans m'arrêter à la circonstance que les traces de la couleur rouge, découvertes aux temples des Hellènes, permettent d'expliquer son emploi aussi bien limité à une certaine hauteur et à de certaines parties, qu'étendu sur toutes les surfaces des parois, et sans m'opposer en aucune façon à l'emploi de fonds blancs chez les anciens, il est certain que les nombreux exemples des peintures d'Herculanum et de Pompéi prouvent : 1° Que les procédés des anciens permettaient, sans aucun obstacle pour la fraîcheur des tons et la beauté des figures et des ornements, de peindre sur des fonds rouges, aussi bien que sur des fonds jaune, noir, vert ou bleu; et qu'en cela, la certitude qu'il y eut des murs *entièrement* couverts de stuc rouge, n'offrirait pas la moindre objection contre la possibilité qu'il y ait eu des peintures historiques et mythologiques sur leurs parois, avec des fonds d'une autre couleur (1); 2° Que la rareté, pour ne pas dire l'absence de peintures à sujets sur des fonds blancs dans ces mêmes villes, étant avérée, cette circonstance, jointe à celle que ces compositions sont la plupart exécutées sur des fonds de couleurs plus souvent foncées que claires, témoigne que la généralité de l'emploi de surfaces blanches pour les peintures des Grecs n'est pas plus fondée sur les textes que sur les faits. Les preuves d'une certitude *presque mathématique*, que le critique dit ressortir de la présence du stuc rouge sur les murs des temples, contre l'existence sur ces murs de sujets religieux ou d'histoire, ne sont donc pas plus rigoureuses que l'assurance avec laquelle il soutient que les *temples n'étaient pas entièrement peints;* qu'ils n'eurent *jamais de couleurs sur les faces générales*, et que les recherches sur les monuments d'Athènes, dans le but d'y découvrir des restes d'une *coloration générale*, n'ont *abouti à aucun résultat*.

Il n'y a, pour anéantir ses dernières assertions, qu'à opposer pour la dernière fois M. Raoul-Rochette à lui-même, en lui disant : Vous avez admis *les murs des cella peints en rouge;* vous avez écrit *avoir vu la couleur jaune-clair* employée *comme ton local;* vous avez reconnu le fait des triglyphes et de leurs mutules *peints en bleu*, et des métopes *en rouge;* vous avez affirmé la présence d'*ornements peints* sur les moulures des entablements, comme celle de la peinture des bois employés aux plafonds et à la charpente apparente;

(1) Personne, plus que M. Raoul-Rochette, ne devrait avoir la conviction de ces faits, susceptibles d'avoir été constatés par tous ceux qui ont visité Pompéi. En tous cas, je possède des stucs peints de cette ville, qui offrent des figures, des animaux et des ornements exécutés sur des fonds noir, jaune et rouge. D'ailleurs, et quoiqu'il existe des peintures antiques, aussi bien sur des fonds rouges que sur des fonds blancs apparents, comme le montrent les tombeaux étrusques, Pl. XIX, n'est-il pas évident que les couleurs servant à la peinture des sujets, et qui faisaient disparaître le ton rouge, pouvaient être employées de même pour entourer ces sujets d'un autre ton local, ou, comme cela a dû se faire et s'est fait, de fonds représentant les lieux de l'action?

enfin, vous êtes forcé d'avouer, d'après l'évidence, l'emploi de revêtements en terre cuite coloriée aussi bien que de tuiles plates, de recouvrements et d'antéfixes enrichis de fonds et d'ornements en couleurs : serait-ce donc que toutes ces parties peintes, réunies, avouées, incontestées et incontestables, ne constitueraient pas la peinture complète et entière d'un temple grec, sur ses faces générales et dans tous ses détails? Et n'est-ce pas en vérité dépasser toutes les limites qu'il peut être permis d'atteindre dans le champ d'une discussion sérieuse de science et d'art, que de soutenir, sans aucune conviction possible, ou faute d'aptitude nécessaire, contre l'évidence, contre la raison, contre les autres et contre soi, une opinion condamnée comme erronée par celui-là même qui l'a émise?

Mais si j'ai trouvé ici comme toujours, dans les propres contradictions de mon adversaire, les éléments pour le réfuter de la manière la plus absolue, le temps me réservait un autre puissant concours, pour consommer complétement la défaite de l'erreur, et rendre la vérité aussi ostensible qu'elle peut l'être.

En effet, les obstacles longtemps soulevés pour détourner les lauréats de notre École d'architecture des recherches sur la Polychrômie, dont les tentatives isolées furent souvent réprimandées par le secrétaire perpétuel de l'Académie des beaux-arts dans les séances les plus solennelles de l'Institut, ces obstacles cessèrent après qu'une sage décision de l'Académie eut autorisé les architectes pensionnaires d'étendre leurs études du Capitole de Rome à l'Acropole d'Athènes. Ils purent enfin, au milieu des ruines de la Grèce, puiser à la source même d'où surgirent les magnifiques monuments de la capitale du monde; source dont les belles eaux, dans le long parcours pour arriver à la fécondation du sol romain, avaient beaucoup perdu du limpide éclat de leur pureté originaire.

Pourquoi faut-il que, parmi les hommes de talent qui se livrèrent les premiers aux investigations des magnifiques débris du siècle de Périclès, un artiste du plus bel avenir dût succomber? Pourquoi la soif d'apprendre, l'ardeur de découvrir les préceptes de l'art hellénique, au lieu d'être le commencement d'une longue et heureuse carrière, ne furent-ils que la triste fin d'une courte et douloureuse existence? Mais la perte de M. Titeux, qui succomba à Athènes, ne fit que convier d'autres pensionnaires à recommencer les mêmes études, que la mort avait forcé leur infortuné camarade d'abandonner. Ils se sentirent d'autant plus encouragés à faire des conquêtes nouvelles et assurées au profit de l'architecture, que le péril à courir apparaissait plus grand.

Parmi ces lauréats, M. Paccard se chargea de la difficile tâche d'étudier les restes du Parthénon, et d'en faire la restauration. Ce travail, exposé à l'École des beaux-arts, en 1847, offrait quatre grands dessins, montrant l'état actuel des ruines du temple, et cinq pages exhibant la primitive magnificence du monument d'architecture le plus célèbre de la grandeur athénienne. Le public admira d'instinct, et les artistes louèrent de sentiment cette œuvre aussi habile que consciencieuse. L'Académie, qui signala qu'indépendamment des éléments exposés, l'auteur lui avait communiqué plus de deux cents dessins exécutés sur place, pendant deux années de séjour, avec la plus scrupuleuse précision, rendit à cet architecte une complète justice pour le soin et le talent qu'il avait montrés dans cette vaste entreprise. L'Académie énuméra avec le plus grand éloge les nombreuses découvertes que cette nouvelle investigation lui avait paru offrir, mais dont beaucoup, sans rien ôter au mérite du travail auquel seul on les attribuait, étaient depuis longtemps connues. On trouve, en effet, un grand nombre de ces découvertes consignées dans des gravures et dans des écrits publiés à la suite des actives recherches que beaucoup d'autres architectes français et étrangers avaient entreprises, depuis la création du nouveau royaume de la Grèce et avant le séjour de M. Paccard à Athènes

Quant à l'emploi des couleurs sur l'Hécatompédon athénien,

comme le système de la polychrômie y était reproduit dans toute l'étendue que j'avais constatée aux monuments de la Sicile et de la Grande Grèce, et que j'avais assignée à ceux de la Grèce entière, sans aucune exception d'époque et de lieu, en tant que les monuments fussent produits sous la seule influence hellénique, voici de quelle manière le rapport académique s'exprime à ce sujet :
« En retrouvant les traces de coloration sur beaucoup de parties
« de l'édifice, non-seulement sur les membres supérieurs de l'ar-
« chitecture, mais encore dans les bas-reliefs de la frise, M. Paccard
« s'est trouvé *naturellement* porté à étendre à l'édifice entier ce
« genre de décoration ; et nous pourrions *peut-être lui demander*
« *s'il n'en a pas un peu abusé*. Mais, comme cette grave question
« de la polychrômie des temples grecs est encore controversée,
« nous pensons qu'il importe, dans l'intérêt de l'art, que tous les
« faits soient produits, et que toutes les opinions restent libres,
« pour arriver, s'il est possible, à la solution de cet intéressant
« problème. »

Dans cette récapitulation, où n'est pas mentionné le ton jaune qui couvrait, selon M. Paccard, les colonnes du Parthénon, et dans laquelle on demande avec beaucoup de réserve, à cet architecte, s'il n'aurait pas *un peu abusé* en étendant des couleurs sur l'édifice *entier*, extension que la phrase précédant cette question admet comme *naturelle*, le rapporteur n'a sans doute pas voulu se montrer publiquement en opposition avec son opinion personnelle (1); autrement, chargé par ses fonctions de rédiger et de prononcer les

---

(1) Il est à remarquer en effet que, dans cette énumération des couleurs, le rapport omet de parler d'une des plus importantes, celle *jaune-clair*, que M. Paccard a trouvée employée au Parthénon comme ton local ou général ; ce qui est confirmé par M. E. Burnouf, qui dit, dans la publication déjà citée, P. 44, en parlant de la coloration de ce monument : « Toutes ses peintures présentaient des couleurs vives et tranchantes. M. Paccard en a recueilli sur toutes les parties intérieures du temple, sans exception. *Le jaune est très-abondant sur les colonnes...* »

discours publics, M. Raoul-Rochette se fût trouvé exposé, dans l'enceinte où naguère il faisait retentir de sévères paroles contre l'étude et l'existence de la polychrômie, à faire lui-même l'éloge complet de la restitution d'un monument où la peinture brillait sans exception, et qui établissait l'emploi général des couleurs à celui des temples de la cité de Minerve auquel il avait refusé, pardessus tout, ce complément indispensable de l'architecture des Hellènes (1).

Voici, en effet, l'application des couleurs au Parthénon, telle que

(1) De même que les travaux de M. Paccard sont venus si à propos pour confirmer le fait de l'architecture polychrôme sur le plus beau temple athénien, de même une nouvelle découverte toute récente, relatée dans le Kunstblatt, du 22 février 1849, vient confirmer deux des points les plus importants concernant la peinture murale : celui du mot πίναξ, comme synonyme de tableaux et de peintures sur mur, et celui « que les tableaux portatifs des anciens, incrustés dans ou fixés sur les murs, au lieu d'être indistinctement sur bois, comme le soutient M. Raoul-Rochette, devaient avoir été exécutés sur des tables de stuc, de marbre, de bronze, ou de terre cuite. » Voici ce qu'écrit à ce sujet, de Rome, en date du 31 janvier de la même année, le savant archéologue E. Braun : « A Cœre-Agylla, a été trouvée une peinture murale, qui doit être classée parmi les restes les plus intéressants de cette branche de l'art. Le sujet n'est cependant ni étendu, ni absolument neuf. Il a rapport à une scène de sacrifice, dans laquelle de jeunes filles sont enlevées par des figures ailées. Le style est ancien, et non pas sans une certaine grandeur de conception. Mais, ce qui rend ce monument extraordinairement remarquable, c'est son exécution technique. Ces peintures monochrômes ne sont pas peintes, comme ailleurs, sur un enduit recouvrant le mur, mais sur des tables en terre cuite, qui leur ont offert un moyen de conservation tout autre qu'un fond de chaux ou les parois des roches. A cette occasion, nous apprenons de nouveau ce que présente de trompeur le sens des mots dans les textes, lorsqu'il s'agit de résoudre des questions relatives à l'histoire de l'art. C'est ici ostensiblement un de ces cas, où l'on peut parler aussi bien de peintures murales que de tableaux, selon qu'on a en vue l'ensemble ou les parties dont les peintures se composent. Dans la topographie, la pioche et la bêche sont décidément d'une plus grande importance que la plus subtile logomachie philosophique ; de même, dans l'histoire de l'art lorsqu'elle a pour objet la vérité et une instruction réelle, on a plus à attendre d'une intelligence concrète que des définitions les plus argutieuses. Une fois les faits établis et épuisés jusqu'à une certaine extension, l'archéologue peut se livrer avec d'autant plus d'assurance à l'étude des textes, que leur véritable sens ne doit pas agir seulement

l'offraient les dessins de M. Paccard, et telle que cet artiste distingué me l'a confirmée verbalement. Elle consistait, pour l'architecture :

1° Dans la coloration en jaune-clair de toutes les parties architecturales qui constituent principalement le caractère et la beauté des temples grecs, à savoir : les colonnes et les entablements, tant à l'extérieur qu'à l'intérieur de l'édifice ;

2° Dans la peinture, en rouge, de toutes les parois des murs du pronaos, de la cella et de l'opisthodome ;

3° Dans l'emploi des tons bleus aux triglyphes et aux mutules, avec des gouttes rouges ;

4° Dans celui des fonds rouges, aux métopes des frises et aux tympans des frontons ;

5° Dans l'ornementation en différentes couleurs des moulures, y compris les faces des larmiers, des listels, la grande cymaise et les têtes de lions, dont la gueule était rouge et les yeux bleus ;

6° Dans la décoration des plafonds, au moyen de fonds d'azur avec des étoiles d'or ;

7° Dans la coloration des antéfixes, avec l'ensemble de la couverture laissée de la couleur du marbre blanc.

Enfin, pour la sculpture adhérente au monument, dans une distribution générale de couleurs sur les nus, les vêtements, les armures de tous les bas-reliefs, et des sculptures statuaires de Phidias.

Comme M. de Laborde a joint les dessins de cette restauration à son ouvrage, le *Parthénon*, qu'il a commencé de publier, le texte

---

comme ferait un flambeau au milieu de la nuit, mais comme l'âme que Minerve souffla dans les créations inanimées de Prométhée. »

Dans cette conformité des idées de M. Braun avec les miennes, sur l'insuffisance des textes, et sur les doutes, au lieu des certitudes, qu'ils peuvent introduire dans les questions les plus simples, le lecteur trouvera, en se reportant à tout ce que j'ai écrit à ce sujet, une des plus puissantes sanctions qu'il m'était permis d'espérer.

contiendra sans doute l'indication précise des éléments qui ont guidé M. Paccard dans sa coloration du temple de Minerve, quoique, d'ailleurs, il ne manque, pour la confirmer en entier, que la constatation du ton rouge appliqué généralement sur les murs, et dont l'adoption a été inspirée à M. Paccard par la présence des restes de cette couleur sur les parois du temple d'Égine (1).

La reproduction de ce précieux travail une fois faite, fera juger de toute sa portée : car elle permettra d'apprécier combien l'aspect de ce magnifique édifice athénien, construit entièrement en marbre blanc, est analogue à l'aspect que présente ma restitution peinte de l'ædicule sélinontin, construit en pierre; combien enfin ce petit sanctuaire, ainsi restitué, est et restera le type certain de la généralité des temples élevés partout où les Hellènes appliquèrent le génie de leur architecture.

Lorsqu'avec la masse des faits ainsi constatés en faveur de l'architecture polychrôme et de la peinture murale chez les Grecs, avec les notions certaines et innombrables qui ont surgi depuis plus d'un quart de siècle, où je fis connaître pour la première fois l'existence de l'une et de l'autre; lorsque, avec tous ces éléments indubitables, M. Raoul-Rochette, après avoir vu l'Italie, la Sicile et la Grèce, a maintenu une opinion opposée à la mienne ; lorsque ce savant persiste à regarder son opinion comme inattaquable, comme étant le résultat d'observations personnelles, qu'il se croit en droit de soutenir avec une imperturbable assurance, on est certainement en droit de douter de l'aptitude de son esprit d'observation et de la justesse de son jugement.

Si cette appréciation paraissait rigoureuse, elle ne pourrait l'être qu'aux yeux des personnes pour qui la plus juste censure efface l'action qui l'a méritée. Parfois ému moi-même, et porté à modifier une

---

(1) Voir ci-après, ch. LIX, mes observations sur la restitution de la couverture et l'application de la couleur rouge uniforme sur les parois des murs du Parthénon.

apparente sévérité, lorsque la source en était moins vivante devant moi, combien n'ai-je pas dû me rappeler qu'autant d'indulgence, quand elle pardonne, est un sentiment louable lorsqu'il s'agit de sa propre cause, autant la sévérité est un devoir absolu lorsqu'il s'agit de raisons supérieures aux questions de personnes! Aussi, comme ces raisons existent, dans l'incessante tentative de M. Raoul-Rochette d'obscurcir la gloire des Hellènes, en détachant de leur auréole les rayons les plus brillants, qui les éclairèrent dans la voie de la plus haute perfection de l'art, comme dans l'action d'avoir refoulé, pendant vingt-cinq ans, une vérité, après l'avoir reconnue d'abord, ensuite niée, puis déclarée douteuse, malgré les témoignages successifs les plus ostensibles qui la constatent, j'ai la confiance que tous les hommes susceptibles d'apprécier ces actes ne sauraient m'accuser d'exagération.

FIN DE LA PREMIÈRE PARTIE.

SECONDE PARTIE.

DESCRIPTION DE LA RESTITUTION DU TEMPLE D'EMPÉDOCLE, DANS L'ACROPOLE DE SÉLINONTE.

CHAPITRE XLI.

Observations préliminaires.

A l'exception d'Agrigente, aucune ville antique de la Sicile ne donne une aussi haute idée du sentiment religieux et de la puissance de ses anciens habitants, que les restes de Sélinonte. Accumulées dans une vaste solitude bornée d'un côté, par l'incommensurable surface de la mer, de l'autre, par d'innombrables ondulations de lointaines montagnes, et par des plaines dont l'étendue se confond avec l'horizon, les ruines colossales des sanctuaires sélinontins, quoique entourées de ce que la nature présente de plus illimité dans sa grandeur, n'en frappent pas moins l'imagination du plus saisissant étonnement. En voyant, dans l'indécise lumière des approches de la nuit, les monceaux de fûts, de piliers, de murs et de matériaux accumulés, qui proviennent du plus grand des temples de la ville basse, il n'y a aucune exagération à dire que ces débris, dominés par une seule colonne, restée presque entière debout, apparaissent comme une montagne abrupte récemment sortie de terre, et surmontée d'un phare accidentellement arrêté dans son ascension vers le ciel. Cependant, près de ces restes se groupent encore deux monticules assez importants, et qui, par leur provenance de deux autres temples, semblent désigner le lieu où Sélinonte eut sa place publique. C'est à un mille de distance de la colline orientale, peu élevée au-dessus de la mer, où se voyaient ces temples, et au delà d'un vallon, qu'est située l'acropole ou la ville haute. Elle occupait, dans la direction du nord au sud, le sommet et la déclivité occidentale d'une autre colline beaucoup plus élevée, au pied de laquelle viennent encore se briser les vagues si souvent furieuses dans ces dangereux parages. Ce fut dans l'enceinte de cette partie de Sélinonte, nécessairement la plus ancienne, et où gissent également les débris de trois grands sanctuaires, que je découvris, avec mes compagnons de voyage, les restes d'un quatrième temple, d'une étendue très-restreinte, qui fait le sujet principal de cette publication.

Je n'entrerai dans aucune discussion détaillée, pour combattre les insolites objections faites par MM. Raoul-Rochette et Serra di Falco, contre les parties restituées de ce temple et publiées dans l'*Architecture antique de la Sicile* : ce sera, comme je l'ai déjà dit, l'objet d'un examen spécial, lors de la reprise de cet ouvrage. Je ne ferai qu'exposer les raisons qui nous ont guidés, M. Zanth et moi, dans notre travail, sans m'inquiéter si les éléments qui étaient à notre disposition, et ceux que j'ai recueillis ultérieurement, suffiront aux hommes capables de juger, pour admettre le temple restitué, comme une reproduction aussi fidèle que possible d'une construction préexistante; ou si ces éléments paraîtront tellement incomplets qu'on ne puisse voir dans cette restitution que l'image d'un édifice qui n'aurait pas existé : l'une ou l'autre alternative étant, à la rigueur, sans aucune conséquence pour l'objet que je me suis proposé.

Pour moi, occupé ici seulement d'établir le système de la polychrômie appliquée à l'architecture, comme M. Quatremère de Quincy en a fait l'application à la sculpture, dans la restitution du Jupiter Olympien, dont il n'existe aucun élément matériel, la certitude absolue sur la forme primitive et sur les détails de l'héroon sélinontin est une question tout à fait indépendante. Ce que j'ai voulu, c'est présenter aux yeux un exemple qui pût donner une idée générale de la manière dont les Hellènes décoraient les temples, en distribuant, sur toutes les parties architecturales, de belles couleurs et de riches ornements peints, et en exécutant partiellement, sur les parois des murs, des compositions historiques et des sujets tirés de leur mythologie.

D'ailleurs, et encore une fois, le concours des suppositions est une nécessité, lorsqu'il s'agit de restituer et de restaurer des édifices anciens incomplets dans leurs ruines : on ne restitue pas un édifice parfaitement conservé, le copier suffit pour en faire une reproduction fidèle ; mais ce n'est alors qu'un travail purement graphique, qui n'exige ni les études, ni le talent, ni le goût, enfin aucune des qualités dont brillent la plupart des restaurations exécutées annuellement, avec tant de succès, par les lauréats de l'école française à Rome.

Dans ces travaux, et lors même qu'ils s'appliquent à des monuments peu mutilés, aurait-on pu vouloir qu'il n'y eût aucune substitution aux parties détruites? Et ces parties, ne fallait-il pas y suppléer, au moyen de suppositions, d'inductions et de créations puisées dans l'imagination des artistes? Eh bien! lorsque ces objets imaginaires offrent une parfaite harmonie, une incontestable corrélation avec les restes conservés, c'est ce résultat qui constitue le véritable, l'important et presque l'unique mérite de ces difficiles investigations.

En effet, on peut contester aux auteurs des plus habiles et des plus consciencieuses restaurations, que les objets qu'ils ont dû ajouter aux éléments existants, soient semblables à ceux qu'ils devaient remplacer; car une rigoureuse ressemblance, impossible sans le plus inouï des hasards, ne peut être exigée comme produit de la science et du talent.

Les édifices d'une destination pareille, et appartenant à des époques identiques, n'offrent aucune parité absolue dans des détails analogues, quoique l'influence des mêmes principes généraux soit empreinte sur toutes les productions de l'architecture des Grecs; dès lors, il est facile de comprendre comment la connaissance la plus étendue des éléments antiques reste insuffisante encore à l'effet d'y puiser des inspirations certaines pour la création d'objets que les anciens ne produisaient pas deux fois de la même manière.

Mais, autre est cette parité absolue, inadmissible et sans objet, dont l'absence partielle dans ma restitution, comme dans toutes les restitutions possibles, ne saurait donner lieu à une critique juste et compétente; et autre est cette grande et belle analogie qu'un édifice restauré doit offrir avec les productions équivalentes de l'antiquité, et qui doit frapper, plus par son aspect d'identité générale, que par celle de chaque détail; plus par une concordance qui s'apprécie avec le savoir recueilli dans l'étude des monuments antiques et soutenu par un sentiment inné de l'art, que par une conformité qui se déduirait uniquement à l'aide d'une érudition même très-réelle, mais restée étrangère à l'étude de l'architecture et des autres arts. Pour cette dernière et incomplète appréciation, il ne faut posséder qu'une faculté susceptible d'être incessamment acquise; et pour la première, on ne peut pas toujours acquérir les facultés qu'il faut posséder. En résumé, la restitution d'un monument peut être irréprochable et méritoire, sans les témoignages à l'appui, qu'elle présente ce dernier absolument tel qu'il était; mais ce que toute bonne restitution exige, c'est d'être appuyée sur des preuves que le monument pouvait être tel qu'il est restitué.

CHAPITRE XLII.

Plan du temple; sa forme.

Le sanctuaire, dont le plan est représenté pl. I, était situé entre deux des trois temples de l'acropole, et presque sur l'alignement de la façade principale du plus grand. Les restes qui surgirent des fouilles, montrèrent, au-dessus du sol de la cella, une assise partielle d'un des murs latéraux, trois assises du mur du fond, et, à la rencontre de ces deux murs, une ante. La forte saillie qu'offrait intérieurement une autre assise, posée au-dessous des précédentes, et qui formait, à l'extérieur, un socle peu saillant, indiquait clairement le niveau du sol. Les restes des constructions se composaient de plusieurs rangées de pierres en contre-bas les unes des autres, et dont les plus basses se trouvaient à environ huit centimètres au-dessous du naos.

Limiter les marches, au droit des pierres les plus éloignées du mur du fond; placer quatre colonnes perpendiculairement sur de larges blocs en fondations; donner à la longueur des murs celle de la partie conservée, plus l'adjonction des antes; puis tracer la clôture de la cella avec sa porte, sur la ligne d'autres fondations régulièrement appareillées; ce fut le simple et naturel procédé qui dirigea la restitution du plan.

La forme ainsi obtenue, qui est celle d'un temple prostyle-tétrastyle, devait paraître offrir d'autant plus la disposition primitive de l'édifice, qu'elle se rapprochait, non-seulement de celle du plan d'un autre ædicule, dont la cella parfaitement conservée se voit à

Agrigente, mais encore de celle de la plupart des plans de sanctuaires analogues de la Grèce, de Rome et de Pompéi (1).

CHAPITRE XLIII.

Peintures d'ornements sur le sol du temple.

Une particularité de ma restitution, c'est l'embellissement du sol, au moyen d'ornements peints. Quoiqu'à l'époque où cette restitution fut faite, je ne connusse, ni en Grèce ni en Sicile, des restes de pavés de temples, composés de dallages ou de mosaïques en marbre, les mosaïques ultérieurement trouvées à Olympie ne pouvant m'être connues alors, il ne fut jamais douteux pour moi que celles qui décoraient, à Pompéi et à Rome, le sol des édifices comme des habitations, et qui provenaient d'un usage importé de la Grèce, ne fussent une preuve en faveur de l'emploi d'une décoration semblable dans les sanctuaires helléniques. Aussi, la présence, sur le sol d'un des temples de Sélinonte, de débris de stuc jaune, portant des traces de lignes rouges et noires, et qui remplissaient, dans tout le ptéroma et le posticum, un renfoncement de deux centimètres de profondeur, me donna la certitude que des enduits coloriés avaient précédé, ici comme dans les autres temples,

(1) La proportion des cella de ces sanctuaires est quelquefois au-dessous du carré, ou peu au delà, comme à Rhamnus; nulle part elle n'offre un parallélogramme de près du double de sa largeur, comme le donne la restitution de l'ædicule de Sélinonte, dans l'ouvrage de M. Serra di Falco. Quant à l'état des ruines du temple, il est représenté sur les Pl. XVI et XVII de l'*Arch. ant. de la Sicile*, par Hittorff et Zanth.

l'exécution des mosaïques en marbre, au moyen desquelles furent remplacées, par des matériaux plus durables, les aires moins précieuses et moins solides, composées de chaux et de sable, mais dont l'aspect n'était pas moins brillant par la richesse du dessin, que par la diversité et la beauté des couleurs.

Conduit par cette découverte à admettre qu'en substituant des morceaux de marbre, différemment nuancés, au stuc et à la variété des couleurs, on n'avait fait, pendant longtemps, que changer, dans la décoration du sol des temples, la matière employée, et que ces primitifs ornements avaient continué à servir de type à l'ornementation postérieure; j'ai puisé, dans les plus anciennes mosaïques siciliennes, nécessairement empreintes de formes traditionnelles des peintures, les inspirations qui m'ont guidé dans la combinaison du pavé restitué. Mais, pour me conformer au principe précédemment énoncé, d'après lequel les anciens n'ont, pour ainsi dire, jamais reproduit, d'une manière absolument semblable, leurs dispositions décoratives, je n'ai pas employé les dessins et la coloration de ces mosaïques, telles qu'elles sont. J'y ai introduit ces variantes presque imperceptibles que les ornements antiques offrent continuellement entre eux, tout en conservant un même caractère général, qui fait retrouver, dans les mosaïques et les peintures de la Sicile et de la Grèce, la plus grande conformité, malgré une sensible dissemblance; conformité qui existe non-seulement à un haut degré entre les mêmes éléments de chacune de ces contrées et entre ceux appartenant indistinctement à l'une et à l'autre, mais encore entre les peintures et les mosaïques helléniques comparées avec celles de Pompéi.

Du reste, rien ne pouvait confirmer, d'une manière plus inattendue et plus péremptoire, la justesse des principes qui m'ont guidé dans cette restitution, que la découverte de la mosaïque grecque, dans l'Olympéion d'Élide; car chacun des deux compartiments dont elle se compose, offre une disposition analogue à celle que j'ai adoptée. On y voit un riche méandre, comme entourage principal, puis un cadre formé par des ornements plus petits, et, au lieu et place du dessin régulier central de la cella de l'ædicule de Sélinonte, et plus conforme à sa petite dimension, une riche composition de palmettes et de fleurs, entourant un sujet à figures. Mais, malgré cette heureuse occurrence, toute en faveur de la probabilité d'avoir rencontré juste dans cette partie de ma restitution, il serait peu judicieux de prétendre à une conformité absolue avec les ornements coloriés primitifs, comme il serait aussi peu fondé de soutenir que ces ornements ne pouvaient avoir été tels que je les ai donnés, et que le chemin suivi, pour arriver à la source où je les ai puisés, n'était pas celui qui devait me conduire au but (1).

CHAPITRE XLIV.

Façade principale du temple.
Fragments retrouvés des fûts de colonnes, de l'entablement et des chapiteaux.

Les matériaux recueillis sur les lieux, pour rétablir cette façade, Pl. II, furent :

1° Des fragments de fûts de colonnes, dont le plus grand, brisé comme les autres en haut et en bas, avait encore un mètre et demi

---

(1) La Pl. V, F. 1, donne l'indication des restes de stuc trouvés dans le temple marqué R sur le plan général de Sélinonte (dans l'*Arch. ant. de la Sicile*, ouv. cité). Les autres figures représentent les dessins des mosaïques siciliennes mises en parallèle avec celles F. x et xi, provenant de Pompéi, et offrant une parfaite analogie avec les premières.

de longueur, sur 0,487 cent. à son diamètre inférieur, et 0,377 cent. à son diamètre supérieur (1);

2° Des parties d'entablement, dont l'architrave, la frise et la corniche, y compris le commencement de la pente du toit, se composaient d'un seul bloc; la cymaise, partiellement fruste, était percée, de distance en distance, de trous disposés pour recevoir des têtes de lion rapportées. Cet entablement, représenté Pl. IV, F. VII, dans son état d'alors, avait un peu plus d'un mètre de hauteur (2);

3° Des morceaux très-informes et peu volumineux d'un ou de plusieurs chapiteaux à volutes.

Ce fut cette dernière découverte, opérée en présence de l'occupant de la tour de l'acropole, le gardien des côtes, que j'avais employé comme aide dans mes fouilles, qui fit dire à cet homme, en entendant nos lamentations sur le mauvais état de ces morceaux, que les Anglais (MM. Harres et Angel) avaient trouvé, dans le même endroit, des fragments pareils et plus beaux, mais qu'ils les avaient emportés. Nous souvenant alors d'avoir vu, à notre arrivée en Sicile, dans le musée de Palerme, un demi-chapiteau ionique, il n'y eut, de ce moment, dans l'esprit de mes compagnons, comme dans le mien, aucun doute que ce fragment avait appartenu à notre ædicule, et que son dessin ajouterait un important document à ceux que nous possédions déjà.

En effet, l'entablement dorique combattait chez nous d'autant moins cette supposition, que le tombeau dit de Théron, et surtout la chapelle dite de Phalaris à Agrigente (Pl. XVII, F. I et II), que nous venions de dessiner, nous avait fait connaître deux exemples de l'emploi simultané d'un couronnement à triglyphes supporté par des chapiteaux à volutes (3).

Mais, si les éléments recueillis sur les lieux avaient pu être

(1) *Arch. ant. de la Sicile*, ouv. cité, Pl. XVII, F. x.
(2) *Idem*, Pl. XVII, F. I et II.
(3) Dans l'Explication des planches qui va suivre, où il est question de l'ædicule

relevés avec le plus grand soin, il n'en fut pas de même des fragments dont nous comptions augmenter notre collection à Palerme : une convention, très-juste en elle-même, que le gouvernement sicilien avait conclue en faveur des auteurs de la découverte des sculptures de Sélinonte, et d'après laquelle rien ne pouvait être publié sur ces précieux restes, avant une année révolue depuis l'époque de cette découverte, cette convention se transforma pour moi en une défense sévère de dessiner aucun objet (1). Aussi, malgré les promesses les plus formelles de ne rien publier avant deux années, n'ayant pu obtenir aucune autre permission que celle de prendre des notes et des mesures, ce ne fut qu'à force de séductions coûteuses que je parvins à éloigner passagèrement les Argus dont nous étions entourés, et à dessiner, avec MM. Zanth et Stier, les sculptures et le chapiteau. Ce sont ces entraves qui expliquent les différences qu'offre ce dernier, dans l'*Architecture antique de la Sicile* (Pl. XVII, F. v et VIII), avec celui publié dans cet ouvrage, Pl. VI, F. I et III, ayant dessiné celui-ci depuis, d'après un plâtre conservé dans le musée du Louvre, où se trouve toute la collection des fragments de sculpture et d'architecture de Sélinonte (2).

Comme ce dessin, plus précis dans les détails, laisse le même diamètre à la partie supérieure de la colonne, sans aucun changement

d'Agrigente, je cite les noms de six architectes étrangers et français, qui admettent avec moi que son porche était composé de quatre colonnes ioniques.

(1) L'opuscule du baron Pisani, *Memoria sulle opere di scultura in Selinunte, ultimamente scoperte*, et qui porte, p. 41 : « Sebbene questa memoria fosse stata impressa nell' anno 1823, pure è nel 1824, che essa vade al luce, un anno dopo lo scoprimento delle metope, » en prouvant l'existence du contrat, prouve aussi que la défense qui me fut faite ne l'a pas été au dessinateur de M. le baron ; car les cinq gravures des métopes sculptées, jointes à son opuscule, furent dessinées et gravées longtemps avant le terme stipulé.

(2) J'ai enrichi cette collection par un don au Musée, des plâtres uniques et précieux que j'avais fait mouler et transporter à Paris ; ils consistent en une tête de lion, un torse et un fragment de tête humaine, provenant du temple de Jupiter à Agrigente. Les artistes les plus éminents placent ce dernier fragment à côté des plus belles productions de Phidias.

dans la hauteur du chapiteau, la proportion du temple est restée en tout semblable à celle de l'élévation antérieurement publiée (1). Ainsi, en prenant pour point de départ l'entablement complet, qui donne, par la distribution des triglyphes, la place exacte de chacune des quatre colonnes; fixant la dimension de celles-ci par la hauteur du chapiteau et le morceau du fût, dont la partie conservée donnait le degré de la diminution; ayant d'ailleurs par le chapiteau le diamètre supérieur, et par l'ante celui inférieur, — ce qui permettait de calculer mathématiquement et de tracer géométriquement sa hauteur totale, — il est évident que le fût, le chapiteau, l'entablement et l'inclinaison du fronton, déduite des pierres de la corniche, ne présentent absolument rien de fictif.

Restait la base, dont aucun débris ne se retrouva. Mais, en adoptant le profil et la proportion d'une base attique, analogue à celles des deux monuments précités d'Agrigente, il ne pourrait y avoir que M. Raoul-Rochette pour en critiquer l'emploi, comme étant une création imaginaire; car ce serait à douter du jugement et de la capacité d'un architecte instruit qui désapprouverait cette application. La seule remarque qu'il serait possible de faire au sujet de cette base, c'est la rareté d'exemples, en Grèce et en Sicile, de colonnes avec des bases, lorsque les antes n'en ont pas. Cependant, comme il existe près de Telmissus un tombeau de la forme d'un temple *in antis*, composé de deux colonnes ioniques avec bases, et de deux antes qui n'en ont pas, Pl. XVII, F. ix; et qu'au tombeau dit d'Absalon près de Jérusalem, Pl. XVIII, F. v, les colonnes ioniques posent sur un socle, tandis que les antes n'en ont pas; que, de plus, les colonnes de ce dernier monument sont, à ma connaissance, les seules ayant un simple socle, tandis qu'il n'en existe pas du tout dont le fût pose immédiatement sur le sol, comme dans l'ordre dorique; ces faits, malgré la différence des pays et des

---

(1) *Arch. ant. de la Sicile*, Pl. XVI, F. III, ouv. cité.

temps auxquels ils appartiennent, m'ont semblé des autorités suffisantes en faveur de l'admission de la base attique (1).

Toutefois, une considération autrement puissante, qui doit annihiler toute objection quant à ce point, c'est la proportion générale du temple, qui s'est trouvée la même que celles des façades tétrastyles du temple ionique sur l'Ilissus, des propylées de Priène, et, à une minime différence près, également semblable à celles du tétrastyle athénien, le temple de la Victoire sans ailes, et de l'aedicule d'Agrigente. Car une pareille coïncidence, lorsqu'elle est le résultat fortuit d'un ensemble de matériaux aussi incontestables par leur réalité que par le raisonnement, est concluante, et ne peut laisser prise à aucune objection fondée (2).

Le nombre des marches est le résultat de la restitution du plan et de la hauteur du sol de la cella au-dessus du niveau des fondations; ce nombre est pareil à celui d'un des grands temples avoisinants, dont, du reste, aucun n'a la même quantité de degrés. Il ne peut y avoir de doute sur l'exactitude de ce nombre avec celui primitif.

D'après ces explications, on voit que la partie purement

---

(1) Je ne parle que d'exemples pris sur des monuments : car des colonnes ioniques sans bases sont représentées sur des vases peints. Voir Pl. XX, F. ix et x. Quelquefois aussi, comme à la F. xiii, la base n'est indiquée que par des lignes et des ornements.

(2) En comparant de la même manière la façade de l'aedicule de Sélinonte, dans le livre de M. Serra di Falco, la proportion en est beaucoup plus écrasée que celle du temple dorique *in antis* de Thémis à Rhamnus, et même au-dessous de celle du temple de Diane à Éleusis, l'un des plus anciens édifices de ce genre. Cependant, au lieu de suivre exactement ces exemples antiques, où le diamètre des colonnes est égal à la largeur des antes, la grosseur des colonnes adoptée par M. le Duc a été arbitrairement augmentée de près d'un cinquième de la face de l'ante; de sorte que les colonnes sont d'un sixième environ plus hautes qu'elles ne devraient l'être. D'où il résulte que la proportion véritable serait des deux tiers de sa longueur pour son élévation, à partir du sol du pronaos jusqu'au niveau de la cymaise horizontale, au lieu d'offrir un carré parfait, comme le temple dorique de Thémis, les autres temples ioniques que j'ai mentionnés, et ma restitution. Cette élévation est donc aussi peu conforme que le plan aux errements antiques et aux restes de l'édifice.

architectonique de la façade du temple dit d'Empédocle, n'est rien moins qu'une fiction, et qu'il a fallu bien peu d'efforts d'esprit et d'imagination pour la reproduire.

CHAPITRE XLV.

Colonnes avec des chapiteaux à volutes, surmontées d'un entablement orné de triglyphes.

Je vais discuter à présent l'objection regardée comme la plus capitale pour réfuter ma restitution. Je veux parler de colonnes avec des chapiteaux à volutes, employées simultanément au même édifice, avec un entablement à triglyphes. M. Raoul-Rochette avait d'abord admis le fait, puis nié, comme *sans exemple* dans toute l'antiquité, *excepté* au tombeau de Théron; mais, lorsque j'eus cité un grand nombre d'édifices anciens, encore existants avec la même particularité, le savant les récusa, comme n'offrant pas tous le chapiteau ionique et comme n'appartenant pas à la belle époque de l'art, voulant cacher sous ce subterfuge la légèreté de sa première affirmation, et l'ignorance de ce fait dans l'art antique.

Ces édifices, que j'ai réunis sur la Pl. XVII, sont le tombeau de Théron à Agrigente, F. I; l'ædicule tétrastyle dans la même ville, F. II; un temple à Pestum, F. III (1); un hypogée dans la nécropole

---

(1) J'avais dit que les colonnes de ce temple avaient des chapiteaux ioniques, parce que ces chapiteaux n'ont que quatre fortes volutes angulaires; au-dessous de ces volutes, une seule rangée de feuilles, et une hauteur qui n'atteint pas celle du diamètre supérieur de la colonne : c'est-à-dire que, comme proportion générale, comme nombre de volutes, et comme offrant une grande analogie dans l'ornementation du gorgerin, avec une pareille richesse dans des chapiteaux ioniques grecs,

de Cyrène, F. IV; le tombeau dit d'Absalon, près de Jérusalem, F. V; le tombeau appelé El Deir à Pétra, F. VI; l'arc de triomphe d'Aosta, F. VII; et un deuxième monument sépulcral dans la Cyrénaïque, F. VIII.

En citant ces exemples, je ne pouvais ignorer qu'ils appartenaient à plusieurs époques; qu'ils provenaient de pays différents; qu'ils présentaient trois genres de monuments distincts, et qu'il serait difficile, si telle avait pu être ma pensée, de les faire passer comme ayant tous été construits à Athènes, au temps de Périclès et par les premiers artistes de son siècle. Pour appuyer ma restitution, il suffisait de deux monuments siciliens; et pour prouver la généralité de l'application simultanée des éléments dorien, ionien et corinthien dans l'antiquité, il fallait pouvoir exhiber les traces de ces mélanges sur des œuvres d'architecture d'origine, d'époque et de destination diverses. Lors donc qu'au milieu du naufrage de tant de monuments doriques, ioniques et corinthiens, dont si peu ont surnagé, j'ai pu recueillir huit exemples; et que ces exemples offrent des tombeaux isolés, des hypogées creusés dans le roc, des temples et des monuments triomphaux, tous élevés à des phases de l'art plus ou moins éloignées les unes des autres, et dans cinq contrées s'étendant, pour ainsi dire, de l'Occident à l'Orient, je n'ai rien avancé, en 1830, qui ne fût vrai, en disant que j'avais

---

je les avais jugés devoir être ainsi désignés, plutôt que d'imaginer la ridicule dénomination de chapiteau corinthien *provincial*, inventée par M. Raoul-Rochette. Ce sont des chapiteaux *Ionique-composé*, si l'on veut, analogues à ceux que Ph. Delorme désigne ainsi (liv. VII, p. 208, éd. de 1567) : car ils n'ont pas, comme à l'ordre corinthien, ni huit volutes, ni deux rangées de feuilles, ni près d'une fois et demie leur diamètre pour hauteur. Du reste, en admettant même qu'ils appartinssent à ce dernier ordre, comme ceux de l'arc d'Aosta, n'est-il pas évident que ces exemples prouvent, bien plus encore que s'ils étaient ioniques, à quel point nos idées sur les libertés des anciens, relativement aux ordres d'architecture, sont incomplètes, et combien, s'il peut être permis à tout le monde d'y trouver des licences blâmables, il ne l'est à personne d'en nier l'existence?

constaté sur d'autres monuments la preuve que l'ædicule de Sélinonte n'était pas isolé dans sa particularité.

Convaincu aussi, dès cette époque, de la ressource qu'offraient les peintures des vases et celles de Pompéi, pour y puiser des renseignements certains sur l'architecture et ses accessoires décoratifs, j'avais annoncé avoir également constaté les traces de la réunion des colonnes ioniques avec l'entablement dorique, dans ces précieux documents de l'antiquité. M. Raoul-Rochette n'a pas contredit cette assertion, mais il l'a passée sous silence; et, comme la vue d'une chose impressionne davantage et plus justement qu'une description, j'ai réuni également, sur la Pl. XVIII, deux peintures de vases, F. v et vi, où le caractère prononcé des chapiteaux et celui des entablements n'ont pas besoin de commentaire; puis, deux peintures de Pompéi, F. ii et iv, où des édifices imaginaires, mais inspirés de constructions réelles, offrent encore les mêmes éléments des deux ordres; plus, une magnifique peinture, F. i, qui représente la vue de deux temples, l'un monoptère, l'autre *in antis*, et où les pilastres de ce dernier sont à volutes, et la frise avec des triglyphes; enfin, la décoration du mur d'une maison pompéienne, F. iii, qui montre, dans sa partie supérieure, une colonne et deux demi-colonnes en relief, avec des chapiteaux à volutes, posés sur un bandeau saillant et surmontés par un entablement dorique, aussi en relief. Ces exemples ne sont pas les seuls, ni sur les vases, ni sur les peintures antiques; mais ils suffiront, d'une part, pour prouver la richesse et la validité des matériaux que ces peintures offrent à l'étude de l'architecture, et, d'autre part, pour attester que la soi-disant particularité de l'édifice sélinontin, au lieu d'être, comme le dit M. Raoul-Rochette, une *création fantastique*, une *illusion d'artiste*, une *grave contradiction dans la doctrine de l'art antique*, est une réalité parfaitement démontrée.

Mais cette réalité est-elle, en elle-même, si blâmable? Et où donc se trouvent écrits, et sur quoi sont établis les principes des anciens, pour qu'il soit juste de dire que ma restitution est une grave contradiction à leur doctrine de l'art? Si le savant antiquaire envisage les temples des anciens comme devant, par le choix des ordres, être en rapport avec les divinités auxquelles ils étaient consacrés, les monuments sont là, comme je l'ai déjà dit, pour prouver que cette classification n'existait pas plus en Grèce et en Sicile, que dans la Grande Grèce; l'ordre dorique y était indistinctement employé aux sanctuaires de toutes les divinités, quels que fussent leur importance hiérarchique et leur caractère particulier. Il en était ainsi dans l'Ionie pour l'ordre ionique, et chez les Romains pour les colonnes corinthiennes, qu'ils employèrent aussi bien aux temples de Jupiter et de Vesta qu'à ceux de Vénus et de Rome, ou de Mars (1).

Le choix des ordres n'entrait donc réellement pour rien dans la caractéristique des sanctuaires grecs et romains; mais si ce principe avait existé, le mélange de la force avec la grâce, exprimé par

(1) A ce propos, et puisque je viens de citer le plus célèbre architecte français du xvie siècle, n'est-il pas très-remarquable de trouver, parmi les monuments antiques qu'il mesura et dessina à Rome, les traces non moins certaines d'éléments « *participant* de la *Dorique*, *Ionique* et *Corinthienne*, » appliqués aux mêmes édifices? Non-seulement Ph. Delorme donne trois de ces entablements (p. 210, 211, 212); mais cet artiste signale, au premier, la corniche Corinthienne ornée de mutules Doriques, comme « *divinement belle et fort bien en œuvre;* » puis, pour le second entablement, après en avoir décrit les détails comme « composés du Dorique, « Ionique et Corinthien, » il ajoute ces curieuses paroles : « Si vous voulez bien con-
« sidérer le tout, et prendre peine de conférer les autres ornements des corniches,
« lesquels vous avez veuz par cy-devant, et pourrez encore voir cy-après, vous
« trouverez ce que je vous ay dit plusieurs fois estre veritable : c'est que, de tou-
« tes les mesures que j'ay remarquées aux édifices antiques, je n'en ai trouvé qui
« fussent semblables, ains tousjours differentes : et toutesfois les edifices etoient
« *très-beaux* et *admirables à la veuë.* » Enfin, au sujet du troisième dessin, il dit :
« Vous pouvez faire aussi de *beaux* enrichissements aux corniches, frises, et archi-
« trave, comme vous le voyez à un petit morceau que j'ay trouvé fort antique, et
« monstre avoir esté Dorique par les gouttes qui sont à l'architrave : toutesfois,
« ledit architrave se monstre quasi semblable à l'ordre Ionique. » En constatant que ce sont des entablements antiques romains, et sans m'arrêter au fait qu'ils peuvent appartenir ou non à une époque de décadence, et paraître, à qui le veut,

l'entablement dorique et la colonne ionique, n'aurait-il pas pu s'adapter judicieusement partout où ces deux caractères se trouvent réunis dans les mêmes divinités, comme Diane et Pallas, Bacchus et Apollon Musagète; là encore où il s'agissait d'exprimer symboliquement la réunion de la nature humaine à l'espèce divine, comme chez les mortels divinisés (1)? Puis, pour que la réprobation de ce soi-disant mélange soit fondée, l'édifice restauré devra, au moins, offrir un aspect choquant par ses discordances; l'entablement peser avec lourdeur sur de faibles soutiens, et les moulures en être grossières, comparées avec celles du chapiteau. Il n'en est pas ainsi : l'architrave, la frise, la corniche, et tous les détails, sont dans un parfait rapport avec les colonnes, et le couronnement complet est absolument dans la même proportion avec celles-ci, qu'au temple de la Victoire à Athènes et à la façade des propylées de Priène; c'est, en somme, un entablement de proportion ionique, avec des triglyphes et des mutules, dont la légèreté et la richesse

---

aussi défectueux que Ph. Delorme les estime parfaits, ce qui est certain, c'est l'existence des monuments auxquels ils appartenaient, et qui viennent se joindre aux autres exemples pour prouver :

1° Que le système d'architecture du temple de Sélinonte devait avoir existé dans toute l'antiquité;

2° Que ni les monuments, ni l'histoire de l'art, ne montrent ni ne formulent de doctrines qui seraient opposées à ce système.

(1) Il n'est pas sans intérêt de rappeler, à ce sujet, qu'à des époques où ces exemples antiques n'étaient pas connus, l'emploi du chapiteau corinthien avec un entablement à triglyphes fut fait, sous l'influence des mêmes idées, au portail de l'église aujourd'hui détruite de Sainte-Catherine de la Culture, à Paris. Blondel, dans son *Architecture française*, T. II, p. 151, en rapportant ce que Chambrai dit d'un pareil ordre, comme ayant, selon Vilalpand, décoré le temple de Salomon, écrit : « Le Père Creil a suivi cet exemple dans cette ordonnance, avec l'intention sans doute, par la proportion légère de l'ordre Corinthien, d'annoncer l'expression virginale, symbole de sainte Catherine, à qui cette église est dédiée, et tout ensemble une partie des ornements virils de l'ordre Dorique, pour marquer la fermeté autant que le courage avec lequel cette vierge a soutenu le martyre pour la défense du christianisme. »

ajoutent plutôt à l'harmonie de l'ensemble, qu'elles ne viennent la détruire (1).

CHAPITRE XLVI.

Forme particulière du chapiteau.

Une autre remarque non moins importante dans cette discussion, et qui vient corroborer l'harmonie générale, c'est le chapiteau, dont la force réelle est en même temps d'une apparence tellement mâle, qu'il est impossible de ne pas voir, dans sa composition, la pensée de le mettre d'accord avec le caractère de l'entablement dorique.

La grande hauteur des volutes, leurs faces, comme celles de tout le chapiteau, sans aucune saillie, mais un peu inclinées; la spirale de la volute, tracée seulement et peinte; la petitesse du quart de rond inférieur, orné d'oves sculptées, qui entourent le fût circulairement; les coussinets des volutes cylindriques dans le haut, et rentrant dans le bas seulement, au moyen d'une légère courbe; la sculpture à peine modelée des feuilles sur ces coussinets en forme d'écailles allongées; enfin, les oves en relief couronnant le coussinet dans son étendue latérale et sans profil sur les faces : tout cet ensemble rend ce chapiteau éminemment remarquable. C'est, sans

(1) Cette proportion, qui est d'un tiers de la colonne sans la base, se trouve être la même aussi à l'ædicule d'Agrigente. Il y a donc, ici encore, une concordance de plus entre les deux monuments siciliens et ceux de la Grèce, concordance toute fortuite dans ma restitution, et qui vient, avec toutes les autres, apporter une nouvelle preuve à l'appui de ma restitution, et un nouveau témoignage contre la prévention qu'elle a soulevée.

aucun doute la reproduction d'un type primitif. Si l'on considère que l'influence des éléments symboliques et esthétiques, sur les formes architecturales, ne se développa que progressivement en Grèce, et que la création originaire de ces formes eut d'abord pour unique objet de satisfaire au besoin de la statique, on est conduit à admettre que ces formes sont d'autant plus anciennes qu'elles remplissent davantage cet objet. Sous ce rapport, le chapiteau ionique de Sélinonte, dont toute la surface supérieure porte l'architrave, comme le feraient deux consoles adossées, placées au sommet du fût de la colonne, est certainement plus rationnel que le chapiteau dorique, et il devrait être par conséquent plus ancien. En effet, l'abaque de ce chapiteau, qui est un carré parfait, n'agissant comme support réel de l'architrave que de deux côtés dans l'épaisseur de ce dernier, les deux côtés opposés et saillants ne portent rien; ils sont une charge inutile, un surcroît de matière qui ne fait qu'interrompre pour l'œil la continuité de la ligne droite de l'architrave.

Quoique le but spécial de mon ouvrage ne comporte pas que je m'étende ici sur l'importance de ce fait, comme source nouvelle d'investigation par rapport à l'origine du chapiteau ionique, j'ai voulu toutefois donner, Pl. VI, F. iv, un autre chapiteau découvert à Acræ, très-soigneusement exécuté en marbre, dont le diamètre n'a que vingt-cinq centimètres. L'analogie de ce chapiteau avec celui du temple de Sélinonte est frappante. Sur la face il n'y a de différence que dans la proportion des volutes, dans la sculpture de la spirale, dans la tablette saillante profilée sur tous les côtés, et dans l'ingénieux arrangement des palmettes qui sortent, comme la fleur de sa tige, d'une des trois baguettes bordant latéralement le coussinet entièrement cylindrique. Celui-ci offre, sauf le modelé de la sculpture, à peu près le même ajustement de feuilles, qui l'enveloppent comme le ferait l'écorce d'un palmier. Si ces deux exemples montrent, à cause des différentes époques où ils durent avoir été exécutés, l'influence permanente d'une même forme primitive, traditionnellement conservée en Sicile et très-curieuse par sa particularité, il est non moins intéressant de remarquer qu'indépendamment d'une grande similitude dans la proportion de la masse des volutes de l'ædicule de Sélinonte avec la généralité des chapiteaux grecs, dont beaucoup offrent, particulièrement sur les coussinets, la même disposition de feuilles superposées, cette similitude est plus sensible encore avec quelques chapiteaux de la Cyrénaïque, avec celui d'une colonne peinte et celui d'une colonne provenant de Volterre, Pl. XX, F. ix et xiv. Toutefois, ce dernier offre une disposition de palmettes analogue à celles du chapiteau d'Acræ, du tombeau dit de Théron et de plusieurs autres de Pompéi, disposition qui ne s'est pas encore rencontrée en Grèce (1).

(1) On admet généralement que l'ordre dorique donna naissance à l'ordre ionique; que le chapiteau de ce dernier, à cause des volutes, n'a pas une forme primitive qui se déduise de la nécessité; que c'est un chapiteau dorique, sur l'échine duquel auraient été placées les volutes avec leurs coussinets; enfin, que son entablement est le dorique, auquel on aurait enlevé les triglyphes et les mutules. Cependant, l'ordre ionique de Sélinonte est en opposition avec cette théorie; son chapiteau, qui rappelle un support en bois d'une grande portée, créé par l'utilité, ne ressemble en rien à un chapiteau dorique modifié. Cette théorie est aussi contredite dans l'entablement par la présence de triglyphes : cette présence s'explique, parce que ceux-ci, dérivant également des entablements en bois, furent longtemps encore conservés, malgré les modifications apportées aux chapiteaux. Il est vrai que la plupart des ordres ioniques connus jusqu'à présent appuyaient cette théorie : mais, d'un autre côté, l'ordre ionique de Sélinonte, qui était ignoré, et les monuments réunissant les éléments ioniens et doriens qui étaient restés inaperçus, font perdre beaucoup de la réalité du système établi. J'ajouterai qu'un chapiteau ionique découvert dans l'Acropole d'Athènes par M. Chaudet, auteur d'une belle restauration des Propylées, cité page XXVI, qu'un autre, trouvé dans le même lieu, et qu'un troisième, existant dans la ville d'Athènes, n'ont aucune analogie avec le chapiteau dorique, et présentent tous les caractères du chapiteau de Sélinonte : abaque oblong de la largeur de l'architrave, et volutes servant de consoles.

CHAPITRE XLVII.

Proportion de la porte du temple.

La façade proprement dite ainsi justifiée, il serait inutile de m'arrêter longtemps à défendre la restitution du mur de fond, qui sépare le porche de la cella. Il fallait nécessairement que cette séparation existât, et qu'elle eût une porte ; et comme la largeur de celle-ci est en rapport avec celle du tétrastyle d'Agrigente, avec l'ouverture des portes de tous les autres temples, grands ou petits, et qu'elle semble avoir été généralement fixée par l'éloignement d'un axe à l'autre des deux colonnes du milieu, cette partie restituée ne peut présenter d'incertitude.

CHAPITRE XLVIII.

Peinture décorative de la façade principale du temple.
Ton local ; couleurs des triglyphes et des métopes.

La peinture de la façade offre un ton local jaune-clair, des triglyphes bleus, des métopes et le tympan rouges ; sur quelques parties lisses comme sur les moulures, des ornements de diverses couleurs ; entre les colonnes, sur les parois du porche, pour l'indication peinte de quelques assises de pierre et encadrements, le ton local jaune ; pour les grandes surfaces des murs, des fonds rouges, et enfin bleus ; pour la représentation des dalles près du sol, imitant des assises en hauteur, des couleurs plus soutenues.

J'avais trouvé à Agrigente, sur le temple de la Concorde et sur le petit temple déjà mentionné, des traces de stuc jaune, dont je possède quelques fragments ; j'avais aussi découvert le même ton sur le sol d'un des temples à Sélinonte, et ces éléments dirigèrent mes premières idées sur son application. On sait que M. Serra di Falco confirma depuis la présence de cette couleur sur l'ædicule de Sélinonte ; qu'elle a été constatée par M. de Luynes sur les ruines du temple à Métaponte ; par MM. de Klenze, Raoul-Rochette et Burnouf, sur celles du temple à Égine ; par M. Paccard et d'autres architectes, sur le Parthénon ; de sorte qu'en réunissant ces faits aux textes déjà cités de Pausanias et de Plutarque concernant les enduits au safran, appliqués à Élis sur le temple de Minerve, et relatifs aux stèles ou colonnes élevées près du temple de Diane dans l'île d'Eubée, qui avaient conservé l'odeur et la couleur de cette plante, les monuments, aussi bien que les auteurs, concordent pour faire admettre cette coloration comme la plus généralement appliquée sur les principales parties des monuments grecs.

La couleur bleue sur les triglyphes et les mutules, constatée par M. Serra di Falco, sur des fragments découverts dans des fouilles ordonnées par le roi de Naples postérieurement à mon voyage, n'a plus besoin d'autre confirmation. Les traces que j'en avais recueillies sur un des grands temples de la ville de Sélinonte, dont l'entablement, dans son état de conservation, se voit Pl. VI, F. VIII (1), et la présence de ce même ton sur les mêmes parties du Parthénon et du temple d'Égine (Pl. VIII, F. I et II), comme dans un des tombeaux de Tarquinies, sont des faits assez nombreux pour qu'en les considérant à côté des paroles de Vitruve, au sujet de la coloration

---

(1) Ce temple est désigné par la lettre R, dans l'*Arch. ant. de la Sicile*, ouvr. cité.

primitive des triglyphes avec la cire bleue, cette coïncidence ne puisse laisser aucun doute sur l'adoption permanente de cette couleur à ces parties importantes de l'entablement dorique.

Le ton des métopes et des tympans m'avait été donné par des traces de couleur rouge, trouvées sur des parties d'entablement recueillies par moi, et sur lesquelles d'autres couleurs encore étaient restées visibles. Cette circonstance, jointe à celle des métopes rouges, quoique sans sculpture, du grand temple déjà cité Pl. VI, F. VIII, et à celle du fond rouge des métopes sculptées, Pl. VIII, F. VI, d'un des temples de l'acropole, furent mes guides dans cette restitution. La même couleur, sur laquelle se détachaient les figures de la frise et du fronton du temple de Minerve à Athènes, confirma depuis la généralité de cet usage, dont les traces sont non moins ostensiblement conservées sur le temple *in antis* de la peinture, Pl. XVIII, F. I, et sur l'entablement d'une chambre, Pl. XVIII, F. III. Sur ces peintures, et particulièrement sur la dernière, non-seulement les métopes sont rouges, mais les triglyphes sont bleus; et cet entablement d'une simple habitation, en offrant ainsi, sur les mêmes places, les mêmes tons que ceux qui étaient appliqués aux plus grands comme aux plus petits sanctuaires de la Sicile et de la Grèce, ne saurait être récusé comme un nouveau témoignage à l'appui d'une corrélation manifeste et indubitable entre les éléments de l'architecture grecque provenant des époques les plus anciennes, et ceux appartenant aux temps les plus rapprochés, pendant lesquels l'esprit hellénique ne cessa de conserver son influence.

CHAPITRE XLIX.

Ornements peints sur les moulures, les chapiteaux d'antes, les métopes
et les tympans.

J'arrive aux ornements peints, d'abord des moulures, ensuite des surfaces planes comme celles des chapiteaux, de l'architrave, des métopes et du tympan. Pour les premières, j'ai peu de chose à dire : les ornements des deux tores de la base sont inspirés de deux moulures pareilles, provenant de Catane et de Métaponte (Pl. X, F. v et vii); les feuilles coloriées de la cymaise sont identiques avec celles d'autres moulures trouvées à Sélinonte, et l'ornement avec sa coloration du bec de corbin qui couronne le larmier, est copié sur un exemple trouvé à Syracuse (Pl. IX, F. i, ii, ix et x); mais ces ornements ont tellement la même forme, dans toute la Sicile et dans les autres contrées où il s'en est conservé des vestiges, que, les eussé-je puisés sur les restes de Métaponte (Pl. VI, F. ix et x), sur le Parthénon ou le temple d'Égine (Pl. VIII, F. i et ii), sur le temple de Thésée et les Propylées à Athènes (Pl. XII, F. i et xv), dans un tombeau à Corneto (Pl. XIX, F. xix et xx), sur les peintures des vases antiques (Pl. XX, F. xvii, xviii, xix, xx et xxi), ma restitution eût été aussi incontestablement dans le caractère du monument qu'elle peut l'être, pour en avoir puisé les ornements sur les lieux mêmes (1). Aussi, j'insiste sur cette abondance d'une

---

(1) Comme il y a, dans ces exemples, ressemblance absolue pour la forme, sauf quelques variétés dans leur coloration, ce qui se conçoit pour d'aussi minimes détails dans l'ensemble d'un édifice, il est certain que le choix des couleurs, circonscrit parmi celles des exemples retrouvés, devient indifférent.

même ornementation, et sur cette conformité dans le ton local pour les masses architectoniques, comme sur la même couleur donnée aux principales parties de l'entablement, à tant d'édifices divers : car elles soutiennent avec force les idées entièrement conformes que j'avais originairement émises, et réfutent sans réplique les objections étranges contraires à l'analogie des éléments de la Sicile avec ceux de la Grèce entière.

Quant aux parties unies, je ne pense pas non plus avoir besoin d'insister pour défendre la peinture des faces du chapiteau. La coloration d'un chapiteau sculpté, trouvé à Athènes (Pl. XIII, F. 1), celle des ornements en relief et du fond du gorgerin du chapiteau de l'Érechthéion (Pl. XI, F. 1), sont des exemples suffisants pour établir le principe en lui-même, et pour témoigner en faveur de la conservation traditionnelle de cet usage, qui coïncide nécessairement avec l'emploi de chapiteaux comme celui de Sélinonte. Les ornements n'en étant pas sculptés, mais gravés seulement, ne pouvaient devenir visibles qu'avec le concours des couleurs. Pour les détails, j'ai pris pour guides ceux d'un curieux chapiteau, de petite dimension aussi, découvert près de l'Ilissus. Il offre beaucoup d'analogie avec celui de Sélinonte, quoiqu'il soit moins ancien; car, au lieu de n'être que peintes, les volutes et toute l'ornementation étaient sculptées, et formaient de légers reliefs (1).

---

(1) H. W. Inwood, The Erectheion, Pl. XXIV.

CHAPITRE L.

Fragments en terre cuite, décorés d'ornements en relief, qui ont servi à la restitution de l'entablement du temple d'Empédocle.

Mais la restitution la plus difficile à la fois et la plus nouvelle, comme objets décoratifs de l'architecture, était l'ornementation des autres parties lisses. A l'exception de Ségeste, Sélinonte avait été le dernier point de nos explorations siciliennes. Aussi, pour mes compagnons de voyage et moi, remplis du souvenir de nos études dans les autres contrées de l'île Verte, et surtout à Syracuse et à Acræ, ce furent les découvertes faites dans ces derniers lieux qui nous parurent de la plus grande importance, lorsque nous vîmes, à Sélinonte, de nouveau surgir la certitude de l'emploi systématique de l'ordre ionique, surmonté d'un entablement à triglyphes. Une pareille réunion nous semblait exiger, indépendamment des modifications dans la proportion générale et les détails qu'offrait l'entablement du temple d'Empédocle, d'autres changements dans la décoration complémentaire de la peinture. A ce sujet, mes collaborateurs partagèrent spontanément mon idée : que les restes en terre cuite que nous avions eu soin de recueillir, et qui offraient les imitations les plus scrupuleuses de l'entablement dorique, mais accompagné d'ornements d'une excessive richesse et d'un goût admirable, devaient être des copies d'entablements ornés de cette manière et employés à enrichir les édifices les plus magnifiques, comme ces imitations avaient servi à embellir les vases les plus précieux.

J'ai reproduit une partie des dessins de ces curieux fragments. Ce sont des débris de poteries siciliennes, exécutées dans la matière la plus ordinaire; de simples tessons réduits à des morceaux de quelques décimètres de surface, et qui servent à nous donner les solutions les plus inattendues et les plus certaines sur un grand nombre de monuments d'architecture en marbre et en pierre, dont il n'existe plus de traces. C'est que, chez les anciens, l'art qui brillait sur des œuvres sublimes et importantes, se reflétait sur les productions ordinaires et infimes. De même, en effet, que les anciens reproduisaient sur les vases les plus belles compositions de la peinture et de la sculpture; de même on y voit, quant à l'architecture, la reproduction fidèle, tantôt de riches ornements du goût le plus exquis, qui embellissaient les cymaises, au sommet des plus beaux temples; tantôt l'ensemble complet de leur beau faîte, composé de l'épistyle de la frise et de la couronne, ou bien encore des édifices entiers, ou, faute de place, partiellement représentés. L'examen dans lequel je vais entrer prouvera aussi clairement que possible ce fait remarquable (1).

(1) Quoique Winkelmann eût déjà écrit « que tout objet antique peut être utile, « en l'appréciant dans ses justes rapports, en l'examinant avec des yeux intelli- « gents, » et que, depuis ce grand archéologue, la science ait souvent puisé dans des éléments, en eux-mêmes peu importants, des solutions du plus grand intérêt, il y a eu peu de cas où des restes, en apparence aussi insignifiants que ces terres cuites, ont offert, d'une manière plus ostensible, cette influence continue des sommités de l'art sur les artistes et les artisans placés au plus bas de l'échelle. A ce sujet, je ne puis résister au désir de rapporter la réflexion que la vue des preuves si palpables à l'appui de ce fait, fit faire à un des hommes les plus éminents de notre époque. « On voit bien, « me disait-il, la différence entre les temps anciens et les temps modernes : là, les « Aspasie consultaient les Phidias pour les broderies d'une robe, et les Ictinus pour « les dessins d'un vase; ici, nos grandes dames consultent les tapissiers pour « les plans de leurs châteaux, et les marchandes de modes pour le costume et la « pose de leurs portraits, lors même que des Apelles du jour doivent les peindre. » Si la comparaison peut paraître exagérée, comme généralité absolue, elle n'est que juste en vue des nombreux exemples que l'on pourrait citer.

Les terres cuites dont je viens de parler proviennent de vases dont l'ouverture approximative varie de vingt à trente centimètres, et l'épaisseur de cinq à vingt millimètres, mais dont la forme, quant à son ensemble, ne pouvait être constatée. La particularité qui distingue ces vases, c'est que les ornements sont en relief, et la plupart d'une exécution si délicate, si régulière, qu'ils doivent avoir été faits au moyen d'empreintes appliquées sur l'argile avant la cuisson, ou au moyen d'un moule pour tout le vase. Quelques-uns cependant ont été tournés, et, dans ce cas, les ornements, plus négligés, paraissent faits à la main; d'autres enfin semblent avoir été exécutés à la fois par des procédés mécaniques pour les ornements, et à la main pour quelques parties, telles que les vides qui séparent les denticules, et qui, alors, ne sont pas réguliers. Le principe qui a présidé à la composition de ces ornements, est celui de la représentation, au sommet du vase, de riches entablements doriques. La planche VI, F. i, offre le plus grand morceau que j'aie pu recueillir, c'est-à-dire à la fois le champ de l'architrave, celui de la frise, et la corniche; d'autres, F. ii, iii et iv, n'ont conservé que les deux champs inférieurs; ceux F. x, xi et xii, le couronnement seul; enfin, les F. xiii, xiv et xv, ne présentent que des bordures de vases qui rappellent les dessins des hautes cymaises, ou des faces de chéneaux des temples siciliens, comme on en voit, Pl. VI, F. ix; Pl. X, F. i, ii et iii, et Pl. XII, F. xvi.

En étudiant ces débris, la première chose qui frappe, c'est que les profils, quoique très-peu saillants dans leur ensemble, sont parfaitement caractérisés. Les F. i, x et xii offrent d'abord une moulure plus ou moins forte, pareille à celles qui couronnent les larmiers horizontaux, non complétés par la cymaise, le larmier richement orné, des oves ou une moulure lisse au-dessus d'une rangée de denticules; enfin, une autre moulure lisse et des perles au-dessous, ou bien ces dernières sans intermédiaire.

La F. xi est différente des précédentes, et plus remarquable, en ce que le larmier, au lieu de n'être surmonté que d'une simple moulure, l'est d'une riche cymaise, à l'instar de celles désignées sur les Pl. VI, X et XII (1).

Les triglyphes de la frise offrent, avec les mêmes proportions générales, les légères différences que l'on remarque aux monuments de la Grèce et de la Sicile, et, de même que dans ceux-ci, des canaux terminés circulairement ou carrément. Les métopes sont absolument dans la forme consacrée, d'un carré parfait ou un peu allongé.

CHAPITRE LI.

Ornements de l'architrave.

Pour examiner ces ornements, de manière à arriver à la solution certaine qu'ils ne peuvent être, comme le sont les précédents éléments architectoniques, que des imitations d'ornements peints, antérieurement appliqués aux monuments réellement construits, je vais commencer par ceux de ces ornements qui embellissent le champ des architraves. Ainsi la F. 1 offre, entre deux rangées de postes, une bande décorée de palmettes renversées, de tiges et de feuilles disposées en fleurons, entourées d'enroulements dont l'ensemble est d'une charmante composition. Cette richesse d'une

---

(1) En renvoyant à la Pl. VI, F. ix, je ne dois pas omettre d'éveiller l'attention sur la F. xi de la même planche. C'est encore le bord d'un vase en terre cuite coloriée, trouvé à Agrigente, et qui représente une cymaise avec la tête de lion, et des oves au-dessous d'un commencement de larmier; c'est-à-dire la partie supérieure d'une corniche, aussi identique avec celle d'un édifice que les fragments des vases d'Acræ et de Syracuse, dont il s'agit ici.

architrave dorique aurait pu paraître incohérente et être attribuée à l'imagination de l'artiste potier, si les ornements, plus abondants encore sur l'architrave du Parthénon, Pl. VIII, F. i, ne faisaient comprendre qu'avec une pareille broderie peinte sur des listels, la grande surface au-dessous avait besoin aussi d'une ornementation en rapport avec ces fines et précieuses peintures; et s'il n'était évident qu'au temple de Minerve à Athènes cette ornementation se trouvait remplacée par la splendide décoration de boucliers d'or et d'inscriptions. Mais, en voyant l'accord rétabli par ces magnifiques trophées dont l'usage est constaté sur l'Olympéion, sur le temple de Diane à Delphes et ailleurs, il en résulte logiquement que là où une pareille décoration, indépendante de l'architecture, manquait, elle devait nécessairement avoir été remplacée par une décoration adhérente à l'édifice, et concordant avec son ensemble. D'où il faut conclure que les ornements, comme ceux des architraves imitées en terre cuite, F. i, ii, iii et iv, sont des échantillons précieux et variés de peintures exécutées sur les monuments.

Quoique cette conclusion ne puisse trouver d'objection raisonnable, de la part de quiconque juge d'après le sentiment inné de l'art, comme le firent tous les artistes que j'avais mis à même d'en apprécier la justesse, je puis néanmoins appuyer ma théorie de preuves matérielles les plus indubitables. Ces preuves consistent dans la présence de ces mêmes ornements sur les architraves d'édifices en marbre et en pierre, d'époques et de contrées très-différentes. Ainsi, l'architrave d'un des plus anciens temples de Rome, celui de la Fortune virile, F. viii, a, pour tout embellissement, une rangée de perles, comme l'architrave de la F. iii; celui des colonnes attribuées au temple de Jupiter Stator, édifice de la plus belle époque romaine, présente une imitation du beau dessin de la F. i; sur l'architrave de la F. IV, trouvée dans l'île de Malte, les tiges ondoyantes, accompagnées de fleurs et de fruits, rappellent les mêmes motifs, mais plus gracieusement disposés, qui se voient F. ii et iv; enfin, la partie inférieure de l'architrave d'un tombeau à Palmyre est bordée de postes, comme les architraves, F. i et ii.

Il ressort nécessairement de ces parallèles plusieurs faits importants : 1° que ces ornements siciliens, pour avoir été reproduits dans trois contrées diverses et à des intervalles de temps considérables, n'ont pu être pris sur ces terres cuites et transportés sur les monuments où ils se retrouvent, mais qu'ils doivent provenir d'édifices helléniques renommés, et dignes d'avoir servi de type, d'abord aux artistes grecs pratiquant loin de la mère patrie, et ensuite à des étrangers, leurs élèves et leurs successeurs ; 2° que de semblables ornements sculptés, comme le sont ceux des terres cuites, ne se trouvant nulle part sur les parties correspondantes des édifices grecs ou siciliens, mais offrant le même caractère que les décorations peintes conservées sur d'autres parties de ces mêmes édifices, ont dû être nécessairement des copies de ce genre de peintures employées à l'enrichissement des architraves ; 3° enfin, que ces ornements, en rappelant ceux des édifices les plus anciens comme des époques suivantes, et en apparaissant jusque sur les monuments romains, témoignent sans cesse, par cette longue influence hellénique sur l'architecture de tous les peuples, à quel point elle resta puissante, et à quel degré son action traditionnelle est rigoureuse et juste dans les applications archéologiques qui en sont déduites.

CHAPITRE LII.

Ornements de la frise.

Passant des architraves aux frises, je m'arrête d'abord à la F. iv, pour faire voir la métope ornée de la belle représentation d'un bucrâne. Quoiqu'en relief, sa forme se rapproche beaucoup plus des représentations semblables peintes sur les vases, comme on en voit plusieurs Pl. XX, que des bucrânes comme celui Pl. VII, F. v, provenant d'Athènes et exécuté en marbre; il ne peut sous ce rapport exister de doute : et il est constant que cette sculpture toute conventionnelle est l'imitation de pareilles peintures qui formèrent nécessairement la première substitution de l'art à la suspension aux temples des restes véritables des animaux sacrifiés.

Quant aux autres ornements des métopes, dans lesquels on ne sait qu'admirer davantage, ou la grâce et le goût avec lesquels ils sont composés, ou l'art avec lequel chaque composition est imaginée pour son appropriation spéciale, et pour offrir entre elles une grande ressemblance à côté d'une grande diversité, je crois que les voir suffit pour y reconnaître toujours la même imitation d'ornements peints, et pour admettre que, dans beaucoup de cas où des bas-reliefs n'occupaient pas les métopes, une semblable décoration peinte les remplaçait.

Du reste, si le raisonnement donne un appui des plus solides à cette induction, des faits certains sont venus également la confirmer. Je veux parler des Propylées d'Athènes, où M. de Klenze a observé des métopes qui étaient alternativement creusées d'environ huit à neuf pouces (22 à 24 centimètres), ou pleines et lisses; circonstance d'où cet architecte, aussi bien que M. Raoul-Rochette, qui rapporte cette dernière découverte, tire la conviction que des sculptures avaient dû être rapportées dans les premières, et que sur les autres, qui portaient des traces visibles de couleurs rouges et bleues, des peintures d'ornements avaient dû être exécutées (1).

---

(1) *De la Peinture chez les Grecs*, p. 290, 291. Je pense, avec M. Raoul-Rochette, que les métopes des Propylées d'Athènes pouvaient avoir été alternativement ornées de sculptures et de peintures; mais je ne puis partager l'opinion du savant archéologue, que, « pour produire sur tout le front du monument le même aspect dans la déco-
« ration de la frise, les ornements peints devaient être exécutés de manière à offrir

Cet exemple, le seul constaté jusqu'alors sur un monument, n'est certainement pas l'unique qui ait existé dans l'antiquité ; et les précieux fragments d'Acræ, en nous faisant connaître quelques-uns des motifs de l'ornementation peinte de la frise dorique, expliquent parfaitement, avec les Propylées athéniens, d'abord, que d'autres édifices devaient avoir été décorés comme celui-ci, puisqu'à beaucoup de temples, où les métopes des façades principales étaient seules enrichies de figures en relief, le procédé moins coûteux de la peinture a dû être souvent appliqué aux autres façades, et enfin que dans bien des cas aussi, comme je l'admets au tétrastyle de Sélinonte, des entablements entiers ont eu toutes leurs métopes décorées par ce même procédé.

« *un effet semblable* aux sculptures coloriées, autant que le comportent les res-
« sources de l'art. » Car il est déraisonnable d'admettre que les sculptures rapportées fussent des ornements pareils à ceux exécutés au moyen de la peinture. La seule chose probable est que les métopes à plans renfoncés furent décorées de figures sculptées, comme au Parthénon et au Théséion, tandis que les autres métopes l'étaient par des ornements peints, sans l'inadmissible prétention qu'ils dussent présenter l'apparence de reliefs. D'ailleurs, l'harmonie ne pouvait souffrir d'un pareil système adapté à l'entablement des Propylées. La grande largeur de l'entrecolonnement principal exigeant, au milieu des façades, une métope, celle-ci pouvait être en ronde-bosse ou haut-relief, et être accompagnée, dans un ordre régulier, d'autres métopes alternativement peintes et sculptées, toutes conservant, *au front des monuments*, la plus parfaite symétrie. Une pareille disposition devait même être très-avantageuse aux sculptures. Plus éloignées les unes des autres, elles devaient gagner d'autant en puissance du jeu de la lumière et des ombres, qu'elles se trouvaient à côté de peintures dont les sujets étaient comparativement insignifiants, et d'un aspect toujours uniforme et froid. Rien qu'à voir, Pl. VI, F. IV, le bucrâne près de la métope ornemanisée, on comprend cet effet des contrastes dans des différences pour ainsi dire analogues entre les métopes dissemblables des Propylées et celles-ci, où le bucrâne placé isolément près d'une décoration toute différente, paraît beaucoup plus important que si deux bucrânes s'y trouvaient l'un à côté de l'autre.

CHAPITRE LIII.

Ornements de la corniche.

J'arrive aux ornements des corniches, et je ne m'arrêterai qu'à la F. xi, comme présentant une plus complète imitation de cette importante partie de l'entablement, que ne l'offrent les F. i, x et xii. En effet, ce remarquable débris d'un vase présente au-dessus du larmier, et indépendamment des moulures ornées de perles et de denticules, une très-belle reproduction des cymaises qui couronnent si majestueusement le faîte des temples grecs. Non-seulement cette imitation est très-exacte, dans la proportion de toute la moulure, par rapport à l'ensemble de la corniche ; mais les ornements offrent aussi le même caractère, le même goût que ceux des moulures semblables qui couronnent les plus beaux monuments de la Sicile et de la Grèce. Je n'ai besoin, pour confirmer cette allégation, que de renvoyer de nouveau aux Pl. VI, X, XII et XIII, où plusieurs de ces cymaises sont représentées. Le lecteur établira facilement cette comparaison, et il admirera encore à quel point la plus grande variété dans les combinaisons des seuls éléments de la nature végétale se produit sur toutes, sans que le caractère particulier du sentiment de l'art grec soit méconnaissable dans aucune.

Reste l'ornement du larmier : c'est le même motif employé par les anciens à la décoration de cette moulure, mais appliqué sous une autre forme. On y voit un semé de fleurs, traversé et entremêlé de lignes qui se déroulent les unes sur les autres, sous l'aspect d'un méandre légèrement ondulé ; tandis qu'au Parthénon et au Théséion, c'étaient des méandres à lignes droites et anguleuses. C'est-à-dire que si, comme système décoratif d'un larmier, celui de notre terre cuite se trouve complétement confirmé par deux des plus beaux monuments de la Grèce, je n'hésite pas à prononcer que, comme beauté de composition et comme expression symbolique, l'ornement sicilien est supérieur aux modèles athéniens. En effet, même dans la belle restauration du Parthénon, par M. Paccard, le riche méandre qui court le long du larmier et le couvre presque entièrement, présente, si je puis m'exprimer ainsi, une surface si agitée par les évolutions incessantes des lignes qui montent et descendent, qui se développent et s'arrêtent, qui se rencontrent et s'évitent, que cette ornementation semble en quelque sorte faire mouvoir ce couronnement architectural ; de façon que cette belle masse, avec sa forte saillie, qui doit donner la plus grande stabilité apparente et réelle à tout l'édifice, ne présente nullement l'aspect immuable qu'elle doit avoir avant tout, et que l'œil ne peut trouver que dans l'effet d'une horizontalité absolue. Sous ce point de vue, la distribution régulière des fleurs, s'accordant de quatre en quatre avec le motif central de la cymaise et une denticule, et le gracieux jet des tiges partielles qui suivent, en serpentant, la tige principale dans son ondulation continue, devaient être, avec le concours d'une harmonieuse coloration, d'un aspect bien plus satisfaisant. Avec assez de richesse dans les détails, la face du larmier y restait entièrement dominante, et ne pouvait offrir aucun des effets antistatiques que je viens de signaler (1).

(1) Il est possible que le méandre ait été le plus généralement employé, en Grèce, pour orner les larmiers, puisque, indépendamment des deux temples d'Athènes, cet ornement s'est conservé sculpté sur beaucoup de monuments antiques, comme à la Maison-Carrée de Nîmes, au temple de Balbek, et sur deux corniches antiques dessinées à Rome par Ph. Delorme (p. 210, 212). Cependant, la peinture que l'on croit avoir enrichi le larmier, au temple d'Égine, se composait de palmettes et d'enroulements, et, sur d'autres temples romains, celui de Jupiter Stator, et d'Antonin et Faustine, c'étaient de riches canaux. Tous ces faits, en constatant, dans l'emploi de cet ornement, la variété prouvée d'ailleurs par notre terre cuite, montrent, encore une fois et toujours, l'influence grecque jusque dans les moindres

Si, à présent, j'examine le méandre, relativement à l'origine de son nom ; si je veux y voir une imitation conventionnelle du cours d'un fleuve, une image symbolique enfin, dont l'application aux larmiers semble parfaitement motivée par l'objet de cette moulure, destinée à la fois à recevoir et à éloigner les eaux du ciel, je dis avec la même conviction que, sous ce rapport aussi, l'ornement sicilien donne une idée bien plus juste des sinuosités d'un fleuve, par les lignes ondoyantes qui le composent, que ne le fait le dessin rectiligne avec ses angles à l'infini du méandre athénien. Il n'y a pas jusqu'aux rosaces, rappelant les fleurs aquatiques qui couvrent les eaux sur le bord des fleuves, qui n'offrent, dans l'ornement d'Acræ, bien plus de caractère que dans les autres genres de méandres. On trouve en effet, dans la plupart de ceux-ci, comme on le voit Pl. IX, F. xiii, et Pl. X, F. i et v, un semé analogue de petites rosaces, transformées parfois en étoiles, ou dégénérées en quatre carrés d'un damier, qui dérivent sans doute de la même idée, mais qui ont perdu peu à peu, avec leur véritable forme primitive, leur signification originaire.

J'ai peu de chose à ajouter aux inductions que je viens d'établir, à l'effet de faire voir que les autres fragments des vases, Pl. VII, F. xiii, xiv et xv, sont des imitations partielles aussi certaines des

détails ; influence qui existe, non-seulement dans la reproduction des méandres, où elle est néanmoins au plus haut point intéressante et remarquable, mais aussi dans les canaux. Il est de fait qu'une indication très-ordinaire sur les vases peints, où, comme sur la Pl. XX, F. viii, on trouve les parties planes, telles que le sont les larmiers, et ici l'abaque d'un chapiteau, décorées de lignes verticales, a dû donner lieu à l'ornement des canaux. Ces lignes peintes ne pouvant être imitées en sculpture qu'au moyen de creux taillés dans la pierre ou le marbre, on comprend facilement comment elles ont pu être l'origine de la forme de ces sortes de cannelures. Mais telle est la suite des imitations sans raisonnement, que là où la peinture, comme chez les Grecs, conservait les matériaux et laissait au larmier ses fonctions naturelles, de servir à égoutter les larmes d'eau, les Romains, au contraire, en creusant cette moulure à l'infini, arrêtèrent l'eau dans ses concavités, et, en l'empêchant de servir à son objet, ne firent qu'aider à sa prompte destruction.

chéneaux ou hautes cymaises des temples de la Sicile, que les précédents fragments l'étaient de l'ensemble et des parties de leurs entablements.

Je n'ai en effet, pour cela, qu'à renvoyer le lecteur aux dessins, Pl. VI, F. ix; Pl. X, F. i et ii; Pl. XI, F. ix, x et xi. L'analogie la plus frappante y est ostensible; mais ici, encore une fois, les dessins des vases, qui reproduisent sans aucun doute des copies de chéneaux ayant également existé, en ce qu'ils offrent la même disposition et le même genre d'ornements, présentent aussi les légères différences entre eux, que montrent, comparés les uns aux autres, les fragments d'architecture des planches précitées. Mis en parallèle avec ces derniers fragments, les monuments, il faut bien le reconnaître, dont les potiers s'inspirèrent, appartiennent aux plus belles époques de l'art, et à des édifices les plus remarquables pour leur richesse et leur distinction. C'est qu'en effet, les ornements des F. xiii et xiv offrent non-seulement des compositions en elles-mêmes admirablement disposées; mais on y retrouve plus qu'ailleurs l'expression d'une pensée emblématique, formulée dans la F. xiii au moyen des enroulements, et dans la F. xiv par la ligne ondulée, avec les tiges et les fleurs qui s'en détachent, et qui peut être de même assimilée au parcours des eaux à travers les chéneaux. Quant à la F. xv, dont la composition est très-jolie aussi, les postes qui en bordent le sommet expriment, d'une manière plus usitée, mais non moins heureuse, le rapport que la destination de l'objet original de cette copie avait avec l'eau.

CHAPITRE LIV.

Analogie des peintures sur les vases en général avec les précédents éléments; conclusion sur l'emploi des unes et des autres.

La ressemblance entre les imitations qu'offrent ces poteries et la réalité, ne se borne pas aux fragments d'Acræ et à leurs ornements en relief; elle s'étend également à tous les vases peints de toutes les périodes de l'art. A ce sujet, rien ne saurait corroborer l'ensemble des idées que je viens d'émettre dans les précédents parallèles, autant que la comparaison que j'ai mis le lecteur à même de faire, d'abord, entre les curieux fragments des cymaises en terre cuite trouvés près du Parthénon, et supposés provenir des monuments de l'acropole athénienne, détruits par les Perses (Pl. XIII, F. IV et VI); un autre chéneau athénien en terre cuite et de beaucoup postérieur (Pl. XI, F. X), et les peintures de vases (Pl. XX, F. XXXIV et XXXV), dont l'excessive analogie des dessins est frappante; ensuite, entre les terres cuites des vases d'Acræ (Pl. VII, F. XIII, XIV et XV), les chéneaux attiques en terre cuite (Pl. XI, F. IX et X), et les sommets des vases peints (Pl. XX, F. XXXVI, XXXVIII et XXXIX). Tous ces objets si différents de temps et de pays, d'exécution, de matière et de destination, présentent à l'œil et à l'esprit une relation si intime, si continue et si concluante, qu'il faudrait être aveugle et renoncer à tout jugement, pour ne pas y reconnaître une tradition incessante, et ne pas admettre, par conséquent, toutes les inductions que j'en ai tirées.

Je crois donc avoir établi complétement ce qu'il m'importait de prouver :

1° Que ce n'a pas été sans les plus mûres réflexions et sans une étude approfondie, que j'ai appliqué à ma restitution les éléments que je viens d'examiner ;

2° Que ces éléments, tous recueillis sur le sol de la Sicile, n'offrent rien qui soit étranger à l'art sicilien ;

3° Que, tout en étant plus essentiellement empreints du caractère des restes d'architecture de Sélinonte et d'Agrigente, ces éléments présentent des analogies tout aussi intimes et incontestables que les autres monuments siciliens avec les plus beaux édifices de la Grèce même ;

4° Qu'en établissant d'une manière absolue la parité des ornements modelés sur les vases d'Acræ, avec ceux semblables, mais peints sur le marbre et la pierre, il reste acquis avec certitude que les ornements de ces vases, dont les pareils n'existent plus sur des fragments d'architecture, étaient autant que les premiers des copies faites d'après des peintures d'ornements réels ;

5° Que si l'entablement du Parthénon avait des ornements peints sur toutes ses moulures, de riches méandres sur le larmier, de magnifiques sculptures coloriées dans les métopes, d'autres méandres, des palmettes et des fleurons sur les moindres listels, toutes ses parties enfin couvertes, pour ainsi dire, des plus délicates broderies, avec une architrave non moins magnifiquement ornée, les fragments en terre cuite viennent, avec les moulures ornées conservées en Sicile, confirmer la même richesse sur les entablements des temples siciliens du même ordre dorique ;

6° Enfin que si ces entablements étaient ainsi décorés, à plus forte raison celui de l'ædicule sélinontin, où les colonnes ioniques remplaçaient les colonnes doriques, devait offrir une richesse plus grande encore ; et que, par conséquent, en cela comme dans les autres parties, ma restitution offre toutes les garanties d'exactitude et de vérité que l'on est en droit d'exiger en pareille occurrence.

CHAPITRE LV.

Ornements du tympan et antéfixes.

Il serait peut-être superflu de m'arrêter à l'ornementation du tympan, en ce sens qu'elle est, au premier aspect, une conséquence naturelle et indispensable des autres ornements; mais, comme il m'importe d'établir que rien, absolument rien, dans mon travail, n'a été laissé au hasard d'une plus ou moins heureuse inspiration, c'est-à-dire aux seules facultés de l'imagination, je veux faire voir qu'ici, comme partout ailleurs, les preuves matérielles ne m'ont pas manqué pour justifier cette décoration, et pour l'appuyer aussi bien sur des faits matériels, qu'elle est fondée sur la théorie d'un indispensable accord avec l'ensemble des autres embellissements du temple.

L'usage des hauts-reliefs et des statues isolées dans les frontons, en établissant, au sommet des sanctuaires, le principe d'une grande richesse parfaitement en harmonie avec les sujets à figures dans les métopes, ne peut laisser de doute sur la conséquence que, dans les édifices dont la dimension ne permettait pas cet emploi de la sculpture, la frise et les tympans devaient nécessairement offrir une richesse analogue, qui ne pouvait consister que dans l'emploi d'ornements, dont la présence indubitable dans les métopes devait conduire à leur application dans les tympans. Et cette théorie du goût et de la convenance est confirmée par les monuments figurés et réels.

Personne n'ignore la multiplicité des exemples conservés sur les vases peints, où les tombeaux couronnés de frontons et les images de temples offrent le genre d'ornements que j'ai employé. La

Pl. XVIII, F. vii, en donne une reproduction. Il est tout aussi avéré que de semblables décorations, peintes seulement, ou sculptées et peintes, embellissaient le sommet des stèles terminées également dans la forme du tympan : la Pl. XI, F. vii, offre un de ces monuments funèbres en marbre, remarquable à la fois par son origine athénienne et par sa beauté; enfin, sur la Pl. VIII, F. iv et v, j'ai donné deux autres frontons ainsi décorés : l'un, provenant d'un tombeau taillé dans le roc près de Jérusalem, porte l'empreinte du caractère grec romain ; et l'autre, sculpté dans le tympan du temple de Clytumne près de Trevi, appartient aux premiers temps du christianisme.

Dans ces exemples, auxquels j'aurais pu en ajouter un grand nombre d'autres, apparaît encore et toujours cette même influence incessante de la tradition que j'ai si souvent signalée. Car sur ces quatre monuments, dont le premier remonte probablement au delà de l'époque de Périclès; le second, à cette belle période de l'art; le troisième, au temps de la prospérité romaine, et le dernier, aux premiers siècles de l'ère chrétienne, on retrouve le même principe décoratif sous les mêmes formes : d'abord imitation peinte de la réalité, il est ensuite réellement appliqué au moyen de la peinture, et reproduit de siècle en siècle par la sculpture (1).

---

(1) Le tympan du fronton d'un tombeau désigné sous le nom de *Khasne*, à Pétra (publié par M. Léon de Laborde), qui présente un aigle en relief, d'où partent, des deux côtés, des enroulements, mérite particulièrement d'être joint aux exemples précités.

J'ai déjà parlé aussi de la décoration du fronton des Propylées d'Éleusis, offrant un buste en relief dans un médaillon circulaire. Ce genre d'embellissement, qui forme un intermédiaire entre les ornements peints ou sculptés proprement dits, et la sculpture statuaire, complète le système des tympans ornés chez les Grecs. Les peintures des vases, comme celle Pl. XVIII, F. viii, mais où le médaillon est sans buste, et celle qui m'a inspiré l'emploi du masque de Méduse dans le frontispice, et où cette tête était sans médaillon, font voir, avec beaucoup d'autres peintures analogues, que ce motif était d'un usage assez général.

Quant aux antéfixes placés aux angles du fronton, l'usage de ces accessoires architectoniques est trop généralement constaté pour que j'aie à craindre, à l'égard de cette partie de ma restitution, aucune objection, même de la critique la plus sévère. Cependant, comme les peintures des trois vases, Pl. XVIII, F. vi et viii, et Pl. XV, F. vii, l'ornement frontal du temple d'Égine, et le tombeau, Pl. VIII, F. iii et iv, les deux sarcophages, Pl. IX, F. xii et xiv, aussi bien que le sépulcre, sous la forme d'un temple *in antis*, Pl. XVII, F. ix, offrent ces antéfixes, et qu'en somme la quantité même surabondante des preuves qui en résultent ne peut que cimenter davantage la solidité des principes et des inductions, dans ma manière de procéder ; ces exemples que le hasard, et non un choix spécial, a réunis sur mes planches, sont d'autant plus curieux, que, tout réduit qu'en soit le nombre, qui pourrait être facilement centuplé, ils renferment les mêmes éléments confirmatifs. Comme toujours, ce sont des imitations d'édifices sur les vases ou des édifices existants, appartenant à des époques très-éloignées entre elles, et à des monuments les plus divers de destination ; comme toujours, ce sont des éléments conservés par la peinture et par la sculpture ; les uns, exécutés en terre cuite ; les autres, en marbre ou en pierre.

CHAPITRE LVI.

Encadrement de la porte et peintures décoratives des murs de la cella.

Pour achever, relativement à la restitution de la façade, d'indiquer les sources où j'en ai puisé les matériaux, je n'ai plus qu'à parler de l'encadrement de la porte et des détails de la peinture des murs de la cella. Pour le premier, je l'ai dessiné d'après un chambranle et une corniche découverte tout près des restes mêmes du temple d'Empédocle, et dont le caractère à la fois ionique et dorique, exprimé par les denticules, à côté de la simplicité de l'ensemble du profil, rendait cet emploi aussi rationnel que possible (1). Puis, pour les ornements des moulures, j'ai suivi les autorités toutes siciliennes, réunies sur la Pl. IX ; enfin, je n'ai fait que rendre à la peinture ce que la sculpture lui avait emprunté, en distribuant, sur les larges champs du chambranle, des rosaces peintes à l'instar de celles en relief de la porte du temple d'Érechthée (2).

Quant à la peinture des parois, je me suis attaché à concilier la présence constatée de stucs rouges et bleus sur les murs du temple à Égine et de Thésée à Athènes, avec une disposition qui pût démontrer la possibilité de l'emploi de ces couleurs, sans la conséquence absolue qu'a tirée M. Raoul-Rochette, que là où il s'en

---

(1) *Arch. ant. de la Sicile*, ouv. cité, Pl. XVIII, F. v. Indépendamment de ce fragment, cette planche donne, F. I, II et III, un entablement dorique trouvé sur les mêmes lieux, et à peu près de la même dimension que celui du temple restitué. Ces différents débris, ainsi que des restes de fondations et des chapiteaux doriques, donnèrent, à mes compagnons de voyage et à moi, la certitude que plusieurs édifices y avaient été élevés, dont quelques-uns pouvaient avoir été de cet ordre. En effet, la corniche de cet entablement est plus simple que celle du temple d'Empédocle ; la moulure au-dessous du larmier n'est pas, comme dans celle-ci, surmontée d'un listel à biseau ; le larmier n'a pas de petite table au bas de la grande, et il n'est pas porté par un talon. Ces circonstances furent pour moi une certitude que M. Cavalari, l'auteur des dessins de l'ouvrage de M. Serra di Falco, ignorant l'existence des fragments de chapiteaux ioniques, ce sont ceux des chapiteaux doriques dont je viens de parler qu'il aura, par erreur, appliqués à un édifice auquel ils n'appartenaient pas. Cette supposition est d'autant plus probable, que cet artiste et M. le duc n'ont connu la présence à Palerme des fragments de chapiteaux à volutes qu'en 1835, après que j'en eus parlé dans le *Journal des Savants*, c'est-à-dire plus d'une année à la suite de la publication de leur ouvrage, et dix ans après que ces curieux et remarquables restes furent déposés dans le musée de la capitale de la Sicile, habitée par ces messieurs.

(2) H. W. Inwood, *the Erectheion at Athens*, Pl. III. — D. L. Donaldson, *Collection of Doorways in Greece and Italy*, Pl. XXIII.

est conservé des traces partielles, il fallait que toutes les surfaces en eussent été couvertes. Il tombe d'ailleurs sous le sens que l'abondance des détails peints sur l'entablement dorique, et plus encore sur ceux d'une ordonnance mixte, ne pouvait laisser supposer des murs aussi crûment coloriés. Non-seulement cela aurait été contre ce qu'exige l'harmonie, dont on ne saurait refuser le sentiment aux artistes grecs, mais aussi contre ce qu'offrent sous ce rapport les monuments qui peuvent servir de guide dans cette circonstance. Parmi ceux-ci, je citerai d'abord les tombeaux étrusques, où les plus simples chambres, parmi celles qui ne sont pas couvertes de figures, offrent toujours de riches bandes de couleurs variées, et avec ces bandes, des semés de fleurettes et des dessins festonnés, indépendamment du motif commun à toutes ces grottes, d'un socle très-élevé, rendu sensible au moyen d'un ton plus foncé que le ton local; quelquefois aussi par une couleur plus claire, ou encore avec le secours de quelques lignes coloriées, tracées sur un fond partout égal (1).

C'est donc que, dans ces reproductions des cella de la plus haute antiquité (car, on le sait, chez les anciens le tombeau était un temple), le principe d'un riche système décoratif perce, au crépuscule de l'art hellénique, comme je ferai voir que, sur les murs des temples et des habitations de Pompéi, il se reflète encore avec un certain éclat, dans les derniers rayons de son déclin.

Il suffira de jeter un coup d'œil sur la Pl. XVI, pour comprendre immédiatement, par la comparaison des figures qui s'y trouvent, par quelle filiation curieuse les œuvres créées, même aux époques de la décadence romaine, mais produites sous la permanence des idées

---

(1) La Pl. XIX, F. II, V et VIII, offre des exemples de ces socles dans les tombeaux étrusques sur trois des parois les plus richement décorées par des peintures à figures; et il suffit d'effacer par la pensée ces tableaux, pour avoir l'idée des chambres ou cella sépulcrales les moins ornées, sauf le semé de fleurs et les autres peintures accessoires qui se voient dans quelques-unes.

helléniques, ont conservé les ostensibles traces de l'influence des monuments d'architecture de toutes les époques. Ainsi, la F. i représente la partie inférieure du mur de la cella d'un des plus anciens temples de Sélinonte (1), et la F. ii, la même partie du temple de Némésis à Rhamnus (2). Dans l'une et dans l'autre de ces figures, apparaît un système de construction adapté à tous les temples grecs, et qui consiste dans l'emploi, au niveau du sol, d'une plinthe, puis d'une assise de pierre beaucoup plus haute que les assises supérieures, et formant saillie des deux côtés du mur. Cette assise présente, dans plusieurs édifices, un soubassement continu, ou, comme ici, une suite de tables saillantes. Il est hors de doute que cette manière de construire fut généralement employée par les anciens d'abord, comme on le voit ici, ensuite, au moyen de dalles de marbre, comme les Romains l'ont appliquée, et comme les temples de Vesta et de Mars le Vengeur à Rome, ainsi que les restes d'un temple à Terracine, en offrent de beaux exemples. Mais ces exemples en pierre et en marbre n'existeraient pas, que les décorations peintes au bas des murs d'habitations pompéiennes, F. iii et iv, nous en offriraient une reproduction d'autant plus fidèle, que les couleurs, surtout celles de la F. iv, présentent avec les faits constatés sur la coloration des temples grecs une analogie frappante : un ton brun-rougeâtre pour les tables du bas, une couleur jaunâtre, comme ton local, pour l'imitation des assises supérieures; et si les couleurs sont autres dans la F. iii, le principe est le même quant à l'imitation du système primitif de construction, et à celui de l'emploi de tons foncés en bas et de couleurs claires au-dessus. Mais, indépendamment de ces motifs, les plus usités à Pompéi, ils se retrouvent encore dans celles des décorations qui paraissent, au premier abord, n'en avoir pas conservé le moindre vestige. Otez en

---

(1) *Arch. ant. de la Sicile*, ouvr. cité, Pl. XXIX.
(2) *Antiquités inédites de l'Attique*, ouv. cité, ch. VI, Pl. IX.

effet, des F. v, vi et vii, ce que l'on pourrait justement appeler un bariolage, c'est-à-dire la trop grande diversité des couleurs, surtout des deux dernières figures de la basilique, le même système de construction, composé de socles, puis de hautes assises au-dessous de plus faibles, y est aussi réel que la présence des tables saillantes au-dessus d'une ou de plusieurs plinthes.

Il en est de même de la décoration du mur de la cella du temple dit de Jupiter, F. viii : en y effaçant par la pensée les lignes blanches et les petits carrés à fond bleu et rouge, la partie peinte en noir devient la plinthe; au-dessus se présentent les grandes tables, et ensuite les petites divisions imitant les assises ordinaires; enfin, ce riche soubassement d'une apparence si capricieuse montre, comme les autres, une application des mêmes traditions. S'il n'est pas absolument identique avec les soubassements des temples grecs, F. i et ii, qui en sont le point de départ et l'origine, il est semblable à ceux des temples romains précités ; et rien ne peut s'opposer à admettre, à la suite de la variété dans les exemples que je viens de passer en revue, qu'il existait, pour la partie décorative qui m'occupe, une variété semblable dans toute l'antiquité, mais toujours sans dissemblance dans les principes, comme je l'ai remarqué plusieurs fois; variété qui devait avoir sa source, aussi bien dans le caractère particulier des temples, dans le plus ou le moins de munificence de leurs fondateurs, que dans le goût personnel des architectes.

En me décidant donc pour le parti adopté à la suite des études les plus sérieuses, je crois avoir suivi les guides les plus sûrs dans la restauration de la peinture décorative du porche.

C'est une inspiration puisée dans les éléments aussi analogues que possible aux objets à restituer, mais à laquelle le sentiment de l'art, indépendant de l'érudition, et l'imagination indispensable pour créer une chose qui n'a pas de modèle absolu, devaient nécessairement prendre part. Cependant, s'il m'est impossible de soutenir et de prouver, d'une manière absolue, que la décoration restituée est la reproduction exacte des ornements primitifs, il sera tout aussi impossible à toute autre personne de démontrer et de soutenir qu'elle ne l'est pas. Du reste, comme le mérite et la bonté de pareils travaux consistent autant dans l'appui que peuvent leur prêter les preuves tirées des faits et de la science, que dans la confirmation qu'ils doivent trouver dans un caractère absolu de parenté, si je puis m'exprimer ainsi, avec les éléments existants, j'ajouterai que les paroles de M. Percier, lorsqu'il me disait, en voyant mon travail, et en s'arrêtant sur ses parties restituées, qu'il croyait antiques, « qu'elles exhalaient un vrai parfum de l'art grec; » ces paroles étaient pour moi une certitude bien plus grande en faveur de ma réussite dans la composition de ces parties, que toutes les convictions basées sur mes recherches ne me l'auraient été, si le grand artiste, rien que guidé par son sentiment, en avait jugé le résultat d'une manière tout opposée.

CHAPITRE LVII.

Façade latérale du temple; décoration des murs.

Je n'ai donné que partiellement la restitution de la façade latérale, telle qu'on la voit Pl. VI, F. 1. Comme elle se compose en général des mêmes éléments qu'offre la façade principale, je ne m'arrêterai qu'aux parties que ne comporte pas cette dernière, savoir : le mur extérieur de la cella, le chapiteau d'ante, et la couverture.

J'aurai peu de chose à dire sur la décoration de ce mur, après les détails dans lesquels je suis entré au sujet de celle des parois du porche. Seulement, comme ces dernières appartiennent, par la place qu'elles occupent en quelque sorte dans le fond d'un pronaos, à un mur intérieur, on saura apprécier la différence que j'ai mise entre la richesse de celui-ci et la simplicité de celui-là. Je n'ai fait que peindre en couleur rouge le socle existant, et répéter dessus, au moyen de quelques lignes, des tables telles que les offrait en réalité un temple élevé tout à côté ; puis j'ai divisé le reste de la surface en assises régulières, séparées au moyen de bandes rouges, et disposées à l'instar de celles unicolores qui entourent les tables inférieures. Enfin, j'ai introduit, au-dessus du soubassement et au-dessous de la dernière assise, une bande bleue. Mes autorités, à l'appui de ces deux zones d'azur, sont la variété des couleurs dans les exemples de ce genre d'application, la présence des tons rouge et bleu sur les temples antiques, et surtout le désir de mettre, par ces répétitions d'un ton qui domine dans l'entablement, et qui se retrouve sous le porche, un accord harmonieux dans l'ensemble.

Pour le chapiteau d'ante, je ne pense pas que l'application d'ornements sur la table ait besoin d'être autrement justifiée que par la présence de semblables ornements peints sur les chapiteaux des pilastres du temple de la Victoire à Athènes. A ce sujet, il est à observer que cette décoration peinte, comparée à celle sculptée des chapiteaux d'antes de l'Érechthéion, confirme de nouveau l'emprunt que fit partout et toujours le sculpteur aux primitifs travaux du peintre, et l'autorité infaillible et suffisante de ces éléments sculptés, qui m'étaient alors seuls connus, et d'après lesquels j'ai restitué les chapiteaux siciliens (1).

---

(1) La belle publication du *Temple de la Victoire Aptère*, par MM. Ross, Schaubert et Hansen, n'a paru qu'en 1839, époque à laquelle la Pl. VI était déjà gravée.

CHAPITRE LVIII.

Couverture en tuiles coloriées, et décorées d'ornements peints.

La restitution de la couverture se compose de tuiles plates rouges, de tuiles de recouvrement d'un ton clair, enrichies de feuilles et de méandres peints, d'antéfixes et de tuiles de faîtage avec des ornements coloriés. J'ai donné, sur la Pl. VI, F. xii et xiii, deux fragments de tuiles provenant de Sélinonte, dont l'un était rouge en dessus, avec un ton de terre cuite naturelle en dessous, et l'autre peint en jaune sur les deux faces. Ces exemples prouvent qu'il n'y avait pas d'uniformité dans la couleur des toitures, et que rien ne s'oppose au choix que j'ai fait.

Toutefois, ce qui m'a guidé, c'est la nécessité de faire valoir les tuiles de recouvrement, qui, inspirées d'après un fragment découvert à Métaponte et représenté F. x, n'auraient pu se détacher sur un ton jaune, trop identique d'ailleurs avec celui de la couleur locale de tout l'édifice. Quant aux antéfixes et aux tuiles de faîtage, dont l'emploi serait suffisamment autorisé par les exemples découverts soit en Grèce, comme à Athènes, à Éleusis, à Rhamnus, à Égine et à Phigalie, soit en Italie, comme à Pompéi et à Rome, il l'est surtout par des tuiles de ce genre, trouvées à Sélinonte et dans d'autres parties de la Sicile (1).

Quoique la couverture ainsi restituée offre dans son ensemble une richesse non constatée jusqu'alors, et non admise dans les édi-

---

(1) *Arch. ant. de la Sicile*, ouvr. cité. Pl. XXIII, F. iv, j'ai donné un fragment de ces tuiles. J'en ai trouvé d'autres à Acræ et à Agrigente, et l'ouvrage de M. Serra di Falco en contient plusieurs.

fices grecs, cette restitution est bien loin d'en donner une idée complète. Un fragment en terre cuite de la partie inférieure d'une tuile peinte, Pl. XXI, F. II, et son antéfixe, F. III, offrent les exemples d'une richesse bien autrement remarquable.

En admettant, en effet, le toit d'un vaste sanctuaire couvert de semblables tuiles bordées de riches méandres coloriés, puis la régulière et multiple division des tuiles de recouvrement, décorées aussi de beaux dessins variés de couleurs, et enfin, au sommet et en bas de ces dernières, des antéfixes où sont peintes les majestueuses images des divinités, on conviendra qu'il est difficile de se faire une juste idée de cette magnificence. L'élévation partielle d'une semblable couverture, représentée Pl. XXII, F. VI, sans pouvoir aucunement en produire l'effet général, est suffisante néanmoins pour faire voir à quel point extraordinaire la recherche des détails était portée chez les Grecs, et combien, dans notre manière de juger et de nous représenter leur architecture, nous étions jusqu'à présent éloignés de la réalité. D'un autre côté, n'est-il pas merveilleux de trouver ici encore, dans deux morceaux de terre cuite, les éléments les plus précieux de la décoration d'une des plus importantes parties d'un temple? et n'est-il pas plus merveilleux encore de voir comment ces débris, placés l'un à côté de l'autre, se corroborent, non-seulement entre eux, et par rapport à leur destination spéciale, mais également en vue de tout le système décoratif que j'ai développé successivement, et qui trouve, à chaque pas, une cohésion plus forte et les confirmations les plus abondantes? Ainsi, la belle enveloppe d'une poutre, Pl. X, F. V, était parfaitement en harmonie avec la belle cymaise, Pl. VI, F. IX, comme avec la riche tuile de recouvrement provenant aussi du temple de Métaponte, F. X; et rien ne saurait être plus d'accord avec celle-ci que la tuile plate et l'antéfixe en terre cuite, Pl. XXI, F. II et III : ces deux fragments s'accordent de même avec les curieuses cymaises de cette matière, Pl. XIII, F. VI, VIII, X et XII, comme celles-ci avec les cymaises en pierre et en marbre de la Sicile et de la Grèce; de même enfin qu'avec les autres détails qui brillent sur les édifices athéniens, comme sur les monuments de la Sicile : c'est-à-dire que, dans ce concours universel d'éléments concordants tirés des faits, il y a, pour le système décoratif des couvertures et de toutes les autres parties architectoniques, une parité des plus remarquables dans les temples helléniques de toutes les époques. D'après ces considérations, je ne pense pas que personne puisse dire avec conviction, et en connaissance de cause, que la toiture restaurée du tétrastyle sélinontin soit trop riche, comparativement aux autres détails et à l'ensemble de ce sanctuaire. Et s'il est vrai, ainsi qu'ont bien voulu le juger beaucoup d'artistes et de savants qui ont vu ma restitution, que ce soit surtout son parfait accord général qui les ait frappés, et qui lui donne l'apparence d'être créée d'un seul jet, j'ai lieu d'espérer que ce jugement sera confirmé.

CHAPITRE LIX.

De la restitution de la couverture et de quelques autres parties du Parthénon, par M. Paccard.

Je ne puis m'empêcher de remarquer ici que le beau travail de M. Paccard sur le Parthénon, m'a paru laisser à désirer dans la restitution de la couverture, des murs de la cella, et des chapiteaux des colonnes de l'extérieur. Il n'est pas admissible, en effet, que les tuiles, quoiqu'en marbre, ne fussent pas peintes de couleurs diverses et ornées comme l'entablement exécuté de la même matière, et dont toutes les parties étaient ainsi enrichies. Il n'est pas probable non plus, et j'en ai déduit les raisons, que toutes les parois des murs, tant à l'intérieur qu'à l'extérieur, fussent couvertes du haut en bas d'une couche uniforme de rouge. Les traces toutes partielles de cette couleur, conservées au temple d'Égine et à celui de Thésée à Athènes, ne peuvent en justifier une application générale; aussi l'ai-je entendu critiquer par le même sentiment de l'art qui louait le reste de l'œuvre de l'habile pensionnaire, en même temps que ce sentiment, joint à celui d'une conviction intime, tirée de mes études spéciales, me faisait réprouver cette application. Je sais bien que l'on peut objecter à cette remarque, que des offrandes de tableaux et d'autres objets d'art devaient couvrir ces murs, et qu'alors, au lieu de présenter un effet désagréable, cru et uniforme, ce qui en restait visible devait, au contraire, ajouter au bon effet de l'ensemble. Mais d'abord il n'existe nulle part, si ce n'est pour les pronaos et les posticum, de témoignage pour faire admettre cette supposition, comme pouvant se rapporter à toutes les surfaces des parois extérieures des temples; ensuite, lors même qu'elle serait admissible, ces objets ne pouvant y être appliqués que successivement, la conséquence du goût inné chez les Grecs devait leur avoir fait originairement modifier ce ton local, au moyen de compartiments divers, de bordures ou d'imitations d'un système de construction, à l'instar de celui constaté sur les temples helléniques, et conservé par la tradition à Pompéi et à Rome. Le fait d'une modification pareille est d'autant plus incontestable qu'elle aurait été constamment en harmonie avec tout le monument, et qu'elle n'aurait pas empêché les colonnes et les offrandes de se détacher parfaitement. Quant aux chapiteaux extérieurs, laissés sans décoration aucune, il y a lieu d'autant plus de s'étonner que M. Paccard n'en ait pas orné l'abaque et l'échine, qu'il a pris ce judicieux parti dans l'intérieur de la cella. Son tact d'artiste s'est trouvé ici d'accord avec ce qui a été et dû être : car j'ai donné, sur la Pl. XX, F. VIII et XII, des colonnes doriques tirées des vases, qui constatent le fait de la décoration peinte sur des chapiteaux de cet ordre (1).

A la première colonne, l'abaque est décoré au moyen d'ornements disposés verticalement; l'échine et le gorgerin le sont par une suite de points, certainement des imitations de petites rosaces; et à la seconde colonne, l'échine est ornée de palmettes posées sur des tiges à enroulements, et le gorgerin, au moyen de redans. Je n'ai pas besoin de dire que ces ornements, ici en noir, représentent le dessin de ce qui, dans la réalité, était peint en diverses couleurs. Une autre preuve à l'appui de l'embellissement, nécessairement plus général qu'on ne le pense, des chapiteaux doriques à des édifices aussi riches que le Parthénon, se retrouve encore dans beaucoup d'anciens chapiteaux romains, où la tradition a imité la peinture par des méandres et des postes sculptés sur les abaques; des feuilles et des oves sur le quart de rond ou l'échine; des rosaces, des palmettes et des canaux, sur le gorgerin.

(1) La grande ressemblance de ces chapiteaux, du premier avec ceux des plus anciens temples de Pestum et de Sélinonte, du second avec ceux de monuments d'une époque beaucoup moins reculée, est, avec cette même ressemblance dans la proportion des fûts, par rapport à leur diminution, une preuve certaine du soin que les peintres mettaient à imiter leur modèle; et si quelque chose pouvait faire douter de l'exactitude de ces imitations, quant à l'ornementation peinte, il suffirait des chapiteaux ioniques, représentés Pl. XX, F. x et xiii, provenant également de vases, pour voir, dans les ornements du gorgerin, l'indication des palmettes et des enroulements des chapiteaux de l'Érechthéion, où ils ne peuvent être que des imitations sculptées d'ornements semblables primitivement peints.

CHAPITRE LX.

Du caractère varié de l'ordre dorique chez les Grecs.

———◆———

C'est ici le cas de répéter que si, par suite d'idées préconçues sur le caractère de l'ordre dorique, on croyait voir une incohérence entre la sévérité des masses et la richesse des détails, la réflexion ferait bientôt reconnaître que cette incohérence n'est qu'apparente. Loin d'être en opposition avec la sagesse raisonnée des Grecs, ce système se prêtait à une diversité nécessaire dans l'emploi presque général de l'ordre dorique, pour les temples de toutes les divinités. Le plus ou moins d'extension donnée aux ornements et à la richesse des couleurs, leur fournissait mille moyens de graduer la magnificence apparente des temples, selon l'importance locale ou universelle des dieux. Il pouvait donc y avoir des monuments moins ornés; mais alors ce n'était pas dans une partie seulement, c'était dans toutes, et la gradation existait aussi bien sur la colonne et son chapiteau que sur son entablement; aussi bien sur ses murailles que sur sa couverture. Je l'ai déjà dit aussi, et je dois le redire encore, qu'imitateurs en tout des Grecs, les Romains, dans l'emploi plus général de l'ordre corinthien, suivirent également le principe de l'enrichir plus ou moins, mais toujours dans un parfait accord entre chaque partie; c'est ce qui se remarque, de la manière la plus sensible, en comparant la simplicité des ordres du Panthéon, du temple d'Antonin et Faustine, de l'arc de Constantin, avec la richesse de ceux des temples du Forum Nerva, du Jupiter Tonnant et du Jupiter Stator, de manière, en quelque sorte, à pouvoir mettre en parallèle la magnificence architectonique de ce dernier édifice avec celle du Parthénon, et la sobriété des ornements dans les ordres du Panthéon, avec celle que devaient offrir d'autres sanctuaires moins magnifiques de la Grèce ou de la Sicile.

CHAPITRE LXI.

Coupes sur la largeur et la longueur du temple.
Plafond à double rampant.

Dans ces restitutions, Pl. III et IV, j'ai à rendre compte des raisons qui m'ont fait adopter pour la cella, au lieu d'un plafond horizontal, deux parties rampantes.

L'entablement de l'ædicule étant d'un seul morceau, en pente dans la partie supérieure, et n'offrant aucune entaille ni saillie destinées à recevoir les chevrons et les poutres, comme il s'en trouve aux temples sous la charpente desquels il existait un plafond plat, la disposition à double inclinaison devenait nécessaire, pour être d'accord avec les restes de l'édifice ; et elle était ici d'une application d'autant plus convenable et heureuse, qu'elle donnait à la hauteur restreinte de la construction le plus d'étendue possible. Il y a donc toute certitude sur la présence de ce genre de couverture, tel que je l'ai introduit. Et, sans chercher à l'appui d'autres preuves directes, qui seraient inutiles, je vais traiter cette importante question dans sa généralité.

L'usage de la charpente apparente des combles, sans l'intermédiaire de plafonds horizontaux, est constaté par la découverte, en Sicile et à Pestum, de tuiles dont les faces extérieures et celles intérieures étaient également coloriées. Mais, comme d'autres tuiles, trouvées dans les mêmes lieux, n'étaient peintes que sur la face supérieure, il faut en conclure que les premières étaient destinées à être vues en dessus et en dessous, et que les autres ne devaient être aperçues qu'extérieurement; c'est-à-dire que celles-ci avaient été mises en œuvre dans un édifice où leurs faces intérieures étaient cachées à l'œil par une construction intermédiaire, tandis que celles-là durent avoir fait partie d'un système de charpente apparente. Le plus souvent, c'étaient les plafonds plats qui masquaient les tuiles et les bois de la toiture; mais quelquefois, comme à l'ædicule de Sélinonte, où il ne pouvait y avoir de plafond horizontal, et où cependant les tuiles n'avaient de couleurs que d'un côté, c'étaient des planches, des dalles en marbre, en pierre, en terre cuite, posées immédiatement sur les chevrons, qui devaient en empêcher la vue. Dans ce dernier cas, les intervalles entre les chevrons formaient autant de surfaces rampantes et unies, plus avantageusement disposées pour être ornées de peintures ou de sculptures, que ne l'étaient les compartiments à ressauts produits par la superposition des tuiles placées directement sur les chevrons.

Il résulte de ces différentes combinaisons trois genres de couvertures dans l'intérieur des temples grecs : la couverture à plafond droit, celle à double rampant et avec tuiles apparentes, et celle enfin qui, avec cette même disposition, offrait cependant des plafonds unis, mais inclinés, qui cachaient les tuiles.

C'est là le résultat des faits constatés par les restes des temples siciliens; mais, pour cette partie architectonique, comme pour toutes les autres déjà examinées, ou encore à examiner, des monuments beaucoup plus anciens et d'autres beaucoup plus modernes que l'édifice de Sélinonte, et d'une destination tout autre en apparence, mais parfaitement analogue en réalité, viennent se joindre de nouveau à ces faits, pour confirmer ces inductions.

Ce sont, d'abord, une suite de chambres sépulcrales, taillées dans le roc, soit en Étrurie, soit dans la Campanie et en Grèce, et dont j'ai rassemblé un certain nombre sur la Pl. XIX. Elles offrent toutes le système des cella couvertes à plafonds rampants; les uns, F. xi, xii, xv et xvi, avec des surfaces planes divisées verticalement par les saillies des chevrons; les autres, F. ii, v et viii, sans cette subdivision, et avec des rampants couverts d'ornements peints, comme ceux F. iii et vi; et d'autres enfin, F. xiii, où les parties inclinées sont doublement subdivisées, au moyen d'une imitation de pannes, qui, avec les simulacres des chevrons, formaient des compartiments carrés. De même donc que ces tombeaux témoignent en faveur d'un antique et constant usage, en ce qu'ils ne peuvent être et ne sont que des imitations de cella ainsi couvertes, de même le fait de ces couvertures, tel que je viens de l'établir par les éléments précités, vient à l'appui de l'exactitude de ces imitations, aussi bien pour cette partie des temples que pour toutes les autres. Mais, si je passe de ces vénérables sanctuaires aux ruines de Pompéi, combien de nouvelles preuves de l'emploi de la charpente apparente, appliqué avec une semblable diversité, n'y trouve-t-on pas dans les peintures? Ce sont, tantôt des plafonds rampants, tantôt des combles circulaires, dont la charpente forme la décoration et dessine les caissons. Il en est encore de la sorte dans les peintures antiques de la villa Negroni, qui offrent de pareilles imitations de combles réels. Enfin, si j'arrive à l'époque de Constantin, ce point où la tradition de l'art des anciens se communique à une nouvelle ère artielle et s'y perpétue à travers les siècles, ce sont les basiliques sous tous les aspects, sous toutes les influences d'époques, de peuples, de religions, qui ont conservé partout les exemples nombreux de ce même système. Il n'est certainement pas nécessaire, pour constater ce fait, de citer nominativement tous les primitifs temples des chrétiens, élevés à Rome et dans le reste de l'Italie, ni ceux antérieurs aux XIIIe et XIVe siècles, élevés dans l'Orient, puis en France et en Allemagne, et dont un grand nombre d'églises de village offrent encore de nos jours de modestes réminiscences :

rappeler ces exemples suffira. Cependant, pour faire voir en Sicile même une imitation complète d'une couverture à deux rampants, dans un édifice on pourrait dire identique, par sa destination, avec l'héroon d'Empédocle, je dois citer la chapelle élevée à Syracuse près de la cathédrale (1). Ce petit sanctuaire offre en effet, dans son intétérieur, la disposition d'un plafond incliné, divisé en compartiments par des chevrons et des traverses. Les bois, rehaussés de quelques dorures, ont conservé leur couleur naturelle; le fond des caissons est azur, les rosaces sont en blanc et or. Du reste, les magnifiques basiliques de Céfalu, Messine et Monréal, présentent, dans leur charpente, le même principe, la même beauté.

Sous ce dernier point de vue, il n'y a pas de doute possible que les temples antiques n'aient dû, dans certains cas, avoir surpassé en magnificence ces riches décorations. En effet, soit lorsque les marbres les plus beaux remplaçaient le bois; soit lorsque celui-ci était incrusté de nacre, d'ivoire, d'or ou d'argent, ou recouvert en entier de bronze doré et argenté; soit enfin que les poutres aient été enveloppées de terre cuite sculptée et peinte, on conçoit que des plafonds où le mérite de l'art devait briller autant que les précieuses matières, ne laissaient pas d'offrir un équivalent à tout ce que les temps postérieurs ont pu produire dans ce genre. Il suffira de jeter un coup d'œil sur la Pl. X, F. VIII et IX, qui représente les charpentes en marbre des temples de Thésée à Athènes et de Némésis à Rhamnus, et où quelques couleurs seulement sont restituées; puis, sur l'enveloppe de la poutre, F. V, du temple de Métaponte, pour y trouver ce haut degré de richesse et le genre d'ornements usités, soit qu'ils fussent simplement peints, soit qu'ils fussent incrustés ou sculptés. Aussi, en m'appuyant sur ces exemples, et sur l'analogie frappante des ornements athéniens avec ceux des autres parties des temples siciliens, comme on le voit

---

(1) *Arch. mod. de la Sicile*, par Hittorff et Zanth, Pl. XLII.

par la comparaison des F. i, ii et iii avec les précédentes, j'ai décoré, dans la couverture, l'arbalétrier figuré, au moyen de palmettes et de fleurs coloriées, la moulure au-dessus, par des feuilles, et la face des chevrons en bois de couleur naturelle, avec de légers festons et des fleurettes en or.

Les mêmes raisons que j'ai indiquées à propos du fronton de la façade, m'ont fait décorer d'ornements équivalents le tympan triangulaire. Il est formé par la rencontre des deux rampants du plafond et une bande horizontale qui occupe, au sommet du mur, la place ordinaire des poutres. Celle-ci est décorée d'un méandre, à l'instar de cet ornement employé, d'une manière semblable, aux emplacements correspondants, dans les temples déjà cités de Métaponte, de Thésée et de Némésis, Pl. X, F. v, viii et ix.

CHAPITRE LXII.

Porte en bronze.

J'ai peu de chose à dire relativement à la porte. J'y ai adopté le bronze, parce que cette matière fut le plus ordinairement employée à la fermeture des temples, et qu'elle l'était à celui de Jupiter à Olympie : étant la plus solide et la plus résistante à l'effraction, ce choix se trouve parfaitement justifié. D'ailleurs, comme je l'ai déjà dit, les indices certains de l'emploi de portes pesantes dans deux des grands temples de Sélinonte, et qui ne pouvaient être qu'en métal, motiveraient à eux seuls cette restitution. Je sais bien qu'il a dû y avoir des portes en bois apparent plus ou moins riches, et que les portes du temple de Minerve, à Syracuse, étaient en or et en ivoire, et d'une merveilleuse exécution, comme objets de sculpture ; mais des clôtures comme ces dernières devaient être des exceptions, et non des généralités.

Pour la forme, les éléments n'ont pas manqué : depuis les portes peintes dans les tombeaux d'Étrurie, Pl. XIX, F. v ; sur les vases, Pl. XX, F. xxxii et xxxiii ; sur les murs de Pompéi, Pl. XXI, F. xviii et xix, jusqu'aux portes simulées taillées dans le roc, sur un tombeau près de Telmissus et sur celui dit de Théron à Agrigente, Pl. XVII, F. i et ix ; exemples pris parmi cent autres ; c'est toujours à peu près la même disposition : un grand compartiment en bas, et presque toujours un plus petit en haut ; tantôt, comme dans la chambre sépulcrale de Corneto, où les couleurs indiquent deux natures de bois, une nuance brune pour les panneaux, et noire pour les traverses comme pour les montants ; les seuls ornements sont des clous d'un brillant métal. Tantôt, comme sur les vases, c'est, pour une des portes, absolument la même disposition que la précédente, si ce n'est qu'elle est unicolore, et que les panneaux sont munis de deux anneaux, d'un marteau et d'une entrée de serrure ; tandis que l'autre peinture de vase offre des panneaux entièrement couverts des plus riches ornements, avec des clous ou rosaces de couleurs différentes ; tantôt encore, comme dans les peintures pompéiennes, les portes sont en bronze et or ; dans les panneaux se voient des rosaces et des bucranes, et sur les traverses et les montants, des clous dorés.

J'ai donc eu peu de peine à puiser dans ces nombreux errements, et n'ai aucune crainte que ma restitution puisse, sous ce rapport, ne pas être satisfaisante. Mais, comme la petitesse de l'édifice exigeait, plus encore que les temples d'une plus grande dimension, de prendre de la lumière et surtout de l'air, j'ai ouvert les panneaux supérieurs au moyen de parties de cercles superposées, en alternant le point de centre. J'avais trouvé ce genre d'ajours à

Acrée, dans un très-ancien sépulcre taillé dans le roc (Pl. XXII, F. VII), où les cloisons en pierre qui séparaient les tombes étaient ainsi évidées. Ayant, de la sorte, acquis la certitude de l'emploi en Sicile, à des époques antérieures au Tétrastyle de Sélinonte, de semblables ouvertures, il y avait d'autant moins à douter de la convenance et de la justesse de l'application que j'en ai faite, que leur emploi ultérieur dans l'architecture gréco-romaine et romaine, comme on le voit à l'une des portes peintes, Pl. XXI, F. XVIII, à celle du Panthéon de Rome, et ailleurs dans des bas-reliefs, se trouve confirmé par ces exemples traditionnels, puisés dans l'architecture grecque (1).

CHAPITRE LXIII.

Peintures décoratives.

Je ne m'arrêterai pas de nouveau à la peinture décorative proprement dite; je ne pourrais que reproduire ce que j'ai énoncé à propos de ce genre de décoration appliqué sur le mur du pronaos; c'est le même système : là, comme ici, la partie inférieure est composée d'un socle ou plinthe, d'une rangée de hautes dalles simulées, et de quelques indications d'assises de pierre coloriées. La porte n'ayant pas de chambranles à moulures saillantes dans l'intérieur, j'y ai suppléé par une indication de ce genre d'encadremement au

---

(1) Indépendamment de la porte peinte, que j'ai donnée, il existe une grande quantité d'autres peintures à Pompéi, à Herculanum, dans les bains de Tite, et dans la Maison Antique de la villa Negroni, où de semblables ajours sont figurés. Quant aux bas-reliefs, Winkelmann, *Storia delle Arti*, p. C, Fea, T. III, Pl. XVII, en donne un. Il représente un temple monoptère, avec des grilles entre les colonnes, formées alternativement par des croisillons et des ouvertures circulaires.

moyen de la peinture. C'était certainement l'idée la plus simple. Aussi est-elle dans l'esprit antique, puisque, dans deux des tombeaux précités, Pl. XIX, F. v et x, on voit que la peinture a été employée d'une manière tout analogue.

CHAPITRE LXIV.

Peintures historiques et mythologiques exécutées sur mur. Leur emplacement.

Je passe aux compositions historiques et mythologiques peintes sur les murs. Toutes les discussions auxquelles je me suis livré à ce sujet, dans la première partie de cet ouvrage, où la question a été épuisée, me dispensent de citer derechef les faits et les raisons à l'appui de la présence dans les temples, comme dans la plupart des édifices publics de la Grèce, de cette monumentale décoration. Le seul objet qu'il importe ici de discuter, c'est la manière dont j'en ai fait l'application, et par rapport à la place, et par rapport à la composition des sujets que j'ai représentés. Sous le premier point de vue, beaucoup de choses ont été déjà dites ; j'ai prouvé par le raisonnement, et établi par les faits, que la disposition la plus généralement adoptée, parce qu'elle était la plus rationnelle, devait avoir été celle d'une division en trois zones des murs de la cella: la partie inférieure, socle ou lambris ; la partie ensuite, destinée aux peintures murales ; la troisième zone, servant à y suspendre les offrandes. Non-seulement, comme cela a été longuement détaillé, les tombeaux de Corneto, Pl. XIX, sont des monuments de la plus haute compétence pour appuyer, par le fait, cet usage ; mais aussi les vases peints, où l'on voit presque toujours, au-dessus des sujets à figures, des offrandes ou des accessoires symboliques, en constatant ce fait, offrent en même temps, dans cette particularité, une preuve confirmative de la conjecture que ces peintures, ainsi accompagnées, peuvent être des copies de compositions de célèbres artistes, peintes dans les sanctuaires, ou seulement des réminiscences de la disposition décorative de ces peintures. Cependant, et comme je l'ai déjà énoncé également, tout en admettant la généralité de cette disposition, qui est constatée par les auteurs, autant qu'elle ressort du besoin, je ne prétends pas établir, d'une manière rigoureuse, qu'elle devait avoir été employée indistinctement partout. Mais, sans nier que la surface entière des murailles, à partir d'une certaine hauteur au-dessus du sol, a pu quelquefois avoir été couverte de peintures, comme dans quelques chambres sépulcrales étrusques, Pl. XIX, F. v et viii, il n'en est pas moins certain que l'urgence de localités convenables pour recevoir, dans les espaces toujours si circonscrits des naos et des opisthodomes, les nombreuses offrandes qui firent, des temples grecs, autant de dépôts sacrés de la richesse et des chefs-d'œuvre de l'art, rendait cette nécessité indispensable.

C'est donc sur la plus grande des divisions, celle laissée entre les socles ou lambris du bas et la frise du haut, réservée pour les offrandes, que j'ai placé les peintures; c'était l'endroit que le bon sens indiquait, et qui pour cela, choisi dès les temps primitifs de l'antiquité, l'a été constamment à travers toutes les époques de l'art ancien. Puis, ces peintures murales des Grecs se transformèrent en mosaïques distribuées à peu près de la même manière, dans les premières basiliques chrétiennes; ou bien encore, la peinture resta employée, dans les mêmes conditions, en couvrant les murs d'autres temples élevés au culte du Christ, aussi bien ceux de ce temps que des siècles suivants jusqu'à la renaissance, et de là, de tradition en tradition, jusqu'à nous; c'est-à-dire en tout temps et partout où la raison et la convenance conservèrent leur empire et influèrent sur l'application monumentale de l'art de Polygnote et de Raphaël.

Pour ce qui est des compositions et des figures en elles-mêmes, il est incontestable que celles des vases grecs et sicules en ont conservé le système et le caractère le plus authentique. Il est même avéré que beaucoup de ces peintures sont des réductions d'œuvres des plus célèbres artistes helléniques. L'ordonnance en était de deux genres : celle où la complication du sujet, la circonscription de l'espace et l'absence de la perspective linéaire et aérienne avaient naturellement amené à placer les groupes d'un même sujet, les uns au-dessus des autres, et celle où il était facile de disposer les figures sur une seule ligne. Dans le parti adopté pour ma restitution, j'ai été déterminé par le peu d'étendue de l'édifice qui motivait le choix du genre de composition le moins compliqué, c'est-à-dire, une rangée de figures.

CHAPITRE LXV.

Caractère des peintures murales par rapport à l'époque de l'érection du temple.

Je dois parler à présent du caractère spécial que j'ai cru devoir donner aux peintures restituées, et des sujets qu'elles représentent : l'un, pour être en harmonie avec le monument, devait ressortir de l'état de l'art, à l'époque où elles sont supposées avoir été exécutées ; les autres devaient présenter des compositions en rapport avec la dédicace du temple. Un résumé de l'histoire de Sélinonte doit trouver ici sa place.

La première colonie grecque, venue de Mégare, par conséquent d'origine dorienne, et amenée en Sicile, sous la conduite de Pammilès, s'établit dans Sélinonte, environ six cent trente ans avant notre ère (1). Les notions historiques très-incomplètes sur cette ville ne font mention de ses habitants qu'à de rares intervalles; ici comme agresseurs injustes des Ségestins; là comme gouvernés par le tyran Pythagore, toujours prompts à secourir Syracuse, marins habiles, commerçants prospères, puis succombant sous les coups d'Annibal. Quoique dévastée alors par le fer et la flamme, à la suite de la plus mémorable défense, où, sans exception d'âge ni de sexe, le plus grand héroïsme et le plus sublime dévouement immortalisèrent ses habitants, cette cité si belle et si florissante ne fut pas totalement détruite. Ramenés après leur défaite, par les bienfaits d'Hermocrate, au milieu des ruines de leur ville, les Sélinontins la relevèrent; mais ils devinrent bientôt et restèrent toujours tributaires des Carthaginois. Cependant la puissance de Sélinonte augmenta rapidement, sans pouvoir jamais atteindre à sa première hauteur : attaquée, tantôt par Denys l'Ancien, tantôt encore par les Carthaginois, elle invoqua le secours des Romains, sans pouvoir se soustraire à sa fatale destinée, et tomba de nouveau au pouvoir de ses premiers vainqueurs. Leur vengeance fut cruelle, à la suite de cette seconde victoire; car la ville fut complétement détruite. Ceux des habitants qui survécurent à la ruine de leur patrie furent transportés à Lilybée. Le silence des historiens depuis cette catastrophe, et la certitude que Sélinonte était un lieu désert, au temps de Strabon, témoignent, malgré les paroles de Pline, qui en parle comme d'une ville existant à son époque, que ses débris pouvaient peut-être avoir servi à quelque nouvelle et peu nombreuse population, mais que la ville n'avait jamais repris d'importance sous la domination romaine.

Ainsi, l'histoire de cette magnifique cité comprend deux époques distinctes : une période d'environ deux cent vingt ans depuis son établissement primitif, en 630, et la première invasion qu'elle subit

(1) A la fin de la 37°, ou au commencement de la 38° olympiade.

en 409, où elle parvint à son plus haut point de prospérité, et une autre période de plus d'un siècle et demi, de 409 à 249, depuis son rétablissement jusqu'à son entière destruction.

En étudiant, à côté de ces faits, le caractère architectonique des majestueux restes de ses temples, on y trouve l'indication certaine de trois époques différentes pour l'érection de ces édifices : la première, contemporaine ou voisine de la fondation de la ville, où durent être élevés les deux plus grands temples de l'acropole, et où doit remonter le commencement de celui dit de Jupiter dans la ville basse (1); la seconde, pouvant remonter de la 75ᵉ à la 70ᵉ olympiade, à laquelle on peut placer l'érection du temple moyen, élevé à côté des précédents sanctuaires (2); la troisième enfin, contemporaine de la plus belle époque de l'art en Grèce. C'est vers ce dernier temps qu'il faut admettre la continuation du temple de Jupiter, la construction de deux autres temples et de notre ædicule (3).

Ainsi, l'époque dont je viens de parler place l'exécution de ce dernier et de ses peintures avant la 90ᵉ olympiade, et à peu près au temps où florissaient Panœnus, Polygnote, Micon et d'autres célèbres peintres qui avaient déjà employé, dans leurs tableaux, la diversité des couleurs. C'est donc sur les vases grecs, supposés d'une origine contemporaine, que j'ai dû chercher à m'inspirer pour reproduire approximativement le caractère des compositions. C'est en prenant pour guides, d'un côté, les admirables dessins, à deux tons seulement, que présentent beaucoup de vases où les accessoires architectoniques offrent une parfaite analogie avec le monument auquel ils devaient se rapporter; et, d'un autre côté, les figures peintes à plusieurs couleurs, tirées d'autres vases, comme

---

(1) *Arch. ant. de la Sicile*, ouvr. cité, Pl. X, L. c, d, f.
(2) *Ib.*, Pl. X, L. s.
(3) *Ib.*, Pl. X, L. a, b, r.

on en voit deux exemples, Pl. XV, F. i et iv, que je crois avoir réussi à appuyer cette restitution sur des éléments les plus certains possible. Il suffit, en effet, de comparer les ornements, F. ii et iii, provenant de semblables vases, avec ceux des temples siciliens et athéniens de l'époque qui m'occupe, pour être assuré que leur ressemblance est identique pour le dessin et les couleurs, et pour en tirer la conséquence naturelle d'une semblable conformité entre ces figures et celles des peintures historiques qui devaient avoir décoré ces mêmes monuments.

CHAPITRE LXVI.

Du choix des sujets des peintures murales.

Le choix des sujets de ces peintures, qui se rattachent à la consécration supposée du sanctuaire, dépendait naturellement des probabilités à faire valoir en faveur de cette consécration. Placé, comme je l'ai dit, entre trois temples élevés certainement aux principales divinités du culte sélinontin, mais étant d'une dimension très-inférieure à celle de ces édifices, il était juste de présumer que sa destination fut plutôt d'honorer quelque mortel divinisé. Cette conjecture, d'accord avec les mœurs et les idées religieuses des Grecs et avec les nombreux ædicules qu'ils élevèrent à leurs héros, me porta à supposer que celui de Sélinonte avait pu être dédié à Empédocle. Diogène Laërce rapporte, en effet, que ce philosophe sauva les habitants de Sélinonte d'une mort certaine, et rendit la fécondité aux femmes, en délivrant la ville et les environs des exhalaisons pestilentielles d'une eau stagnante; action d'autant plus digne d'admiration et de reconnaissance, que ce fut à ses frais qu'Empédocle avait amené le courant de deux fleuves dans les endroits marécageux qu'il s'agissait d'assainir. Aussi, ajoute Diogène, les Sélinontins, pendant les fêtes qu'ils célébrèrent sur le lieu même où les effets de la peste venaient de cesser, offrirent les honneurs divins à leur libérateur (1).

D'après ces relations, et en admettant qu'Empédocle fut divinisé par les habitants de Sélinonte vers la 83e olympiade, c'est après cet événement qu'il faut placer l'érection et la dédicace de l'édifice. S'il n'y a pas de preuve incontestable pour l'adoption absolue de cette hypothèse, il n'y a rien, non plus, qui s'y oppose; et je la crois assez justifiée par le nom du héros, par la certitude du culte, par la vraisemblance du fait et la concordance des temps.

C'est donc en vue de cette dédicace, que j'ai représenté dans la coupe, Pl. II, sur les parois du mur, à côté de la porte, Esculape et sa fille Hygiée, avec l'idée que du côté opposé, à droite et à gauche de la statue du demi-dieu, se trouvait, en face d'Hygiée, Diane, divinité prompte à donner la mort, et vis-à-vis d'Esculape, le divin Apollon son père, dieu terrible pour lancer la flèche meurtrière, mais divinité tutélaire aussi pour apporter la guérison aux mortels; puis, sur le mur latéral, Pl. III, Empédocle assis, auprès duquel une fille amène son vieux père malade, pour recueillir le remède propice à lui rendre la santé, tandis qu'une jeune femme supplie le philosophe médecin de la guérir d'une affligeante stérilité. Enfin, la composition, en pendant à celle-ci, aurait représenté l'Hypsus et le Sélinus sacrifiant sur l'autel d'Esculape, et en avant de cet autel, Empédocle arrêtant le char du Soleil, dont l'influence malfaisante cessa après la réunion de ces deux fleuves.

Ainsi se trouvaient exprimés, conformément aux usages anciens

---

(1) Diog. Laert., *Vit. Empedoc.*, VIII, 70.

et d'accord avec le sentiment de l'art qui présidait à la conception des œuvres de peinture et de sculpture des Hellènes, les faits présumés avoir donné lieu à l'érection du Tétrastyle de Sélinonte.

CHAPITRE LXVII.

Statue d'Empédocle en sculpture polychrôme et chryséléphantine.

Au fond du temple s'élève la statue d'Empédocle : elle est supposée d'or et d'ivoire, avec les attributs, les vêtements, la richesse des matières et la variété des couleurs qui convenaient à cet homme divinisé. L'emploi de la sculpture polychrôme, en même temps que chryséléphantine, devenait ici d'autant plus caractéristique à la représentation d'Empédocle, que ce favori des dieux ne quittait jamais le manteau de pourpre, et marchait la tête ceinte de la couronne pythique. Si cette application n'était pas admise comme un fait avéré, depuis les savantes recherches de l'auteur du Jupiter Olympien, l'effet harmonieux qu'elle présente dans ma restitution avec l'architecture coloriée en serait une preuve incontestable et concluante. La coloration de la sculpture en la rendant locale, c'est-à-dire, complétement identifiée avec la peinture des monuments, mettait la plastique dans un parfait rapport avec la décoration générale ; et la forte différence entre les fonds, de couleur tranchée, et la sculpture plus faiblement coloriée, faisait mieux ressortir les contours et le modelé de celle-ci. Mais si tel était déjà, je le répète, cet avantageux effet dans les intérieurs, les sujets sculptés et peints à l'extérieur des édifices, indépendamment de leur plus de ressort et de richesse, comparé à l'aspect froid et pauvre de la sculpture monochrôme, avaient encore, sur les compositions rendues par la simple peinture, la grande prépondérance produite par leur saillie véritable. Toujours éclairées comme le monument, l'effet des figures en relief changeait avec le cours du soleil, aussi bien que l'effet de l'architecture; et, par conséquent, les jeux variés de la lumière et de l'ombre y étaient sans cesse concordants avec ceux qui agissaient sur l'édifice. Un tableau, au contraire, qui ne pouvait recevoir le jour que d'un côté, et dont les ombres ne pouvaient changer de place, comme celles des édifices, offrait, en cela, non-seulement un contre-sens, et beaucoup moins de vérité dans les phases ordinairement changeantes de la lumière et contraires à celle distribuée par le peintre; mais il perdait, par-dessus tout, alors qu'il était éclairé à contre-jour, l'apparence de sa perfection réelle. Toutefois, on comprend que les peintures sur mur dans les intérieurs des édifices où la lumière ne pouvait presque pas varier, que des tableaux peints sous l'influence du jour qui les éclairait, devaient y offrir autant, sinon plus d'effet que la sculpture coloriée, nécessairement peu éclairée en pareil cas, et par conséquent peu accentuée à cause de l'absence des clairs et des ombres très-prononcés, tout à fait indispensables pour dessiner les formes plastiques.

La frise sculptée et coloriée du Théséion, partiellement représentée Pl. X, F. VIII, donne une idée de l'harmonie et de l'effet dont je viens de parler. Je renvoie également à la Pl. XIV, pour y voir, F. I, un des plus précieux restes de la sculpture polychrôme conservée sur un vase, ainsi que, F. II, III et IV, une Victoire, une Junon et une Minerve, toutes des terres cuites peintes, trouvées à Athènes; enfin, F. V, une tête coloriée de la même matière provenant de Tindare en Sicile; elle offre un des plus admirables fragments des mille figurines, plus belles les unes que les autres, que contient le sol de la Sicile, et qui donnent une si haute idée du talent merveilleux de ses anciens artistes (1).

CHAPITRE LXVIII.

Autel dans le temple.

La certitude que les anciens plaçaient et conservaient dans leurs temples des autels, est trop bien constatée pour que j'aie besoin de justifier celui que j'ai introduit dans ma restitution. Cicéron, après avoir décrit dans ses *Verrines* l'antique ædicule dans la maison d'Hejus à Messine, où l'on voyait un Cupidon et un Hercule, ajoute que deux autels étaient devant ces divinités, pour indiquer la sainteté des lieux. Ce serait assez de ce fait, sans les nombreux témoignages de Pausanias, pour constater l'existence de cet usage dans les sanctuaires siciliens, d'une importance analogue à celle du petit temple de Sélinonte. Mais, sur les vases peints, cette inépuisable source de documents archéologiques, des autels sont très-souvent représentés devant les idoles élevées dans l'intérieur des cella. Ils étaient exécutés en terre cuite, en pierre, en marbre, en bronze et en argent. Toutefois, comme cette dernière matière devait être plutôt employée pour les autels votifs, comme celui, entre autres,

(1) Je possède plusieurs de ces têtes trouvées à Syracuse et à Acrée, mais dont les couleurs, complétement effacées sur la plupart, ne sont conservées que partiellement sur d'autres. Elles sont toutes aussi belles dans leur différent caractère. Lorsque je les fis voir au célèbre Thorwaldsen, à mon retour à Rome, ce grand artiste ne pouvait pas assez les admirer.

que Pausanias vit dans le temple de Junon à Eubée, j'ai préféré le bronze enrichi de quelques dorures.

Pour la forme, rien n'était plus facile que de choisir celle que j'ai adoptée, et d'être assuré de la plus grande probabilité en faveur de ce choix; car cette forme est celle de fragments d'autels, en pierre et en marbre, découverts à Acrée, et dont l'entablement dorique qui les couronnait, étant identique avec celui du temple d'Empédocle, provenait de la même époque, ou devait en être une fidèle et indubitable tradition.

CHAPITRE LXIX.

Offrandes et *ex-voto*; leur nombre et leur nature.

En ce qui concerne les offrandes suspendues au-dessus des peintures murales, ce n'est que sur la manière de les disposer que j'ai eu à diriger mes principales recherches, puisque le nombre, la nature et l'objet de ces *ex-voto*, sont infinis dans la nomenclature qu'en donnent les auteurs. Les seules indications de Pausanias fournissent à ce sujet, en fait d'offrandes vues par lui-même dans les temples de la Grèce, une série des plus variées et des plus curieuses; et on ne peut, en lisant cette désignation, s'empêcher de penser, comme l'a remarqué M. Quatremère de Quincy, aux anciens trésors de nos églises, et aux objets de toute nature que la dévotion fit suspendre souvent sous les voûtes des péristyles, ou dans l'intérieur des temples catholiques. Parmi les dons qui ont paru au voyageur grec dignes d'être consignés, les plus remarquables et les plus nombreux sont les boucliers : tantôt riches simulacres de cette arme défensive, tantôt véritables trophées pris sur l'ennemi, ou objets de vénération voués aux dieux dans le moment d'un péril heureusement surmonté, ils étaient en airain massif, ou simplement revêtus de lames de cuivre et ornés de peintures ; où l'or y entrait comme ornement ou les couvrait en entier. Viennent ensuite les cuirasses, dépouilles des vaincus, et alors, en lin ou en cuir, ou offertes par des généraux ou des rois, et réunissant la richesse des matières à la beauté de l'art (1); puis enfin les casques, les épées, les sabres, les lances, les haches, les cnémides, les roues de chars, les éperons de trirèmes, les proues de vaisseaux, de toute forme et de toute matière, également trophées de peuples ou de nations différentes, ou magnifiques *ex-voto*. Tel était l'ensemble des instruments de guerre, sur terre et sur mer, dont les temples étaient enrichis, aussi bien à l'extérieur que sous les portiques, sur les murs des cella et dans les opisthodomes. Non moins multipliées se voyaient encore, dans les sanctuaires, les couronnes, aussi précieuses par la valeur des métaux et des pierreries dont elles brillaient, que par leur exécution et leur glorieuse provenance ; des bandelettes ornées de broderies et de camées; des colliers de perles et autres, des manteaux de pourpre, des coupes, chefs-d'œuvre de ciselure ; des instruments de musique, des chaises, des lits, des coffres merveilleux par les incrustations en ivoire, en nacre et en bois rares qui les décoraient, se trouvaient également suspendus aux murailles, déposés sur des tables, et placés sur des piédestaux, tantôt en dehors, tantôt en dedans des temples. Pausanias cite encore des autels, des oiseaux en or et pierres fines et en d'autres matières, des disques

---

(1) Les magnifiques fragments en bronze doré d'une cuirasse votive, découverts en 1820 dans la Basilicate, connus sous la désignation de *Bronzes de Siris*, et aujourd'hui dans le Musée britannique, donnent la plus haute idée de l'importance artistique de semblables offrandes. Voir « The Bronzes of Siris, by P. O. Broensted. »

en airain, des cornes d'Amalthée en ivoire, des sangliers en fer, les dents du sanglier d'Érymanthe et la peau de celui de Calydon; des crânes et des os d'éléphants, des œufs ornés de bandelettes; enfin des têtes de lions, des béliers, des chevaux, des chars, des statues, des groupes en toute matière, de toute grandeur; des tablettes à inscriptions, et des tableaux de tout genre et de toute dimension, offrant, ou un haut intérêt d'origine, de curiosité, de religion, ou le puissant attrait de la richesse, ou un éminent mérite d'art.

Cependant cette liste est loin d'être complète; et en jetant un regard sur les peintures des vases représentant des scènes qui se passaient dans les temples, on doit ajouter, au nombre des offrandes précitées, des trépieds, des candélabres, des miroirs en métal, des coffrets, des guirlandes, des branches d'arbres sacrés, des vases, des corbeilles, des carquois, des bucranes et autres objets analogues, mais dont quelques-uns sont difficiles à distinguer avec certitude.

D'après cette énumération, il suffira de voir les *ex-voto* que j'ai supposé avoir été suspendus sur les murs du pronaos et de la cella de l'ædicule de Sélinonte, pour y trouver la certitude qu'ils étaient parmi les plus usités dans l'antiquité grecque, et que leur choix est complétement motivé.

CHAPITRE LXX.

De la disposition des offrandes, et de leur participation à l'embellissement des temples.

En parlant à plusieurs reprises déjà de la disposition des peintures murales dans les temples de la Grèce, j'ai, indépendamment de la raison de convenance particulière pour celles-ci, indiqué, comme cause secondaire, la nécessité d'un espace propre à l'exposition de certaines offrandes, et, comme conséquence de cette nécessité, l'emplacement qui, par suite de cette disposition, devait former une espèce de frise dans les parties supérieures des murs. Quoique cette induction découle de la logique la plus saine, et qu'elle doive faire admettre cet arrangement comme une chose inattaquable, je vais néanmoins, comme pour toutes les autres inductions qui ont servi de base à mon travail, et comme j'ai pu le faire précédemment pour les offrandes elles-mêmes, m'appuyer encore sur des preuves matérielles, puisées aux mêmes sources.

C'est, d'abord, sur le texte de Pausanias, lorsqu'en parlant d'un trophée de Pyrrhus, il dit que le bouclier d'airain de ce roi d'Épire est à l'entrée du temple de Cérès, *suspendu au-dessus des portes;* et ensuite sur les paroles du même auteur, lorsqu'après avoir décrit les sujets peints dans l'ædicule à gauche des propylées d'Athènes, il parle de plusieurs tableaux portatifs, et spécialement du portrait de Musée, comme ayant été placés *au-dessus de ces peintures.* L'espace ainsi désigné pour avoir été occupé par ces offrandes, et qui est celui admis par moi, est donc clairement énoncé; et c'est en suivant à la lettre ces relations que j'ai placé un bouclier au-dessus de la porte, et au-dessus des peintures latérales, un portrait votif d'Empédocle. Celui que j'ai introduit n'est pas une peinture, mais un relief supposé en terre cuite et coloriée, à l'instar de ces images qu'on voit en Sicile, dont il s'en trouvait de pareilles dans la collection de feu M. Durand, et qui font partie aujourd'hui du cabinet de M. le comte Turpin de Crissé. De semblables portraits des dieux du paganisme se fabriquaient d'avance, comme aussi les nombreuses figurines trouvées en Grèce, en Sicile et en Italie, et représentant, la plupart, des divinités, afin qu'à la première circonstance d'un vœu prononcé, son accomplissement pût se faire aussitôt. La répétition de ces objets, et les moules mêmes qui en existent, prouvent cet usage. Aussi, peut-on dire que si les madones, les saints et les saintes en plâtre, ainsi que leurs images sur papier, plus ou moins richement encadrées, qui se vendent aux portes de nos églises, sont bien loin de la perfection artielle de leurs analogues antiques, du moins la différence qui les sépare, comme objet et comme but, n'est pas très-grande.

Les autres témoignages en faveur de cette disposition, je les trouve également sur les vases peints, où les offrandes et les *ex-voto* sont, comme je l'ai déjà relaté, en grand nombre, et où leur emplacement est toujours dans le champ supérieur des sujets peints sur ces mêmes vases. Il y a donc ici, sous ce rapport, conformité dans la disposition; mais il y a, en outre et en même temps qu'une confirmation du principe général, laquelle serait presque une superfluité, un autre renseignement tout nouveau, non moins précieux et indispensable. Je veux parler de la certitude que présentent ces peintures des vases, sur la manière dont les offrandes étaient distribuées. Il s'agissait, en effet, de savoir si elles formaient dans les temples un pêle-mêle d'objets accrochés et suspendus sans soin comme sans goût, ou si, au contraire, il avait présidé à leur suspension une certaine recherche, un certain arrangement. Eh bien ! sur le plus grand nombre de vases, sur presque tous, les offrandes sont représentées de façon à faire voir la prédominance d'un sentiment d'ordre et surtout de symétrie. Dans les quelques exemples que j'ai donnés Pl. XX, on voit, F. i, une couronne entre deux bandelettes; F. ii, un bucrâne entre deux boucliers; F. v, deux branches d'olivier entre deux cnémides; F. vi, deux bucrânes au-dessus de deux patères; enfin, sur la Pl. XVIII, deux patères entre deux coupes; F. vii, deux boucliers, et F. viii, deux roues de char parallèlement suspendues au bas des architraves de différents ædicules ou monuments funèbres. Ainsi, ces exemples qui montrent tous une disposition symétrique, et quelques autres où des objets divers en eux-mêmes se balancent par une certaine analogie dans la forme, en présentant un principe semblable, devaient me guider, et m'ont fait adopter mon système (1).

On ne saurait mettre en doute que, dans la réalité, les objets votifs contribuèrent essentiellement à l'ornement des sanctuaires autant qu'à la vénération qu'ils devaient inspirer. Certainement, la nature de ces objets, qui ne pouvait être préconçue dans la décoration monumentale, à cause de leur accumulation progressive et de l'incertitude de leur forme et de leur grandeur, ne permettait pas une régularité absolue, que j'ai soigneusement évitée. Mais s'il existe chez le sauvage et l'homme civilisé, chez le pauvre villageois et le riche citadin, un sentiment qui les dirige à suspendre des armes et des œuvres d'art, des images grossières et des gravures précieuses, enfin ce qui peut intéresser et charmer chacun, de manière à orner et à embellir la hutte et la maison des uns, les murs de la cabane et du palais des autres; ce qu'il faut bien admettre, c'est que ce sentiment, qu'on peut appeler l'instinct universel de l'ordre et de la symétrie, était remplacé chez les Grecs par une plus éminente qualité encore, celle du goût inné du beau, que tous les peuples civilisés leur ont reconnu, et qu'aucun n'a osé leur disputer. Cette qualité dominante devait guider d'autant plus le prêtre dans le choix d'une avantageuse exposition pour les offrandes, qu'en embellissant le sanctuaire confié à ses soins, il satisfaisait aussi à une autre puissante impulsion, universelle chez tous les desservants, pour qui une belle parure du temple ajoute à l'attrait de la religion, et coopère ainsi au principal but de tous les cultes.

Ce devait être, en effet, la règle générale ; et lorsque, dans quelques temples privilégiés, le nombre des offrandes a pu s'accumuler au point de rendre leur concours décoratif très-difficile, il faut,

---

(1) La preuve la plus concluante en faveur de ce système se trouve dans les traces incontestables qu'a laissées, sur l'architrave du Parthénon, la distribution régulière des boucliers qui y étaient suspendus, et qui concourent ainsi autant à l'embellissement qu'à la glorification du temple.

néanmoins, admettre que ce n'était qu'à la dernière extrémité d'un encombrement, inadmissible dans les cella, que toute apparence d'arrangement pouvait disparaître. Car vouloir le contraire, ce serait faire des édifices sacrés des Grecs de véritables boutiques d'antiquailles, dont le sol, les murs et les plafonds auraient été confusément couverts d'innombrables objets, tandis qu'une ingénieuse et heureuse distribution des dons les plus précieux et les plus variés ajoutait au caractère religieux et à la magnificence de ces sanctuaires.

Pausanias ne mentionne d'ailleurs pas de semblables profusions; et s'il cite quelques exemples d'objets suspendus aux plafonds, comme l'os de baleine et les figurines dans le temple d'Esculape à Sicyone, le char de Pélops dans le temple des Dioscures à Célées, et les oiseaux dans l'ancien temple de Diane Stymphalides, ce sont de très-rares exceptions, qui n'excluent pas même la possibilité d'un certain accord avec la décoration générale des édifices. Du reste, pour ces exemples, dont le premier ne s'applique pas au naos, et dont le troisième n'est relaté que par ouï-dire, il suffisait, comme pour les deux roues de char que j'ai signalées sur une des peintures de vase précitées, que ces *ex-voto* eussent été exposés symétriquement, comme le sont, d'une manière presque analogue, les drapeaux dans l'église des Invalides à Paris et les bannières dans la chapelle d'Henri VII à Londres, pour acquérir la conviction que tous les genres d'offrandes, même celles suspendues aux plafonds, étaient également susceptibles de coopérer à la beauté des temples.

J'ai suspendu les offrandes au moyen d'attaches en bronze fixées sur le mur. Le peu de poids et de volume de ces *ex-voto* n'exigeant ni de gros clous ni de grands trous, il aurait pu y avoir eu de semblables objets suspendus dans presque tous les temples, sans que ce moyen de suspension eût laissé de traces apparentes. Ce n'est qu'en vue du système de M. Raoul-Rochette, qui veut partout et toujours des tableaux en bois accrochés sur les parois ou encastrés dans les murailles des édifices grecs, ce qui aurait exigé toujours et partout la présence de grandes cavités ou de fortes tiges de métal, que l'absence absolue des unes et des autres devient une preuve de plus contre la validité de ce système.

La partie descriptive achevée, je ne puis que me résigner au jugement qui est réservé à ma restitution. De semblables travaux peuvent avoir été faits avec plus de talent et autant de conscience; mais je doute que, dans aucun, la volonté et les efforts employés pour arriver au meilleur résultat aient pu aller au delà de la persévérance et des soins que j'ai pris pour l'atteindre.

Cependant, et je dois le répéter, ce n'est qu'un édifice restitué, une œuvre d'architecture dont les éléments n'ont pas tous été retrouvés. Ce qui la constitue ne provient pas complétement de restes lui ayant appartenu, et il a fallu suppléer à beaucoup de choses en y appliquant d'autres ressources de l'art et de la science. Mais c'est, en pareil cas, l'impérieuse nécessité à laquelle personne ne peut se soustraire, et qui, par cela même qu'elle est inhérente à toutes les restitutions, ne saurait jamais devenir un juste sujet de critique contre aucune.

FIN DE LA DEUXIÈME PARTIE.

TROISIÈME PARTIE.

DES MOYENS MATÉRIELS EMPLOYÉS DANS L'ANTIQUITÉ A L'APPLICATION DE LA POLYCHRÔMIE, TANT A L'ARCHITECTURE QU'A LA SCULPTURE ET A LA PEINTURE MURALE ; DE CEUX PRATIQUÉS DANS LES TEMPS MODERNES, ET DE LA CONVENANCE COMME AUSSI DE LA MANIÈRE D'ADAPTER CES DEUX SYSTÈMES DE DÉCORATION AUX ÉDIFICES DE NOTRE ÉPOQUE.

CHAPITRE LXXI.

Remarques générales.

Les notions qui nous sont parvenues pour connaître les procédés employés par les peintres de l'antiquité sont de deux sortes : celles que présentent les monuments, et celles qui sont relatées dans les auteurs.

De nombreux restes d'architecture et de sculpture antiques, trouvés en Égypte, en Grèce, en Italie, en France et en Allemagne, comme ailleurs encore, qui appartiennent aux temps les plus reculés et jusqu'aux époques de la disparition de l'influence prédominante de l'art grec, offrent sous ce rapport, par une filiation traditionnelle et non interrompue, les documents les plus précieux.

Dans ces différents pays, des couleurs ont été trouvées sur presque toutes les matières susceptibles d'en recevoir : le bois, les terres séchées au soleil ou cuites au feu, la pierre et le marbre, ces primitifs et principaux matériaux employés en tout temps à l'érection des édifices et à l'exécution des sculptures, portaient des traces de coloration.

Quant aux auteurs, c'est surtout dans Vitruve et dans Pline qu'est décrit d'une manière spéciale et détaillée ce que la littérature scientifique des anciens offre de moins incomplet sur les procédés pratiques de la peinture en usage chez les Grecs et les Romains. Néanmoins, il est notoire que les études circonscrites dans ces écrits, et faites par les archéologues et les artistes les plus consciencieux et les plus persévérants, n'ont amené aucune solution satisfaisante, c'est-à-dire aucun résultat matériel qui puisse faire admettre que les essais tentés aient offert les qualités que devaient posséder les œuvres des grands peintres parvenus à l'apogée de la renommée, non plus que celles des peintures d'Herculanum et de Pompéi, qui, sans être les produits directs ni d'artistes célèbres ni d'époques prédominantes dans les arts, ne sont pas moins des œuvres remarquables empreintes encore du génie des premiers, et de l'influence des principes dominants dans ces dernières époques.

En effet, les difficultés qui subsistent à trouver dans les textes seuls les errements nécessaires pour nous éclairer dans les études archéologiques sur la forme, la construction et la décoration des monuments en vue des préceptes d'art des anciens ; ces difficultés sont plus nombreuses encore quand il s'agit d'y puiser la connaissance certaine des procédés techniques de leur peinture. Ceux-ci, très-compliqués en eux-mêmes, et qu'il serait en tout temps presque impossible de faire connaître par une simple description, quand les termes n'en offriraient aucune équivoque, et qu'elle serait due à des hommes pratiques chez qui l'absence de clarté ne pourrait être causée par le manque de lumière, sont d'autant moins compréhensibles lorsque ce sont des auteurs étrangers au métier des arts, qui n'ont fait que copier des explications qu'eux-mêmes ne pouvaient apprécier, et dont les copies sont écrites dans une langue où les expressions et les mots les plus importants ont donné lieu aux commentaires les plus divers.

Cependant si les investigations des modernes, relatives à la peinture des Grecs, basées sur les écrits des anciens et réduites au procédé de l'encaustique, occupèrent dans la moitié du dernier siècle les savants et les artistes de toute l'Europe, et particulièrement de la France, sans leur faire atteindre le but principal qu'ils s'étaient proposé, du moins ces recherches furent le point de départ d'autres investigations, soit pour arriver, sans le concours absolu des textes, à la découverte de moyens pratiques qui rendaient ce genre de peinture applicable avec l'emploi de la cire et avec ou sans l'aide de la cautérisation, soit pour conduire avant tout à la connaissance des procédés usités dans l'antiquité, à l'examen le plus scrupuleux des peintures antiques parvenues jusqu'à nous, et à l'analyse des éléments qui y étaient employés.

CHAPITRE LXXII.

De la présence de stucs coloriés appliqués sur la pierre, et de couleurs employées sans enduit sur des fragments d'architecture et de sculpture de la Sicile, de l'Italie et d'autres lieux; de l'usage primitif de ces deux procédés, comme de leur continuel emploi jusqu'à l'extinction de l'art antique.

Lorsque mes recherches me firent découvrir le système de la polychrômie dans l'existence matérielle de la coloration et de la peinture appliquées à la terre cuite, à la pierre et au marbre, je pensai trouver dans l'examen de ces vestiges et dans leur analyse le moyen le plus certain pour arriver à la connaissance des procédés qui y avaient été appliqués, et je réunis ce que je pouvais de fragments non-seulement de la Sicile, mais encore d'autres lieux, à l'effet de me livrer à cet examen, et de recourir à d'habiles chimistes pour en faire l'analyse. De cette manière j'espérai obtenir un terrain aussi solide que possible pour m'y placer, en établissant moi-même des faits certains, et en y joignant, avec leur conséquence, les relations de faits analogues obtenus par d'autres.

Quoique j'aie déjà relaté de quelle manière les couleurs étaient appliquées aux monuments de la Sicile, je crois devoir récapituler ici les principales observations déjà faites à ce sujet, et parler en premier lieu des matériaux dont ces monuments étaient construits.

Ces matériaux les plus usités sont une pierre calcaire, coquillière et poreuse, employée aux colonnes, aux entablements et aux murs, et une autre pierre également calcaire, mais parfaitement compacte et très-dure, employée aux sculptures et aux parties supérieures des édifices, telles que les cymaises et les autres moulures de recouvrement. Sur ces deux natures de pierre, la coloration est différemment appliquée. Ainsi la pierre poreuse est toujours recouverte d'un stuc blanc, quelquefois jaune de paille; c'est sur cet enduit que se trouvent étendues les couleurs. Qu'il s'agisse du ton local des colonnes ou des murs, généralement d'un ton doré clair; du fond continuellement rouge de métopes, ou de la surface sans cesse bleue des triglyphes, ou enfin des moulures ornées de tons variés, ces différentes colorations sont superposées au stuc blanc.

Pour les pierres d'un grain plus fin, au contraire, la peinture s'y trouve appliquée sans aucun intermédiaire, comme cela a lieu aussi pour les marbres blancs, dont plusieurs fragments peints se trouvent à Acrée, d'autres à Syracuse, et quelques-uns à Catane.

Les restes des temples de la Sicile présentent indistinctement ces deux modes d'application des couleurs; et comme parmi ces restes il en existe à Sélinonte dont l'origine remonte à six cent trente ans avant notre ère ; ils fournissent la preuve que l'usage et des stucs blancs recouverts de couleurs, et des peintures sans l'emploi des stucs, remonte aux temps les plus reculés. Non pas que la présence des enduits et des couleurs sur ces restes vénérables soit à elle seule une preuve certaine de l'ancienneté de leur emploi ; car, quoique cela ne se puisse constater, on aurait pu les avoir renouvelés en tout ou en partie : mais, en admettant même un renouvellement de stucs et l'entretien périodique de la fraîcheur des couleurs, les témoignages irrécusables de l'emploi originaire de ces deux éléments conservateurs et décoratifs existent nonobstant ; d'abord, dans la forme des membres architectoniques taillés pour être complétés par le stuc et aider à son adhérence ; ensuite, dans la manière dont les ornements sont ciselés sur les pierres dures pour recevoir les couleurs. Ces deux faits se reproduisent sur les monuments siciliens de toutes les époques, et confirment ainsi l'emploi permanent des mêmes procédés (1).

Mais de même que le caractère de ces monuments est analogue à celui des édifices helléniques, et présente partout les

---

(1) J'ai donné, Pl. XXXIX, F. ix de l'*Arch. ant. de la Sicile*, les dessins d'une goutte qui font voir que la pierre était taillée en forme de cône tronqué, et que l'enduit en stuc présentait celle d'un cylindre parfait. Cet exemple, qui se reproduit partout, est non-seulement une des preuves ostensibles de l'application primitive et permanente du stuc, mais aussi un fait remarquable, par rapport à la différence qu'offrent entre eux les profils dans les édifices grecs, tels que les exprime la pierre, et tels qu'ils devaient être avec l'adjonction complémentaire des stucs. En donnant, dans la suite de l'ouvrage précité, le monument dit de Théron à Agrigente, on y verra à l'appui de ce fait, dans les deux profils d'une base de colonne, celui de la pierre et celui du stuc, tel que ce dernier s'était conservé dans un angle, un exemple plus important encore. Le profil taillé dans la pierre ne l'est en effet qu'en masse ; les deux tores s'y confondent sans aucun intermédiaire avec la scotie du milieu, tandis que le profil en stuc est la reproduction exacte de la base attique, avec des listels entre chacune des moulures principales. Des différences analogues sont non moins ostensibles dans les chapiteaux, et elles se retrouvent à Pompéi dans presque tous

traces d'influences semblables, de même la constatation, dans la Grèce comme dans ses colonies, des enduits en stucs coloriés appliqués sur la pierre et de la peinture des marbres à dessins gravés, conduit nécessairement à l'admission de la parité des moyens pratiques dans toute l'antiquité grecque; par conséquent elle conduit à l'existence et à l'application primitives et permanentes, dans des conditions semblables, de procédés techniques en tout pareils. D'où cette conclusion naturelle, que si la connaissance de ces procédés pouvait être obtenue par l'examen de ces stucs et de leurs couleurs, ce résultat serait le guide le plus certain pour arriver au but qu'il s'agit d'atteindre.

Il y a plus : comme l'emploi des enduits, leur coloration et celle des autres matériaux, n'a cessé ni en Grèce ni dans ses colonies, la technique des Hellènes a dû se conserver traditionnellement chez les Romains, qui, héritiers de la civilisation grecque, la répandirent dans tous les pays soumis à leur puissance. Il résulte de ce fait que les restes des peintures et des stucs parvenus jusqu'à nous, et provenant de ces derniers pays, doivent contenir aussi des errements certains, propres à faire retrouver la technique grecque originaire. Ces restes ne doivent pas, à la vérité, être considérés comme aussi parfaits que des fragments tirés d'édifices exécutés à Athènes sous Périclès ; mais il faut, pour les apprécier, tenir compte des différents degrés de dégénérescence qu'ils ont eu à subir. Cet état de dégénérescence est la suite de toute transplantation, dans d'autres pays, des produits de la nature comme des œuvres de l'homme; et il varie selon que ces pays sont plus ou moins exposés aux différentes influences locales qu'occasionnent ou le climat, ou les mœurs, ou

---

les fragments d'architecture en pierre enduite, comme dans les édifices du reste de l'Italie exécutés avec des matériaux semblables. Je dois faire observer que l'ouvrage de M. Serra di Falco ne contient aucune de ces intéressantes particularités, et que la base du monument de Théron n'y est représentée que dans sa grossière et incomplète ébauche.

les vicissitudes heureuses ou malheureuses de ses habitants. Par ces raisons on comprendra comment, en portant mes investigations sur les fragments antiques de la Grèce et de la Sicile, j'ai cru devoir y joindre également ceux de Pompéi, de Rome, et de plusieurs localités de la France. C'est de cet ensemble de résultats obtenus que je vais m'occuper en premier lieu.

CHAPITRE LXXIII.

Analyses, par M. Chevreul, d'enduits colorés et de couleurs provenant de la Sicile.

Je dois à l'amour de la science et à l'amitié de M. Chevreul, un de nos plus célèbres chimistes, l'analyse des matériaux dont j'étais possesseur. Ce savant s'est livré à ce long et minutieux travail avec le zèle le plus louable, et en permettant que mon fils suivît ces instructives et intéressantes investigations.

Les matériaux examinés se composaient de stucs colorés provenant du temple de Jupiter à Agrigente, d'un des plus anciens temples de Sélinonte, et d'un autre temple appartenant à la dernière période de prospérité de cette ville; de fragments recueillis à Pompéi, enfin d'autres récemment découverts au Palais de Justice à Paris. Une remarque toutefois doit précéder les résultats qui vont suivre : c'est que l'aspect et la nature des stucs des temples de la Sicile sont tellement identiques, que M. Chevreul n'a cru utile et nécessaire que d'analyser quelques-uns de ces fragments; mais, nonobstant une ressemblance apparente aussi entre des fragments trouvés à Pompéi comparés avec ceux découverts à Paris, le savant chimiste a voulu les analyser séparément, afin de bien en constater la parité ou la différence.

ANALYSES.

Stucs d'une figure drapée du fronton du temple de Jupiter Olympien à Agrigente.

Un enduit ou une couche de couleur rouge avait été appliqué sur un stuc d'un blanc un peu jaunâtre (1).

ENDUIT OU COUCHE ROUGE.

Il donne à la distillation un produit très-ammoniacal, un liquide aqueux coloré, et un résidu gris qui céda à l'acide chlorhydrique de la chaux, du protoxyde de fer, et dégagea de l'acide sulfhydrique qui noircit le papier de plomb.

Extrait aqueux. Il a cédé à l'eau bouillante du sulfate de chaux, du chlorure de sodium, du chlorure de calcium et une matière organique jaune.

Extrait alcoolique. Le stuc rouge, épuisé par l'eau, ne céda qu'une trace de matière.

---

(1) Le fragment d'où vient ce stuc est représenté sur la Pl. VIII, F. viii. Le stuc rouge ou la couche supérieure, d'une couleur rouge, avait un millimètre d'épaisseur environ, comme partout ailleurs; mais le stuc blanc variait de quatre à dix millimètres. Quoique cette différence ne dût guère influer sur l'effet de figures de près de six mètres de proportion, et placées à environ cinquante mètres de hauteur, on peut encore l'expliquer en supposant que la sculpture de la pierre offrait un degré d'achèvement moins parfait dans les draperies, auxquelles les artistes stuccateurs donnaient la dernière main en employant des enduits plus ou moins épais, selon l'exigence des modèles. En tous cas, les nus étaient parfaitement exécutés, comme le fait juger le fragment offrant la partie inférieure d'une tête de femme, provenant aussi du temple de Jupiter à Agrigente (que j'ai mentionné p. 69 et p. 432, n. 2); car le stuc rose ou couleur de chair qui le couvrait ne variait, dans son épaisseur, que de quatre à six millimètres. On voit que pour les draperies c'était le même système que pour les moulures, auxquelles (je l'ai déjà fait observer) le stuccateur donnait aussi leur véritable forme.

Résidu. Il était essentiellement formé de peroxyde de fer et de sous-carbonate de chaux, provenant très-probablement de la chaux.

STUC BLANC UN PEU JAUNATRE.

Il était très-dur. Après avoir nettoyé les deux surfaces, on les brisa en petits morceaux, qu'on introduisit dans un tube de verre pour les y distiller. Il se dégagea un produit très-ammoniacal, et une vapeur de couleur jaune qui se condensa en liquide coloré empyreumatique, fait remarquable, mais conséquent avec ce qui précède. Le stuc distillé était noir jusqu'au centre. Aucun échantillon ne donna autant de matière organique que ce stuc jaunâtre.

Extrait aqueux. Le stuc blanc, réduit en poudre, céda à l'eau bouillante bien plus de matière qu'aucun des autres échantillons. L'eau précipitait abondamment le chlorure de baryum, l'oxalate d'ammoniaque et l'azotate d'argent. L'extrait aqueux, évaporé à sec, retenait beaucoup de matière organique jaune; aussi noircit-il beaucoup par la distillation, en dégageant de l'ammoniaque. Cet extrait céda à l'alcool d'une densité de $0°,832$ du chlorure de calcium et de sodium avec la matière organique; on obtint le chlorure de calcium mêlé d'une trace de chlorure de sodium et de matière organique jaune au moyen de l'alcool absolu. Le résidu insoluble dans l'alcool d'une densité de $0°,832$ céda à l'eau du sulfate de chaux et une matière organique en proportion fort notable. Après l'incinération, on y chercha vainement la potasse. La matière indissoute par l'eau était du sulfate de chaux.

Extrait alcoolique. Le stuc, lavé à l'eau bouillante, ne céda à l'alcool bouillant qu'une trace de matière grasse; mais celle-ci devenait sensible par le mélange de l'alcool concentré avec l'eau.

Résidu. La matière indissoute par l'eau et par l'alcool était jaunâtre. Distillée, elle donna une vapeur très-ammoniacale et d'odeur empyreuse, colorée en jaunâtre; le résidu était d'un gris très-foncé. Elle fit effervescence avec l'acide azotique, et laissa pour résidu un sable fin jaunâtre, mêlé de flocons orangeâtres assez abondants de silice et d'alumine ferrugineuse. La solution azotique précipita par l'ammoniaque des flocons blancs d'alumine, légèrement colorée par du peroxyde de fer. Cette solution ne renfermait qu'une trace de sulfate de chaux. Presque tout celui qui existait dans le stuc avait donc été dissous par l'eau. Quoiqu'il existât en proportion plus considérable dans cet échantillon que dans les suivants, il est évident qu'il était accidentel, c'est-à-dire en proportion trop faible pour qu'on ait pu dire que le plâtre avait été employé (1).

CHAPITRE LXXIV.

Analyses d'enduits colorés trouvés à Pompéi (2).

ENDUIT OU COULEUR ROUGE (3).

Il était poli, dur et luisant. A la distillation il donnait une eau

(1) Le résultat de cette analyse de la couleur rouge et du stuc blanc ou jaunâtre s'applique également aux stucs et enduits de couleur rouge provenant des temples de toutes les époques élevés à Sélinonte, de même qu'aux autres stucs et enduits de couleurs différentes, bleue et jaune d'or, trouvés sur le temple d'Empédocle, et enfin à ceux portant aussi cette dernière couleur, qui s'étaient conservés au temple de la Concorde et au monument de Théron à Agrigente, mais où, pour quelques-uns, l'insuffisance des matières colorantes ne permettait pas l'analyse. L'apparence ne laissait toutefois aucun doute que les bleus étaient des frittes, et les jaunes des ocres.

(2) La différence notable entre l'emploi des enduits de Pompéi, comme entre ceux de même nature provenant de constructions de l'époque romaine de la Sicile, de Rome, des autres parties de l'Italie et de la France, et les enduits conservés sur les temples siciliens, consiste dans l'application directe de ces derniers sur la pierre, et dans l'emploi des autres sur des mortiers recouvrant les surfaces de murs construits en maçonnerie ordinaire.

(3) C'est-à-dire la couleur grattée, qui formait la surface polie du stuc supérieur.

ammoniacale ; le résidu était d'un brun légèrement violâtre. Le résultat prouve qu'il y avait dans ce rouge une proportion très-sensible de matière organique. Le résidu de la distillation du rouge, traité par l'acide chlorhydrique, fit effervescence ; il n'y eut qu'un résidu léger, formé de carbone mêlé de silice et d'alumine. La solution chlorhydrique renfermait de la chaux, de l'alumine, très-peu de magnésie, et du fer qui était au minimum d'oxydation, parce que la matière organique avait réduit le peroxyde. Il n'y avait ni manganèse, ni cuivre.

Extrait aqueux. L'eau bouillante enleva à l'enduit rouge une quantité sensible de chaux ; l'eau concentrée était jaunâtre, légèrement alcaline ; le résidu distillé donna un produit très-ammoniacal, et un charbon renfermant de la chaux et des traces de chlorure de sodium. L'eau avait donc dissous une quantité notable de matière organique.

Extrait alcoolique. L'enduit, épuisé par l'eau, ne céda à l'alcool bouillant qu'une trace insignifiante de matière grasse.

Résidu épuisé par l'eau et l'alcool. Ce résidu renfermait une proportion très-notable de matière organique ; car à la distillation il se conduisit comme l'enduit non lavé par l'eau et l'alcool.

On avait certainement employé une matière organique dans la confection de l'enduit ou couleur rouge, et le peroxyde de fer avait été mêlé avec de la chaux. La matière grasse obtenue par l'alcool a paru provenir de la matière organique à laquelle elle était originairement unie. On peut donc croire qu'on n'avait pas employé une matière huileuse, cireuse ou résineuse à la confection de l'enduit.

ENDUIT OU COULEUR NOIRE.

Il était mince, et avait été appliqué sur un enduit rosé de moins de 0^m001 de diamètre. Il perdait sa couleur noire dans le chlorate de potasse fondu, mais sans produire de lumière. A la distillation, il donnait un produit aromatique et ammoniacal. L'eau bouillante en séparait une trace de matière organique jaune, alcaline, sans acide sulfurique, et, en outre, de la chaux et un chlorure. L'alcool séparait de la matière lavée à l'eau une matière résineuse ou cireuse, neutre aux réactifs colorés; elle était en quantité très-sensible, car l'alcool concentré se troublait très-notablement par l'eau, et laissait après l'évaporation un résidu insoluble dans l'eau et soluble dans l'alcool. Ce résidu chauffé exhalait une fumée aromatique blanche, et laissait un charbon dans lequel il n'y avait qu'une trace de cendre blanche. Ce noir, lavé à l'eau et à l'alcool, traité par l'acide azotique, perdit du sous-carbonate de chaux, et laissa des flocons noirs qui ressemblaient à du noir de fumée.

Ainsi l'enduit noir avait été appliqué sur un enduit rosé, et celui-ci recouvrait un enduit blanc plus épais. L'enduit blanc avait été confectionné avec de la chaux, du sous-carbonate de chaux, et certainement une matière organique; car à la distillation il exhala une vapeur ammoniacale et un liquide légèrement coloré, empyreumatique, et laissa un résidu fortement coloré en noir.

ENDUIT OU COULEUR JAUNE.

C'était de l'ocre jaune. Elle céda à l'eau bouillante de la matière organique, une trace de sulfate de chaux et d'un autre sel calcaire. — L'alcool bouillant en sépara une quantité sensible de matière cireuse ou résineuse. — L'acide chlorhydrique a dissous le résidu avec effervescence, parce qu'il retenait du sous-carbonate de chaux. Il n'est resté que quelques flocons de silice; il y avait en outre de l'alumine. — L'ocre jaune renfermait de la matière organique, comme l'enduit rouge.

Premier fragment de plusieurs couleurs sur l'enduit blanc et mortier (1).

ENDUIT BLANC. Il reposait sur du mortier. Il était blanc, dur et

(1) Ce fragment est représenté sur la Pl. XXII, F. ix, demi-grandeur d'exécu-

poli. Distillé en petits fragments, il exhalait une eau très-ammoniacale et noircissait dans toute sa masse ; sans doute, il avait été préparé avec une eau tenant de la matière organique. On remarquait que la surface de l'enduit, qui avait été polie, était d'un gris plus foncé que l'intérieur : était-ce parce qu'on avait poli l'enduit en ajoutant de la matière organique, de sorte qu'il y en avait plus à la surface qu'au centre?

Extrait aqueux. L'eau bouillante avec laquelle on le traita exhala par l'évaporation l'odeur des eaux des plâtras salpêtrés. Elle laissa un résidu jaune, retenant une trace de sulfate de chaux et d'un autre sel calcaire, et, de plus, une matière organique. Ce résidu donna à la distillation de l'ammoniaque, et exhala, en outre, une légère odeur de tartre brûlé. Enfin il resta une matière charbonneuse.

Extrait alcoolique. L'alcool bouillant enleva à la matière traitée par l'eau une trace de matière grasse ; mais évidemment celle-ci était accidentelle, ou plutôt elle accompagnait la matière azotée qui avait été employée dans une partie de l'enduit.

Résidu. La matière lavée à l'eau et à l'alcool présentait des parties lamelleuses blanches, brillantes, rappelant celles du marbre statuaire. L'acide chlorhydrique a dissous toute cette matière, sauf quelques flocons de silice ; la solution précipitait à peine le chlorure de baryum ; elle était principalement formée de chaux, avec des traces de peroxyde de fer, d'alumine, de magnésie. Cet enduit était donc de la chaux grasse mêlée de marbre.

MORTIER. Le mortier sur lequel était l'enduit blanc consistait en chaux grasse et en sable, dont une portion était sous forme de grains roulés, bruns, noirs, verts, jaunes et orangés. A la distillation il exhalait une eau ammoniacale et ne se colorait que très-peu, ou, en

---

tion, et l'explication de cette planche contient celle des lettres de renvoi, à l'effet de donner une idée de la manière dont les couleurs étaient superposées les unes aux autres. La F. x indique les épaisseurs de l'enduit et du mortier, réduites aussi de moitié.

d'autres termes, il ne renfermait pas de matière organique en quantité notable comme l'enduit blanc.

Zone rouge. Il s'y trouve appliqué une petite bande d'un blanc verdâtre, avec des ornements formés par le fond rouge.—Cette zone avait été peinte avec du sulfure de mercure; car par la distillation on obtint un sublimé qui, chauffé de nouveau avec le contact de l'air, donna de l'acide sulfureux et de la vapeur de mercure, qui blanchit l'or qu'on exposa à son contact.

Zone jaune. Elle portait l'application partielle d'une zone verte avec un trait blanc, et sur une autre zone de jaune, laissée apparente, trois traits de couleurs orangées et brunes.

A côté de la zone jaune se trouvait le fond blanc lustré.

Matière verte. Elle avait été appliquée avec de la chaux, car elle céda du sous-carbonate de chaux à l'acide azotique, avec du peroxyde de fer sans cuivre et sans magnésie. Cette matière verte, dépouillée de son sous-carbonate de chaux, s'est comportée comme de la terre de Vérone. Par la distillation elle donna de l'eau, puis une couleur de rouille. Elle ne parut éprouver aucun changement à froid de la part de la potasse à l'alcool; mais, chauffée au rouge dans le creuset d'argent, elle devint rougeâtre, et par le procédé ordinaire on reconnut la silice, le peroxyde de fer, l'alumine, la magnésie et la chaux; il y avait une trace, mais sensible, de cuivre.

Deuxième fragment peint de plusieurs couleurs (1).

Il se composait, 1° d'un fond rouge, A; 2° d'une bande jaune, B, avec des traits blancs et bruns; 3° d'une zone fond gris bleuâtre, C, bordée de chaque côté d'une ligne large et d'une ligne fine de couleur violette; 4° d'une autre bande jaune, D, avec des traits blancs et bruns; et 5° d'un fond noir général.

---

(1) Ce fragment est également représenté sur la Pl. XXII, F. xi, moitié de grandeur d'exécution, et sa description est donnée dans l'explication de cette planche.

Fond rouge, A. C'était du peroxyde de fer. Il était recouvert d'une bande jaune, B, sur laquelle on avait tiré des traits blancs et bruns. Il y avait donc superposition, sur enduit blanc, d'une couche rouge, et en partie sur celle-ci, superposition d'une couche jaune, blanche et brune. Ce fond rouge se comporta comme l'enduit de même couleur examiné, P. 512, sauf qu'il contenait peut-être moins de matière organique.

Fond gris bleuatre, C. Il n'a pu être soumis à l'expérience, faute d'une quantité suffisante de matière.

Quant à la bande jaune D, avec ses traits blancs et bruns, il y avait également superposition, comme pour la bande B, en tout pareille.

La couleur jaune, B, était de l'hydrate de peroxyde de fer. Distillée, elle donna de l'eau ammoniacale, et devint rouge de peroxyde de fer; elle ne paraissait pas contenir, d'une manière notable, de la matière organique. Elle ne céda à l'eau bouillante qu'une trace de matière consistant en chaux dépourvue d'acide sulfurique et de chlore. La chaux noircissait au feu, parce qu'il y avait de la matière organique. L'alcool n'enleva pas sensiblement de matière grasse. L'acide chlorhydrique appliqué au résidu l'a dissous en totalité, sauf des flocons de silice. La solution contenait, outre le peroxyde de fer, de la chaux, de l'alumine et, on peut croire, une trace de cuivre.

La matière blanche s'attendrissait beaucoup sous l'influence de l'eau. C'était du sous-carbonate de chaux presque pur. La dissolution dans l'acide chlorhydrique ne noircissait pas par l'acide sulfhydrique.

CHAPITRE LXXV.

Analyse d'enduits d'origine romaine trouvés, en 1848, dans le Palais-de-Justice de Paris.

Deux fragments d'enduits rouges sur mortier.

Mortier. Il était d'un blanc gris jaunâtre, formé de chaux carbonatée, de sable fin, et de petits grains quartzeux blancs. L'acide chlorhydrique dissolvait la première en dégageant une trace d'acide sulfurique qui colorait le papier de plomb. Le sable fin et les petits grains de quartz formaient le résidu : à peine s'il y avait quelques flocons. La solution chlorhydrique ne troublait que très-légèrement le chlorure de baryum en sulfate ; elle ne renfermait que de la chaux avec de faibles proportions d'alumine, de magnésie et de peroxyde de fer, sans cuivre ; elle ne laissa pas de silice par l'évaporation. Ce mortier avait donc été préparé avec de la chaux grasse. Il donna à la distillation une trace d'ammoniaque, et prit une teinte grisâtre due à une trace de matière organique : évidemment celle-ci était accidentelle, ou, en d'autres termes, on n'avait point fait entrer à dessein de matière organique dans le mortier.

Enduit ou couleur rouge. Il était d'une faible épaisseur, luisant, très-dur : aussi n'imbibait-il pas l'eau. A la distillation, il donnait une eau ammoniacale. Le résidu avait perdu du jaune ; il était plus violâtre que la matière avant la distillation.

Extrait aqueux. Il a cédé à l'eau bouillante une trace de matière organique, de la chaux à l'état de carbonate, une trace de sulfate de chaux ; il n'y avait pas de chlorure.

Extrait alcoolique. L'enduit, épuisé par l'eau, n'a cédé à l'alcool que la trace d'une matière qu'on n'oserait qualifier de matière grasse.

Résidu épuisé par l'eau et l'alcool. Ce résidu, essentiellement formé de peroxyde de fer et de sous-carbonate de chaux, semblait bien indiquer que l'enduit avait été primitivement un mélange de peroxyde de fer et de chaux caustique, ou, ce qui revient au même, que le peroxyde de fer avait été appliqué sur un enduit calcaire frais. Outre ces matières, le résidu renfermait un peu de silice très-divisée, de l'alumine, de la magnésie, et une trace de sulfate de chaux; mais celui-ci était accidentel : peut-être provenait-il de l'eau employée à l'extinction de la chaux. Le peroxyde de fer ne renfermait ni magnésie ni cuivre.

On n'avait donc pas employé de matière organique dans la confection du mortier, ni dans celle de l'enduit sur lequel les matières colorées avaient été appliquées. Toute la matière calcaire était de la chaux carbonatée, et non du plâtre.

Couleur jaune. Cette couleur était de l'hydrate de peroxyde de fer. Distillée, elle donna une vapeur aqueuse ammoniacale, et un résidu rouge de peroxyde de fer. Elle ne céda à l'eau bouillante qu'une trace de matière renfermant du sulfate de chaux. L'hydrate de fer était uni ou mêlé à de la silice et à de l'alumine, mais en petite quantité, et à du sous-carbonate de chaux provenant de la chaux caustique employée primitivement avec l'hydrate.

Couleur verte. Elle s'est comportée avec les réactifs comme la terre de Vérone, ou comme l'aurait fait un silicate de fer. Elle ne céda à l'eau bouillante qu'une trace de matière dans laquelle il y avait du sulfate de chaux. L'acide azotique avait dissous, outre la chaux, du fer sans plomb ni cuivre. Le résidu insoluble se comporta à la manière de la terre de Vérone dans le petit nombre d'essais auxquels on a pu la soumettre.

CONCLUSIONS.

1º Il existe les plus grands rapports entre les fragments de peinture murale d'origine romaine, trouvés au Palais de Justice, et les fragments de peinture murale trouvés dans une villa découverte à Saint-Médard des Prés, en Vendée (1). Ces rapports portent sur la nature des matériaux colorés et incolores employés dans les deux localités, et sur le mode de leur mise en œuvre. La base du mortier ou enduit incolore est la chaux grasse, mêlée de sable ou de marbre.

Le sulfate de chaux qu'on y a trouvé est accidentel, et paraît provenir des eaux plutôt que des matériaux solides. La matière organique est en trop petite quantité pour qu'on soit autorisé à croire qu'on les ait fait entrer comme principe constitutif des mortiers et enduits incolores et colorés. Les matières colorées paraissent avoir été employées avec un lait de chaux, sans l'intermédiaire d'une matière organique.

2º Si la chaux grasse, le peroxyde de fer, l'ocre jaune, et une matière verte qui renferme un silicate de protoxyde de fer, et semble être de la terre de Vérone, ont été employés dans les mortiers et enduits ou couleurs, comme dans ceux du Palais de Justice et de Saint-Médard des Prés, — dans ces deux derniers lieux, toutefois, sans l'intermédiaire d'une matière organique, — il serait difficile de ne pas admettre l'addition d'une matière organique dans les enduits ou couleurs de Pompéi : car il s'en trouve une proportion trop forte pour la croire accidentelle.

---

(1) J'ai déjà parlé, p. 194, de cette remarquable découverte, due au zèle du savant antiquaire M. B. Fillon, et relatée dans sa « *Description d'une villa et d'un tombeau d'une femme artiste gallo-romaine.* » Je vais citer, à la suite des conclusions de M. Chevreul, ce que cette publication contient d'éminemment intéressant par rapport aux fragments de peinture murale trouvés dans la villa, et aux matières et ustensiles propres à la peinture des anciens, qui s'étaient conservés dans le tombeau.

3° J'étends la même conclusion aux stucs d'une figure drapée du fronton du temple de Jupiter Olympien à Agrigente, et où la matière organique s'est trouvée en proportion beaucoup plus forte encore qu'à Pompéi.

4° Outre les matières colorantes que j'ai reconnues communes au Palais de Justice et à Pompéi, je rappelle avoir trouvé, dans les mortiers et les couleurs de cette dernière localité, du marbre et du noir de fumée.

CHAPITRE LXXVI.

Description des fragments de peinture murale trouvés en 1845 dans la villa d'une femme artiste gallo-romaine, à Saint-Médard des Prés, en Vendée.

Ces fragments de peinture furent découverts sous une aire moderne, dans une salle avoisinant l'antique atrium de la villa. « Les « motifs peints, dit l'auteur (p. 16, § IV), sont en tout semblables « à ceux que les artistes ont employés à la décoration des apparte- « ments d'Herculanum et de Pompéi. Le milieu des panneaux est « occupé par des sujets tirés de l'histoire de la mythologie ou de la « vie privée, entremêlés de paysages. Les tableaux à figures étaient « de deux grandeurs; les personnages des uns avaient $0^m,35$, et « ceux des autres, $0^m,14$. »

« Des premiers, il ne reste qu'un buste de femme relevant ses « cheveux de la main droite; le geste et les traits du visage in- « diquent qu'elle devait faire partie d'une action retraçant un évé- « nement sérieux, sinon tragique; le col, la poitrine et les bras

« d'une jeune femme assise ; une jolie tête d'enfant blond, regardant
« à gauche ; plusieurs jambes ; un pied féminin chaussé de sandales
« que l'on donnait ordinairement aux nymphes chasseresses de
« Diane, ou à la déesse elle-même ; un gros poisson et un panier
« plein de champignons : ce dernier morceau appartenait peut-être
« à un sujet rustique. Les figures se détachent sur un fond naturel. »

« Les personnages de moindre dimension sont, au contraire,
« sur un fond rouge et noir. Nous possédons en ce genre : un Amour
« avec des ailes azurées, portant un vase jaune ; le corps d'un
« homme qui tient les rênes d'un coursier ; un filet rempli de pois-
« sons, et des chevaux marins verts dont les naseaux, le poitrail et
« les jambes sont roses. Ces animaux semblent attelés au char de
« quelque divinité de la mer. »

« Quant aux paysages, il n'en existe que deux ou trois fragments :
« la partie antérieure d'une petite panthère ; un vase contenant une
« plante aquatique ; deux cygnes, et un ciel bleu. »

« Je ne sais, continue M. Fillon, si le voisinage de l'Océan et la
« vue des marécages de la Vendée avaient inspiré le peintre ; mais
« on doit remarquer combien il avait emprunté au royaume de Nep-
« tune. Il n'y a pas jusqu'aux encadrements qui ne se ressentent de
« cette prédilection toute particulière. Plusieurs sont ornés de tri-
« tons verdâtres, reliés entre eux par des algues tressées en légers
« rubans. Des raies et des filets noirs, jaunes, verts et rouges, une
« belle guirlande de laurier que soutiennent des agrafes et des
« glands d'or, et des colliers de perles auxquels sont suspendus des
« vases, entourent également les compositions, et sont animés par
« des oiseaux aux riches couleurs qui se jouent dans les feuillages. »

« Le style de ces peintures ne manque pas de caractère, et cer-
« tains détails dénotent de l'habileté et beaucoup d'habitude du
« pinceau ; le faire est élégant ; les touches fines et les larges ha-
« chures qui font ressortir les clairs ont de l'analogie avec la ma-
« nière adoptée par divers maîtres dans leurs dessins faits à grands

« coups de brosse sur du papier teinté (1). Néanmoins le mérite des
« figures est, à mon avis, au-dessous de celui des ornements; et je ne
« serais pas étonné que l'auteur eût imité des compositions connues,
« tandis que son imagination seule guidait les caprices de ses ara-
« besques jetés du premier coup. On a d'ailleurs de nombreux
« exemples de copies de ce genre chez les anciens, et les peintures
« célèbres devaient, comme les chefs-d'œuvre de la statuaire, être
« souvent reproduites. »

« Les procédés employés pour l'application des couleurs sont
« assez simples. Une couche de mortier de chaux et de gros sable,
« épaisse de 0^m,021, a été d'abord placée sur la muraille, et recou-
« verte ensuite d'une seconde en mortier plus fin, n'ayant que
« 0^m,004 (2). Celle-ci a été, à son tour, revêtue d'une préparation sur
« laquelle l'artiste a travaillé, lorsque le tout aura été sec. Deux rai-
« sons me font adopter cet avis :

« 1° Les couleurs s'enlèvent par écailles très-minces, et ne font
« point corps avec l'enduit.

« 2° Elles ont été superposées les unes sur les autres, ainsi qu'on
« le remarque en les frottant.

« Donc ce ne sont point des fresques, car, dans ce cas, les prin-
« cipes colorants auraient pénétré; par conséquent, je conclus que
« nos débris sont peints à l'encaustique ou en détrempe... »

« Reste à savoir maintenant si l'artiste a fait usage de la détrempe
« ou de l'encaustique. Je pencherais vers la première opinion, parce

---

(1) « L'artiste a fortement accentué les contours au moyen d'une grosse ligne qui tranche légèrement sur le fond, et sert de repoussoir aux dernières teintes. »

(2) « V. Vitruve, lib. VII; Pline, lib. XXXVI. On mettait quelquefois cinq couches successives. Les trois premières étaient composées d'un mélange de chaux et de sable de rivière, et dans les deux supérieures on remplaçait le sable par du marbre pulvérisé. A Saint-Médard, ce dernier n'a pu être employé, et on s'est contenté de sable fin. »

« que, indépendamment des raisons émises plus haut, nos peintures
« sont rugueuses et peu transparentes (1). »

Avant de donner les analyses de M. Chevreul, extraites des *Recherches chimiques sur plusieurs objets archéologiques trouvés dans la Vendée*, insérées dans le tome XXII de l'Académie des sciences et relatées par M. Fillon, je ne puis m'empêcher d'insister sur sa judicieuse remarque, que je viens de rapporter, relativement à la ressemblance des motifs qu'offrent les fragments des peintures murales de Pompéi et d'Herculanum, avec ceux découverts à Saint-Médard. La description de ces derniers est, en effet, si conforme à celle qu'on pourrait faire de fragments provenant d'habitations de Pompéi, que toute personne qui la lirait, sans connaître l'origine des objets décrits, mais qui aurait assisté à une fouille dans cette ville, les croirait incontestablement retirés de dessous les cendres du Vésuve. Mais si, comme je l'ai dit p. 193, par rapport à la connexité des enduits et stucs romains provenant de toutes les parties de l'Europe, la connexité matérielle entre ces derniers doit être regardée comme le témoignage certain de l'emploi traditionnel de procédés pratiques analogues, depuis les époques les plus reculées de l'art en Grèce jusqu'à l'extinction directe de l'influence romaine, à plus forte raison la présence incessante de la peinture murale retrouvée appliquée partout, avec les mêmes données et sous les mêmes aspects, c'est-à-dire inspirée par les mêmes idées et exprimée par les mêmes formes, à plus forte raison, dis-je, cette présence doit être une preuve corollaire ausssi péremptoire que concluante de la conservation et de l'application non interrompue de ce

---

(1) Ces circonstances n'ont rien de concluant ; car je possède des essais de peintures à la cire non vernies et non polies, c'est-à-dire sans que la dernière couche ait été cautérisée et frottée, et qui offrent également une certaine rugosité sans aucune transparence sensible. Grattées avec un couteau, elles s'écaillent ; et si elles avaient été ensevelies sous terre comme les peintures de la villa gallo-romaine, elles auraient nécessairement dû faire aussi peu de corps avec l'enduit que celles-ci.

même système de décoration au moyen de la peinture murale, et des mêmes principes qui y présidèrent dans l'origine.

Certainement il a dû y avoir et il y a eu, dans un parcours de vingt siècles et plus, des modifications dans son emploi, suites nécessaires, comme je l'ai déjà dit, de toute transplantation des produits naturels ou individuels d'un sol sur un autre ; mais, en établissant, avec une scrupuleuse attention, un parallèle entre les peintures décoratives sur mur d'époques éloignées de plusieurs siècles les unes des autres, et dont les localités où elles sont exécutées comptent jusqu'à un millier de lieues d'éloignement, et qu'on y trouve réunie cette surprenante conformité, on comprend plus que jamais à quel point la migration des artistes de la Grèce à Rome et de Rome dans tous les rayonnements des possessions romaines a dû être grande, et à quel point les descendants de ces artistes ou leurs élèves furent longtemps les rigides conservateurs et propagateurs de leurs procédés et de leurs principes. Soit, en effet, que l'on compare les restes de ce genre de décoration trouvés en Sicile (1), avec ceux de Stabie, de Pompéi, d'Herculanum, de Rome et de ses environs, avec ceux trouvés à Saint-Médard et au Palais de Justice de Paris, ou encore avec d'autres fragments récemment découverts à Sens et à Champlieu (2), dans tous apparaît la parenté la plus frappante.

---

(1) Il suffira de citer les peintures d'une chambre découverte en 1828 à Catane, tom. II, Pl. XLVI et XLVII, et tom. IX, p. 60 des *Monuments inédits* et des *Annales de l'Institut de corresp. archéol.*

(2) Je dois à l'auteur des *Leçons d'architecture théorique et pratique*, M. Thiollet, que l'amour de l'antiquité rend infatigable dans ses travaux d'investigation, la connaissance des recherches et découvertes qu'il fit à Sens en 1848. Il trouva dans les murs de cette ville des morceaux de sculpture de l'époque romaine, d'un grand intérêt ; puis des fragments d'architecture, richement ornés, dans un vaste emplacement nommé *Motte du Ciar*, que cet artiste croit avoir été un camp prétorien. Tous ces fragments, soit de figures provenant de cippes ou de tombeaux, soit d'ornements, portaient des traces de coloration. On trouva de ces derniers peints en rouge sur fond noir ; les premiers avaient des draperies aussi rouges, et d'autres bleues bordées d'or se détachant sur des fonds verts. Des fragments de

Il ressort aussi, de cette longue conservation des moyens semblables de construire et de décorer les monuments publics et les maisons particulières, la certitude d'une grande stabilité dans les mœurs et les usages des anciens : sans arrêter toutefois les changements d'une manière absolue, elle ne les permettait qu'avec une judicieuse réserve; ils restèrent, pour ainsi dire, insaisissables dans leur effet instantané, et ne pouvaient s'apercevoir qu'à des intervalles de temps assez éloignés. Cette stabilité ne fut ébranlée fortement qu'aux rares et terribles époques où les commotions politiques et religieuses surgirent, et où le torrent dévastateur des peuples renversait et entraînait tout, ne laissant après son passage, sous les décombres des civilisations détruites, que des restes disséminés et ensevelis; mais ces germes précieux, abandonnés pendant la longue

---

marbre de couleur de vingt-cinq natures différentes y furent découverts. Enfin, en 1849, M. Thiollet recueillit des mortiers rouges formant pavé sur différents sols, et des restes d'enduits composés de mortier et de stuc peint. Quelques-uns de ces stucs étaient durs et polis, et avaient des fonds rouges avec des tracés de peintures paraissant provenir de figures; d'autres avaient des fonds noirs et blancs; sur d'autres encore on distinguait des bordures de différentes couleurs. Au premier abord, M. Thiollet jugea ces restes « comme offrant dans leurs procédés et leurs « couleurs une grande analogie avec les couleurs et les peintures de Pompéi, » et les fragments qu'il me communiqua ne laissent aucun doute à cet égard. J'en donne un exemple Pl. XXII, F. ix.

Le même architecte a dessiné et rapporté depuis d'autres fragments d'architecture des plus curieux, de l'époque romaine, qui furent découverts cette année à Champlieu, canton de Crespy (Oise), sur la lisière de la forêt de Compiègne. Ces fragments, qui proviennent d'un grand édifice, à en juger par les proportions des colonnes, sont d'une richesse extraordinaire de sculptures, de figures et d'ornements. Le caractère des bas-reliefs est assez beau, mais les profils et les ornements des moulures et autres parties architectoniques portent l'empreinte d'une époque de décadence. Presque tous ces fragments présentent également les traces ostensibles de la polychrômie; des fonds jaunes avec des ornements blancs, rehaussés par des filets rouges, s'y remarquent comme principe général de coloration; mais on y trouve aussi des ornements sur des fonds rouges, avec des filets blancs. M. Thiollet y recueillit encore des enduits colorés à l'instar de ceux de Pompéi. J'en donne également un exemple Pl. XXII, F. xi.

durée des passions orageuses, puis recherchés au milieu du calme, et au retour de la raison recueillis, semés, cultivés et portant de nouveaux fruits, souvent moins parfaits que les anciens, quelquefois aussi beaux et surtout plus diversifiés, sont à la fois un dédommagement du passé, un avantage du présent, et un espoir pour l'avenir.

CHAPITRE LXXVII.

Analyse, par M. Chevreul, de deux échantillons de peinture provenant des ruines de la villa découverte à Saint-Médard (1).

« *Examen d'un fragment représentant une cuisse et une jambe de « femme avec un pied chaussé d'une sandale, sur un fond verdâtre.* »

« Cette peinture couvrait un morceau de mortier de $0^m,04$ d'é-
« paisseur, composé, dans l'origine, de chaux grasse, de sable et de
« gravier. La chaux grasse était entièrement convertie en sous-carbo-
« nate. Je dis que ce mortier avait été composé avec de la chaux
« grasse, parce que, après avoir été dissous avec effervescence par l'a-
« cide azotique, la solution, séparée du sable et du gravier siliceux
« par la filtration, évaporée à sec, et le résidu repris par l'eau, ne
« laissa pas de silice ; il céda au liquide beaucoup d'azotate de chaux
« mêlé de très-peu d'azotate d'alumine, de peroxyde de fer, et
« d'une trace de magnésie.

« Si l'œil ne distingue pas des couches différentes dans ce mor-

---

(1) C'est M. Fillon qui envoya au savant chimiste ces précieux fragments, ainsi que les échantillons des différentes matières trouvées dans le tombeau également découvert à Saint-Médard, et dont les analyses sont données sommairement dans le chapitre suivant.

« tier, il est impossible que la surface peinte ne soit pas d'une pâte
« plus fine que le reste du mortier. Mais comment la peinture a-t-
« elle été appliquée sur l'enduit ? C'est une question à laquelle je vais
« répondre par l'examen minutieux que j'ai fait des choses, en dis-
« tinguant soigneusement le résultat de l'expérience des conjectures
« que j'ai pu former sans pouvoir les vérifier. »

« Le fond, d'un gris verdâtre, a été probablement appliqué avec
« un pinceau, car on voit des traits parallèles les uns aux autres ;
« je dis probablement, parce qu'il ne serait pas impossible que l'en-
« duit eût été frotté avec des poussières dures qui auraient creusé
« des sillons à sa surface. »

« La couleur est évidemment de la terre de Vérone, mélangée
« de particules bleues distinctes à la loupe et même à la vue
« simple. Les particules sont vraisemblablement le bleu égyp-
« tien. »

« Lorsque les figures ont été peintes, le fond était parfaitement
« sec ; car, en détachant avec précaution les couleurs rouge, rose
« et blanche des carnations, on retrouve dessous le fond d'un gris
« verdâtre ; et on aperçoit dans celui-ci, mis à découvert, la terre
« de Vérone et le bleu dont j'ai parlé. »

« La couleur de chair était du peroxyde de fer anhydre, et le
« rose un mélange du même oxyde et de sous-carbonate de chaux
« mêlé d'alumine et d'une trace de magnésie. Il est probable que,
« dans l'origine, la chaux avait été mêlée à l'état caustique avec
« l'oxyde de fer. »

« La sandale présentait une belle couleur jaune qui avait été
« ajoutée sur la carnation après la dessiccation de celle-ci. Il y avait
« donc eu trois applications successives de couleurs superposées, le
« fond, la carnation, et la teinte de la sandale... »

« J'ai d'abord cherché, continue M. Chevreul, dans la peinture
« séparée par le grattage du mortier, la présence d'une matière so-
« luble dans l'eau, telle que matière gommeuse, matière azotée

« caséeuse, albumineuse ou gélatineuse; mais je n'ai rien trouvé qui
« ait pu me donner à penser qu'on avait ajouté un corps de cette
« nature aux matières colorées. »

« L'alcool bouillant a enlevé aux matières colorées des carna-
« tions une très-faible quantité de matière grasse, qui pouvait être
« de la cire ou un mélange de cire et de résine; mais il n'y en avait
« qu'une quantité beaucoup trop faible pour en constater la nature
« spécifique; cette faible quantité était d'ailleurs une conséquence
« des deux faits suivants : 1° c'est que la peinture ne donnait qu'une
« trace de produit empyreumatique odorant à la distillation; 2° que
« l'eau était bue par l'enduit coloré. Or, s'il y avait eu une quan-
« tité notable de corps gras, les résultats eussent été différents. »

« Mais je ne m'en suis pas tenu à ce résultat. Après avoir traité la
« peinture par l'eau, l'alcool, je l'ai soumise à l'action de l'acide
« chlorhydrique, afin de décomposer les savons terreux ou métal-
« liques qui auraient pu se former par l'emploi d'un corps huileux,
« soit que ce corps huileux eût été dans l'origine neutre, comme le
« sont les huiles d'olive, de pavot, la graisse proprement dite; soit
« qu'il eût été acide, comme le sont les acides oléique, marga-
« rique, etc. Eh bien ! l'alcool appliqué au résidu insoluble dans
« l'acide, et au papier dans lequel on avait filtré la solution chlorhy-
« drique, n'a donné aucune matière grasse. »

*« Examen d'un fragment représentant une figure nue d'enfant à
« ailes vertes sur un fond rouge. »*

« Évidemment la figure avait été faite sur le fond déjà sec, comme
« dans le premier fragment, car en le grattant on mettait le fond
« à découvert; en outre, les ailes vertes avaient été peintes à deux
« reprises et à teintes plates. La première couche était de la terre de
« Vérone mêlée de bleu égyptien et de sous-carbonate de chaux;

« et la seconde, qui faisait le clair de la première, était un mélange de
« terre de Vérone et de sous-carbonate de chaux ; et l'on pouvait
« enlever ces matières par écailles, conformément à leur apparence
« d'avoir été superposées. Le fond se composait de peroxyde de
« fer et de sous-carbonate de chaux. »

« Les carnations, traitées par l'eau froide, n'ont donné que des
« traces de matière organique et de sel calcaire, probablement
« sous-carbonaté. Traitées par l'alcool bouillant, elles ont cédé à
« ce liquide une trace de matière grasse, semblable à celle qu'on
« avait séparée du premier fragment. Le résidu indissous par l'eau
« et l'alcool était formé de sous-carbonate de chaux, de peroxyde
« de fer. Il y avait, en outre, de l'alumine et de la magnésie, mais
« pas d'oxyde de manganèse. »

M. Chevreul termine ainsi : « N'ayant pu découvrir dans les deux
« fragments de peinture rien qui annonçât l'emploi d'une matière
« gommeuse, résineuse, huileuse, gélatineuse ou caséeuse pour ap-
« pliquer la peinture sur l'enduit, j'ai cherché à voir s'il ne serait
« pas possible de faire cette application en ne recourant qu'à un
« simple mélange de la matière colorante avec de la chaux humec-
« tée. L'expérience a justifié ma prévision. Le peroxyde de fer, em-
« ployé de cette manière, est extrêmement solide aux injures de l'air ;
« lorsque la chaux, qui peut être en excès, est carbonatée, le frot-
« tement et la pluie n'enlèvent pas la matière. Le vert-de-gris donne
« un bon résultat, mais il n'est pas aussi solide que le peroxyde de
« fer. J'ai appliqué de la même manière et avec le même succès
« le bleu égyptien, un mélange de terre de Vérone et de bleu
« égyptien, et enfin le vermillon. Je crois donc à la possibilité de faire
« des peintures murales avec des matières colorantes et de la chaux
« hydratée, réduites en un mélange suffisamment coulant au moyen
« de l'eau. »

CHAPITRE LXXVIII.

Description des matières et ustensiles propres à la peinture, trouvés en 1847 dans le tombeau d'une femme peintre, découvert à Saint-Médard.

« La fosse, » dit M. Fillon dans sa relation, « était carrée, et avait
« quatre mètres de côté dans sa partie inférieure, six dans sa partie
« supérieure, à cause d'un talus, et deux de profondeur. On ne
« voyait aucune trace de maçonnerie ; quelques grandes pierres je-
« tées sans ordre recouvraient simplement le tombeau. Le cercueil
« et les objets placés au fond avaient été entourés de sable fin et de
« terre rendus noirs par la décomposition des matières organiques.
« Le tassement avait brisé plusieurs des vases et d'autres usten-
« siles (1). »

---

(1) J'ai puisé, dans les cinq planches qui accompagnent la publication de M. Fillon, les différentes vignettes qui vont suivre, et qui représentent : n° 1, le plan et la coupe du tombeau, avec l'indication des emplacements qu'occupaient les objets qui y furent découverts ; n° 2, une réunion de vases en verres de différentes couleurs et formes ; n° 3, plusieurs autres vases également en verre, avec, à droite, une palette en basalte, une boîte à couleur en bronze, un godet de même métal, une autre palette, un étui à pinceaux, des spatules, des brunissoirs en succin ou ambre jaune, puis, à gauche, des mortiers en albâtre avec des broyons, dont un en cristal, etc.; n° 4, un couteau à virole ; n° 5, deux cuillers ou spatules en bronze ; n° 6, enfin, un instrument en cristal rempli de poudre d'or.

532　ARCHITECTURE POLYCHROME

N° 1.

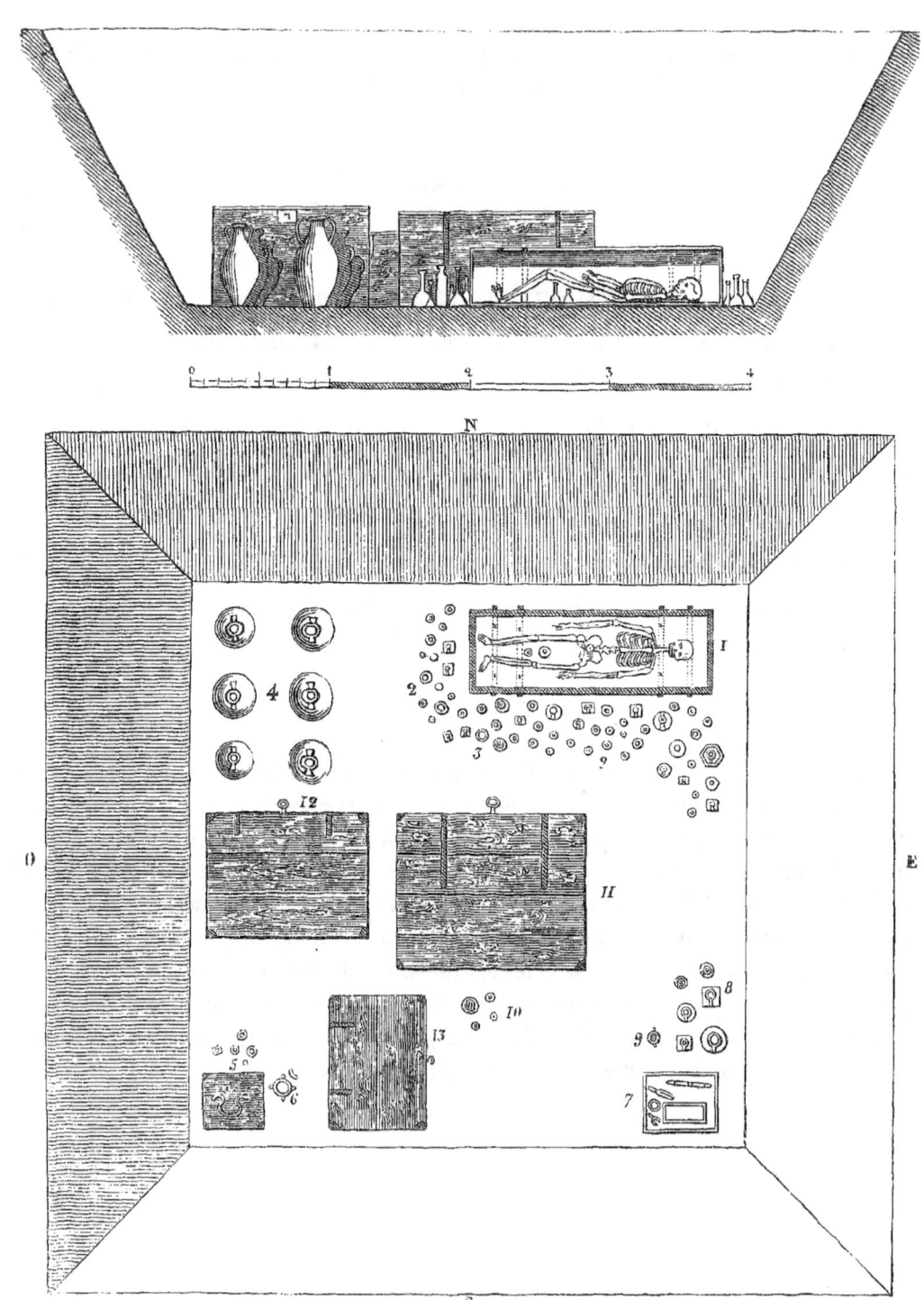

« Les objets posés sur le sol étaient : 1° le cercueil contenant le squelette ; 2° des vases en verre blanc ; 3° un vase en verre de couleur, et des assiettes en terre cuite ; 4° des amphores ; 5° des vases en verres blanc et jaune, des débris d'une boîte en bois ; 6° un mortier en albâtre ; 7° un coffret en fer contenant divers objets détaillés plus loin ; 8° de grands vases en verre blanc ; 9° une grande bouteille en verre blanc, remplie d'une matière bleue ; 10° de petites fioles en verre blanc, un vase de terre noir contenant de la terre de Sienne et du bleu égyptien, un autre vase, en verre blanc, rempli de résine ; 11° enfin plusieurs débris de coffres en bois. »

« Dans le cercueil, construit en planches de noyer, entouré de quatre cercles de fer, muni de deux anses, et consolidé aux angles par des plaques aussi en fer, se trouvait le squelette de 1^m,53 d'une jeune femme. Sa tête, intacte, avait des dents blanches d'une conservation parfaite... »

N° 2.

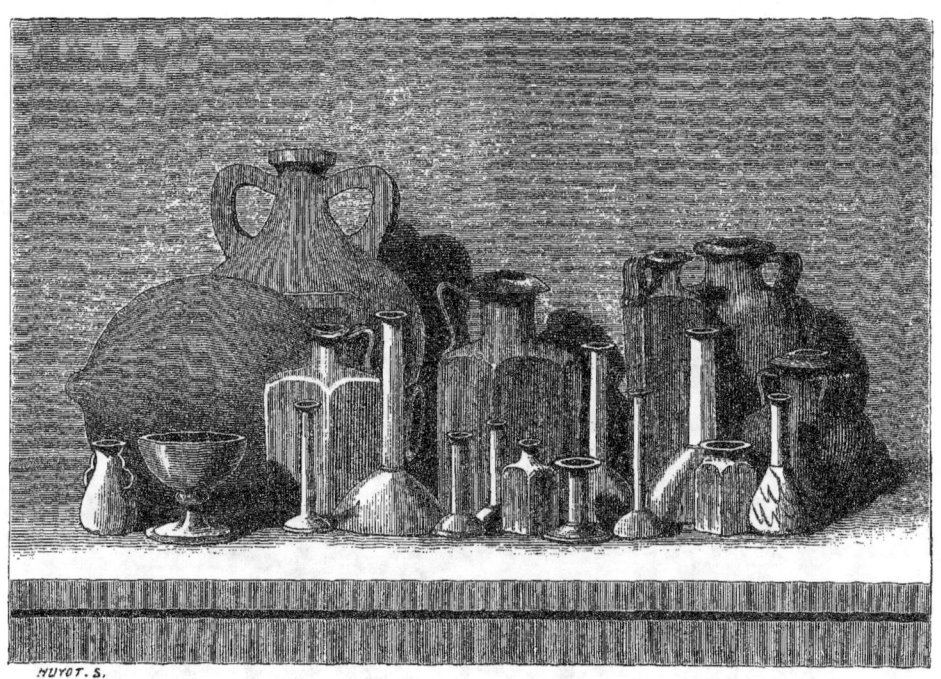

« Autour du cercueil, dans divers endroits de la fosse, et suivant
« la coutume touchante des anciens, se trouvaient les objets d'affec-
« tion de la jeune femme. Ils consistaient en quatre-vingts vases en
« verre de toutes dimensions ; le plus grand nombre en était brisé ;
« une vingtaine seuls ont été sauvés. Plusieurs des plus grands
« étaient bouchés avec des tampons en bois recouverts de cuivre. »

« Les verres sont de trois natures : ou blancs verdâtres, comme
« nos bouteilles ; ou de cristal artificiel ; ou enfin, comme un seul,
« en verre de couleur jaune, orné de marbrures blanches mêlées à
« la pâte, et pareil aux verreries de Venise. Un petit godet était de
« ce même verre jaune, avec un filet bleu au bord. »

Je passe la description détaillée de la grandeur et de la forme des vases. J'indiquerai seulement qu'il y en avait d'hexagones, de ronds, de carrés, avec des goulots grands et petits, avec ou sans anses, sans aucun ornement ou avec des cercles saillants : l'un d'eux avait le fond orné d'un phallus. Les hauteurs variaient de $0^m,076$ jusqu'à $0^m,26$, et les diamètres, de $0^m,035$ à $0^m,19$.

N° 3.

« Dans l'angle nord-ouest du tombeau étaient placées de grandes
« amphores, au nombre de six, en terre rougeâtre, de la contenance
« de 12 à 15 litres, mais toutes détériorées par l'humidité. On y
« trouve aussi des fragments d'autres vases plus petits et d'assiettes
« de la même terre. »

« A l'angle opposé, gisaient les débris du coffret en bois, garni
« de plaques de fer aux angles, et au-dessus, d'une élégante bélière
« en bronze servant à le porter. Ce meuble paraissait être une boîte
« à couleurs; il renfermait des fragments de fioles en verre blanc
« très-fin, le godet jaune mentionné, un petit couteau à virole avec
« un manche en cèdre et dont la lame était oxydée, enfin deux petits
« cônes de succin ou d'ambre jaune. A côté de la boîte était un
« mortier en albâtre, avec son broyon de la forme d'un pouce hu-
« main avant que l'humidité ne l'eût décomposé (1). Un autre petit
« broyon en cristal de roche brut se trouvait aussi près du mortier. »

N° 4.

« A l'angle nord-est on découvrait le coffret en fer, dont le cou-
« vercle, légèrement arrondi, était très-oxydé et s'en allait en mor-
« ceaux. Ce meuble avait 0^m,25 de longueur, 0^m,15 de largeur, et
« 0^m,10 de hauteur. Il renfermait : 1° une boîte à couleurs en bronze;
« 2° un godet ou petit mortier de même métal; 3° un étui contenant

---

(1) Il est à remarquer que ce mortier, représenté sur la vignette n° 3, offre, en plus d'un goulot, trois parties saillantes, et que la présence et le nombre de ces espèces d'oreilles n'a pour objet que de maintenir sur les bords d'un fourneau ce vase, et permettre son transport sans brûler les mains, lorsqu'il contenait des substances chauffées. Il n'en est pas ainsi de l'autre vase, qu'on voit sur la même vignette; il n'a qu'une oreille, et n'était par conséquent pas destiné à aller sur le feu.

« de petites cuillers aussi en bronze ; 4° des instruments en cristal de
« roche ; 5° deux manches de pinceau en os ; 6° une palette en ba-
« salte. »

« La boîte à couleurs est rectangulaire, et munie d'un couvercle à
« coulisse. L'intérieur est divisé en quatre compartiments recouverts
« par autant de grillages mobiles en argent, que de petites bélières
« servent à relever. Chaque compartiment est rempli de pains de
« couleur sans forme régulière ; en la fabriquant, on s'est contenté
« de verser la matière réduite en pâte liquide sur une surface plane,
« et de la laisser sécher. »

M. Chevreul, en analysant le métal de la boîte, le trouva être
de véritable bronze, sans mélange de zinc. Sa faible épaisseur,
de moins d'un millimètre, sa flexibilité et sa ténacité attirent
particulièrement son attention, et lui font reconnaître une grande
habileté dans les ouvriers anciens pour réduire à ce point l'alliage
du bronze.

N° 5.

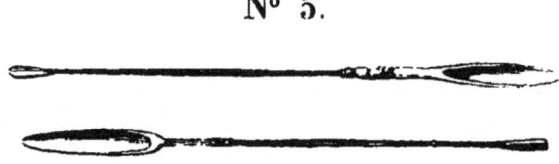

Les *deux cuillers* ou *spatules* en bronze, dont l'une était d'une
forme charmante et l'autre d'un travail inférieur, se trouvaient
dans un étui cylindrique ; les parois en étaient aussi minces que
celles de la boîte, et il était orné de petits cordons ou cercles
exécutés avec beaucoup d'adresse.

N° 6.

L'instrument en cristal de roche, taillé avec soin, était de forme
demi-cylindrique et creusé, sans rebord à une des extrémités, et

avec un manche à l'autre; de la poudre d'or mêlée à une substance gommeuse remplissait la partie évidée. L'instrument remplaçait donc les coquilles de moules remplies d'or ou d'argent actuellement en usage. Il y avait des instruments pareils dans la boîte.

Les *manches de pinceau* étaient en os, et de la forme d'une baguette de $0^m,12$ de longueur; ils portaient les traces des fils de cuivre qui attachaient les barbes des pinceaux.

La *palette en basalte* était formée d'une plaque de $0^m,14$ de longueur, $0^m,09$ de largeur, et $0^m,01$ d'épaisseur.

Indépendamment des couleurs renfermées dans la boîte, plusieurs vases contenaient des substances formées d'*oxydes métalliques*, que M. Chevreul analysa, et dans lesquels il reconnut de la *terre de Vérone* et du *bleu égyptien*, ou *fritte d'Alexandrie*.

D'autres contenaient des matières organiques, dont : une première, résineuse, en gros morceaux, qui, dans leurs parties centrales, présentaient les propriétés de la *résine* du *pin maritime* ou *pin silvestre*; une seconde, conservée dans une grande fiole, était de la véritable *cire* d'abeille, dont une très-faible partie avait été altérée; une troisième, dans une petite fiole à fond plat, se composait d'un mélange de *cire* et de *résine* destiné à l'usage de la peinture; une quatrième, également dans une fiole à fond très-plat, accusa la présence des *acides oléique* et *margarique*, de *cire* et de *noir de fumée*.

Cette dernière matière présenta au savant chimiste le résultat bien curieux de renfermer à l'état libre les acides oléique et margarique, dont la découverte dans les sciences modernes ne remonte qu'à 1811, et dont la présence dans ce tombeau fait remonter l'existence vers le IIIe siècle de notre ère.

« On peut se demander, dit à ce propos M. Chevreul, si ces aci-
« des proviennent de l'altération spontanée d'une huile neutre
« qu'on aurait mêlée à la cire et au noir de fumée, de sorte que,
« sous l'influence des agents atmosphériques ou de toute autre,

« l'huile neutre eût été acidifiée? Ou bien s'ils viennent d'une dé-
« composition d'un savon d'huile d'olive, de pavot, etc., par du
« vinaigre, du jus de citron ou tout autre acide? Sans pouvoir le
« décider d'une manière absolue, je crois cependant plus probable
« la seconde origine. » Enfin, et sans rien énoncer sur l'emploi de
ce mélange, ce que M. Chevreul croit impossible, il termine ainsi :
« L'existence des divers corps gras indique que l'artiste n'em-
« ployait pas toujours, dans ces peintures, les mêmes procédés que
« pour la confection des ornements qui décoraient sa villa. Deux
« fragments retrouvés parmi les débris avaient un aspect plus bril-
« lant que les autres, et présentaient cela de particulier, que si l'on
« grattait légèrement les couleurs avec une lame de canif, afin d'en-
« lever la première couche, elles devenaient friables, se réduisaient
« en poudre et se détachaient à l'eau, résultat qu'il est impossible
« d'obtenir en conservant la couche supérieure, quinze cents ans
« de séjour sous une terre humide ne leur ayant fait subir aucune
« altération. Elles devaient, à n'en pas douter, cette propriété à
« l'enduit dont elles étaient revêtues, et je crois pouvoir affirmer
« que ces peintures étaient exécutées à la détrempe vernie (1). »

Je finis en résumant les parties du récit de M. Fillon et des analyses de M. Chevreul qui se rapportent à la spécialité de mon travail, et d'où il résulte, selon ces messieurs :

1° Que la villa de Saint-Médard était ornée de peintures du genre
de celles d'Herculanum et de Pompéi ;

---

(1) Sans vouloir récuser cette conclusion d'une manière absolue, il est tout
aussi possible que, là où l'analyse peut faire admettre la présence d'un vernis, les
peintures fussent exécutées sur le stuc avec des couleurs à la cire, puis vernies à la
cire et cautérisées ; car si cette substance a pu être constatée en quantité suffisante
pour en déduire que les peintures avaient été vernies à la cire, il n'est pas douteux que la portion de cette matière dans les couleurs ne pouvait être assez
grande pour permettre la négation de son emploi dans celles-ci, ou pour spécifier
la part de la cire dans le vernis et dans les couleurs, ou son absence absolue dans
ces dernières.

2° Que ces peintures paraissent avoir été exécutées, soit à la détrempe vernie, soit avec des couleurs mêlées à de la chaux humide ;

3° Que l'artiste se servait de pinceaux, et faisait probablement usage, comme vernis, de résine, de cire et de matières grasses ;

4° Que les matières colorantes étaient du bleu égyptien, de la terre de Vérone, du vert-de-gris, des oxydes de fer et du noir de fumée ;

5° Que les palettes étaient en basalte, porphyre, ou toute autre pierre dure ;

6° Que les anciens se servaient de poudre d'or mélangée avec une matière gommeuse.

CHAPITRE LXXIX.

Résultat des recherches faites en 1836 et 1837 dans le Musée britannique de Londres, à l'effet de constater si les marbres rapportés de Grèce par lord Elgin avaient conservé des traces de couleurs; suivi d'une relation de M. Bracebridge, relative à la constatation de couleurs sur les restes des temples de Minerve Polyade, de Pandros et d'Érechthée, et sur des fragments d'architecture et de sculpture découverts en 1835 et 1836 dans une fouille près du Parthénon, à Athènes.

Du rapport d'une commission nommée par l'Institut des architectes britanniques, rapport inséré dans le premier volume, deuxième partie, de ses Mémoires, il résulte que les recherches faites dans une séance tenue le 13 décembre 1836 firent reconnaître (1) :

---

(1) Les membres de cette commission étaient MM. W. R. Hamilton, R. Westmacott, C. L. Eastlake, C. R. Cockerell, d^r. M. Faraday, S. Angell, T. L. Donaldson et J. J. Scoles.

1° Que les divers ornements coloriés sur des terres cuites conservées dans le musée, et dont la Pl. XI, F. ix, x et xi, représente trois exemples, furent exécutés au moyen d'un poncis, et dessinés ensuite à la main;

2° Que les fragments en marbre provenant d'un des chapiteaux d'ante du portique exastyle de l'Érechthéion d'Athènes, d'une des poutres et du couronnement de l'architrave des propylées de la même ville, ne portaient plus de traces de leur coloration primitive (1).

Ces fragments avaient tous conservé les dessins de leurs ornements, qui y étaient gravés au moyen d'un ciseau très-fin. Les parties de ces ornements qui avaient leurs surfaces polies formaient un léger relief, et les autres parties, celles des fonds, présentaient des surfaces creusées d'un vingtième de pouce environ, un peu abruptes et d'un ton plus foncé, ce qui provenait des saletés qui s'y étaient fixées plus facilement que sur les parties lisses. Mais quant à savoir si les différences dans l'état actuel de ces surfaces étaient la suite d'un travail primitif ou le résultat de l'action atmosphérique, en supposant que les parties polies en aient été garanties par des dorures ou des couleurs, la commission n'en a rien pu décider.

Sur la Pl. XI, F. xii, est représenté le morceau du couronnement de l'architrave des propylées d'Athènes dans l'aspect qu'il avait alors, et avec le ton local de jaune d'ocre que la commission attribue à l'influence du temps, et non à l'application d'une pein-

(1) A la suite de cet examen, le mouleur, M. Sarti, attaché depuis longues années au musée, ayant assuré que, malgré ses scrupuleuses observations à ce sujet, il n'avait jamais pu découvrir des traces de peintures ou de couleurs artificielles sur aucun des marbres du Parthénon, figure, bas-relief ou autres, affirmait en même temps que ces fragments avaient été lavés précédemment deux fois avec du *capitel* (mélange de chaux vive et de cendre), pour enlever le savon destiné à prévenir l'adhérence des moules en plâtre. M. Faraday a été de l'opinion que ces lavages auraient seuls suffi pour faire disparaître jusqu'au moindre vestige des couleurs qui auraient pu exister originairement sur ces marbres.

ture. A propos de ces ornements dessinés sur le marbre au moyen d'une ciselure, dont la F. xii rend parfaitement l'effet, le rapport demande dans une note « si cette manière de graver les contours n'au-« rait pas été employée pour empêcher les couleurs de s'étendre « au delà du patron ou poncis, aussi bien que pour dessiner les or-« nements d'une façon nette et distinctive ? » Je ne le pense pas, et voici mes raisons. En suivant la marche naturelle de l'exécution de ces ornements, on trouve : 1° leur composition par l'architecte; 2° la confection des poncis; 3° le transport de ceux-ci sur le marbre; 4° la gravure des dessins au moyen d'un ciseau; 5° leur peinture, c'est-à-dire le remplissage des contours gravés, avec des couleurs à la cire distribuées au pinceau (1); 6° enfin la cautérisation ou brûlure, comme cela ressort sans réplique, relativement à cette dernière opération, pour l'Érechthéion, des inscriptions athéniennes que j'ai jointes à la description du frontispice dans l'explication des planches. Toutefois, et en maintenant que la ciselure des ornements facilitait excessivement leur peinture, rien ne s'opposerait à ce que cette peinture se fît également sur un tracé exécuté avec une couleur quelconque, après l'opération de la ponce passée sur le poncis, comme cela a eu anciennement lieu en différentes circonstances à Pompéi, et comme cela se fait encore aujourd'hui, sans qu'il dût en résulter nécessairement que les couleurs s'étendissent au delà des dessins poncés, et que les contours pussent être suivis avec moins de netteté. Il y a donc eu encore d'autres causes

---

(1) Il aurait, à la rigueur, pu se faire encore, quoique sans aucune probabilité, que cette opération eût été la peinture des ornements au moyen de couleurs à la chaux ou bien à la détrempe, c'est-à-dire à l'eau mélangée avec des glutens composés de colles, de gommes, d'œufs, de laits de figues ou de vaches, de sang d'animaux, ou d'autres substances dont l'usage chez les anciens est constaté. Dans ce cas, la sixième et dernière opération aurait consisté à couvrir les ornements ainsi peints d'une couche de cire, et de la brûler ensuite avec le secours du *cautérium*, espèce de réchaud portatif destiné à faire fondre la cire, et à l'incorporer dans la pierre ou le marbre par l'effet de la chaleur.

pour motiver une opération nécessairement très-coûteuse et rigoureusement sans objet pour arriver à un même résultat dans l'exécution. Encore si les ornements gravés avaient été ciselés par terre dans le chantier, avant la pose des blocs qu'ils décoraient, l'exécution devenant ainsi plus commode et plus facile, la dépense eût pu s'équilibrer; mais comme le système d'une belle exécution s'y opposait, et qu'une des inscriptions athéniennes précitées parle de blocs mis en place sans l'achèvement de la sculpture des ornements, cette supposition est inadmissible. Je crois donc que ces raisons consistaient dans le but des architectes et de conserver aussi longtemps que leurs monuments les décorations peintes dont ils les avaient embellis, et d'en faciliter la restauration, indispensable à des époques plus ou moins éloignées, sans que les ornements qu'ils avaient créés pussent être remplacés par d'autres, sinon avec de grandes difficultés et de plus grandes dépenses (1). En effet, dans l'exécution de semblables ornements, ce qui est le plus difficile et exige le plus de soin, c'est de présenter les poncis, de les fixer avec précision, de les poncer et de les dessiner ensuite; car au delà d'une certaine hauteur, ces opérations subtiles ne peuvent se faire sans le secours d'échafauds; et l'on comprend ce que leur établissement pouvait ajouter de dépense à une restauration ou à un rafraîchissement des peintures plus ou moins important et plus ou moins multiplié. Au contraire, avec la conservation des tracés du dessin sur toutes les parties à restaurer, le travail se trouve réduit à la pose des couleurs au moyen d'échelles, même à de très-grandes élévations, et par les ouvriers les plus ordinaires. Il est, du reste, probable que la gravure au ciseau des ornements ne remonte pas aux temps tout à fait primitifs, quoique les plus an-

(1) Cette conjecture trouve une confirmation puissante dans le fait cité p. 187, et rapporté par M. Wood, relativement à la présence d'anciennes peintures d'ornements, de deux styles différents, superposées les unes aux autres.

ciens temples de Sélinonte en portent des traces ; mais de même que les ornements d'abord simplement peints ont donné lieu à leur gravure ou ciselure dans la pierre ou le marbre, qui était la première intervention du tailleur de pierre dans l'embellissement des membres d'architecture, de même cette gravure amena la sculpture entière des moulures. Ce changement, comme tous ceux, quels qu'ils soient, des anciens, s'opéra très-lentement aussi ; car les deux systèmes se voient appliqués simultanément sur presque tous les monuments de la Grèce, qui offrent, à côté de moulures lisses décorées d'ornements peints, des moulures sculptées et colorées ; et ces dernières n'apparaissent seules que sur les édifices de l'époque romaine.

Dans le rapport, en date du 1er juin 1837, de la deuxième séance de la même commission, et à laquelle ses membres me firent l'honneur de m'associer (1), sont relatés :

1° Une lettre de M. Bracebridge, qui séjourna à Athènes pendant les années 1835 et 1836, et à laquelle était joint l'envoi de dessins d'ornements coloriés provenant du portique nord des temples de Minerve Polyade, de Pandros et d'Érechthée (2). « Cette partie « du temple, dit l'auteur de la lettre, étant abritée du vent de la « mer, les ornements sculptés y sont encore aussi vifs et aussi purs « que s'ils venaient d'être exécutés. Les colonnes cannelées et leurs « chapiteaux y ont conservé plusieurs couleurs. Au haut des can- « nelures, on voit un reste de couleur ardoise, et dans d'autres

(1) J'étais allé, à cette époque, une deuxième fois en Angleterre, pour me livrer de nouveau à l'examen des marbres d'Athènes et de Phigalie ; et je suis heureux d'exprimer ici publiquement ma reconnaissance aux éminents artistes et savants qui composaient cette commission, pour avoir bien voulu se réunir pendant mon séjour à Londres, à l'effet de me faire participer à leurs intéressantes investigations.

(2) La reproduction de ces dessins, qui me furent communiqués, et qui se trouvent aussi dans les Mémoires de l'Institut des architectes brianniques, est donnée sur la Pl. XI.

« endroits des traces de tons jaunes et rouges, mais en si petite
« quantité et partiellement si effacés, qu'on en distingue à peine les
« motifs. Il est néanmoins certain que l'emploi de la peinture dif-
« féremment nuancée est abondant dans les parties sculptées ou
« creuses des chapiteaux, et que celles en relief ou en saillie n'en
« offrent plus de traces. » M. Bracebridge parle ensuite de la fouille
de 25 pieds de profondeur faite à l'angle sud-est du Parthénon, et
dans laquelle furent trouvés, entre autres objets du plus haut intérêt
archéologique, « des fragments de triglyphes, de colonnes canne-
« lées, et une tête de femme, sur lesquels on voyait le rouge le plus
« brillant, du bleu et du jaune, c'est-à-dire du vermillon, de l'outre-
« mer, et un jaune de paille. Ces couleurs étaient appliquées
« en couche assez épaisse (1). » C'est dans cette lettre aussi que
M. Bracebridge parle de la nécessité de l'emploi des couleurs en
Grèce, par suite de l'impossibilité de distinguer aucun détail d'un
édifice en marbre blanc, à cause de l'aspect brillant de cette matière
lorsqu'elle sort des carrières ou qu'elle est fraîchement taillée (2).

(1) Dans les *Annales françaises de l'Institut archéologique*, t. I, p. 309, année 1836, M. Albert Lenoir, qui réunit le talent de l'architecte au savoir de
l'archéologue, a donné aussi, à la suite de la description de sa restauration du
temple de la Victoire sans ailes, à Athènes, une relation des découvertes dues à
cette fouille. Voici sommairement ce qui y est dit : « A l'angle gauche de la façade
« du temple de Minerve, une excavation profonde a produit des couches super-
« posées de charbon et de pierres calcinées, débris du temple primitif détruit par
« le feu. Des cymaises décorées de fleurs d'hyacinthe rouge, reliées par des entrelas
« noirs; de petites frises ornées de feuilles d'olivier en relief et coloriées en noir;
« des tuiles faîtières surmontées de palmettes découpées, coloriées sur toutes leurs
« faces; des têtes de Méduse peintes en noir, le tout en terre cuite, démontrent que,
« dans la construction de ce temple, cette matière jouait un grand rôle, et que la
« coloration extérieure en formait tout le décor. » Il est parlé ensuite « d'un frag-
« ment de chapiteau ionique en marbre, avec des traces de couleurs sur la volute,
« et une fleur d'hyacinthe peinte en bleu et en rouge sur le coussinet; d'un frag-
« ment de triglyphe en pierre trouvé dans la ville, dont la surface était encore
« couverte d'une teinte de bleu minéral dans toute sa fraîcheur. » La plupart de
ces curieux débris se trouvent réunis sur la Pl. XIII.

(2) J'ai donné textuellement cette partie de la lettre, p. 55, à laquelle je puis

2° Les remarques « que si les statues et bas-reliefs du Parthénon
« ne portent plus, en effet, de traces certaines de couleurs; la pré-
« sence sur tous les marbres de trous ronds de petite et grande
« dimension aux têtes de chevaux; aux mains des écuyers; aux
« bras et aux épaules de la statue de Proserpine, l'une des deux fem-
« mes désignées aussi les Heures ou les Saisons; sur le cou d'une
« des Parques; sur le dos du torse de la Victoire; sur la tête d'une
« des Minerve et sur les bords de l'égide de l'autre, indiquent au
« moins clairement que ces différentes parties de sculpture étaient
« complétées par des brides, des courroies, des bracelets, des agra-
« fes, des colliers, des ailes, des casques et des serpents en bronze
« ou en d'autres métaux. » D'où il résulte nécessairement, par la
certitude de l'emploi de différentes matières, la conséquence de
l'application de différentes couleurs, ce qui est d'ailleurs suffisamment constaté et par l'examen des orbites des yeux visiblement *creusés* de la tête de Minerve, qui devaient avoir été primitivement incrustés en métal, en émail ou en pierres coloriées; par ce qui est
dit, dans une note, de l'apparition ostensible d'une couleur rouge
sur les cheveux de la même tête, lorsqu'on les lave avec de l'eau (1);
et enfin par le résultat de l'analyse, dont le détail va suivre, d'une

ajouter aujourd'hui que M. Tetaz, dont j'ai cité la belle et ingénieuse restauration de l'Érechthéion, m'a assuré qu'il partageait complétement l'opinion qu'indépendamment des raisons d'art et de tradition religieuse, la permanence de la
coloration de l'architecture, à toutes les époques, devait avoir eu aussi pour cause
la nécessité d'amortir l'éclatante et éblouissante blancheur des édifices en marbre
blanc, parce qu'en effet, pendant son séjour de plus d'une année à Athènes, il lui
avait été impossible de regarder le nouveau palais du roi, ainsi construit, sans que
le miroitement et le scintillement des façades ne l'aient forcé à fermer les yeux et
à les détourner.

(1) La constatation de la couleur sur les cheveux de la tête de Minerve, après
avoir été mouillés, est encore un exemple à ajouter à ceux que j'ai déjà cités,
p. 46 et 47, au sujet de l'absence apparente des couleurs sur des pierres, des
marbres et des stucs, qui ne redeviennent visibles que par le frottement ou l'humectation.

substance de couleur d'ocre provenant des statues des *Parques*, et que M. Faraday regarde comme le produit d'une composition artificielle qui pouvait être mélangée avec de la cire (1).

(1) J'ai déjà exprimé l'opinion que, s'il y avait à s'étonner relativement aux restes des couleurs sur les monuments d'architecture et de sculpture des Grecs parvenus jusqu'à nous, c'était, non pas par rapport à la rareté des couleurs, mais à leur quantité, en considération des circonstances qui auraient dû en faire disparaître jusqu'aux derniers vestiges. A ce sujet, je ne puis m'empêcher de transcrire les lignes suivantes d'une lettre que je reçois de M. E. Falkener, jeune architecte et archéologue anglais des plus distingués, qui, en confirmant cette opinion, basée sur des découvertes qu'il fit à Pompéi, me permet de constater également le fait de la présence de la polychrômie à l'architecture et à la sculpture dans l'Asie Mineure, à une très-belle époque de l'art.

« On a découvert à Pompéi, m'écrit ce savant artiste, plusieurs ouvrages exé-
« cutés par des ciseaux grecs; et quoiqu'ils ne conservent plus aujourd'hui de
« traces de couleurs, il a été constaté qu'il y en avait au moment de tirer ces
« sculptures de la fouille. Le sphinx trouvé dans la maison dite *du Faon* en est un
« exemple. Lors de sa découverte, les cheveux et les sourcils étaient brun doré;
« mais à présent cette coloration n'existe plus. En 1847, dans une maison fouillée
« sous ma direction, je trouvai plusieurs petites statues autour d'un bassin du
« jardin; quelques-unes, d'un travail grossier, n'avaient point de couleurs; mais les
« têtes de Bacchus et d'Ariane, d'une grande beauté, qui surmontaient quatre ter-
« mes, n'avaient conservé colorés que les cheveux, les sourcils et la barbe. Ainsi on
« peut dire que les plus anciennes sculptures à Pompéi étaient polychrômes. Pour
« les recherches sur l'architecture peinte des Grecs, cette disparition partielle des
« couleurs est d'une grande importance, parce qu'elle fait voir que, s'il n'en reste
« plus que très-peu sur les édifices, cela ne peut être une preuve qu'il n'y en avait
« pas beaucoup, et qu'ils n'en fussent pas magnifiquement décorés. Comme les tem-
« ples de la Grèce restèrent exposés depuis trois mille années aux influences de
« l'atmosphère, il n'y a rien de surprenant que la coloration en ait disparu; car
« les seules traces retrouvées le furent sur des débris enterrés, et protégés de la
« sorte contre les intempéries. Sous ce rapport, un monument récemment décou-
« vert à Xanthus est d'un grand intérêt. C'est le tombeau ionique, supposé élevé
« en commémoration de la conquête de la Lycie, et dont les ruines étaient entiè-
« rement ensevelies. Voici ce que M. C. Fellows, l'auteur de la découverte, m'écri-
« vit, quant aux couleurs observées sur ce monument : « Tous les compartiments
« du plafond offraient de très-beaux ornements grecs tracés en rouge. On en voit
« encore sur les marbres, mais beaucoup moins que n'en offraient les dessins
« faits au moment de la découverte, et qui sont aujourd'hui déposés au Musée
« Britannique. Pour la sculpture, une ligne rouge ornait le bord des boucliers, et

CHAPITRE LXXX.

Analyses faites, par M. Faraday, des enduits et des couleurs rapportés des monuments d'Athènes par M. Donaldson.

Ces analyses du célèbre chimiste anglais constatent :

1° Qu'une couche ou un enduit très-mince, provenant des antes des propylées, contenait du bleu produit par du carbonate de cuivre, et de la cire mélangée avec la couleur ;

2° Qu'une autre couche, tirée du bâtiment en aile des propylées, offrait absolument le même résultat : du carbonate de cuivre et de la cire ;

3° Qu'une autre croûte, provenant des soffites des mutules du Théséion, se composait de bleu fait avec une substance vitrifiée, colorée avec du cuivre et de la cire ;

4° Que les couleurs bleues, détachées des caissons du même temple, étaient une fritte ou vitrification de cuivre, également mélangée avec de la cire ;

5° Qu'une partie d'enduit, provenant des colonnes du Théséion, n'offrait pas de cire ni aucune couleur minérale, si ce n'est une légère trace de fer ; qu'une gomme odoriférante paraissait présente dans quelques parties, et une substance combustible, peut-être végétale, dans toutes ;

6° Enfin que les parcelles de couleur d'ocre, grattées sur les statues des *Parques*, paraissent une couche artificielle (c'est-à-dire

---

« sur le fond du tympan se sont trouvés les indices peints de la crinière d'un
« casque. Les figures montrent aussi les indications de l'emploi d'ornements rap-
« portés, en bronze ou en d'autres métaux. »

non accidentelle, et provenant, par exemple, du contact des terres et de l'air), mais préparée exprès. « Ayant été jetées, dit M. Faraday, « dans un acide faible, une portion de la matière adhérente s'est « dissoute, et la principale partie est restée tout à fait intacte. Lavée « et séchée ensuite, il s'est trouvé qu'elle contenait du carbonate de « chaux, et une substance combustible qui protége le carbonate de « l'acide. Lorsque cette substance combustible a été chauffée, « elle s'est détruite, laissant du charbon; et alors l'acide a pu at-« taquer la matière calcaire. La substance combustible peut peut-« être contenir de la cire, mais celle-ci n'a pas laissé de traces « évidentes au fond; elle est en petite quantité, comparativement « à la cire contenue dans les échantillons de M. Donaldson. Il n'y a « pas de couleurs minérales dans les parcelles analysées, excepté « une petite partie de couleur de fer, que je pense plutôt être acci-« dentelle. Je ne puis pas dire davantage si l'on a employé une ma-« tière animale ou végétale. »

CHAPITRE LXXXI.

Analyses faites par M. Landerer, professeur de chimie à l'université d'Athènes, sur des couleurs provenant des monuments antiques de cette ville (1).

« Les couleurs que l'on a pu observer encore sur les anciens édifices sont : le rouge de deux nuances différentes, le vert, le bleu, le

---

(1) Extrait de l'ouvrage « *Antiquités helléniques,* » par A. R. Rangabé, t. I, p. 63. Athènes, 1842.

blanc, le noir, le jaune et l'or, qui servait aussi d'ornement à l'extérieur. »

« La *couleur rouge* a été prise dans une boîte à couleurs antique trouvée dans un tombeau à Athènes, et conservée actuellement dans le musée sur l'acropole. Insoluble par l'eau et d'autres liquides, elle ne fut dissoute en partie que par les acides hydrochlorique et nitrique. Les réactifs chimiques indiquèrent l'existence de parties ferrugineuses. Cent parties de cette couleur rouge contenaient 54 pour cent d'oxyde de fer, 15 pour cent de chaux, de l'argile, de l'eau, enfin des corps organiques, apparemment de l'huile ou de la cire. Une autre couleur rouge moins foncée a produit les mêmes résultats. La couleur paraît donc être minérale, composée de *fer oligiste rouge terreux.* »

« Une autre couleur rouge contenait le cinabre naturel. »

« La *couleur verte*, prise sur la corniche de la Pinacothèque (le bâtiment en aile des propylées), est restée insoluble à l'action des liquides. Elle fut dissoute au feu dans divers acides, et les réactifs constatèrent la présence d'oxyde de cuivre. Il est remarquable que l'oxyde de cuivre s'y trouvât réuni à l'acide acétique, d'où l'on peut conclure que les anciens connaissaient le *vert de rance* (ærugo) (1) et la manière de le produire. Cette couleur, chauffée, exhalait des vapeurs dont l'odeur accusait la présence de la cire qui avait servi à les fixer sur le marbre d'une manière analogue à l'encaustique à la cire des modernes. Après l'opération, il est resté un charbon spongieux, qui est une autre preuve que la cire entrait dans la composition de la couleur. »

« Le *bleu* n'était soluble ni dans l'eau ni dans l'esprit-de-vin. Il fut dissous par des acides, et le phénomène de l'ébullition ainsi que l'analyse chimique ont prouvé que c'était du *cuivre oxydé titanifère.* »

(1) Le vert-de-gris, dont l'emploi chez les anciens est depuis longtemps constaté.

« Deux *couleurs noires* furent analysées : l'une était minérale, et contenait du fer brûlé, qui, selon toute apparence, ayant été réduit en poudre, fut mêlé avec de l'huile ou de la cire ; l'autre contenait des substances organiques ou plutôt animales. Il paraît qu'on composait ce noir avec le charbon de substances animales ou végétales, comme celui des os, dont Apelle faisait usage. »

« Deux *couleurs blanches* étaient formées, l'une, de carbonate de plomb comme le blanc de céruse ; l'autre, de chaux et d'argile. Il est donc probable que les anciens employaient le minéral dit *bolus-alba* ou *arnona*. »

« Le *jaune foncé*, le seul qu'on ait trouvé, contenait du fer, de l'argile et du carbonate de chaux ; c'était donc de l'ocre jaune. »

« Il suit de ces analyses que les anciens connaissaient la manière de produire toutes les couleurs primitives, et celle de les mêler pour obtenir toutes les nuances nécessaires dans leurs peintures ; et que ces couleurs, pour la plupart minérales, étaient fixées sur la pierre par l'encaustique, ou au moyen de la cire et du feu (1). »

---

(1) Comme M. de Rangabé relate le résultat de ces analyses à propos de l'inscription trouvée à Athènes, que je donne dans la quatrième partie de cet ouvrage, et où il est question de peintures à l'encaustique employées à l'Érechthéion, ce savant ajoute : « qu'on voit, par cette inscription, que les parties ornementales de ce temple étaient peintes à l'aide de ce procédé. »

CHAPITRE LXXXII.

Analyses faites, depuis le commencement de ce siècle jusqu'en 1836, par Chaptal, Humphrey Davy, et le professeur Geiger d'Heidelberg, sur des enduits et des couleurs antiques provenant d'Égypte, de Pompéi, d'Herculanum, de Rome, de la ville Adrienne à Tivoli, et de Tusculum.

Il serait sans objet de relater ici les recherches faites sur les œuvres des peintres anciens avant le commencement de ce siècle. Après les analyses précitées, elles ne peuvent offrir aucun intérêt réel, et serviraient d'autant moins à éclairer la question, que leurs auteurs étaient dominés par la pensée que la cire devait être présente dans toutes les peintures antiques, regardées par eux comme indistinctement exécutées à l'encaustique : leur seul but était de retrouver les éléments de cette pratique, et d'en faire renaître l'application. Tel fut, en effet, l'unique objet des essais et des écrits entrepris pendant toute la dernière moitié du XVIIIe siècle par de Caylus, Monnoye, Bachelier, Cochin, le prince San Severo, le chevalier Lorgna, le comte de Torri, Halle, Roslie, le Lorrain, le père Hardouin, Calau, de Taubenheim, Colebrooke, Reiffenstein, Schlichtegroll, Requeno, Péterszen, Fabroni, Bianchi, Walter, et plusieurs autres amateurs et artistes. Cette même préoccupation apparaît bien encore dans quelques-unes des investigations suivantes; mais dans les recherches spéciales de Chaptal et de Davy, qui furent pour ainsi dire les premières depuis l'année 1800, et dans celles de plusieurs savants qui suivirent les traces de ces chimistes, les résultats rigoureux de la science ressortirent seuls.

En effet, le célèbre Chaptal, en analysant sept échantillons de matières colorantes trouvés à Pompéi dans des vases conservés parmi les ruines d'une boutique de marchand de couleurs, n'y signale aucun gluten à base de cire; et voici ce qu'il dit des couleurs :

« La première, qui n'avait encore reçu aucune préparation, était une argile verdâtre et savonneuse, analogue à la terre de Vérone;

« La seconde offrait une ocre d'un beau jaune, débarrassée, par des lavages, de tous les principes qui en altèrent la finesse ou la pureté;

« La troisième, un brun rouge, était produite par la calcination d'une ocre jaune, analogue à celle de la précédente couleur;

« La quatrième se trouvait être une pierre ponce légère, fort blanche, et d'un tissu fin et serré;

« La cinquième, en petits morceaux d'une même forme, d'un bleu intense et nourri, paraissait être composée d'oxyde de cuivre, de chaux et d'alumine, résultant d'un commencement de vitrification; c'était donc une véritable fritte;

« La sixième, sable d'un bleu pâle mêlé de quelques grains blanchâtres, était une couleur de même nature que la précédente, où la chaux et l'alumine se trouvaient dans de plus fortes proportions;

« La septième, d'une belle teinte rose, douce au toucher, se réduisant entre les doigts en poudre imperceptible, et laissant sur la peau une couleur agréable d'un rose incarnat, était une véritable laque, dont le principe colorant s'est porté sur l'alumine, et d'une parfaite analogie avec la laque de garance. La conservation de cette couleur pendant dix-neuf siècles doit étonner les chimistes (1). »

L'illustre Davy, dans ses analyses plus multipliées et plus importantes de fragments antiques d'enduits et de couleurs de Pompéi, de la pyramide de Cestius et des Thermes de Tite à Rome, comme

---

(1) *Annales de chimie*, tom. LXX, p. 22; mars 1809.

aussi de la célèbre peinture *la Noce Aldobrandine*, constata également partout l'absence de la cire. Quant aux couleurs, il trouva le blanc composé de terres blanches ou craies; les jaunes, différemment nuancées, étaient des ocres naturelles, ou formées d'un mélange d'oxydes de plomb rouge et jaune. Dans une couleur rouge pâle, conservée dans un vase provenant des bains de Tite, et composée de silice, d'argile et de carbonate de chaux, il découvrit un gluten d'un ton rose vif, qui se transforma, par l'alcali, en brun rouge, et qui, vivement exposé à la flamme, devint blanc, de manière à faire supposer qu'il provenait d'un corps organique. Comparé avec de la laque de garance ou de cochenille, il différait beaucoup de ces deux matières, mais surtout de la première. Davy attribua sa consistance beaucoup plus grande, dans toutes les expériences, que celle des laques, à la présence d'une grande quantité d'argile; mais il ne put décider si le gluten était animal ou végétal. Le *bleu* également conservé dans un vase au milieu des mêmes ruines, et qui apparaissait plus ou moins foncé, selon qu'il était plus ou moins mélangé avec le carbonate de chaux, était une fritte composée de soude et d'oxyde de cuivre réduits en poudre très-fine. Du reste, les frittes bleues opaques provenaient, selon le savant anglais, de l'oxyde de cuivre; et les verres bleus transparents, de l'oxyde de cobalt.

Le professeur de chimie Geiger, de Heidelberg (1), analysa un fragment d'enduit colorié de deux pouces carrés et d'un demi-pouce d'épaisseur. Il provenait d'un pilier en pierre calcaire, et avait été rapporté par Belzoni d'un tombeau égyptien que le voyageur découvrit à Biban-el-Moluk. Les couleurs étaient : 1° *du brun rouge*, qui occupait la plus grande surface du fragment; 2° *du vert* d'un ton assez sale, avec des taches claires et foncées; 3° *du jaunâtre;*

---

(1) *Chemische Untersuchung alt-ägyptischer und alt-römischer Farben*, etc., von prof. Geiger. Karlsruhe, 1826.

4° *du noir*. Ces trois derniers tons servaient d'encadrement au brun rouge. Les couleurs étaient toutes mates et sans aucun luisant. Voici le résultat des analyses, faites avec le plus grand soin et décrites avec le plus grand détail :

1° Le *brun rouge* se composait d'oxyde de fer mélangé avec une petite quantité de cinabre ; le gluten était une substance animale qui différait de la colle par la manière dont elle se comportait avec les réactifs. L'extrait alcoolique, traité par la chaleur, indiqua la présence d'une trace de cire.

2° Le *vert* offrait un mélange de jaune et de bleu. La première de ces couleurs était l'extrait jaune d'un principe organique ; et la dernière, du verre bleu coloré par l'oxyde de cuivre.

3° Le *jaune* paraît le même que celui employé dans la couleur verte ; au moins sa combustion par la chaleur fait voir qu'elle est de nature organique.

4° Le *noir* est aussi de nature organique et d'origine animale, peut-être une espèce de sépia.

Le *gluten* de toutes ces couleurs paraît avoir été le même que celui signalé dans le brun rouge.

Le *fond* ou la couche sur laquelle étaient étendues les couleurs avait environ un dixième de ligne d'épaisseur, et il était parfaitement distinct de l'enduit inférieur. En y passant l'ongle ou un corps solide, ou en grattant les couleurs qui y adhéraient très-solidement, ce fond luisait comme de la cire ; en le frottant avec le doigt, il produisait la même sensation qu'un objet collant, semblable à de la cire, mais d'un toucher un peu plus dur. Un morceau placé sur des charbons ardents devint promptement noir, et produisit la même odeur douce, empyreumatique qu'avait donnée la couleur brun rouge.

L'analyse de ce fond donna pour résultat du carbonate de chaux, avec un léger mélange de plâtre, de silice et d'alumine, et de l'oxyde de fer. Le gluten était de la cire mélangée avec de la résine aromatique et la substance animale précédemment mentionnée.

L'*enduit* offrait une masse terreuse assez blanche, avec une nuance rougeâtre. Elle était fine, de grains très-compactes, offrant çà et là des taches brun rouge. Quoique plus résistante que de la craie, elle se grattait facilement avec un couteau, et s'attachait fortement à la langue. En y passant l'haleine, elle répandait une douce odeur aromatique (probablement accidentelle, et occasionnée par des substances odorantes qui se trouvaient emballées avec ce fragment); en la chauffant, elle exhalait une faible odeur animale, et la masse devenait grise.

L'analyse de cet enduit donna du carbonate de chaux, avec un peu de silice et de sulfate de chaux, de l'alumine et de l'oxyde de fer; c'était donc une espèce de craie. Le ciment ou gluten était de nature animale, mais, quant à ses propriétés, très-différent de la colle, à moins que l'influence du temps n'eût produit ce changement, ce qui ne paraît pas probable à M. Geiger. Ce chimiste croit plutôt que c'était du sérum (humeur aqueuse du sang), qui est également un fort gluten; les taches rougeâtres, comme aussi les points bruns rouges observés qui paraissent provenir d'une adjonction de cruor (partie colorante du sang), aussi bien que les propriétés chimiques de cette matière, parlent pour cette supposition. La trace de cire que l'extrait alcoolique fit reconnaître est probablement accidentelle, et provient du fond.

Voici les résultats des autres analyses faites par M. Geiger sur des enduits et des stucs peints provenant d'Italie :

1° *Sur un morceau d'enduit de Pompéi, d'un demi-pouce d'épaisseur, couvert d'une couleur rouge cinabre pâle, étendue sur un ton jaune pâle brunâtre.*

Le *rouge pâle* était du cinabre mélangé avec de l'oxyde de fer et un peu de carbonate de chaux. Le gluten paraissait de nature organique; mais il était en trop petite quantité pour qu'on pût le définir avec certitude.

Le *jaune pâle brunâtre* était de l'oxyde noir de fer mélangé avec de la silice, un peu de sulfate de magnésie et d'alumine (c'était peut-être de la terre de Vérone, qui jaunit au feu et se compose des matières décrites). D'après son odeur, le gluten paraissait aussi être un principe animal mêlé à de la cire.

Le *stuc blanc*, d'une ligne d'épaisseur, sur lequel se trouvaient les couleurs, se composait de carbonate de chaux avec un peu d'oxyde de fer, des traces de sulfate de magnésie, d'alumine et de silice, réunis au moyen d'un ciment de nature animale.

L'*enduit inférieur*, d'une couleur grisâtre, semblable à du mortier, assez gros de grain, était mélangé avec des parcelles de couleur foncée et gris clair, et avait environ cinq lignes d'épaisseur. C'était en effet du mortier dans lequel abondait le carbonate de chaux ; les parties de silice et autres dont il se composait avaient l'apparence de lave poreuse. Ici encore se trouva un ciment d'une substance organique animale.

2° *Sur un autre fragment d'enduit aussi de Pompéi, d'un pouce d'épaisseur environ et couvert d'une couleur cinabre d'un rouge vif, sous laquelle se trouvait également un ton jaune.*

La *couleur d'un rouge vif* offrait la même composition que la précédente, mais avec plus de cinabre.

Le *ton jaune* présentait aussi la même substance que la couleur analogue dans l'analyse précédente ; les glutens y sont les mêmes, et l'enduit est aussi du carbonate de chaux assez pur, avec des parties organiques.

3° *Sur une couleur rouge cinabre, provenant d'un fragment trouvé dans la villa Adrienne, qui avait un demi-pouce d'épaisseur, et se composait d'une première couche blanche très-fine, et d'une autre inférieure moins solide et à grains plus grossiers.*

La *couleur rouge* est aussi du cinabre contenant de l'oxyde de fer mélangé avec du carbonate de chaux. Le *gluten*, ou pour mieux dire le *vernis*, apparaît ici plus clairement comme composé, en partie du moins, de cire; déjà au toucher la surface, un peu chauffée et d'un luisant mat, produisait la sensation collante qui caractérise la cire.

La *couche sous cette couleur*, d'un ton rouge pâle, était un mélange d'oxyde de fer contenant du carbonate de chaux avec du cinabre.

Le *stuc blanc* était en général du carbonate de chaux mêlé à des corps organiques, de même que l'enduit inférieur plus grossier.

4° *Sur une couleur violet sale avec enduit composé d'une couche blanche, d'un stuc ou mortier fin, et d'un mortier dur assez blanc, avec des points noirâtres.*

La *couleur violette* était de l'oxyde de fer mêlé à du carbonate de chaux, probablement du fer oligiste. Le *gluten* était encore organique.

La *couche blanche* ou *stuc* était formée de carbonate de chaux contenant de la silice et de l'oxyde de fer.

Le *mortier fin* contenait une chaux plus chargée de silice, et le *mortier inférieur*, également blanc, une substance dans laquelle la chaux dominait considérablement. La substance contenant de la silice paraissait être de la lave. Ici encore, comme dans les autres enduits, on ne peut méconnaître un gluten organique de nature animale.

5° *Sur une couleur jaunâtre avec une couleur violâtre au-dessous.*

Ces couleurs étaient encore de l'oxyde de fer (peut-être de la terre de Vérone brûlée et du fer oligiste) et du carbonate de chaux mêlés à un gluten organique.

6° *Sur une couleur brun rouge étendue directement sur un mortier mélangé de beaucoup de grains noirs.*

Cette couleur n'offrait de même que de l'oxyde de fer mélangé avec de la chaux (1).

(1) Les quatrième, cinquième et sixième fragments proviennent aussi de

7° *Sur une couleur jaune pur, qui reflétait un ton rougeâtre, provenant d'un morceau de mortier de Tusculum.*

Il y entrait les mêmes substances que dans les précédentes couleurs.

8° *Sur un fragment de mur jaune de Pompéi, avec une surface d'un luisant mat.*

Il était formé de chaux contenant de l'oxyde de fer réuni au moyen d'un gluten organique.

9° *Sur un fragment de mur blanc et de la même provenance que le précédent, d'un côté poli et mélangé de gros grains blancs, transparents et cristallisés, et de l'autre avec des points noirs brillants.*

C'était encore un composé de carbonate de chaux (spath calcaire pulvérisé), d'alumine, d'oxyde de fer et d'un peu de sulfate de magnésie, réunis par une matière organique filandreuse.

10° *Enfin, sur des fragments de mortier de Pompéi.*

Ce mortier est un mélange de chaux et de silice tel que celui que l'on prépare de nos jours. La substance renfermant la silice paraît être de nature volcanique, et les petits grains qu'on y remarque ressemblent à des auzètes, des leucites, etc.

A ces résultats, le chimiste allemand ajoute les remarques suivantes :

« Il est difficile, dit-il, de prononcer sur les glutens organiques ;
« mais il paraît ressortir des analyses, que les couleurs étaient en
« partie recouvertes de cire, mélangée d'autres substances orga-
« niques. Les glutens ou ciments des mortiers inférieurs et de
« la plupart des stucs se composent également de substances

Pompéi. Quant à ce dernier, je remarquerai que, dans les parties inférieures des murs, les couleurs ordinairement foncées, noires ou brunes, étaient généralement étendues sur le mortier sans l'intermédiaire du stuc; et l'enduit peint en brun dont il s'agit provenait probablement d'une de ces parties de mur touchant au sol. On trouvera plus loin que cette remarque est confirmée par d'autres observations.

« organiques de nature animale, à en juger par leur odeur. La pré-
« sence de parties grasses aussi bien que les phénomènes produits
« par l'acétate de plomb et le sublimé corrosif, et les autres pro-
« priétés qui ont surgi dans les analyses, laissent supposer la pré-
« sence de lait, avec lequel les diverses substances auraient été mé-
« langées. Plusieurs stucs et mortiers étaient réunis au moyen de
« parties filandreuses ; il est difficile d'indiquer la nature de ces
« dernières, mais l'odeur extraordinaire d'éponge marine brûlée
« qu'on eut l'occasion de sentir dans les expériences paraît démon-
« trer qu'on y avait employé peut-être des plantes marines (1). »

CHAPITRE LXXXIII.

Suite des précédentes analyses, faites sur des couleurs et enduits d'Égypte, de Pompéi, de Rome ; et remarques sur les couleurs et enduits des tombeaux étrusques ; par le professeur J. F. John, de R. Wiegmann, W. Abeken, et plusieurs autres savants.

Dans l'ouvrage « *La peinture des anciens, d'après Pline, Vitruve et les auteurs classiques de l'antiquité,* » Berlin, 1836, M. le professeur J. F. John a donné, avec les nombreux et savants commentaires dont il a accompagné sa traduction des textes originaux, le détail des analyses qu'il a entreprises à différentes époques. Il en résulte :

(1) Ces analyses furent provoquées par M. Roux, professeur à Heidelberg, qui publia, en 1824, un ouvrage intitulé : *les Couleurs, ou Essai sur la technique de la peinture ancienne et moderne.* Cet artiste zélé a ajouté un appendice aux recherches de M. Geiger.

1° Que ce chimiste distingué trouva en 1816, dans des peintures égyptiennes, des enduits ou vernis faits avec des résines ;

2° Que dans d'autres peintures, provenant des catacombes, des pyramides et de monuments divers, et qui étaient exécutées sur des murs, sur des fonds ou des enduits artificiels, sur des bois et sur de la toile, il recueillit de la colle animale dans les couches de couleurs ;

3° Que sur des figurines en terre provenant également d'Égypte, et dont les analyses sont insérées dans le « *Voyage du général de Minutoli,* » il constata qu'elles étaient recouvertes de cires colorées ;

4° Enfin que les bleus provenant de peintures égyptiennes étaient, comme presque tous ceux conservés sur des restes antiques, de la fritte composée de silice, de cuivre et d'alcali.

Quant aux investigations que le savant professeur fit en 1835 sur des enduits et stucs peints de Pompéi, voici ce qu'il en dit : « Mes « analyses d'un morceau d'enduit peint en rouge prouvent qu'il ne « pouvait y avoir eu de la cire. J'y observai, sans doute, la trace « d'une substance organique, soluble dans l'éther, mais elle pouvait « être accidentelle ; et dans cet enduit, composé de chaux et de « spath transparent et pulvérisé, il était aussi impossible de recon-« naître les caractères de la cire que ceux de gluten gélatineux ou « gommeux (1).

(1) D'après ce résultat, l'opinion de M. John (p. 155) serait que les peintures de Pompéi étaient à fresque. A ce sujet, il est à remarquer qu'il ne peut y avoir de doute pour personne que les couleurs locales, celles qui forment les teintes générales, fussent appliquées, mêlées à de la chaux, pendant l'exécution de la dernière couche de stuc. Les auteurs anciens sont d'accord ici avec les analyses ; et, dans ce sens, cette coloration, qui compose le fond des peintures, était en effet un procédé à fresque véritable. Mais ce qui n'est jamais assez considéré dans ces recherches, c'est la distinction à faire entre ces enduits colorés et les décorations peintes qui les couvrent : celles-ci ne sont pas, à beaucoup près, indistinctement dues à la même technique. Les figures et les ornements qui les composent ne pouvant pas tous avoir été exécutés sur le stuc encore humide, parce que, pendant le temps assez long que leur exécution exigeait, cet enduit

« Dans un fragment d'enduit se trouvaient aussi de petits grains
« noirs; un autre morceau d'enduit d'un pouce d'épaisseur, prove-
« nant de Stabie, était formé de chaux et de sable volcanique (com-
« posé de beaucoup d'argile), sans le spath pulvérisé. »

Enfin voici ce que M. John signale dans l'examen des couleurs d'une tête en terre cuite :

Le *blanc*, qui couvrait toute la surface comme une couche générale, d'un quart de ligne, sur laquelle étaient appliqués les autres tons, pouvait être une espèce de terre de porcelaine ou kaolin.

Le *bleu d'azur* étendu sur la chevelure était un bleu de cuivre artificiel, obtenu en fondant du cuivre avec de la silice et de l'alcali (1).

---

séchait, d'autres pratiques devenaient indispensables; et c'était, comme cela sera plus amplement établi plus loin, 1° la peinture à la cire, partiellement et entièrement cautérisée, c'est-à-dire chauffée avant et après son achèvement; 2° la peinture à la chaux, au moyen de couches de chaux nouvellement appliquées, et sur lesquelles on peignait de nouveau à frais, ce qui constituait une espèce de demi-fresque; et 3° enfin la tempera, c'est-à-dire la peinture à la détrempe, avec des colles ou des gommes. Comme ces deux derniers procédés permettaient l'application d'un vernis à la cire et à la résine, qui était cautérisé, il s'ensuit que, selon l'emploi de l'une de ces trois techniques, les analyses ont pu donner une assez grande quantité de matières calcaires, et plus ou moins de corps organiques, qui pouvaient être des cires et des résines un peu plus abondantes dans le premier cas, et beaucoup moins dans les deux autres.

(1) L'auteur mentionne avec raison la particularité que cette couleur n'était appliquée que dans les creux de la masse des cheveux, et de manière à ce que les parties saillantes, restées blanches, ressortissent du fond d'azur. Je remarquerai à ce sujet que les figures coloriées de la cathédrale de Cologne, ainsi que celles de la Sainte-Chapelle, à Paris, comme beaucoup d'autres analogues, offrent cette même particularité. La chevelure y est couverte d'un ton local, et la dorure n'y est pas appliquée uniformément, mais, pour ainsi dire, cheveu par cheveu, en laissant apparaître le ton local de la chevelure, qui varie pour chaque statue; ce qui, au lieu d'une masse d'or à la fois brillante et compacte, lourde et chatoyante, produit au contraire une admirable légèreté dans les masses et une magique transparence dans les détails, effet qui n'est, dans ces œuvres d'art des XIIIe et XIVe siècles, que la

Le *rouge vif*, employé à couvrir une espèce de bandelette ou ruban, avait toutes les qualités du cinabre.

Ces couleurs étaient fixées ou par la force de leur adhérence naturelle, ou par des glutens de nature organique, insolubles dans l'eau.

M. Wiegmann, dans son ouvrage « *La Peinture des anciens*, » déjà plusieurs fois mentionné, et qui va être le sujet d'un examen spécial, n'a pas relaté d'analyses partielles et détaillées sur les couleurs, stucs et enduits des anciens; mais là où il en mentionne les résultats, il les donne comme concordants avec ceux obtenus par Davy, en ce sens que le savant architecte affirme n'avoir trouvé nulle part la présence de cire dans les fragments pompéiens qu'il a expérimentés, et que les couleurs étaient formées de carbonate de chaux, de craies et terres blanches, d'ocres ou de produits d'oxyde de fer, et de cinabres naturels, de frittes bleues tirées d'oxydes de cuivre, etc.

Dans un ouvrage sans nom d'auteur, intitulé « *Le Livre de la peinture à fresque* (Heilbronn, 1846), le § VI contient la reproduction d'un article « *sur la peinture pompéienne*, » attribué à un professeur de l'université de Munich. La simplicité et l'élégante clarté du style, qui témoignent non-seulement d'un talent littéraire distingué, mais de qualités plus rares encore, telles que la connaissance exacte des sujets traités par l'auteur, et l'esprit d'observation aussi juste que scrupuleux dont il fait preuve, doivent inspirer une grande confiance dans cet écrit. Aussi ne puis-je m'empêcher de placer ici ce que ce judicieux observateur dit du résultat des recherches analytiques auxquelles il s'est livré à Mu-

---

tradition de l'art antique. L'exemple précité n'est ni le premier ni le seul, comme le montrent, Pl. XIV, les F. I et V. Il est, du reste, à présumer que les parties blanches de la tête citée par M. John devaient être anciennement dorées, ou d'une autre couleur.

nich, et précédemment à Pompéi, sur les couleurs et les enduits des peintures murales de cette antique cité, résultat qu'il trouva, du reste, en tout d'accord avec celui obtenu par Davy :

« Des analyses des plus minutieuses et des plus variées établirent que dans aucune des peintures importantes découvertes à Pompéi il ne se trouvait de la cire, des résines, de l'huile, de la colle animale, ou des produits glutineux de ces substances, mélangées avec de la chaux. »

« Tous ces glutens ne seraient pas tellement absorbés par le temps, qu'on ne puisse en retrouver des restes ; cela est évident pour toute personne familière avec ce genre de combinaison chimique. D'ailleurs l'indestructibilité des glutens à base de cire est ici prouvée par la circonstance que des tables de cire, de l'ambre, de l'asphalte, de la poix, du soufre, et jusqu'à des savons, se sont conservés intacts sous les cendres de Pompéi. »

« L'état actuel des peintures de cette ville, et leurs analyses physiques aussi bien que chimiques, démontrent jusqu'à l'évidence que ce qui constitue leur moyen conservateur est une mince couche de carbonate de chaux qui s'étend sur leur surface, et que, sans trouver les couleurs pénétrées de cire ou de résine, elles se sont conservées sous cette couche, aussi résistantes à l'eau que si elles venaient d'être fraîchement appliquées. »

« Une autre preuve décisive contre la présence de cire, résine ou huile, est la manière dont se comporte, à Pompéi, le cinabre. Vitruve dit que cette couleur devient noire lorsqu'elle est frappée des rayons de la lune et du soleil, et que, pour la préserver intacte, il faut la couvrir de cire punique fondue... En effet, les peintures, ornements et figures où le cinabre est employé, et qui brillent des plus vives couleurs en sortant des fouilles, après être restés sans aucune altération plus de deux mille années sous les cendres, deviennent, dans les premiers jours de leur exposition à l'air, tellement noires, qu'on ne peut plus découvrir les traces de leur première coloration. Une légère adjonction de cire ou de résine aurait évité cette transformation (1). »

« Le stuc sur lequel sont exécutées les peintures, et les couches inférieures en mortier, sont moins soigneusement appliqués que le prescrit Vitruve. Les mortiers qui servent de fond au stuc sont un mélange de chaux et de sable de mer; ces derniers se composent aussi de parcelles de lave, et souvent on y trouve des fragments de coquillages, quelquefois même des coquilles entières. Les couleurs foncées des socles sont presque toujours appliquées directement sur le mortier, tandis que pour les autres peintures il est recouvert d'une mince couche de stuc, d'une ligne d'épaisseur environ, composé de marbre pulvérisé et de carbonate de chaux. Vitruve demande trois mortiers à base de chaux superposés les uns aux autres, et passant successivement d'un grain assez grossier aux grains les plus fins : les enduits des bains de Tite et de Livie à Rome, comme aussi l'enduit sur lequel est peinte la Noce Aldobrandine, offrent en effet ce soin particulier dans leur exécution. »

« Les couleurs et les glutens dont se servaient les peintres de Pompéi sont également décrits par Davy; les jaunes et les rouges

---

(1) Cette conclusion, en l'admettant comme absolue, doit faire soupçonner que toutes les peintures retrouvées, et sur lesquelles le cinabre a été employé et conservé, n'ont jamais été exposées, dans leur état primitif, ni au soleil ni à la lune. Il en a pu être ainsi pour la généralité des murs circonscrivant les pièces d'habitation dans les maisons particulières, mais non pas pour les murs qui entouraient les portiques de beaucoup de cours assez spacieuses de ces mêmes maisons, ni certainement pour les murailles peintes qui limitaient dans leurs pourtours les colonnades des péribles précédant les temples, et pas plus pour les portiques des vastes enceintes élevées au-devant et à l'entour des édifices publics. Si le cinabre a pu s'y conserver en grande partie, comme au Panthéon, par exemple, où je l'ai retrouvé intact deux années environ après sa découverte, il faut nécessairement admettre, ou que le préservatif de Vitruve, la *causis*, c'est-à-dire le vernis à la cire fondue et cautérisé, y avait été appliqué ; ou bien que le cinabre, tel qu'il fut employé dans les différentes localités de Pompéi, n'avait pas besoin de ce moyen de conservation.

se composaient principalement d'oxyde hydraté de fer, qui, comme on le sait, se change en rouge de différentes nuances, selon qu'il est plus ou moins exposé à la chaleur. Pour les cas extraordinaires, c'étaient le cinabre, le minium et le massicot; les premiers pour les rouges, le dernier pour les jaunes. Les bleus étaient des frittes colorées par l'oxyde de cuivre; les verts vifs sont du carbonate d'oxyde de cuivre; les verts sales, de la terre de Vérone. Les noirs sont toujours de la fine poussière de charbon; les bruns, de l'oxyde hydraté de manganèse. Les couleurs blanches employées pour les ornements ordinaires sont quelquefois entièrement du carbonate de chaux; la plupart cependant sont un composé de carbonate de chaux et d'argile blanche grasse; j'ai trouvé aussi la chaux mélangée avec autant de sulfate de chaux que d'argile. »

Quoique les renseignements recueillis sur les enduits et les couleurs dans les hypogées de l'Étrurie ne soient pas puisés dans des analyses chimiques, il résulte des notions y relatives contenues dans les « *Annales de correspondance Archéologique,* » et constatées par plusieurs savants et artistes, comme dans l'ouvrage de Micali et dans le livre de feu W. Abeken, « *Mittelitalien* » (l'Italie centrale), que les peintures murales y étaient exécutées ou sur les parois mêmes des rochers, lorsque la pierre dans laquelle ces tombeaux se trouvaient taillés était dure, ou sur un enduit, lorsque la qualité trop tendre et friable du roc rendait ce fond artificiel nécessaire.

L'enduit était à la chaux, et si peu compacte, que l'humidité en y pénétrant lui donna l'apparence du sable mouillé; aussi dans une des grottes l'enduit offrait déjà une restauration très-ancienne, comme également, à une époque non moins reculée, les traces d'un rafraîchissement des couleurs de plusieurs figures. L'enduit était ou tout à fait blanc, ou quelquefois tirant sur le jaune (1).

---

(1) Les peintures des tombeaux découverts à Nola, à Pestum et à Ruvo, étaient

La *couleur rouge* des chairs ou des nus était une espèce de terre ou craie rouge (rubrica). Elle était appliquée sans aucun gluten, et se détachait au moindre toucher.

exécutées sur des enduits assez solides pour avoir pu être détachés. C'est ainsi qu'une belle figure assise, provenant de Nola, et récemment expliquée et publiée comme une *Proserpine trônante,* par E. Gerhard, dans le *Journal archéologique* de ce savant antiquaire, se trouve aujourd'hui au musée de Berlin; deux autres peintures, une de Pestum et une de Ruvo, également détachées de leurs parois, sont conservées dans le musée de Naples. Abeken, qui donne, Pl. X de son ouvrage, le trait du fragment d'une charmante composition depuis effacée, et provenant aussi d'un des hypogées de Pestum, dit que la peinture de Ruvo, représentée Pl. XV, dans les *Peintures antiques inédites,* l'a été d'après un dessin très-imparfait, « *nach einer schlechten Zeichnung.* » Ce dire est difficile à concilier avec celui de M. Raoul-Rochette, qui assure avoir fait faire cette gravure d'après la réduction d'un calque des peintures originales, fidèlement copié sur le monument. En tous cas, peu de personnes trouveront, comme le veut cet antiquaire, dans les personnages de sa gravure, l'apparence d'une origine hellénique. Quelque mal exécutées que l'on veuille supposer les copies de compositions remarquables d'artistes grecs (et il faut bien admettre qu'on n'en reproduisit que de célèbres, soit comme œuvre d'art, soit comme objet de culte), il est impossible de découvrir, dans ces lourdes et disgracieuses figures, la moindre analogie avec le caractère du dessin des autres peintures découvertes jusqu'ici dans la Campanie, l'Étrurie ou la Grande Grèce. Les reproductions des peintures provenant des tombeaux de ces dernières contrées, publiées par E. Gerhard et par Abeken, dont je viens de parler, et les parois peintes des grottes étrusques que j'ai données, Pl. XIX, en sont des preuves incontestables. Cependant, non-seulement le docte professeur n'a pas été choqué de cette différence, mais il va jusqu'à dire, à propos des peintures de Ruvo, telles qu'il les a mises au jour, « que le principe qu'elles offrent, surtout comme exécution, fut celui qui régna « dans les *peintures sur mur* de la plus haute époque de l'art. » Mais, indépendamment de l'influence, nullement considérée ici, des temps auxquels ces peintures appartiennent, et de la dissemblance, sinon certaine, du moins très-probable, entre les grossières images du livre de M. Raoul-Rochette et leurs modèles, rien n'établit que les tableaux sur mur des tombeaux, représentant presque toujours des courses, des danses et des repas en l'honneur des morts, offrissent au même degré des imitations d'œuvres renommées préexistantes, comme cela a eu lieu dans les habitations particulières. Les raisons qui viennent à l'appui de ce dernier usage ne trouvent aucune application quant aux tombeaux; et si des personnes somptueuses ont pu vouloir faire orner l'intérieur de leurs hypogées par les peintres les plus distingués dans ce genre de décoration, on ne peut admettre que des artistes d'une grande célébrité dans la peinture monumentale aient consenti à enfouir

Le *jaune* était rarement employé pur; mais là où on le trouvait comme bordures des draperies, c'était une ocre brillante.

Le *bleu*, produit de la pulvérisation du bleu de cuivre naturel, était employé mélangé avec une substance terreuse. Souvent réuni au jaune, il produisait un vert agréable qui était appliqué aux draperies, aux arbres, aux plantes. Une couleur verte proprement dite, telle que le vert de cuivre, ne semblait pas avoir été mise en usage (1).

Le *noir* paraît être de la suie de bois, probablement de pins résineux. Cette couleur est une des moins solides, et les contours qui en étaient tracés avaient presque tous disparu.

Au sujet des couleurs exclusivement employées dans les hypogées de l'Étrurie, Micali observe que toutes sont des matières co-

---

véritablement leurs œuvres dans des catacombes. En effet, la mort seule venait y frapper; et, une fois entrée, elle n'était plus troublée dans la possession de sa dernière demeure, à moins que ce ne fût pour quelques heures seulement, aux rares occasions du dépôt de nouveaux trépassés. Il n'y a et il ne peut y avoir autre chose à chercher, dans le *principe* de la peinture des tombeaux, qu'une analogie d'ordonnance dans la distribution de cette décoration, comparée à celle des édifices sacrés. Car les sujets peints et leur genre d'exécution y étaient soumis à une donnée spéciale, conforme à la destination d'un sanctuaire élevé à la mémoire des morts et à la conservation de leurs cendres, au lieu d'être librement puisée dans les récits les plus riches en poétiques inspirations, comme l'admettaient les temples consacrés à la gloire des dieux et à la propagation de leurs mythes.

Du reste, le déplacement et le transport dans des musées, à de si grandes distances, des peintures publiées par les deux antiquaires allemands, sont de nouveaux exemples de ce genre d'enlèvement de tableaux peints sur mur, par des modernes, et une nouvelle présomption pour admettre que les quelques faits seulement de ce genre, signalés par les auteurs anciens, ne sont certainement pas les seuls que l'antiquité aurait pu constater.

(1) Dans ces grottes, comme je l'ai déjà observé pour des restes d'architecture coloriée de la Sicile et d'autres contrées, le bleu est souvent changé en vert, ce qui peut être surtout attribué ici à la pénétration de la couleur bleue par l'enduit jaune du fond, à la suite des effets de l'humidité. Dans la *Description de l'Égypte*, on trouve également des remarques sur le changement des couleurs, mais d'un effet contraire, car c'est le vert qui y est changé en bleu; ce qui est attribué à l'emploi d'un bleu à base métallique et d'un jaune végétal, quoique cependant on y trouve aussi cette couleur très-résistante.

lorantes qu'on trouve dans le pays, où abondent les ocres, les oxydes et les autres composés de métaux, tels que le bleu de craie, les terres jaunes, les terres d'ombre, les terres rouges et les cinabres.

CHAPITRE LXXXIV.

Récapitulation des précédentes analyses et remarques.

Pour faciliter l'appréciation des analyses qui viennent d'être relatées, je vais en reproduire les principaux résultats relatifs aux couleurs, aux glutens, comme aux stucs et aux mortiers, de manière à en donner une idée générale aussi complète que possible.

D'après les analyses de M. Chevreul :

A Agrigente, à Sélinonte, à Syracuse et à Catane, *les couleurs* mélangées avec du carbonate de chaux renfermaient une quantité considérable de matière organique jaune, soluble dans l'eau, et une trace de matière grasse, soluble dans l'alcool. Les *rouges* étaient des peroxydes de fer ; les *bleus,* des frittes ; les *jaunes,* des ocres.

Les *enduits colorés* et les *stucs* avaient pour base de leur composition du carbonate de chaux, mêlé de chlorures de sodium et de calcium, de silice et d'alumine ferrugineuse, mais tous en petite quantité.

A Pompéi, les *couleurs* étaient appliquées avec du carbonate de chaux et des matières organiques, d'où provenaient les traces de substances grasses qu'on y a trouvées. Le carbonate de chaux était accompagné en petite quantité de silice, d'alumine, de magnésie, et quelquefois il y avait des indices de chlorure de sodium.

Ces *couleurs* se composaient : les *rouges ordinaires,* de peroxyde de fer; les *rouges vifs,* de sulfure de mercure; les *jaunes,* d'ocres ou d'hydrates de peroxyde de fer; les verts, de terre de Vérone. Des filets de *couleur blanche* ne contenaient que du sous-carbonate de chaux presque pur.

Les *enduits* ou *stucs blancs* offraient plus de matières organiques à la surface qu'à l'intérieur; il y avait, en outre, des parcelles lamelleuses brillantes comme celles du marbre statuaire; ils étaient formés principalement de chaux grasse mêlée de marbre, avec des traces de peroxyde de fer, d'alumine et de magnésie.

Les *mortiers*, composés de chaux grasse et de sable en grains roulés de différentes couleurs, contenaient aussi de la matière organique.

A Paris, les *couleurs* étaient employées avec un mélange de chaux caustique, ou appliquées pures sur un enduit calcaire frais.

Les *couleurs* étaient les mêmes que celles de Pompéi.

Les *mortiers* se composaient de chaux grasse, de sable fin, et de petits grains quartzeux blancs.

Les traces à peine sensibles de matières organiques trouvées dans les couleurs devaient être accidentelles.

A Saint-Médard des Prés, les *couleurs* avaient été appliquées directement sur le mortier avec un mélange de chaux caustique; elles contenaient une quantité de matières grasses qui pouvaient provenir d'un mélange de cire et de résine.

Les *couleurs rouges,* pour les chairs, étaient aussi du peroxyde de fer anhydre; les *couleurs roses,* le même peroxyde mélangé de sous-carbonate de chaux, avec des traces de silice, d'alumine et de magnésie; les *verts foncés,* de la terre de Vérone, mêlée de bleu égyptien et de sous-carbonate de chaux.

Le *mortier* se composait de chaux grasse, de sable et de gravier.

Parmi les matières non employées, trouvées en pains et dans des vases, les *couleurs* étaient pour la plupart des oxydes métalliques broyés, et tenus longtemps en suspension dans l'eau ; les *matières organiques*, de la résine, de la cire, et un mélange d'acides oléique et margarique avec de la cire et du noir de fumée.

D'après les analyses de M. Faraday :

A Athènes, les *couleurs bleues* des propylées étaient du carbonate de cuivre mélangé avec de la cire.

Les *mêmes couleurs* du Théséion étaient des frittes de cuivre mélangées de cire.

Les *couches de couleur* ou les *enduits très-minces* des colonnes du précédent temple, et des figures dites *les Parques* du fronton du Parthénon, présentaient des traces de fer, dans quelques parties une gomme odoriférante, et partout une substance combustible, peut-être végétale.

D'après les analyses de M. Landerer :

A Athènes, les *couleurs rouges* minérales trouvées dans un tombeau étaient de la sanguine ou pierre rouge, et du cinabre naturel ; la *couleur verte*, provenant du bâtiment en aile des Propylées, était du vert de gris ; le *bleu*, du cuivre oxydé titanifère ; le *jaune*, de l'ocre. Les *blancs* étaient de la céruse et de la craie ; les *noirs*, du fer et des os brûlés.

Les *glutens* se composaient de cire ; peut-être aussi y entrait-il de l'huile.

D'après les analyses de Chaptal :

A Pompéi, les *couleurs* non encore employées, trouvées dans une boutique, ne renfermaient aucun gluten à base de cire : c'étaient, comme les précédentes matières colorantes, des argiles, des terres de Vérone, des ocres plus ou moins calcinées, des oxydes de cuivre à l'état de frittes, mêlés de chaux et d'alumine. Une seule couleur semblait être de la laque de garance.

D'après les analyses de Davy :

A Pompéi, à Herculanum, à Rome, les *couleurs* et *enduits* ne contenaient pas de cire. Dans une couleur trouvée au fond d'un vase, dans les bains de Tite, ce chimiste constata la présence d'un gluten, mais sans pouvoir définir sa nature animale ou végétale.

Les matières colorantes étaient encore les mêmes que toutes celles précitées : seulement, si le bleu opaque provenait de l'oxyde de cuivre, celui transparent ou le verre bleu provenait d'un oxyde de cobalt.

D'après les analyses de M. Geiger :

En Égypte, les *couleurs* et *enduits* étaient riches en matières organiques; on trouva dans des couleurs des traces de cire et un gluten animal, supposé du sérum et du cruor.

La *couleur jaune* était extraite d'un principe organique; la *noire*, d'un corps animal, c'était peut-être la sépia; les autres matières colorantes provenaient aussi d'oxydes métalliques.

L'*enduit* contenait le précédent gluten, mais sans cire.

A Pompéi et à Tusculum, les *couleurs*, les *stucs* et les *mortiers* se composaient d'un gluten de nature animale, supposé du lait; et les couleurs étaient également toutes formées d'oxydes métalliques.

A la villa Adrienne, un fragment d'*enduit* permit de constater la présence d'un vernis partiellement mélangé de cire.

Les *mortiers* étaient composés de chaux grasse et de sable, en grande partie de nature volcanique; quelques-uns étaient réunis par des parties filandreuses, provenant sans doute de plantes marines.

D'après les analyses de M. John :

En Égypte, des *couleurs* se sont trouvées mélangées à de la cire, d'autres appliquées avec de la colle animale; des vernis ou enduits de résine y couvraient les peintures.

Les *couleurs* étaient des oxydes métalliques.

A Pompéi, les *couleurs* sont fixées par leur propre adhérence, ou par des glutens insolubles dans l'eau. Toutes sont des oxydes métalliques.

D'après les analyses de M. Wiegmann :

A Pompéi et dans les autres parties de l'Italie, les *couleurs* n'offraient pas de mélanges de cire ; c'étaient des craies, des argiles, des ocres, des cinabres naturels, enfin des oxydes métalliques ; les *glutens* n'étaient composés que de carbonate de chaux.

D'après les analyses d'un professeur de Munich :

A Pompéi, les *couleurs* ne présentaient aucun mélange de cire, de résine, d'huile ou de colle animale ; leur gluten était du carbonate de chaux.

Les matières colorantes sont les mêmes que celles trouvées par Davy et dans presque toutes les autres analyses.

D'après les remarques faites sur les tombeaux étrusques :

En Étrurie, les *couleurs* appliquées ou sur la pierre ou sur un enduit de chaux n'offraient pas d'autres glutens que la chaux même. Elles se composaient également d'oxydes naturels, dont le pays abonde. Le noir seul était du noir de fumée.

RÉSUMÉ GÉNÉRAL.

Les *couleurs*, en Égypte, en Étrurie, en Grèce, en Sicile, en Italie et en France, sont partout composées des mêmes substances, qui étaient des oxydes métalliques naturels ou artificiels. Une seule couleur non employée semblait être une laque.

Les *glutens* étaient : en Égypte, de la cire, des substances provenant du sang et de la colle animale ;

En Étrurie, de la chaux ;

A Athènes, de la cire, des gommes odoriférantes, des substances supposées végétales;

En Sicile, des matières organiques jaunes en quantité considérable, mêlées de quelque peu de substance grasse, et de la chaux;

A Pompéi, 1° des matières organiques, en moindre quantité qu'en Sicile, et contenant des parcelles de substances grasses et de la chaux, avec des traces de silice, d'alumine, de magnésie, et quelquefois du chlorure de sodium (1); 2° des matières animales, supposées du lait, mêlées à de la chaux (2); 3° des matières insolubles à l'eau (3); 4° de la chaux (4);

A Paris, de la chaux, avec des traces accidentelles de matières organiques;

A Saint-Médard, enfin, de la chaux mêlée aux couleurs et à une faible quantité de matière grasse, supposée un mélange de cire et de résine.

Les *vernis* étaient : en Égypte, un composé de résines;

A la villa Adrienne, un composé de cire.

Les *enduits* étaient :

En Égypte, de la craie mélangée avec du sérum et du cruor, c'est-à-dire les mêmes substances que celles du gluten des couleurs;

En Étrurie, de la chaux;

En Sicile, de la chaux mêlée de chlorures de sodium et de calcium, de silice et d'alumine ferrugineuse.

Les *stucs* et *mortiers* étaient : à Pompéi, de la chaux grasse mêlée avec du marbre, des traces de peroxyde de fer, d'alumine et de magnésie; ou avec du sable de différentes natures, de la silice et des matières volcaniques;

---

(1) M. Chevreul.
(2) M. Geiger.
(3) M. John.
(4) Un professeur de Munich.

A Paris, de la chaux grasse, du sable fin et des grains quartzeux ;
A Saint-Médard, de la chaux grasse, du sable et des graviers (1).

CHAPITRE LXXXV.

Les enduits et les peintures des anciens, d'après les observations de F. Mazois relatées dans les deux premiers volumes des *Ruines de Pompéi* (2).

Parmi les publications contemporaines d'art et d'archéologie, l'ouvrage de Mazois est certainement un des plus importants et des plus remarquables. Homme de talent et d'esprit, érudit sans ostentation et écrivain élégant, ce savant architecte ne pouvait faire un plus glorieux et utile usage de ces rares qualités, que de les consacrer à un aussi intéressant travail. Ce sera toujours un juste sujet de regret, que, malgré le sacrifice de ses plus belles années et de sa fortune, une mort prématurée ait empêché le brillant auteur du *Palais*

---

(1) Ce qui a déjà été dit, au sujet des couleurs, des stucs et des mortiers antiques provenant de Sens, de Champlieu et d'Auxerre, comme étant analogues à ceux de Paris et de Saint-Médard, s'applique également à l'analogie parfaite des fragments peints de Pompéi, comparés à ceux provenant de murs antiques en maçonnerie de la Sicile. Ces murs appartiennent, il est vrai, la plupart, à l'époque romaine ; mais quelques-uns, comme ceux de Tindare, de Taormine, de Syracuse, et d'autres lieux encore, sont certainement antérieurs à l'envahissement des Romains.

(2) J'ai adopté, dans l'examen du livre de Mazois et dans celui des publications de MM. Wiegmann, de Klenze, Carlier et Knerim, qui vont suivre, le système des extraits analytiques plus ou moins étendus, selon l'importance des sujets par rapport à mon ouvrage, mais dans l'ordre même des idées et de la conception des auteurs. En donnant ainsi une connaissance aussi exacte et relativement aussi complète que possible de leurs travaux, j'ai voulu surtout que le mérite de chacun de ces auteurs restât bien distinct, et pût être apprécié.

de Scaurus, d'achever lui-même son beau livre des *Ruines de Pompéi*.

L'artiste archéologue trouva sans doute, pendant seize années d'une étude et d'une admiration continues des œuvres de l'antiquité grecque et romaine, de pures et bien douces jouissances; mais ce bonheur, qui lui fit abandonner jusqu'à son avenir et sacrifier jusqu'à son nécessaire, ne fut pas sans amertume. « Après l'indif-
« férence qui m'affecte, disait-il un jour avec tristesse, ce n'est
« pas le jugement sévère du savoir qui me peine; mais c'est la
« méchante censure de l'incapacité qui m'afflige. Le premier
« apprécie le bien et ne condamne que le mal; la seconde ne cher-
« che que le mal et dénigre jusqu'au bien. » Si Mazois ne put éviter les écueils de tous les temps; s'il dut laisser incomplet son plus bel ouvrage, du moins les soins mis à son achèvement, après la mort du regrettable artiste, en ont fait un monument digne d'honorer sa mémoire (1).

Quoique le savant architecte n'ait pas traité d'une manière très-étendue les recherches sur les techniques de la peinture des anciens, les résultats qu'elles ont amenés n'en sont pas moins intéressants. Voici ce qu'il écrit sur les enduits et les stucs, dans le t. I, p. 22 :

« Les enduits sont composés, conformément aux procédés indiqués par Vitruve, de plusieurs couches de mortier avec de la chaux et de la pouzzolane. Le stuc moins épais se mettait sur la dernière couche d'enduit. On y trouve des traces visibles de pression, qui permettent de croire que l'instrument destiné à cette opération, appelé par Vitruve *baculus*, devait être une règle de métal de deux pouces de large. Ces stucs, une fois secs, offraient une décoration d'une extrême propreté. Vitruve, l. VIII, c. 3, donne à penser qu'on les lavait lorsqu'ils étaient salis par la poussière et la fumée. »

(1) F. Mazois fut frappé d'une mort instantanée le 31 décembre 1826, à l'âge de quarante-trois ans; et c'est M. Firmin Didot, juste appréciateur de l'œuvre de son ami, qui la fit terminer.

« Les stucs n'étaient pas tous de la même finesse; dans les endroits moins apparents, et chez les particuliers pauvres, ils étaient d'une espèce inférieure. »

« Vitruve recommande de leur donner le plus d'épaisseur possible; il en exige trois couches. Cependant, aux colonnes du plus ancien des temples de Pompéi, on voit un stuc d'une extrême beauté, dont la dureté surpasse celle de la pierre, et qui n'a tout au plus qu'une ligne d'épaisseur. Celui du temple de Pestum est encore plus mince. » D'où il résulte, selon Mazois, « que plus les monuments sont anciens, moins les stucs sont épais; tandis qu'au contraire ils le deviennent davantage à mesure que leur exécution se rapproche des temps de la décadence de l'art. »

Relativement à la remarque sur les traces laissées par le battage des stucs, pour supposer que les règles (*baculi*) employées à cet effet étaient en métal, on peut objecter que cette opération se faisant sur les stucs encore frais, un semblable instrument en bois flexible, plus conforme à l'expression latine, d'ailleurs plus commode, et parfaitement propre à rendre la dernière couche d'enduit plus compacte, pouvait, aussi bien qu'une bande de fer ou de cuivre, avoir laissé dans cette masse encore ductile les empreintes dont il s'agit, empreintes qui, avec la largeur qu'elles indiquent pour la règle, font voir aussi que là où elles sont restées visibles, l'exécution n'a pas été des plus parfaites.

Une autre objection plus importante est celle à faire contre l'opinion exprimée par Mazois, que le peu d'épaisseur des stucs qu'il a observés sur les anciens temples de Pestum et de Pompéi, comparativement à la plus forte épaisseur des enduits dans cette dernière ville, dénoterait une décadence graduée pour ainsi dire, selon que les enduits se trouveraient plus épais. Il y a ici une double erreur: la première est d'avoir confondu l'épaisseur de la couche de stuc proprement dite, et appliquée seule sur la pierre taillée, à toutes les époques de l'antiquité, avec la grosseur totale des différentes couches de mortiers, y compris l'enduit en stuc, non moins généralement employées dans leur ensemble, par les anciens, sur des murs en maçonnerie ordinaire. Cette erreur a d'autant plus lieu d'étonner, qu'à Pompéi les mêmes édifices, où l'influence romaine est ostensible, offrent des colonnes avec leur entablement en pierre, recouvertes uniquement de la mince couche de stuc, tandis que les murs construits en maçonnerie ordinaire sont enduits de plusieurs lits de mortier, avec cette couche de stuc par-dessus. Ce n'est que dans les constructions où des changements, exécutés pendant le cours de plusieurs siècles, ont fait d'un ordre dorique grec un ordre ionique, et de celui-ci successivement un ordre corinthien, puis composite, au moyen d'enduits continuellement superposés, que leur épaisseur progressive est le signe certain d'un temps de décadence. Les colonnes n'augmentant, dans ces exemples, que de diamètre, et devenant d'autant plus lourdes que leur nouveau caractère exigeait qu'elles fussent plus sveltes, les époques où se commettaient de semblables transformations ne pouvaient guère marquer par le progrès.

Quant à l'autre erreur, elle résulte du fait que la prescription de Vitruve, qui veut, pour les murs maçonnés, trois épaisseurs d'enduit en mortier et trois couches d'enduit, composé de chaux et de marbre blanc pulvérisé, produisait en effet de plus belles surfaces de stuc et des enduits plus solides. Mais l'induction serait en sens inverse de l'opinion de Mazois; car un plus grand nombre de couches et une plus forte épaisseur totale étant en faveur d'une plus parfaite exécution, ces circonstances marqueraient au contraire, selon les appréciations reçues, une époque florissante de l'art.

Du reste, ce qui peut, par rapport à une construction plus ou moins parfaite, être quelquefois rigoureusement vrai pour des monuments publics considérables, l'est toujours beaucoup moins pour des édifices particuliers et sans importance. Ce serait même souvent s'exposer à de graves erreurs à l'égard des premiers, que de vouloir préciser l'état de l'art, non pas sur l'ensemble de leur exécution, mais sur des parties comparativement secondaires, comme celles dont il s'agit. D'ailleurs, ce que dit Mazois, sur la qualité inférieure des enduits et des stucs dans des pièces peu accessibles et dans les maisons des pauvres, infériorité qui n'empêchait pas qu'à la même époque il y eût, dans les habitations des riches, de bons enduits et de beaux stucs, confirme nécessairement cette remarque.

C'est dans le tome II, p. 64, que le savant architecte parle des peintures pompéiennes et de leurs procédés. Après avoir fait un résumé historique sur l'origine et le développement de l'art de peindre dans l'antiquité, il dit :

« Les anciens peignaient sur bois, sur toile, sur parchemin, sur ivoire et sur les enduits, au moyen de divers procédés. Le plus distingué de tous était l'encaustique. Il y avait trois sortes de peintures à l'encaustique. La première, avec de la cire diversement colorée, et rendue *ductile à froid;* c'est le procédé des anciens maîtres, tels que Lysippe. La seconde, au *cestre* sur ivoire; ce genre devait se borner à de très-petits tableaux : il tenait sans doute le même rang que la miniature chez nous. On commençait par graver le sujet que l'on voulait représenter, puis on introduisait de la couleur dans les tailles. La troisième manière consistait à employer, avec le pinceau, des cires colorées *fondues au feu*, qu'on étendait à chaud. La cire n'était pas employée pure dans la peinture encaustique : on la mêlait avec de l'huile, pour la rendre plus liquide. Cette sorte de peinture résistait parfaitement aux intempéries des saisons, et même à l'influence de l'eau de mer ; c'est pourquoi l'on s'en servait pour peindre les vaisseaux, et probablement toute espèce de bois exposés à l'air. Lorsqu'on voulait peindre avec la cire des fonds d'une certaine couleur sur l'enduit des murailles, on laissait bien sécher le stuc, puis on étendait à chaud, avec un pinceau, des couleurs détrempées dans de la cire et de l'huile bouillante ; après quoi on approchait un réchaud plein de charbons ardents le plus près possible de la muraille; ensuite, on la frottait avec des morceaux de torche de cire; enfin, on lui donnait le dernier lustre en l'essuyant avec de la toile de lin bien propre. Il est indubitable que les anciens peignaient à *fresque;* c'est une chose prouvée pour quiconque a examiné les peintures de Pompéi, d'Herculanum et des thermes de Rome : le résultat est là; et, quelles que puissent être les conjectures et les hypothèses des savants, tous les hommes de l'art reconnaissent, au premier coup d'œil, que ces ouvrages ont été exécutés d'après un procédé semblable à celui de la fresque. Cela est si vrai, que Pline a consacré une partie du septième chapitre de son trente-cinquième livre, aux couleurs qui ne sont pas propres à être employées sur des enduits humides. A Pompéi, lorsqu'il se trouve des figures isolées sur les fonds, on aperçoit souvent, dans les endroits où la peinture est détériorée, les contours tracés par l'artiste, avec un *cestre* ou poinçon, sur l'endroit frais. Il est difficile, il est vrai, d'assurer que la couleur fut incorporée au stuc par le moyen de l'eau de chaux; ni Vitruve ni Pline ne disent rien à cet égard : peut-être les couleurs étaient-elles liées par une colle légère. Du moins il est vrai qu'il n'y a jamais deux couches de peinture l'une sur l'autre, si ce n'est lorsqu'on a peint des figures ou des ornements sur un fond; et il est remarquable que ce sont précisément ces peintures faites après coup qui résistent le moins à l'impression de l'air et de l'humidité. Indépendamment de la colle nommée *glutinum*, on se servait aussi, pour peindre, de différentes gommes. La *sarcocolla* était celle que les peintres employaient de préférence. Enfin, ils connaissaient, comme nous, l'emploi du lait pour la peinture, quoique ce procédé soit regardé comme une découverte récente. »

Mazois remarque ensuite que, dans les fresques de Jean d'Udine, qui étudia, dit-il, si profondément les peintures et les stucs des anciens, les teintes ont tout l'éclat, tout le poli, tout le brillant des peintures antiques. Il ajoute encore que les ornements accessoires les moins solides ont été sans doute peints à la colle ou à la gomme, sur les fonds secs, de la même manière qu'on le fait encore aujourd'hui. Enfin, après avoir mentionné que les peintres se servaient d'abord de quatre couleurs seulement, il cite toutes les matières colorantes énumérées dans les auteurs, et termine par là ces remarques.

Je ferai ressortir, de cette appréciation aussi judicieuse que concise, d'abord, le tact et le bon sens qui font juger par Mazois que le *premier genre de l'encaustique*, celui que pratiquaient les plus grands peintres de l'antiquité, consistait dans l'emploi des cires colorées, liquéfiées *sans* le concours du feu, et par conséquent appliquées avec le pinceau, ce qui ne pouvait souffrir de doute dans l'intelligence de cet artiste; ensuite, que sa manière d'expliquer le procédé de l'encaustique sur ivoire en donne, comme on le verra ultérieurement, une idée, sinon détaillée et complète, du moins assez juste.

Dans le *troisième genre* seulement, où les cires mêlées aux substances colorantes étaient employées à chaud, il semble confondre la peinture des vaisseaux et celle des bois en général, avec l'opération décrite par Vitruve sous le nom de *causis*. La première, très-distincte, consistait en effet dans l'emploi de cires *colorées* et *chauffées*, étendues sur du bitume appliqué également à chaud, tandis que la seconde était une espèce de vernis composé de cire *blanche* et d'huile, qui servait à garantir les stucs peints au cinabre, comme aussi les statues de marbre, de l'influence de l'air; vernis que l'on cautérisait ensuite au moyen d'un réchaud.

Mais ce qui signale surtout la sagacité et l'esprit d'observation du docte architecte, c'est son affirmation « *que les anciens peignaient indubitablement à fresque.* » Pour lui, c'est un fait constaté, et par la vue des peintures pompéiennes, qu'il dit offrir un aspect analogue à celui des fresques modernes, surtout de celles de

Jean d'Udine, si habile à s'approprier les procédés des anciens, et par les traces de décalques faits avec une pointe sur le stuc encore humide, et enfin par la distinction de couleurs qui, selon Pline, ne pouvaient être employées que sur des fonds secs. Mazois témoigne sans doute de l'indécision sur le mélange de la chaux avec les couleurs, et leur incorporation dans le stuc; il admet même que les sujets à figures ont pu être exécutés quelquefois à tempéra, c'est-à-dire à la colle et à la gomme; mais toujours est-il que, si cette hésitation prouve l'absence des analyses et des expériences dans ses recherches, du moins la juste désignation de tous les procédés des anciens, à savoir, l'encaustique avec des *cires liquéfiées à froid*, l'encaustique au *cestrum sur ivoire*, l'encaustique avec des *cires chauffées*, enfin la *fresque* et la *tempéra*, cette désignation complète, confirmée aujourd'hui, mais qui, par rapport à la fresque, était entièrement opposée aux idées reçues alors, appartient, depuis plus d'un quart de siècle, à l'auteur des *Ruines de Pompéi*.

CHAPITRE LXXXVI.

La peinture des anciens, par M. R. Wiegmann, professeur à l'Académie des beaux-arts de Dusseldorf.

Introduction. Des peintures murales antiques; qualités de ces peintures et des enduits sur lesquels elles sont exécutées. Ancienneté de la peinture sur stuc.

Le livre du savant architecte allemand est une œuvre consciencieuse, dans laquelle l'auteur s'est occupé de son sujet à la fois en érudit, en théoricien et en praticien. Les études historiques et esthétiques sur l'origine, l'emploi et le but de la peinture, dans son application aux monuments, sont suivies de recherches très-étendues sur les procédés matériels usités dans l'antiquité, et sur les moyens d'en faire revivre la pratique. Aussi, K. O. Müller accueillit ce travail avec une grande faveur. Le célèbre archéologue en écrivit la préface, et y déclara « que l'ouvrage de l'habile artiste l'avait éclairé sur bien des points; qu'il témoignait d'une grande connaissance, d'une profonde instruction archéologique, et que l'auteur y avait défendu, avec esprit et éloquence, son opinion *sur l'emploi presque général de la fresque aux peintures sur mur chez les anciens, et sur l'application limitée aux tableaux portatifs seulement, de la peinture à l'encaustique et à la tempéra.* »

L'introduction exprime que les recherches des modernes sur les procédés de peindre des anciens n'ont amené, jusqu'à présent, aucun résultat certain, parce qu'elles ont été entreprises avec l'admission préconçue que toutes leurs peintures furent à l'encaustique; conséquemment, la preuve qu'elles n'eurent rien de commun avec ce procédé expliquera suffisamment pourquoi les essais de le ressusciter sont restés si éloignés des modèles antiques (1).

L'auteur établit ensuite qu'aux époques barbares du moyen âge, les œuvres grossières de la peinture n'eurent d'autre rapport avec l'art antique que celui de leur exécution matérielle, l'unique lien entre les œuvres modernes et celles des anciens; que le procédé de la *fresque*, le seul en usage alors, arriva ainsi traditionnellement

---

(1) Il est à regretter que M. Wiegmann n'ait eu aucune connaissance des résultats obtenus avec la peinture à la cire par M. de Montabert, dont l'ouvrage, publié en 1829, contient la relation d'expériences qui dataient déjà de quinze années, et que le savant architecte n'ait vu ni les remarquables travaux faits à Fontainebleau, en 1834, avec ce procédé, ni ceux exécutés depuis lors à Paris, et qui étaient déjà nombreux au moment où parut son livre. Cette connaissance eût nécessairement changé son opinion, et sur l'impuissance des recherches modernes et du procédé en lui-même, et sur la manière absolue dont il proclame la supériorité de la peinture à l'huile, comparée à celle à l'encaustique.

jusqu'au XIIIᵉ siècle, où, pratiquée et améliorée par Cimabue et ses successeurs, cette peinture atteignit, au temps de Raphaël, par l'influence des peintures des thermes de Titus, sa plus haute perfection. Enfin que, malgré les découvertes postérieures d'Herculanum, de Pompéi et de Stabia, dont les peintures différaient par leurs fonds polis, si doux et transparents, des fonds rudes et opaques des fresques modernes ; et, malgré la richesse et la légèreté du genre des premières, comme celle du temple d'Isis, par exemple, comparé à la sévérité religieuse des peintures de Saint-François d'Assise, cette différence désavantageuse n'empêcha point que ce procédé se maintînt jusqu'à notre époque.

M. Wiegmann expose les différentes applications de la peinture à Pompéi : extérieurement, elle est employée presque sans le concours de l'art, et, à l'intérieur, elle apparaît d'une beauté et d'une délicatesse merveilleuses. Le système général de la distribution décorative y consiste dans une division en trois zones : celle inférieure, formant le socle, en couleur foncée ; la deuxième zone, la plus importante par sa hauteur, en couleurs brillantes, et ornée de figures ; la troisième zone, offrant une espèce de grande frise en couleurs claires, le plus souvent blanches (1). L'ensemble du système de décoration comporte deux sortes de peintures : une d'ornements seulement, et l'autre de tableaux représentant des sujets d'histoire ou de mythologie. L'exécution de chacun de ces genres semble, au premier abord, différente : il n'en est rien ; mais l'habileté des peintres de décoration donne quelquefois, aux ornements, une finesse de travail que n'ont pas toujours les figures. Cependant,

---

(1) C'est, comme on voit, toujours le même système de distribution, avec la différence naturelle, dans le caractère des peintures et de leurs accessoires, qui devait résulter de la différence existant entre des habitations et d'autres édifices particuliers à Pompéi, où la tradition avait subi l'influence d'une suite de siècles, comparés à des temples et à des monuments publics qui n'avaient pas cessé d'en porter l'empreinte originaire.

rien n'est plus harmonieux que ces peintures, d'un caractère éminemment local : d'un bel éclat et savoureuses, quoique mates, et de partout parfaitement visibles, elles se détachent, à l'encontre des peintures vernies, sans aucun mirage, et de la manière la plus agréable, sur la douce transparence des fonds ; fonds parfaitement solides, qui conservent les couleurs très-fraîches, et assez adhérentes pour résister aux frottements des huiles volatiles, des savons et des alcools.

Les peintures modernes à fresque, à tempéra, à l'huile, à la cire et au vernis, n'offrent pas ces qualités ; et leurs fonds étant très-friables, il y a erreur de vouloir exécuter ainsi un genre de décoration dans la perfection duquel l'exécution matérielle entre pour une grande part : toutefois, et nonobstant l'opinion dominante, que les procédés anciens sont perdus, il faut admettre, dit M. Wiegmann, qu'ils employaient une sorte de peinture à *fresque*, différente cependant de la fresque moderne. Il réfute ensuite les opinions contraires, et décrit la composition des mortiers et des stucs de Pompéi, qu'il trouve avec raison conformes aux indications de Vitruve.

Pour appuyer l'emploi du système des peintures à *fresque*, le savant architecte fait remarquer que la dernière couche de stuc sur les murs offre souvent des traces de joints, perpendiculaires dans les angles, horizontaux dans la hauteur, et à biseaux autour des tableaux à figures. Il cite, comme montrant ces jonctions successives des stucs, plusieurs pièces dans les maisons dites *des Fontaines, de Castor et Pollux, du Poète tragique*, et *le Panthéon*. Il mentionne, comme preuve de l'humidité du stuc au moment de l'application des peintures décoratives, la présence des tracés en creux, ou décalques au moyen d'une pointe, au temple d'Isis, et dans les localités précédemment mentionnées (1) ; néanmoins, ces tracés ne sont

(1) On a vu que Mazois signale aussi les empreintes d'un instrument pointu employé pour décalquer.

pas toujours visibles, soit que les couleurs les couvrent parfois, soit que le transport du dessin ait été fait par un autre moyen; puis il invoque Vitruve à l'appui de la solidité des couleurs employées sur les stucs humides.

M. Wiegmann affirme, comme un résultat absolu de ses recherches, l'absence de tout vestige de gluten gras, gélatineux, animal ou végétal. Il réfute l'admission, faite par l'auteur des « Ozzerva-« zioni sulle pitture antiche d'Ercolano, etc., » tom. II, de l'emploi général de la peinture à tempéra à Pompéi et à Herculanum, par le fait des expériences, qui lui ont donné la certitude que l'empâtement des couleurs peut être obtenu également avec la peinture à la chaux; par conséquent, cette dernière pouvait s'écailler comme la première, et les cas où cela a eu lieu ne sont pas des preuves pour l'emploi exclusif du procédé à tempéra. Enfin, il trouve son opinion, que la peinture décorative des anciens était une *sorte particulière de fresque*, confirmée par la présence de la chaux dans toutes les couleurs, et même dans les noirs les plus foncés, sauf quelques rares exceptions, où elles paraissent avoir été employées sans aucune adjonction quelconque. Dans ces circonstances, une couche épaisse de chaux avait été étendue en dessous, et remplissait l'objet de l'enduit frais.

En réfutant sous ce rapport, autant que sous celui de l'apparence des coups de pinceau, cités aussi comme une particularité du procédé à tempéra, les objections faites par l'auteur italien, M. Wiegmann confirme ce qu'avait déjà observé Mazois, que les fresques modernes permettent tout autant cette remarque, qui peut être faite sur les belles arabesques exécutées dans les loges du Vatican par Jean d'Udine. Cet artiste, qui étudia avec le plus de soin les procédés de la fresque ancienne sur les peintures des bains de Tite, et qui les employa avec le plus de succès, peignait en effet avec des couleurs très-nourries, et les empâta de manière à laisser subsister des traces de pinceau.

Quant à la présence de quelques couleurs qui ne supportaient pas la chaux, comme la *purpurine,* elle résulte, selon l'auteur, de la possibilité de son application avec du blanc d'œuf, ou en étendant un faible fond de craie sur le stuc. L'or, quoique susceptible d'être fixé sur de la chaux fraîche, pouvait aussi être employé avec du blanc d'œuf.

S'il ressort, pour le savant artiste, de tous ces faits et remarques, que les peintures murales de Pompéi sont exécutées sur de la chaux, il en déduit également qu'elles sont bien les décorations dont Pline parle pour avoir été nouvellement inventées sous Auguste, par Ludius, et qui ont suscité les plaintes et les critiques de Vitruve; mais il n'admet le dire du premier de ces auteurs que par rapport au genre particulier des objets décoratifs représentés par ce peintre, et aucunement comme s'appliquant à un nouveau procédé technique : les qualités particulières de celui-ci auraient été, dans ce cas, nécessairement mentionnées par le naturaliste romain.

M. Wiegmann admet la pratique de la peinture sur stuc aux temps les plus reculés en Égypte, en Grèce et en Italie. Pour arriver de l'emploi du stuc, l'*opus tectorium* des anciens, à celui de sa coloration et de sa décoration par des peintures d'ornements et de figures, il trouve le pas à faire si facile et si naturel, qu'il en regarde le constant usage comme une conséquence absolue de celui de la continuelle application des stucs ; conséquence appuyée, dit-il, par Pline, lorsque cet auteur relate que Panœnus, le peintre des magnifiques sujets de la barrière du Jupiter Olympien, présida à l'*opus tectorium* du temple de Minerve à Élis ; l'expression latine impliquant ici, comme partout ailleurs, et la préparation du stuc et les peintures dont il devait être orné.

Tout en reconnaissant que l'emploi multiplié de la peinture à l'encaustique chez les Grecs ne peut être mis en doute, l'auteur insiste sur ce que Pline en distingue deux genres : l'un à *la cire,* l'autre *au pinceau*. Il admet que le premier genre n'a été connu que vers la 80ᵉ olympiade; mais comme les anciens pratiquaient la peinture bien longtemps avant cette époque, ce ne pouvait être que la fresque ou la tempéra; deux procédés qui s'exécutaient au pinceau, et qui n'exigeaient pas de cire. D'où il résulterait que dans l'encaustique les couleurs n'étaient pas employées au moyen du pinceau, mais d'une tout autre façon.

En suivant la nomenclature des peintres cités par Pline, et dont la première catégorie se distingua dans la peinture au pinceau, et la deuxième dans celle à l'encaustique, et s'arrêtant à leurs œuvres, M. Wiegmann exprime que les compositions reconnues pour avoir été peintes sur mur le furent par des peintres employant les pinceaux, et par exception seulement par des peintres à l'encaustique, qui peignirent du reste également au pinceau (c'est-à-dire qui pratiquaient aussi les deux autres procédés); que par conséquent la peinture à l'encaustique était exclue des murailles et employée seulement pour les tableaux portatifs, comme l'exécution avec le pinceau l'était pour les peintures murales proprement dites. Mais cette exécution pouvait être ou à tempéra, auquel cas les couleurs avec leurs glutens peu solides, la colle et la gomme, étaient appliquées sur les stucs secs et sur des fonds de craie, ou bien à fresque. Dans ce dernier cas, les couleurs à la chaux, étaient employées sur des enduits humides dans lesquels elles s'incorporaient; et ce procédé n'étant pas admissible sur des tables de bois, à cause de l'épaisseur des enduits qui en aurait fait des masses non transportables, et ne permettant pas la finesse d'exécution exigée pour des peintures de chevalet, il faut en conclure que les anciens n'appliquèrent jamais l'encaustique sur les murs, et jamais la fresque sur des tableaux. La peinture murale était ainsi toujours au pinceau, à fresque ou à tempéra, et celle des tableaux, ou à tempéra ou à l'encaustique (1).

(1) L'adhérence de l'encaustique sur des stucs ou des parois en marbre préparés

En outre, les procédés anciens étant de deux sortes, ceux que l'eau effaçait et qui devaient être abrités, et ceux qui résistaient aux intempéries, on doit regarder les premiers comme ayant été à tempéra, et les derniers à fresque et à l'encaustique. Ainsi, il faut, selon M. Wiegmann, admettre à priori que les peintures durables sur stuc étaient des fresques, et que celles non moins durables qui ne pouvaient être des fresques, étaient, par exception, des peintures à l'encaustique.

Le savant architecte réfute ensuite l'opinion de M. Raoul-Rochette sur le non-emploi des peintures murales à la belle époque de l'art, et sur la décoration des temples et des portiques au moyen de tableaux portatifs. Il y oppose les judicieuses raisons de M. G. Hermann, avec d'autres raisons encore; et «quoique, dit-il, Pline semble, par la mention de l'absence de peintures murales dans la demeure d'Apelle, laisser des doutes sur leur usage dans les habitations aux primitives époques, il n'en est pas moins certain que les tombeaux les plus anciens en étaient couverts, et qu'il est inadmissible de vouloir qu'on y suspendît ou incrustât des tableaux portatifs. » Il se prononce contre le docte antiquaire français au sujet de la description du tombeau de Xénodice par Pausanias, parce que, dit-il, les paroles de cet auteur se rapportent avec clarté à des peintures murales, et aucunement à des tableaux portatifs. Il partage aussi, relativement aux sujets de la famille des Butades dans le temple d'Érechthée à Athènes, contrairement à M. Raoul-Rochette, l'opinion de G. Hermann, qui établit que le mot πίναξ, tableau, exprime une peinture en général, et non pas en particulier la matière sur laquelle elle est exécutée. Enfin, là où le défenseur des peintures sur bois admet la peinture sur mur parce qu'elle s'effaçait facilement, M. Wiegmann fait valoir, pour ce cas, la probabilité de peintures murales à tempéra,

avec un fond à la cire, étant prouvée par des faits, et l'aspect des peintures ainsi exécutées étant semblable à celui des peintures antiques, ce raisonnement, avec ses inductions, n'est rien moins que concluant.

ajoutant que ce procédé, employé sur bois ou sur mur, devait avoir une durée nécessairement équivalente, et que d'ailleurs la possibilité d'une belle et longue conservation des peintures sur les parois des édifices résultait indubitablement de la longue et belle conservation des murs peints à Ardée, à Lanuvium et à Cœré. Les exemples de peintures effacées qu'énumère Pausanias ne permettent pas davantage de nier l'usage des peintures murales chez les Grecs. Toutefois, dans le système de l'artiste, ces dernières devaient avoir été exécutées à tempéra, et celles si anciennes et si bien conservées dans le Latium, à fresque ; car leur enlèvement projeté par Cajus, et empêché par la nature de l'enduit, *tectorium*, réfute toute idée de tables incrustées. Le savant architecte admet également comme des fresques les peintures exécutées par Damophilus et Gorgasus sur les parois du temple de Cérès, et par Fabius Pictor dans le temple de Salus ; les tableaux peints par Cornelius Pinus et Accius Priscus dans le temple de l'Honneur et de la Vertu à Rome ; les peintures exécutées sur le pan de muraille en briques couvertes de stuc, et enlevé de Lacédémone par Murœna et Varron ; celles que dut peindre Agatharchus pendant son séjour forcé dans la maison d'Alcibiade ; enfin les œuvres de Polygnote dans le temple de Delphes, dans le Pœcile d'Athènes et à Thespies. Il admet comme certain, quoique Polygnote soit classé positivement par Pline parmi les peintres à l'encaustique, que cet artiste s'adonna de préférence à la peinture au pinceau. A ce sujet, il traite comme erronées les idées de Bœttiger relativement à l'absence, chez les Hellènes, des peintures murales à fresque, et à l'emploi général de tableaux en bois de mélèze.

Prétendant d'une manière absolue qu'on n'appliquait pas la peinture à l'encaustique avec le pinceau, M. Wiegmann cherche à prouver que Pline, en employant, par rapport à Polygnote, les expressions : *Ædem pinxit ; porticum pinxit ;* et, relativement à Pausias : *Pinxit et ipse penicillo parietes ;* n'a pu parler que de peintures exécutées sur le mur, soit à tempéra, soit à fresque, et que la durée de ce dernier procédé et la nature des stucs sur lesquels il était appliqué doivent, pour toutes les peintures murales des anciens Grecs, rendre son emploi seul admissible à côté de la solidité des matériaux dont leurs monuments étaient construits. Il cherche à concilier la contradiction apparente de Pline entre ce que dit cet auteur, relativement à l'absence des peintures sur des murs entiers aux belles phases de l'art chez les Hellènes, et la mention qu'il fait de peintures appartenant aux mêmes époques, et qui couvraient les parois des temples et des portiques dans les villes les plus célèbres de la Grèce, en admettant que la première phrase ne s'applique qu'aux maisons particulières, et la seconde aux édifices publics seulement. Il accorde d'ailleurs que la tendance de surpasser même les choses les plus belles en conduisant aux extrêmes, a amené, dans l'antique et admirable principe décoratif des Hellènes, la confusion capricieuse que l'on voit quelquefois dans les peintures de Stabia, d'Herculanum, de Pompéi, des thermes de Tite et de la pyramide de Cestius.

Toutes ces peintures, à quelques exceptions près, étant, selon l'auteur, exécutées à fresque; il fait ressortir la convenance de leur système décoratif, par rapport à la technique employée à leur exécution. Il y trouve les raisons de la dimension moyenne des tableaux ou compositions isolées à une figure ou à plusieurs figures, et explique les causes qui ont dû les faire incruster parfois, en supposant, comme cela a été dit, soit que les peintres les exécutaient à tempéra ou à l'encaustique d'avance et à loisir dans leurs ateliers; soit que, bien conservées dans des parois en partie détériorées par le temps ou accidentellement, ou offrant un intérêt de famille ou d'ancienneté, on les eût détachées pour les réemployer ensuite, en ménageant leur place dans des habitations partiellement ou entièrement reconstruites; soit, enfin, que, pour les peindre à fresque, on eût réservé, après l'achèvement de toutes les peintures décoratives, l'application du stuc frais sur l'emplacement des tableaux, afin que l'artiste pût les peindre en dernier lieu, et les mettre plus facilement en harmonie avec leurs riches accessoires. Malgré son insistance sur l'emploi prédominant de la fresque, M. Wiegmann dit néanmoins avoir trouvé des médaillons et des figures, comme aussi quelques fragments de stucs, sur lesquels la couleur s'effaçait. Il explique ce fait comme pouvant être la suite d'une restauration après l'altération des primitives peintures à fresque; il ne doute même pas, quoiqu'il n'en ait pas vu d'exemple, que la peinture à tempéra a pu être employée dans quelques cas comme procédé général; mais il pense que cette peinture trouva un plus vaste champ d'application pour les tableaux mobiles, les décorations scéniques et les plafonds en bois. Cette opinion est basée et sur la prédilection en faveur du principe plastique chez les anciens, qui préféraient la précision des formes propres à ce procédé, aux effets du clair-obscur, que ce procédé ne pouvait rendre, et sur les indices fournis par les auteurs relativement à la technique; dans ce sens Pline voudrait dire que les peintures, sur des tables de bois, exécutées par les peintres les plus célèbres avec le pinceau, ne pouvaient l'avoir été qu'à la tempéra.

Les anecdotes sur les lignes tracées par Apelle et Protogène, sur la bave du chien obtenue, par ce dernier, au moyen de l'éponge jetée sur son tableau, et le fait analogue attribué à Néalcès pour l'imitation de l'écume d'un cheval, sont, pour M. Wiegmann, des preuves à l'appui de la peinture à tempéra, l'usage de l'éponge lui paraissant inexplicable avec la peinture à l'encaustique. Enfin, les chapitres 37 et 39, l. XXXV de Pline, ne lui laissent aucun doute qu'à l'exception de Polygnote et de Panœnus qui peignaient à l'encaustique en même temps qu'ils maniaient le pinceau, les autres peintres les plus célèbres ne pratiquassent que cette dernière manière de peindre, et ne fussent par conséquent uniquement des peintres sur mur à tempéra et à fresque (1).

(1) **Dans ce qui précède et suit, se reproduisent sans cesse les conséquences de**

Une peinture solide comme l'encaustique, continue M. Wiegmann, devait chez les Grecs, avec leur prédilection pour les ornements coloriés de l'architecture et des meubles, être d'une grande importance. Les sculptures précieuses en marbre, en terre cuite et en bois de leurs édifices ne permettant pas l'application d'un enduit à la chaux, nécessaire pour recevoir la fresque, le seul procédé après la peinture à l'encaustique qui pût résister à l'eau, il n'y a rien de surprenant que cette dernière, après avoir été employée à la coloration des monuments, le fût ensuite à la peinture des tableaux. Il est même vraisemblable que ses qualités de vigueur et de transparence, qui manquent à la fresque et à la tempéra, changèrent la marche de la peinture grecque; car elle produisit dans ses développements des tableaux à effet qui étaient tout opposés à la tendance des primitifs principes de l'art des Hellènes. Néanmoins, l'emploi de l'encaustique ne paraît pas avoir été dominant même aux tableaux de chevalet, et son application semble n'avoir été faite que là où les peintures devant résister à la pluie et être nettoyées avec de l'eau, la nature des objets à représenter rendait la fresque insuffisante. C'est ainsi qu'Agrippa fit peindre à l'encaustique les ouvrages en terre cuite de ses thermes; que dans une ancienne inscription grecque se trouve employé le mot γραφή, pour la peinture ordinaire des murs et des plafonds, et le mot ἔγκαυσις, pour celle à l'encaustique appliquée aux portes (1). Pline aussi, en disant que Pausias, le peintre à l'encaustique, avait commencé le premier à peindre les plafonds, n'a voulu exprimer que l'application inusitée jusqu'alors de ce procédé à cette décoration, et non pas de la décoration en elle-même;

---

l'idée imparfaite de M. Wiegmann relativement à la peinture à l'encaustique : parce qu'il ignorait, et les résultats les plus satisfaisants en tous genres que ce procédé a fournis, et la possibilité d'une parfaite application de cette peinture partout où il n'admet que la fresque. Les détails dans lesquels j'entrerai à ce sujet établiront son erreur complète.

(1) Bœckh, *Corp. inscript. græc.*, n. 2297.

plus tard, enfin, l'usage de peindre les plafonds à la cire cautérisée devint ordinaire, mais sans doute pour remplacer seulement le procédé à tempéra, puisqu'il faut admettre que les plafonds étaient en bois, et que la fresque fut toujours employée aux voûtes en pierres, en briques ou en d'autres matériaux recouverts de stuc, comme cela se voit encore dans les thermes de Tite et ailleurs. Enfin, si le procédé à tempéra, appliqué à la peinture des tableaux mobiles, n'avait pas offert les avantages d'une facile pratique, on l'aurait remplacé en tous lieux par la peinture à l'encaustique, peinture que M. Wiegmann veut avoir été très-difficultueuse chez les anciens, malgré l'obscurité qu'il admet régner sur sa technique. Cette opinion, il la trouve appuyée par Pline, lorsque cet auteur raconte que les compétiteurs de Pausias disaient « qu'il ne peignait de petits « tableaux que parce que sa manière de peindre était lente, » en ce sens qu'il ne s'agirait ici que de la lenteur du procédé à l'encaustique pratiqué par ce peintre. Du reste, il ne croit pas cette peinture aussi durable qu'on le suppose : son gluten étant une gomme végétale qui, sans le renouvellement d'un vernis préservateur, se décompose par l'oxygène de l'air atmosphérique, elle devait se rembrunir, et ne pouvait atteindre à la durée et à la conservation des fresques, dont un nombre considérable nous est parvenu, tandis qu'il n'est resté aucun vestige des autres. Dans les lieux abrités, les tableaux à tempéra pouvaient même offrir plus de consistance et moins de changement dans les couleurs; et lorsqu'on admet l'emploi d'un vernis comme l'*atramentum* d'Apelle, on doit y trouver l'explication du continuel usage de ce procédé à côté de celui de l'encaustique (1). Sous ce rapport, il est à présumer que les peintures

---

(1) Certainement aucun tableau portatif peint à la cire, ni avec aucun autre genre de procédé, n'est parvenu jusqu'à nous; mais il est certain qu'il y eut et qu'il existe des peintures à l'encaustique parmi celles sur stuc trouvées à Herculanum et à Pompéi. Ce que j'ai dit, p. 538, n. 1, concernant le résultat des

clairement désignées par les auteurs comme portatives étaient en général à tempéra, et comparativement peu à l'encaustique. Les tableaux exécutés dans ces deux genres l'étant d'une manière plus soignée que les peintures à fresque sur mur d'une exécution si rapide, la durée de ces tableaux étant moindre, leur nombre plus grand, leurs sujets libres et indépendants de toute influence architectonique, à laquelle les fresques étaient soumises, la renommée de leurs auteurs devait être plus répandue, parmi les masses surtout, que celle des artistes qui se vouaient aux sujets historiques et symboliques du style le plus élevé. Le savant auteur explique ainsi le « *sed nulla gloria* » de Pline, et il trouve dans ce texte un témoignage indirect pour que la peinture sur mur ait été préférablement à fresque ; car si elle avait été à tempéra, les artistes auraient peint sur les parois des temples et des portiques des œuvres d'autant plus finies et soignées, que les Grecs embellirent leurs édifices publics avec tout ce que les arts pouvaient produire de plus précieux et de parfait. Mais la solidité et la large technique de la fresque, d'accord avec sa destination architecturale, firent préférer son emploi ; elle était chez les anciens dans le même rapport avec la technique plus délicate des tableaux à tempéra et à l'encaustique, que les fresques modernes le sont avec les tableaux de chevalet peints à l'huile.

Quoi qu'il en soit, ce dont il n'est pas possible de douter, ajoute M. Wiegmann, c'est qu'au point culminant de l'art grec on n'employait pas seulement des tableaux portatifs pour embellir les édifices, mais leurs parois étaient couvertes de peintures murales.

analyses au sujet des cires retrouvées, mais regardées comme provenant d'un vernis, et qui auraient pu provenir en même temps des couleurs employées pour peindre les figures, ne saurait être récusé.

CHAPITRE LXXXVII.

De la sculpture polychrôme, de l'emploi des stucs coloriés à l'extérieur des édifices, des véritables peintures employées comme décoration architecturale, de l'encaustique et de la causis.

L'origine, l'objet, le principe, la permanence et le procédé de la sculpture coloriée des Grecs, sont expliqués par le savant architecte selon les indices que son érudition, ses propres observations, et les découvertes à lui connues, rendaient plausibles, mais qui, encore incomplètes alors, ne pouvaient lui permettre d'établir une théorie entièrement conforme à la vérité. Ce que j'ai eu occasion de dire à ce sujet (p. 68 et suiv.) me dispense d'analyser cette partie de son travail. Il suffit à mon objet de mentionner que M. Wiegmann admet que la peinture à l'encaustique devait avoir été le procédé employé à la coloration de la sculpture.

J'ai déjà fait mention aussi (p. 152 et suiv.) des notions contenues dans son livre, relativement au principe de la polychrômie appliquée à l'architecture grecque; et ce que je viens de dire par rapport à la sculpture coloriée y est également applicable. Quant à la technique, l'auteur admet que la mince couche de stuc étendue sur les monuments en pierre de la Grèce, de la Sicile, de la Grande-Grèce et de l'Italie se compose des mêmes éléments que ceux contenus dans la dernière couche des enduits de Pompéi, c'est-à-dire de chaux mélangée avec de la poudre de marbre ou de spath. Pour les couleurs, il pense qu'elles y furent appliquées à fresque, c'est-à-dire pendant que l'enduit était encore frais. Il appuie sur l'importante et juste remarque qu'indépendamment du bel aspect de la surface unie des stucs, en lieu et place de la vue désagréable d'une matière poreuse, cette application conservait essentiellement les pierres; et il fait ressortir avec non moins de vérité combien le poli donné aux marbres et aux granits les plus durs, et la couche de cire cautérisée, la καῦσις, dont on couvrait ces précieux matériaux, aidaient à leur belle conservation et à leur durée.

J'ajoute que les moindres aspérités sont en effet les causes les plus désastreuses de destruction, par suite de l'adhérence des terres végétales, des graines et des lichens que la permanence de l'humidité y fixe et y développe, tandis que la prompte évaporation des eaux pluviales sur des corps polis, en empêchant cette adhérence, prévient toute décomposition à la surface des monuments, et, par conséquent, leur destruction entière.

En parlant des peintures à sujets mythologiques ou historiques comme décoration monumentale, M. Wiegmann explique les raisons que j'ai relatées déjà (p. 161), d'après lesquelles le stuc étendu sur la frise en pierres d'Éleusis du temple d'Érechthée, à Athènes, devait faire admettre que cet enduit avait eu pour objet l'exécution d'une suite de figures peintes, au lieu de figures sculptées et coloriées (1). D'accord en cela avec les idées exprimées par Brönstedt, il suppose que dans la plupart des temples doriques, où un certain nombre de métopes, comme celles des façades principales, étaient enrichies de reliefs polychrômes, les métopes latérales, restées unies, devaient avoir été décorées de figures peintes. J'ai également relaté (p. 454)

---

(1) Depuis la remarquable restauration de l'Érechthéon par M. Tétaz, il ne peut plus exister de doutes sur ce que la frise en pierres d'Éleusis de ce temple ne fût couverte de figures en marbre blanc, sculptées et peintes. J'ai vu les beaux dessins des fragments de ces dernières, dont plusieurs portaient encore les goujons en fer qui avaient servi à fixer ces sculptures, et que le consciencieux artiste avait consignés avec le plus grand soin. Ces mêmes fragments sont également reproduits, à une très-petite échelle, sur les Pl. III et IV des *Antiquités helléniques* de M. Rangabé. Ce savant admet aussi, d'après les raisons les plus judicieuses, que les sculptures mentionnées dans les inscriptions athéniennes, dont la quatrième partie de cet ouvrage contient des extraits, sont celles des groupes et des figures qui décoraient en effet la frise de l'Érechthéon.

les observations de M. de Klenze, d'après lesquelles les métopes des propylées d'Athènes auraient été ornées alternativement de figures sculptées et rapportées, et de peintures; et j'ajoute que la présence indubitable de riches ornements peints dans les métopes du petit temple d'Empédocle à Sélinonte prouve l'usage de ce système de décoration. Toutefois la supposition de MM. Wiegmann et Brönstedt, « que des sujets à figures sculptées aient été employés au « même édifice à côté de sujets à figures peintes, » tandis que les faits confirment seulement l'existence d'ornements peints à côté de figures sculptées; cette supposition, quoique d'un système différent, n'a rien qui ne soit admissible, et qui ne puisse se concilier avec cet autre fait qui montre dans la décoration des édifices helléniques des moulures avec des ornements sculptés et coloriés, tout à côté de moulures non sculptées, et embellies d'ornements peints.

Passant à la peinture à l'encaustique, dont M. Wiegmann restreint l'emploi au bois, au marbre et à la terre cuite, il réduit aux rares et obscures notions des auteurs les seules sources pour y chercher la connaissance de ce procédé. Il en attribue la perte à la difficulté de sa pratique et à ses résultats peu avantageux, tandis que la fresque et la tempéra, à cause de la facilité de leur emploi et de leurs résultats satisfaisants, n'ont pas cessé d'être pratiquées, et sont ainsi parvenues jusqu'à nous. La culture de l'olivier en Grèce, où l'huile de lin était inconnue, lui semble la cause pour laquelle la peinture à l'huile, qu'il trouve supérieure à toutes les autres, n'a pas été découverte et mise en usage par les anciens. En tous cas, dans la peinture à l'encaustique, la cire était le gluten des couleurs. Son inventeur est inconnu, quoique le mérite en soit attribué à Aristide et le perfectionnement à Praxitèle; car, longtemps avant les époques où vécurent ces artistes, des peintures exécutées par Polygnote, Nicanor, Arcésilas et Lysippe sont citées par Pline. Cet auteur énumère trois genres de procédés à l'encaustique : le premier *à la cire;* un autre *sur ivoire avec le cestrum,* et un troisième et dernier lorsqu'on commença à peindre les vaisseaux, où *la cire était employée liquéfiée par la chaleur,* et qui ne pouvait servir à aucune production artistique : applicable seulement avec des teintes plates non fondues, il doit n'avoir servi qu'à la coloration de l'architecture et de la sculpture.

C'est au brûlement ou à la cautérisation qui suivait l'application au pinceau de la cire chauffée, que ce procédé, continue M. Wiegmann, doit l'origine de son nom *encaustique.* Il ajoute, d'après Pline, que cette manière n'était pas en usage pour les parois des murs ; mais en citant ce texte, qui parlerait tout en faveur de son opinion sur l'emploi seul, en pareil cas, de la fresque et de la tempéra, il avoue qu'on ne peut pas avoir une confiance illimitée dans cet auteur, relativement à la tardive application de la peinture à la cire des vaisseaux. Il admet, ce qui ne peut être mis en doute, que cette peinture exista au temps d'Homère, et que, même aux époques les plus reculées, elle ne peut avoir été qu'à l'encaustique. Enfin, lorsqu'on ajouta, dit-il, à la cire pour peindre les vaisseaux, de la poix ou de la résine, ce mélange prit le nom de *zopissa* (1).

Pour la peinture à l'encaustique sur ivoire, le savant architecte pense qu'on ne peut difficilement imaginer autre chose qu'un dessin gravé au moyen d'un instrument de fer chauffé, et dont les traits étaient remplis avec de la cire.

Le premier genre d'encaustique, dont Pline dit seulement qu'il était à la cire, peut donc et doit avoir servi à la peinture des tableaux. Mais son objet de produire l'illusion au moyen des effets

---

(1) Cette idée d'un *mélange* de cire avec la poix, comme composant pour la peinture des vaisseaux une seule et même matière colorante du nom de *zopissa,* n'est nullement justifiée. J'ai déjà remarqué, p. 338, que ce que Pline désigne sous ce nom est la *croûte,* composée d'une ou plusieurs couches de poix ou goudron étendues à chaud sur le bois des vaisseaux, et d'une ou plusieurs couches de cire colorée, liquéfiée par le feu, et étendues sur les précédentes couches ; *croûte,* je le répète, qu'on raclait lorsqu'elle était attaquée par les eaux de la mer, pour la renouveler ensuite.

de la lumière et de l'ombre était par cela tout opposé à la peinture architecturale plus ancienne exécutée sur mur, et dont les sujets étaient tirés de la mythologie et des actions des héros. M. Wiegmann insiste pour bien établir une distinction entre les plus anciennes peintures au pinceau, la fresque et la tempéra, et ce genre d'encaustique, qui, selon lui, n'était rigoureusement pas une peinture, mais une espèce d'*empâtement* ou d'*enduit* de cire. Car comme il est dit que le troisième et dernier genre d'encaustique se pratiquait avec de la cire chaude étendue au pinceau, il ne lui paraît pas que, pour le premier genre, la cire fût employée de même au pinceau et liquéfiée par le feu, mais que cela devait être d'une autre manière. Comme il n'existe aucune notion historique pour nous éclairer sur la façon dont se pratiquait ce procédé, qui cependant doit avoir servi à l'exécution des anciennes et célèbres peintures énumérées en grand nombre par Pline, on ne peut émettre à ce sujet que des suppositions tirées des qualités générales de la cire, et que des expériences auraient plus ou moins confirmées.

M. Wiegmann cite à cet égard les différents essais faits par M. de Caylus, et il les rejette parce qu'ils exigeaient l'emploi du pinceau. Il en fait de même pour ceux de Requeno, Fabroni, Bachelier et Walter, auxquels il oppose d'autres objections encore. Il parle de la méthode de Hirt, qui consistait : « à étendre sur une planche « deux couches de cire de couleurs différentes, à dessiner dessus au « moyen d'une pointe, à porter sur le dessin avec le *cestrum* de la « cire colorée, à travailler le tout, et à le fondre avec le réchaud ou « *cauterium* (1). »

Le savant architecte énumère encore les méthodes de Roux,

---

(1) J'ai traduit mot à mot, car j'avoue ne pas comprendre ce procédé, que M. Wiegmann désigne plus loin comme la seule manière susceptible d'avoir été pratiquée par les anciens. Voici le texte original : « Hr. Hirt glaubt, dass bei den Alten diese Methode darin bestanden habe, dass man auf einer mit zwei verschiedenfarbigen Wachslagen überzogenen Tafel eine Zeichnung vermittelst eines

Grund et Maier, comme basées sur les mêmes principes que la méthode de Hirt; et il ne fait que mentionner dans un renvoi « *le Traité complet de la peinture par M. de Montabert,* » en émettant l'opinion que les résultats obtenus par cet auteur et par d'autres personnes encore étaient, quant à leurs principes, analogues à tous ceux précités (1). Du reste, il dit ne pouvoir se prononcer sur aucune de ces manières comme primitivement en usage chez les anciens, quoiqu'il pense que si une d'elles pouvait l'avoir été, ce serait le procédé de Hirt. Mais comme la solution n'a pour lui aucun intérêt pratique, il l'abandonne volontiers.

Cependant il croit ne pas devoir passer sous silence que la peinture à la cire fut encore en usage longtemps après l'époque la plus florissante des arts en Grèce, parce que le *Corpus juris,* réuni dans le VIe siècle, énumère, entre autres objets employés par les peintres, les cires, les pinceaux et les réchauds, *cauteria*, pour cautériser. Il ajoute toutefois que puisqu'il s'agit ici de peintures à l'encaustique exécutées au pinceau, ce procédé n'est pas celui discuté par lui. Enfin, dit-il, s'il est vrai, comme l'énonce M. Roux, qu'il existe un portrait de Luther, par *Lucas Cranach,* qui, conformément à une inscription, aurait été peint à la cire, on devra reconnaître sans doute aussi dans ce fait une autre preuve à l'appui de la peinture à l'encaustique et au pinceau (2).

Griffels ausgeführt habe, und dass auf diese gefärbtes Wachs mit dem Cestrum aufgetragen, verarbeitet und zuletzt über der Wärmepfanne, *cauterium*, eingeschmolzen worden sei. »

(1) Il est difficile de concilier cet énoncé de M. Wiegmann, sur les recherches de M. de Montabert, avec la connaissance de son ouvrage : car les procédés très-praticables et complètement expérimentés, indiqués par ce consciencieux artiste, sont très-différents de ceux des savants précités, et n'ont absolument aucun rapport avec le genre de technique proposé par Hirt.

(2) Le fait est certain, car ce tableau portait l'inscription suivante :
  Æterna ipse suæ mentis Simulachra Lutherus
   Exprimit : ac vultus cera Lucæ occiduos. — MDXX.
J'ajoute que l'intéressant ouvrage du célèbre peintre, M. C. L. Eastlake, *Materials*

La *causis*, dont le savant professeur parle, est naturellement regardée par lui, d'après Vitruve et Pline, non pas comme une peinture, mais comme un vernis à la cire appliqué seulement sur des stucs peints à fresque au cinabre et sur des statues en marbre exposées à l'air. Il ajoute que l'expérience lui a démontré que cette couche de cire chauffée au feu, mélangée d'un peu d'huile et étendue sur les stucs peints à fresque, ne produit presque aucun changement sur leurs couleurs ; mais il n'en admet l'emploi ni dans les intérieurs en général, ni au dehors sur des peintures à tempéra, car la *causis* en aurait changé au contraire l'effet en les fonçant.

CHAPITRE LXXXVIII.

Du procédé technique de la peinture sur stuc, et des couleurs.

La partie la plus intéressante du livre de M. Wiegmann est celle

---

for a history of oil painting, Londres, 1847, contient, entre autres notions sur la connaissance des huiles siccatives par les anciens, plusieurs citations tirées des manuscrits de Luchesi, du VIIIe siècle ; de Bizoni, du XIe ; de Jean le Bègue, des Pays-Bas, de 1421, où il est question du procédé de la peinture à la cire ; puis ce que della Valle relate sur les fournitures de cire faites en 1345 et 1351, à André Pisano, pour les peintures dans la cathédrale d'Orvietto. M. Passavant, dans un compte rendu de l'ouvrage de l'artiste anglais, ajoute que les peintures de la Vie de saint Bartholomé, dans le dôme de Francfort-sur-le-Mein, furent exécutées, en 1427, par un peintre de l'école de Cologne, avec des couleurs mélangées de cire. Il y a certainement, dans ces faits et ceux analogues cités par Émeric David et beaucoup d'autres savants, des preuves aussi péremptoires pour la conservation traditionnelle du procédé de la peinture antique à l'encaustique, que l'est, pour l'existence traditionnelle de la fresque ancienne, l'emploi, invoqué par M. Wiegmann, de cette technique au temps de Cimabue.

qui traite des recherches relatives à la pratique de la peinture sur stuc. Elles sont principalement puisées dans le VIIe livre de Vitruve, auquel l'auteur a ajouté les résultats de ses expériences. Ce furent les tentatives de renouveler l'application des décorations pompéiennes qui lui suggérèrent ce travail. Pensant que ce système décoratif puise ses qualités principales dans les moyens d'exécution, il voulut les connaître et les posséder, pour espérer atteindre au charme caractéristique de ces séduisantes peintures.

L'architecte romain, écrivant à une époque où la pratique qu'il enseignait était généralement en usage, il n'est pas entré dans beaucoup de détails qui paraissaient superflus alors, mais qui, devenus indispensables aujourd'hui, n'ont pu être retrouvés que par l'expérience; aussi la description de la peinture sur stuc de l'architecte allemand contient-elle indistinctement ce qu'il a recueilli dans Vitruve, et ce que ses nombreux essais personnels lui ont fourni de solutions.

« Lorsque, dit M. Wiegmann, les corniches et autres moulures en pierre, en plâtre ou en stuc sont achevées, on commence par bretteler les murs avec du gros mortier ordinaire. Avant que cette première couche ne soit entièrement sèche, ce qui, selon les circonstances, peut durer de deux à quatre jours, on met la seconde, composée d'un mortier plus fin, que l'on étend de manière à rendre la surface parfaitement droite et d'équerre en tous sens. On peut à volonté en mettre une troisième et même une quatrième, en ayant soin, lorsqu'on pose une couche, que la précédente ne soit pas entièrement sèche. Avec quatre couches de ce mortier, il suffit de donner à chacune 0^m,018 (8 lignes) d'épaisseur; avec une ou deux couches, il faudra pour chacune au moins 0^m,027 (1 pouce) d'épaisseur. Plus l'épaisseur des couches réunies sera forte, plu le dernier enduit et la peinture deviendront durs et beaux; au contraire, plus chaque couche séparée sera épaisse, plus il y aura à craindre des crevasses, qui se continueront ensuite dans toutes les couches superposées. Pour éviter cet inconvénient, il ne faut pas que le mortier soit ni trop gras ni trop maigre, parce qu'alors il ne devient pas solide, et ne rend pas assez d'eau de chaux à la surface extérieure. Le rapport exact du sable et de la chaux ne peut être déterminé que par l'expérience, puisqu'il dépend exclusivement de la qualité de celle-ci. »

« Avant d'étendre une nouvelle couche, il est bon de mouiller avec de l'eau la surface de celle précédemment appliquée et de la frotter avec une molette de bois, pour enlever la pellicule de chaux cristallisée qui peut s'être formée à la surface, et rétablir ainsi une liaison entre l'humidité de cette couche et de la suivante. Ceci est applicable à toutes les couches en mortier de sable ou de poussière de marbre. »

« Après que la dernière couche de mortier de sable a acquis un degré convenable de solidité, on passe à l'application du mortier plus fin ou stuc, composé de spath calcaire ou de marbre blanc (carbonate de chaux blanc cristallisé), pilé un peu gros. Suivant la beauté du stuc que l'on veut obtenir, on posera deux ou trois couches de cet enduit en suivant les mêmes prescriptions indiquées ci-dessus, et en ayant soin de diminuer successivement l'épaisseur des couches, comme aussi la grosseur des grains; ce que l'on obtient en les faisant passer à travers des tamis de différentes grandeurs. »

« Selon Pline, aucun enduit n'obtient le poli nécessaire, s'il n'est composé de trois couches de mortier de sable et de deux de stuc de marbre. Vitruve exige même trois de ces dernières couches : c'est pour obtenir une masse épaisse, embue d'outre en outre d'humidité, et qui néanmoins ne soit pas susceptible de se crevasser. Cette fraîcheur générale produit sur la surface extérieure polie une espèce de vernis cristallisé qui ne donne pas seulement un aspect brillant au mur, mais fixe les couleurs de manière à ce qu'elles ne s'effacent pas en les lavant. »

« Le rapport entre le carbonate de chaux et la chaux dépend

également de la bonté de cette dernière. Ce mélange ne doit pas être trop gras et onctueux, mais tel qu'il ne s'attache pas à la truelle que l'on y plongerait, et qu'elle en soit retirée nette. On ne peut pas mettre trop de soin et de travail pour bien mélanger la chaux et le carbonate. »

« Chez les Grecs, qui firent les ouvrages les plus durables dans ce genre, le mortier était pilé pendant longtemps par beaucoup d'ouvriers avec des pilons de bois. Cette opération devait avoir encore un autre but que celui d'un mélange mécanique, qu'on aurait pu faire en moins de temps et avec moins de peine; elle était sans doute nécessaire pour que l'eau contenue dans le mortier pût dissoudre le plus possible de carbonate de chaux provenant du marbre ou du spath calcaire. Par cette raison, il faut se garder d'employer pendant tout le travail, y compris la peinture, une autre eau que l'eau de pluie, qui a la propriété de dissoudre le plus facilement la chaux; peut-être aussi la chaux absorbe-t-elle, pendant cette longue manipulation, de l'acide carbonique de l'air, et se forme-t-il ainsi un sel basique de carbonate de chaux; mais, ajoute M. Wiegmann, je ne saurai dire à quel point cela peut être avantageux. »

« La première couche de ce stuc, et la plus grossière, aura $0,00^m8$ (1/4 de pouce); la deuxième et la troisième auront de $0^m,004$ $0^m,002$. Aussitôt que la consistance de ces couches le permet, on les bat en tous sens, coup contre coup, avec des lattes flexibles, ce qui diminue sensiblement le volume des enduits et augmente d'autant leur solidité. »

« Lorsque la dernière couche, la plus mince, a été travaillée de la même manière, on aplanit la surface avec une pierre plate, polie, munie d'une poignée et à laquelle on imprime un mouvement circulaire, en ayant soin d'arroser fréquemment l'enduit avec de l'eau de pluie. Après que toutes les cavités se sont ainsi remplies, que toutes les inégalités ont disparu, la surface apparaît comme un miroir mat, et elle est prête à recevoir les peintures d'ornements, si le fond doit rester blanc; si, au contraire, il doit être coloré, soit partiellement, soit en entier, il faut immédiatement étendre les couleurs dessus au moyen d'un pinceau, en continuant à les faire pénétrer sans interruption dans le stuc par le frottement de la pierre à polir et en mouillant toujours, comme cela a été dit pour le fond blanc. Ce travail prolongé, en évitant de ne pas rayer l'enduit par des grains de sable, on obtient un poli aussi fin que l'on veut, et qui aura toutes les propriétés désirables pour servir de fond aux peintures. »

« Il est facile à concevoir que ce polissage exige un grand exercice, une expérience particulière; et on ne peut pas espérer tout de suite, d'ouvriers inexpérimentés, les mêmes résultats qu'offrent les stucs antiques, exécutés par des hommes ayant toute leur vie pratiqué ce travail. »

« On trouve dans les enduits des anciens plus souvent le spath de chaux pur que le marbre pulvérisé, et néanmoins les Romains donnent à ce stuc le nom de *marmoratum*. M. Wiegmann explique cette espèce de contradiction en rappelant que Vitruve désigne (liv. VII, ch. 6) par le même nom le spath de chaux et le marbre. Lorsque ces matériaux sont pilés dans des mortiers de fer et divisés en deux ou trois sortes d'une finesse différente, au moyen de tamis gradués à cet effet, il faut bien se garder d'employer les grains seuls sans l'adjonction des parties les plus fines, c'est-à-dire qu'il faut se servir de la poussière pilée telle qu'elle traverse le tamis avec les grains. »

« La surface du stuc ne réussit pas mieux en n'employant que de la poussière de marbre ou de spath très-fine; la blancheur du stuc y gagne, mais la solidité y perd. »

« La chaux doit être bien cuite et bien éteinte, très-poreuse, et aussi ancienne que possible. Elle doit former une pâte molle et douce, et n'être ni graveleuse ni en morceaux. Il faut qu'elle soit assez visqueuse pour qu'on ait de la difficulté à en retirer une baguette enfoncée dedans. Chez les Romains, la chaux se conservait plusieurs années, recouverte de sable. »

« Le temps ne rend pas ces enduits rudes, crevassés et friables, mais au contraire plus solides et plus durs, par les progrès d'une continuelle cristallisation. Il faut seulement que leur dessiccation s'opère le plus lentement possible ; car la liaison et l'adhérence s'établissant entre les couches par suite de l'humidité, celle-ci ne doit disparaître que petit à petit, et lorsque l'adhésion est complète. »

M. Wiegmann place à la suite de cette description de judicieuses remarques sur la solidité des mortiers dans les monuments antiques, comme résultant plus d'une bonne manipulation et d'un bon emploi, que de la qualité des matériaux qui y étaient employés ; il ajoute, quant au procédé du stuc, qu'il ne s'en est conservé de traces que dans les *Terrazi*, à Venise. Ces aires, qu'il décrit d'après Rondelet, ont en effet quelque ressemblance avec les enduits sur mur, tels qu'ils viennent d'être indiqués. Cependant je ferai voir ultérieurement que le procédé encore en usage à Milan pour l'exécution des stucs lustrés et peints offre seul une analogie réelle avec le procédé des anciens.

Le savant architecte, arrivant à la pratique de la peinture proprement dite, continue ainsi :

« Les murs destinés à recevoir les compartiments, disposés selon la division et la richesse de la décoration, une fois préparés, coloriés et polis, on passe à la peinture. Pour les dessins, on les tracera au moyen d'une pointe émoussée, ou on les calquera ou poncera à travers un carton ; ensuite on tirera aussi légèrement que possible les lignes avec une règle et un pinceau chargé d'une couleur assez liquide ; puis on peindra tous les ornements dont les couleurs ne sont pas mélangées de chaux, et qui ont conséquemment besoin d'un fond encore très-frais pour y adhérer fortement. Toutes les couleurs ne se fixent pas également bien ; et, pour le *caput mortuum* et le bleu, il faut que le stuc soit excessivement frais. Le poli des stucs ne permet pas de tamponner les ornements unicolores et courants, mais il nécessite partout l'exécution aux pinceaux, qui devront être faits de poils de martre pour peindre des parties délicates, de soies fines et longues pour les couleurs mélangées de chaux. Du reste, il faut les tenir toujours pleins de couleur assez liquide, et les laver souvent pour ôter la viscosité de la chaux, qui en écarte les poils. »

« A la suite de la peinture des ornements avec des couleurs à l'eau seulement, on ébauche les tableaux à sujets, les figures et les autres motifs importants avec une teinte locale, dans laquelle on mêle au contraire beaucoup de chaux, de manière à ce que les fonds soient parfaitement et uniformément couverts, puis on peint les ombres et les demi-teintes, les premières sans chaux; enfin, l'on distribue les lumières d'une façon large et grasse. »

Comme les couleurs paraissent, au moment de leur emploi, plus foncées qu'après avoir séché, M. Wiegmann indique le moyen ordinaire et nécessaire aux artistes qui n'ont pas l'habitude de la peinture à la détrempe : il consiste à essayer les teintes sur un morceau de terre d'ombre qui absorbe immédiatement l'eau, et à se servir de palettes en fer-blanc avec un petit rebord, telles qu'on les emploie pour la peinture ordinaire à fresque.

« Un peintre habile pourra avec peu de tons différents, et sans les fondre délicatement, arriver à une pratique parfaite de ce genre de décoration. Une exécution hardie et facile, un dessin pur, conviennent seuls à ce genre fantastique, qui ne comporte pas une manière timide et laborieuse. Il faut juxtaposer ces tons, et laisser à la distance le soin de les fondre; enfin, bien empâter avec des couleurs très-nourries de chaux, et employer, pour les glacis dans les ombres et pour les touches de vigueur, la terre de Sienne.

« Dans les demi-teintes, la terre de Vérone est la meilleure et la plus solide; mais, pour éviter qu'elle ne s'écaille, il ne faut pas l'employer seule ni trop épaisse. »

« Si l'on veut obtenir une exécution très-douce et unie, il faut aplanir la première teinte générale au moyen d'un instrument émoussé, ou la lisser avec un rouleau en métal, et terminer ensuite la peinture. »

« Quelquefois, surtout dans les décorations riches, le peintre est si longtemps à employer les couleurs sans chaux, que, lorsqu'il s'agit de l'exécution des figures ou d'autres parties importantes, le stuc n'absorbe plus suffisamment les couleurs, ce qui se reconnaît à ce que l'eau qu'elles contiennent n'est pas imbue en quelques secondes, et reste à la surface. Pour ce cas, il ne faut pas continuer le travail avec des couleurs sans chaux, mais couvrir au contraire le fond avec le pinceau très-plein de la teinte locale voulue, mélangée le plus possible de chaux et de terre de Vérone (1). Lorsque, après un espace de quinze minutes environ, cette couche est à peu près sèche, elle constitue un nouveau fond à fresque, qui reçoit les peintures ultérieures et les fixe parfaitement. De cette manière, on peut encore peindre sur le stuc le deuxième et le troisième jour ; et les couleurs continueront à adhérer suffisamment au fond, quoique pas autant que si elles avaient été appliquées sur l'enduit encore frais. »

« Lors même que le stuc se trouverait par trop vieux, comme cela serait après trois ou quatre jours, on peut se servir du moyen suivant. Il se forme, à la surface des stucs et de leurs couleurs, un dépôt brillant, transparent et peu soluble dans l'eau, de carbonate de chaux, et qui, lorsqu'il se produit sur l'eau de chaux, prend le nom de *crème de chaux*. Il est naturel que là où ce dépôt existe, les couleurs, ultérieurement appliquées sur le stuc, ne peuvent pas

---

(1) M. de Montabert rapporte dans son ouvrage, V. IX, p. 435, à propos du procédé à fresque, « que le peintre François Stampart, avant d'ébaucher une tête, donnait une couche de couleur à la chaux à la place où il devait exécuter cette tête. » C'est, en conséquence, une pratique déjà ancienne, analogue à celle indiquée par M. Wiegmann.

entrer en contact avec la solution de chaux qui se trouve encore dans l'intérieur des enduits ; que cette dernière ne peut par conséquent pas pénétrer les couleurs, et que, par la suite, elles tombent ou s'enlèvent facilement. Il faut donc détruire cette pellicule de carbonate de chaux ; à cet effet, on passera, sur les places à couvrir de peintures, un pinceau plein d'acide sulfurique très-étendu d'eau, et la pellicule se transformera en sulfate de chaux ou plâtre, qui laisse passer l'humidité. Lorsque tout l'acide est neutralisé, ce qui a promptement lieu par l'excès de chaux contenu dans le stuc, et se reconnaît au goût, le fond est aussi bon que s'il venait d'être fait. »

« Si la surface à peindre était grande, et que cette pellicule commençât seulement à se former, on pourrait l'enlever en frottant la surface avec la truelle ou la pierre polie, et en ayant soin de l'humecter avec de l'eau. Loin d'être nuisible, ce frottement rendra, au contraire, le fond d'autant plus beau et brillant qu'il sera plus souvent répété. »

« Après l'achèvement des peintures proprement dites, ce qui ne doit, sans inconvénient, durer plus de cinq jours à la suite du polissage de l'enduit, on peindra les ornements et les filets d'un seul ton, en chaux pure, ou avec des couleurs qui en comportent beaucoup. Ces peintures, quoique moins solides, résisteront cependant à l'eau de savon, et seront toujours préférables aux couleurs à tempéra. »

« En premier lieu, on peindra ainsi les filets distribués sur les joints de jonction de stucs, et on y emploiera la couleur assez épaisse pour couvrir entièrement ces joints ; puis on passera aux ornements, en ayant soin de prendre le pinceau très-plein de couleur liquide, de manière à ce qu'il y ait toujours une goutte à son extrémité, et que ce soit plutôt la goutte que le pinceau qui touche le fond. La couleur prend alors l'aspect de l'émail, et elle est bien plus durable que si elle avait été posée en petite quantité et presque à sec. Au commencement, la viscosité et la transparence de la chaux et des couleurs rendent ce travail difficile, en ce qu'elles empêchent de couvrir complétement les fonds. Mais bientôt, lorsqu'on a trouvé le juste degré de liquidité pour les couleurs, et des pinceaux bien appropriés, l'exécution devient facile et même agréable. Il faut surtout éviter qu'il n'entre pas, dans le pinceau, de la crème de chaux, qui se forme promptement sur les couleurs elles-mêmes, sur la palette et les pots à couleurs, sans quoi les teintes deviendraient sales et le travail serait ralenti. Pour éviter cet inconvénient, il faut verser de l'eau dans les vases qui renferment la chaux, à l'effet de pouvoir enlever et jeter la crème. »

« L'ensemble du travail ainsi terminé, il devra sécher lentement, et être garanti du soleil et de la poussière. Car, après plusieurs jours, la muraille, commençant à suer et à se couvrir de grosses gouttes d'eau qui viennent parfois à couler, la poussière, en s'y attachant, maculerait les enduits de taches ineffaçables.

« Pour réunir à ce procédé celui de la tempéra, on n'aura qu'à faire les enduits et les ornements unicolores, d'après le procédé décrit; et seulement après que le stuc serait parfaitement sec, on y peindrait les tableaux à la colle. Les anciens employaient ce moyen quelquefois, et, ajoute M. Wiegmann, je dois avouer que, dans plusieurs circonstances, son emploi serait non-seulement très-convenable, mais même indispensable. Pour des décorations excessivement riches et étendues, le temps pendant lequel le stuc absorbe les couleurs ne suffirait pas, et trop de joints, surtout à travers les tableaux, gâteraient le travail. Dans ce cas, les peintures à tempéra seraient d'un secours parfait; et on aurait d'autant moins à craindre pour leur durée, que ces peintures, ordinairement éloignées du sol, se trouvent assez à l'abri de l'humidité. Ce stuc offre le fond le plus beau et le plus durable pour ce dernier genre de pratique; il le serait également pour la peinture à la cire et celle à l'huile. »

« Relativement aux jonctions des stucs, on les fera d'abord sans aucun inconvénient dans les angles horizontaux, comme chez les anciens. Si la paroi du mur n'est pas trop grande, si la décoration n'est pas trop riche, on peut faire, sans interruption, les différentes couches de mortier sur toute la surface; mais pour les seconds enduits ou stucs, il faut les exécuter selon les divisions des champs, et de manière à ce qu'une partie soit complétement achevée avant d'en commencer une autre. Si la paroi est d'une dimension moyenne, on peut faire toutes les couches en entier, et ne procéder par exécution partielle que pour le dernier enduit seulement. Pour les tableaux qui ornent en général le centre des compartiments, on peut aussi appliquer le dernier enduit isolément, et, après l'achèvement de la peinture, couper les joints à biseau, pour les relier et les couvrir avec les stucs des entourages. »

« Il reste à savoir, continue M. Wiegmann, si l'adjonction de la colle aux couleurs, dont parlent Pline et Vitruve, se rapporte à la peinture sur du stuc frais, ou à un autre genre sur un fond sec. Les deux auteurs disent que les *tectores* ajoutaient ce gluten à leur *atramentum*. Lors même que, selon Hirt, Vitruve nommerait *tectores* les ouvriers qui exécutent les enduits des murs, pour les distinguer des véritables peintres, cela viendrait nécessairement à l'appui de la supposition que ceux-ci n'auraient ajouté la colle qu'aux couleurs seulement avec lesquelles ils peignaient les stucs frais. Quoique, d'après Pline, Panœnus, qui était cependant peintre, exécutât aussi de l'*opus tectorium* dans le temple de Minerve à Élis, et qu'il résulte indubitablement, de beaucoup d'autres circonstances, que l'art de préparer les enduits et celui de les appliquer étaient inséparables; j'ai cru néanmoins nécessaire, poursuit l'auteur, d'essayer l'emploi de la couleur à la colle sur le stuc frais, et le résultat a été surprenant au plus haut degré. Sans compter que le *caput mortuum*, l'outre-mer, et les couleurs de même nature, comme toutes les autres en général, y pénètrent pendant plus longtemps, toute la peinture prend un aspect des plus doux; l'exécution est plus facile qu'avec des couleurs à l'eau et à la chaux, et le résultat s'approche d'une manière si surprenante de l'aspect de la Noce Aldobrandine, que je ne doutai plus qu'elle eût été exécutée à la colle sur un enduit frais. Ce procédé permet en effet un travail beaucoup plus soigné et plus facile, en rendant possibles les retouches avec des teintes transparentes, les hachures, et pour ainsi dire la manière de laver à l'encre de la Chine. Excepté pour les lumières, il faut avoir soin de remplacer, pour les couleurs blanches, la chaux par du marbre de Carrare pulvérisé très-fin, de la craie, du kaolin ou du sulfate de baryte précipité de sa solution. L'emploi de cette colle est surtout recommandable pour le noir, qui sans cela prend facilement un aspect terne et mort. L'encre de la Chine, par sa finesse et les agglutinatifs qu'elle contient, est préférable à tous les autres noirs. Les fonds peints avec cette couleur prennent un beau demi-brillant, tandis que, avec les noirs ordinaires, et surtout sans être collés, on ne peut corriger leur surface terne et rude que par un long et pénible travail. »

Dans le dernier chapitre, qui traite des couleurs, M. Wiegmann donne d'abord un aperçu historique de leur emploi originaire et progressif. Il cite la silhouette de l'ombre tracée sur le mur et colorée avec de la brique pilée, les figures dessinées et couvertes ou entourées d'un seul ton sur les vases, la peinture monochrôme, mais ombrée, et la peinture à quatre couleurs, le blanc, le jaune, le rouge et le noir, mentionnée par Pline. Il oppose à ce dernier énoncé les doutes les plus fondés par rapport à l'absence totale du bleu dans cette nomenclature et dans les peintures de Nicomaque et d'Apelle, parce que Pline lui-même décrit un tableau de Vénus de ce dernier artiste, dans lequel la mer était bleue; que Vitruve rapporte l'application aux plus anciens temples de la cire bleue sur les faces des triglyphes, et que cette couleur s'est trouvée sur toutes les peintures des hypogées étrusques. Il pense du reste qu'on ne doit pas croire cet auteur à la lettre, mais seulement voir dans son dire que les plus anciens peintres produisirent, avec des moyens très-simples, des productions plus belles que celles exécutées plus tard avec de plus nombreuses et plus brillantes couleurs. M. Wiegmann admet, avec M. Bœttiger, que ces artistes, comme Polygnote dut l'avoir fait dans la Leschée de Delphes, ne cherchaient pas, pour leurs compositions symétriques et symboliques, l'éclat des tons, mais l'élévation du style, et se contentaient, pour ainsi dire, d'indiquer la coloration dans leurs tableaux. Le savant architecte pense qu'il a pu exister un certain rapport entre ces œuvres et les peintures des vases, et il cite également, comme pouvant offrir une certaine analogie, les peintures découvertes dans les tombeaux de Ruvo.

Arrivant aux époques où, avec la perfection matérielle de la peinture, le nombre des couleurs augmentait, ainsi que le confirment les indications contenues dans Pline, Dioscoride, Théophraste et Vitruve, M. Wiegmann constate que ces renseignements, et ceux produits par les analyses de Chaptal et de Davy, sont les seules sources où l'on peut puiser les connaissances des couleurs employées par les anciens, couleurs à côté desquelles il se propose de traiter également celles usitées depuis dans la fresque. Il décrit donc les divers blancs, jaunes, rouges, pourpres, bleus, verts, noirs et bruns employés dans l'antiquité et dans les temps modernes pour la peinture sur le stuc et le mortier frais. Cette description contient d'intéressantes recherches pour éclairer cette partie de l'art de la peinture. Mais comme ce travail perdrait à être analysé, et qu'il n'entre pas dans mon objet de le reproduire dans son ensemble, parce que l'état de la science moderne rend moins utile l'étude des notions anciennes, assez complètes d'ailleurs sur les matières colorantes, c'est à l'ouvrage même que le lecteur, désireux de le connaître, devra recourir.

CHAPITRE LXXXIX.

Remarques sur la technique de la peinture des anciens, tirées du livre de M. de Klenze, *Aphoristische Bemerkungen*, etc.

(Berlin, 1838.)

J'ai passé sous silence les idées de M. de Klenze exprimées dans ses *Observations aphoristiques,* relativement à l'architecture polychrôme et à l'emploi de la peinture murale chez les Grecs, qu'il admet l'une et l'autre, parce que dans ce livre, fruit de nombreuses lectures sur cette question, l'opinion personnelle du célèbre architecte m'a paru trop difficile à distinguer d'une manière précise, pour essayer de la spécifier clairement. On serait tenté de penser que cet auteur écrit, sans s'en apercevoir, avec le désir et la continuelle préoccupation de paraître de l'avis de tout le monde, ou du moins de n'être opposé à l'avis de personne, tant ses raisons pour ou contre un système sont suivies de réticences qui les annullent ou les neutralisent. Aussi, dans la crainte de me tromper et de m'égarer en cherchant, au milieu de ce dédale de précautions oratoires, le véritable sens des paroles du docte artiste, j'ai préféré y renoncer.

Les remarques sur la technique des anciens, quoique écrites en général sous les mêmes influences, contiennent cependant plusieurs réfutations de l'ouvrage de M. Wiegmann, assez ostensiblement énoncées pour pouvoir être formulées, ainsi que je vais essayer de le faire dans l'analyse suivante de cette partie du livre de M. de Klenze.

A l'encontre de l'opinion de M. Wiegmann, « que l'exécution « facile et rapide des peintures pompéiennes, résultant de leur

« technique, en formait le caractère et le charme distinctifs et in-
« dispensables, » l'auteur veut que cette exécution, selon lui négligée et inférieure, à cause de l'infériorité des artistes de Pompéi, fût
beaucoup au-dessous de celle infiniment plus soignée et plus habile
des peintres distingués travaillant dans les principales villes de la
Grèce, de la Sicile et du Latium. Il en tire la conséquence qu'une
grande perfection était compatible avec le même genre de peinture,
puisque les décorations peintes sur mur, de la ville secondaire, élevée
et engloutie au pied du Vésuve, dérivaient en droite ligne du même
principe, qui avait son origine dans les autres cités helléniques.

Ce raisonnement, juste comme résultat, est douteux dans les causes
principales invoquées. Non-seulement les éléments matériels retrouvés à Athènes, à Syracuse, à Rome et ailleurs, prouvent l'existence
d'œuvres d'un mérite très-différent dans chacun de ces lieux, et
d'une perfection ou imperfection égale comme technique et comme
art; mais les différences déjà signalées, que présentent entre elles
les peintures de Pompéi, suffisent pour faire voir qu'en effet les
ornements et les figures qui les composent, comme éléments décoratifs, comportaient aussi bien l'emploi d'un pinceau léger, facile
et prompt, lorsqu'il était conduit avec fougue et talent, qu'une
exécution très-soignée, plus lente, et où l'artiste, amoureusement
attaché à son œuvre, s'abandonnait longtemps au charme de la
caresser.

Toute étude approfondie conduit d'ailleurs à la conviction que,
pour les demeures particulières élevées aux mêmes époques, la distribution, la construction, la décoration, et même les meubles, devaient généralement, non pas être inférieurs dans des villes comme
Herculanum et Pompéi, comparées avec des capitales plus renommées, mais tout aussi supérieurs sous bien des rapports.

La partie aujourd'hui découverte de Pompéi n'offre aucune rue
tortueuse et comparativement étroite, comme l'étaient un grand nombre de rues d'Athènes. Les maisons pompéiennes, comparées aux

habitations tracées sur le plan antique de Rome, offrent des dispositions aussi complètes et aussi vastes ; et si l'on pense aux maisons athéniennes décrites comme étant très-restreintes, et ayant sur leurs façades plusieurs étages en encorbellement qui se touchaient presque d'un côté de la rue à l'autre, et offraient un aspect tel, qu'au premier abord un étranger pouvait douter s'il était à Athènes lorsqu'il se trouvait au centre de la célèbre cité, la comparaison n'est pas absolument à l'avantage de cette dernière (1). Mais ici, comme dans beaucoup de cas analogues, l'exagération a faussé bien des appréciations ; et celle qui, sans aucune autre raison concluante que le silence à peu près absolu de l'histoire sur Pompéi, s'est établie pour amoindrir son importance réelle dans le domaine de l'architecture et dans celui des autres arts, n'est pas une des moins erronées. Du reste, pour établir que la peinture à l'encaustique, regardée par M. de Klenze comme étant indistinctement d'une exécution des plus délicates, pouvait avoir été employée à Pompéi, il n'était pas besoin de recourir à sa supposition peu fondée, d'autant plus qu'il désigne lui-même plusieurs des peintures de cette ville, recueillies au musée *Borbonico* à Naples, où la finesse de l'exécution, la souplesse des contours, la morbidesse des coloris, lui

---

(1) Rien ne peut donner une idée aussi juste de la disposition probable des maisons athéniennes, et des rues irrégulièrement percées dans lesquelles elles étaient accumulées, que les façades aux nombreuses avances que l'on voit encore dans les obscures et sales ruelles des villes orientales. C'est d'ailleurs une observation faite depuis longtemps, que celle de la ressemblance frappante qu'offrent également l'ensemble des plans et l'aspect des intérieurs dans les maisons mauresques du Caire et de l'Algérie, comparés aux plans et aux cours ornées de fontaines, entourées de portiques, des villes anciennes. Une vie de famille presque identique, un climat semblable expliquent ces conformités, à côté surtout de la grande stabilité des traditions chez les peuples de l'Orient. La décoration seule a changé quelque peu, surtout par l'influence religieuse défendant la reproduction, par la peinture, des figures humaines : car, quant au principe général, les ornements les plus riches et les plus variés de couleurs et de dorure couvrent ces habitations, comme celles de Pompéi.

ont paru surpasser ce que les peintures à l'huile, à tempéra et à l'aquarelle peuvent produire (1). N'aurait-il pas suffi d'ailleurs que le procédé à la cire, comme cela est en réalité, pût également permettre une exécution aussi hardie et franche que la fresque, pour que l'emploi de l'encaustique pût avoir existé et produit tous les effets désirables, aussi bien ceux de la plus subtile délicatesse que de la plus grande facilité.

Après avoir parlé, concernant les peintures à l'encaustique du temple d'Érechthée, des inscriptions athéniennes et autres déjà plusieurs fois mentionnées et relatives à l'application de ce procédé, puis de la peinture à tempéra, comme de deux techniques conjointement en usage dans l'antiquité, M. de Klenze passe aux procédés à fresque. Il en admet trois sortes, c'est-à-dire il fait un genre particulier, qu'il attribue aux anciens, d'une partie du procédé complet de M. Wiegmann, d'après lequel les enduits avec les fonds coloriés et les peintures décoratives sont exécutés entièrement sur la surface encore humide. Dans le second genre, les enduits colorés seuls à frais sont, après avoir séché, recouverts d'autant de couches de chaux (placées successivement à côté les unes des autres) que l'artiste peut couvrir de peintures pendant la conservation de l'humidité de chaque couche (2). Le troisième genre enfin est la fresque moderne, qui consiste, comme on le sait, à faire exécuter par le maçon, au commencement de chaque matinée, un morceau de la dernière couche de l'enduit, de la forme et de la grandeur d'un morceau de peinture susceptible d'être terminé dans un jour,

---

(1) Les différentes peintures désignées sont : celles des n°s 418 et 420, scènes comiques; une bacchante avec un thyrse à la main; les n°s 213 à 217 et 320, représentant des sujets familiers; Persée et Andromède, sous le n° 310; une Victoire sur fond rouge; et enfin les peintures d'ornement portant les n°s 794, 800 et 805.

(2) C'est la manière d'opérer indiquée p. 95, et à propos de laquelle j'ai parlé du procédé analogue, attribué à François Stampart.

ce qui laisse subsister autant de joints de jonctions irréguliers qu'il y a de parties ajoutées les unes aux autres (1).

L'auteur, après avoir dit que le premier de ces procédés à fresque est le plus solide et le plus notoirement employé par les anciens, mais qu'il n'a pu servir qu'à la coloration à teintes plates des stucs seulement, admet plus loin qu'il devait avoir été employé par les peintres d'histoire grecs de la primitive école, dont les tableaux se composaient de peu de figures, de peu de couleurs, et de fonds à un seul ton.

Quant au deuxième procédé à fresque, sans se prononcer sur son usage dans l'antiquité, M. de Klenze le déclare plus facile dans l'exécution, mais moins solide, moins lumineux, et, par conséquent, peu recommandable. Cette peinture serait celle que les Italiens modernes appellent simplement *al fresco*, en opposition à *il buon fresco*, qui désigne le troisième genre. Celui-ci est très-solide; mais il offre les graves inconvénients de joints à chaque jonction des morceaux de peinture, de dureté dans les contours, d'inégalité dans les fonds d'un même ton. Par tous ces défauts, l'auteur préfère la première manière, dont il regarde finalement l'emploi chez les anciens comme certain, quoique néanmoins très-limité dans son extension.

(1) On a vu que M. Wiegmann parle des joints horizontaux qu'il a constatés dans les stucs de Pompéi, pour appuyer son opinion, que les peintures étaient exécutées à frais sur des enduits humides; et il admet que cette circonstance, mise en doute par M. de Klenze, dont Mazois ne parle pas, et que je n'ai pu vérifier, résultait de la pose de l'enduit et de l'achèvement des peintures partie par partie. En admettant cette manière de procéder, qui offre effectivement un certain rapport avec celle de la fresque moderne, on comprendra toutefois quelle importante différence il y a entre ces quelques jonctions à ligne droite signalées à Pompéi, et celles si nombreuses et contournées qui suivent, dans chaque morceau d'enduit, les formes des figures, des animaux, des fonds d'architecture, ou des paysages représentés dans les modernes fresques, indépendamment encore de leur surface rude et terne, comparée à celles polies et transparentes de ce genre de peintures antiques.

En admettant ainsi une peinture à fresque antique, le docte architecte n'en reconnaît aucunement l'application générale à Herculanum, à Pompéi et à Stabia. A l'appui de cette opinion, il parle du bel aspect des peintures fraîchement découvertes qu'il a observées, et dont l'exécution soignée ne pouvait appartenir à cette technique; et il énumère les peintures précitées conservées à Naples, dont il ne croit pas possible qu'aucun procédé moderne, et à plus forte raison celui à la chaux, puisse atteindre la finesse, la transparence des couleurs, la rare perfection. Ces peintures ne pouvaient pas même être à tempéra; une autre technique devait y avoir été employée.

Comme peinture pratiquée par les anciens, M. de Klenze ne croit pas que la tempéra vernie à la cire ait été d'une application aussi générale sur les murs et sur les panneaux en bois, que l'émet M. Letronne, ni d'un usage aussi limité que le pense M. Wiegmann, en la réduisant aux tableaux portatifs. Cette peinture, terne de sa nature, où l'emploi des glacis est impossible, et qui n'est pas solide, ne pouvait perdre ces inconvénients par l'emploi de la *causis*.

En supposant, continue l'auteur, que les anciens ne connurent que l'huile d'olive, qui ne sèche jamais, et qu'ils ne purent penser à la peinture à l'huile de lin, ils n'ignorèrent pas les qualités siccatives de la cire, et durent inventer de bonne heure l'encaustique.

Quoique le procédé de l'*encaustique sur ivoire* lui paraisse devoir être laissé de côté par son insuffisance et la petitesse de ses produits, M. de Klenze ne peut passer sous silence l'idée si peu pratique, et contre laquelle il s'élève, de graver les dessins sur cette matière avec des pointes rougies au feu; et il pense que la manière de procéder « la plus vraisemblable, la seule et unique qui soit pos-
« sible, consistait à étendre sur l'ivoire les couleurs et les tons prin-
« cipaux mélangés avec de la cire, puis à les travailler avec des bu-
« rins chauffés, et d'une forme convenable, jusqu'à ce que le fini

« de la peinture et l'illusion eussent été portés, dans ces tableaux
« en miniature, à un certain degré (1), » c'est-à-dire à opérer comme
on a vu que M. Hirt proposait de le faire pour la peinture en général, et comme M. Wiegmann admet que ce pouvait être ; car, à l'exception de la dernière opération, « la cautérisation des cires, » que le savant archéologue berlinois ajoute, cette description est la même pour le fond, quoique un peu variée dans la forme ; et elle est toujours tellement inintelligible pour moi, comme elle le paraîtra sans doute à tous les lecteurs, qu'on doit supposer qu'elle est restée non moins incompréhensible à M. de Klenze, même après qu'il l'eut sanctionnée de son nom et de son approbation.

L'auteur regarde l'*encaustique des vaisseaux* comme une simple application avec le pinceau de cires colorées liquéfiées au feu, et pense qu'on l'employait également au peinturage des portes, des triglyphes et des plafonds (2).

---

(1) « Die Wahrscheinlichste, ja, wie es uns scheint, einzig mögliche Erklärung
« ist, dass man die Hauptfarben und Töne mit Wachs gebunden auf das Elfen-
« bein auftrug und dann mit gewärmten Griffeln von passenden Formen in einan-
« der verarbeitete, bis die malerische Vollendung und Illusion bis zu einem
« gewissen Grade in diesen Miniaturbildchen erreicht war. »

(2) M. de Klenze place ici, comme mentionné par Pline et Dioscoride, un quatrième genre d'encaustique, la *zopissa*, qu'il dit avoir été composée de cire et de résine *mêlées ensemble*. C'est la reproduction de l'erreur de M. Wiegmann, avec l'aggravation d'avoir désigné, par ce nom, un quatrième genre de peinture à la cire, en dehors de la peinture des vaisseaux, et d'y avoir vu le procédé de la véritable encaustique, pratiqué par les plus célèbres artistes de la Grèce. J'ai déjà dit que Pline ne désigne nullement la zopissa comme un genre particulier d'encaustique, mais qu'il emploie ce nom pour désigner la peinture à la cire chauffée des vaisseaux, lorsqu'elle était appliquée sur de la poix ou du goudron, aussi étendu à chaud. En effet, il eût été impossible de conserver la fraîcheur et même leur ton aux couleurs à la cire, si elles avaient été mélangées avec des substances bitumineuses. L'emploi des résines, dans l'encaustique proprement dite, n'est possible qu'au moyen des plus limpides et des plus incolores de ces matières. Du reste, pour trouver des notions écrites, chez les auteurs anciens, de la présence de résines dans les peintures, M. de Klenze n'avait pas besoin de

Quant à la peinture à la cire, que Pline indique comme la première usitée et comme ayant été pratiquée par les plus grands peintres de la Grèce, l'absence de la spécification du *pinceau* pour l'exécution de ce procédé ne peut être une raison ni contre l'impossibilité de rien produire sans cet instrument, ni par conséquent contre la nécessité absolue d'en faire usage. D'ailleurs, comme Pline ne désigne que le burin pour le deuxième genre de peinture à la cire; que beaucoup de savants ne veulent pas que le pinceau, admis pour le troisième genre, y fût employé, reste la question de savoir de quel outil ou instrument on se servait pour le premier genre d'encaustique, le plus important de tous?

M. de Klenze ne doute pas que ce procédé n'ait été inventé très anciennement; que la cire et le feu n'y aient joué le principal rôle, et que son usage ne se soit conservé jusqu'aux époques les plus classiques de l'art. Après les mentions qu'en font Anacréon, Plutarque, Ovide; après celles plus nombreuses des Pères de l'Église et des auteurs byzantins, il faut s'étonner que l'on ait pu nier l'emploi de cette technique à des peintures monumentales, et la réduire à l'usage anormal de n'avoir servi qu'à peindre de mesquines tablettes d'ivoire, ou à couvrir le bois et la pierre d'un grossier peinturage. Le nom κηρόχυτος γραφὴ, dont se servent les Pères de l'Église pour désigner la cire liquéfiée, mais non pas fondue au feu, ne permet pas de supposer qu'une peinture tellement répandue au IVe siècle, que tous les peintres sur mur étaient appelés *peintres à l'encaustique,* ne fût pas très-anciennement pratiquée l'invention : d'une pareille technique ne pouvait appartenir qu'à une époque de prospérité et de progrès dans les arts, et non pas à un temps de décadence.

Aux raisons contre l'encaustique et sa durée, tirées de l'absence

---

cette interprétation insolite, puisque Pline parle plusieurs fois de leur utilité et de leur emploi dans les couleurs et les vernis.

de la cire dans les analyses des peintures murales de Pompéi et d'Herculanum, et de la circonstance qu'aucun tableau ainsi peint n'est parvenu jusqu'à nous, l'auteur répond qu'il en est de même pour les tableaux à tempéra sur bois et sur toile; puis il remarque que M. Raoul-Rochette cite un vase sicilien décoré de peintures à la cire, et que, si l'on n'a pas trouvé cette matière dans les couleurs analysées, c'est que le contact de l'excessive chaleur de la lave et des cendres a pu absorber la petite partie de ce gluten que ces couleurs contenaient; enfin, qu'après l'absorption de la substance qui les liait ensemble, la durée de ces couleurs fut due à la pression mécanique de la masse chaude et solidifiée qui les couvrait, jusqu'à ce qu'une autre combinaison chimique leur eût donné une nouvelle consistance, et pour ainsi dire une nouvelle nature.

En considérant, dit à ce sujet M. de Klenze, qu'après l'absorption de la cire introduite par la *causis* ou l'encaustique, les surfaces peintes furent exposées à l'humidité pendant plus de dix-huit cents années, il paraît chimiquement très-possible et très-vraisemblable que les parties colorantes, retenues d'abord par la pression supposée, ont adhéré de nouveau entre elles par la formation d'un carbonate de chaux, qui, de l'intérieur des murs et des mortiers, poussé à la surface, transforma de la sorte des peintures primitivement exécutées à tempéra ou à l'encaustique en véritables fresques. Et c'est en effet, continue le savant architecte, le carbonate de chaux, si fréquemment observé sur les peintures pompéiennes, qui fait si fortement adhérer, à la surface polie des stucs, la croûte de cendres et de laves qu'on y remarque.

Il faut laisser au docte artiste la responsabilité de toutes ces suppositions, dont le fond peu solide et les inductions plus que hasardées ont été appréciées par lui-même à leur juste valeur, lorsqu'il dit qu'il n'y attache aucune idée de certitude, et qu'il exprime à la suite, comme une simple conviction personnelle, que les différentes peintures conservées à Naples, et précédemment signalées, ne peuvent avoir été exécutées ni à tempéra ni à fresque, et doivent être attribuées au procédé à l'encaustique.

La preuve tirée de la présence d'une peinture à la cire sur le vase sicilien publié dans *les Peintures inédites* de l'archéologue français, n'est rigoureusement pas plus concluante; car elle ne repose que sur une appréciation *de visu* du baron Pisani, propriétaire du vase, et sur celle de l'antiquaire palermitain, M. N. Maggiore, dont les expressions « que ce monument était peint en différentes couleurs, à « l'encaustique, *comme les peintures d'Herculanum et de Pom-* « *péi* (1), » sont d'autant moins décisives ici, qu'il s'agit avant tout, pour M. de Klenze, de détruire l'opinion que ces dernières sont indistinctement peintes à la chaux ou à fresque, et que d'ailleurs, dans les recherches faites jusqu'à ce jour sur les gluten des couleurs employées à la peinture des vases grecs et étrusques, l'emploi de la cire n'a pu être constaté (2).

Il serait toutefois possible de faire valoir une présomption en faveur de l'application de l'encaustique au monument en discussion : c'est la grande différence des peintures qui le décoraient, comparées à celles des vases ordinaires ; différence qui frappa M. Maggiore et M. Zahn, auteur de la magnifique publication des peintures de Pompéi et d'Herculanum, lorsqu'ils examinèrent le vase ensemble. Cette différence, jointe au fait de l'emploi de la cire à la peinture de plusieurs autres objets en terre cuite des anciens, peut au moins faire supposer la possibilité de son application dans un cas particulier comme celui que présente l'*oxybaphon* en question, découvert dans une tombe à Centorbi ; ce vase en terre cuite peinte à la cire pouvait bien, malgré sa rareté pour nous, ne pas avoir été un objet extraordinaire dans l'antiquité.

---

(1) *Bulletin de l'Institut archéologique*, 1833, p. 6.
(2) Voyez les intéressants travaux, à ce sujet, de M. F. T. John ; ouvrage cité, p. 164 et suiv.

Il y a plus de certitude dans le témoignage en faveur de l'existence de l'encaustique, tiré de la remarque que la restauration exécutée avec ce procédé, par Celestini, de la Victoire sur fond rouge, citée aussi parmi les belles peintures du musée *Borbonico*, et qui était à moitié effacée, offre une telle conformité avec les parties conservées, que l'observateur le plus attentif ne peut distinguer la peinture ancienne de la nouvelle. Ce résultat eût été difficile à obtenir, si les techniques n'avaient pas été les mêmes.

Quant à la présence multipliée du tracé des contours de figures et autres objets, au moyen du charbon et de la mine de plomb, sur les stucs, invoquée par l'auteur, s'il est plausible, comme il le fait, d'en tirer la conséquence que toutes les peintures pompéiennes, n'étant pas calquées avec une pointe, n'étaient pas des fresques, il l'est également d'admettre que là où les traces du crayon et du burin existent, elles peuvent témoigner aussi bien pour le procédé à tempéra que pour celui à l'encaustique.

Revenant sur les différents genres de la peinture à fresque, M. de Klenze dit que le premier, uniquement employé dans l'antiquité, peut encore être pratiqué de nos jours, mais pour des peintures excessivement simples, exécutées en esquisses et très-promptement; que des décorations importantes et compliquées, comme devaient être celles des palais et édifices publics des principales villes anciennes, ne pouvaient avoir été peintes que sur des stucs secs, et devaient par conséquent l'avoir été au moyen d'un autre procédé, l'encaustique; que le deuxième genre, désigné sous le nom de *fausse fresque*, doit être absolument rejeté. En résumé, M. de Klenze admet que la peinture à l'encaustique sur mur occupa une plus grande place dans l'antiquité que celle presque nulle, ou très-circonscrite et secondaire, que lui assigne M. Wiegmann : que la fresque des anciens, très-limitée dans ses produits artistiques, n'a pu être employée qu'aux primitives phases de l'art, où un dessin et un coloris conventionnels suffisaient à toutes les exigences, tandis qu'il devait en être autrement aux époques les plus avancées, où l'imitation plus vraie et plus séduisante de la nature commençait à s'introduire et à dominer dans l'art de peindre, elle rendit indispensable le concours de la tempéra et particulièrement de l'encaustique. Le célèbre artiste de Munich pense que cette dernière peinture, appliquée d'après le procédé de M. de Montabert, probablement très-analogue à celui de l'antiquité, est supérieure à toute autre pratique pour la peinture murale, quoique la fresque moderne y soit aussi, dans de certaines circonstances, d'un usage convenable; et il conclut en émettant l'opinion que ces deux techniques, l'une à la cire, l'autre à la chaux, sont, sans aucune comparaison, préférables à la peinture à l'huile, procédé que cet architecte expérimenté regarde avec raison comme le moins satisfaisant de tous pour des décorations monumentales inhérentes aux parois des édifices (1).

Je ne ferai que mentionner la tentative de M. de Klenze, de classer la technique de l'art de peindre, pendant le développement progressif de la peinture antique, parallèlement au développement de la poésie ancienne, en quatre grandes parties ou périodes

---

(1) M. de Klenze a exécuté, sous la haute influence de S. M. Louis de Bavière, les plus importantes constructions que cet éclairé et passionné protecteur des arts fit élever comme Prince Royal et comme Roi. Dans ces monuments, les œuvres du sculpteur et du peintre complètent, de la manière la plus caractéristique, les créations de l'architecte, qui eut à y faire appliquer les procédés les mieux appropriés à la peinture murale. C'est ainsi que P. Cornélius, le digne chef de l'école allemande, et H. Hess, le glorieux émule d'Overbeck, exécutèrent à fresque, l'un, dans la Glyptothèque, ses magnifiques compositions de l'Iliade et de l'Odyssée, l'autre, dans l'église de Tous les Saints, ses religieuses inspirations de l'Ancien et du Nouveau Testament; et que Schnorr peignit à l'encaustique, dans la Résidence Royale, les grandes et belles pages de l'histoire de la maison de Hohenstauffen. Les sujets tirés des Niebelungen, que cet illustre artiste avait commencés à fresque, furent continués à la cire; à un grand nombre d'autres peintures qui décorent cet édifice on employa également ce dernier procédé. Mais P. Cornélius, dans l'église de Saint-Louis, et H. Hess, dans la basilique de Saint-Boniface, continuèrent à pratiquer la fresque. Avec ces exemples, la plupart exécutés sous les yeux du célèbre architecte de Munich, son opinion ne pouvait avoir un guide plus sûr.

principales : « la période *déiste* ou *épique*, la *lyrique élégiaque*, la *dramatique* et l'*épigrammatique*, » parce que, malgré le soin que j'y ai mis, je n'ai pu découvrir ce résultat dans sa dissertation. En la lisant, il m'a semblé entendre les échos, confusément répercutés, des théories philosophiques sur l'art et la littérature des anciens, dues aux plus illustres savants de notre époque ; hommes de génie, dont il est difficile d'apprécier les œuvres, même en les méditant dans tous leurs développements, et dont il est pénible de voir les idées ramassées, sans les nobles efforts qu'elles ont dû coûter, pour les voir éparpillées sans le but élevé auquel elles étaient destinées d'atteindre (1).

(1) Le célèbre archéologue de Munich, M. F. Thiersch, poursuit, dans un Mémoire sur l'Érechthéion, publié en 1843, ce genre d'études. Après avoir développé ses arguments pour établir que l'architecture dorique et ionique offrent les mêmes différences de caractère que présentent entre eux les dialectes, les rhythmes et les systèmes de la langue, de la musique, de la poésie et de la philosophie doriennes comparés aux mêmes éléments ioniens, le savant auteur tend à conclure que l'adjonction des colonnes ioniques aux ordres doriques du Parthénon et des Propylées, aussi bien que l'emploi de l'ordre ionique seul à l'Érechthéion, s'explique par la circonstance que les Athéniens, quoique regardés comme originaires de l'Ionie, mais remontant partiellement aux Pélasges, résument ainsi, dans leur architecture, de même qu'ils l'ont fait par d'autres particularités dans les autres arts, les influences réunies de cette double origine.

Certainement, l'art peut gagner quelquefois à être porté dans les régions élevées de hautes spéculations ; mais lorsqu'on cherche à sonder le fond des théories qui en émanent, on est souvent bien surpris de la fragilité des bases sur lesquelles ces ingénieuses et savantes constructions sont élevées. En effet, relativement à une autre question, discutée aussi par l'illustre antiquaire, sur l'origine de l'ordre ionique, dans son ensemble et dans son chapiteau en particulier, il est constant que la découverte du chapiteau à volutes si ancien du temple d'Empédocle, portant un entablement à triglyphes, offre un fait qui, comme je n'ai pu que l'indiquer, p. 144, et comme je chercherai à l'établir par la suite, présente un point d'appui matériel incontestablement solide pour ébranler toutes les théories émises jusqu'à présent, soit sur l'apparition soudaine de l'ordre ionique à côté de l'ordre dorique, soit sur l'idée contradictoire, émise en même temps par M. O. Müller, que le chapiteau ionique ne serait qu'un chapiteau dorique plus orné, et les volutes, l'imitation des cornes de bélier fixées aux angles des autels. La nouvelle

En effet, on chercherait en vain, dans cette inopportune excursion, le classement des différents caractères de la poésie ancienne à côté d'une classification concordante de la peinture et de sa technique. Tout ce qu'on peut y découvrir consiste dans la vague et contradictoire solution, que, depuis Bularque jusques et y compris Polygnote, de la XVIᵉ à la LXXXᵉ olympiade (l'époque *déiste* et *épique*), la peinture à la chaux ou la fresque primitive a dû servir et suffire à l'état de l'art; et cependant il est avéré, comme le docte architecte l'admet lui-même, que l'encaustique fut déjà pratiquée avant cette dernière époque, et par le peintre de Thasus, et par beaucoup d'autres artistes; puis, qu'à la XCIIIᵉ olympiade (la période *lyrique élégiaque*), la tempéra et l'encaustique surgirent pour satisfaire

proposition de M. Thiersch, de vouloir que les volutes soient la reproduction plastique de draperies enroulées, provenant de voiles jetés sur des colonnes isolées destinées, dans les temples, à porter des objets du culte, alternativement cachés ou rendus visibles, ne s'appuie certainement pas sur une supposition moins discutable.

Du reste, si l'on comprend la tentative d'introduire plus de poésie, d'élévation et de caractère dans la peinture, par le moyen de classer les compositions et la manière de les rendre en sujets *épiques*, *lyriques* et *dramatiques*, comme plusieurs savants l'ont essayé, quoique pour cet art même de semblables limites ne puissent pas être déterminées clairement; si, dis-je, on comprend l'objet de cette classification, on ne saurait découvrir ni le but, ni la possibilité, pas plus dans l'antiquité qu'aujourd'hui, d'une technique spéciale pour chacun de ces genres de sujets. Sous ce rapport, que l'on admette la fresque, la tempéra et l'encaustique, comme ayant subsisté séparément ou conjointement, le procédé préféré par le peintre, selon lui le plus convenable pour la localité, s'il s'agissait d'un édifice, ou pour la matière et la grandeur, s'il était question d'un tableau portatif, devait être indistinctement employé, n'importe quelle action il avait à représenter. En pareil cas, les anciens n'ont pas pu différer des modernes; et lorsque Raphaël a peint les parois des Stances du Vatican et les voûtes du portique de la Farnésina, l'excessive différence entre ces sujets, les uns chrétiens et austères, les autres mythologiques et libres, ne lui a pas fait changer de procédé; il exécuta à l'huile aussi bien l'image de la sainte Cécile, si humble avec son expression remplie d'une angélique extase, que le portrait de la belle Fornarina, si fière avec son regard plein d'une mondaine séduction.

aux nouvelles données de l'art; et cela nonobstant l'existence antérieure de ce dernier procédé, et le non moins long usage de la peinture à la colle ou à la détrempe, reconnu par les notions les plus certaines de Pline et d'autres auteurs, par des faits, et par M. de Klenze lui-même. Quant aux deux époques suivantes, il n'est parlé que du tableau de Timanthe, le Sacrifice d'Iphigénie, peint, après la xcvi[e] olympiade (la période *dramatique*), mais sans aucune désignation d'une nouvelle technique corrélative, ni pour cette période, ni pour la période *épigrammatique*, dont il n'est même plus question. Il suffit d'avoir signalé cette singulière solution, où rien n'est résolu et ne pouvait l'être, pour la juger comparativement à une simple appréciation des faits relatifs aux différents procédés de la peinture des anciens, et à leurs applications. Ces faits constatent clairement leur emploi simultané pendant toute l'antiquité, à partir de l'époque où commença le premier progrès de la peinture, qui remonte au moins à Polygnote, comme point de départ incontestable de l'usage de l'encaustique.

CHAPITRE XC.

De la peinture à la résine des anciens, par T. Knerim, professeur de dessin à l'école polytechnique d'Eschwegen (1).

(Leipsick, 1839.)

J'attache peu d'importance à cet ouvrage, mélange de compilations

(1) Ce livre est composé de deux parties. La première, divisée en six chapitres, traite des peintures antiques égyptiennes, grecques et romaines; de la peinture à

et d'idées personnelles à l'auteur, d'ailleurs très-confusément rédigé, et d'une pénible lecture. Mais, comme il a été discuté en Allemagne, qu'il traite de tous les sujets qui se rattachent à mon travail, je n'ai pas cru devoir le passer tout à fait sous silence.

Dans la première partie M. Knerim reconnaît, d'après les recherches faites sur les peintures égyptiennes, que la résine y entrait comme base; il admet le passage, en Grèce, des arts de l'Égypte avec leurs procédés techniques, et l'emploi d'un mélange de résine et de cire dans les peintures des Grecs. Ce procédé primitif s'appliquait avec le pinceau, et celui de l'encaustique, venu beaucoup plus tard, qui s'exécutait au moyen de la gravure au burin, n'était qu'accessoire et peu pratiqué.

L'emploi par les Grecs des peintures à la fresque et à la colle, comme procédés à l'eau, ne pouvait prévaloir sur la peinture à la résine; et celle-ci, aussi bien applicable que les deux premières sur les murs des édifices, l'était également pour de grands tableaux, tandis que l'encaustique n'offrait d'application possible qu'à de petits sujets exécutés sur des tablettes en bois.

Quoique la dénomination de peinture *à tempéra* désigne en général la technique dans laquelle la colle et la gomme sont ajoutées aux couleurs, l'auteur veut que la dérivation de ce nom, du mot *temperare*, mélanger, doive comprendre, sous la même dénomination, la peinture où la résine et la cire, réunies aux couleurs, formaient également un *mélange*, d'autant plus que cette peinture s'exécutait, comme les autres, sur des fonds secs. Ce procédé permettant tout le fini possible, et étant aussi bien applicable aux grands tableaux

---

sujets, et de la peinture décorative à l'extérieur des édifices; des stucs et des fonds pour la peinture à la résine; de son emploi traditionnel et de son altération au moyen âge; de l'ancienneté de la couleur à l'huile, et de sa connexité originaire avec le procédé à la résine. La seconde partie, contenant cinq chapitres, traite de la préparation des tables de bois, des toiles et des murs; des couleurs; des glutens; du coloris; et enfin des vernis de la peinture à la résine.

portatifs en bois qu'aux compositions peintes sur les parois en marbre ou en stuc, son emploi réfute, selon M. Knerim, la supposition de M. Raoul-Rochette relativement aux peintures *encastrées*, et témoigne que les auteurs des peintures sur mur devaient avoir recueilli de leurs travaux estime et vénération, au lieu de n'y avoir trouvé ni honneur ni dignité, comme le prétend cet archéologue.

La peinture à la résine et à la cire s'appliquait, en tous temps et en tous lieux, sur les murs des temples, des tombeaux, des grottes; en Égypte, en Grèce et en Italie, comme aussi sur les tableaux détachés ou arrachés par Verrès du principal sanctuaire de Syracuse. C'était la peinture dominante, la plus ancienne, la plus durable et la plus facile; au lieu que l'encaustique, envisagée par le professeur allemand comme une gravure faite sur des tablettes en bois, avec des pointes en métal, chauffées, puis remplie de cire colorée, et enfin cautérisée, n'a été qu'une invention faite dans la LXXXe olympiade, comme un objet d'amusement et de curiosité.

L'encaustique des vaisseaux, employée à chaud, au pinceau et à teintes plates, se composait de cires colorées, mélangées avec un peu d'huile, non pas grasse, mais volatile.

L'opinion, parmi les modernes, que la peinture à fresque fut plus généralement employée dans l'antiquité que toute autre peinture, a pour raison qu'on refusait à l'encaustique l'emploi du pinceau, et qu'on ne connaissait pas la peinture à la résine et à la cire. Comme ce dernier procédé satisfait, dans la pensée de l'auteur, à toutes les exigences plus que la fresque, et qu'il trouve cette technique en parfait accord avec les anecdotes attribuées par Pline à Néalcès et à Protogène, il en regarde les qualités aussi incontestables qu'il croit fondée sa présomption en faveur du grand usage qu'en faisaient les anciens.

Les résultats des analyses précitées de Geiger et de Roux, ce que disent Maier sur la Noce Aldobrandine, et M. Wiegmann sur l'effet et les aspects de la peinture antique, les peintures à fresque et à tempéra (1), les textes de Pline, Vitruve, Hirt, Winckelmann, Mengs, Gœthe, etc. ; ces expériences, ces remarques, ces procédés et ces écrits sont expliqués pour arriver à la conclusion qu'à Pompéi les ornements ont pu être exécutés à fresque sur les enduits, mais que là, comme en Grèce, les sujets à figures doivent l'avoir été à la résine mêlée avec de la cire.

M. Knerim traite aussi de l'application des peintures historiques et mythologiques, et de la polychrômie, aux monuments des anciens. C'est une revue de ce qui a été dit à ce sujet, et dans laquelle mes recherches et mes publications sont citées comme l'origine et le point de départ de toutes les autres. Quant à l'architecture coloriée, il mentionne les résultats confirmatifs de MM. Heger, Itar, Metzger, Schaubert, et de M. le duc de Luynes, comme aussi l'ouvrage de M. Kugler. Au sujet de la peinture murale, il parle de l'opinion contraire à ce système, émise par Bœttiger, comme étant la source des objections de M. Raoul-Rochette, et il admet la réfutation de celles-ci par G. Hermann.

L'examen du procédé de la *causis* sur les marbres se compose d'extraits de la plupart des auteurs anciens et modernes qui se sont occupés de cette technique, et leurs investigations sont discutées de manière à faire conclure l'auteur que son procédé, consistant en *une* partie de cire et *vingt-neuf* parties de résine étendues au pinceau sur le marbre, sans le concours du feu, est l'enduit conservateur le plus efficace.

Les recherches sur la peinture du moyen âge contiennent également de nombreux extraits des écrits qui ont rapport à l'examen analytique des tableaux de cette époque ; elles résument, dans la conviction de l'auteur, que tous à peu près offrent la présence de cire et de résine, c'est-à-dire la preuve de l'emploi traditionnel de son procédé,

---

(1) Cette dernière, comme peinture à l'eau, au jaune et au blanc d'œuf, à la gomme ou à la colle, et sans aucun emploi de la résine.

composé cette fois d'*une* partie de cire et de *trente* parties de résine rendues liquides au moyen d'huiles volatiles. Le procédé à tempéra, exécuté avec du lait de figuier et du jaune d'œuf délayés dans de l'eau (1), n'est attribué à Cimabue que comme un commencement d'innovation, employé d'une manière générale seulement au temps de Giotto ; c'est alors que commence la véritable rénovation de la peinture, ou, selon la pensée prédominante de l'auteur, l'abandon des anciennes traditions.

Enfin, dans le chapitre relatif à l'ancienneté de la peinture à l'huile, et à la connexité du procédé de Jean Van Eyck avec celui à la résine, M. Knerim, après avoir cité, d'après le moine Théophile, l'usage de l'huile de lin pour peinturer le bois, et les autres principaux écrits publiés au sujet de ce genre de peinture, résume cette partie de ses recherches par l'opinion de M. Mérimée, auteur du livre *de la Peinture à l'huile*, sur l'emploi par Van Eyck d'un mélange de substances résineuses avec l'huile, et par ce que dit M. de Montabert, dans son *Traité complet de peinture*, sur l'avantage et la nécessité de mêler les mêmes substances à la cire, pour y trouver des faits et des preuves à l'appui de son système.

La deuxième partie de l'ouvrage, où il est question de la préparation des fonds, des couleurs, du gluten, de l'emploi des couleurs et des vernis, n'est qu'une longue accumulation de procédés puisés

---

(1) Voici le résultat des analyses faites à Heidelberg, par Geiger et Reimann, sur les glutens d'un tableau de la galerie de M. Winter, attribué à Pintorichio ou au Pérugin. D'après Roux, qui rapporte ce résultat, le tableau n'était pas peint à l'huile, comme on l'avait cru : car les recherches analytiques produisirent un gluten ressemblant en apparence à de la cire jaune, mais qui était réellement de la résine due à l'emploi du lait de figuier mêlé au jaune d'œuf. Les deux chimistes appuyèrent cette opinion de l'analyse même de ce lait, qu'ils trouvèrent composé : 1° d'une proportion de 3 à 4 pour cent de résine essentiellement composée de deux substances, collante, tenace, soluble dans l'éther et dans l'alcool absolu; 2° d'une résine non soluble dans l'éther; 3° de 2 pour cent de gomme; puis, 4° d'albumine ; 5° de principe extractif; 6° de traces de chlorhydrates, d'oxalates et de substances odorantes ; 7° d'eau.

chez les auteurs anciens et modernes, qui échappe à toute analyse; si on n'y rencontrait pas la nouvelle mention de *vingt-neuf parties* de résine et *une partie* de cire, comme base fondamentale de la découverte de l'auteur, on y chercherait en vain un énoncé lucide d'expériences éprouvées et de conclusions certaines. Aussi, je ne puis que renvoyer au livre même, à l'effet de soumettre mon appréciation, qui n'a que la valeur discutable d'une impression personnelle, au jugement du lecteur. Toutefois, je dois à la vérité d'ajouter que cette impression, qui remonte à la mise au jour du livre de M. Knerim, s'est complétement confirmée après la connaissance de son deuxième ouvrage, publié en 1845, sous cet autre titre : « *La véritable technique de la peinture de l'antiquité classique et du moyen âge enfin découverte, comme aussi la peinture, nouvellement inventée, au baume et à la cire.* » Ce livre n'est réellement qu'une réimpression du précédent, peut-être plus confusément rédigé encore, mais offrant cette importante différence, que là où l'auteur n'avait primitivement vu et voulu admettre que de la *résine* et de la *cire*, il voit et admet à présent du *lait de figuier* et du *jaune d'œuf*. Les mêmes analyses, les mêmes auteurs y sont de nouveau mis à contribution; et la conviction avec laquelle M. Knerim établissait et proclamait autrefois son premier système l'anime à présent pour le rejeter et pour établir et annoncer son dernier, c'est-à-dire pour transformer la résine et la cire, l'une en lait tiré des jeunes tiges du figuier, et l'autre en jaune d'œuf. Quant à son procédé *nouvellement inventé*, il consiste à vouloir que ce qui était de la résine (*harz*) en 1839 soit du baume (*balsam*) en 1845!

Du reste, on sait parfaitement que les anciens connaissaient le suc gommeux de l'arbre aux figues et la propriété du jaune d'œuf; et « quoique, comme le dit M. F. John dans son ouvrage déjà cité,
« Pline ne parle de ces substances que comme médicaments, il
« n'est pas impossible que les produits de la nature, utiles aux arts,
« soient passés entre les mains des artistes, après ou pendant leur

« apparition dans la médecine (1). » Pour confirmer cette supposition, nous voyons que les peintres grecs byzantins, nécessairement continuateurs des moyens pratiques transmis par les artistes grecs les plus anciens, employèrent ces deux mêmes substances dans leur procédé dit *à tempéra*, qu'ils transplantèrent en Italie, et qui, comme je viens de le dire, ne fut abandonné qu'après l'introduction de la peinture toute moderne à l'huile de lin.

CHAPITRE LCI.

De la peinture encaustique des anciens, par M. E. Cartier; mémoire inséré dans la *Revue archéologique*, tome II.
(Paris, 1845.)

Définition de cette peinture; de l'encaustique des vaisseaux; de l'encautique sur l'ivoire; de la cire et de ses préparations.

L'auteur commence son travail, bien différent en cela de M. Wiegmann, par déplorer la destruction prochaine des fresques de

---

(1) Dans l'ouvrage cité de M. C. L. Eastlake, ce savant artiste a constaté aussi le contact qui existait, aux temps de la rénovation de l'art moderne, entre la peinture et la médecine. « L'une et l'autre, dit-il, étaient cultivées dans les couvents; leurs pharmacies fournissaient aussi bien des médicaments que des couleurs; et, plus tard, on voit Léonard de Vinci lié avec le médecin M. A. de la Torre; le Corrége avec G. B. Lombardi, et A. Van Dyck avec T. Mayerne. » J'ajouterai que ce contact était d'autant plus naturel à ces époques, qu'aujourd'hui encore, dans presque toute l'Italie, et dans beaucoup de villes d'autres pays, les médecins et surtout les pharmaciens sont les seuls représentants de la chimie. On a vu que M. Peretti, auquel M. Morey s'adressa à Rome pour analyser les substances colorées de la colonne Trajane, s'intitule *professore di farmacia*. A Paris même, un des pharmaciens les plus distingués, M. Duroziez, a écrit un *Manuel de la Peinture à la cire*; et, habile chimiste, il prépare les meilleures substances pour les gluten de ce procédé, d'après les indications de M. de Montabert.

Raphaël et de Michel-Ange, parce que ces artistes n'ont pas employé les moyens usités dans l'antiquité, c'est-à-dire parce que leurs œuvres immortelles n'ont pas été exécutées à l'encaustique. Aussi, l'objet de M. Cartier est de faire connaître la pratique de cette peinture par le témoignage des textes, les analyses chimiques, l'existence et les descriptions des instruments des peintres, comme par l'histoire même des procédés anciens. Il en trouve l'origine chez les Égyptiens, le perfectionnement chez les Grecs, la confusion chez les Romains, la décadence à Constantinople, et la perte insensible au moyen âge. Pour lui, la peinture à l'encaustique renferme à elle seule les avantages de toutes les autres, sans aucun de leurs inconvénients ; et les anciens connaissaient tous nos moyens d'exécution, mais ils ne les pratiquaient pas.

Admettant que le mot Ἔγκαυστον indique l'intervention du feu, il n'en fait pas résulter la nécessité qu'on l'employât toujours à liquéfier la cire : il suffit que cet élément jouât un rôle dans le procédé à l'encaustique, sans qu'il fût nécessaire, comme on le veut parfois, pour dessiner des figures, pour placer et fondre des couleurs.

Dans le dire de Pline, « *Ceris pingere ac picturam inurere,* » *peindre avec des cires et brûler la peinture,* l'auteur voit deux actions distinctes qui se confirment par cet autre dire : « *Quidam Aristidis inventum putant, postea consummatum a Praxitele.* » Car l'invention serait le *ceris pingere, peindre avec des cires,* et le perfectionnement, le *picturam inurere, brûler* ou *cautériser la peinture.* Le mot ἐγκαίω exprime l'effet du feu sur une surface, comme ἐγκαυθείς désigne un homme hâlé par le soleil, de même que le mot καῦσις, employé par Vitruve pour la dernière opération de l'encaustique, s'applique aussi, en grec, à l'action du soleil qui dore la moisson. *Urere, inurere* ne traduit peut-être pas exactement ἐγκαίειν ; cependant, lorsque Pline dit, *Adustæ vestes firmiores fiunt, quam si non urerentur,* il l'applique, dans un sens très-affaibli, à la solidité que donne aux étoffes une teinture chaude.

De cet autre passage, « *Encausto pingendi duo fuisse antiquitus genera constat, cera, et in ebore, cestro, id est viriculo, donec classes pingi cœpere. Hoc tertium accessit, resolutis igni ceris penicillo utendi ; quæ pictura in navibus nec sole, nec sale ventisque corrumpitur,* » M. Cartier déduit, comme le sens adopté le plus généralement, et presque sans contestation aujourd'hui : « qu'il y
« a trois genres d'encaustique, c'est-à-dire de peinture où on em-
« ployait la cire et le feu. »

« Le premier et le plus important se pratiquait sur toute espèce
« de fonds, avec de la cire préparée ; »

« Le second s'exécutait sur l'ivoire, au moyen du cestre ou *viri-*
« *culum* ; »

« Le troisième était réservé aux vaisseaux : on y employait au
« pinceau des cires liquéfiées par le feu. »

Relativement à ce dernier genre, l'auteur se prononce contre l'opinion le plus souvent admise, que l'emploi du *pinceau* en ait été surtout la partie distinctive, comme si ce n'était pas, pour toute peinture, le naturel et inévitable instrument, et comme si on avait pu attribuer à son emploi l'avantage que la cire étendue par son moyen résistât aux rayons brûlants du soleil, au souffle de la tempête, et à l'action corrosive d'une eau âcre et salée ! En effet, dit-il, comme je l'ai remarqué moi-même plusieurs fois déjà, cette qualité ne fut donnée à cette matière, dans son emploi aux vaisseaux, et sous le nom de *zopissa*, qu'en l'appliquant sur leurs parois grossières, revêtues et abreuvées de poix. Du reste, M. Cartier admet, comme la plupart des antiquaires, que les navires étaient peints dans la plus haute antiquité, et que cette peinture devait consister plutôt en teintes plates et en ornements qu'en figures.

Dans l'encaustique sur ivoire, il constate la connaissance certaine de deux objets : le fond d'abord, et ensuite l'instrument qui servait à y tracer les dessins ; mais il n'admet pas l'affirmation de beaucoup de savants, que le *cestre* ou *viriculum*, c'est-à-dire la pointe à graver, était employé fortement chauffé, d'abord à cause de la difficulté de travailler avec un instrument entretenu à une haute température, et ensuite parce que de minces lames d'ivoire ne peuvent supporter le contact de la chaleur. Il pense judicieusement qu'on employait le burin froid pour graver sur l'ivoire, de la même manière que cela se fait encore aujourd'hui sur le cuivre et sur l'acier. Toutefois l'opération ne s'arrêtait pas à cette simple gravure, comme on le pense généralement, et comme l'offrent de certains ouvrages modernes en ivoire ainsi orné. Les traits gravés par l'outil, en indiquant les ombres, en ménageant les clairs, étaient remplis de couleurs à la cire, qu'on unissait ensuite, qu'on fixait à un feu très-modéré; et c'est ainsi que s'exécutaient, chez les anciens, tant de beaux et de riches ameublements en ivoire, où l'art du dessin eut une grande part, et dont Sénèque déplore le luxe.

M. Cartier, pour appuyer cette conjecture, donne la reproduction de cinq parties coloriées d'un coffre en ivoire, où se trouvent encore des traces de peintures encaustiques. J'ai représenté deux de ces parties, moitié grandeur des originaux, sur la Pl. XXII, F. xv et xvi; et une troisième, F. xvii, a été prise sur les dessins du coffret complet qui se trouvent à la Bibliothèque nationale. Les cires colorées n'existant plus sur cette dernière figure, elle montre clairement l'aspect de l'ivoire lorsqu'il n'est encore que gravé (1). Ce joli petit monument est conservé au Musée britannique; mais il n'est pas probable, comme le suppose l'auteur, que ce soient les tablettes en ivoire peint d'un meuble analogue découvert en 1834, en présence de M. C. Bonucci et du prince de Capoue, non pas à Herculanum, mais à Pompéi, et qui furent données par le prince à une dame anglaise. D'après la description insérée dans le *Bull. de corresp. archéol.*, année 1835, p. 129, et dans la *Peinture antique chez les*

---

(1) C'est sur la demande de M. Raoul-Rochette que l'administration de la Bibliothèque a fait faire à Londres ces dessins, qui sont au nombre de quatre.

Grecs, de M. Raoul-Rochette, p. 378, il est parlé de frises et de figures dans le style égyptien dont ces tablettes auraient été décorées. Selon l'architecte napolitain, ce caractère particulier des peintures démontrerait l'ancienneté de ce genre d'encaustique. Mais, quelque éloignée que doive être cette origine, les objets dont il s'agit auraient bien pu avoir été aussi des imitations d'œuvres d'art du bord du Nil, faites par des artistes grecs ou romains. Quoi qu'il en soit, les sujets représentés sur le coffret, parmi lesquels celui colorié est une Vénus Anadyomène, et l'autre, la même divinité à moitié couchée, sont des copies de très-beaux motifs antiques (1). Les oiseaux qui ornent la petite frise, et les perles sculptées qui la couronnent, en sont une confirmation; et si cette production n'offre pas le mérite éminent auquel de semblables ouvrages ont pu atteindre, elle donne une idée très-satisfaisante de l'encaustique sur ivoire, mentionnée par Pline. En tous cas, l'exemple prouve que cette peinture, appliquée par des artistes dont le talent brillait par le charme et la beauté du dessin et de la composition, pouvait rendre les œuvres de ce genre aussi admirables que précieuses. Les idées de M. Cartier sont, sans aucun doute, du nombre des plus judicieuses qui aient été émises sur ce procédé.

Au point de vue de l'histoire, il dit que l'origine de l'*encaustique sur ivoire* est constatée en Égypte par les tablettes égyptiennes conservées au musée du Louvre, qui sont ainsi exécutées, et sur lesquelles est gravée de l'écriture; que son emploi progressif, en Grèce, est confirmé par l'extension donnée à la perfection du dessin et à la richesse des couleurs appliquées sur cette matière; que son imitation chez les Romains est établie par les textes de Pline

---

(1) Tous les sujets représentent séparément ou des Vénus ou des Amours dans différentes poses; ce qui peut faire admettre que le coffret était destiné à serrer les objets précieux de la toilette d'une femme, à laquelle les succès de la beauté ne devaient pas être indifférents.

et de Vitruve ; enfin, que la tradition de son usage à Byzance est prouvée par son adoption aux diptyques sur ivoire. On peut partager son opinion : mais il est permis de la contredire lorsqu'il veut que la gravure sur cuivre provienne aussi du procédé de l'encaustique sur ivoire, par suite de l'emploi du burin sur des lames de bronze, dont l'usage avait remplacé, après l'époque de Constantin, les lames tirées des dents d'éléphant ; car il est plus admissible de trouver cette origine dans l'art de la gravure même sur les métaux, qu'exercèrent originairement tous les peuples anciens. Sous ce rapport, et indépendamment du grand nombre de miroirs ciselés, qui remontent aux temps les plus reculés, il existe tant d'autres remarquables restes de ce genre de gravure, que la certitude de son existence non interrompue à travers toutes les phases de l'antiquité, a dû maintenir son incessante pratique à travers toutes les périodes modernes.

Quant à la cire employée à la peinture proprement dite, M. Cartier exprime, en premier lieu, que cette matière trouva aux temps primitifs, dans son application à l'art de peindre, sa perfection matérielle. Pline, qui donne à la meilleure qualité de cire le nom de punique, « *Optima quæ punica vocatur,* » ne désigne pas, par cette dénomination, une origine locale, mais la cire *vierge*, c'est-à-dire la mieux épurée. La preuve ressort des moyens indiqués par cet auteur pour la préparer, « en l'exposant à l'air, en la « faisant bouillir, en l'écumant, en la séchant au soleil ; tout cela à « différentes reprises, » et, comme on le voit, d'une manière analogue aux procédés modernes avant l'usage du chlore.

Après avoir mentionné les infructueuses recherches des savants et artistes dont j'ai déjà parlé, l'auteur admet bien que la dissolution de la cire puisse se faire avec des huiles volatiles et des essences, pour l'employer dans la peinture, mais non pas que cette peinture soit l'encaustique véritable : dans celle-ci, l'*œuf* entrait, selon lui, comme unique dissolvant. Mêlé à la cire, ce corps a la propriété de la rendre soluble dans l'eau, et les anciens connaissaient et employaient cette propriété. Quoique Pline ne déclare pas formellement que l'œuf servait à préparer la cire pour l'encaustique, il en parle dans ce passage : « *Pingentes sandyce sublita, mox ovo inducentes purpu-*« *rissum, fulgorem minii faciunt. Si purpuram facere malunt,* « *cæruleum sublinunt, mox purpurissum ex ovo inducunt,* » comme employé pour préparer un *glacis* de purpurine sur la sandyce ou l'azur. Car un *glacis* se fait en noyant les couleurs dans le gluten; et si les anciens avaient employé l'huile, on lirait dans Pline *ex oleo*, au lieu de *ex ovo inducunt*. Quant à l'objection que la peinture à laquelle se rapporte le texte précité pourrait avoir été la détrempe, M. Cartier la réfute en prétendant que ce dernier procédé ne s'employait qu'en teintes plates pour orner les murailles, ce qui n'exigeait pas l'emploi de glacis, applicables seulement pour les figures et les draperies, dans les compositions exécutées à l'encaustique.

Conduit à citer, d'après Pline, un grand nombre de médicaments dans lesquels l'œuf entre comme dissolvant de corps gras, tels que le saindoux, la graisse d'oie, l'huile, la résine, pour établir, avec M. Émeric David, que la cire n'avait jamais été employée sans mélange par les anciens, l'auteur revient sur la définition que Pline donne de l'encaustique : *ceris pingere ac picturam inurere*, pour insister sur le fait que cette définition, qui s'applique aux trois genres d'encaustique, n'exclut nullement l'emploi d'autres substances, puisque, dans l'encaustique des vaisseaux, la cire était jointe à la poix, *pice cum cera*, et que cependant l'auteur latin, en parlant de cette troisième manière, avait dit simplement : *resolutis igni ceris*. Il en est de même de l'encaustique appliquée aux statues en bronze, et qui contenait du bitume : c'était par le choix de ces différentes substances secondaires que les procédés de cette peinture variaient chez les artistes.

La coloration de la cire les regardait, et le commerce leur

fournissait des couleurs qu'ils broyaient et mélangeaient à volonté. Aussi le broyeur était indispensable dans l'atelier du peintre. M. Cartier cite à l'appui l'anecdote d'Apelle et d'Alexandre, que l'artiste invitait à ne pas parler inconsidérément de peinture, de peur d'exciter l'hilarité des enfants occupés à broyer des couleurs. Il en déduit que la présence des broyeurs devait être permanente, pour qu'ils n'aient pas été congédiés dans une circonstance aussi solennelle, et que les couleurs devaient être faciles à broyer, puisqu'on y employait des enfants. A ce sujet il admet l'aide du feu comme efficace, et il cite, pour preuve, la peinture antique gravée dans l'ouvrage de Mazois, qui représente un atelier de peintre, dans lequel on voit un homme occupé à broyer des couleurs dans un plateau circulaire et concave, chauffé en dessous.

M. Cartier passe sous silence les substances colorantes des anciens, sur lesquelles les notions ne manquent ni chez Pline ni chez Vitruve; et il dit avec raison que, sous ce rapport, la science actuelle n'a rien à envier à l'antiquité. Il ne fait également que mentionner le soi-disant problème des quatre couleurs de Pline, ajoutant, quant au calcul d'un savant allemand qui établit que ces couleurs pouvaient fournir huit cent dix-neuf teintes différentes, que l'on peut étendre ce chiffre à l'infini, le mélange de deux teintes distinctes en produisant toujours une nouvelle (1).

(1) M. Wiegmann a déjà observé que la désignation par Vitruve de la peinture *bleue* des triglyphes en bois, dans les plus anciens temples doriques, fait voir l'erreur de Pline, de n'avoir pas ajouté cette couleur au blanc, au jaune, au rouge et au noir, qu'il dit avoir été seuls employés par Apelle, Échion, Mélanthius et Nicomaque, d'autant plus que l'auteur romain parle lui-même de l'indigo et de plusieurs autres couleurs encore, comme ayant été employés par ces célèbres artistes et leurs contemporains.

CHAPITRE XCII.

Des fonds de couleur, du pinceau et de l'éponge.

La peinture encaustique peut s'appliquer, selon M. Cartier, sur tous les fonds. La cire mélangée avec l'œuf, corps également ami de l'eau et de l'huile, sympathise avec toutes les surfaces sur lesquelles le pinceau peut l'étendre; aussi les anciens peignaient sur l'ivoire, les métaux, le parchemin, la toile; sur le bois comme sur les murailles, et de préférence sur ces deux derniers fonds. Dès l'origine, les parois des édifices furent ornées de peintures. Chez les Grecs, l'art était avant tout la haute expression de la société, la manifestation publique de ses idées et de ses croyances. Les nations élevaient véritablement leurs monuments; et les œuvres des artistes destinées à orner une de ces enceintes sacrées, ouvertes à l'admiration et au culte du peuple, partageaient les mêmes hommages et la même immortalité que le dieu auquel on les avait consacrées.

L'auteur parle ensuite, d'après Pline et Vitruve, de la préparation des enduits ou stucs sur la pierre ou la brique, des parois en marbre poli, des préparations des murs, où le mortier de chaux était remplacé par le plâtre ou la craie, et où une couche de colle servait alors de fond; il cite aussi l'emploi du lait mêlé au safran, par Panœnus. Les impressions sur des enduits frais rappellent notre peinture à fresque; mais lorsque les surfaces étaient trop grandes, on y appliquait des fonds à la détrempe, comme pour le minium, qui ne supporte pas la chaux. Les préparations sur le bois, continue M. Cartier, nous sont à peu près inconnues; pour leur choix, nous savons seulement que, pris parmi les plus résineux, on préférait le laryx ou mélèze. Les tablettes ou affiches publiques, sur lesquelles s'inscrivaient les édits des préteurs et les amendes infligées par les juges, avaient un fond blanc composé de cire, de taurocolle et de craie. Un autre procédé, qu'on retrouve au moyen âge, et qui paraît une tradition de la plus haute antiquité, consistait à joindre et unir les parties dont on était obligé de composer les grands panneaux d'un tableau, par un mastic fait de chaux vive et des substances caséeuses du lait : sur cette couche encore fraîche on étendait une peau ou une toile (1).

Les explications relativement à l'emploi du pinceau dans la peinture à l'encaustique portent d'abord sur la signification, dans Pline, du mot *penicillum,* qui, dans les différentes circonstances où il a été expliqué par la plupart des savants comme n'exprimant que la pratique avec cet instrument, est au contraire employé comme synonyme du mot peinture. Ainsi, dans cette phrase relative à Apollodore d'Athènes : « Il réussit le mieux à exprimer le caractère, « et à donner au pinceau sa véritable gloire : *primusque gloriam* « *penicillo jure contulit,* » comme dans celle qui la suit, où il est dit que Zeuxis illustra *son pinceau,* c'est de l'art de la peinture en général, exercé avec le *pinceau,* qu'il s'agit, et non pas du premier et successif usage de celui-ci ; et lorsqu'après avoir énuméré les plus célèbres artistes dans le genre élevé, et, parmi ces derniers, Nicophanès, ce peintre plein de charmes entre tous, et si distingué

---

(1) Cette pratique traditionnelle, indiquée par le moine Théophile, pour donner une grande consistance aux tableaux de bois, en les réunissant par frises, comme nos parquets, fait voir que ce n'était pas la possibilité de tirer de *grandes* planches des troncs du mélèze qui avait fait choisir cet arbre; et rien ne pouvait être, comme je l'ai déjà remarqué, p. 211, plus opposé à la réalité et à la raison que cette opinion, émise par M. Raoul-Rochette. Ce bois, selon la remarque de M. Cartier, était en effet préféré, à cause de la nature très-résineuse et compacte de cette espèce de cèdre du Liban. Indépendamment de ce que Pline dit du choix du laryx femelle par les peintres, à l'effet d'obtenir des panneaux indestructibles pour leurs tableaux, Vitruve décrit cet arbre très en détail, comme résistant à l'humidité, aux vers, et même au feu.

par la noblesse et la sévérité de son art, Pline dit de Pyreïcus, « *que* « *le pinceau* le rendit célèbre dans des peintures inférieures, » c'est-à-dire d'un genre moins élevé, *minoris picturæ celebres penicillo*, cette expression ne se rapporte pas non plus, comme on l'a voulu, à un procédé particulier d'exécution au pinceau, opposé à un procédé pratiqué sans le secours de cet instrument, mais à un *genre* de peinture différent dans le choix et le caractère des sujets.

M. Cartier appuie cette opinion par des recherches sur l'emploi du mot *genus*, genre, admis également, par la plupart des érudits, comme n'ayant qu'un sens, celui d'exprimer une espèce de peinture, une recette, un procédé, une manière de peindre. Il rapporte à ce sujet les paroles de Pline, lorsqu'il dit de Pausias : *Pinxit et ipse penicillo parietes Thebis quum reficerentur quondam a Polygnoto picti, multumque comparatione superatus existimabatur, quoniam non suo genere certasset,* » dans lesquelles le mot *genere* a été presque toujours ainsi interprété, mais qu'il admet ne pouvoir signifier que *style*, ou l'expression caractéristique d'une œuvre comparée à l'autre. Pour preuve, il cite la locution de Pline relativement aux petits tableaux érotiques que peignait Parrhasius, en disant : « *Eo genere petulantis joci se reficiens;* ce genre lascif lui servit comme délassement; » puis celle où, après avoir nommé, à la suite de Pyreïcus, d'autres artistes auteurs de petites compositions et de sujets comiques, il dit que « Antiphile exécutait les deux « genres : *utraque Antiphilus,* » qui étaient la peinture sérieuse et la peinture comique : car il énumère des tableaux de divinités et de héros de cet artiste, en même temps que la peinture du type d'un personnage grotesque, *Grillus*, « d'après lequel on appela *grillons* « ce genre de peinture, *unde hoc genus picturæ grylli vocantur.* » Enfin le passage où cet auteur dit « que l'influence d'Eupompe fut si « grande, qu'il fit admettre trois genres de peinture, au lieu de deux « qui existaient seuls avant lui : *Ipsius auctoritas tanta fuit, ut* « *diviserit in genera tria quæ ante eum duo fuere.* »

Il est évident, en effet, qu'ici encore le mot genre est synonyme du mot style : car Pline parle clairement du caractère différent de trois écoles de peinture : celles hellénique et asiatique, déjà admises; puis celle fondée par Eupompe, qui prit le nom du lieu de sa naissance; et qui furent désormais connues sous la désignation d'écoles ionienne, sicyonienne et attique.

M. Cartier rappelle également que le mot *genus* est employé comme équivalent de *genre*, dans le sens de *caractère*, lorsque Vitruve (livre V, chap. VIII) parle de trois genres de décorations théâtrales, selon les trois genres de poésies, tragique, comique et satirique; il ajoute enfin la remarque, au sujet de la restauration des peintures de Polygnote par Pausias, que ce dernier, renommé d'abord pour ses tableaux de fleurs, puis et surtout pour le portrait de Glycère la bouquetière, différait nécessairement, dans ses sujets de prédilection du genre essentiellement héroïque, des peintures qu'exécuta Polygnote à Thespies et ailleurs. Le docte auteur parle aussi de la discussion si souvent élevée parmi les érudits à propos du mot ῥαβδίον, employé par Plutarque dans l'histoire de la Descente aux enfers de Thespésius ; et il conclut, d'accord avec l'opinion si savamment établie par M. Letronne, et mentionnée page 110, que le *rhabdion* n'est ni un cestre ou *viriculum* chauffé à blanc, ni un cautérion, ni une pierre enflammée, mais un *pinceau ;* et que l'adjectif διάπυρον, brûlant, rouge de feu, ou pénétré de feu, n'est là que pour désigner l'effet du terrible lieu sur toute chose : ici sur un pinceau, ailleurs sur des clous rouges de feu, sur des âmes de feu, etc.

Les textes viennent ici à l'appui de l'usage du pinceau comme instrument naturel, primitif et invariable de la peinture, tandis que l'instrument qui, d'après les savants, aurait été primitivement employé, reste imaginaire, inconnu et introuvable. M. Cartier ajoute de plus, à l'appui de son opinion, la ressemblance de l'encaustique des anciens avec des peintures qu'ils exécutaient différemment, puisque, d'après Pline, Lysippe d'Égine écrivait sur ses tableaux ἐνέκαυσεν, *a cautérisé*. En admettant que ce procédé eût donné des résultats tout différents dans son aspect, comme cela aurait dû être si l'exécution avait eu lieu d'une autre manière et avec de tout autres instruments, l'inscription n'était pas nécessaire. Mais il faut croire que c'était le moyen de spécifier les qualités particulières de cette peinture, qui pouvaient être une certaine transparence et une solidité des couleurs, peu appréciables à la première vue ou à un examen superficiel. Enfin l'auteur mentionne le texte où Pline désigne une espèce d'éponges, sous le nom de *penicelli*, et il suppose qu'elles étaient employées pour effacer ce que les artistes voulaient corriger, et que pour enlever les objets fixés, tels que des lignes ou de petites taches, ces éponges pouvaient avoir été montées sur la même hampe que le pinceau véritable à poil.

Il rappelle à ce sujet l'usage constaté d'éponges (nécessairement plus grandes) dans les faits déjà mentionnés, et attribués à Protogène et à Néalcès; il n'admet pas qu'elles aient servi à essuyer les pinceaux, qui se lavaient dans l'eau comme nos pinceaux d'aquarelles.

CHAPITRE XCIII.

De l'inustion (1). Des preuves par les monuments. Histoire de la Peinture encaustique.

Passant à l'action de brûler les peintures, l'auteur explique comment le mélange de l'œuf avec la cire la rend soluble dans l'eau, et

(1) M. Carlier emploie le mot *inustion*, proposé par M. de Montabert, comme dérivatif du verbe *inurere*, et comme synonyme de brûlement ou cautérisation.

comment le feu devient nécessaire pour détruire ce principe dissolvant. « L'œuf, dit-il, perd sa propriété ; il s'évapore, il se durcit ; tandis que la cire acquiert une solidité plus grande par l'action de la chaleur et par la combinaison intime des corps qu'on y avait ajoutés. » Il commente le passage de Plutarque, si souvent discuté, à peu près dans le même sens que lui avaient déjà donné Émeric David et Letronne, et il oppose la traduction suivante : « Quant aux personnes « indifférentes, la vue semble peindre à l'eau seulement leurs ima-« ges qui pâlissent et s'effacent bientôt de notre pensée. Mais pour « les personnes que nous aimons, elle (la vue) fixe leurs images « comme le feu dans l'inustion (la cautérisation), et laisse à notre « mémoire des portraits qui respirent, qui vivent, et qui durent un « tout autre temps. » Le sens est ainsi d'accord, en effet, avec une comparaison suivie dans tout le passage, où la vue dirigée par l'indifférence, qui ne saurait rien fixer, est présentée pareille à un peintre qui peint avec des couleurs faciles à effacer, et où la vue, guidée par l'amour, qui trace les figures vivantes dans l'âme, est comparée à un peintre qui emploie le feu pour faire pénétrer ses figures et les rendre ineffaçables (1).

---

(1) Voici la traduction d'Émeric David : « La vue d'une belle femme ne laisse, dans l'esprit d'un homme indifférent, qu'une image prompte à s'effacer; telle est une peinture à *fresque :* mais, dans le cœur d'un amant, cette image est en quelque sorte fixée par la puissance du feu : c'est une peinture à l'encaustique; elle semble respirer, agir, parler; le temps ne l'efface jamais. » (*Peinture du moyen âge,* p. 178.) Et voici ce que dit M. Letronne (Lettre 8, p. 372), concernant le même passage : « Plutarque compare les images que laissent dans notre âme la vue d'une personne indifférente et celle d'une personne aimée. Il dit : « Car les autres images (celles « des personnes non aimées), la vue semble *les peindre* (dans l'âme) *sur des liquides,* « promptes à s'évanouir et à s'échapper de notre esprit; tandis que les images des « personnes aimées, peintes par la vue comme à l'encaustique, au moyen du feu « (ὑπ' αὐτῆς [ὄψεως] οἷον ἐν ἐγκαύμασι γραφόμεναι διὰ πυρός), laissent, dans la mémoire, des « figures qui remuent, vivent, parlent, et que le temps ne peut effacer. » On voit que la principale différence est dans la préposition ἐπί, que M. Letronne traduit par *sur,* et à laquelle M. Cartier, comme il l'observe lui-même, attache l'idée de *cause,*

L'*inustion*, employée indubitablement par les anciens, étant nécessaire au procédé proposé par M. Cartier, qui la déclare impossible ou inutile dans les autres, il y trouve la pierre de touche de tous les systèmes. Il donne ensuite, d'après Vitruve et Pline, la manière de préparer la *causis*, sans admettre qu'elle était absolument la même pour les tableaux : une simple inustion ne leur suffisait pas, et une couche additionnelle de cire pure et transparente était étendue sur les peintures. A ce sujet, l'auteur explique, d'après Pline, la précaution de Protogène qui revêtit son tableau de Jalysus quatre fois de couleurs, pour le garantir des accidents et des injures du temps, par la superposition d'autant de couches de vernis ou de pellicules de cire; et il ajoute que l'*atramentum* d'Apelle prouve la variété de ces vernis employés par les anciens.

La *circumlitio* des statues était un revêtement de cire analogue contre l'humidité, et les anciens l'employaient pour conserver les œuvres plastiques, aussi bien que les parois en marbre des monuments et les œuvres d'art de métal. M. Cartier mentionne le mélange de bitume dans l'enduit de ces dernières, la dorure qu'on y appliqua par la suite; et enfin la coloration de la sculpture, qu'il admet sans réplique possible en présence des preuves fournies dans l'admirable ouvrage de Jupiter Olympien, par Quatremère de Quincy. L'auteur attribue l'opposition des modernes à l'admission de la statuaire polychrôme, d'abord à leur vanité de vouloir que le goût parfait des Grecs dût ressembler au leur, puis à l'habitude, et enfin à une fausse idée de l'application de ce système de coloration. Ce que j'ai dit à ce sujet me dispense de suivre davantage l'auteur

---

en traduisant ἐφ' ὑγροῖς, non pas *sur des liquides*, mais *avec des liquides*, c'est-à-dire à l'eau et à la colle. Sous ce rapport, l'emploi, par Ém. David, du mot *fresque*, qui désigne une peinture dont la principale qualité est de pénétrer dans le mortier et d'y adhérer fortement, n'est pas admissible. Plutarque n'a pu vouloir parler que de la détrempe si peu solide, en opposition au procédé à la cire ou à l'encaustique, que le feu pénètre et fixe pour ainsi dire à jamais.

qui regarde, avec un judicieux sentiment de l'art, ce procédé comme une opération très-délicate, à laquelle d'habiles peintres doivent présider, pour laquelle il ne suffit pas de poser des tons tranchants et des couches épaisses, faisant disparaître la matière qu'elles couvrent, mais qui exige une distribution de teintes harmonieuses et transparentes, laissant apparaître la beauté des formes et du marbre comme vue à travers des gazes artistement colorées. Enfin, M. Cartier rappelle en dernier lieu, à l'appui de cet antique usage, la réponse si souvent citée déjà, de Praxitèle. On demandait à ce grand statuaire quelles étaient, parmi les ouvrages en marbre, les statues qu'il aimait le plus ; il répliqua : « Celles où Nicias a mis la main, » c'est-à-dire celles auxquelles ce célèbre peintre à l'encaustique avait ajouté la dernière perfection au moyen de l'admirable prestige de son coloris (1).

Dans les preuves tirées des monuments, l'auteur, sans s'arrêter aux travaux analytiques de Fabroni, de Requeno, et à ceux du baron Thénard faits à la demande d'Émeric David, dit avoir trouvé parmi les notes de M. de Clarac, prises à Portici, sur l'action du pinceau, la transparence des tons, la légèreté des couleurs, la vivacité d'exécution, des remarques techniques qui confirment la vérité de ses explications, et l'identité de ses expériences et observations personnelles sur les peintures antiques conservées au musée du Louvre, et dont voici le résumé :

---

(1) Je ne puis m'empêcher d'ajouter ici, à ce que j'ai dit, p. 71, au sujet des soins délicats et de l'excessif discernement qu'exige l'application des couleurs à la sculpture, que nous ne pouvons pas nous faire une assez haute idée de l'effet que devait produire une œuvre de Praxitèle, embellie par le goût et le savoir de Nicias. Non-seulement il s'agissait du complément de la statuaire par la peinture, au moyen d'une branche de cet art, fondée sur des études spéciales, et qui était aussi familière aux anciens qu'elle nous est étrangère, et autant d'accord avec leurs habitudes qu'opposée aux nôtres ; mais il s'agissait encore et surtout de son application par un peintre d'histoire des plus renommés, et nécessairement distingué au plus haut degré dans ce genre de coloration.

« 1° Deux fragments, portant les n°ˢ 67 et 68, lui paraissent exécutés à la détrempe sur un fond sec, par la raison que ses peintures s'écaillent et que les couleurs ont peu de transparence. »

« 2° Les deux petits sujets composés de griffons et de cerfs attelés à des chars, ne lui ont pas semblé contenir de la cire ; ils en ont peut-être été recouverts par le procédé de Vitruve, la *causis;* mais ce vernis aura disparu sous la main des restaurateurs. »

« 3° Dans les génies conduisant des dauphins et poursuivant un cerf, la cire a pu seule donner la transparence de ton que l'on remarque surtout dans les fonds jaunes. Les figures sont faites par hachures ; les accessoires offrent une touche vive et spirituelle. »

« 4° Le sujet où une femme donne à manger à un chevreau est endommagé ; cette peinture ressemble à celle où se voient un fleuve et deux femmes portant des vases. Les enduits de ces tableaux n'ont pas été préparés d'après les prescriptions de Pline. Ils ont reçu une impression d'un blanc gras et huileux, qui rappelle à M. Cartier ce que Pline dit du Parætonium (1). Le fleuve et les personnages qui l'accompagnent dénotent une création très-habile et d'une extrême rapidité d'exécution : ce sont, sur des frottis très-légers et transparents, des touches vigoureuses. La couleur des figures a mieux résisté que celle des fonds, ce que l'auteur attribue dubitativement à la propriété conservatrice de la cire. »

« 5° L'homme portant un vase, la femme tenant des épis et une faucille, une joueuse de harpe, et une Léda, ont tous quatre une même apparence, et n'offrent pas d'empâtement ; les couleurs en sont fondues par l'inustion ; les dessous reparaissent dans les ombres. »

« 6° Les peintures représentant Apollon et les Muses sont

---

(1) Cette terre blanche, tirée de la Parætonje et d'autres pays encore, terre que Vitruve mentionne également, est une espèce de carbonate de chaux, dont les Égyptiens se servaient pour peindre et imprimer les bois, et qui est surtout employée dans la peinture à fresque.

incontestablement à l'encaustique. Le fond en stuc jaune reparaît là où les figures sont endommagées, et on y voit les restes de ce vernis qu'on étendait sur l'ouvrage terminé. Les têtes sont faites par hachures; les vêtements présentent des glacis curieux, surtout ceux d'Érato, de Melpomène et de Calliope. »

De ces observations, qui ne désignent tout à fait affirmativement, parmi ces peintures, que les Muses et les génies comme exécutés à l'encaustique et à la cire, et que plusieurs examens m'ont fait juger toutes d'une exécution semblable à celle qu'on voit d'ordinaire à Pompéi, mais couvertes d'un vernis moderne, M. Cartier passe à l'examen de trois peintures dont il donne les reproductions : l'une, vignette N° 7, est supposée représenter la célèbre Lala de Cyzique, inscrivant avec le pinceau la dédicace sur un tableau destiné à être offert à Bacchus. Dans cette reproduction, l'auteur signale surtout les accessoires : la boîte portative où se trouvent, selon lui, les cires préparées. « Le pinceau, dit-il, y choisit la « couleur, et va l'essayer sur une palette que la vierge artiste, *per-* « *petua virgo,* tient de la main gauche. » Cette palette est ovale et d'une petite dimension, parce qu'elle ne servait pas, comme les nôtres, à déposer les couleurs, mais seulement à préparer les teintes (1).

(1) Dans la gravure, Pl. XL, T. III des *Antiquités d'Herculanum*, par Piroli, comme dans celle, Pl. XXVI, T. V de l'*Histoire de l'Art*, par d'Agincourt, que les vignettes reproduisent fidèlement, la palette, d'une forme parfaitement ovale, n'offre pas, comme dans la reproduction donnée par M. Cartier, des taches indiquant des couleurs; la surface en est tout unie et blanchâtre. M. Raoul-Rochette (*de la Peinture chez les Grecs*, p. 375, n. 3) y voit, on ne sait trop pourquoi, une tablette d'ivoire, et non pas une palette. Cependant la pose de la figure et la forme de l'objet, toute pareille à celle de la palette, chargée de couleurs, que tient l'artiste dans la peinture du manuscrit de Dioscoride, parle d'autant plus pour cette explication, que la palette de la dame peintre pouvait bien avoir été d'ivoire, de corne, de bois, ou de toutes autres matières d'un ton clair. On ne voit rien non plus, sur le tableau placé aux pieds de la femme artiste, qui soit, comme le suppose M. Cartier, susceptible de représenter le portrait d'une des deux femmes qui se tiennent sur la gauche, au fond du tableau.

N° 7.

La deuxième peinture, vignette N° 8, tirée de l'ouvrage : *les Ruines de Pompéi*, par Mazois (T. II, p. 68), est la caricature représentant l'intérieur d'un atelier : on y voit le peintre, son modèle, ses meubles, ses instruments, son broyeur, ses élèves, et jusqu'à des amateurs ou des parasites. L'opinion du savant architecte, que l'artiste peignait à la colle et à la fresque, à cause de la présence du pot destiné à nettoyer les pinceaux, et qu'il pratiquait aussi l'encaustique, puisqu'un broyeur lui prépare, dans un vase placé sur des charbons ardents, des couleurs mêlées à de la cire et de l'huile, n'est pas admise par M. Cartier, qui ne voit rien dans cette composition qui puisse indiquer une peinture à la colle, encore moins une peinture à fresque, mais au contraire un ensemble qui se rapporte au procédé à l'encaustique.

N° 8.

On ne peut toutefois confirmer d'une manière certaine le genre de peinture employé ici, puisque le mélange des couleurs avec la cire au moyen du feu n'est pas une preuve absolue que ces couleurs aient dû avoir servi au fur et à mesure de leur préparation. Il est même raisonnable de penser qu'il y en avait suffisamment de préparées d'avance pour l'exécution du portrait en buste auquel travaille l'artiste. Dans ce cas, on peut rigoureusement supposer aussi que le peintre pygmée employait des couleurs préparées avec un autre gluten, et peignait à la gomme, par exemple. La fresque n'est pas admissible, parce qu'il fallait un fond composé d'enduits de mortier et de stuc fraîchement étendus, qui ne pouvaient s'appliquer sur des planches dont on voit qu'était fait le panneau posé sur le chevalet; la peinture à la colle ne l'est pas davantage, puisqu'on ne voit nulle part aucun appareil pour chauffer cette substance. Cependant il y a tout lieu de présumer que, dans cet atelier, le peintre peignait avec des cires colorées, naturellement aptes à recevoir l'*inustion :* car, comme cette opération ne se faisait qu'après la peinture achevée, il n'y a rien à préjuger contre, quoique aucun instrument susceptible de servir de cauterium ne se voie pas plus ici que dans la précédente peinture et dans la suivante.

N° 9.

La troisième peinture, vignette N° 9, est une miniature tirée d'un manuscrit de la Bibliothèque de Vienne, exécutée vers la fin du VIe siècle (1). Elle représente Dioscoride décrivant et un peintre copiant la racine de mandragore, si connue par sa prétendue ressemblance avec une forme humaine. M. Cartier voit dans cette image la continuité des mêmes procédés, puisqu'on y trouve, selon lui, les

(1) Sa date est fixée, par M. Cartier, vers la fin du Ve siècle; mais d'Agincourt, qui la donne avec d'autres miniatures, et avec un portrait de Julia Anicia, tirés du même ouvrage, en place l'origine, comme la plupart des savants, au VIe siècle, temps où l'empereur Olybrius, père de Julia, occupa le trône, et où l'on croit que le manuscrit de Dioscoride fut exécuté pour cette petite-fille de Valentinien III.

mêmes instruments que dans les précédentes peintures d'Herculanum et de Pompéi, c'est-à-dire indépendamment du chevalet, la boîte avec les couleurs, à peu près comme dans l'atelier du peintre pygmée, et une petite palette, cette fois chargée de couleurs, et de la forme de celle tenue par la femme artiste dans la représentation de la Dédicace à Bacchus.

Cependant, s'il fallait chercher, dans ces trois peintures, des documents sans réplique, on pourrait également opposer, à l'opinion qui voudrait juger par l'identité des ustensiles et des instruments de l'identité des procédés, que le pot placé près du peintre pygmée manque aux deux autres artistes; que la palette, si visible dans la main de ceux-ci, ne se trouvant pas chez le peintre grotesque, cette omission peut laisser présumer qu'il ne s'en servait pas ; à moins toutefois qu'il ne l'eût tenue dans sa main gauche, cachée par son corps. Il est certain aussi que les boîtes transportables, chargées de couleurs pour l'exécution de peintures en dehors des ateliers et loin des broyeurs, comme dans l'offrande à Bacchus et dans la copie de la plante de mandragore, prouvent, ou que les couleurs à la cire devaient se préparer d'avance, ou que les couleurs ainsi employées n'étaient pas nécessairement à la cire, ce qui est soutenable et possible. De plus, les boîtes, ou ce que M. Cartier désigne comme tel dans les trois tableaux, ne sont rien moins que semblables : ainsi, dans la peinture d'Herculanum, ce meuble a un couvercle, et présente véritablement la forme d'un coffret ou d'une boîte, tandis que, dans la peinture de Pompéi, ce n'est qu'une planche posée sur quatre pieds, une espèce de petite table basse sur laquelle les couleurs, au nombre de quinze, sont distribuées en trois rangées, cinq par cinq, selon le dessin de Mazois. Puis, dans la miniature, ce n'est pas non plus une boîte, puisque les couleurs se trouveraient éparpillées sur le dessus du couvercle, mais plutôt aussi une espèce de table en forme de petit banc, dont les pieds auraient été remplacés par deux bouts de planche fixés aux extrémités.

Enfin, et ceci est plus important, les tableaux proprement dits se montrent, sur ces trois peintures, exécutés sur trois fonds différant entre eux. Dans la première peinture, où M. Cartier voit un cadre de bronze destiné à empêcher la table de bois, sur laquelle selon lui le sujet doit être peint, de se déjeter, rien ne vient à l'appui de cette dernière supposition; dans la vignette N° 7, d'après Piroli, cette bordure est même proportionnellement plus large que dans l'image réduite donnée par l'auteur, et l'on voit du reste aussi les deux excédants d'une des traverses et d'un montant à un des angles visibles du tableau. Cette dernière particularité laisse supposer que la bordure est plutôt un cadre provisoire, une espèce de passe-partout, et que le fond, à cause de son peu d'épaisseur, est ou une toile, ou une peau, ou enfin une feuille de métal. Dans la seconde peinture, vignette N° 8, le bois a dû être employé : car l'épaisseur apparente est assez forte et bien plus en rapport avec celle d'une planche qu'avec celle plus mince que comportent des fonds de stuc ou des dalles de marbre. Quant au troisième exemple représenté sur la vignette N° 9, il est évident que la copie de la racine de mandragore s'exécute, comme est exécutée la peinture originale, en miniature, c'est-à-dire à l'eau et sur une feuille de parchemin, ou tout au plus sur une toile fixée, avec des pointes, sur la planche en bois que porte le chevalet (1).

---

(1) M. Raoul-Rochette (*de la Peinture chez les Grecs*, p. 375, n. 3) parle aussi de cette peinture; il y voit « une table de bois placée sur un chevalet; devant elle, « l'artiste, tenant à la main une petite tablette *chargée de couleurs*; cette fois, évi- « demment une palette, ajoute le savant antiquaire; de l'autre main, le peintre tient « le *cestrum* ou *viriculum*, avec lequel il achève d'exécuter le trait de l'objet « qu'on lui montre; près de lui se voit le meuble avec des *cires colorées* de la pein- « ture de Pompéi donnée par Mazois; en sorte qu'à en juger d'après cette peinture « de manuscrit, le mécanisme de l'art n'avait subi aucun *changement essentiel* dans « l'emploi des instruments et des matières du Ier au Ve siècle de notre ère : or, c'est là « une notion fournie par les monuments eux-mêmes, qu'il n'était pas indifférent de « consigner. » Ainsi, selon le docte professeur, il y aurait dans ce sujet, dans ceux de la femme peintre et de l'atelier de l'artiste pygmée, similitude pour le mécanisme et les instruments de la peinture? Cependant, et je viens de le démontrer, cette

Toutes ces dissemblances ne peuvent pas faire admettre l'emploi du même procédé pour ces trois peintures ; et lors même qu'on aurait pu les expliquer comme exécutées toutes à l'encaustique, une chose restera toujours indécise, la confirmation du procédé de l'auteur, consistant dans la dissolution de la cire par l'adjonction de l'œuf, dont absolument aucun indice ne témoigne.

La seule présomption certaine à tirer est pour l'emploi de la cire par le peintre pygmée : cette conjecture est autant que possible confirmée par la présence des charbons ardents sous le vase à broyer dont parle Mazois, et la pose du petit homme qui broie, et que M. Cartier a si ingénieusement expliquée, en faveur de la présence du feu et du chauffement de la cire, par l'action, bien prononcée

---

concordance n'existe que très-partiellement ; et là où elle est ostensible, comme pour la palette tenue par le peintre, comparée à l'objet tenu de la même manière par la femme artiste, le docte archéologue en récuse au contraire l'identité. Cet objet est à ses yeux, comme on l'a vu, une tablette d'ivoire destinée à être peinte, qui ne ressemble en rien à la *palette* du pygmée, nom que M. Raoul-Rochette donne, d'après Mazois, à la table porte-couleurs placée près de l'artiste ; tandis que, quelques lignes plus loin, l'objet semblable à celui de la femme artiste, mais entre les mains du peintre, est cette fois une véritable palette, quoique ne ressemblant pas plus au précédent porte-couleurs, dont un pendant est d'ailleurs placé à ses pieds. Il en est de même de l'instrument à peindre, qui est pareil dans ces trois peintures, et dont il fait alternativement des pinceaux et des cestres. Mais si, conformément à cette explication, la femme était occupée à *peindre l'ivoire*, si le pygmée avait devant lui une *planchette*, près de lui un vase pour essuyer ses *pinceaux*, et un vase avec des *cires colorées*, puis, le troisième peintre, un *burin* à la main, pour *tracer* avec des *cires colorées* son dessin sur une feuille de parchemin ou une toile comme le montre la peinture, on ne peut évidemment citer des instruments et des matériaux plus différents entre eux, et montrer plus de confusion dans la pensée sur la technique des anciens. Les pinceaux, le burin, l'ivoire, le bois, le parchemin ou la toile, enfin les cires colorées, indistinctement admises pour être employées avec ces divers instruments et ces divers fonds, tout cela dénote une grande absence de réflexion ; d'autant plus qu'à côté de la conséquence naturelle des idées exprimées de la sorte par le docte antiquaire, conséquence qui serait l'emploi incessant de l'encaustique dans l'antiquité jusqu'au VIe siècle de notre ère, il dit, p. 348 du même livre (comme je l'ai rapporté p. 335), « que les peintures d'Herculanum et de Pompéi sont exécutées en *détrempe*! »

en effet, du broyeur garantissant sa jambe droite de la chaleur, et sa tête de la fumée des charbons; mais, encore une fois, rien ne parle, dans cette circonstance, ni pour l'adjonction de l'œuf, soit du blanc ou du jaune séparément, soit de leur mélange, ni pour celle de l'huile, du lait de figue, ou d'autres substances dissolvantes encore, connues des anciens.

A ces recherches sur les traces des moyens pratiques de la peinture ancienne conservées par les monuments, M. Cartier ajoute le dessin de deux vases et d'un broyon tirés d'un manuscrit de la bibliothèque de l'Institut. Ces objets sont identiques de forme avec le mortier en albâtre et sa molette, découverts à Saint-Médard des Prés, et représentés sur la vignette n° 3, page 534.

Dans son aperçu sur l'histoire de la peinture encaustique, l'auteur fait remonter son premier emploi en Égypte. La supériorité croissante des Grecs dans cet art leur fit nier cette origine; de là les preuves chronologiques données par les Égyptiens d'avoir peint six mille années avant les Grecs, et le reproche de vanterie de Pline sur l'exagération de cette ancienneté. Mais, selon M. Cartier, cet auteur admet par cela même cette origine, confirmée d'ailleurs par le point de départ des peintres de la Grèce, le simple trait, qui fut, par les lois égyptiennes, le commencement et la limite extrême de la peinture sur les bords du Nil. Puis, la transmission de la religion par les symboles et par les signes étant inséparable de leur mode d'exécution, la transmission des procédés y employés en devient la conséquence. Ces derniers devaient consister dans l'encaustique, car Fabroni trouva de la cire dans des peintures égyptiennes, avec les traces d'une huile supposée de pétrole; et Bianchi ayant découvert dans les peintures primitives de l'école d'Italie, exécutées à l'œuf, une huile éthérée, reconnue exister également dans les peintures égyptiennes; c'est par la présence de l'œuf, qui contient une partie huileuse, que les deux analyses donnent le même résultat. Les Égyptiens, si familiers avec les œufs, qu'ils faisaient éclore dans des fours, devaient en connaître toutes les propriétés, et les employer comme gluten naturel. L'auteur assure que les monuments égyptiens examinés par lui dans le musée du Louvre sont peints à l'œuf; les caisses des momies principalement ne peuvent avoir été décorées que de cette manière, et elles offrent des parties qui paraissent vernies au jaune d'œuf. Dans les peintures plus grossières sur enduit, il a remarqué beaucoup de chaux. Enfin, les essais faits par M. Cartier lui permettent d'imiter complétement ces ouvrages (1). L'existence de l'encaustique, ou plutôt de la peinture à la cire, ainsi établie en Égypte, il n'en reste pas moins impossible d'en détailler les modifications et les progrès dans la Grèce. Tout ce que l'on trouve dans Pline est un perfectionnement attribué à Praxitèle, et des simplifications qu'aurait inventées Phyloxène d'Érétrie. Avec la conquête des tableaux et des artistes grecs, leurs procédés entrèrent à Rome; mais il est douteux qu'ils subirent des changements, et rien n'est moins admissible que l'opinion de Requeno sur les innovations de Ludius, car cet artiste n'inventa qu'un nouveau genre de décoration, et nullement un nouveau procédé de peinture.

Après les dernières années du monde ancien, le germe d'une merveilleuse régénération fut déposé dans les catacombes. Les chrétiens y peignaient à l'encaustique, et lorsque Constantin s'installa dans Byzance, les peintres qui le suivirent inondèrent de leurs œuvres tous les édifices, et cela d'une manière si générale, que le nom d'*encausticien* désigna tous ceux qui maniaient le pinceau. Mais même sans cette preuve, on pourrait affirmer cette continuelle pratique à Constantinople; car pourquoi quitter un procédé qui est bon, lorsqu'il n'y en a pas de meilleur?

Arrivant à l'époque du nouveau passage des Grecs en Italie, et

---

(1) J'avais exprimé le désir de voir ses essais; malheureusement leur perte, à la suite d'un abandon de plus de cinq années, occasionné par le départ de Paris de M. Cartier pour aller habiter la campagne, l'a rendu irréalisable.

pour établir l'usage de son procédé, l'auteur cite ces paroles de M. de Montabert, dans le *Traité complet de la peinture :* « Pour « arriver à la dernière manière que l'Italie reçut des Grecs, il « faut avouer que la tradition nous l'a conservée. On sait qu'elle « consistait dans le mélange de l'œuf et de la cire. » Et il exprime sa surprise que le savant artiste ne soit pas arrivé à la découverte de la vérité, après avoir lui-même éprouvé la possibilité de peindre *au jaune d'œuf chargé de résine et de cire*. Enfin M. Cartier termine son mémoire par ces paroles : « Que le moyen âge a connu et « pratiqué l'encaustique des anciens, et qu'il n'est pas besoin « d'expliquer sa perte par celle d'un secret que les peintres au- « raient cessé de se transmettre. A cette supposition inadmissi- « ble succède une connaissance simple et incontestable des pro- « cédés encaustiques ; nous comprenons qu'ils étaient connus de « tous, et qu'ils n'avaient pas besoin d'être expliqués par les au- « teurs ; nous voyons comment ils se sont perdus insensible- « ment. L'*inustion*, sans doute, est négligée d'abord ; les propor- « tions de la cire diminuent ensuite par la paresse des artistes et « par l'économie, et nous pouvons connaître la date de son entier « abandon. » En effet, d'après les résultats des analyses de Bianchi sur plusieurs tableaux des premiers temps qui paraissaient à l'huile, et dont les couleurs renfermaient de la cire, M. Artaud, dans ses « *Considérations sur les quatre siècles qui précèdent Raphaël,* » fixe cette époque en disant : « La dose de cire diminue dans les « tableaux du XIVe siècle, et après 1360 commence un procédé « à peu près semblable, mais qui n'a pas autant d'éclat. »

CHAPITRE XCIV.

Résumé des différentes opinions énoncées par les auteurs des précédents ouvrages, sur les procédés de la peinture des anciens.

Les extraits des ouvrages de Mazois, des livres de MM. Wiegmann, de Klenze et Knirim, comme du mémoire de M. Cartier, ont fait connaître les idées qui y sont émises et défendues sur les différentes techniques usitées par les anciens.

Aux yeux du premier de ces auteurs :

L'*encaustique* que pratiquaient dans l'antiquité les peintres les plus renommés s'employait avec des cires colorées liquéfiées à froid, et appliquées au pinceau.

L'*encaustique sur ivoire* s'exécutait en gravant sur cette matière les sujets à représenter, et en introduisant dans les tailles de la couleur à la cire.

L'*encaustique des vaisseaux*, et du bois en général, consistait dans l'emploi de cires fondues au feu et étendues au pinceau, à chaud, avec un mélange d'huile.

La *peinture à fresque* a été employée à Pompéi ; on y trouve, ainsi qu'aux Thermes à Rome, l'application de ce genre de procédé à peu près semblable à celui de la fresque moderne pratiquée par Jean d'Udine.

La *peinture à tempéra*, c'est-à-dire à l'eau avec des colles ou des gommes, a été employée à Pompéi, et généralement dans l'antiquité.

Conformément à l'opinion de M. Wiegmann :

La *peinture à fresque* dominait dans toute l'antiquité sur les parois des monuments sacrés, publics et particuliers.

La *peinture à tempéra* n'a été appliquée sur les murs qu'accidentellement, pour ainsi dire, tandis qu'elle devait avoir servi surtout aux décorations scéniques, à l'embellissement des plafonds en bois, puis encore aux *tableaux* proprement dits.

Le *procédé à l'encaustique* n'est pas, pour M. Wiegmann, primitif, mais d'une origine postérieure à la fresque et à la tempéra. Cette peinture s'exécutait *sans* l'emploi du pinceau; et quoiqu'on ne connaisse ni le gluten qui était mêlé aux couleurs, ni les instruments dont on se servait, ni par conséquent la manière dont on les employait, la *cire* y entrait comme base; la cautérisation en formait le complément essentiel. Elle était susceptible, par sa solidité, d'être appliquée sur les murailles, à l'intérieur comme à l'extérieur; et elle le fut aussi, mais exceptionnellement par des artistes renommés de la Grèce. On faisait principalement usage de cette peinture à l'encaustique pour les tableaux de chevalet peints dans les ateliers, selon la libre inspiration des artistes, et avec la possibilité et le but d'atteindre toutes les illusions produites par l'effet du clair-obscur. Elle se développa donc avec une tendance tout opposée au système des peintures murales, conçues et exécutées d'après les données restrictives de l'architecture, tant par rapport à la circonscription des espaces, à la disposition symétrique des sujets, qu'à la grandeur et à la coloration des figures.

La *peinture à la cire chauffée et étendue au pinceau,* et, par cet emploi du pinceau, tout autre que la précédente dont le savant architecte déclare les procédés inconnus, était usitée dans l'antiquité grecque pour l'exécution des ornements peints sur le marbre et la pierre. Quoique regardée comme impropre aux œuvres d'art, parce que, ne permettant pas de fondre les tons, elle ne laissait possible que l'application de teintes plates, cette pratique, complétée par l'inustion, eut, selon l'auteur, indubitablement cet emploi, emploi en quelque sorte identique à celui des cires colorées, qui servaient depuis les temps les plus reculés, conjointement avec la poix, à la conservation et à la décoration des vaisseaux.

L'encaustique sur ivoire consistait dans l'exécution d'un dessin avec des hachures, brûlées dans cette matière au moyen d'un instrument chauffé au rouge (cestrum), et remplies ensuite par des couleurs à la cire.

La *causis,* enfin, devait être un vernis composé de cire et d'huile, appliqué à chaud, puis cautérisé, et dont l'emploi chez les anciens ne se faisait que sur les stucs peints au cinabre et les statues en marbre.

Selon les remarques de M. de Klenze :

Un genre de fresque conforme au procédé de M. Wiegmann, mais très-limité par sa nature, fut employé par les Grecs depuis l'origine de l'art de peindre ; mais il ne l'a été ultérieurement ni à toutes les peintures sur mur des anciens, ni à toutes celles d'Herculanum, de Pompéi et de Stabia.

La *tempéra* n'a pas été non plus, dans l'antiquité, généralement employée à toutes les peintures soit murales, soit portatives, et elle n'était pas non plus réservée à ces dernières seulement. Quoique propre à tous les genres d'application, ses inconvénients de n'être ni transparente ni solide durent beaucoup en circonscrire l'emploi.

L'encaustique sur des tablettes en ivoire consistait à graver le dessin avec une pointe à froid, à y étendre des cires colorées, et à les travailler avec des burins chauffés.

L'encaustique des vaisseaux se composait de cires colorées liquéfiées au feu et étendues au pinceau. C'était, en général, le procédé pour peindre tous les objets en bois.

La *peinture à l'encaustique,* employée par les anciens à la décoration des monuments, aussi bien qu'à l'exécution des tableaux, se pratiquait au moyen du pinceau. Un mélange de cire et de résine en était le gluten, et ce procédé, tel que le décrit M. de Montabert, permet la plus grande perfection. Il est préférable à toutes les techniques, sans en excepter la fresque moderne et la peinture à l'huile.

D'après le livre de M. Knirim, publié en 1839 :

La *peinture à la résine,* avec l'adjonction d'une très-petite quantité de cire, était, depuis l'origine de l'art, généralement employée aussi bien sur les murs que sur les tables de bois. La fresque et la tempéra, moins durables et moins belles, durent partout céder la place à ce procédé.

La *peinture à l'encaustique* surgit très-tard ; elle s'exécutait au moyen de hachures gravées avec des burins rougis au feu, puis ces hachures étaient remplies de cires différemment nuancées ; mais cette peinture ne pouvait être employée qu'à de petits sujets, et sur des tablettes en bois de faible dimension.

La *causis* était un mélange de beaucoup de résine et de peu de cire, qu'on étendait au pinceau sans le chauffer d'abord, ni le cautériser ensuite.

D'après l'ouvrage du même auteur, mis au jour en 1845, ce n'est plus de la *résine* ni de la *cire* qui formaient la base principale des procédés de l'antiquité, mais un gluten préparé avec du *lait de figuier* et du *jaune d'œuf.*

M. Cartier, au contraire, admet :

La *peinture à l'encaustique* comme la seule primitive, la seule durable, et la seule employée par les anciens à la décoration peinte des murs, aussi bien qu'à l'exécution des tableaux. De la *cire* dissoute avec des jaunes d'œuf formait le gluten ; on le mêlait aux couleurs, qui étaient étendues *avec le pinceau,* puis cautérisées.

L'*encaustique sur ivoire* consistait dans l'art de graver et de fouiller, avec des burins froids, des dessins de tous genres dans cette belle matière, de remplir les parties ainsi creusées de cires de différentes couleurs, et de les chauffer ensuite.

L'*encaustique des vaisseaux* s'appliquait avec des cires colorées employées au pinceau, pendant leur liquéfaction par le feu, et après que les bois étaient pénétrés de poix chauffée.

L'auteur mentionne, chez les anciens, l'usage de la fresque et de la tempéra ; mais la peinture à l'encaustique étant l'objet spécial de ses recherches, on a vu qu'il n'est entré dans aucun détail au sujet de ces deux procédés.

Telles sont les opinions qui ont surgi des travaux contemporains les plus importants, publiés à la suite des investigations beaucoup moins concluantes du dernier siècle sur les techniques pratiquées par les peintres dans l'antiquité. Je vais à présent peser les raisons données à l'appui de chacun de ces systèmes, pour arriver à la solution la plus admissible.

Comme toutes les discussions qui n'ont que de vagues conjectures pour seul point d'appui doivent aboutir aux systèmes les plus opposés, les nouveaux systèmes, aussi bien que ceux établis antérieurement sur le même sujet, apparaissent également très-différents les uns des autres. Cependant, comme Mazois, et surtout MM. Wiegmann et Cartier, ont discuté les notions anciennes en ajoutant à cette discussion le secours d'essais pratiques, on comprendra qu'en les examinant d'une façon semblable, avec les textes d'une part, et la répétition des expériences de l'autre, j'ai pu confirmer ou réfuter les opinions de ces auteurs avec toutes les précautions et les garanties désirables. Il y a plus : comme l'importance réelle et la grande persévérance dont témoignent les recherches qu'il s'agit d'apprécier ont pu faire naître un juste et naturel sentiment de paternité pour chacun des systèmes qui furent la conséquence des consciencieux travaux de leurs auteurs, j'oserai me prévaloir du fait de ne pas subir une pareille influence, et d'offrir par cela même, dans mon rôle d'examinateur, la neutralité d'un juge nullement prévenu et placé dans les conditions les plus favorables, sinon pour découvrir la vérité d'une manière absolue, du moins pour en approcher le plus possible.

CHAPITRE XCV.

La peinture des vaisseaux, d'après les recherches antérieures, les précédents ouvrages, et l'opinion de l'auteur.

La *peinture à la cire des vaisseaux*, le procédé le moins intéressant, puisque c'était, à vrai dire, seulement un peinturage, mais, à cause de cela aussi, le plus simple, sur lequel les notions sont les plus claires et les opinions le moins partagées, va être l'objet de mon premier examen.

J'ai déjà mentionné l'erreur certaine et généralement reconnue de Pline, d'avoir placé l'apparition de cette peinture postérieurement à l'encaustique proprement dite, et à l'encaustique sur ivoire. L'expression de *vaisseaux aux joues rouges*, μιλτοπάρῃος ou φοινικοπάρῃος, dont se sert Homère, constate leur coloration longtemps avant les époques où vécurent les plus anciens peintres grecs à l'encaustique connus, tels que Polygnote, Nicanor, Arcésilaüs, Lysippe, et tant d'autres; et comme cette coloration ne peut raisonnablement avoir été faite ni à fresque ni à la détrempe, il faut bien qu'on l'ait exécutée au moyen d'un procédé propice à la conservation du bois, en même temps qu'à l'emploi des couleurs.

Selon le naturaliste romain, c'était une couche ou plusieurs couches de bitume ou de poix, recouvertes de plusieurs couches de cire, toutes appliquées à chaud. Comme le bitume fut, aux temps les plus reculés, en usage chez les Égyptiens aussi bien que chez d'autres peuples originairement en rapport avec les Hellènes; qu'il en fut de même de la cire, dont on retrouve des traces sur les plus anciens monuments égyptiens, et dont l'emploi aux triglyphes en bois des primitifs temples doriens est constaté par Vitruve, il ne peut être douteux que la peinture des vaisseaux au moyen de la zopissa, telle que Pline la désigne et la décrit, était l'application non interrompue de procédés traditionnellement transmis des bords du Nil, et peut-être aussi de l'Euphrate, sur ceux du Pirée, et de là sur les rives du Tibre. C'est, du reste, comme je l'ai déjà dit, un procédé tout analogue à celui des modernes, avec la différence que les bois goudronnés à chaud de nos bâtiments de guerre ou de commerce reçoivent par-dessus des couches de couleurs à l'huile, en lieu et place des couches de cire; et cette analogie se retrouve encore dans la nécessité, je le répète, de renouveler aujourd'hui, comme il y a plusieurs milliers d'années, ces enduits, qui, malgré leurs qualités conservatrices, s'altéraient et s'altèrent encore périodiquement.

Quant à l'emploi des cires colorées liquéfiées au feu, mais sans des couches inférieures en poix et sans le mélange de cette matière bitumineuse, les essais que j'ai faits viennent à l'appui de la possibilité d'en couvrir de grandes surfaces unicolores, mais non pas pour l'appliquer à la peinture des ornements d'architecture, auxquels M. Wiegmann pense qu'il a également servi. Il suffira de regarder sur la Pl. XII les ornements représentés grandeur d'exécution, et sur les autres planches ceux beaucoup plus compliqués et plus fins encore, pour être assuré à quel point les détails de ces dessins étaient délicats; quelle précision, quel soin dans la conduite du pinceau, et quel temps leur exécution devait exiger, pour y puiser la conviction que le figement indubitable de la cire liquéfiée au feu s'opposait à cette pratique. Même en chauffant la pierre et le marbre avant et pendant l'apposition des couleurs, ce que l'on peut presque dire impossible sur les monuments mêmes, l'exécution n'en offrait pas moins des difficultés insurmontables (1). Il fallait donc pour ce genre de décoration un autre

---

(1) J'ai fait exécuter, dans la chapelle des Mariages Mixtes de l'église Saint-Vincent de Paul (sanctuaire particulier où se célèbrent les unions des catholiques

procédé auquel je reviendrai. Mais quant à cette même peinture à la cire et au goudron, qui ne permettait que de grossiers peinturages à plat, faits avec de gros pinceaux ou des brosses, ce n'était en effet, comme le dit expressément Pline et comme le pensent MM. Knirim et Cartier, avec presque tous les auteurs qui ont traité ce sujet, qu'à l'usage des vaisseaux que cette encaustique était spécialement employée. Du reste, et je le redis, les causes qui rendaient impossible, sans détruire les couleurs, le mélange des cires colorées avec des substances bitumineuses n'existent pas pour l'adjonction des résines incolores. Pline, l. XXI, c. 49, après avoir dit qu'on faisait, avec de la cendre de papier et l'anchuse, des cires noires et rouges, ajoute qu'elles recevaient aussi différentes couleurs au moyen de gluten, pour faire des portraits, peindre les murs et enduire des armes ; et lorsqu'il relate, l. XXXV, c. 31, que les cires, plus ordinairement employées à la peinture des vaisseaux que des murailles, étaient colorées avec la purpurine, l'indigo, la céruline, le blanc de Mélos, l'orpiment, la terre verte, le blanc de plomb, il faut bien admettre l'emploi de ces matières colorantes avec des gluten résineux trans-

---

avec les dissidents), un autel qui m'a permis d'y appliquer le système de l'architecture polychrôme ; et j'ai pu m'assurer, par une expérience en grand, que la peinture de l'espèce de feuilles qui orne les moulures à bec de corbin, ainsi que les rais de cœur et les oves inspirées d'après les exemples antiques, exigent on ne peut plus d'aptitude, d'adresse, de temps et de soin. Rien n'est aussi long et minutieux à faire, que de dessiner d'abord et de suivre ces dessins sur les plans rentrant et sortant des moulures diversement ondulées. La nécessité pour le peintre de rester à une même distance de ces plans avec son pinceau, à l'effet de peindre en couleur les filets et les fonds si subtils et si réguliers qui composent ces ornements, est d'une si grande sujétion matérielle, que des figures d'animaux, des feuillages et des fleurs sur un fond uni seraient beaucoup plus faciles et plus expéditifs à exécuter que les répétitions à l'infini de dessins aussi délicats, composés de lignes à la fois droites et contournées, uniformes et compliquées. Cette expérience m'a prouvé aussi que la ciselure de ces ornements sur le marbre et la pierre a dû être très-coûteuse, mais aussi très-utile, et pour exécuter plus facilement cette décoration, et surtout, comme je l'ai déjà remarqué, pour pouvoir la renouveler et la restaurer avec promptitude, conformément aux dessins primitifs.

parents, et rejeter l'idée qu'on les eût mêlées à de la poix ou du bitume, puisque ce mélange, indépendamment des autres inconvénients, aurait, en effet, détruit la valeur et le ton de chacune de ces couleurs.

CHAPITRE XCVI.

La peinture à l'encaustique sur ivoire, d'après les recherches antérieures, les précédents ouvrages, et l'opinion de l'auteur.

La *peinture à la cire sur ivoire au moyen du burin*, que je place après la précédente encaustique, comme procédé où le dessin et la composition, et, jusqu'à un certain point, le talent du coloriste, pouvaient déjà jouer un rôle important, n'était pas néanmoins une peinture proprement dite, mais bien plutôt un mélange de peinture et de mosaïque, où des cires colorées incrustées remplaçaient partiellement les pierres de couleurs naturelles, les pâtes colorées, et autres compositions artificielles.

Parmi les artistes et les savants modernes qui se sont occupés jusqu'à nos jours de recherches sur ce procédé, personne n'en a donné des explications plus simples et plus complètes que M. Cartier (1). L'idée qu'il s'est formée de cette technique paraît on ne peut plus juste, et la description qu'il en donne est aussi lucide que satisfaisante. Les fragments précités du coffret antique sont des exemples

(1) Requeno cependant s'est approché aussi de la vérité dans son *Encausto dello stiletto*; il reconnaît avec beaucoup de justesse que le mot *encausto*, dont Pline se sert dans le passage où il parle de la peinture *in ebero cestro*, implique nécessairement l'emploi de la cire, comme cela a été généralement admis.

certains de cet art, et donnent une idée exacte de son effet et de son aspect. Ces précieux restes offrent cela d'important, qu'ils permettent de juger de l'identité de toute technique nouvelle avec celle des anciens, en raison de la concordance de ses résultats comparés avec ceux obtenus dans l'antiquité. C'est par ce moyen que j'ai pu juger avec certitude et conviction le procédé indiqué par M. Cartier. L'expérience qu'en a faite mon fils en gravant une des figures du coffret sur un morceau d'ivoire a été concluante. L'exécution a prouvé que cette matière est assez ductile dans son état naturel pour permettre facilement la gravure des traits les plus purs par leur dessin, et l'enlèvement des fonds les plus compliqués par leur forme, avec des burins froids bien affilés. Au contraire, l'opération de faire chauffer ces instruments, soit dans un feu de charbon, soit au chalumeau, fait perdre infiniment de temps; le manche de bois, partiellement enveloppé de fer et pourvu d'une vis de pression, dont il faut les munir pour pouvoir les tenir et rendre leur maniement tant soit peu praticable, est très-incommode, et on peut assurer qu'il est impossible de rien faire avec des outils ainsi chauffés au rouge; car, à cause de la finesse indispensable des burins, plats ou pointus, dont il faut user, le refroidissement en est si prompt qu'ils ne peuvent agir par la brûlure; et la recuite, les amollissant et détruisant leur faculté de corps coupant, annule leur action, ou la rend tout à fait inefficace.

Cette expérience réfute donc complétement les diverses idées relatées à ce sujet, et d'autres récemment émises encore, et suivant lesquelles les uns appliquaient une couche de cire sur toute la surface de l'ivoire, à l'effet de faciliter la gravure du trait des dessins, puis enlevaient cette couche le dessin achevé; et les autres plaçaient plusieurs couches de cire différemment colorées sur l'ivoire, gravaient sur ces couches de cire avec un burin chauffé, puis enlevaient ces couches ou les remplaçaient partiellement, suivant le trait gravé et l'exigence du dessin. L'inutilité aussi bien que l'inefficacité pratique condamnent également tous ces procédés (1).

Du reste, il était tout naturel de penser que le grand nombre de précieuses sculptures exécutées par les anciens en ivoire, devaient leur avoir donné toute l'habileté possible pour travailler cette matière avec la plus grande facilité, et indispensablement avec des outils employés à froid. Cette circonstance m'avait depuis longtemps convaincu que le concours de la cautérisation ou de la brûlure, résultant de l'expression de peinture *à l'encaustique sur ivoire* dont se sert Pline, avait été motivé autrement que par la gravure des dessins au moyen d'instruments en fer ou en acier, comme le *cestrum* ou *viriculum,* dont parle cet auteur, et qui auraient été rougis au feu. Pour moi, la conséquence naturelle du mot *encaustique* était l'emploi à chaud de la cire ou son inustion, ou les deux opérations ensemble, et c'est en effet ce qui est; car, les cires colorées préparées, les gravures faites, les fonds creusés ou fouillés, l'opération de remplir les unes et les autres des différents tons qu'ils doivent avoir est très-simple : elle consiste à placer les couleurs une à une, et consécutivement, sur une spatule en fer, à la faire chauffer au point d'amollir les cires sans qu'elles coulent, et à transporter celles-ci sur l'ivoire aux endroits qu'elles doivent remplir (2).

(1) Voyez entre autres l'ouvrage cité de M. John, p. 209.
(2) On peut se servir également, au lieu de la spatule, d'un couteau à couleur ordinaire, lorsque la peinture est petite. Dans le cas contraire, il est probable que l'instrument équivalent dont se servaient les anciens devait augmenter de grandeur, selon la nécessité d'y déposer, pour l'étendre, une plus grande quantité de cire d'une même couleur. J'ajouterai ici que la spatule est surtout indispensable en supposant le mélange des couleurs avec la cire fait au moyen du feu ; les couleurs ainsi préparées, durcissant par l'absence de la chaleur, leur emploi à froid et en petites quantités devient très-commode et facile à l'aide de la spatule chauffée. Quant à penser qu'on aurait pu les étendre sur l'ivoire une fois gravé, avec un pinceau et après une nouvelle liquéfaction semblable à la précédente, j'ai déjà établi l'impossibilité de cette pratique pour des dessins d'une certaine délicatesse. Mais si le pinceau était employé pour la distribution de teintes fondues, ce qui me paraît certain en beaucoup de cas, ce devait être avec des couleurs à la cire, dissoutes avec le concours d'huiles volatiles, comme j'essayerai de l'établir ultérieurement.

Comme ce transport ne peut se faire sans que les couleurs débordent sur les contours du dessin, leur aplanissement, et en même temps leur cautérisation, s'opèrent en passant à plat la spatule, chauffée de nouveau, sur les cires, qui se trouvent ainsi mises de niveau avec la surface de l'ivoire et fixées par l'inustion. Il suffit ensuite de frotter le tout légèrement avec un linge fin disposé en tampon, ou avec la paume de la main, pour donner un beau poli aux couleurs, et faire revenir celui de l'ivoire. Je me sers du mot revenir relativement au poli de l'ivoire, parce qu'il doit être parfaitement lisse et uni avant la gravure et la coloration; autrement les couleurs à la cire s'introduiraient dans les moindres aspérités, seraient difficiles à enlever; et s'il fallait frotter longtemps et fort pour polir l'ivoire, dans le cas où il ne l'aurait pas été d'avance, on s'exposerait, à cause de l'inégale dureté des deux matières, à enlever les cires de façon à les creuser, au lieu de les laisser partout au même niveau avec la surface qu'elles embellissent.

J'ai déjà dit, dans l'extrait de l'ouvrage de M. Cartier, les raisons tirées de la forme des perles sculptées et du caractère des figures qui m'avaient fait regarder les précieux fragments du coffret en ivoire comme d'origine antique; mais il y a à l'appui de cette origine une autre remarque plus importante à faire, celle qui ressort de la comparaison que l'on peut établir entre les peintures qui s'y trouvent et les figures à différentes couleurs qui se voient sur des vases grecs, et qui offrent dans la gravure des contours et des principaux plis des vêtements, comme dans leur coloration à teintes plates, un système d'exécution on ne peut plus analogue à celui de l'encaustique au *cestrum*. Il suffira d'examiner les fig. I et IV de la Pl. XX pour reconnaître cette parité, et pour juger que la reproduction de ces figures, comme d'une infinité d'autres analogues, serait très-facile sur ivoire au moyen de la technique précitée.

Avec cette incontestable concordance, rien ne paraîtra sans doute plus fondé que de chercher l'origine de la peinture sur ivoire dans celle des vases que je viens de citer, et dans cette autre peinture à l'encaustique appliquée sur des tables en terre cuite, comme celles insérées dans les thermes d'Agrippa (1). En tous cas, cette ressemblance dans les produits de deux applications analogues d'un même genre de peinture, dont celle, éminemment ancienne, sur les vases, n'a pas jeté de fortes racines ni poussé de nouveaux jets sur le sol romain, mais dont la seconde, plus tardive dans sa naissance, s'y est conservée et y a prospéré longtemps ; cette ressemblance, dis-je, est certainement la plus forte preuve, le témoignage le plus concluant à l'appui de l'existence aussi bien que de la permanente conservation d'un caractère traditionnel dans ce genre de peinture, peinture que sa technique originaire sur terre cuite et celle ultérieure sur ivoire tenaient renfermée dans de strictes limites. Elle ne pouvait être perfectionnée que par le dessin ou la composition, suivant les phases ascendantes ou descendantes de l'art; et elle devait toujours offrir, comme les précieux fragments heureusement parvenus jusqu'à nous, ce type plastique, si je puis m'exprimer ainsi, qui caractérise les plus anciennes peintures murales.

Sous ce rapport encore, tout porte à croire que la haute faveur dont jouissaient les peintures des vases, à cause de leur mérite particulier de conserver et de multiplier, en les reproduisant en petit et d'une manière facile, quoique conventionnelle sous le rapport de la technique, les compositions les plus renommées de la plus haute antiquité, a dû s'attacher peut-être plus aussi à la peinture sur ivoire. Ces mêmes reproductions devaient y dominer, et les avantages réels d'une surface plane et d'une exécution facile rendre plus accessibles encore au plus grand nombre ces compositions, qui se distinguaient surtout par leur noble simplicité. On peut même dire que la reproduction du coloris, non moins

---

(1) L'ancienneté de l'usage des dalles en terre cuite peinte a été récemment constatée par l'intéressante découverte, à Cœre-Agilla, des peintures exécutées sur un semblable fond, et dont il est parlé p. 419, n. 1.

simple, de ces anciennes peintures, devait réussir assez exactement en vue de leur grandeur réduite comparée aux œuvres originales, la plupart, sans aucun doute, d'une certaine dimension.

En se rendant compte ensuite combien ce procédé se prête à multiplier des copies, sans nécessiter ni une grande habileté mécanique ni un véritable talent d'artiste, la moindre pratique rendant ce travail expéditif, on pourrait, en effet, attribuer à ce procédé les répétitions des portraits que fit faire Varro, et les nombreux portraits exécutés par Lala. D'autant plus que Pline dit expressément que la célèbre artiste peignit dans la jeunesse de Varro avec le pinceau et avec le *cestrum,* ce qui peut s'expliquer en attribuant à la vierge peintre, ou bien le talent d'avoir à la fois exécuté des tableaux sur bois au pinceau et d'autres au *cestrum,* sur ivoire, ou bien encore d'avoir employé le burin pour graver les dessins de ses portraits sur l'ivoire, et le pinceau pour y distribuer les couleurs, comme j'ai dit que cela pouvait également avoir été.

Cet ensemble de faits et de déductions rend sans objet d'autres réfutations et d'autres preuves, d'autant plus que l'art et l'industrie modernes ne peuvent avoir intérêt à reprendre un procédé que d'autres moyens d'incrustation ont avantageusement remplacé pour les meubles de luxe et d'agrément, auxquels ce genre pourrait seul convenir, et dont l'usage d'ailleurs ne comporte pas, comme chez les anciens, l'emploi d'artistes de grand mérite pour en faire des œuvres d'art. Aussi c'est moins sous le point de vue de l'utilité que j'ai traité en détail la peinture sur ivoire, que parce qu'il m'importait surtout d'en fixer la technique de la manière la plus certaine, à l'effet de bien établir les caractères distinctifs de ce procédé, caractères qui étaient une matière spéciale pour les fonds : l'ivoire; un genre et un emploi particuliers d'instruments pour le dessin : le burin et la gravure; enfin, une application non moins particulière, pour les couleurs, de cires colorées au moyen de la spatule seule ou avec le concours du pinceau. Puis, en fixant ainsi ce procédé, j'ai voulu lui assigner le rang secondaire qu'il doit prendre dans les trois genres de peintures à la cire mentionnés par Pline, et dont le troisième, et le plus important, termine cette partie de mon travail.

CHAPITRE XCVII.

De la peinture à fresque sur stuc poli chez les anciens, d'après M. Wiegmann et l'auteur.

Peu de personnes doivent quitter le livre de M. Wiegmann sans partager ses idées sur les peintures murales des anciens et sur les procédés des peintures pompéiennes. Non-seulement, comme je l'ai déjà dit, le savant artiste s'est appuyé sur les notions littéraires ; mais, ce qui rend surtout son travail intéressant, ce sont les expériences pratiques qui lui servent de bases (1). Si l'auteur ne s'est

(1) M. Wiegmann dit avoir expérimenté son procédé à Rome, dans l'habitation de M. Kestner, conseiller de légation d'Hanovre ; et il ajoute que si l'inexpérience du maçon et du peintre n'a pas permis d'atteindre, dans cet essai, à la perfection qu'une longue pratique seule peut faire obtenir, du moins les personnes compétentes qui ont vu ces peintures les trouvèrent identiques avec celles de Pompéi. N'ayant pu voir cet essai, j'ai pris des informations sur sa réussite, et voici le résumé des opinions que M. Alaux, directeur de l'Académie de France à Rome, et les lauréats pensionnaires de cette Académie, M. Normand, architecte, M. Benouville, peintre d'histoire, et M. Le Cointe, paysagiste, m'ont fait l'amitié de m'adresser, après avoir visité les lieux et longuement examiné les murs : « 1° Les « peintures consistent dans une frise ou plinthe, haute d'un peu plus d'un mètre, « qui entoure une pièce d'environ quatre mètres de chaque côté. 2° Le premier « aspect ne rappelle pas tout à fait les peintures de Pompéi : les tons des fonds « sont beaucoup plus ternes. 3° Les figures, comme exécution, ressemblent assez « aux figures antiques : cependant, dans les nus, les couleurs ne paraissent pas avoir

pas prononcé le premier contre l'application générale de la peinture à l'encaustique, comme il le fait pour l'emploi général de la fresque dans l'antiquité, au moins personne n'a cherché avec plus de persévérance à produire autant de preuves matérielles et de raisonnements intellectuels pour établir l'une et l'autre de ces opinions.

J'ai aussi visité Pompéi, où j'ai séjourné plusieurs mois; j'y ai examiné les peintures sous le point de vue de l'art de la décoration et sous celui de la technique; j'en ai rapporté des fragments d'enduits peints, et un de nos plus célèbres chimistes les a analysés; j'ai cherché avec soin dans l'Italie moderne la tradition de la peinture antique sur enduit, et je crois l'avoir trouvée à Milan; j'ai étudié les auteurs; j'ai fait et fait faire des expériences en tous genres. Je crois donc pouvoir le dire, la sincérité de l'opinion de M. Wiegmann dans tout ce qu'il écrit et adopte comme *inductions générales et particulières de ses recherches techniques* ne peut offrir aucun doute; mais je ne puis partager les principales inductions qu'il en tire, qu'il admet et défend. D'abord, la prédominance absolue et incessante de la fresque dans toutes les peintures, et surtout dans

---

« acquis le même degré d'adhérence au fond; dans plusieurs endroits où le frottement d'un meuble les a endommagées, elles se sont écaillées, et le fond reparaît entièrement. 4° Le fond brun rouge et les plus simples ornements d'un seul ton se rapprochent davantage, comme faire, comme effet et exécution, des peintures pompéiennes. Les figures, les petites guirlandes et les oiseaux offrent une épaisseur qui indique un emploi difficile des couleurs, au lieu de la grande facilité d'exécution qui caractérise les peintures de Pompéi. » Abstraction faite des imperfections, suite de l'inexpérience signalée plus haut, et dont il n'est pas tenu compte dans ce résumé, ces observations sont en général d'accord avec mes expériences. Du reste, le dommage occasionné par le frottement accidentel d'un meuble étant le seul mentionné, il est à supposer que les autres parties, quoique exécutées depuis plus de quatorze années, sont bien conservées. Quant aux couleurs écaillées, et à l'apparition du fond sous celles tombées, circonstance qui se remarque souvent à Pompéi, il faut l'attribuer à l'emploi subséquent de la couche de chaux, que M. Wiegmann indique dans son procédé, et dont il sera question plus loin.

les compositions historiques, chez les Grecs et les Romains ; puis la négation absolue de l'emploi de l'encaustique *au pinceau* pour les peintures monumentales, aussi bien aux époques les plus reculées qu'à celles plus récentes ; et enfin l'absence totale de l'application de ce procédé aux peintures d'Herculanum et de Pompéi : sur ces points, ma conviction non moins intime diffère de celle du savant auteur (1).

Quant à la *peinture à fresque sur stuc,* telle que M. Wiegmann la décrit d'après Vitruve et Pline, ses études personnelles et ses expériences, il est certain que les résultats annoncés doivent inspirer une grande confiance, et ils la méritent.

J'ai fait exécuter la copie d'une peinture de Pompéi, composée d'encadrements architectoniques et d'une figure, avec l'application du procédé indiqué par le savant professeur ; l'expérience a été aussi satisfaisante que peuvent l'être de pareilles tentatives, et assez concluante pour pouvoir y puiser la conviction qu'avec une certaine pratique elle laisserait probablement peu à désirer (2). Cependant, ce qui est résulté pour moi aussi de cette expérience, c'est que ce procédé a dû toujours laisser des difficultés à vaincre, non pas seulement pour des décorations très-compliquées et des sujets avec beaucoup de figures, mais même dans les conditions ordinaires, en voulant les achever complétement sur les stucs encore humides. Sous ce rapport, comme le remarque du reste M. Wiegmann, l'intermédiaire d'une couche de couleur à la chaux sur le

---

(1) On a vu que j'ai déjà réfuté aussi l'opinion de M. Wiegmann sur l'emploi des cires colorées, liquéfiées au feu, pour la peinture des ornements d'architecture aux monuments.

(2) Pour obtenir le poli, opération que M. Wiegmann dit lui-même demander une grande habitude, l'emploi qu'il indique d'une pierre plate unie n'a pas rempli le but. De quelque façon que l'on s'y soit pris, le frottement avec une continuelle humectation enlevait des parcelles délayées de la surface du stuc, tandis que le poli a été facilement obtenu en se servant, pour le mouvement de rotation, d'une planche très-unie, munie d'une anse, et de forme ovale.

stuc, pour remplacer par un nouveau fond frais celui devenu sec, a été souvent nécessaire, et a dû être très-souvent employé aussi par les anciens. En effet, la plupart des fragments d'enduits peints de Pompéi que je possède, et dont j'ai reproduit quelques-uns Pl. XXII, fig. ix et x, offrent la présence de cette couche sur la surface polie du stuc et sous les ornements et sous les figures, et viennent à l'appui du fait de son emploi presque continuel, et, par conséquent, de sa nécessité.

Quoi qu'il en soit, il existe assez de concordance entre les résultats matériels des peintures obtenues d'après les errements précités, comparées à celles de Pompéi, aussi bien qu'entre les substances employées par M. Wiegmann d'après les documents antiques, et la constatation, par les analyses, des corps calcaires qui y dominaient, pour reconnaître que le procédé de peindre à fresque sur stuc poli fut employé dans un grand nombre de peintures anciennes parvenues jusqu'à nous; non pas dans toutes, comme l'admet le docte architecte, ni même dans le plus grand nombre, parce que j'ai la certitude que *la tempéra*, exécutée sur des fonds secs, a été plus employée à Pompéi que ne le pense M. Wiegmann (1). J'ai rapporté des stucs de cette ville, provenant la plupart de pièces secondaires moins richement décorées; et l'aspect mat et terne, comme le peu de solidité de leurs peintures, prouvent l'emploi de cette dernière technique. Il y a plus : des fragments de figures d'un assez beau caractère, exécutés sur des stucs polis que je possède aussi,

---

(1) M. Letronne, qui rejette l'emploi de la fresque chez les anciens, parce qu'il n'y voyait qu'un procédé et des résultats identiques à ceux de la fresque moderne, avec laquelle celle de Pompéi n'offre que de certaines analogies, admet la tempéra comme le procédé le plus généralement employé dans toute l'antiquité. N'ayant pu juger le genre de peinture à fresque sur stuc poli, indiqué par Mazois et par M. Wiegmann, l'idée du savant antiquaire n'a rien que de naturel, par la ressemblance entre ce genre de peinture et la détrempe, et par la certitude des nombreuses applications de ce dernier procédé à Pompéi, surtout pour les compositions à figures.

sont également à *tempéra* ; ils ne présentent point l'adhérence d'autres figures qui doivent, au contraire, avoir été peintes sur le fond encore humide, ou, du moins, sur la couche de couleur à la chaux fraîchement posée, alors que le fond général de l'enduit avait déjà trop séché (1).

Mais on trouve à Pompéi encore d'autres peintures à figures formant des tableaux au centre de la décoration des parois, qui sont

(1) J'insiste sur l'emploi multiplié de cette couche supplémentaire à la chaux, parce qu'elle est indispensable pour faciliter l'exécution des décorations un peu compliquées, et que les peintures ainsi faites adhèrent encore assez solidement aussi : car le frottement de la main et le lavage à l'eau ne les endommagent pas, et elles résisteraient probablement autant à l'action du temps que les peintures antiques. Il faut être persuadé néanmoins que la résistance de ces dernières a ses limites, et n'aurait pas été aussi grande et aussi longue pour aucun des procédés anciens, si les peintures d'Herculanum et de Pompéi n'avaient trouvé le préservatif le plus efficace dans les conséquences mêmes de leur ensevelissement. Cette longue disparition du sol, en les abritant des causes destructives auxquelles elles auraient été exposées, et qui les auraient détruites depuis des siècles, a aidé efficacement à les protéger. Quand on voit que les peintures à la chaux, sur un mince enduit, ou simplement sur les parois de la roche, dans les hypogées de Tarquinii, dont plusieurs remontent aux temps primitifs des Étrusques, s'étaient conservées, pour ainsi dire, intactes jusqu'à l'ouverture de ces grottes sépulcrales, il y a un peu plus de vingt années, et qu'elles commencèrent à se détériorer au premier contact de l'air, au point que l'on retrouve à peine aujourd'hui les traces de leur présence, on doit bien admettre que leur durée dépendait beaucoup de leur soustraction à toute influence extérieure, et non pas exclusivement de la solidité des procédés. Aussi, si les peintures des anciens s'étaient toujours trouvées dans des circonstances ordinaires, les milliers d'années d'existence qu'on leur attribue, comme dues à leurs qualités techniques, seraient fortement réduites : car, lors même que les dommages que Pausias fut chargé, à un siècle d'intervalle environ, de réparer aux peintures de Polygnote à Thespies, auraient été causés par la dégradation des murs, plutôt que par la détérioration des surfaces peintes, ce qui est moins probable, la quantité de peintures murales que Pausanias cite comme effacées entièrement ou en très-grande partie, et dont la dégradation pouvait remonter à des siècles antérieurs déjà, démontre que la longue durée presque généralement admise est au moins très-exagérée. Je n'ai pas besoin de rappeler qu'à Pompéi beaucoup de peintures nouvellement découvertes perdent immédiatement leur éclat, que les couleurs y changent et se détériorent plus ou moins rapidement à l'air.

exécutées avec tant de soin, dont les couleurs sont fondues d'une manière si suave, qu'elles ont dû exiger beaucoup de temps, et qu'il n'est pas admissible qu'elles appartiennent ni à la technique de la fresque sur stuc, ni à celle de la tempéra, mais bien à un procédé tout autre, qui ne peut être que celui à l'encaustique. L'existence de cette peinture au pinceau sur mur étant certaine, comme je l'établirai ultérieurement, et aucune autre, en dehors des deux précédentes, n'étant connue, cette supposition est d'autant plus fondée, que des essais de peinture à la cire faits sur des stucs polis ont permis la même exécution, précieuse et pour la finesse des tons et pour la suavité dans la manière de les fondre.

J'ai copié en 1823 une peinture n'offrant plus qu'un fragment de tableau, exécuté de cette manière : elle se trouvait dans une *maison découverte en* 1820 à Pompéi. Dans l'ouvrage de MM. Bouchet et Raoul-Rochette, « *Maison du poëte tragique,* » de la même ville, on voit la reproduction d'un autre tableau presque entièrement conservé, qui offre la plus grande concordance avec l'aspect de cette dernière, et avec des peintures nouvellement faites par le procédé que je viens de mentionner; c'est le tableau donné Pl. XV, et représentant, suivant le docte antiquaire, Léda et Tyndare. En le comparant avec les gravures XVI et XXII du même ouvrage, dont les sujets sont supposés : l'un, Chryséis enlevée de la tente d'Achille, et l'autre, Junon sur le mont Ida, la différence de la technique est très-sensible. Les deux dernières peintures présentent effectivement l'aspect heurté, un peu dur et cru de ton des peintures plus ordinaires de Pompéi et des essais à fresque sur stuc exécutés suivant les indications de M. Wiegmann, tandis que les deux premières offrent une douce harmonie dans les couleurs, un soin exquis dans la fusion des teintes et le modelé des chairs : aussi suis-je porté à croire que celles-ci ont été exécutées à l'encaustique, et les deux autres à fresque sur stuc poli, et au moyen de la couche intermédiaire de chaux. Cette supposition est fortement appuyée aussi bien par l'emploi dans la draperie de la Léda, et dans le vêtement de la principale figure du fragment dessiné par moi, de la couleur purpurine, qui ne pouvait s'employer avec de la chaux, que par l'absence de cette couleur dans les gravures coloriées de la Chryséis et de la Junon (1).

(1) M'étant adressé à M. Bouchet pour savoir si la différence qu'offraient les peintures de la *Maison du poëte tragique*, dans l'ouvrage de ce nom, n'était pas le résultat de deux procédés différents, dont l'un aurait été employé à la peinture représentée Pl. XV, et l'autre aux peintures des Pl. XVI et XXII, cet habile et consciencieux artiste m'a répondu « qu'il n'avait calqué et dessiné que le tableau de la Léda, « et que les autres compositions avaient été gravées d'après les dessins, au moins « très-médiocres, faits par des artistes italiens; que, d'après son souvenir, toutes « les peintures de cette habitation étaient également *soignées* et exécutées par « *teintes fondues*, au lieu de l'être par hachures, comme la Noce Aldobrandine et « autres; mais que cependant il lui serait impossible de rien affirmer. » On doit regretter que M. Raoul-Rochette, qui aurait dû être frappé plus que personne de cette grande différence dans l'aspect des peintures qu'il a expliquées et publiées, n'ait exprimé aucune observation au sujet de cette circonstance, si importante cependant par rapport aux procédés matériels en usage dans l'antiquité; et cette omission paraît d'autant plus singulière, que le savant professeur dit, dans ce même ouvrage (p. 21) : « Qu'il a déjà rédigé en grande partie un travail sur la « technique de l'art de peindre des anciens; qu'il s'étonne que, dans notre siècle si « orgueilleux de ses connaissances, si convaincu de sa suprématie scientifique, on « se dispute encore de quelle nature sont les peintures de Pompéi : si ce sont des « *fresques*, ou s'il y eut une part quelconque donnée à l'*encaustique?* » Le docte archéologue y parle de l'affaiblissement, dans quelques parties, des fresques de Raphaël, et du peu de soin de cet artiste à profiter de la résurrection, à son époque, de la peinture antique dans les bains de Tite; il mentionne la vivacité et la fraîcheur des fresques de Jean d'Udine, comme preuve que ce disciple du peintre du Vatican déroba quelques-uns des secrets de la peinture antique; il cite enfin le livre de M. Wiegmann, dans lequel il a puisé ces dernières remarques, déjà faites longtemps avant par Mazois. Mais, malgré tout cela, lui-même ne donne aucune solution ressortant d'études spéciales, aucune idée par laquelle il tente d'établir et de démontrer, d'une manière générale au moins, que son opinion était plus arrêtée que celle des personnes auxquelles il reproche l'incertitude sur cette grave question; incertitude qui, comme je l'ai fait voir (p. 30, not. 1), ne s'était pas beaucoup dissipée encore dans l'esprit de M. Raoul-Rochette, bien des années après l'annonce que ses travaux à ce sujet étaient presque achevés. Quoi qu'il en soit de la reproduction des peintures de la Maison du poëte tragique, si elle est exacte, un seul

En résumé, un grand nombre de peintures murales de Pompéi, comme beaucoup de celles qui décorèrent, à toutes les époques, les monuments publics et les constructions particulières, ont dû avoir été exécutées par une technique analogue à celle indiquée par M. Wiegmann. Les auteurs anciens, et particulièrement Vitruve et Pline, fournissent, par les détails qu'ils donnent sur l'exécution des enduits ou stucs, et par la nature des couleurs qu'ils énumèrent, les principaux éléments de ce procédé; et les analyses relatées précédemment confirment qu'il a été anciennement en usage en France comme en Italie, et partiellement en Sicile et dans la Grèce. Ce procédé consistant en réalité dans une peinture exécutée sur des enduits ou stucs *polis encore frais,* tandis que la fresque moderne s'applique sur des enduits ou mortiers humides aussi, mais *non polis,* je crois que la dénomination qu'il convient le mieux d'adopter pour ce genre de peinture des anciens, de manière à exprimer à la fois la

des tableaux aura été peint à l'encaustique, et les autres à fresque; si elle est inexacte, et que l'exécution *soignée* que M. Bouchet croit avoir observée ait été la même pour toutes les peintures, elles ne peuvent avoir été peintes qu'au moyen du premier de ces procédés. En tout cas, n'avoir fait aucune remarque à ce sujet est une grande inadvertance de la part de M. Raoul-Rochette.

Quant à la présence de la purpurine, que je viens de mentionner en témoignage contre l'emploi de la fresque et à l'appui de l'emploi de l'encaustique, je ne puis admettre avec M. Wiegmann, comme une raison à opposer à ma supposition, que cette couleur, là où elle se trouve, puisse avoir été appliquée au moyen de blanc d'œuf ou d'une couche de craie. Il faudrait, dans ce cas, supposer un même tableau exécuté par deux procédés, dont l'un serait très-durable, et l'autre ne le serait pas du tout. De là, prompte destruction des parties les plus brillantes et les plus préconisées par le peintre, et manque d'homogénéité dans l'ensemble; deux inconvénients trop grands pour n'être pas sensibles en tout temps, et pour ne pas avoir été évités par les anciens. D'ailleurs, la conservation de la purpurine sur les deux peintures dont il s'agit étant la même que celle des autres couleurs, l'emploi d'un même procédé pour toutes est une nouvelle conséquence en faveur de ma conclusion; à moins encore que la détrempe ait été employée pour toutes les peintures ou pour un tableau seulement : autre hypothèse que, dans cette occurrence, le vague des données autorise également.

technique particulière de ce procédé et sa différence avec la technique moderne, est celle de *peinture à fresque sur stuc poli.*

CHAPITRE XCVIII.

La peinture à fresque sur stuc poli employée traditionnellement à Milan, à l'instar du même procédé antique.

Dans le cours de cet ouvrage, j'ai été conduit bien des fois déjà à parler de l'usage permanent de la peinture murale en Italie, pour y trouver la preuve de la tradition incessante d'un système de décoration peinte qui eut son origine artielle et son application la plus monumentale, la plus élevée comme la plus générale, chez les Hellènes, qui passa chez les Romains dans toute l'étendue de leur domination, et enfin chez presque tous les peuples de l'Occident, où les nouveaux sanctuaires élevés à la religion du Christ présentèrent de nouvelles et sublimes inspirations, et de plus vastes champs encore à l'application de l'art de la peinture. J'ai déjà établi aussi, comme M. Wiegmann l'a fait de son côté, combien les procédés techniques pour exécuter ces peintures présentent d'analogie entre eux, aussi bien aux dernières époques du monde ancien et dans les lieux les plus éloignés de la source où les stucs prirent naissance, que dans ceux plus près de cette source, où, après plusieurs siècles de luttes et de destructions, l'ère nouvelle de l'art moderne commença à naître; mais seulement lorsque les artistes eurent cherché et trouvé, dans les admirables restes antiques, l'inspiration féconandante qui développa si puissamment leur beau génie. C'est en Italie, en effet, où un si grand nombre de belles œuvres d'art surgirent avec tant d'éclat, qu'on vit leurs auteurs puiser non-seulement les beautés idéales qu'ils admirèrent dans les productions de leurs immortels prédécesseurs d'Athènes et de Rome, mais aussi dans l'étude des procédés matériels anciens; procédés qui avaient été éprouvés par le temps et transmis de siècle en siècle, sinon avec toutes leurs perfections, du moins avec une partie des éléments qui constituaient leur mérite, et qui avaient été les principales causes de leur conservation.

J'ai rapporté, p. 93, que le savant architecte allemand dit n'avoir rencontré de traces de l'emploi traditionnel des stucs peints que dans la manière dont on exécute encore à Venise les aires appelées *terrazzi,* et j'ai ajouté que les stucs lustrés ou polis et peints, d'un usage immémorial à Milan, s'approchaient bien plus du procédé des anciens, et par leur destination tout à fait semblable à celle de ce genre de décoration appliqué à Pompéi, et par une technique presque pareille à celle des anciens, et telle que M. Wiegmann l'a reproduite. En effet, ces *terrazzi* n'ont d'analogie réelle qu'avec les aires des Grecs et des Romains décrites par Vitruve, et avec lesquelles ils partagent le même emploi : celui de couvrir le sol, et de recevoir leur embellissement de morceaux de marbre de couleurs différentes qu'on y incruste, soit d'une manière irrégulière en les semant, pour ainsi dire, sur la surface, soit en les distribuant sous la forme de bordures unies ou de frises ornées dans des encadrements, lesquels une fois transportés sur le sol, au moyen d'un dessin poncé, sont remplis de parcelles de marbre choisies à cet effet. La peinture proprement dite n'est pas employée pour ce genre de pavé, le plus généralement usité; dans des cas très-rares seulement, et pour les aires les plus communes, les pierres colorées sont remplacées par un seul ton rougeâtre, comme celui appliqué sur nos carreaux en terre cuite (1).

---

(1) On a essayé en 1825, avec des ouvriers vénitiens, plusieurs applications des

Il n'en est pas de même des stucs peints milanais, employés uniquement sur des parois, que j'ai vu exécuter, et dont voici le procédé (1) :

Ces stucs s'appliquent également sur les murs en maçonnerie et sur les pans de bois. Lorsqu'il s'agit de les employer sur un mur, il faut commencer par couvrir les parois de plusieurs couches de mortier ordinaire; on étend ensuite sur ces couches, et avant qu'elles soient séchées, un nouvel enduit d'une *ligne* d'épaisseur, composé de sable plus fin et de chaux ; on se sert, pour en couvrir bien uniformément toute la surface, d'une truelle en bois très-unie, et de la forme d'un rectangle allongé. Sur cet enduit encore humide aussi, et dont il faut avoir soin d'entretenir l'humidité si elle disparaissait trop rapidement, on applique avec la même truelle un second enduit d'une égale épaisseur, composé de chaux éteinte au moins quinze jours à l'avance, et de poudre de marbre. Si le marbre est maigre, on mêle deux parties de chaux et une de poudre ; s'il est gras, moitié de l'une et de l'autre. Quand cet enduit, qui forme la première épaisseur du stuc, est à peu près sec, on le recouvre d'un second enduit de stuc, composé d'un tiers de poudre de marbre passée dans un tamis fin et de deux tiers de chaux ; après quoi, si l'on veut obtenir un fond blanc, on étend, au moyen d'une petite truelle plate en fer, de la forme d'un triangle allongé, de la chaux pure sur la dernière couche d'enduit stuc. S'il s'agissait, au contraire, de faire un ton local uni ou un marbre de couleur, il faudrait préalablement mêler les teintes avec la poudre de marbre et la chaux qui

---

terrazzi dans de nouvelles maisons à Paris. Mais ces aires, trop glissantes lorsqu'elles étaient bien entretenues, présentaient un effet assez désagréable lorsque le poli n'existait pas ou avait disparu ; à ce double défaut, il fallut ajouter celui de ne pouvoir se réparer sans traces visibles, lorsque, par suite de tassements ou d'autres causes, il survenait des gerçures. Ces inconvénients y firent bientôt renoncer.

(1) J'ai déjà publié une description de ce procédé, peu d'années après mon retour d'Italie, dans les *Vues des ruines de Pompéi*, ouvrage publié par N. et H. Roux frères; Paris, 1828.

forment la seconde couche de l'enduit stuc. Ensuite, avec la couleur du fond, prise très-liquide et délayée dans de l'eau de savon et de chaux, on couvrira la superficie une, deux ou trois fois. Sur ce stuc ainsi coloré ou laissé blanc, on peint avec un pinceau, ou, selon la nature du marbre, avec une éponge, soit les veines et les tons des marbres, soit les ornements et autres objets, figures, animaux, etc., qui doivent composer la décoration. Les peintures faites, on les laisse sécher assez pour qu'en les frottant elles ne s'effacent pas; puis on prend une autre petite truelle en fer, de la forme de la précédente, mais avec un dos arrondi; on la chauffe, de manière toutefois à ne pas calciner les couleurs, et avec le dos de cette truelle on passe, en appuyant assez fortement, sur la surface enduite jusqu'à ce qu'elle soit parfaitement luisante. Enfin, avec une composition formée de trois onces et demie de cire, et de six onces de savon fondu au feu avec un peu d'eau et délayé ensuite dans deux bouteilles d'eau bouillante, on couvre encore plusieurs fois le stuc déjà luisant, et l'on y passe rapidement, mais à froid, la truelle à dos arrondi. Les couleurs ainsi recouvertes d'un mélange de cire et de savon acquièrent une grande solidité, et le stuc un beau poli, auquel on ajoute encore du brillant par un frottement général avec un morceau de laine roulé en forme de cylindre. On peut renouveler à volonté ce frottement pour entretenir le lustre et la propreté.

L'application de ce stuc sur des pans de bois se fait de la même façon, à l'exception de la première couche de mortier, qui doit être remplacée par un mélange de colle-forte et de sable fin.

Les couleurs toutes minérales dont on se sert sont :

Pour le jaune...... Terra gialla di Roma.
— l'azur........ Smalto.
— le vert....... Verde minerale.
— le brun rouge. Brunitto di Bergamo.
— le noir....... Nero di fumo, ou nero di Roma.

Ces stucs à fond de couleur et leur peinture présentent tous les avantages des décorations pompéiennes et un aspect semblable. Le coloris conserve une grande fraîcheur et une belle apparence, aussi bien à l'intérieur qu'à l'extérieur des édifices. J'ai vu des façades de boutiques, dans les rues, décorées au moyen de ces stucs peints, qui s'étaient très-bien conservées. Cependant à Milan les pluies et les neiges sont fréquentes, et le froid y est souvent rigoureux (1).

Quoique j'aie vu ces exemples de stucs polis et peints, et assisté sur les lieux à l'exécution de quelques-uns, je n'en ai pas moins fait faire de nouveaux essais conjointement à ceux, en somme très-peu différents, exécutés suivant les indications de M. Wiegmann. A ce sujet, je dois dire que le poli des surfaces s'obtenait mieux avec la technique pratiquée à Milan qu'avec la sienne ; la peinture avançait plus facilement, et la solidité paraissait aussi grande. Du reste, et c'est un point très-remarquable, il serait difficile de ne pas reconnaître, dans cette identité entre les procédés et les résultats anciens et modernes, les témoignages les plus confirmatifs possible en faveur d'une tradition évidente, dont l'origine remonte aux époques les plus reculées, et qui fournit, dans la longue existence d'une technique des plus anciennes, l'existence non moins longue et certaine de son application à la peinture murale.

Une observation non moins importante que suggère cette technique, comme procédé à fresque sur stuc poli, où l'exécution des ornements et des figures se fait avec les seuls ingrédients de la chaux et des couleurs, c'est l'intervention d'un véritable vernis composé de cire et de savon, au lieu de cire et d'huile, comme le prescrit

---

(1) Il est curieux que dans les descriptions données par Rondelet (t. I, p. 422 et suiv.), de la manière d'exécuter le stuc moderne, mais qui n'ont principalement rapport qu'au modelage de chapiteaux et d'ornements en blanc, et nullement aux enduits et stucs en couleur et peints, cet auteur dit avoir recueilli ces renseignements aussi à Milan, en 1783, des frères Albertoli, les plus habiles stucateurs de l'Italie à cette époque.

Vitruve, pour couvrir les statues en marbre et les stucs peints au cinabre. Je sais bien que la cautérisation exigée par l'auteur romain pour compléter la *causis,* et qui est remplacée ici par le frottement d'une truelle en fer non chauffée, semble, au premier abord, offrir une grande différence entre cette application du vernis à la cire et celle des anciens; mais il suffit d'en faire l'expérience pour s'assurer qu'un mouvement de rotation rapide, comme il le faut faire, quoique avec un fer froid, produit une chaleur très-considérable, et qui peut remplacer, en quelque sorte, avec avantage l'effet du feu pour fondre et incorporer la cire, sans avoir à craindre aucune calcination. Il en est encore de même de l'emploi du cylindre fait avec des bandes de laine fortement roulées ensemble ; son passage rapide, plusieurs fois répété, sur les mêmes endroits les chauffe non moins fortement, et agit, au moyen de cette chaleur, par la seule action efficace qui polit les matières dures et susceptibles d'être lustrées.

Ce fait est donc un témoignage de plus en faveur de l'influence traditionnelle de la peinture murale antique sur ce procédé moderne. L'emploi du vernis à la cire complète, en effet, l'ensemble des analogies de cette technique milanaise avec celles de la Grèce et du Latium; et cette remarquable concordance confirme la supposition que si les ressources matérielles suffisaient à nos artistes pour atteindre à la perfection caractéristique des belles et gracieuses décorations pompéiennes, rien ne leur manquerait pour en tenter la résurrection, si ce n'est toutefois des maisons disposées comme celles de Pompéi, avec le goût des habitants qui les occupaient, les mœurs qui y régnaient, et le climat qui favorisait cette antique cité.

CHAPITRE XCIX.

La peinture à la cire au pinceau et cautérisée, comme procédé employé par les anciens, sous le nom de peinture à l'encaustique.

D'après les différentes manières dont la peinture à l'encaustique a été appliquée et envisagée par les archéologues et les artistes qui en ont fait une étude spéciale, le lecteur a vu que les uns, et c'est le plus grand nombre, veulent que ce procédé ait été employé dans toute l'antiquité et dans toutes les circonstances. Ils ne reconnaissent, pour ainsi dire, aucune autre technique, malgré leurs inutiles efforts d'en expliquer, d'une façon praticable, les moyens d'exécution. D'autres, au contraire, n'admettent presque nulle part l'encaustique, nonobstant les textes qui parlent explicitement de l'emploi, par beaucoup de peintres de l'antiquité, et de la cire comme substance principale du gluten des couleurs, et de la cautérisation comme moyen de les fixer et de les rendre plus solides. D'autres encore ont regardé l'encaustique comme exceptionnelle dans son application à la peinture sur mur, et comme d'un usage plus général aux tableaux portatifs ou de chevalet, en admettant alternativement des procédés pratiques inconnus, mais compatibles avec la grande illusion et le fini attribués à nombre de peintures anciennes à l'encaustique, ou en les supposant tellement difficiles et impraticables qu'ils devenaient, au contraire, incompatibles avec ces qualités. Enfin, à la suite de ces opinions vient celle qui admet l'existence de ce genre de peinture, conjointement avec les autres procédés, dans toutes les phases de l'art des anciens, et qui établit, comme un fait incontestable, que l'encaustique offre aussi bien les qualités nécessaires pour exécuter de belles et durables peintures sur les murailles que sur d'autres fonds.

Si quelques-unes des pratiques préconisées par les défenseurs de cette dernière opinion ne répondent pas à toutes les exigences, d'autres, dues à de longues recherches, à de consciencieuses expériences particulières, appuyées, depuis plus de dix-huit années, sur des essais publics et multipliés, ont confirmé de plus en plus cette opinion, et constaté le fait de la résurrection de l'encaustique.

Certainement, ce qui donne, en apparence, un grand poids à l'opinion de M. Wiegmann, l'adversaire le plus absolu de l'emploi de l'encaustique aux peintures murales des anciens, c'est l'identité qu'il admet entre la couche des stucs pompéiens, appliqués en dernier lieu sur les mortiers recouvrant les murs en maçonnerie, et l'unique couche des enduits ou stucs conservés sur les colonnes et les parois des temples en pierre de l'antiquité grecque. Convaincu qu'à Pompéi les fonds des peintures étaient composés de chaux et de poussière de marbre, comme l'étaient les fonds des peintures sur les monuments de la Grèce, croyant d'ailleurs que les premiers avaient été peints à la chaux sur les murs encore frais, le savant architecte conclut que la similitude des fonds doit faire admettre celle des procédés employés pour les peindre, et que, par conséquent, toutes les œuvres dont les peintres grecs décorèrent les temples et les portiques, aussi bien que les habitations, ont été indubitablement exécutées à fresque.

Mais malgré ce fait et l'induction, en apparence si naturelle, que l'adversaire de la peinture murale à l'encaustique en a tirée, on peut, conséquence non moins naturelle et irrécusable, objecter que l'induction serait fortement ébranlée dans sa généralité, une fois cet autre fait établi, que l'encaustique comme la fresque peuvent s'appliquer sur les stucs anciens avec les mêmes avantages.

A cet égard, on a pu remarquer combien M. Wiegmann semble avoir été préoccupé de répondre d'avance à cette objection, par l'insistance qu'il met à rejeter l'usage du pinceau pour cette pratique, et à opposer à son emploi les infructueuses recherches qu'il prétendait avoir été faites, jusqu'au moment où il écrivait, pour retrouver une peinture à la cire solide et d'une exécution facile.

Comme, en effet, ces deux négations dominent plus dans sa discussion en faveur de son système, que ce qu'il dit d'affirmatif soit sur l'absence de la cire dans les analyses des anciennes peintures qu'il relate, soit sur l'usage traditionnel de la fresque à travers l'antiquité jusqu'à la renaissance, et soit enfin sur la disparition supposée de toute trace d'encaustique à cette dernière époque, je vais, sans revenir sur les objections déjà produites contre cet ensemble des raisons de M. Wiegmann, et qui se trouvent développées en grande partie dans l'intéressant mémoire de M. Cartier, en ajouter quelques-unes encore qui les appuieront puissamment.

Je ne ferai que rappeler, comme un fait indubitable, que Pline ne dit absolument rien, en parlant de la peinture à l'encautique la plus ancienne, qui indique que le pinceau n'y fût pas usité. Si, parce que le burin servait dans le deuxième genre de cette peinture, et parce que la cire chauffée étendue au pinceau formait une troisième manière, on a contesté l'emploi du pinceau dans le premier genre d'encaustique, cela n'a eu lieu qu'à la suite d'interprétations peu d'accord avec une simple traduction littérale du texte. Voici ce qu'écrit l'auteur latin (l. XXXV, c. 41) : « Encausto pingendi duo
« fuisse antiquitus genera constat, cera, et in ebore cestro, id est
« viriculo, donec classes pingi cœpere. Hoc tertium adcessit,
« resolutis igni ceris penicillo utendi. » Mot à mot : « Il est
« certain qu'il y eut anciennement deux genres de peintures à
« l'encaustique, avec la cire, et sur ivoire avec le *cestre*, c'est-à-
« dire avec le burin, jusqu'à ce que l'on commença à peindre les

« vaisseaux. Ce fut le troisième genre, qui consiste à employer avec le
« pinceau des cires fondues au feu. » Ces paroles confirment ce que
je viens de dire, et rendent sans objet toute nouvelle discussion d'opinions contraires. Pour ceux à qui le sens de ces paroles reste
obscur, aucun raisonnement ne saurait le rendre lucide.

Il m'est permis de soutenir, comme je l'ai déjà fait et comme
l'expérience l'a prouvé, que les précieux ornements des édifices
grecs peints à l'encaustique ne purent pas l'avoir été *au pinceau
avec des cires fondues au feu;* mais comme cependant ils ont dû
être peints avec le concours de cet instrument, il faut bien admettre que les couleurs à la cire qu'on y employa devaient être préparées de manière à permettre une exécution des plus minutieuses,
c'est-à-dire qu'elles devaient être dans un état permanent d'onctueuse liquidité, afin de pouvoir être distribuées avec beaucoup
de soin et des précautions qui exigent du temps, non pas rapidement par le moyen de grosses brosses, mais lentement avec de très-petits pinceaux. Il fallait, en effet, les plus subtils de ces instruments pour colorer les oves aux encadrements et aux dards si fins,
les rais de cœur aux nervures et aux rebords si menus, les palmettes aux feuillages épanouis avec leurs tiges, leurs fleurons et
leurs enroulements d'une si grande élégance; les méandres aux
nombreuses lignes régulièrement conduites ou librement jetées; les
postes et les entrelacs aux mille courbes; les rosaces enfin aux multiples divisions, et les étoiles avec leurs nombreux rayons. Puis, de
ce que par cette pratique on pouvait exécuter ces délicats et gracieux ornements si variés de forme et de couleur, il résulte bien
certainement qu'elle suffisait, et au delà, pour exécuter toutes
les œuvres d'art de la peinture. On en conclura donc péremptoirement que ce précieux procédé, inattaquable dans ce qu'il
est comme dans les inductions qu'il autorise, en établissant l'emploi du pinceau aux peintures d'ornements à l'encaustique avec
des couleurs liquéfiées sans le concours du feu, établit également

l'emploi du même procédé avec le même instrument à la peinture de figures d'une dimension moyenne, comme celles découvertes en Grèce sur des stèles en marbre cités p. 181, à l'exécution de sujets à grandes figures, au système décoratif entier des Grecs, ainsi qu'à toutes leurs autres peintures à la cire.

Ce qui en vérité semble être au delà du possible, lorsque l'on se trouve réduit à défendre l'emploi du pinceau dans la peinture à l'encaustique des anciens, c'est que les hommes les plus contraires à l'admettre ne peuvent opposer aucun doute à ce que les célèbres artistes qui pratiquèrent ce procédé enrichirent la peinture, comme Pline et d'autres auteurs l'écrivent de Polygnote, d'œuvres les plus remarquables. « Il y brillait, disent-ils, la noblesse du caractère, l'éclat et la souplesse des draperies, la richesse des ornements; l'expression dans la physionomie des têtes était relevée par la gracieuse courbe des sourcils et la douce carnation des joues; enfin on y admirait une grande liberté et une grande élévation dans le dessin. » Il importe peu ici que les peintures qu'exécuta cet artiste aient été toutes à l'encaustique, ce qui est plus que probable à cause de l'insuffisance signalée de la fresque pour rendre les qualités ainsi caractérisées de son talent : il suffit de la certitude qu'il pratiqua ce procédé, pour qu'il soit raisonnablement inadmissible que ce fût sans la participation de l'instrument unique et indispensable au moyen duquel seul il pouvait le faire. Cette conséquence acquiert d'autant plus de force que l'on voudrait davantage que Polygnote eût peint aussi bien à l'encaustique qu'à la fresque et même à tempéra. Le pinceau n'étant refusé par personne aux praticiens de ces derniers procédés, serait-il sensé de vouloir qu'habitué à cet instrument si accompli, le peintre de Thasos l'eût abandonné contre des outils aussi bornés dans leur action que le burin et la spatule? car personne n'en a désigné jusqu'à présent d'autres à côté du pinceau. Mais alors ce n'était plus pour dessiner, c'était pour graver; ni pour tracer sur d'immenses parois de vastes compositions, mais pour buriner sur de minces tablettes de petites figures; ni enfin pour distribuer et fondre, sous la libre inspiration du génie, un beau et suave coloris, ce qui exige beaucoup d'art et de goût, mais pour poser, sous la gênante limite des contours, des teintes de cires colorées, ce qui ne demande qu'un peu d'exercice et presque aucun discernement.

Il existe en effet une si singulière contradiction dans l'opinion contre l'usage du pinceau, à côté de la perfection des célèbres tableaux portatifs constatés pour avoir été peints à la cire et cautérisés, qu'on est allé jusqu'à vouloir qu'un autre genre d'encaustique, exécuté cette fois avec le pinceau, y eût été appliqué. De sorte que là où de petites dimensions et les matériaux servant de fonds auraient, à l'extrême rigueur, pu faire supposer une peinture spéciale, difficile à exécuter et limitée dans son étendue, l'emploi du pinceau est préconisé; au contraire, là où la grandeur des surfaces et les fonds en marbre et en stuc ne pouvaient faire admettre d'autre peinture à l'encaustique que celle exécutée au pinceau, cet instrument n'aurait jamais été employé!

Puis, cette idée de deux techniques semblables et différentes à la fois, pratiquées l'une avec, et l'autre sans l'instrument le plus indispensable dans la peinture, et qui exposait le même artiste, en les pratiquant toutes les deux, à créer des œuvres parfaites en regard d'autres œuvres d'un travail comparativement imparfait; cette idée n'est-elle pas jugée par cet inévitable résultat? Ainsi Polygnote, dont Pline cite, avec le tableau représentant une figure munie d'un bouclier, qui fut exposé sous le portique de Pompée à Rome, les peintures murales qu'il exécuta à Athènes et ailleurs, se serait trouvé, avec une pareille hypothèse, dans cette situation anormale. Ces dernières peintures ne pouvaient avoir été qu'à l'encaustique; le tableau l'était nécessairement aussi, et parce que l'auteur est désigné pratiquer ce procédé, et parce que le sujet à la représentation duquel participaient les recherches du mouvement et de l'illusion de la nature nécessitait une pratique très-perfectionnée : on le voit donc, cette incohérente conséquence est ici impérieuse (1).

D'ailleurs, n'y aurait-il pas lieu de s'étonner que Pline, en parlant dans la même phrase de ces deux genres de peintures, n'eût rien dit de la différence entre les deux procédés employés à leur exécution, si une différence avait existé soit en désignant, selon les suppositions émises, la fresque pour les peintures sur mur, et l'encaustique au pinceau pour le tableau; soit en conservant pour le tableau cette encaustique où le pinceau permettait aux artistes d'atteindre la plus grande perfection, et en assignant aux autres peintures l'encaustique inconnue, pratiquée sans le pinceau, c'est-à-dire une quasi-peinture difficultueuse et incomplète? Mais il n'y a aucune raison de s'étonner du silence de l'auteur romain, qui encore une fois, ne pouvait rien distinguer là où il n'y avait pas de distinction à faire.

Depuis qu'on a commencé à peindre, le pinceau dut être inventé et employé; depuis l'origine de la peinture jusqu'à nos jours, à travers toutes les vicissitudes de l'art, cet instrument dut incessamment servir comme il servit; et si, selon la marche naturelle des choses, qu'il est si inconsidéré d'abandonner avec légèreté et si sage de suivre avec discernement, les principes d'art furent, avant comme après Polygnote, une transmission consécutive de l'art préexistant, les techniques antérieures, contemporaines et postérieures à cet artiste, furent également une continuelle transmission. Mais les techniques,

---

(1) Pline, l. XXXV, c. 35, dit que cette figure faisait douter si elle était représentée montant ou descendant. Autant il semble difficile de se rendre compte de cette indécision, en supposant qu'il s'agit d'un guerrier occupé à monter ou à descendre les degrés d'un escalier, ce qui dénoterait un défaut de clarté dans la composition; autant le doute s'expliquerait à son avantage, s'il s'agissait d'un soldat couvert de son bouclier, et montant à l'assaut sur une échelle : car la descente à reculons devenant naturelle alors, l'incertitude du mouvement de monter ou de descendre, selon les difficultés opposées à l'assaillant et à vaincre par lui, ne pouvait qu'ajouter à l'intérêt du sujet.

avec leurs moyens matériels, étant dans les arts comparativement moins soumises aux influences capricieuses de l'esprit humain que les théories, dont la transformation change les œuvres des artistes sans avoir besoin de varier les outils avec lesquels ils les exécutent, on comprend, comme le dit si judicieusement M. Cartier, « que le « pinceau est l'instrument naturel, primitif, invariable de la peinture; « que jamais l'érudition ne pourra parvenir à persuader qu'on l'ait « pu abandonner pour un instrument si extraordinaire, si en de- « hors de toute pratique, et j'ajouterai de tout besoin et utilité, « qu'il a été impossible, s'il a existé et s'il a été perdu, ni de le « retrouver ni de le recréer (1). »

Cependant, quelque plausible et concluant que doive paraître cet ensemble de raisons, de considérations et d'inductions, je puis, comme dans mes précédentes recherches j'ai pu le faire pour presque toutes les inductions tirées de l'enchaînement des faits, l'appuyer également de preuves matérielles très-importantes et très-curieuses. Elles témoignent à la fois de l'usage du pinceau à la peinture des ornements d'architecture, et de l'emploi des couleurs qui n'exigent pas, pendant leur application, une chaleur continue, ni des matériaux chauffés. J'ai trouvé cette preuve dans la peinture d'une hydrie étrusque du musée du Vatican. On y voit un tombeau grec, dont un jeune artiste trace et peint les ornements; il a déjà achevé un bandeau décoré de palmettes, ainsi que les feuilles de la cymaise, et il est occupé à dessiner sur une échine l'ornementation qui doit terminer

---

(1) On a vu que M. de Klenze s'exprime à peu près de même, lorsqu'il dit que le silence de Pline sur la spécification du pinceau pour l'exécution du premier genre d'encaustique, le plus ancien et le plus important, ne peut être invoqué contre la nécessité absolue de l'existence et de l'emploi de cet instrument. Que si Pline désigne le burin pour le deuxième genre de cette peinture, les savants, qui ne veulent pas que le pinceau, indiqué pour le troisième genre (la peinture des vaisseaux), fût employé au premier, auront toujours à résoudre enfin avec quel outil ou instrument on exécutait celui-ci.

le décor du monument (1). Dans cette peinture, rien n'est plus clair que la forme du pinceau, le mouvement du bras droit et la pose de la main qui tient et dirige cet instrument; rien n'est plus naturellement placé que l'arrière-bras gauche pour indiquer que l'avant-bras est élevé, et que, par suite de cette dernière pose, la main tient soit la palette avec les couleurs, soit un ou plusieurs petits vases réunis, destinés au même but. Quel que soit du reste le choix que l'on fasse entre ces objets, il est absolument nécessaire (cela ne peut être douteux pour personne) que des substances colorantes se trouvent dans ces vases ou sur cette palette, que leur poids soit peu considérable, et qu'il n'y ait enfin aucune difficulté ou impossibilité à les soutenir longtemps et sans peine. Ils ne peuvent donc pas être d'une matière lourde, ni d'une forme embarrassante; ils ne doivent rien contenir non plus qui puisse brûler la main et le corps de l'artiste, ou incommoder sa vue et sa respiration; ce qui, si ces substances avaient dû être liquéfiées par le feu, eût été inévitable avec la présence nécessaire alors d'un appareil de chauffage, quelque petit qu'on veuille le supposer (2). La confirmation de l'emploi de couleurs liquides à froid ressort donc également avec une nouvelle force de toutes ces circonstances; et comme il s'agit de la décoration peinte d'un monument funéraire en pierre ou en marbre, élevé sur le bord d'une grande route, en plein air, isolé et découvert, dans des conditions enfin où M. Wiegmann n'admet lui-même ni la

(1) Voir, pour la description détaillée, l'explication du frontispice sur lequel ce tombeau est représenté.

(2) Si, en faveur de l'emploi de cires chauffées, on voulait que l'artiste, malgré la pose de son bras gauche, ne tînt rien dans sa main, j'observerai que celui qui a peint le vase aurait placé, au bas du monument ou sur ses degrés, les appareils nécessaires pour fondre et préparer les cires colorées. Car si quelque part ces accessoires caractéristiques du sujet devenaient indispensables, c'était certainement pour la peinture d'un tombeau élevé hors la ville, et au bas duquel, pour se conformer à la réalité, on aurait certainement représenté, tout à fait à la portée du peintre des ornements, ce dont il avait absolument besoin pour les exécuter.

fresque ni la tempéra, les couleurs employées devaient être à la cire, et le procédé en usage, celui de la peinture à l'encaustique au pinceau. Cette conclusion est d'ailleurs confirmée encore par le résultat des analyses. Elles ont constaté en effet que si les stucs de l'Italie, de la Grèce et de la Sicile différaient très-peu entre eux, il y avait au contraire une assez grande dissemblance entre les gluten des matières colorantes; qu'ainsi celles d'Agrigente, de Catane, de Sélinonte et de Syracuse contenaient considérablement de matières organiques et quelque peu de corps gras; que celles d'Athènes renfermaient de la cire, des gommes odoriférantes et autres substances végétales; et qu'enfin, à Pompéi, on y avait trouvé des matières organiques avec des parcelles de substances grasses. L'on pourrait en conclure que la peinture à la cire aurait dominé sur les édifices des plus anciens, les plus purement helléniques. Cependant, en considérant que les débris analysés sont en infiniment petite quantité par rapport aux masses des parties peintes qui couvraient les monuments antiques, on ne peut, pour rester dans une judicieuse appréciation, que confirmer en Grèce et en Sicile la présence de la peinture à l'encaustique, sans préciser aucune époque pour le commencement et la limite de son existence, ni aucune restriction au plus ou moins d'étendue de son application. De même, si les analyses de fragments trouvés dans le Latium et les Gaules, fragments non moins restreints comparativement au grand nombre de peintures murales qui devaient également y exister; si ces analyses, dis-je, ont démontré, dans ces pays, un usage plus fréquent de la fresque et de la tempéra, on n'est pas pour cela plus fondé d'y assigner, d'une manière absolue, ni les dates de leur origine et de leur exécution, ni l'universalité ou la prépondérance de leur emploi (1).

(1) Je rappelle, du reste, la fiole remplie de cire trouvée dans le tombeau de la femme peintre à Saint-Médard, et mes remarques déjà faites sur ce que l'application constatée d'un vernis à la cire aux peintures de la villa de cette artiste

Mais s'il ne peut y avoir de doute fondé sur l'existence de l'encaustique comme peinture à la cire employée à froid et avec le pinceau, il reste à rechercher quels moyens en rendaient pour les anciens l'emploi possible. On a vu que, parmi les auteurs les plus modernes, M. de Klenze adopte le procédé de M. de Montabert, qui consiste dans la dissolution des cires par des huiles volatiles et l'adjonction de corps résineux ; M. Knirim se prononce d'abord pour le mélange de résines avec très-peu de cire, ensuite pour le lait de figuier mêlé au jaune d'œuf; enfin M. Cartier indique le procédé de la cire dissoute par l'œuf (1).

Je n'insisterai pas sur les idées du professeur de dessin d'Eschwegen, parce que, en 1835, il n'admettait réellement qu'une peinture à la résine, où la cire n'entrait que pour une trentième ou une trente et unième partie, et que dix années après, rejetant lui-même cette combinaison, il ne fait plus participer du tout la cire à celle des techniques anciennes, dont cette substance était l'ingrédient principal.

Il n'en est pas de même du procédé proposé par le savant auteur français : la cire y domine complétement, et l'œuf, très-usité dans l'antiquité comme dissolvant, est en effet très-propre pour dissoudre

gallo-romaine, donne une grande présomption pour l'emploi de la cire dans les peintures elles-mêmes, puisque la très-petite quantité de cette substance, qui devait être entrée dans les couleurs, ne pouvait pas permettre que l'analyse distinguât cette part de celle appartenant au vernis seul.

(1) J'ai essayé le mélange du suc de figuier et du jaune d'œuf, dont le premier, comme cela est prouvé par l'analyse rapportée p. 107, est principalement composé de résines et de gommes, et qui, réuni à l'œuf, a produit un gluten très-maniable, mais peu solide. Pline, l. XXIII, c. 63 et 64, parle de cette substance et de son adjonction au jaune d'œuf, comme d'un ingrédient employé dans la médecine; les peintres du moyen âge se sont également servis de ces deux matières réunies, dans la peinture à tempéra. Il est donc naturel de supposer que les artistes de l'antiquité employèrent également ce procédé, d'autant plus, et je l'ai déjà remarqué, que le même auteur parle de l'emploi du blanc d'œuf pour la dorure, et de celui du jaune comme gluten pour certaines couleurs.

les cires, et les entretenir dans un état convenable de liquidité. Ce gluten, mêlé aux couleurs, permet l'emploi du pinceau et une exécution extrêmement facile, comme l'expérience me l'a démontré. Mais la réussite s'arrête là ; les couleurs ainsi employées ne sont nullement solides. Étendues sur le bois, le marbre, la pierre, le stuc, et laissées sécher, elles n'y adhèrent pour ainsi dire pas; cautérisées, elles cèdent de même au plus léger frottement; enfin, quoique de la cire étendue à chaud sur cette peinture la rende un peu plus solide, l'impossibilité de l'appliquer sans enlever les couleurs vient ajouter aux graves inconvénients de ce procédé. On ne saurait donc admettre qu'une semblable préparation de cires colorées ait été employée par les anciens.

Ces inconvénients n'ont du reste rien qui doive surprendre. L'action chimique du jaune d'œuf sur la cire n'est pas telle que M. Cartier la suppose, en disant : « Le feu détruit le principe qui a rendu « la cire soluble..... L'œuf perd sa propriété, il s'évapore, il se « durcit (?), tandis que la cire acquiert une solidité plus grande « par l'action de la chaleur, et par la combinaison intime des corps « qu'on y avait ajoutés. » Le jaune d'œuf contient beaucoup de potasse, de soude, de chaux et de magnésie; quoique ces corps soient en partie à l'état de carbonates, le jaune n'en agit pas moins comme base vis-à-vis de la cire, c'est-à-dire qu'il la saponifie. Ce savon est faiblement soluble dans l'eau, et ne peut être redécomposé par la chaleur en jaune d'œuf, qui disparaîtrait ou deviendrait corps neutre, et en cire, qui resterait à l'état libre pour fixer les couleurs.

Y eût-il ensuite un moyen pratique d'étendre une couche de cire à chaud sans enlever les couleurs, et de faire sur de grandes peintures murales ce qui n'était pas possible pour une expérience limitée, cette application ne rendrait pas les couleurs plus solides. Le mélange de la cire et des couleurs déjà étendues se faisant uniquement au moyen de l'absorption de la cire par le fond, ce mélange n'est jamais aussi parfait que celui obtenu par un long broiement;

il reste toujours un excès de couleur à l'état libre. Puis, la cire n'étant pas aussi intimement divisée par le calorique que par un dissolvant qui réagit successivement sur chaque molécule, il ne peut y avoir assimilation entière de la cire avec les couleurs, ni absorption complète de l'une et de l'autre par le fond sur lequel on peint.

La théorie venant se joindre aux faits pour confirmer l'inadmissibilité de la peinture à l'encaustique d'après le procédé proposé par M. Cartier, il faut donc recourir à une autre solution. En la basant sur des recherches pratiques longuement expérimentées, il s'agit de trouver, dans l'excellence des résultats obtenus, les éléments sinon absolument certains, du moins excessivement probables, de la technique qu'il s'agit de spécifier. Cette technique, comme le croit aussi M. de Klenze, appartient au digne artiste, au persévérant et savant auteur du *Traité complet de la Peinture*, qui en eut la première pensée, et sut même lui faire atteindre un haut degré de perfection : elle consiste dans la dissolution de la cire au moyen d'essences ou d'huiles volatiles, et dans la préparation des couleurs avec un gluten composé de cette cire et de résines transparentes.

Pour appuyer cette supposition, je puis affirmer que l'emploi avec le pinceau de couleurs ainsi préparées est on ne peut plus facile, et qu'elles permettent, sans aucune objection motivée, toutes les manières de peindre et tous les genres de peinture : de petits sujets et de vastes compositions, des détails minutieux et de grandes masses; le faire le plus fini et le plus assidu, comme l'exécution la plus large et la plus prompte; les teintes les plus vaporeusement fondues, comme les touches les plus heurtées; les glacis les plus transparents, comme les tons les plus empâtés. Toutes ces différentes productions et pratiques, je les ai vu appliquer sous mes yeux, et des exemples existent : plusieurs dans l'église Saint-Vincent de Paul, et les autres dans mon cabinet (1).

(1) Les peintures à l'encaustique, exécutées en 1842 à Saint-Vincent de Paul,

L'expérience a constaté que ce procédé s'appliquait sur la toile, le bois et les métaux, aussi bien que sur la pierre, le marbre, les

furent celles de la frise, de 2 mètres de hauteur, qui surmonte le deuxième ordre dans la nef. Elles consistent en une suite de médaillons contenant des têtes de saints d'une grande dimension, et d'autres médaillons plus petits où sont représentées des têtes d'anges. Ces médaillons, au nombre de cinquante-six, furent peints par MM. Perlet, Laure, Glayre, Quantin, Bouterweck, Lestang-Parade, et les ornements entre ces médaillons, par M. Dussauce. Parmi ces artistes, quatre n'avaient jamais peint à la cire; tous avaient une autre manière de peindre, et chacun exécuta son travail avec autant de facilité que possible, et obtint le coloris le plus satisfaisant. Les autres peintures consistent dans la frise, de près de 3 mètres de hauteur et 150 mètres de développement, qui couronne le premier ordre tout à l'entour de la nef et du sanctuaire, et dans la voûte hémisphérique de ce dernier, de 21 mètres de diamètre. Les figures de cette frise ont environ $2^m,30$. M. Flandrin, chargé des peintures de la nef, a terminé, dans l'espace d'à peu près neuf mois, avec le concours de deux élèves, une longueur de 40 mètres occupée par près de 90 figures. M. Picot, chargé du sanctuaire, a achevé en douze mois environ, aidé d'un, de deux ou de trois élèves, les compositions des Sept Sacrements, qui contiennent plus de 100 figures. Le faire de ces deux maîtres et de leurs collaborateurs n'est pas du tout le même, et cependant leurs œuvres admirables offrent, sous tous les rapports, la plus entière perfection.

Je possède une peinture à l'encaustique sur une dalle de pierre de $0^m,80$ sur $0^m,60$, composée et exécutée en 1842 par M. Dussauce. Le sujet, conçu dans le style des décorations pompéiennes, et qui représente, entouré d'un riche encadrement, Apollon et la Peinture accompagnée des Sciences, offre, avec des figures de 2, 6 et 8 centimètres, des chevaux, des oiseaux, des animaux fantastiques, des fruits, des fleurs, des feuillages, des motifs d'architecture, des trophées en tous genres, enfin des détails les plus richement et diversement coloriés, et d'une délicatesse qui exige la loupe pour en apprécier plusieurs. Cette intéressante production, dont le cadre et la composition centrale sont mats, se détachant sur un fond rouge poli, est d'un très-bel effet. L'exécution en est si soignée, qu'elle approche de celle de la miniature. Depuis neuf années que ce tableau est placé dans mon cabinet au-dessus d'une cheminée où il y a, pendant sept mois de l'année au moins, un feu de bois et de coke, et presque tous les soirs des lampes à l'huile et des bougies allumées, enfin la poussière journalière du nettoyage d'un local visité par beaucoup de personnes, la peinture paraît aussi fraîche que le premier jour : cependant il n'y a eu de cautérisé que les fonds et les ébauches. Deux autres peintures à l'encaustique sur marbre, dont l'une est cautérisée pour la préparation des fonds, et dont l'autre l'est entièrement après son achèvement complet, font également partie de mon cabinet. Ce sont des reproductions des Pl. XXVII et XLVII du grand ouvrage de M. Zahn, représentant, la première, un faune et une bacchante; la seconde, une enduits et les stucs ; il y a par conséquent, sous ce rapport, identité entière avec ce qu'il est possible de supposer et de savoir des propriétés de la peinture à l'encaustique et à la cire des anciens.

Il est vrai que dans les peintures monumentales expérimentées

figure d'Automne, toutes les deux sorties des fouilles de Pompéi. La surface d'un de ces marbres avait été soigneusement préparée à la boucharde, et l'autre taillée au point de recevoir le poli; et avec l'une comme avec l'autre de ces préparations la peinture adhère solidement. Ce sont ces deux exemples que j'ai opposés à l'opinion émise contre la présence des peintures murales aux propylées d'Athènes, par la raison que les parois y seraient presque lisses. J'ai fait faire aussi sur du stuc préparé d'après le procédé des anciens et de M. Wiegmann, sur un beau fond bleu poli, deux têtes : l'une n'a subi la cautérisation qu'après la première ébauche, à l'effet de la laisser mate, l'autre après son achèvement; l'adhérence et l'effet de ces deux essais sont également satisfaisants. Une autre peinture à la cire sur un stuc jaune, encadrée de bordures rouges et blanches, exécutée d'après le procédé milanais, représentant le motif antique du serpent dégustant des fruits, n'a pas été cautérisée du tout, et adhère encore assez. Deux tableaux représentant, l'un des fruits et l'autre des fleurs, de grandeur naturelle, peints sur toile avec de la cire provenant du palmier, la *cera palma*, font voir que le procédé ne laisse rien à désirer pour rendre la richesse, le charme, la transparence aussi bien que le velouté des plus belles productions du règne végétal. Ces cinq exemples, qui ont aussi pour auteur M. Dussauce, ne laissent enfin rien à désirer, ni comme facile exécution, ni comme solidité, ni comme aspect. Pour compléter cette collection, M. Paul Carpentier, peintre d'histoire, ami et admirateur de M. de Montabert, qui a exécuté beaucoup d'ouvrages importants d'après les recherches de ce savant artiste, a bien voulu me céder deux petits tableaux, sur des plaques de métal, peints à l'encaustique. Le premier est un paysage improvisé, vers l'année 1835, en une heure, par M. André Giroux, dont c'était le coup d'essai dans ce genre de peinture. Cette esquisse est on ne peut plus remarquable par la finesse et la rapidité de l'exécution, autant que par la franchise des touches. Cautérisée et polie, il est impossible de la distinguer d'une peinture à l'huile. L'autre tableau est le portrait réduit de la femme de Rembrandt, d'après ce maître. La tête a $0^m,05$ de hauteur; et rien ne saurait autant que cette remarquable reproduction, faite en 1834 par M. Carpentier, donner une idée plus complète du charme, de la transparence et de la vigueur du coloris, comme de la délicatesse exquise des détails, propres au procédé de la cire. Également cautérisée, on y observe bien la différence avantageuse entre le poli obtenu par le frottement et celui d'un vernis ordinaire; et à elle seule cette précieuse copie offre la preuve ostensible, non-seulement qu'il ne manque à cette technique aucune des qualités de la peinture à l'huile, mais qu'elle en a plusieurs que celle-ci n'a jamais possédées et ne pourra jamais acquérir.

il n'y a eu de cautérisé que les fonds. L'aspect des peintures dans leur état naturel est d'une si parfaite fraîcheur, d'un mat si doux, d'un caractère si éminemment mural et plastique, si je puis m'exprimer ainsi, que cette dernière opération a été omise, pour ne pas amoindrir ces belles et rares qualités, et surtout pour éviter le mirage du poli, qui est le résultat du frottement indispensable à la suite de l'inustion, et présente seul un inconvénient pour les décorations locales peintes sur les parois des édifices. Du reste, cette opération bien faite, et complétement éprouvée sur des tableaux exécutés depuis un grand nombre d'années, comme sur d'autres récemment peints, ne faisant qu'ajouter à la solidité plus immédiate des couleurs, change très-peu le primitif aspect des peintures; et la différence qui existe entre deux peintures semblables, dont une seule aurait été cautérisée, n'est pas grande.

Ce procédé, sans la dernière cautérisation, offre déjà tous les degrés de perfection matérielle auxquels il est présumable que les anciens soient parvenus avec la peinture à l'encaustique; on peut en juger par des résultats aussi complets qu'indubitables; et si d'un côté ces résultats sont et resteront l'objet capital et dominant de la solution à laquelle il faut arriver, de l'autre, des considérations importantes viennent appuyer sa conformité avec le procédé des anciens. Dans les notions sur ce sujet, ou dans leurs inductions raisonnées et plausibles, il n'existe aucune indication qui établisse que l'inustion dût se faire indistinctement sur les peintures achevées et non pas quelquefois sur les fonds seuls, comme, par exemple, pour les grandes compositions murales. D'abord on peut admettre avec raison que, sur de belles parois en marbre, un fond composé d'une ou de deux couches de couleurs à la cire, et cautérisées, a pu être préféré souvent aux enduits et aux stucs, et que les sujets peints restèrent sans inustion, afin de laisser au coloris l'aspect frais et mat si convenable et rationnel pour ce genre de peinture; ensuite, lorsque des murs en briques, en petites pierres, ou bien en pierres de taille, demandaient, les deux premiers, un enduit composé de mortier et de stuc, les derniers, de stuc seulement, n'y a-t-il pas lieu de croire que les sujets peints à la cire sur ces stucs colorés étaient cautérisés après la première ébauche, mais ne l'étaient plus après leur achèvement (1)? De cette manière, les compositions à figures, et même celles des autres sujets, que leur importance et leur délicatesse ne permettaient pas d'exécuter rapidement à fresque, offraient l'aspect de cette dernière avec tous les avantages que (je l'ai dit et je le maintiens) la pratique d'après la méthode Montabert est susceptible de présenter.

D'ailleurs, si ces manières d'opérer ont pour elles le jugement d'éminents artistes de notre époque; si elles sont confirmées par toutes les personnes capables d'apprécier de pareilles qualités, en quelque sorte purement matérielles, il n'est que logique de vouloir que les anciens durent les préconiser, par suite des mêmes considérations, nécessairement appréciables en tout temps; d'autant plus, il faut bien le redire, que l'aspect des décorations peintes de Pompéi et d'Herculanum, n'importe à quelle technique elles appartiennent, présente ce système de peintures mates sur des fonds d'un doux poli.

Il faut encore faire une autre observation : Pline, parmi le grand nombre de peintres à l'encaustique qu'il désigne nominativement, n'en mentionne que deux, Nicias et Lysippe, comme ayant tracé sur leurs tableaux « qu'ils les avaient cautérisés : (se inussisse, ἐνέ-« καυσεν.) » Quoiqu'à ce sujet M. Cartier ait exprimé que, pour avoir été faite, cette inscription implique l'identité de l'aspect entre des peintures cautérisées et celles qui ne l'auraient pas été, une

---

(1) On comprendra facilement que la cautérisation de l'ébauche, en chauffant celle-ci aussi bien que le stuc sur lequel elle est exécutée, rend ce dernier plus absorbant, et produit une adhérence plus intime de la cire avec le fond. Le stuc étant d'ailleurs une pierre factice, le même effet s'opère naturellement lorsque l'inustion de l'ébauche se fait directement sur la pierre ou le marbre.

différence, selon le plus ou moins de poli donné après la cautérisation, devait néanmoins exister; et en cela le fait s'expliquerait avec plus de vraisemblance en admettant que les artistes désignaient de la sorte les œuvres auxquelles l'inustion avait été appliquée, non-seulement d'abord sur les fonds, mais aussi sur les peintures complétement terminées (1).

Cette dernière cautérisation devait se faire après avoir appliqué sur les couleurs une couche de cire blanche épurée, la *cera punica* des anciens : « *Ceris pingere ac picturam inurere*, » dit Pline. C'était une espèce de vernis que le feu fixait d'une façon uniforme et immédiate, et que le frottement rendait plus ou moins luisant; vernis que beaucoup d'artistes, comme l'a remarqué M. Cartier, variaient probablement dans les substances accessoires, selon leur expérience et les effets qu'ils préféraient, et qui, comme le faisait Apelle, avec celui dont Pline lui attribue l'invention sous le nom d'*atramentum*, devait avoir été appliqué généralement aux tableaux mobiles.

Cependant, si, malgré ces concordances, on voulait tenter de récuser l'analogie du procédé moderne avec l'ancien, par la raison qu'il n'existe pas de notions directes qui autorisent à supposer que les huiles essentielles étaient connues des anciens, j'observerai d'abord que cette absence ne prouve rien, lorsque l'on songe au silence absolu et plus extraordinaire des auteurs sur beaucoup d'autres procédés chimiques que doivent faire admettre tant d'œuvres d'art et d'industrie de l'Égypte et de la Grèce, parvenues jusqu'à nous. Toutefois, ces notions ne manquent pas; et M. John, qui admet

---

(1) Entre une peinture cautérisée après son achèvement et une peinture dont les fonds seuls et les ébauches l'ont été, l'aspect ne change pas d'une manière sensible quant à la valeur des tons; ce qui les fait différer entre elles, c'est l'absence absolue du mirage sur la dernière : toutefois le mat en est onctueux et d'une certaine transparence, comparativement à celui si terne de la fresque. La peinture cautérisée en dernier lieu acquiert au contraire le beau poli du marbre ou du stuc, sans arriver à l'effet miroitant et chatoyant du vernis appliqué sur les peintures à l'huile.

l'emploi général de la fresque, et qui se prononce contre celui de la peinture à la cire à Pompéi avec le secours de dissolvants spiritueux, M. John lui-même ne conteste nullement la connaissance, l'existence et l'emploi de ces derniers dans l'antiquité. Le savant chimiste, en parlant dans son ouvrage, p. 149 et 150, de l'application faite par les modernes du vernis, pour éviter l'effet désagréable des tableaux embus peints à l'huile, et pour donner plus de vigueur et d'harmonie aux peintures à fresque et à tempéra, affirme que les artistes grecs n'ignoraient pas la nécessité de ce moyen, et que le secret d'Apelle a dû y satisfaire. « Si l'on ne peut pas prou-
« ver, dit-il, que les anciens peignaient à l'huile, toujours est-il qu'ils
« se servaient de cette substance pour en enduire les métaux; et
« quant à la difficulté que des vernis appliqués sur des peintures à
« fresque ou à tempéra aient pu être absorbés par celles-ci, elle
« disparaît lorsqu'on admet le mélange des colles, du lait, de la
« cire et d'autres ingrédients semblables connus dans l'antiquité (1).
« Le vernis d'Apelle peut aussi avoir été une *dissolution d'asphalte*
« dans de l'*huile de térébenthine* ou dans du *naphte de montagne*,
« l'huile de pétrole; il peut encore avoir été composé d'une autre
« résine foncée ou claire, avec ou sans l'adjonction d'un gluten
« transparent, *tous produits que les anciens savaient obtenir en véritable dissolution et aussi en suspension*. En effet, on se servait
« de ces substances dans l'antiquité pour enduire les statues; et il
« y a plus de vingt années que j'ai trouvé, par l'analyse, des *vernis
« résineux sur des peintures égyptiennes* (2). »

---

(1) J'ai déjà observé, p. 560, que l'opinion du docte professeur, sur l'emploi général de la fresque, et sur celui partiel de la tempéra dans les peintures pompéiennes, devait avoir sa source dans les résultats d'analyses de stucs colorés, mais non pas de peintures exécutées sur les fonds en couleur de ces stucs.

(2) M. John avait déjà renvoyé, p. 74, aux ch. 21 et 22, liv. XVI, de Pline, en disant : « Ces chapitres sont très-importants pour la technique, en ce qu'ils
« traitent de la préparation du goudron et des liquides éthérés ou autres qui en

Si l'on voulait qu'il n'y eût pas encore là une spécification suffisante d'huiles essentielles épurées telles que la donne la distillation, qu'on ne sait pas avoir été pratiquée par les anciens, il resterait toujours établi qu'ils connaissaient les corps qui renferment ces substances, et par suite les propriétés de ces dernières. Il n'y aurait plus qu'à discuter leur degré de pureté, puisqu'elles devaient être employées à l'état de combinaison, et telles que la nature, ou des procédés moins parfaits que les nôtres, pouvaient les fournir (1). Du reste, encore une fois, les objets en

« proviennent, et d'où il résulte que les anciens connaissaient l'huile de térébenthine,
« et que les Égyptiens se servaient d'huiles empyreumatiques dans l'embaume-
« ment. » Ces deux chapitres portent pour titres, le premier, « *Quibus modis fiat pix liquida, quomodo cedrium fiat;* Comment se font la poix et le cédrium ; » et le second, « *Quibus modis spissa pix fiat;* Comment se prépare la poix épaisse. »

Je puis ajouter que l'huile de pétrole est un dissolvant parfait de la cire, et que des essais récents de peinture exécutés avec le concours de cette substance confirment la réussite de ceux faits par Fabroni. L'odeur seule peut en rendre l'emploi incommode pour quelques personnes; à cet inconvénient se joignent son prix très-élevé, et la difficulté de se procurer cette huile en bonne qualité.

(1) Émeric David a établi et confirmé le mélange des cires avec des substances résineuses, chez les anciens; et, en expliquant le mot *pharmaca* comme désignant dans la peinture un certain nombre d'ingrédients de ce genre, il énumère la sarcocolle, le bitume, le mastic, les encens. Ce savant renvoie à beaucoup de passages de Pline qui sont relatifs aux gommes, aux naphtes, aux boissons spiritueuses, aux aromates et parfums, etc. M. de Montabert a réuni aussi nombre de notions à cet égard. Indépendamment des citations, d'après Hérodote et Diodore de Sicile, sur l'usage des liqueurs, il relate l'opinion de M. de Jaucourt (dans l'*Encyclopédie*, au mot *Pisselæon*) : « Que les anciens retiraient de
« l'huile volatile en étendant, au-dessus de la poix bouillante, de la laine, qui,
« après avoir absorbé la vapeur, était exprimée à plusieurs reprises dans des vases. »
Il cite encore l'ouvrage de Dutens, *Origine des découvertes attribuées aux modernes*, comme offrant des indications satisfaisantes sur l'art antique de la distillation. « Enfin, dit-il, bien que les anciens ne parlent point positivement d'huiles volatiles obtenues artificiellement, cela n'établit pas qu'ils ne s'en soient jamais procuré ; et, en admettant que leurs parfums ne fussent fixés que par l'association immédiate aux huiles et aux graisses, c'est-à-dire sans l'extraction des parties éthérées de plantes, cela n'exclut nullement chez eux la connaissance de la distillation. »

D'ailleurs les huiles essentielles, qui s'extraient des fruits, peuvent s'obtenir toute matière dus aux artistes et aux industriels de l'antiquité, témoignent d'une foule de connaissances scientifiques dont la portée est un mystère pour nous, et le restera probablement toujours. Puis les moyens si restreints à cette époque de propager d'une façon générale et complète les connaissances acquises, et la certitude qu'elles devaient presque uniquement se communiquer d'individu à individu, ou tout au plus de caste à caste, et, dans ces cas, plutôt oralement que par écrit, sont des circonstances qui expliquent d'autant plus l'insuffisance des sources qu'offrent les livres parvenus jusqu'à nous, que leurs auteurs n'ont produit pour la plupart que des compilations, dont beaucoup de sujets étaient tout à fait étrangers à leurs études spéciales (1).

Je passe à présent, en faveur de l'analogie que je défends, à une autre considération encore : c'est que le procédé Montabert, quant à la préparation matérielle des substances qui y entrent, est également d'accord avec la représentation de l'atelier du peintre pygmée, où le gluten des couleurs se fait avec le concours du feu. Dans la fabrication moderne, une douce chaleur est indispensable aussi pour amollir les cires, activer leur dissolution par l'essence, et les mêler avec les résines. Si cette opération se faisait aujourd'hui par l'élève d'un peintre romain, et à Rome, ou dans tout autre pays chaud, où les travaux susceptibles de s'exécuter assis se font dans cette attitude naturelle à l'indolence méridionale, au lieu de s'opérer debout, comme cela a presque toujours lieu chez nous, un préparateur de gluten de l'année 1850 pourrait être peint absolument

---

suffisamment pures par la pression seule; telles sont, par exemple, les huiles d'orange et de citron tirées du péricarpe des fruits.

(1) L'usage de l'architecture polychrôme si péremptoirement prouvé aujourd'hui, à côté du silence absolu des auteurs anciens à ce sujet, et surtout en vue des armes, regardées comme invulnérables, que les savants ont cru trouver, dans cette absence des notions écrites, pour combattre l'existence de ce système, prouve le peu de poids des raisonnements basés sur cette absence.

dans la même attitude que celui représenté à Pompéi, peut-être avant le commencement de notre ère. Le portrait serait le même pour la pose du corps et des jambes, le mouvement des bras, la forme et la matière du vase, et l'on y verrait jusqu'aux charbons ardents destinés à chauffer ce dernier, et par suite les cires (1).

Il en est ainsi de l'autre vase qu'on voit dans la même peinture, et que Mazois suppose plein d'eau de chaux ou d'eau à la colle, puisqu'il juge le peintre pratiquer ou la fresque ou la détrempe, et que beaucoup de personnes regardent en effet comme un pot destiné à l'un ou à l'autre de ces usages. Mais ce vase peut certainement contenir aussi, ou des essences mitigées pour nettoyer les pinceaux d'un peintre à l'encaustique, ou le gluten nécessaire à l'emploi des couleurs à la cire, préparées d'avance et déposées sur le porte-couleur. Il n'y a en cela rien de plus extraordinaire que ce qui se voit journellement chez nos peintres à l'huile et à la cire, qui se servent des mêmes vases en fer-blanc, fixés sur leurs palettes ou déposés dans leurs boîtes à couleur, n'importe lequel de ces deux genres de peintures ils exécutent.

Comme un pareil vase n'a, en définitive, pas besoin d'être d'une forme particulière, celle qu'offre celui du peintre pygmée n'exclut nécessairement pas, dans son contenu, aucune des substances diverses propres aux différents procédés de la peinture; et comme, par suite, la vulgarité de sa forme ne permet pas d'y chercher la désignation d'une substance spéciale, cet accessoire ne présente non-seulement rien qui soit opposé à sa concordance avec le procédé Montabert; mais on va voir qu'il devient, par sa nouvelle

---

(1) Je ne dis pas pour cela que les charbons seraient posés par terre et le vase dessus, dans une disproportion aussi grande avec le broyeur, comme dans la caricature pompéienne; mais, en supposant qu'il serait placé sur un fourneau et modérément chauffé, comme cela devait être pour le vase trouvé à Saint-Médard, et destiné nécessairement à la dissolution de la cire, et à sa préparation avec les essences et les résines.

destination, d'un accord plus satisfaisant et plus complet avec les autres objets.

J'ai dit, et cela est sans réplique, que l'œuvre de l'artiste nain ne peut pas être à fresque ; j'ajoute qu'elle ne saurait non plus être à la colle, si l'on admet, comme cela doit être, que les ustensiles indispensables à ce procédé se trouvent réunis autour de l'exécutant, ou du moins que ceux représentés se rapportent au procédé employé. Que, dans cette supposition, on se rende compte de la manière dont s'exécute la détrempe. On sait qu'indépendamment des couleurs broyées et détrempées dans l'eau, il est indispensable que la substance principale, la colle, soit liquide pour être mélangée avec les corps colorants ; il en résulte la nécessité d'un feu doux et permanent pour la conserver chaude et dans son état de liquidité. Les peintres en bâtiment se servent en général, pour cet objet, du feu qu'ils allument dans une cheminée ordinaire. Les peintres de décoration ont un foyer disposé exprès, où les colles sont maintenues à un degré convenable de chaleur, de manière à ne pas les brûler. Dans les ateliers particuliers c'est une cheminée, un poêle, un réchaud contenant des cendres chaudes, ou bien encore un appareil disposé pour fondre les colles au bain-marie. Dans le tableau caricature de Pompéi, on ne voit nulle autre part l'indication d'un des modes de chauffage indispensables pour la peinture à la colle ; au contraire, les accessoires et instruments qui s'y trouvent composent un ensemble d'objets tous convenables pour la peinture à la cire. On ne saurait donc judicieusement le contester, cette particularité vient encore non moins puissamment à l'appui d'une parfaite concordance avec le procédé à l'encaustique, que le grotesque artiste doit être censé employer, selon la technique que j'admets avoir été généralement pratiquée par les anciens (1).

(1) Au sujet de la peinture à la colle, on a supposé que l'emploi de l'éponge

Cependant j'ai dû me faire une objection : le portrait du peintre pygmée pourrait aussi être censé peint avec des couleurs préparées à la gomme, substance soluble dans l'eau froide, et qui, par conséquent, n'exige pas, comme la colle, le concours du feu. Mais alors on ne pourrait raisonnablement supposer le préparateur assis à côté du vase chauffé, travaillant à la préparation d'un gluten pour peindre à la cire; la présence de ce personnage, comme son action, permettrait tout au plus de croire qu'il s'occupait à fondre et à délayer de la cire destinée à vernir l'œuvre en cours d'exécution, en admettant, ce qui est possible, que le tableau dût recevoir un pareil enduit. Mais cette conjecture est inadmissible, puisque ce n'était qu'après le complet achèvement du tableau et une complète siccité des couleurs que l'apposition du vernis pouvait avoir lieu. Conséquemment, sa préparation devait s'opérer, non pas en même temps que la peinture du portrait et avant même qu'elle fût terminée, mais à la suite d'un ou plusieurs jours d'intervalle.

L'admission du procédé à la gomme n'est donc pas plus fondée ni plus d'accord avec l'examen des renseignements matériels fournis par la scène de l'atelier du peintre de Pompéi, que l'admission

par les anciens ne pouvait l'avoir été qu'avec ce procédé; M. Cartier l'admettait également avec le sien à la cire et au jaune d'œuf. Je remarquerai que, pour enlever la peinture fraîchement faite à la cire dissoute par les essences, l'usage de l'éponge est aussi on ne peut pas plus simple et possible, soit qu'on la nettoie immédiatement après dans un vase rempli d'essence coupée, soit qu'on l'y laisse séjourner, soit encore qu'on s'en serve pour poser des couleurs et produire certains effets; de sorte que les anecdotes relatives à l'écume du cheval et à la bave du chien, produites au moyen d'éponges chargées de diverses couleurs, pourraient, avec l'emploi de cette substance maritime, au lieu du linge généralement en usage de nos jours, se reproduire sans difficulté avec le concours des mêmes hasards. Du reste, comme il y a des peintres à l'huile qui se servent de l'éponge de la même manière que d'autres se servent du linge, du pouce, de la paume de la main ou du couteau à palette, pour effacer les parties peintes mal réussies, et que l'on ne cesse d'exécuter encore de certains marbres et granits à l'huile au moyen d'éponges, la possibilité de son emploi, mais plus facile dans le nouveau procédé à l'encaustique, est incontestable.

des procédés à la fresque et à la détrempe : la conclusion à en tirer vient augmenter le nombre des raisons déjà établies en faveur de la connexité de l'encaustique ancienne et de l'encaustique moderne, connexité que je crois avoir appuyée des témoignages, des preuves et des inductions les plus concluantes, avec les ressources si restreintes qu'offrent les monuments et les auteurs de l'antiquité.

Certainement les débats continueront à être ouverts à l'oiseuse controverse sur la spécification des moyens pratiques des anciens. Des doutes appuyés sur les vagues expressions des écrivains, et alimentés par l'obscurité qu'ont apportée et qu'ajouteront peut-être encore les commentaires, pourront, tant que les éclaircissements disponibles resteront dans l'état actuel, continuer à s'élever contre la parité de la technique anciennement en usage et celle nouvellement appliquée ; mais ce qu'il ne sera pas possible de contredire dans la question des peintures anciennes à l'encaustique sans nier l'évidence, c'est d'abord : que la peinture à la cire des vaisseaux s'exécutait comme je l'ai expliqué ; que celle sur ivoire est telle que je l'ai admise et éprouvée d'après les idées de M. Cartier ; enfin, que les nombreux exemples exécutés d'après les données de M. de Montabert ou à leur instar, et qui concordent avec les errements des anciens par rapport à sa substance principale, à sa préparation, à son emploi et à la cautérisation, offrent toutes les qualités ostensibles et tous les aspects que présentent les peintures antiques, ou qu'il est permis de leur prêter.

Ces résultats sont immenses, ils dominent toute la question ; et si, comme cela est, comme tout le monde peut s'en convaincre, l'exécution la plus large et la plus facile, comme la plus finie et la plus minutieuse, la vigueur des tons, la transparence non moins que le mat des teintes, la richesse du coloris, sont possibles au moyen de la nouvelle technique, et ne peuvent laisser douter un moment qu'il n'y a que le manque seul de talent qui s'oppose à produire des œuvres accomplies comme celles attribuées aux plus célèbres artistes de la Grèce ; si, encore une fois, ces résultats sont irréfragables, que reste-t-il à chercher? quel autre but s'agit-il d'atteindre? quel secret plus essentiel faut-il découvrir? La certitude de l'identité entre les deux procédés serait moins démontrée que je crois l'avoir fait et que je suis intimement convaincu qu'elle existe, le problème le seul intéressant, utile et important ne serait pas moins résolu.

Je n'admettrai jamais, comme le veulent la plupart des érudits, que le point principal, l'unique objet à découvrir soit, non pas d'arriver à la connaissance de peindre avec la cire et au moyen de la cautérisation aussi bien que les anciens ont pu le faire, mais de prouver avant tout que ce fut avec leur manière de procéder. Cette dernière question est, à mon avis, et elle doit l'être pour tout homme sensé, on ne peut plus secondaire.

Du reste, quand même la ressemblance évidente des résultats, qui implique par elle-même celle des moyens, ne serait pas appuyée par leur similitude, comme j'ai essayé de l'établir, cela n'ôterait rien à la haute importance de la rénovation de la peinture à l'encaustique, telle qu'elle a surgi, telle qu'elle se montre par ses œuvres. Si, dans cette recherche, les veilles, les sérieuses études, les coûteuses expériences, enfin toute une vie de sacrifices, ont eu pour unique objet l'utilité générale que devait amener une réussite réelle, mais qui pouvait aussi tourner en une non-réussite avec toutes ses douleurs personnelles, le savant artiste qui arriva au but a d'autant plus droit à notre gratitude. L'objet ostensible de ses travaux fut son véritable but ; ce n'était pas un moyen pour en atteindre un autre. Le stérile amour-propre de paraître avoir raison, fût-ce contre la raison même, lui était étranger ; et ce qui distingue surtout son long et persévérant labeur, c'est de ne pas avoir produit un livre uniquement avec d'autres livres ; c'est d'avoir éprouvé les notions douteuses à l'effet de les rectifier ou de les récuser, et d'en avoir ajouté de nouvelles basées sur ses propres expériences. Travailler de la sorte, opposer une digue aux erreurs du passé, du présent et de l'avenir, ne pas propager légèrement le faux, mais semer consciencieusement le vrai, est un mérite trop rare pour ne pas l'apprécier, et ne pas en honorer davantage la mémoire de M. de Montabert.

CHAPITRE C.

La peinture à l'encaustique, d'après le procédé Montabert, comme moyen d'appliquer la peinture murale, la sculpture et l'architecture polychrôme aux édifices modernes ; de la même technique, d'après les recherches ultérieures de M. Fernbach de Munich ; de la convenance et de la limite de ces applications.

Le principe de l'encaustique avec le concours des résines mêlées à la cire dissoute par des essences, et l'analogie de ce procédé avec celui des anciens, ayant été précédemment établis, je vais entrer dans quelques détails sur sa pratique.

Il convient d'attribuer à M. de Montabert le mérite de la rénovation de la peinture à la cire, parce qu'il obtint le premier des résultats très-satisfaisants et incontestables, et que sa manière d'opérer, tout en étant quelquefois modifiée, sert depuis un grand nombre d'années aux peintres qui pratiquent l'encaustique en France. Toutefois, il ne faut pas méconnaître que les recherches antérieures ont pu le guider dans la voie qu'il a si heureusement parcourue.

Sous ce rapport, il est juste de désigner, parmi les techniques plus ou moins praticables que décrit M. de Caylus, celle où ce laborieux savant fit entrer le mastic, la térébenthine, l'huile, la cire et les couleurs broyées avec le concours du feu ; la dissolution des cires au moyen de l'alcool, par Bachelier et le chevalier Lorgna ; le procédé du peintre Calau pour dissoudre à froid les cires, et les réunir aux couleurs en y ajoutant des huiles et des gommes ; puis les intéressantes tentatives de Requeno, et, d'après cet érudit, les essais d'une dame peintre anglaise (E. J. Greenland) pour composer un gluten avec la cire, le mastic et des gommes ; les investigations de Fabroni, qui, en analysant des peintures égyptiennes, y découvrit de la cire et de l'huile volatile, admit, chez les Égyptiens, la distillation ou du moins l'emploi du naphte naturel, et fit des essais de peinture avec des cires dissoutes dans cette huile de pétrole ; enfin l'emploi de l'essence de térébenthine par le peintre Ademello, les recherches d'Émeric David, et les nombreux essais analogues faits par beaucoup d'autres peintres et savants.

Dans ces expériences, accueillies longtemps avec enthousiasme, il est juste de reconnaître des points de départ quelquefois peu éloignés du chemin qui devait conduire au véritable but à atteindre ; mais l'insuffisance et l'imperfection des procédés qui en résultèrent firent abandonner de nouveau la peinture à la cire. Après avoir vivement occupé l'Europe savante et artistique pendant plus d'un demi-siècle, il n'en fut, pour ainsi dire, plus question pendant près de trente années ; et cette belle technique eût pu rester oubliée peut-être à jamais, sans l'apparitition, en 1829, de l'ouvrage de M. de Montabert, appuyé de nombreuses expériences et de résultats éprouvés.

Travaillant sous l'influence de la peinture dominante à son époque, qui fut celle de grands ou de petits tableaux sur toile et sur bois, et nullement la peinture sur mur, le persévérant rénovateur de l'encaustique ne l'étudia pas, malgré son caractère plus particulièrement monumental, en vue directe de cette dernière application; néanmoins le digne artiste vécut encore assez longtemps pour voir des peintures murales de la plus grande importance, exécutées d'après son procédé. Telles furent l'importante et remarquable restauration, exécutée en 1834 par M. Alaux, de la galerie de Henri II, peinte par le Primatice au château de Fontainebleau, et dont la plus grande partie dut être entièrement refaite ; la restauration de la Porte dorée, à la même époque et dans la même demeure royale, par M. Picot ; les peintures de trois chapelles de l'église Notre-Dame de Lorette, à Paris, confiées, vers 1835, à MM. Orsel, Perrin et Roger ; les six grandes compositions, dans l'église de la Madeleine, dues aux talents de MM. Abel de Pujol, Boucherot, Coignet, Couder, Schnetz et Signol. Après la mort de M. de Montabert, on exécuta aussi, d'après son procédé ou à son instar, des décorations non moins importantes et remarquables dans les églises Saint-Séverin, Saint-Louis d'Antin, Saint-Louis au Marais, Saint-Germain l'Auxerrois, Saint-Germain des Prés, Saint-Vincent de Paul, et dans un grand nombre d'autres édifices publics.

Pour la plupart de ces œuvres, les parois, généralement en pierres, sur lesquelles elles sont peintes, furent, dans l'origine, recouvertes de l'enduit préparé suivant le procédé de MM. Thénard et d'Arcet. Cet enduit avait été employé en premier lieu, et dès 1813, avec un grand succès, à la coupole de l'église Sainte-Geneviève (le Panthéon), peinte à l'huile par Gros, et terminée en 1824. On continua assez longtemps de l'appliquer tel que ces célèbres chimistes le composèrent ; puis on y introduisit des modifications plus ou moins importantes (1).

---

(1) La composition de cet enduit ou mastic consiste en huile de lin lithargirée, 2 parties, et cire, 1 partie. Pour lithargirer l'huile, il faut la faire chauffer avec de la litharge en poudre pendant plusieurs heures, et en remuant les deux substances de temps en temps avec une spatule. L'huile est ensuite tirée à clair ; on y fond la cire à chaud, et l'on entretient le feu jusqu'à ce que la cire et l'huile soient en fonte tranquille. Il se dégage de la vapeur d'eau qui produit, au commencement, une sorte d'ébullition. Le mastic ainsi composé, on le laisse refroidir ; il peut se conserver indéfiniment.

Pour l'appliquer et le faire pénétrer dans la pierre sur laquelle on veut peindre,

Le gluten pour les couleurs est toujours à peu près celui de M. de Montabert, sauf les modifications qu'il dit lui-même devoir être faites dans la proportion des différents ingrédients, selon les objets à peindre et les couleurs à employer.

Voici, en poids, la composition ordinaire de ce gluten :

  Cire vierge ou pure de tout mélange...   1 partie.
  Huile volatile ou essence d'aspic.......   1 partie.
  Résine d'élémi non falsifiée.......... $1/16$ de l'essence.

On ajoute quelquefois à ces substances de l'huile de cire (1) et de la

---

on commence par chauffer celle-ci avec un réchaud; quand elle est bien sèche et bien chaude, on y applique l'enduit fondu et bien chaud lui-même, avec une forte brosse : il entre dans la pierre, et l'on en ajoute jusqu'à ce qu'il cesse d'y pénétrer. On porte de nouveau le réchaud devant la pierre, et bientôt toutes les parties de mastic qui étaient à la surface disparaissent. C'est de cette manière que fut préparée, il y a près de quarante années, la coupole de Sainte-Geneviève; et lorsque je l'ai examinée tout récemment, ce ne fut qu'au sommet de la voûte, près de l'ouverture qui y est pratiquée, et dans le périmètre, où une plus forte épaisseur des claveaux forme le sol de la lanterne, que j'ai aperçu quelques légères taches d'humidité au bas de la tête de la sainte patronne, sur les têtes de Louis XVI, de Marie-Antoinette, et sur plusieurs anges. A part ces minimes avaries accidentelles, qui proviennent probablement d'infiltrations occasionnées par des carreaux de vitre cassés, l'immense ensemble de ces magnifiques peintures est resté complétement intact, et se trouve dans le meilleur état de conservation possible.

L'enduit Thénard et d'Arcet a été employé aussi par M. Vivet aux huit statues en pierre de Vergelé, élevées sur la place de la Concorde. Cet entrepreneur recouvrit l'enduit de deux couches de peinture à la cire couleur de pierre. J'ai déjà dit que, pendant dix années, cette peinture garantit la pierre, et lui conserva un bon aspect; mais au delà de ce temps elle commença à noircir, et il aurait fallu renouveler l'enduit. M. Vivet peignit de la même manière les quatre trophées de l'arc de l'Étoile, et les bustes en pierre placés à l'entrée de l'École des beaux-arts.

(1) M. de Montabert (t. VIII, p. 601) donne de la manière suivante la recette pour préparer cette huile volatile : « Cire jaune et chaux vive (de chaque substance une « égale partie); faire liquéfier le tout ensemble dans une bassine, afin d'en former « des boulettes; introduire ces boulettes dans une cornue de grès; cette cornue étant « placée dans un fourneau à réverbère, chauffer par degrés jusqu'au rouge. Quel- « ques gouttes d'eau passeront d'abord, puis l'huile volatile. Ordinairement on « obtient sept à huit onces par chaque livre de cire. Les premiers produits de la

résine copal, selon qu'on veut un gluten plus doux et plus onctueux.

Pour la préparation, on commence par amollir la cire au feu ainsi que les résines, si ces dernières ne sont pas déjà dissoutes dans l'essence et concentrées jusqu'à consistance d'huiles; on verse ensuite l'essence, et on active la dissolution par le broiement. C'est avec ce gluten, ainsi préparé, que l'on broie les couleurs. Chaque nature de couleur a besoin de plus ou moins de cire; l'expérience est le meilleur guide pour ces différentes proportions. En les broyant et à mesure que l'essence s'évapore, on en ajoute de nouvelles, de façon à ce que les couleurs glutinées offrent toujours à peu près le même état de liquidité.

On mélange même à ce gluten de l'huile de lin en doses variables. Tant que celle-ci n'est que dans la proportion d'un quart de l'essence, la peinture reste à peu près mate; si cette proportion est de moitié ou plus, la peinture présente le mauvais effet de parties embues et luisantes du procédé ordinaire à l'huile, comme cela se voit à Saint-Séverin dans plusieurs chapelles ainsi peintes (1).

« distillation sont les moins chargés de l'odeur d'empyreume ou de feu; en redis-
« tillant, on obtient cette liqueur très-peu colorée. »

(1) Nos artistes n'apprenant dans les ateliers que la peinture à l'huile, et cette pratique leur étant familière, ainsi que les ressources de l'expérience de leurs maîtres, de leurs condisciples et de la leur propre, beaucoup ont résisté à l'emploi du procédé à la cire; plusieurs n'ont eu aucune volonté pour vaincre les légères difficultés qu'elle présente; d'autres enfin ont voulu peindre à la cire sans rien changer à leur pratique habituelle, et c'est pour arriver à ce résultat qu'a été fait le mélange de l'huile avec la cire : procédé en quelque sorte bâtard, que la science désapprouve, que l'expérience doit condamner, et auquel celui de l'huile pure sans aucune adjonction est encore préférable. Sous ce rapport, il n'est pas sans intérêt de rappeler que les magnifiques peintures de l'hémicycle de l'École des beaux-arts, par M. Paul Delaroche, ont été exécutées avec cette dernière technique, comme aussi la voûte de l'abside de Notre-Dame de Lorette, par M. Picot, et les autres peintures de cette église, à l'exception des trois chapelles précédemment mentionnées. Il est encore utile de constater que la peinture du chœur de l'église Saint-Germain des Prés, et la grande frise de la nef de Saint-Vincent de Paul, par M. Flandrin, sont peintes avec des cires faiblement mélangées d'huile, tandis que, dans cette dernière basilique, la frise de l'hémicycle et sa

Quoique le vernis à la cire lustré ne soit pas employé aux grandes peintures sur mur exécutées dans les monuments, les essais de voûte par M. Picot, puis la frise supérieure, le sont sans ce mélange ; enfin, que les six grands tableaux sur mur de la Madeleine ont été peints à la cire sur la préparation Thénard et d'Arcet, tandis que la voûte hémisphérique au-dessus du sanctuaire, par M. Ziégler, est à l'huile sur une simple couche d'huile de lin bouillante, et après rebouchage au mastic à l'huile. Du reste, quant aux changements que le temps opère sur les productions des peintres, ce ne sont pas toujours les procédés seuls qu'il faut en rendre responsables. La coupole de Sainte-Geneviève, comme exemple de peinture murale à l'huile non vernie, et un grand nombre de tableaux à l'huile vernis des célèbres coloristes flamands, qui semblent n'avoir rien perdu de leur primitif éclat, sont des preuves à l'appui. Mais puisqu'une grande fraîcheur de ton et l'absence du mirage et des embus sont des qualités essentielles de la peinture monumentale, il est certain que ces qualités manquent généralement au procédé à l'huile ; cela se voit dans la plupart des exemples existants, et se montre surtout aux peintures des quatre pendentifs de Sainte-Geneviève, de Gérard, comparés à l'œuvre exceptionnelle de Gros. A ce sujet, cet artiste me dit lui-même en 1834 peu de temps avant sa mort, en vue de son œuvre et en présence d'une commission de la Société libre des beaux-arts, chargée de constater l'effet du temps sur les peintures, qui n'avaient alors subi aucun changement ; à ce sujet Gros me dit : « La fraî« cheur de mes couleurs tient à la fraîcheur des tons sur ma palette et à la promp« titude de mon exécution. Lorsque je sais bien ce que je veux faire, et que ce « que je veux me réussit au premier coup, je ne crains pas que ma peinture « change. Là où j'ai un peu tâtonné, je le vois ; là où j'ai un peu changé, je l'aper« çois encore plus, et peut-être que cela se distinguera davantage par la suite. Je « crois le procédé à l'huile bon pour les monuments, quand on sait bien s'en ser« vir ; mais avec de mauvais mélanges de couleurs et des tâtonnements, on ne fera « jamais un beau et durable coloris ni sur les murs ni ailleurs. » Je vois encore la belle figure ouverte du grand artiste, et la modeste franchise avec laquelle il prononça ces remarquables paroles ; et, à mon dernier examen de la coupole, les endroits tâtonnés et changés, auxquels il avait fait allusion, apparaissaient en effet visiblement. Ce sont, entre autres, le manteau royal en velours violet de Louis XVIII, la draperie des mêmes étoffe et couleur, jetée sur l'autel placé à côté de saint Louis, et une ombre portée de la garde de l'épée de Charlemagne, qui avait été effacée. Ces différentes parties, aujourd'hui ternes et presque sales, ne semblent pas du même coloriste, si frais et si éclatant dans le reste de son admirable chef-d'œuvre. On doit donc admettre qu'un procédé matériel qui facilite indubitablement l'exécution de peintures lumineuses aussi bien que mates est avantageux, et mérite bien qu'on lui sacrifie quelques nouvelles études et expériences. Mais ce n'est pas seulement l'habitude de l'emploi de l'huile, c'est encore l'agrément de travailler dans son application à des figures peintes sur des dalles de marbre et des stucs polis ont donné des résultats très-satisfaisants, c'est-à-dire un lustre assez agréable par son peu de mirage ; d'un autre côté, la grande solidité immédiate et le facile nettoyage qui en résultent doivent recommander son emploi dans des localités moins vastes, telles que les maisons, par exemple, continuellement exposées à la poussière, à la fumée des bois, des charbons, des lampes et des bougies, et à la condensation de l'humidité. J'ai donc pensé qu'on me saurait gré de transcrire ici la composition de ce vernis, tel qu'il est relaté dans l'ouvrage de M. de Montabert, tel enfin que l'expérience en a démontré la complète réussite.

« Amollissez la cire en y introduisant, lorsqu'elle est fondue et
« que le vase est retiré du feu, trois ou quatre gouttes d'huile vo-
« latile d'aspic ; ajoutez, dans la cire ainsi amollie et divisée, quelques
« cuillerées d'esprit-de-vin bien rectifié. Cet esprit-de-vin bouillon-
« nera et s'évaporera aussitôt. Ajoutez-en d'autre, et remuez la cire,
« qui, se refroidissant, se mettra en flocons et en état de division ;
« battez bien avec une spatule, et ajoutez de temps en temps de
« l'esprit-de-vin tiède ; la cire, au moyen d'une agitation non
« interrompue, se divisera et se liquéfiera. Il ne s'agit plus alors que
« d'y introduire l'eau, afin d'atténuer le mordant de l'esprit-de-vin
« et d'obtenir une liqueur fluide, ce qui s'opère sans difficulté.
« L'eau se lie donc à l'esprit-de-vin, l'esprit-de-vin se lie à l'huile
« volatile, et l'huile volatile tient la cire en division. Mais un moyen
« particulier est nécessaire pour la plus complète division ou liqué-
« faction : c'est le broiement à l'aide d'une molette. En broyant
« donc, ou plutôt en mêlant avec de l'eau ce mélange, on obtient
« une espèce de lait de cire que l'on passe par une gaze ou un
« crêpe, afin de ne l'avoir chargé que des molécules les plus ténues

---

des ateliers bien confortables, dont le sacrifice forcé fait reculer bien des artistes devant l'exécution des peintures adhérentes aux monuments, et devant l'essai de l'encaustique, si commode cependant à employer.

« et les plus divisées. Couvrez de cette liqueur ou de cette eau ci-
« reuse le tableau, en l'apposant avec un blaireau large et serré, et
« laissez-la sécher : vous obtiendrez une vraie poussière de cire,
« également déposée ; ensuite vous opérerez l'adhérence et la fusion
« par un feu doux, et vous lustrerez (1). » J'ajoute que l'avant-
dernière opération, qui n'est autre que l'inustion au moyen d'un
réchaud, doit se faire à une distance assez éloignée et avec beaucoup de soin et de surveillance, pour ne pas brûler les couleurs et
les cires ; quant au lustre, il s'obtient facilement en frottant avec
une brosse ou une vergette très-douce la peinture, après que le vernis cautérisé a de nouveau bien séché.

J'ai dit que la préparation, dans nos édifices, des parois en
pierre destinées à recevoir des peintures murales à la cire avait été
faite, en général, d'après le procédé Thénard et d'Arcet. Je vais à
présent, dans le but des observations futures et des renseignements
à en tirer, rapporter de quelle manière opéra M. Dussauce, auquel
j'avais confié ce travail dans l'église Saint-Vincent de Paul, d'abord,
il y a déjà près de dix ans et comme expérience, sur la frise supérieure de la nef, et ensuite sur la grande frise inférieure et sur la
voûte hémisphérique (2).

---

(1) M. de Montabert indique encore un autre vernis obtenu à l'aide d'alcalis ; mais il est, selon lui, beaucoup moins parfait. On le prépare en faisant fondre dans un vase de la cire avec une égale quantité d'eau ; on verse dessus deux gouttes d'alcali, et on remue. Il en résulte une liqueur blanche et à consistance de crème, avec laquelle on peut opérer comme avec le premier vernis. Enfin il donne un troisième moyen de vernir à froid, en posant la cire seule comme vernis, et en la lustrant sans l'inustion. Ce moyen consiste à amollir de la cire blanche par quelques gouttes d'huile volatile d'aspic ou toute autre, et d'en déposer plusieurs couches en les frottant chacune à l'aide du pouce, et en les laissant successivement sécher. Le pouce, chargé de peu de cire, la dépose ainsi sur tout le tableau ; puis un linge doux, non plucheux, plié en tampon, sert à serrer et à lisser la cire quand elle est sèche.

(2) Je remarquerai ici que les faces extérieures des murs de la petite et de la grande frise, ainsi que l'extrados de la voûte, ne sont aucunement en contact avec

La première frise offrait, par sa construction, plusieurs genres de matériaux ; ainsi la partie du fond, au-dessus de la grande arcade du sanctuaire, était entièrement bâtie en pierre tendre, et les trois autres parties, aussi bien les deux latérales que celle du côté de l'orgue, se composaient de chaînes en pierres dures à l'aplomb de chaque colonne ; d'arcs appuyés sur ces chaînes, dont les claveaux étaient en pierre tendre ; enfin, de poteries enduites formant remplissage dans les vides laissés par les arcs. Il y avait donc trois natures différentes de surface : une en pierre de Saint-Non, la seconde en pierre de Vergelé, la troisième en plâtre ; on doit même ajouter qu'il y en avait une quatrième, celle formée par les joints en mortier de chaux et sable, entre chaque assise.

Cette circonstance toute particulière exigeait un grand soin pour la cautérisation, qui devait varier selon que les matériaux, plus ou moins poreux ou absorbants, étaient par suite plus ou moins faciles à calciner. La démarcation des différents fonds fut donc bien établie, et leur observation rigoureusement recommandée aux ouvriers. On visita ensuite les joints, à l'effet de faire tomber le mortier là où il était susceptible de se détacher facilement ; on dressa

---

l'extérieur, et ne peuvent par conséquent être atteints de ce côté d'aucune humidité ; l'air circule librement autour ; aussi leur condition est, sous ce rapport, si avantageuse, que jusqu'à présent les murs n'ont jamais subi l'effet de la condensation lorsque la fraîcheur du dehors venant à les pénétrer, et à transformer la vapeur en une assez forte masse d'eau, mêle celle-ci avec la poussière, et produit des croûtes et des traînées sales, aussi désagréables à la vue que nuisibles à la peinture. Quoique cette disposition, qui existe également à l'église de la Madeleine, soit la plus avantageuse, il n'en est pas moins certain que des murs peints, dont le dehors est en contact direct avec l'extérieur, résistent aussi à l'influence de l'humidité. C'est ce qui a lieu à Notre-Dame de Lorette, où les peintures de la nef, exécutées à l'huile, n'offrent, depuis plus de seize à dix-sept années qu'elles sont terminées, aucune trace de dégât, tandis que celles aussi peintes à l'huile, sur les murs du chœur, qui ne sont pas en contact avec l'air extérieur, mais avec les sacristies toujours chauffées en hiver, présentent des boursouflures aux endroits des joints, et parfois des efflorescences ; ce qui provient sans doute d'une moins parfaite préparation des fonds, et de l'emploi de quelques pierres embues d'eau.

la surface en la frottant avec du grès, et en faisant tomber les aspérités là où il y en avait; enfin on époussetera le tout avec soin, pour enlever complétement la poussière.

Après cette préparation du mur, on étendit, avec une brosse à peindre, une couche de *perchlorure de mercure* très-étendu d'eau (1); on chauffa ensuite la muraille dans les angles, lorsqu'il s'agissait de petites parties, avec un réchaud ou fourneau à main, ou généralement au moyen d'un réchaud porté sur un chevalet, et disposé de manière à ce qu'une seule personne puisse le faire monter ou descendre, aller à droite et à gauche, puisse enfin opérer l'inustion tout en étendant le perchlorure. Il faut également avoir la précaution de tenir le réchaud éloigné d'au moins 0^m,30 du mur. A cette distance, le rayonnement du calorique s'étend suffisamment pour éviter l'effet d'une trop grande concentration, qui calcinerait la pierre ou le plâtre. Après s'être assuré que le mur ne contient plus d'humidité, et avoir chauffé assez fortement pour ne pouvoir endurer le contact avec la main, on l'imbibe avec un *gluten d'enduit* (2). L'ouvrier prend, dans un vase en fer, de ce gluten, qui a

---

(1) L'application de cette substance styptique et vénéneuse a pour objet de détruire toutes les végétations qui pourraient se trouver sur les pierres et les enduits. Pour le lavage dont il s'agit, on étend 50 grammes de perchlorure dans 8 litres d'eau.

(2) Ce gluten se compose en poids de :

Cire...........................	1	partie.
Essence de térébenthine............	1	»
Huile de lin....................	1	»
Térébenthine de Venise............	1	»
Vernis à l'ambre très-étendu.......	1	»
Poix blanche....................	1/2	»
Oxyde de plomb (litharge).........	1/8	»
Savon métallique.................	1/8	»

Pour préparer le gluten, on met toutes ces substances, à l'exception du savon métallique, dans une grande chaudière disposée sur un fourneau exprès, de manière à en boucher hermétiquement l'ouverture, et éviter que le feu ne puisse enflammer les substances. Lorsque tout est fondu, on laisse chauffer pendant une

une consistance onctueuse; puis, avec une forte brosse à peindre un peu usée, il nourrit continuellement de gluten les parties chaudes, tandis que, avec le réchaud, il chauffe la partie adjacente du mur. Aussi longtemps que la surface conserve de la chaleur, on la sature de l'enduit; puis lorsqu'il y en a suffisamment, ce qui s'aperçoit à l'apparence ni trop mate ni trop brillante des parties saturées, et pendant que le mur conserve encore un peu de chaleur, on donne sur ces mêmes parties ainsi imbibées une première couche de couleur (1).

Après avoir posé cette couche sans y ajouter aucun liquide, la chaleur étant suffisante pour lui donner la fluidité nécessaire, on la laisse sécher pendant six ou huit jours; puis on bouche les joints dégradés, ainsi que les plus grandes cavités, avec un premier mastic (2). Quant aux petites cavités, on les remplit avec un deuxième

demi-heure, en ayant soin de toujours remuer le liquide avec une spatule, et de le surveiller attentivement, pour qu'il ne déborde pas en bouillant et ne prenne pas feu. Le savon métallique aura été également dissous au feu dans trois fois son poids d'essence de térébenthine et d'huile de lin. On tire ensuite les chaudières des fourneaux, en les plaçant très-éloignées l'une de l'autre; puis, après avoir laissé refroidir un peu, on verse par petite portion le savon dissous dans l'autre chaudière, qui ne doit être remplie qu'à moitié, à cause de l'effervescence qui est très-grande. Quant au savon métallique, on l'obtient avec une dissolution saturée de protoxyde de fer, qu'on verse peu à peu dans une dissolution concentrée de savon ordinaire. En agitant ces substances avec une spatule en bois, il se forme un précipité, qui est le savon métallique; on le lave avec soin jusqu'à ce que, au moyen d'une légère évaporation, l'eau de lavage ne laisse plus qu'un léger résidu.

(1) Cette couleur est composée de blanc de céruse avec un dixième de son poids de bioxyde de plomb, que l'on broie mélangés avec un gluten de couleur, composé comme il suit :

Cire	1	partie.
Essence de térébenthine	2	»
Térébenthine de Venise	1	»
Ambre étendu	2	»
Huile volatile de résine distillée	1	»
Résine élémi	1/2	»

(2) Ce mastic à reboucher les joints et les trous se compose de :

| Litharge | 20 grammes. |

mastic; puis on laisse sécher jusqu'à ce que le premier mastic ait acquis une grande dureté. Ces opérations terminées, on prend de la précédente couleur, on y ajoute de la céruse en poudre impalpable pour la rendre plus ferme et susceptible de s'étendre avec une truelle en métal assez longue, et on l'applique, dans cet état, sur la première couche déjà donnée, afin de dresser complétement les parois et d'obtenir une surface aussi plane que possible. Si, pour arriver à ce dernier résultat, il est nécessaire d'employer en quelques endroits une certaine épaisseur de mastic, il faut l'étendre à plusieurs reprises et par minces couches, sans quoi il se produirait inévitablement des fendillements et des gerçures. Si toutefois il apparaissait après quelques jours de légères gerçures, on peut, avec la même couleur et un couteau à reboucher, remédier au mal.

Après avoir fait sécher de nouveau, ce qui demande une quinzaine de jours, on broie du blanc avec du gluten à couleur pour les tableaux (1), en délayant assez le blanc pour pouvoir

Céruse calcinée en poudre.........	20 grammes.
Terre d'ombre.................	15 »
Talc ou terre à Jésus.............	20 »

En tout, 75 grammes, que l'on mêle à 500 grammes d'huile de lin. On fait bouillir ces substances à un feu doux et égal pendant deux heures, en remuant souvent, jusqu'à ce que l'huile ne noircisse plus; on écume, et lorsque l'écume devient rare et rousse, la cuisson est à son point. On laisse reposer le tout, et on tire à clair; plus ce mastic est ancien, meilleur il est.

(1) Ce gluten, qui est celui avec lequel les médaillons et les ornements de la frise supérieure ont été peints en 1843, et dont les résultats n'ont rien laissé à désirer pour la facilité d'exécution et la belle conservation des peintures, se compose de :

Cire pure...................	1 partie.
Essence de térébenthine distillée....	3 »
Naphte assez coupé.............	$1/2$ »
Copal à l'essence..............	$1/3$ »
Résine élémi.................	$1/3$ »
Huile essentielle de résine distillée...	$1/4$ »

Quant à celui employé en 1849 par M. Picot à la grande frise du sanctuaire, il fut composé de :

l'employer au pinceau. Ce même gluten sert pour éclaircir la couleur s'il en est besoin; puis on donne une couche générale étendue aussi également que possible. On laisse encore sécher sept ou huit jours, puis on étend une seconde couche par parties, que l'on tamponne successivement, la couche étant encore fraîche. Cette opération, qui est la dernière, a pour objet de donner au fond un grain que plusieurs artistes préfèrent, comme étant plus propre à une rapide exécution (1). Plus les fonds seront restés de temps à sécher, mieux ce sera.

J'ai visité avec soin la frise supérieure, dont la construction avait compliqué l'application des enduits et de la couleur du fond : elle a réussi de la manière la plus satisfaisante; on n'y aperçoit ni joints, ni trace des matériaux divers qui y sont employés. Les peintures ont acquis une grande dureté, et la fraîcheur du coloris paraît toujours la même. La préparation du fond de la grande frise inférieure, qui n'offre que deux sortes de pierres : l'une dure, pour les chaînes au-dessus des colonnes, et l'autre tendre, dans les parties intermédiaires, n'a présenté que de petites boursouflures dans quelques joints. Il en est survenu aussi dans des joints de la voûte, construite en vergelé, et dans trois ou quatre endroits au milieu des

Cire........................	1 partie.
Essence de térébenthine distillée...	3 $1/2$
Vernis copal à l'essence.........	» $1/6$
Blanc de baleine très-purifié......	» $1/4$
Naphte ou demi-baume.........	» $1/2$

Le tout est fondu ensemble au bain-marie dans un vase de terre vernissé. Ce changement, dans les proportions et les substances composant les deux glutens des couleurs à peindre, fut nécessité parce que le dernier enduit des murs était encore un peu frais, peut-être aussi par la présence d'un peu trop de résine dans cette dernière couche du fond.

(1) MM. Picot et Flandrin ont demandé ce grain; mais les six artistes qui ont exécuté les frises supérieures ont peint avec beaucoup de rapidité sur un fond très-uni. Il est vrai de dire que les surfaces qu'ils avaient à couvrir n'étaient pas à beaucoup près aussi considérables.

assises. Ces dernières cloques se sont trouvées dans des parties creuses qu'il avait fallu charger d'enduit à reboucher, lequel aura été appliqué trop épais du premier coup, au lieu d'être employé par couches minces et successives, comme cela a été dit plus haut. Quant au mortier, il est probable que l'on n'aura pas suffisamment gratté les parties où il se trouvait être friable (1). A ces causes viennent se joindre : la difficulté de cautériser et d'appliquer les diverses substances sur une surface convexe, du haut d'un échafaud mobile disposé selon la courbe de la voûte, et plutôt encore un moment de négligence de la part d'un ouvrier. Du reste, ces quelques

---

(1) Il est fâcheux que l'excessive cherté des constructions à joints secs, comme les faisaient les Hellènes et les Romains, ait fait abandonner, dans presque tous nos monuments, cette belle et solide manière de bâtir; il est surtout regrettable qu'on ne puisse au moins l'employer pour les murs susceptibles de recevoir des peintures. Malheureusement l'instabilité de nos institutions, plus que jamais soumises aux conflits des influences individuelles, qui produisent les idées les plus opposées, et par suite les plus indécises et les plus passagères, ne permet pas, comme dans l'antiquité, des dépenses extraordinaires motivées sur la prévision d'une décoration d'art caractéristique, rationnelle et convenable, et sur la durée comme sur la destination certaine des édifices. Dans l'antiquité, les grands hommes d'État ordonnaient l'érection des monuments en vue de la renommée qu'elle devait leur assurer dans la postérité; aujourd'hui, la conscience de nos hommes d'État, quelque élevées que puissent être leurs pensées à cet égard, ne saurait leur assurer cette récompense au delà de la limite la plus restreinte du présent. Sans parler des églises, dont un si grand nombre, des plus belles et des plus remarquables, ont été détruites au commencement de ce siècle, tandis que d'autres étaient changées en magasins, écuries, salles de danse ou de spectacle, n'avons-nous pas vu, dans ces derniers temps, de beaux et très-importants édifices, nouvellement élevés pour des destinations spéciales, les uns, être transformés trois ou quatre fois; d'autres, subir les appropriations les plus opposées à celles qui leur avaient été assignées; d'autres, enfin, rester des années sans qu'on pût prévoir à quel genre d'exploitation administrative ils pourraient jamais servir? Que deviennent, avec de pareils exemples, la convenance et le caractère, ces qualités éminentes dans l'œuvre de l'architecte? Quel accueil lui serait réservé, s'il proposait un surcroît de dépense pour assurer plus de stabilité à des peintures qui, bien loin d'être exposées à ne pas durer assez, courent plus de risques d'être changées ou effacées avant d'avoir été achevées?

parties qui, réunies, ne présentent pas un mètre de surface sur plus de douze cents mètres carrés, ne seraient pas même susceptibles d'être mentionnées, s'il ne m'importait d'être scrupuleux dans la relation des faits, et d'attirer l'attention sur la nécessité d'une surveillance assidue et minutieuse.

L'heureuse expérience de la frise supérieure, qui s'est confirmée depuis près de neuf années, en témoignant pour l'avantage du procédé et des moyens matériels employés à Saint-Vincent de Paul, assure un résultat tout aussi satisfaisant pour les autres peintures en cours d'exécution. D'ailleurs, celles-ci étant plus près de l'œil, et par conséquent plus accessibles, il sera facile de constater périodiquement quels résultats donneront les gluten employés par MM. Picot et Flandrin, et les manières variées de peindre de ces deux éminents artistes, quant à l'aspect général et à la conservation particulière de leurs belles et admirables peintures (1).

(1) Je dois relater ici que, pour m'assurer quelles modifications le procédé Thénard et d'Arcet, pour les préparations des murs, et le procédé Montabert, pour le gluten des couleurs, avaient pu subir jusqu'à présent dans les autres applications de la peinture monumentale à la cire, je me suis adressé à M. Vivet, chargé en 1834 de la préparation des murs au château de Fontainebleau, et, vers la même époque à peu près, à l'église de la Madeleine, à Notre-Dame de Lorette à Paris, comme depuis dans beaucoup d'édifices publics; et à M. Courtin, auquel furent confiés presque tous les enduits pour recevoir les peintures à la cire qui décorent les églises de la capitale. M. Vivet m'a fait connaître par écrit « qu'il « n'employait plus le procédé Thénard et d'Arcet, parce que l'expérience lui avait « démontré qu'il cause de grands ravages dans les peintures qu'on exécute dessus, « et qu'il y a apporté de notables modifications; que, relativement au gluten et à « la préparation des couleurs, les substances qu'il emploie et leur proportion ne « sont plus les mêmes que celles que lui donna M. de Montabert....... Enfin, « qu'ayant fait de grands sacrifices de temps et d'argent pour acquérir la connais-« sance de sa technique, la nécessité pour lui et sa famille de chercher à récupérer « ces dépenses l'empêchait de faire connaître son procédé. » M. Courtin m'a assuré verbalement « que, pour l'enduit et son application, lui aussi ne suivait « plus les errements des célèbres chimistes, la litharge n'entrant pas dans son pro-« cédé; que, pour le gluten des couleurs, il y mêlait en effet de l'huile, mais qu'il « préparait et proportionnait cette substance de manière à ce qu'elle ne puisse

Après avoir parlé des nombreux travaux à l'encaustique exécutés à Paris et à Fontainebleau, il me reste à mentionner ceux, très-importants aussi, faits à Munich J'ai déjà dit que M. de Klenze, sous la direction duquel furent exécutées à l'encaustique les magnifiques décorations de la demeure royale du souverain de Bavière, reporte aux recherches et découvertes de M. de Montabert l'origine de la nouvelle application de ce procédé. Je suis heureux de pouvoir dire que, parmi les rares satisfactions que valut au vénérable artiste la mise au jour de son ouvrage, une des plus grandes lui fut causée par la lettre dans laquelle ce célèbre architecte lui adresse les félicitations et les appréciations les plus flatteuses sur sa rénovation de la peinture à la cire. A côté de cette louable inspiration de M. de Klenze, il est à regretter que dans le livre *la Peinture à l'encaustique,* publié à Munich en 1845, M. Fernbach, qui fit les premières tentatives constatées sur ce procédé en 1837, ne parle de l'important ouvrage de l'artiste français que d'après un extrait qu'il cite, et qui contient le jugement le plus superficiel et le plus immérité sur les faits, les recherches et leur résultat, rapportés avec tant de conscience par cet homme si véridique et si modeste. Que M. Fernbach ait essayé la peinture à la cire à partir de 1829, comme il l'affirme; qu'il ait, en 1831, restauré à l'encaustique

« aucunement nuire à la conservation de la fraîcheur du coloris; enfin, qu'il devait
« limiter là ses renseignements. »

Il est à regretter qu'à côté de la communication complète et franche de M. Dussauce, dont les études et les sacrifices n'ont pas été moindres, ses deux confrères aient fait, de leur manière d'opérer, une affaire de secret, dont l'importance et la valeur, réelles ou fictives, ne sauraient, dans l'état des choses, être convenablement appréciées. Il aurait fallu, pour cela, que l'examen du résultat des procédés divers appliqués jusqu'à ce jour pût se faire sur des exemples identiques, à l'effet d'établir un jugement impartial et concluant. Pour le prononcer, le gouvernement et l'administration de la ville de Paris auraient dû faire faire des expériences où MM. Courtin, Dussauce et Vivet, les hommes les plus expérimentés dans ce genre de travaux, eussent été appelés à essayer leur technique sur des parois de murs de constructions variées, et absolument dans les mêmes conditions.

d'anciennes peintures murales du château de Forchheim, admises comme originairement exécutées avec ce procédé; qu'on ait reconnu en 1837, à Munich, que ses essais personnels étaient plus solides que ceux faits par d'autres artistes allemands, d'après les descriptions contenues dans le *Traité de la peinture;* que sa pratique ait été choisie par M. Schnorr lorsque cet artiste célèbre exécuta les peintures de la Résidence Royale : toutes ces circonstances, quelque authentiques qu'elles puissent être, n'empêchent pas que M. Fernbach connût et ait vu appliquer la technique Montabert, si honorablement appréciée par M. de Klenze. Il devait donc, plus que tout autre, rendre justice à celui qui avait déjà consacré, à Paris, près d'un quart de siècle aux recherches sur l'encaustique et en avait obtenu les meilleurs résultats, alors qu'à Munich M. Fernbach ne faisait que les commencer. Toutes ces circonstances devaient le garantir d'un dénigrement gratuit, d'autant moins excusable de sa part, qu'il l'abrite derrière une opinion étrangère qu'à lui surtout il appartenait de récuser et de désapprouver, au lieu de l'accueillir et de la propager (1).

(1) M. de Klenze, dans ses *Aphor. Bemerk.*, ouvr. cité, dit, p. 628 et suiv. : « Il était réservé à M. de Montabert de retrouver le procédé de la peinture à « l'encaustique dans ses véritables principes..... Lorsqu'il fut décidé que la de- « meure royale reçût de magnifiques peintures pour ornements, nous avions cher- « ché en vain un résultat satisfaisant parmi ceux des personnes auxquelles nous « nous étions adressé..... Ce fut à cette époque (vers 1830) que nous reçûmes « l'ouvrage de M. de Montabert ; et nous fûmes si convaincu par ses *explications* « *simples*, par ses *recherches et expériences minutieuses*, que nous nous décidâmes « sans réserve pour sa technique..... Nous la fîmes employer sous nos yeux à des « peintures d'histoire, de paysages et de décorations....... Nous avons exposé, depuis « sept années, ces premiers essais à tous les inconvénients qui peuvent être le par- « tage des habitations du nord de l'Allemagne; et ni de nombreux lavages à l'eau, « ni la chaleur des poêles, ni la fumée des lampes et des bougies, n'ont pu y avoir « la moindre influence..... La beauté, le brillant, la vigueur et la transparence « des couleurs ne laissent rien à désirer, et peuvent être comparés à tout ce que « saurait produire la peinture à l'huile...... » Enfin M. de Klenze parle encore, *de visu,* « de la beauté de la restauration, par M. Alaux, des fresques à moitié

Quoi qu'il en soit, comme les recherches de cet artiste ont une certaine importance; que son procédé a été employé sur des murs en brique; qu'il décrit la technique au moyen de laquelle furent exécutées les peintures de M. Schnorr, cette partie de ces expériences, que je vais sommairement énoncer, offre un intérêt particulier pour l'emploi de l'encaustique dans des cas semblables.

La première précaution, également nécessaire d'ailleurs pour des murailles destinées à recevoir des peintures à fresque, consiste à les éloigner de 0^m,05 à 0^m,08 (2 à 3 pouces) des murs du bâtiment proprement dit, et à former ainsi, sauf quelques liaisons de distance en distance, une construction entièrement isolée de l'épaisseur d'une ou deux briques. Ce moyen assure une prompte siccation des mortiers, et éloigne tout contact avec l'humidité (1). Les briques doivent être neuves, bien sèches, poreuses, mais non brûlées ou vitrifiées; les joints du côté peint ne seront pas remplis jusqu'au bord. Les cavités qui en résultent servent à fixer davantage les premières couches d'enduit en mortier, qui est composé de chaux éteinte depuis une année au moins, et de sable de rivière. Le plâtre ne doit pas y entrer du tout (2). Après un premier enduit jeté au balais, et lorsqu'il est bien sec, on en applique un second au moyen d'une truelle. On en remplit soigneusement les joints, et on l'applique en couche très-mince. Par-dessus on étend un troisième enduit, soit pendant

---

« renouvelées du Primatice, à Fontainebleau, et des *colossales* peintures qu'il vit dans « l'église de la Madeleine...... » Cet hommage public, rendu au mérite de M. de Montabert, après le lui avoir exprimé dans un noble épanchement particulier, parle ici autant en faveur des sentiments élevés de l'illustre architecte, que la façon d'agir si opposée, que je viens de signaler, semble témoigner du contraire.

(1) L'auteur observe que, d'après l'opinion des architectes, un mur en brique et mortier, de l'épaisseur ordinaire pour des monuments d'une certaine importance, n'aurait pas entièrement séché dans l'espace de sept années.

(2) On comprend cette observation s'il s'agit d'un mélange de mortier et de plâtre: car les enduits en plâtre seul, que j'ai employé à Saint-Vincent de Paul, n'ont présenté aucun inconvénient.

que le second est encore humide, soit, ce qui est préférable, lorsqu'il est sec : dans ce cas seulement, on passera sur la deuxième couche, et en tous sens, une espèce de râteau à manche court et à dents de fer, à l'effet de rendre la surface abrupte. On dispose alors le mortier pour le dernier enduit. Il se compose de chaux toujours vieille éteinte, de quartz finement pulvérisé, d'une partie de sable ordinaire, et d'une partie de scorie en poudre fine; on mêle ces substances avec soin, et ce n'est qu'après ce mélange opéré que l'on ajoute la quantité d'eau de pluie nécessaire pour former le dernier enduit; il n'a que $0^m,006$ à $0^m,007$ (2 ou 3 lignes) d'épaisseur, et doit être étendu d'abord au moyen d'une large truelle en bois, puis avec une plus petite, et en humectant l'enduit sans cesse. Un mur ainsi préparé doit rester au moins une année pour être convenablement sec, en ayant soin d'ouvrir les croisées pendant le beau temps, et de les fermer pendant les pluies ou les brouillards. On y passera ensuite la pierre ponce jusqu'à ce que la surface devienne blanche, sans toutefois qu'à force de frotter il puisse en résulter des creux.

Voici maintenant la composition du gluten dont M. Fernbach couvre le mur sur la dernière couche d'enduit pour l'imbiber au moyen de la cautérisation (1). On jette dans un vase $1^k,50$ (3 livres) de cire pure, coupée en petites lames; on y ajoute $7^k,50$ (15 livres) d'essence de térébenthine non rectifiée, qu'on laisse ainsi réunies pendant un jour, à l'effet de dissoudre la cire; puis on y mêle $0^k,875$ (1 livre $^3/_4$) de térébenthine de Venise. On chauffe ces substances avec de grandes précautions pour qu'elles ne s'enflamment pas; puis, au moyen d'un réchaud, on cautérise le mur, et on y applique la composition avec un pinceau. L'imbibition bien faite absorbera, par $16^m,50$ carrés (150 pieds), de 9 à 10 kil. (18 à 20 livres) de cette composition. Il faut que ce travail se fasse avec soin, et d'une manière bien

(1) Ce même gluten sert aussi à la préparation des couleurs à peindre, mais avec les modifications qu'exigent chacune d'elles, et dont il sera ultérieurement parlé.

égale sur toute la surface. Le mur bien pénétré de la sorte, il faut ajouter à la précédente composition une épaisse dissolution d'ambre, dans la proportion de $0^k,50$ (1 livre) pour $1^k,50$ (3 livres); puis on passe de nouveau avec cette substance sur tout le mur pendant qu'il conserve encore de la chaleur, et de manière aussi à l'en bien pénétrer. Il est entendu que, selon la grandeur des fonds à cautériser, l'opération doit se faire par parties, et au moins avec deux ouvriers. Le réchaud ou *cauterium* devra rester éloigné du mur d'au moins $0^m,50$ à $0^m,80$ (2 à 3 pieds); l'enduit à la cire devra présenter une épaisseur minimum de $0^m,007$ à $0^m,009$ (3 à 4 lignes).

Dans le cas où, à la suite de cette opération, il se serait formé des boursouflures qui auraient soulevé des parties d'enduit, on les abattra, et on réparera ces enduits en mouillant bien les places, et en y appliquant les diverses couches de mortier, puis l'enduit à la cire.

La première couche de couleur à appliquer ensuite se compose de $2^k,00$ (4 livres) de céruse et $0^k,50$ (1 livre) de craie blanche, qui sont mélangées avec $0^k,625$ (1 livre $1/4$) de dissolution épaisse d'ambre, mitigée par $0^k,125$ ($1/4$ de livre) d'huile de pavot, et l'adjonction de $0^k,50$ ($1/2$ livre) du gluten à la cire, qui vient d'être mentionné. Toutes ces substances sont mises ensemble dans un vase, puis broyées sur un marbre en les liquéfiant avec de l'essence de térébenthine non rectifiée, de manière cependant que cette couleur présente une certaine consistance. L'application de cette couche doit se faire avec soin, de haut en bas, au moyen d'une grosse brosse pleine de couleur et en revenant dessus avec une autre brosse sèche, pour que la couche devienne tout à fait lisse et uniforme. Lorsque ce fond est parfaitement achevé, séché et durci, on y appose, quinze jours avant de commencer à peindre, la dernière couche d'un gluten composé de cire et de térébenthine, mêlée à un peu d'ambre.

M. Fernbach parle ensuite des effets de l'humidité, des moyens employés par lui pour remédier à ses dégâts, et surtout de la nécessité de s'en prémunir (1).

Arrivant à la préparation des couleurs pour peindre, il parle d'abord de la difficile composition du blanc, dont il donne la recette suivante : o^k,5o (1 livre) de blanc de céruse; o^k,24 (7 onces ½) de dissolution d'ambre; o^k,o3 (2 onces) de cire, et autant de caoutchouc, ainsi que du gluten des couleurs déjà décrit.

Pour les autres couleurs, il indique les proportions variées dans lesquelles elles se combinent avec un gluten particulier, composé de o^k,5o (1 livre) de dissolution d'ambre et o^k,o12 (4 onces) de dissolution de caoutchouc (2). Mais les détails dans lesquels l'auteur entre à ce sujet, pour faciliter aux peintres l'exécution, ne sauraient être d'une utilité absolue, les facultés et les habitudes de chacun entrant pour beaucoup dans la pratique de toute nouvelle manière de faire.

L'auteur parle ensuite de la cautérisation. Lorsque les murs se trouvent être bien secs avant l'exécution des peintures, on pourra commencer l'inustion après un an ou même six mois d'intervalle; sinon il faut, là où des effets d'humidité se font voir, attendre un, deux ou trois ans, jusqu'à ce qu'ils aient disparu et que les dégâts soient restaurés.

(1) Ce serait bien à tort que les dégâts causés par l'humidité dont les murs des édifices peuvent être pénétrés et le sont souvent, surtout dans les anciennes constructions, en agissant sur la peinture à la cire, seraient attribués à ce procédé. Là où cette action destructive existe, aucun préservatif ne saurait y remédier; elle finit par ronger le plomb, le zinc et le fer, qui ne peuvent qu'arrêter le mal sans le faire disparaître. Dans ces cas, il faut enlever souvent les efflorescences sur les parties atteintes, cautériser celles-ci, et les repeindre de nouveau; puis donner une issue aux infiltrations, en évitant surtout de les enfermer dans l'épaisseur des murs.

(2) L'absence de cire dans ce gluten est, selon l'auteur, motivée par l'emploi ultérieur de cette substance appliquée à chaud, et qui serait entraînée, tandis que le mélange de l'ambre et du caoutchouc offre une résistance nécessaire.

La composition à employer est une dissolution de cire dans l'essence de térébenthine; il faut prendre de la cire très-ancienne, et laisser amollir les lames pendant vingt-quatre heures. On en prend $1^k,50$ (3 livres), qu'on met dans un pot vernissé avec $0^k,38$ (4 onces) de térébenthine de Venise, mais seulement le jour où on va l'employer; on laisse chauffer au bain-marie jusqu'à ce que la substance soit éclaircie, et la chaleur sensible au contact de la main; elle est alors susceptible d'être appliquée.

C'est avec un pinceau plat et large de $0^m,08$ (3 pouces) que l'on applique l'enduit à la cire d'une manière prompte, bien égale, et sans revenir sur les mêmes places. L'opération doit se répéter trois fois : la seconde quarante-huit heures après la première, et la troisième et dernière vingt-quatre heures, ou, mieux encore, quarante-huit heures après. Les couches doivent être données à plein pinceau; la quantité préparée de l'enduit doit être suffisante pour l'emploi de chaque journée. Il est préférable de faire cette opération en été, la fraîcheur des murs la rendant en hiver très-difficultueuse et moins certaine. La cautérisation s'opère trois jours à la suite de la pose de la dernière couche de vernis, et M. Fernbach recommande de munir le réchaud, au lieu d'un grillage comme pour les inustions du fond, d'une tôle percée de petits trous, à l'effet d'éviter que la flamme et des étincelles puissent atteindre la peinture; enfin il enjoint toutes les précautions nécessaires pour que la fusion ait bien lieu partout et au même degré : le contraire se remarque à l'inégalité du luisant qu'offre la cire là où elle est plus ou moins fondue, ou n'a pas été atteinte par la chaleur. Trois ou quatre jours après, on frottera la surface au moyen d'un mouvement de rotation avec une vergette très-douce, puis avec un tampon de flanelle, et le tableau apparaîtra d'un poli agréable, quoique mat. Cependant, comme ce poli disparaît au bout de quelque temps, le frottement redeviendra nécessaire après six ou huit semaines d'attente; à la suite, le poli se conservera pendant plus de six mois, jusqu'à ce que peu à peu il se transforme en une apparence très-douce et sans mirage.

Je n'insisterai pas plus longtemps sur les détails du procédé de M. Fernbach, l'expérience, comme il le dit lui-même, pouvant seule conduire à tous les moyens pratiques qui doivent être mis en usage, et qu'une description ne peut suffire à indiquer. D'ailleurs, les personnes qui voudront connaître l'ensemble des instructions de cet artiste auront recours à son livre, mon objet n'ayant été, encore une fois, que d'en donner une connaissance sommaire. Je mentionne seulement que l'auteur parle, entre autres, encore des moyens à employer pour le nettoyage des peintures à l'encaustique avec une éponge humectée d'eau pure ou salée, et enfin pour préparer divers autres fonds à l'effet d'appliquer son procédé à des tableaux portatifs.

J'ai vu, en 1839, une partie des belles peintures de M. Shnorr à peu près achevées, mais non encore cautérisées ; et comme on me rapporta depuis qu'elles avaient beaucoup souffert, j'eus recours à l'amitié d'un des premiers artistes de la capitale de la Bavière pour être éclairé à ce sujet. Voici ce que m'a répondu cet illustre ami : « L'encaustique d'après le procédé Fernbach est parfaitement « applicable et solide sur des murs et à l'intérieur des édifices ; « mais l'essai à l'extérieur, fait en 1838 dans le tympan supérieur « du théâtre, élevé, à la vérité, au-dessus des plus hauts toits de la « ville, exposé à l'ouest et à tous les ouragans, n'a pas résisté une « année : il en est de même des peintures polychromes à la cire sur « quelques petits monuments ; elles n'y subsistent qu'au moyen de « continuelles restaurations. Quant aux peintures murales de « M. Shnorr, elles sont parfaitement conservées jusqu'à ce jour, et ne « présentent nulle part des traces de destruction que l'on puisse at- « tribuer à la technique. Plusieurs petites parties avaient été endom- « magées pendant l'exécution (1); mais, restaurées immédiatement,

---

(1) M. Fernbach attribue ces légers dommages à l'humidité des murs.

« rien n'a reparu depuis huit ou neuf années que les peintures
« sont achevées. Le défaut de ces tableaux, de paraître d'un ton
« général terne et jaune, comme s'ils étaient couverts d'un vieux
« vernis, a été, il est vrai, regardé par quelques personnes comme
« provenant du procédé; mais par beaucoup d'autres aussi qui ont
« vu les peintures avant l'inustion, comme tenant à l'emploi trop
« prépondérant de ce ton par le peintre. Ce défaut a été augmenté
« par l'enduit à la cire et sa cautérisation, mais il s'est produit
« aussitôt après l'achèvement des peintures, et aucun changement
« ultérieur n'a eu lieu. »

Il résulte de ce qui précède que pour les peintures murales dans l'intérieur des édifices, le procédé à la cire, tel qu'il a été appliqué en France au moyen de l'inustion des fonds seulement, ou compris celle de la première ébauche des peintures, c'est-à-dire sans la cautérisation après leur achèvement, ne laisse rien à désirer. En effet, si les grands et beaux travaux en cours d'exécution à Paris, peints de cette manière, restent intacts, comme ceux déjà exécutés depuis un grand nombre d'années, la rénovation de l'encaustique aura été une découverte éminemment favorable à la plus belle comme à la plus noble application de la peinture historique et religieuse. Les moyens d'exécution aussi faciles que variés dont cette pratique est susceptible, et qui sont prouvés par des exemples existants, que j'ai cités, viennent puissamment à l'appui de son heureux emploi aux décorations monumentales. Le temps, en confirmant les épreuves déjà faites, ouvrira à cette technique de nouveaux et vastes champs à parcourir; et si quelques œuvres contemporaines de peinture murale sont dignes d'un glorieux avenir, espérons qu'elles dureront assez pour que la postérité puisse le leur adjuger.

Quant aux grands sujets à figures, destinés à décorer les façades, les colonnades, les porches et les portiques à l'extérieur des édifices, ce n'est pas le procédé à la cire non cautérisée qui devra être employé; la cautérisation y est indispensable. La fresque, exécutée par de très-habiles artistes sur des fonds parfaitement préparés, offre peut-être, comme solidité, les mêmes avantages que l'encaustique, tout en lui étant inférieure par une palette moins riche et une exécution moins finie et moins précieuse, si nécessaire lorsque des peintures sont près de l'œil. Cependant les imperfections de la fresque, surtout dans notre climat, son peu de durée, comparativement à celle non moins limitée néanmoins qu'elle atteint en Italie, enfin le manque absolu d'habitude de nos artistes dans la pratique de cette peinture; tous ces inconvénients en ont rendu l'emploi difficile et nullement satisfaisant dans le peu d'essais contemporains faits à Paris (1).

(1) J'ai vu à Munich, en 1839, les nombreuses fresques qui avaient été exécutées, bien peu d'années avant cette époque, sous les portiques de la Résidence Royale, dénommés *les Arcades*, et sur la porte de ville de l'Isar; et la plupart de ces peintures étaient déjà excessivement détériorées. Cependant, l'illustre ami dont j'ai cité les renseignements sur l'état actuel des peintures exécutées d'après le procédé à la cire de M. Fernbach, m'écrit que la fresque qui a remplacé, dans le tympan du fronton du théâtre, le premier essai de cet artiste, s'est parfaitement conservée depuis bientôt onze années d'existence. J'avais demandé aussi des éclaircissements sur une autre nouvelle technique mentionnée par M. Fernbach sous le nom de *stéréochrômie*, et dont l'invention est attribuée à M. Fuchs, chimiste de Munich. Voici la réponse du même ami : « La stéréochrômie a pour base le sili-
« cate de potasse; le secret du procédé ne consiste que dans la manière de le pra-
« tiquer, et c'est à M. le professeur Schlotthauer, connaissant les besoins des artistes,
« que cette découverte est due. M. Kaulbach a employé la nouvelle technique,
« depuis 1847, aux peintures murales dans l'intérieur du nouveau musée de Berlin,
« et il en fait le plus grand éloge : Mais beaucoup d'autres peintres trouvent les
« couleurs crayeuses, sèches, fades, et mettent la durée de cette peinture en doute.
« Le premier essai fut fait en 1846 par M. Kaulbach, à l'extérieur de son atelier :
« cet artiste y peignit, entre autres, un paon avec les brillants tons de son plu-
« mage, et cet essai s'est parfaitement conservé jusqu'à présent, quoiqu'il ait été exé-
« cuté au rez-de-chaussée, sur un mur humide et exposé à toutes les intempéries. »
Je suis heureux de pouvoir ajouter à ces notions des détails plus complets :
« Le nouveau procédé de peinture inventé par M. Fuchs sous le nom de stéréo-
« chrômie, » m'écrit mon digne ami M. Zanth, « s'exécute sur un enduit de mortier
« sec, et fait d'avance : cette technique permet l'emploi de toutes les couleurs,
« et leur préparation fait qu'elles ne changent pas en séchant. Les peintures

Aussi n'est-ce ni l'une ni l'autre de ces techniques qu'il faut appliquer en pareil cas : c'est la peinture en émail sur lave émaillée qui est la seule convenable pour des peintures monumentales à l'extérieur. Résistant aussi bien à l'eau qu'au feu; nullement susceptible de s'altérer par l'influence atmosphérique; peu accessible aux salissures, à cause de sa surface lisse; supportant d'ailleurs le lavage avec des acides assez forts; d'une exécution plus facile qu'aucune

« terminées, on les couvre d'une dissolution de silicate; et cette espèce de vernis,
« absolument incolore, qui se pétrifie ou se vitrifie à l'air, les garantit de toute in-
« fluence atmosphérique. Un peintre très-distingué, de mes amis, en trouve l'em-
« ploi facile et commode. J'ai visité plusieurs fois les échantillons exécutés par
« M. Kaulbach : un vase rempli de fleurs et un paon, exposés au sud-ouest, à
« toutes les pluies, les neiges et aux vents; je n'ai jamais observé la moindre alté-
« ration. Je vis ensuite, sur les bords du lac de Stahremberg, la maison de
« M. Himbtel, architecte de Munich, élevée à dix pas du bord de l'eau, exposée à
« l'ouest et complétement isolée. Elle est décorée à l'extérieur de figures dont plusieurs
« ont été peintes à fresque d'après des dessins de M. Kaulbach, et d'autres avec le
« procédé de la stéréochrômie, par M. Zimmermann. Non-seulement j'ai vu que,
« dans les premières, des couleurs avaient entièrement disparu et d'autres sensible-
« ment faibli, mais encore qu'à chaque pluie les fresques étaient complétement
« imbibées d'humidité pendant des demi-journées et plus, jusqu'à ce que la cha-
« leur du soleil les eût séchées; puis, qu'elles offraient sur leur surface de fines ger-
« çures en assez grand nombre; tandis que les peintures stéréochrômes étaient
« restées intactes, qu'elles paraissaient, comparées aux fresques, comme des ta-
« bleaux à l'huile à côté de dessins à l'aquarelle, et que l'eau, qui pénétrait le pro-
« cédé à la chaux, ne faisait que glisser sur celui au silicate. Enfin l'architecte pro-
« priétaire, à la suite de ses expériences de plusieurs années, compléta la décoration
« peinte de son habitation sur l'ancien enduit existant, qu'on imbiba d'abord de
« la même solution employée après l'achèvement des peintures; et l'exécution se
« fit très-facilement, et avec une grande promptitude. » On comprend à quel point la constatation de ces faits parle en faveur de la stéréochrômie; et combien sont justes les regrets qu'exprime M. Zanth, que l'on n'ait pas fait l'épreuve en grand de ce procédé à Munich, pour la nouvelle Pinacothèque des artistes vivants. En tout cas, il est au plus haut degré intéressant de suivre la marche de cette découverte, et rien ne serait plus désirable que sa parfaite réussite. On pourrait dire alors, avec beaucoup de raison, que l'invention contemporaine de la stéréochrômie a été non moins miraculeuse pour la rénovation rationnelle de l'architecture polychrôme, que celle pour ainsi dire instantanée de la chrômolithographie pour en faire connaître les belles applications chez les anciens.

autre peinture à couleurs vitrifiables, en ce que les retouches et les cuissons peuvent se multiplier à volonté; non moins apte aux petits sujets qu'aux surfaces les plus étendues, la peinture sur lave réunit tous les avantages désirables.

En songeant à la perfection où M. Morteleque, l'inventeur de ce procédé, était arrivé dès l'origine de sa découverte, qui remonte au delà d'un quart de siècle; en se reportant aux essais faits à Paris, à l'extérieur, il y a plus de vingt années, dans beaucoup de constructions et à l'École des beaux-arts; en voyant enfin le commencement de la vaste décoration, au moyen de cette peinture, des parois du porche de Saint-Vincent de Paul, tous exemples qui attestent une perfection matérielle complète et incontestable, il est bien pénible de voir une aussi précieuse technique délaissée de nouveau, et se perdre, pour ainsi dire, dans les emplois industriels ordinaires et mesquins, au lieu de briller sur nos édifices publics par des applications nobles et grandes. Et si, pour arriver à la découverte de ce procédé et à une de ses plus magnifiques applications, l'amour-propre national en Prusse n'a voulu puiser en France que l'existence de cette peinture, la conviction de sa beauté et les ressources de son inappréciable concours à la décoration extérieure des monuments, j'aime à espérer que l'administration de la préfecture de la Seine, si sage, si persévérante dans sa haute influence sur les arts, et qui encouragea les premiers essais de cette belle technique, complétera son œuvre en faisant achever les peintures sur lave du porche de l'église Saint-Vincent de Paul. Avec cette importante et magnifique application, le voyageur qui aura admiré à Berlin les produits d'un art originaire de France, jugera que si ces produits ont heureusement réussi en pays étranger, ceux que l'on voit à Paris se ressentent de leur avantageuse culture sur le sol natal (1).

(1) Parmi les souverains de notre époque qui aimèrent et encouragèrent puissamment l'architecture, aucun n'a plus de droit d'ajouter à ce glorieux titre celui

Les procédés matériels pour l'application de la polychrômie à l'architecture moderne peuvent être, ou la peinture à la cire sur

de la cultiver avec une rare distinction, que Frédéric-Guillaume IV. Non-seulement ce Roi discuta avec Schinkel, le rénovateur de l'art de bâtir en Prusse, les projets qu'il était chargé de rédiger, mais S. M. les étudia souvent avec ce grand artiste, et composa parfois, à côté de celui qu'Elle aimait à nommer son cher Ictinus, les nouveaux monuments qu'il s'agissait de créer. Entre ces derniers, on attribue surtout au Roi le plan de la basilique qui fut commencée avant 1848, et que les événements d'alors ont interrompue. D'après ce projet, dont l'exécution est confiée à M. Stüler, le digne élève et émule de Schinkel, les façades de ce colossal temple sont ornées de nombreuses peintures qui doivent être exécutées sur des laves émaillées. Ainsi décoré, cet édifice deviendra une des constructions modernes les plus magnifiques; et les vœux de tous ceux qui connaissent ce vaste projet doivent être pour sa plus prochaine continuation. Lorsqu'on pense qu'à l'érection de cette basilique se lie celle du champ de repos de la famille royale, disposé à l'instar du *Campo santo* de Pise, et pour les immenses fresques duquel P. Cornelius s'est surpassé dans ses admirables compositions, remplies des plus poétiques inspirations puisées dans la Bible, on ne saurait rien souhaiter qui fût plus digne de récompenser l'Auguste auteur d'une aussi grande conception, que la gloire de pouvoir la réaliser.

Quant à l'idée d'employer au plus beau monument moderne de la capitale de la Prusse les laves émaillées peintes, elle eut sa source dans la présence à Berlin de plusieurs échantillons de cette peinture, que j'adressais en 1833 à M. Beuth, directeur de l'Institut Royal des arts et métiers, en insistant, auprès de mon honoré ami, sur l'utile et rationnel emploi de cette inaltérable technique à la décoration de l'extérieur des édifices. Parmi ces échantillons se trouvait une dalle circulaire d'une assez grande dimension. Je l'avais composée de manière à offrir presque tous les genres de peintures, tels que figures, oiseaux, fleurs, fruits et ornements, se détachant sur des fonds, soit blancs et légèrement colorés, soit bleus, rouges et noirs. Je m'occupais alors avec ardeur à propager la peinture sur lave. Sollicité d'abord à coopérer seulement à ses produits par mes dessins, à l'effet d'empêcher que cette admirable invention ne fût abandonnée dès sa naissance, je fus entraîné ensuite, par les mêmes raisons, à y concourir pour de fortes sommes. Quoique ce fût dans l'unique intention de constater par l'expérience la possibilité de peindre avec ce procédé les sujets les plus variés de caractère et de grandeur, et en vue de l'appliquer au porche de Saint-Vincent de Paul, je dus, après trois années de sacrifices de temps et de beaucoup d'argent, abandonner ma participation directe à l'exploitation de la peinture sur lave. Je n'avais pas réfléchi qu'il ne suffisait pas que mon intervention n'eût pour but que la prospérité de ce beau procédé, dû à l'esprit inventif français : pour la pensée première, à M. le comte Chabrol de Volvic; pour fond cautérisé, ou la peinture à l'huile. J'ai appliqué la première à la chapelle sépulcrale de la comtesse Potocka au cimetière du Nord,

la découverte des moyens matériels, à M. Morteleque, et pour le tact de la cuisson, à M. Hachette; il aurait fallu encore éviter qu'on ne pût me prêter en rien la perspective d'un lucre. Aussi, lorsqu'en agissant avec le zèle que m'inspirait le désir de participer au bien de l'art et à une nouvelle gloire pour la France, je vis que mon ardeur était interprétée par le sentiment tout opposé de l'intérêt personnel, ce fut pour moi une pénible désillusion. A ce propos, je n'oublierai jamais à quel point me blessa la réponse d'un haut fonctionnaire, ancien négociant, qui, après avoir écouté mon chaleureux plaidoyer en faveur des laves peintes, m'adressa, avec un ton mi-sentencieux et mi-ironique, le « *Vous êtes orfèvre, M. Josse!* » Toutefois, je trouvai, dans cette fausse application des paroles de Molière, une salutaire leçon. J'abandonnai ma coûteuse coopération au progrès des peintures sur lave, et je compris que si Philibert Delorme dit, avec une grande raison, « *Il faut que l'ar-* « *chitecte ne manie jamais autre argent que le sien, et n'ordonne point les deniers* « *des seigneurs,* » il convient d'ajouter à ce judicieux conseil : *qu'il faut également que l'architecte, tout en ne maniant jamais l'argent des autres, et en n'ordonnant que ses deniers à lui, veille encore à ce qu'on ne puisse lui imputer d'en vouloir tirer profit par l'influence de sa position.*

Néanmoins, mon but était en partie atteint : des laves peintes avaient été appliquées à des édifices publics, et la ville de Paris en avait ordonné un commencement d'emploi au porche de Saint-Vincent de Paul. Mais il faut que cette œuvre importante soit achevée : l'administration municipale ne doit pas laisser à la Prusse l'honneur de nous précéder dans une grande application de cette belle industrie artielle, qui, encore une fois, est d'origine française, et était parvenue à sa complète maturité bien des lustres avant qu'on tentât de la reproduire. D'après un journal allemand, le *Deutsches Kunstblatt*, du 3 février dernier, depuis très-peu de temps seulement, et à la suite de longues tentatives auxquelles prirent part M. de Klöber, peintre, MM. Fuss et Lüdersdorff, chimistes, et M. Mertins, peintre sur porcelaine, ce dernier artiste serait enfin parvenu à des résultats satisfaisants. Du reste, dans ce journal on parle de la dalle en lave précitée, et qui a été le point de départ des essais de ces messieurs, comme n'étant en possession de l'Institut des arts et métiers que depuis cinq années, au lieu de dix-huit qu'elle s'y trouve; et on cite comme exécutée à Berlin, avec une frise composée d'arabesques et d'anges, une seule peinture de forme ogivale, de $2^m,60$ à sa base et $1^m,60$ de hauteur, représentant le Christ sur la croix, accompagné de Luther et Mélanchthon; puis, comme en cours d'exécution, trois figures de saints peintes sur de petites dalles de $0^m,70$ en carré. Il faut certainement respecter et encourager tout noble amour-propre national; mais dans cette circonstance, où l'invention existait, pour ainsi dire, parfaite depuis tant d'années, il est difficile d'approuver la dépense de beaucoup de temps et sur plusieurs objets dans ma demeure; puis la seconde au Cirque comme aux différents pavillons élevés dans les Champs-Élysées.

La conservation de la peinture à la cire a été assez satisfaisante pendant près de six années; mais, à partir de ce temps, les rouges ont commencé à foncer; les ornements en argent des écussons ont noirci, et les bleus, aussi bien que quelques fonds blancs, lorsqu'on les frottait, se détachaient à la surface par petites parties en une fine poussière; les verts, les jaunes et les ors étaient restés à peu près intacts. Toutefois, il est à considérer que la petite chapelle est élevée sur une hauteur dominant le cimetière, qu'elle est entourée de végétation, et exposée par conséquent à toutes les intempéries, comme aussi aux émanations corrosives du champ de repos commun, au-dessus duquel le monument est construit.

La peinture à l'huile, quoique plus favorablement exposée, n'a pas offert la même durée pour la belle conservation des tons : les rouges ont changé bien plus tôt, et les blancs ont jauni d'une année à l'autre. Mais comme la coloration des constructions dans les Champs-Élysées doit être maintenue dans un parfait état de fraîcheur, que par conséquent les peintures y sont partiellement ou entièrement renouvelées à chaque printemps, je n'ai pu établir la comparaison d'une manière identique. Cependant le procédé à l'huile étant moins coûteux et d'un usage général, tandis que la technique à la cire est beaucoup plus dispendieuse et d'un emploi peu usuel, il est probable, lors même que l'architecture polychrome prendrait, par la suite, un certain essor, que la peinture à l'huile y serait pendant longtemps encore employée de préférence à celle à la cire. Mais ni l'une ni l'autre n'auront dans notre climat une longue durée à l'extérieur, et dans les meilleures conditions de l'emploi de

et d'argent pour arriver à la reproduction d'un procédé dont il eût été facile d'acquérir le secret, et qu'il y aurait eu plus de gloire et d'avantage pour l'art à appliquer monumentalement et avec promptitude, qu'à l'arrêter par une lente recherche de son imitation.

ces procédés, une rénovation sera toujours nécessaire à des intervalles plus ou moins éloignés.

D'ailleurs l'économie, en général le seul but des constructeurs de bâtiments particuliers, dont le plus grand nombre est entrepris par la spéculation, ne saurait aller volontiers au delà de l'objet de la conservation des matériaux, qui résulte de l'emploi de la peinture, ni ajouter même la moindre dépense en plus pour remplacer le ton ordinaire de pierre appliqué à l'huile, au moyen d'un procédé plus coûteux, par cela seul qu'il serait plus durable.

Il est même juste de dire que dans des pays comme la Belgique et la Hollande, où la nécessité de la peinture a fait de son emploi une habitude et de son entretien continuel un besoin, et où le procédé à l'huile est le seul connu et appliqué, il est parfaitement convenable et satisfaisant. L'usage de ne superposer les couches que pendant un certain temps, et d'enlever les couleurs devenues trop épaisses en les brûlant sur les moulures et les ornements, sans qu'il en résulte de dégâts; cet usage laisse peu à désirer. Et si quelque part le système des anciens de la coloration de l'architecture, comme moyen de conserver et d'embellir les matériaux, pouvait trouver une application rationnelle, ce serait en de pareilles circonstances, où la moitié du chemin, celle qui conduit au but de l'utilité, est parcourue depuis des siècles, et où il ne reste plus à parcourir que l'autre moitié pour atteindre également au but plus élevé de l'art. Cependant on ne peut pas nier que dans ces mêmes pays, comme dans d'autres contrées où dominent les constructions en bois, en Allemagne, en Suisse, aussi bien qu'en France comme en Chine, à Constantinople et ailleurs, on ne rencontre quelquefois un choix et une distribution de couleurs qui ne laissent rien ou peu à désirer; qui offrent une certaine harmonie de tons, de jolis ornements, un grand charme enfin, par un aspect de gaieté et de diversité très-séduisantes. Mais ces exemples sont rares, et il serait à désirer que l'étude, qui forme le goût, vienne plus souvent au secours du hasard ou de la tradition, pour multiplier et généraliser ces heureux effets (1).

Les moyens matériels de la peinture, dans leur application aux constructions particulières, laissent donc moins à désirer que les qualités artistiques; et il reste bien plus à faire pour diriger d'une manière satisfaisante l'emploi de cet embellissement complémentaire de l'architecture, que pour trouver des couleurs belles et durables.

(1) Il existe entre Dusseldorf et Cologne, ma ville natale, un bourg qui porte mon nom de famille, et dont les fondateurs, probablement d'origine romaine, paraissent avoir transmis à leurs descendants le goût et l'usage de l'architecture polychrôme. Voici ce qu'on lit à ce sujet dans le *Manuel du voyageur sur les bords du Rhin* (Heidelberg, 1816, p. 348) : « *Langel*, sur la gauche, est entouré « d'une plaine sablonneuse; *Hittorf*, sur la droite, offre, avec ses jolies maisons « *peintes de diverses couleurs*, l'aspect charmant d'un village hollandais. Les habi- « tants possèdent des pêcheries très-lucratives, et font un commerce assez considé- « rable de *saumons*. » J'ai le regret de n'avoir pu visiter cet endroit, et faire des recherches sur son origine antique, qu'elles eussent sans doute confirmée. En effet, l'histoire établit, et les innombrables ruines encore existantes confirment, que, sous les empereurs romains, les bords du majestueux fleuve offraient une suite non interrompue de colonies, de camps militaires, de châteaux forts, et que les villes, les bourgs et les villages rhénans ont été élevés sur ces emplacements, s'ils ne datent eux-mêmes de l'époque romaine. Des antiquaires philologues n'hésitent pas à partager cette opinion par rapport au village polychrôme; et ils supposent que les mots *hic orphus*, qui désignent clairement un lieu où abonde le poisson de mer tel que le saumon, ont composé le nom primitif de ce village, adopté comme surnom, *cognomen*, par ses fondateurs, et dont serait dérivé par corruption le nom *Hitorphus*, avec la terminaison latine; puis celui de *Hitorp*, qui est l'ancienne orthographe allemande, et ensuite le mot moderne *Hittorf* ou *Hittorff*. Selon cette opinion, le fait de la permanence de l'architecture peinte, dans un bourg à peu près inconnu jusqu'alors, permettrait de faire remonter sa fondation à celle de la célèbre colonie d'Agrippa, et de lui attribuer, à l'encontre de celle-ci, l'honneur d'avoir conservé la tradition, presque perdue partout ailleurs, de l'usage des anciens de peindre les édifices. Enfin les savants veulent tirer de ce fait la conséquence : Qu'un descendant des vainqueurs du monde, qui élevèrent le bourg où ne cessa jamais l'application de la polychrômie à l'art de bâtir, s'est trouvé appelé, par une curieuse prédestinée, à en constater de nouveau l'existence depuis les temps les plus reculés jusqu'à nos jours.

Il n'en est pas ainsi quant à l'emploi de ces mêmes moyens aux édifices publics, qui, presque toujours construits de beaux matériaux, peuvent difficilement gagner dans leur effet monumental, par l'application de la polychrômie avec les procédés usités pour peindre et conserver les bâtiments ordinaires. Ici, il devient convenable de rehausser et de caractériser les œuvres de l'architecte avec des matériaux colorés par la nature, tels que les marbres de toutes les nuances et les divers métaux, ou bien encore, pour les surfaces planes, avec les laves émaillées peintes de couleurs variées et décorées d'ornement. Là où le marbre manquerait, on pourrait y suppléer, surtout pour les colonnes et les pilastres en pierre, en les polissant. J'ai déjà eu occasion de dire à quel point, même pour la durée du marbre et du granit, le poliment est indispensable. En Égypte, on a vu des parties de cette dernière matière, devenues accidentellement frustes, être rongées, avec le temps, à un degré excessif, tandis que d'autres parties à côté, qui avaient conservé leurs surfaces lisses, n'offraient presque aucune avarie, quoique se trouvant d'ailleurs dans les mêmes conditions. Si donc l'emploi de ce moyen est indispensable pour les matériaux les plus durs et dans les pays les plus conservateurs, à plus forte raison le devient-il pour des matériaux beaucoup moins solides, et sous un climat éminemment destructeur. Cependant il y a à peine vingt années que le poli, qui joint à l'agrément de l'aspect celui de l'utilité, a été appliqué en grand à nos édifices; et encore ne l'a-t-il été qu'à l'intérieur, et nullement à l'extérieur. Ces grandes applications, qui ont été faites, en premier lieu, par l'illustre architecte de Notre-Dame de Lorette, M. Hippolyte Lebas, sur les colonnes en pierre de liais de la nef et des bas-côtés, et depuis à Saint-Vincent de Paul sur les colonnes en pierre de Saint-Non, et sur les pilastres et les murs en pierre de Vergelé, ont eu les résultats les plus satisfaisants. Le luisant, puis la disparition des joints et le ton plus coloré de la pierre, qui en résultent, produisent tellement l'apparence du marbre, que des architectes étrangers et français y ont été trompés. L'illusion est d'autant plus grande dans la dernière église, que la pierre de Saint-Non offre beaucoup de petites cavités naturelles qui avaient été reproduites artificiellement sur les joints des tambours, et que leur rebouchage et celui des cavités existantes, avec des stucs de différentes couleurs, transforma des colonnes composées de plusieurs assises, d'une matière comparativement commune, en des fûts de beau granit d'un seul morceau.

Un pareil poli ne résisterait sans doute pas indéfiniment à l'extérieur ; mais en l'entretenant, nos édifices seraient préservés longtemps de la cause la plus active de leur prompte destruction, qui est la facile adhérence, sur toute la surface poreuse de la pierre, des toiles d'araignée, de la poussière, des lichens, des semences végétales, et de l'humidité. D'ailleurs, puisque tous les marbres se ternissent promptement chez nous, et qu'une fois ternis, les parties plus ou moins tendres dont ils sont formés se décomposent aussitôt, à plus forte raison le soin qu'exigerait cette belle matière, dont la conservation est malheureusement tout autant négligée chez nous qu'en général celle de l'ensemble de nos monuments, devrait être pris pour les autres matériaux d'une nature beaucoup plus destructible.

Il existe donc pour nos édifices publics, et en accord avec leur haute destination, suffisamment de moyens matériels pour y appliquer la polychrômie, comme cela s'est fait, du reste, en tous temps, sans la préoccupation de suivre ou non une tradition grecque de la plus haute antiquité (1). L'application en fut faite par les

---

(1) Indépendamment des châteaux de Versailles, du grand Trianon, des Tuileries, et de tant d'autres édifices analogues en France et ailleurs, construits et colorés avec des matériaux de différentes nuances de ton, l'arc de triomphe élevé sur la place du Carrousel, il n'y a pas quarante années encore, se compose de sept genres de matériaux de natures et de couleurs variées : 1° de la pierre de liais, couleur jaunâtre, pour la construction générale ; 2° de marbre rouge et blanc, dit de Lan-

plus grands artistes, parce qu'ils y voyaient le système de décoration architecturale le plus propre, après la recherche des formes, à embellir et à caractériser davantage leurs œuvres. Ils destinaient les couleurs à préciser la proportion de chaque partie, à attirer le regard sur les principales, à faire briller ici des masses, là des détails, ou à les subordonner entre eux; à vivifier enfin, si je puis dire, par l'animation du coloris, l'immobilité absolue de leurs œuvres, et à faire disparaître, là où c'était le fait de l'uniformité des matériaux, la froide monotonie de leur aspect. Les artistes appliquaient ainsi à l'art de bâtir, le seul entre tous les arts qui n'ait pas de modèle dans la nature, le moyen universel employé par celle-ci pour parer ses plus belles productions de leurs plus séduisants attraits, l'harmonie et la variété des couleurs.

guedoc, pour les fûts des colonnes; 3° de marbre rouge foncé, griotte dite d'Italie, pour la frise; 4° de marbre blanc, pour les bas-reliefs et les statues; 5° de bronze de couleur naturelle verte, pour les bases et les chapiteaux; 6° de bronze doré, pour les têtes de clous ou patères, et primitivement pour le quadrige; 7° enfin de fonte en fer noir, pour les têtes de lion jetant les eaux pluviales. Aussi ce monument a été pour moi la preuve la plus curieuse de la force des préventions. Des personnes, systématiquement de l'opinion la plus prononcée contre l'existence et le bon effet des édifices colorés, qui virent presque tous les jours de leur vie, sans en être choquées, l'arc du Carrousel, ne s'étaient jamais doutées que ce fût un exemple très-prononcé de l'architecture polychrôme, et que sa coloration, sans compter les couleurs de l'or et du fer parce qu'elles sont peu apparentes, présentait au moins autant de tons que la façade du temple d'Empédocle, où leur imagination prévenue désapprouvait, dans ma restitution, l'emploi de cinq tons seulement.

FIN DE LA TROISIÈME PARTIE.

QUATRIÈME PARTIE.

EXPLICATION DES PLANCHES, AU NOMBRE DE VINGT-CINQ. ELLES CONTIENNENT, AVEC UN FRONTISPICE ET LA RESTITUTION DU TEMPLE D'EMPÉDOCLE DANS L'ACROPOLE DE SÉLINONTE, LES RESTES D'ARCHITECTURE, DE SCULPTURE ET DE PEINTURE RECUEILLIS A L'APPUI DE CE TRAVAIL ET DE L'EXISTENCE PERMANENTE DE L'ARCHITECTURE POLYCHRÔME CHEZ LES GRECS (1).

FRONTISPICE.

Le motif principal de cette composition est tiré d'une peinture

---

(1) La difficulté d'obtenir, avec la chromolithographie, la reproduction identique d'un dessin d'architecture harmonieusement coloriée, est appréciable par les personnes qui ont employé l'impression en couleur au moyen de la gravure sur des pierres. Ces personnes sauront faire à ce procédé la part de ce que quelques planches peuvent avoir d'un peu dur dans les ombres et d'un peu cru dans le ton local, en considérant que ces planches ont été commencées il y a plus de quinze années; qu'elles furent, à Paris, les premiers essais appliqués à des dessins qui ont exigé jusqu'à quatorze pierres, et autant d'impressions de couleurs variées; et enfin qu'il est presque impossible de reproduire sur plusieurs gravures les mêmes couleurs,

sur un vase représentant le palais de Pluton (1). Le royal *atrium* de la divinité des ténèbres, dont les colonnes sont surmontées de sphinx, gardiens des temples, emblèmes des mystères de la sagesse, de la science et des arts, m'a paru d'une heureuse application à mon sujet (2).

sans que celles-ci ne diffèrent entre elles par quelques nuances. Aussi là où ces écueils n'ont pas été entièrement évités, la cause n'en saurait être attribuée au manque de soins et d'exactitude dans les dessins.

Du reste, il est digne de remarque que, pareille à tant d'autres précieuses inventions qui apparurent dans des circonstances les plus opportunes, la chrômolithographie surgit, à notre époque, juste au moment où de sérieuses études des œuvres de l'art antique, du moyen âge et des temps postérieurs, les font apparaître ornées de belles couleurs, et où, sans cette invention, il eût été presque impossible de les reproduire et de les conserver à la postérité avec le charme et le prestige de cette brillante parure.

(1) *Monuments de l'Instit. archéol. de Rome*, année 1837, Pl. XLIX.

(2) Sans parler de l'introduction multipliée que les artistes anciens ont faite du sphinx, dans la composition des trônes des divinités, des tombeaux, des autels, et de tant d'autres objets, et sans m'étendre sur toutes les attributions de cette figure, je signalerai seulement la connexité qu'offre avec l'emploi de ce symbole, au sommet des colonnes du palais de Pluton, dans la peinture qui m'a inspiré, la présence de ce même emblème sur un charmant candélabre et un admirable trépied en bronze trouvés à Pompéi et à Herculanum : sur ces deux meubles, particulièrement destinés à l'usage du *feu*, des sphinx accroupis aux sommets de la tige du candélabre et des supports du trépied portent le couronnement de l'un et de l'autre, comme dans le frontispice ils portent l'entablement et le fronton de l'*atrium*. En suivant, au sujet de ce dernier emploi, la pensée que les objets peints sur les vases sont généralement des imitations d'objets réels, il serait évident que des sphinx, placés sur les chapiteaux des colonnes pour soutenir le faîte d'un édifice, auraient été employés dans la réalité. On doit en effet admettre cette hypothèse, quelque hasardée qu'elle puisse paraître au premier abord : car ce motif, si peu architectonique qu'il puisse paraître, prit certainement naissance dans la nécessité d'exprimer une idée symbolique; et il n'a, au fond, rien de plus extraordinaire que les emblèmes analogues qu'offrent un tombeau à Myra et les ruines d'un édifice antique à Délos. On voit en effet, au premier monument, sur chacun des chapiteaux de deux pilastres, une tête de lion qui porte un plafond. A Délos, ce sont des taureaux qui occupaient la même place et remplissaient à peu près les mêmes fonctions. D'ailleurs, des figures de femmes, tenant lieu de fûts de colonnes, comme les cariatides du Pandrosium d'Athènes, ou des géants et géantes portant sur leur tête et leurs

Le système de la coloration des édifices d'origine hellénique étant resté caché pendant des siècles aux yeux des savants et des artistes, j'ai voulu exprimer ce fait : que les recherches contenues dans mon ouvrage avaient tiré le voile qui cachait pour tous, il y a un quart de siècle, et qui ne saurait plus couvrir pour personne aujourd'hui, l'existence de l'architecture polychrôme chez les Grecs. Mais, au lieu du trône de Proserpine qui, sur le vase, occupe le centre du portique, c'est l'intéressante peinture, empruntée à une hydrie étrusque, à qui j'ai donné cette place (1). Elle représente un tombeau de caractère grec, élevé sur quatre gradins : au devant, un jeune homme est dans l'action de peindre les ornements des moulures qui couronnent ce monument funèbre. Rien ne pouvait mieux confirmer et l'usage d'embellir de peintures les édifices de tout genre, et l'inépuisable source de précieux documents conservés sur les vases peints. Aux deux côtés de ce tombeau sont deux stèles sur lesquelles j'ai retracé plusieurs extraits d'inscriptions trouvées à Athènes, et qui ont rapport à la peinture à

---

bras l'architrave du temple de Jupiter à Agrigente, sont des exemples qui appartiennent à de belles époques de l'art, et qui montrent l'influence d'idées semblables.

(1) Gerhard, *Festgedanken an Winckelmann*, Pl. II. Quoique mon dessin soit un calque exact de cette planche, j'ai dû, pour mon objet, substituer, aux deux tons du vase, le noir et la couleur terre cuite, la coloration probable du tombeau et de ses ornements, comme la carnation du jeune homme ; j'ai dû indiquer de même les ombres des moulures, celle que porte sur le monument la figure, et celles nécessaires pour la modeler. Du reste, ces couleurs font mieux voir que ce n'est pas un style recourbé, comme le croit M. Gerhard, que tient à la main le jeune homme, mais bien un pinceau droit. La partie courbe, cause de l'erreur de ce savant, n'est autre que le commencement supérieur et arrondi de l'ornement pareil à ceux déjà tracés. J'entends ici par *tracés*, non pas gravés ou creusés dans la pierre ou le marbre, opération dont on voit les vestiges sur beaucoup de fragments, et pour laquelle il aurait nécessairement fallu que l'artiste tînt, au lieu du style, un ciseau dans la main gauche et un marteau dans la main droite, mais dessinés en couleur, au moyen d'un pinceau, avec un seul ton, pour servir de guide indispensable dans l'application ultérieure des couleurs. La pose du bras gauche, qui fait voir que l'avant-bras est élevé pour tenir la palette chargée de couleurs, confirme cette conjecture.

l'encaustique des architraves et à la dorure des volutes des chapiteaux du temple d'Érechthée (1). Au delà s'élève, au fond, le temple

(1) Chandler recueillit le premier des fragments d'inscriptions relatives à l'Érechthéion d'Athènes, et lord Elgin en ajouta d'autres. Elles contenaient une description faite sous l'archonte Dioclès (en 409), à la suite d'une décision du peuple, de l'état du chantier et des constructions de ce monument. On y trouve portés : avec leurs mesures et comme à demi achevés, un grand nombre de morceaux de marbre, et parmi eux des chapiteaux, des architraves, des cymaises et des moulures de couronnements; d'autres morceaux déjà posés en place, appartenant à des marches, aux murs, aux antes, à des fûts de colonnes engagées, et à des parties d'architrave, comme étant encore sans poli, sans cannelures et sans sculpture d'ornement; puis un autel sans être élevé, des chevrons et des lattes sans être posés, des rosaces ornant l'architrave du porche des cariatides, sans être achevées, comme elles le sont encore aujourd'hui; d'autres pierres terminées, et quelques-unes où il n'y avait plus que des joints à tailler; enfin des morceaux de corniches et de frontons à peine ébauchés, ou plus ou moins avancés. Il y est question aussi d'un encadrement de porte où il ne reste plus à faire que des incrustations en pierre d'Éleusis, et de consoles, sous le nom d'oreilles, en cours d'exécution. Une chose remarquable, et qui confirme qu'il s'agit bien du temple d'Érechthée, qui n'est désigné dans les inscriptions que comme « Le temple de l'Acropole où est élevée l'ancienne statue, » c'est la phrase où il est dit que « la construction était parvenue au point où commence tout autour du monu-« ment la pierre d'Éleusis, destinée à recevoir les sculptures, » attendu que cette pierre, d'un ton gris foncé, est employée dans la frise de cet édifice. Mais une découverte plus intéressante fut celle que fit M. le docteur Ross, lorsqu'en 1835 et 1836, président à la démolition de la grande batterie turque élevée en avant des Propylées, ce savant antiquaire trouva plusieurs autres fragments d'inscriptions également gravées sur des dalles de marbre, et qui contiennent des états de dépense et de recette relatifs aussi à la construction de l'Érechthéion. — A en juger par la forme des lettres, on suppose que l'origine de ces états remonte vers l'année 403. — Comme ces inscriptions, dans lesquelles j'ai puisé les extraits inscrits au frontispice, méritent d'être relatées ici, non-seulement à cause de l'emploi et du prix des peintures à l'encaustique, et de la dorure dont il y est question, mais encore par suite d'autres particularités qu'elles contiennent sur le prix des journées de différents ouvriers de bâtiment et sur les honoraires de l'architecte, comme aussi sur les sommes payées pour des sculptures de figures, et les modèles en cire d'ornements de bronze, je vais les donner d'après les traductions qu'en ont faites le célèbre philologue A. Böckh, le docteur Ross, et en dernier lieu M. Rangabé. Le premier de ces savants a publié en 1825 les inscriptions, conservées en Angleterre, de Chandler et de lord Elgin, dans ses *Inscriptiones atticæ*, p. 264 à 286; et trois des nouveaux fragments à lui communiqués par M. Ross le furent, dans l'édition allemande de l'Érechthéion,

de Denderah, comme un des beaux exemples de l'architecture coloriée en Égypte; puis, sur la droite, le Parthénon d'Athènes avec sa

de H. W. Inwood, par M. de Quast. Dans cette dernière publication se trouve un quatrième fragment traduit par l'auteur de la découverte, et les extraits d'autres fragments très-frustes; enfin, dans les *Antiquités helléniques* de M. Rangabé sont réunies toutes les inscriptions découvertes jusqu'alors. Je ne donnerai ici en détail que les plus intéressantes pour mon sujet, et ne ferai que mentionner sommairement le contenu des autres.

Premier fragment....... A ceux qui ont construit, pour les peintres, les échafauds de la partie intérieure (du portique) sous le toit : A Manis, demeurant à Collytos, CCCCVI drachmes. (A 1 fr. 18 cent. la drachme de 6 oboles.)

A ceux qui portaient les baquets en haut : A Prépon, demeurant à Agrylæ, I dr.; à Médos, demeurant à Mélite, I dr.

Total aux aides-ouvriers : LXXXIV dr. IV½ ob.

Aux scieurs à la journée, à deux hommes pour seize jours, à raison d'une drachme par jour à chacun : A Rhaidius, demeurant à Collytos, et à son aide, XXXII dr.

Aux scieurs à la journée, à deux hommes qui ont travaillé dans la troisième période de douze jours, pendant sept jours, aux caissons du plafond, à raison d'une drachme par jour : A Rhaidius, demeurant à Collytos, et à son aide, XIV dr.

Total aux scieurs : XXXXVI dr.

Aux *encaustes*, Ἐγκαυταὶ (ou peintres à l'encaustique) : A celui qui a peint à l'encaustique la cymaise, ἐγκέαντι τὸ κυμάτιον, de l'architrave intérieure, à raison de cinq oboles le pied : Dionysodore, demeurant à Mélite; Héraclides d'Oa, répondant, XXX dr.

Total aux *encaustes* : XXX dr.

Aux doreurs : A Sysiphe, demeurant à Mélite, qui a doré les volutes, ce qui lui est dû en plus de ce que nous lui avons donné dans la précédente prytanie, de la tribu OEnéis.....

Total aux doreurs.....

Honoraires à l'architecte Archilochos, d'Agrylæ, XXXVII dr. II ob.

Au sous-secrétaire Pyrgion, XXX dr. III ob.

Total des honoraires : LXVII dr. V ob.

Total de toute la dépense : MDCCLXXXX dr. III½ ob.

Sous la septième prytanie de la tribu Léontide, reçu des questeurs de la déesse, Aresæchme d'Agrylæ et de ses collègues, MMMMCCC dr..........

Deuxième fragment........ celui qui tient la lance, C dr.

Phyromaque de Képhissia, pour le jeune homme auprès de la cuirasse, LX dr.

Praxias, demeurant à Mélite, pour le cheval et celui qui se voit par derrière et qui frappe dessus, CXX dr.

coloration analogue; et sur la gauche, un temple d'architecture romaine, où le système polychrôme est appliqué avec des marbres de

Antiphanes du Céramique, pour le char et le jeune homme, et les deux chevaux harnachés, CCXXXX dr.

Phyromaque de Képhissia, pour celui qui conduit le cheval, LX d.

Mynnion, demeurant à Agrylæ, pour le cheval et l'homme qui le frappe, et la colonne qu'il ajouta ensuite, CXXVII dr.

Soclus, demeurant à Alopeké, pour celui qui tient la bride, LX dr.

Phyromaque de Képhissia, pour l'homme debout qui s'appuie sur un bâton auprès de l'autel, LX dr.

Iasos de Collytos, pour la femme devant laquelle une jeune fille est prosternée, LXXX dr.

Total des ouvrages de sculpture : MMMCCCXVI dr.

Recette : MMMCCCII dr. I ob. — Dépense, la même.

Sous la huitième prytanie de la tribu Pandionide, reçu des questeurs de la déesse, Aresæchme d'Agrylæ et de ses collègues, MCCXXXIX dr. II ob.......

TROISIÈME FRAGMENT..... A ceux qui exécutent les modèles (en cire) pour les bronzes des caissons : A Nésès, demeurant à Mélite, VIII dr.

A celui qui a fait un autre modèle, l'acanthe pour les caissons : Agathanor, demeurant à Alopéké, VIII dr.

Total aux modeleurs en cire : XVI dr.

Honoraires à l'architecte Archilochos d'Agrylæ, XXXVI dr.

Au sous-secrétaire Pergion d'Otryne, XXX dr.

Total des honoraires : LXVI dr.

A l'*encauste* qui a peint à l'encaustique la cymaise de l'architrave intérieure, pour cent treize pieds, à raison de cinq oboles le pied. Nous avons donné, avec ce qu'il avait reçu, à Dionysodore, demeurant à Mélite, Héraclides d'Oa répondant, XXXXIV dr. I ob.

Total à l'*encauste* : XXXXIV dr. I ob.

Recette : MCCXXXIX dr. I ob. — Dépense, la même.

Sous la tribu Ægéide, reçu des questeurs de la déesse, Aresæchme d'Agrylæ et de ses collègues, MMCCC dr.

Pour le service du culte..... Au sacrifice à Minerve, le premier jour du mois, XXXIV dr. III ob.

Dépense; achats : Acheté deux feuilles de papier, sur lesquelles nous avons écrit les copies, II dr. IV ob.

Quatre planches, IV dr.

De l'or acheté d'Adonis, demeurant à Mélite, CLXVI feuilles à raison d'une drachme la feuille, pour dorer les volutes, CLXVI dr.

différentes couleurs, des bronzes et des dorures. Phidias et Ictinus, le sculpteur et l'architecte du magnifique Hécatompédon de Périclès,

Du plomb acheté de Sostrate, demeurant à Mélite, deux talents pour fixer les sculptures de la frise, X dr.

De l'or acheté d'Adonis, demeurant à Mélite, deux feuilles pour dorer deux yeux des volutes de la colonne, II dr.

Total des achats : CLXXXIX dr. I ob..........

Je me borne à ces extraits, en ajoutant que dans les autres inscriptions, plus ou moins frustes, il est question de frais de démolition d'échafauds, de dépenses pour l'érection de colonnes, et de payements faits à des tailleurs de pierre, relatifs à divers travaux de leur état. Du reste, parmi les inscriptions données en détail, il y a des mots restitués et différemment expliqués par les savants qui les ont traduits; mais ces différences sont peu importantes pour mon objet, toute étude spéciale de ces inscriptions devant se faire sur les textes grecs. Je mentionnerai toutefois le fragment déjà cité p. 263, excessivement fruste, trouvé en 1839 à l'est des Propylées, et dans l'inscription très-mutilée duquel il est question, entre autres choses, d'*escaliers en bois*, que M. Rangabé croit avoir été portatifs, et avoir servi, dans le bâtiment en aile des Propylées, dit Pynacothèque, « pour monter vers chacun des tableaux sus-« pendus aux murs, afin de les voir de plus près; » et d'*un crochet*. Au sujet de ce dernier, « s'il y en avait eu plusieurs, dit le savant auteur, ils auraient servi à suspendre « les tableaux, dont la plupart étaient des planches de bois. » Le lecteur a vu que M. Rangabé, à cause de l'état presque lisse de la surface des murs de cet édifice, exprime l'opinion qu'il ne pouvait pas y avoir eu des peintures murales, basant son idée sur cette fausse conjecture. Cependant, en dehors des preuves matérielles à l'appui de la possibilité de peindre directement sur des marbres préparés au point de recevoir le poli, la dimension restreinte en surface comme en hauteur du local parle ici contre la nécessité et la probabilité de la présence de plusieurs escaliers portatifs, en même temps que ceux décrits pouvaient tout aussi bien avoir eu une destination fixe et avoir appartenu à un autre bâtiment. Mais en admettant l'hypothèse, que le docte Hellène regarde lui-même comme hasardée, et, par suite, la présence de pareils moyens d'ascension dans des sanctuaires plus vastes, la disposition décorative que j'ai adoptée aurait rendu leur service plus utile encore pour l'examen des peintures murales exécutées à de grandes hauteurs, comme aussi et surtout pour s'approcher des tableaux votifs ou des autres précieuses offrandes, à l'effet d'en déposer ou d'en placer. Le crochet ou les crochets mentionnés, qui ne militent guère non plus en faveur de leur destination supposée, en ce que, d'après l'inscription même, ils devaient plutôt faire partie des escaliers; ces crochets trouveraient encore leur emploi dans cette disposition, en les supposant d'une moyenne dimension, comme je l'ai remarqué p. 500, pour la suspension sont inscrits dans la frise, à côté de Nicias, le plus célèbre peintre à l'encaustique, au temps de Praxitèle; c'est un hommage rendu à

de ces offrandes, sans s'opposer en rien au système général des peintures sur mur, et sans témoigner pour celui des tableaux en bois.

Il ne sera peut-être pas sans intérêt de lire, à la suite de ces inscriptions taillées dans le marbre il y a près de deux mille trois cents années, et concernant un des plus remarquables temples d'Athènes, celles tracées à l'encre sur du parchemin il y a un peu au delà de trois siècles, et relatives à une des plus remarquables églises de Paris, Saint-Germain l'Auxerrois : c'est M. Léon de Laborde, l'infatigable investigateur des documents sur l'histoire de l'art en France, qui a fait cette intéressante découverte, non pas heureusement au milieu des décombres, en fouillant les ruines de l'antique Lutèce, mais dans un édifice public bien conservé encore, et sur la couverture d'une collection de Journal à laquelle ce parchemin, dispersé à l'époque de la révolution de 89 avec les Archives de l'ancienne paroisse royale, servait de reliure. Voici ce que l'illustre savant a pu déchiffrer au milieu des écritures en partie effacées et raturées :

« A Jehan Goujon, maistre tailleur d'ymages à Paris, la somme de vingt..... Dix solz tournoys, assavoir : neuf livres tournoys faisant la parpaye de la somme de six vingt quinze livres tournoys pour le marché faict avec ledict Goujon, par lesdicts marguilliers, pour une Nostre-Dame de Pitié et quatre évangelistes a demye taille, servant audict pupitre d'icelle église; et outre luy a esté payé..... »

« Aux ouvriers qui ont besogné audict pupitre par l'espace de cent neuf semaines, la somme de 2,464 liv. 16 solz 11 deniers tournoys, — par certiffication de maistre Pierre de Sainct-Quentin, maistre tailleur de pierres à Paris, ayant le gouvernement des compaignons et la conduicte dudict pupitre sous monseigneur de Claigny [Pierre Lescot]; icelle certiffication datée du quinziesme jour d'avril, l'an mil cinq cens quarante-quatre, après Pasques. »

« A Jehan Goujon, tailleur d'ymages, la somme de dix escus d'or soleil sur étantmoings de son mestier d'ymagier, ainsi qu'il appert par sa quittance en datte du 18 may 1542. »

« Simon Leroy, ymagier, reçoit cinquante écus pour la façon de six anges qui sont audict pupitre; Laurens Regnauldin, ymagier, fait les patrons des anges qui sont en face dudict pupitre; Louis Dubreuil, maistre painctre, execute toutes les dorures..... »

Ainsi ces notions, déjà si intéressantes par elles-mêmes, deviennent surtout précieuses, parce qu'en désignant un de nos plus célèbres architectes et un des plus renommés de nos sculpteurs comme ayant associé leurs talents à la production relativement modeste d'un jubé depuis longtemps déjà détruit, elles nous indiquent presque avec certitude la circonstance qui occasionna l'heureuse réunion de ces artistes; réunion sans laquelle Paris ne pourrait peut-être pas se glorifier ces hommes immortels, de même que c'en est un mérite, offert à Sélinonte et à Agrigente, que d'avoir inscrit sur l'architrave les noms de ces deux villes de la Sicile, où j'ai puisé les premiers et les plus nombreux éléments de mon ouvrage.

PLANCHE I.

Plan restitué du temple situé dans l'acropole de Sélinonte, et supposé dédié à Empédocle. Sa longueur, depuis la première marche jusqu'au premier socle, derrière le mur du fond de la cella, est de 7^m,60, et sa largeur de 4^m,80.

Je découvris les restes de ce monument dans les fouilles que je fis faire. Les murs de la cella étaient conservés au-dessus du sol dans les deux tiers au moins de leur développement. La disposition et l'étendue des fondations ont motivé la restitution du temple, comme prostyle-tétrastyle, c'est-à-dire n'ayant de colonnes qu'à sa façade principale, et celles-ci étant au nombre de quatre (1). Le sol du temple est supposé couvert d'un enduit en stuc décoré d'ornements peints. J'ai trouvé l'autorité de cette restitution dans les débris de stuc, portant des traces de peintures, qui s'étaient conservés sur le sol du posticum d'un des grands temples de Sélinonte. Les

---

aujourd'hui de posséder, dans la magnifique cour du palais du Louvre, une de ces œuvres immortelles qui brillent parmi les plus remarquables à toutes les époques et chez tous les peuples.

(1) J'ai déjà renvoyé, dans le chap. XLII, aux Pl. XVI et XVII de l'*Arch. ant. de la Sicile*, où est donné l'état des ruines de ce temple. Je développerai, dans le texte de ce dernier ouvrage, les raisons qui viennent à l'appui de l'adoption de la forme prostyle-tétrastyle, dont un second exemple existe dans les restes de l'édifice antique connu sous le nom de l'Oratoire de Phalaris, à Agrigente; la façade restaurée de ce dernier est représentée Pl. XVIII, F. II.

ornements sont inspirés d'après des mosaïques antiques trouvées en Sicile (1).

PLANCHE II.

Élévation principale du temple d'Empédocle. Sa hauteur, depuis le sol jusqu'au sommet de l'antéfixe qui couronne le fronton, est de 6^m,5o; la hauteur des colonnes est de 3^m,5o.

A l'exception des bases des colonnes, qui n'ont pas été retrouvées, le reste de cette façade, c'est-à-dire la proportion des colonnes, la forme du chapiteau, le profil et la dimension de l'entablement, comme aussi l'inclinaison du fronton, sont le résultat de documents découverts sur les lieux. Les parties restituées sont : la décoration du mur de fond du pronaos, les boucliers qu'on y voit suspendus comme offrandes, la statue d'Empédocle et son piédestal, les ornements peints sur l'architrave, les métopes de la frise et le tympan du fronton; enfin l'autel placé au-devant de la statue, dans l'intérieur de la cella (2).

PLANCHE III.

Coupe transversale du temple d'Empédocle.

Dans ce dessin, qui fait voir l'intérieur de la cella du côté de la porte, tout, à l'exception des dimensions et des proportions principales, est restitué d'après les errements puisés dans les textes des auteurs anciens et dans les monuments helléniques.

(1) Voir la Pl. V et sa description.
(2) Quoique l'inscription de cet autel m'ait été donnée par un savant helléniste, je regrette que l'exécution de la planche, terminée depuis quinze années déjà, ne m'ait pas permis d'en substituer une plus conforme aux usages des Grecs.

Les inscriptions, tant celles qui accompagnent les figures peintes sur le mur que celles placées sur les offrandes qui y sont suspendues, ne présentent qu'une réunion de lettres, et n'ont d'autre objet que de donner une idée de l'usage des anciens d'inscrire les noms des personnages à côté ou au-dessus des peintures qui les représentaient, comme, à côté de leurs offrandes ou au-dessus, l'objet de la consécration et les noms des donateurs.

PLANCHE IV.

Coupe longitudinale du temple d'Empédocle.

Ce qui vient d'être dit pour les parties restaurées et pour celles restituées de la planche précédente est entièrement applicable à celle-ci. Il en est de même pour les inscriptions, excepté toutefois celle tracée au-dessus de la figure assise dans le milieu du tableau, et qui exprime le nom d'Empédocle (1).

PLANCHE V.

F. I. Partie du plan et de la coupe d'un des grands temples de Sélinonte (2). A, B, C, D : restes de stuc, encore conservés en 1824, sur le sol du *posticum* et du *pteroma*. Ces stucs, qui portaient les traces de plusieurs couleurs, et qui avaient 0^m,005 d'épaisseur, remplissaient la différence de niveau laissée entre la surface des blocs de pierre E et celle des blocs F.

F. II, III, IV, V, VI, VII, VIII et IX. Fragments de pavés en

---

(1) Le lecteur rectifiera facilement la faute qu'offre cette inscription, en lisant ΕΜΠΕΔΟΚΛΗΣ au lieu de ΕΜΡΕΔΟΚΔΟΣ.

(2) *Arch. ant. de la Sicile*, vol. I, Pl. XXXI.

mosaïque trouvés en Sicile, et dont plusieurs sont tirés du musée du prince de Biscari, à Catane.

F. x et xi. Autres fragments de pavés en mosaïque, trouvés à Pompéi.

———•———

PLANCHE VI.

F. i. Élévation partielle de l'angle de la façade latérale restituée du temple d'Empédocle.

F. ii. Fragment d'un chapiteau ionique en pierre, vu de face et de côté. Ce fragment fut trouvé, avec plusieurs autres moins importants et plus mutilés, dans l'acropole de Sélinonte, près des ruines du temple d'Empédocle; il est déposé aujourd'hui au musée de Palerme avec les fragments d'architecture et de sculpture découverts par MM. Harris et Angell.

F. iii. Le même chapiteau restauré.

F. iv. Chapiteau ionique, en marbre blanc, trouvé à Pallazzole, l'antique Acrée, en Sicile.

F. v. Restitution d'une partie du chapiteau d'ante du temple de Jupiter Panhélénien ou de Minerve, à Égine. L'ornement sur la table de ce chapiteau est la reproduction d'un ornement peint sur une des tuiles en terre cuite dont se composent un grand nombre de sarcophages grecs (1). Je l'ai choisi pour cette restitution, à cause de l'identité qu'il offre, sauf les couleurs, avec l'ornement, absolument pareil pour le dessin, qui paraît avoir décoré la face du larmier du même temple (2).

---

(1) *Die Gräber der Hellenen*, par O. M., baron de Stackelberg, Pl. VI.

(2) Dans l'ouvrage « l'*Expédition scientifique de Morée*, cet ornement se voit en effet sur la face du larmier, mais avec quelques différences. Les parties en vert y ont cette même couleur; celles en bleu de mon dessin y sont en violet foncé presque noir; au lieu de se détacher sur un fond rouge, la petite rosace blanche se détache sur un

F. vi. Partie du chapiteau d'ante du temple de Némésis à Rhamnus. Il n'y a de restitué que les couleurs des ornements de la moulure non sculptée.

F. vii. Entablement du temple d'Empédocle, dans son état de conservation.

F. viii. Entablement d'un des grands temples de Sélinonte, dans son état de conservation (1).

F. ix. Cymaise formant chéneau, trouvée parmi les ruines d'un temple à Métaponte (2). On reconnaît, dans ce genre de couronnement des temples d'origine hellénique, la moulure placée sur les larmiers, à laquelle, selon Vitruve (l. III, c. 3), les Grecs donnaient le nom de ἐπωτίδες; elle devait être d'un huitième plus haute que le larmier.

ton jaune; enfin, tout le reste de la face du larmier, au lieu d'être, comme ici, sur un fond jaunâtre, présente un fond général de couleur rouge. M. Blouet a fait la restauration des couleurs du temple d'Égine, d'après les informations prises à Munich par un de ses collaborateurs, M. Trésel; il ne peut donc y avoir de doute sur la conformité de son dessin avec ces renseignements. Cependant M. de Stackelberg, p. 41 de l'ouvrage cité, dit : « Que l'ornement qu'il donne est remarquable comme imitation « de celui qui ornait la frise du *pronaos* du temple de Minerve à Égine, » et il ne parle nullement de la différence notable que je viens de signaler dans les couleurs. On lit en outre, dans l'ouvrage de M. de Klenze, *Aphoristische Bemerkungen*, etc., p. 179 : « La face du larmier était décorée de méandres circulaires, et d'autres or-« nements de couleur, rouges et blancs. » Ces deux auteurs ne parlent pas d'un fond rouge, et il serait possible qu'il y eût erreur dans son application à la restauration précitée. Il est regrettable que M. Cockerel, dans sa restauration du même temple, n'ait pas donné, ni la couleur bleue des triglyphes, ni la peinture de l'ornement dont il s'agit. M. Schelling ne parle également qu'en termes généraux de la coloration du temple d'Égine, et il ne signale pas non plus ni la peinture du triglyphe ni celle du larmier. Du reste, dans la restauration du Parthénon par M. Paccard, le larmier de ce temple est enrichi de méandres rouges sur un fond bleu, tandis que d'autres artistes ont donné les méandres pareillement rouges sur un fond clair.

(1) *Arch. ant. de la Sicile*, Pl. XL.

(2) Voir, pour cette figure et la suivante, *Métaponte*, par M. le duc de Luynes et F. S. Debacq, Pl. VII et VIII.

F. x. Tuile de recouvrement, trouvée parmi les ruines du même temple à Métaponte.

F. xi. Fragment d'un vase colorié, en terre cuite, trouvé à Pallazzole, et offrant l'imitation partielle d'une corniche avec sa cymaise, ornée de têtes de lion.

F. xii. Fragment de tuile, trouvé à Sélinonte, dont le dessus est peint en couleur rouge.

F. xiii. Fragment de tuile, trouvé à Sélinonte, ayant le dessus et le dessous peints en couleur jaune (1).

F. xiv. Antéfixe ou tuile frontale, en marbre, des propylées, à Éleusis, avec une restitution des ornements coloriés qui s'y trouvaient primitivement peints, mais dont les couleurs étaient presque entièrement effacées (2).

F. xv. Antéfixe en terre cuite, avec une restitution des couleurs qui devaient couvrir les ornements sculptés, primitivement peints ou couverts de stuc colorié (3).

F. xvi. Deux fragments coloriés, en terre cuite, trouvés parmi les ruines du grand temple de Sélinonte, auquel appartient l'entablement F. viii.

PLANCHE VII.

F. i. Fragment en terre cuite, trouvé à Pallazzole, offrant l'imitation complète d'un entablement dorique richement orné.

F. ii, iii et iv. Fragments en terre cuite, également trouvés à Pallazzole, offrant l'imitation de frises et d'architraves doriques richement ornées.

---

(1) Ces trois fragments font partie du cabinet de l'auteur.
(2) *Antiquités inédites de l'Attique*, édition française, par J. J. Hittorff, chap. II, Pl. III; et texte, p. 13.
(3) *Antiquities of Athens and other places in Greece*, p. 54, Pl. II.

F. v. Frise d'un entablement dorique, en marbre, trouvée à Athènes (1).

F. vi. Architrave d'un tombeau, à Palmyre (2).

F. vii. Architrave en marbre, trouvée dans l'île de Malte (3).

F. viii. Architrave en pierre, recouverte de stuc, du temple de la Fortune virile, à Rome.

F. ix. Architrave en marbre du temple de Jupiter Stator, à Rome.

F. x, xi et xii. Fragments en terre cuite, trouvés à Pallazzole, et offrant l'imitation de corniches ornées de denticules. La F. xi est surtout remarquable à cause des ornements de la cymaise et du larmier, dont la richesse et le caractère sont presque identiques avec l'ornementation des mêmes moulures du temple d'Égine et du Parthénon.

F. xiii, xiv et xv. Fragments en terre cuite, qui offrent l'imitation de cymaises formant chéneaux, comme celles représentées Pl. X, fig. i, ii et iii (4).

F. xvi. Triglyphe en pierre, trouvé aussi à Pallazzole.

Sa hauteur est de $0^m,80$, et sa largeur de $0^m,568$. Ce qui rend ce fragment surtout très-remarquable et unique, ce sont les riches ornements sculptés qui en décorent la partie supérieure. Ces ornements autorisent d'admettre que l'entablement dorique, et, par conséquent, le reste de l'édifice dont provenait ce fragment, offraient dans toutes leurs parties la même richesse en sculpture peinte que le Parthénon et les autres temples présentaient en peinture seulement.

---

(1) *Antiquités d'Athènes*, par J. Stuart et N. Revett, vol. I, chap. I, Pl. II, F. iii.

(2) *Voyage pittoresque en Syrie, en Palestine et en Égypte*, par Casas, vol. I, Pl. CXXXV.

(3) *Voyage pittoresque des îles de Sicile, de Lipari et de Malte*, par J. Houel, vol. IV, Pl. CCLXI.

(4) Plusieurs de ces remarquables fragments, qui proviennent tous de la partie supérieure de vases en terre cuite, font également partie du cabinet de l'auteur. Il est parlé en détail de leur importance architectonique, chap. L et suivants.

PLANCHE VIII.

F. i. Façade partielle du Parthénon d'Athènes, avec l'indication des ornements peints et des sculptures coloriées dont l'existence a été constatée jusqu'à présent.

Cette figure ayant été gravée avant les récentes et nouvelles découvertes relatives aux ornements peints du Parthénon, que je donne Pl. XII, j'y renvoie pour les détails. Je répète que le larmier était orné d'une grecque ou méandre en couleur rouge, que M. Paccard a supposée sur un fond bleu, et M. L. Travers, dans sa restauration du même temple, sur un fond clair.

F. ii. Façade partielle du temple de Jupiter Panhélénien, ou de Minerve, à Égine, représentée également avec les ornements peints et les sculptures coloriées qui furent constatés au moment de la découverte de ce monument (1).

F. iii. Couronnement du fronton du même temple.

F. iv. Fronton d'un tombeau, dit de Josaphat, taillé dans le roc, près de Jérusalem (2).

F. v. Fronton du petit temple de Clytumne, près de Trévi, en Italie.

F. vi. Frise d'un des grands temples de Sélinonte (3).

---

(1) Le doute que j'ai élevé (pag. 762, note 2) sur la véritable coloration de l'ornement qui décorait le larmier de ce temple, et que je présume n'avoir pas été sur fond rouge, comme il est représenté tom. III, Pl. LIII de l'*Expédit. scientif. de Morée*, m'a fait renoncer à le donner ici; seulement je rappellerai que l'ornement est semblable à celui que j'ai employé pour la décoration de la table du chapiteau d'ante, Pl. VI, F. v. Quant aux autres ornements et à leur couleur, ils ont été reproduits d'après la restitution du temple d'Égine de M. Cockerell, et les documents contenus dans l'ouvrage cité de J. M. Wagner et W. J. Schelling, et dans celui de M. de Klenze.

(2) Casas, ouvr. cité, vol. II, Pl. XXXVIII.

(3) *Arch. ant. de la Sicile*, vol. I, Pl. XX.

F. vii. Partie d'une frise dorique peinte dans un tombeau à Cyrène (1).

F. viii. Fragment d'une figure drapée qui ornait le fronton du temple de Jupiter Olympien, à Agrigente, avec le stuc de couleur rouge qui s'y était conservé (2).

PLANCHE IX.

F. i, ii et iii. Fragment d'un entablement en marbre blanc, avec des ornements peints, tiré du musée de Syracuse.

F. iv, v et vi. Fragment d'un entablement en pierre trouvé à Pallazzole, avec les couleurs qu'il avait conservées.

F. vii. Fragment d'un chapiteau d'ante, avec les traces de la couleur bleue qui était appliquée, sans intermédiaire de stuc.

F. viii. Fragment d'une moulure de couronnement en pierre dure, avec les traces de la couleur rouge, et l'indication des lignes légèrement gravées qui dessinaient les ornements.

F. ix et x. Fragments de moulures en pierre, avec des feuilles peintes de différentes manières.

F. xi. Fragment de moulures, d'une destination incertaine, recouvert en stuc colorié (3).

F. xii et xiii. Élévation et détail d'un sarcophage en marbre, avec des ornements peints, qui se voit dans la cathédrale de Girgenti.

F. xiv et xv. Élévation et détail d'un autre sarcophage en pierre, avec des ornements peints, découvert aussi à Girgenti.

(1) *Voyage dans la Marmorique et la Cyrénaïque*, par Pacho, Pl. LIV.
(2) Plusieurs fragments de ce stuc, et d'autres de couleur de chair rosée, qui couvrait les nus des figures de ce même fronton, font partie du cabinet de l'auteur.
(3) Tous ces fragments proviennent des temples de Sélinonte, et la plupart, avec les couleurs bien conservées, se trouvent dans le cabinet de l'auteur.

PLANCHE X.

F. i. Couronnement d'un des grands temples de Sélinonte, avec la restitution des couleurs dont les ornements qui s'y trouvent gravés sont supposés avoir été peints (1).

F. ii et iii. Autres couronnements, formant chéneaux, du temple d'Hercule et du temple dit de Castor et Pollux, à Agrigente, avec les couleurs qu'ils avaient conservées (2).

F. iv. Ornement en terre cuite trouvé dans un des grands temples de Sélinonte (3).

F. v. Face et soffite d'un ornement en terre cuite trouvé à Métaponte, et servant de revêtement aux poutres en bois (4).

F. vi et vii. Face et soffite d'un ornement en terre cuite, d'une destination semblable à celle de la précédente figure, conservé dans le musée du prince de Biscari, à Catane.

F. viii. Restauration d'une partie de la frise et du plafond du temple de Thésée, à Athènes (5).

F. ix. Coupe, avec la restitution des couleurs, d'une partie du couronnement du mur du posticum et du plafond du temple de Némésis, à Rhamnus.

PLANCHE XI.

F. i. Chapiteau restauré du temple d'Érechthée, à Athènes. Les

---

(1) *Arch. ant. de la Sicile*, Pl. XLVII.
(2) *Antichita della Sicilia*, par M. le duc Serradifalco, vol. III, TAV. XVII. Voir, pour ces figures, l'explication de la Pl. XXI, F. v et vi.
(3) *Arch. ant. de la Sicile*, Temple R, pl. X.
(4) *Métaponte*, ouvr. cité, Pl. VIII.
(5) Voir la description de la Pl. XII.

traces d'attaches en bronze trouvées dans les cavités des enroulements de la volute, ne peuvent laisser de doute sur la présence originaire d'ornements en bronze doré (1).

F. II. Tore du précédent chapiteau sur une plus grande échelle : il est orné d'entrelacs sculptés, au centre desquels sont incrustées des pierres en verres de différentes couleurs.

F. III. Ornement sculpté et peint du temple d'Érechthée. Il décore le gorgerin du chapiteau des antes, dont la continuation couronne les murs de la cella, sous l'architrave. La coloration de ces ornements et de leur fond est une preuve certaine de la peinture des ornements analogues sculptés dans le gorgerin du chapiteau des colonnes, telle que je l'ai appliquée à la F. 1.

F. IV, V et VI. Méandre, fond de caisson et soffite des mutules du temple de Thésée.

F. VII. Couronnement d'une stèle en marbre blanc trouvée à Athènes. Des traces d'or sur les ornements colorés en jaune font présumer qu'ils étaient tous dorés.

F. VIII. Autre couronnement d'une stèle, en marbre blanc peint, aussi trouvée à Athènes.

F. IX, X et XI. Fragments de cymaises formant chéneaux, en terre cuite peinte, que les Grecs, et particulièrement les Athéniens, employaient souvent pour en former des cercueils, usage auquel celles F. IX et X paraissent avoir servi. Leurs ornements sont du plus beau caractère, et d'une ressemblance presque absolue avec le même genre de décorations peintes qui enrichissaient les cymaises et d'autres parties des temples élevés en Grèce à la plus belle époque de l'art. On a supposé que l'usage de construire des sarcophages avec ces terres cuites prenait sa source dans l'idée religieuse qu'elles avaient

(1) Dans cette figure la couleur jaune représente les parties que l'on peut supposer avoir été dorées, comme le témoigne l'emploi de feuilles d'or aux chapiteaux des colonnes de l'Érechthée, dont il est parlé dans les fragments des inscriptions athéniennes rapportées pag. 755 et suiv.

réellement servi à quelques sanctuaires, et étaient ainsi devenues des objets sacrés. Pour partager cette opinion, il faut admettre ou que des circonstances particulières ont rendu possible l'emploi de ces cymaises ayant appartenu à des édifices religieux qui furent ruinés ou détruits; ou que les détériorations et les accidents auxquels était exposée la grande quantité des terres cuites de ce genre qui couronnaient les nombreux temples de la Grèce, exigeant souvent leur renouvellement partiel, ont pu fournir assez de morceaux hors d'emploi pour suffire à la construction des sarcophages ; ou enfin que l'usage a pu se perpétuer par l'emploi de terres cuites faites exprès. Elles imitaient les cymaises des temples, afin d'y laisser attachées les idées de religion et de piété qui les firent descendre du faîte des sanctuaires habités par les dieux, pour servir à la dernière demeure de l'homme.

F. XII. Couronnement de l'architrave de l'intérieur des Propylées d'Athènes. On y voit le tracé des ornements et la conservation de la surface unie du marbre dans les parties qui avaient été recouvertes de certaines couleurs ; on y remarque aussi les surfaces légèrement rongées et creusées du marbre, là où la nature des couleurs ou d'autres causes n'avaient pu les préserver du contact de l'atmosphère et de ses effets (1).

(1) Je dois la plupart de ces dessins à l'amitié de M. Donaldson; ceux F. II, III, IV, V et VI ont été communiqués à l'Institut des architectes britanniques par M. Bracebridge, qui les a exécutés à Athènes ; ceux F. VII, VIII, IX et X, dessinés à Athènes par M. Donaldson, se trouvent également dans l'ouvrage cité de M. le baron de Stackelberg ; ceux F. XI et XII ont été reproduits par M. Donaldson, d'après les originaux conservés dans le Musée britannique à Londres. C'est par erreur que les ornements en forme de palmettes de la F. XI sont coloriés en jaune : ils doivent être blancs; de même que le ton local doit être d'un vert plus foncé, et le fond des grecques, de ce même ton, au lieu d'être noir. La plupart de ces figures et leur description sont publiées dans l'ouvrage cité, *Transactions of the Instit. of brit. architects,* vol. I, part. II.

PLANCHE XII (1).

F. I. Ornement de la moulure qui couronne le larmier de la corniche rampante du fronton et celui de la corniche horizontale du temple de Thésée, à Athènes.

F. II et III. Coupes sur le plafond du même temple. *a*, fond des caissons, qui s'élève vers le centre. Le milieu offre, autour d'un cercle de couleur rouge cinabre, encadré d'un liséré d'or et ayant un point d'or au centre, l'ornement ordinaire, en forme d'étoile, avec seize pointes de longueur différente. Le fond est bleu d'azur, et les pointes sont également rouge cinabre, bordées d'or; aux extrémités, à l'entour du fond du caisson, et près de la bande horizontale *b*, se trouve une bordure rouge, formée par un double liséré d'or; sur la bande horizontale elle-même est encore peint un cours de petits oves, représentés F. IV : ils ont les dards tournés vers les pointes de l'étoile. *c*, quart de rond orné d'oves peints représentés F. V. Sur la face horizontale, au-dessous de ce quart de rond, en *a*, sont d'autres oves bleus avec encadrement, nervures et dards en rouge; les pointes de ces oves et leurs dards sont tournés vers la vive arête du quart de rond. *e*, *f*, faces verticales et horizontales, peintes de la même couleur rouge que le tympan et les métopes. *g*, moulure sur laquelle est peint le même genre de feuilles que celles de la F. I. *h*, baguette légèrement arrondie et peinte en vert foncé, avec des perles en rouge clair; sur les bords, de chaque côté, se trouvent deux lignes formant encadrement,

---

(1) Toutes les figures de cette planche sont la reproduction de celles qui accompagnent, dans le n° 11 de l'*Allgemeine Bauzeitung* (Vienne, 1836), les *Bemerkungen über die Decorazions-Malereien an den Tempeln zu Athen*, par M. Hermann Hermann. Cet architecte fit ces dessins pendant trois mois de séjour à Athènes, dans l'été de 1835. Ma description est également tirée des intéressantes remarques dont M. H. Hermann a accompagné son travail.

dont la première est en vert clair, et la seconde en vert foncé. Les faces *i* et *k* sont de la même couleur.

F. vi. Profil de la corniche de couronnement de l'intérieur du portique et du mur de la cella du même temple. *a*, moulure ornée du même genre de feuilles que celles de la F. i. *b*, face avec un double méandre ou grecque rouge, sur fond blanc ou bleu. *c*, quart de rond orné de rais de cœur peints en bleu, avec des encadrements et des nervures rouges, et des dards verts.

F. vii. Couronnement de l'architrave qui porte la frise sculptée du même temple. *a*, carré sur lequel posent les sculptures; il est peint en rouge, ainsi que la surface horizontale de l'architrave au-dessous. *b*, face ornée d'une simple grecque ou méandre rouge sur un fond blanc, peut-être sur un fond bleu. Une ligne rouge, de l'épaisseur de la saillie, la sépare du talon *c*, représenté F. viii. *d*, baguette ornée de perles rouges encadrées de blanc sur un fond vert; sous la baguette se trouve encore une ligne rouge. La face *e* de l'architrave peut avoir été sans couleur, ou d'un brun rouge pâle (1).

F. viii. Détail du talon *c*, orné de rais de cœur.

F. ix. Profil du chapiteau d'ante du même temple. *a*, quart de rond orné d'oves de couleur verte, avec encadrement rouge, côtes rouges et dards bleus. *b*, face blanche; elle est séparée de la moulure *c* au moyen d'une ligne rouge. *c*, moulure ornée de feuilles rouges et bleues, dans le genre de la F. i. Sur la face *d* sont peintes les mêmes feuilles, mais de moitié moins grandes, de manière à ce que deux de celles-ci occupent la largeur d'une des plus grandes de la moulure; elles sont vertes, avec une nervure rouge et

---

(1) « *Das Erechtheion zu Athen*, » traduction allemande de l'ouvrage de M. H. W. Inwood, par M. de Quast, la Pl. VI, F. iv, offre cette face de l'architrave intérieure coloriée en rouge, conformément aux traces de cette couleur découvertes par M. Schaubert, premier architecte du Roi de la Grèce. C'est ainsi que je l'ai donnée Pl. X, F. viii. Quant à la différence entre le ton brun rouge pâle, signalé par M. H. Hermann, et celui d'un beau rouge donné par M. Schaubert, elle est le résultat du changement des couleurs, si ordinaire sur les restes antiques.

un encadrement bleu. *e*, baguette ornée de perles rouges, avec encadrement blanc sur un fond vert, et au-dessous un liséré rouge. *f* et *g*, tables blanches ; leur séparation n'est indiquée que par la faible saillie, peinte en rouge, de la table supérieure.

F. x. Profil d'un chapiteau ionique, en marbre blanc, conservé dans le temple de Thésée, transformé en musée. Ce profil est pris entre les deux volutes, dont les fonds, comme ceux de tout le chapiteau, ne sont pas peints, mais sont revêtus d'un stuc fin sans poli, probablement pour que ces parties laissées mates, en offrant l'effet d'un marbre blanc jaunâtre, ne pussent nuire aux parties peintes en couleur, et qui étaient toutes polies (1). *a*, talon orné de rais de cœur peints en bleu, rouge et vert. *b* et *c*, listels bleus qui forment le tour des volutes ; ils encadrent la partie *d*, qui est sans couleurs, et viennent se réunir au centre de la volute, terminée par un bouton peint en rouge et vert. Le coussinet offre aussi, au milieu et aux extrémités, des listels ou petites bandes de couleur bleue. *e*, face inclinée, ornée de deux rangées de feuilles d'eau peintes, espèce d'oves pointus, séparées par des nervures ; les feuilles supérieures, à peu près de deux cinquièmes plus grandes que celles inférieures, sont vertes avec des nervures rouges, tandis que les autres sont rouges avec des nervures vertes. Les palmettes qui recouvrent la rencontre de la volute avec le fût de la colonne ne sont aussi que peintes sur des surfaces en saillie ; elles sont rouges et bleues, avec des culots verts. *f*, bandeau orné d'une grecque ou méandre simple, rouge sur un fond bleu. *g*, quart de rond, orné d'oves verts, avec des encadrements rouges et des dards bleus. *h*, baguette peinte en bleu.

F. xi. Coupe du plafond des propylées. *a*, baguette méplate,

---

(1) La mention de ce stuc fin, d'un ton *jaunâtre*, appliqué sur les fonds d'un chapiteau en marbre, est nécessairement encore une preuve à l'appui de l'emploi de cette couleur, comme la nuance la plus usitée, pour les localités générales des édifices grecs construits, soit en marbre blanc, soit en pierre ordinaire.

ornée de perles vertes, sur un fond rouge. *b*, faces horizontales et verticales peintes en bleu; les faces horizontales sont ornées d'une grecque ou méandre simple, de couleur rouge. *c*, quart de rond avec oves peints, comme ceux de la F. xii; les faces horizontales et verticales *d* sont d'une couleur brun rouge foncé. *e*, quart de rond qui a aussi des oves peints, comme ceux de la F. xiii. Immédiatement au-dessus de ce quart de rond, sur la petite face horizontale, au bord du caisson *f*, qui s'élève vers le centre, sont tracés trois lisérés, dont deux rouges à côté d'un liséré bleu. Le fond, de couleur bleue, est orné de l'étoile rouge ordinaire, ayant un point en or au centre.

F. xiv. Chapiteau d'ante des propylées. *a*, trois listels, selon toute apparence, rouges, avec des intervalles verts. *b*, moulure ornée de feuilles.

F. xv. Feuilles peintes sur la moulure *b* du précédent chapiteau.

F. xvi. Cymaise du Parthénon. L'ornement est peint sur le marbre. De distance en distance, et distribués selon la largeur des tuiles plates du toit, se trouvent des jets d'eau ayant la forme de tuyaux circulaires, un peu galbés et saillants; une bande rouge entoure ces tuyaux (1).

(1) Il est difficile d'admettre, avec M. H. Hermann, que cette cymaise formant chéneau, qui ne pouvait avoir été employée qu'horizontalement, provienne *de la face extérieure* du Parthénon. Avec la disposition adoptée pour la couverture de ce temple, dont les tuiles plates et les antéfixes arrivaient jusqu'au bord du comble, et qui n'avait que sur les rampants du fronton une cymaise avec des retours horizontaux d'environ 0^m,60 de longueur seulement, cette provenance est impossible. La présence des têtes de lions sur ces retours, tandis qu'il n'existe sur la moulure en discussion qu'un bout de tuyau pour servir à jeter l'eau, est une autre circonstance incompatible avec son emploi à l'extérieur du Parthénon. Cette incompatibilité ressort également de la différence de hauteur des deux cymaises, celle-ci ayant environ 0^m,14, tandis que la cymaise du fronton a 0^m,23. Les ornements encore existants de cette dernière diffèrent également de ceux de la F. xvi. La seule chose admissible serait que cette cymaise, dont les ornements offrent une certaine analogie de forme avec ceux conservés sur la moulure rampante, au fronton du Parthénon, pût avoir été employée dans l'intérieur. Elle viendrait ainsi à l'appui de la disposition de ce temple comme hypètre.

F. xvii. Corniche du plafond du Parthénon. *a*, listel peint en rouge. *b*, face ornée d'une grecque peinte en rouge sur fond bleu. *c*, talon orné de rais de cœur verts, encadrés de rouge.

F. xviii. Poutre du plafond du Parthénon. *a*, quart de rond orné de feuilles, dans le genre de celles des F. i et xv; leur couleur était bleue et rouge, avec des nervures vertes. *b*, face en couleur rouge.

PLANCHE XIII.

F. i. Chapiteau en marbre blanc, trouvé à l'angle sud-ouest du Parthénon. Ce chapiteau, qui, comme celui dont le profil est représenté Pl. XII, F. x, offre une complète application du système polychrôme, est cependant très-différent de ce dernier, sous le rapport du choix des couleurs et de leur application (1).

F. ii. Cymaise ornée et peinte. Il est douteux que les ornements sur fond bleu offrent leur couleur primitive; probablement l'influence du temps l'aura altérée.

F. iii. Cymaise sculptée, sans trace de peinture, mais dont le caractère des ornements ne peut laisser de doute sur l'emploi de cet accessoire, à l'effet de faire ressortir la finesse des sculptures.

M. Paccard croit, d'après la différence qu'il assure exister entre la forme et le caractère des ornements de cette cymaise, comparés à l'ensemble des ornements du temple de Minerve, que ce fragment, selon lui aussi d'un marbre différent, ne peut provenir de ce sanctuaire. Cependant M. H. Hermann dit à deux reprises, pag. 83 et 85, que, peu de temps avant son séjour à Athènes, la cymaise en question fut découverte dans les fouilles du Parthénon.

(1) Le dessin de ce chapiteau, restauré d'après des fragment existant dans le musée du temple de Thésée, m'a été communiqué par M. Hochstetter, architecte de Carlsruhe, comme provenant de M. Schaubert. Un de ces fragments se trouve Pl. XVIII, F. v, dans la *Collection d'ornements et de fragments antiques*, publiée par M. C. Poppe (Berlin, 1845).

F. IV et V. Face et profil d'une cymaise droite, en terre cuite, formant chéneau. Les ornements sont d'un faible relief, et peints de différentes couleurs.

F. VI, VII, VIII, IX, X et XI. Faces et profils de trois autres cymaises, en terre cuite, formant chéneau, avec ornements peints. Dans la F. X, la tête de lion est restaurée d'après les indications certaines de son existence primitive sur ce fragment.

F. XII. Antéfixe, en terre cuite, avec ornements peints (1).

PLANCHE XIV.

F. I. Bas-relief coloré, représentant les noces de Bacchus et d'Ariane. Cet admirable monument de sculpture polychrôme, qui orne un vase de toilette, dont le style et le sujet rappellent les belles époques de l'art hellénique, est une nouvelle preuve à l'appui de l'usage adopté par les plus grands artistes de la Grèce, d'allier la peinture à la sculpture (2).

F. II, III et IV. Trois figures en terre cuite colorée, représentant une Victoire ailée, une Minerve dans le style archaïque, et une Junon. Ces figures, qui furent trouvées à Athènes, et qui, par leurs styles variés, appartiennent à différentes époques, sont des exemples, non moins curieux que le précédent, de l'usage, chez les Grecs, de colorier tous les genres de sculpture (3).

---

(1) Tous ces curieux et remarquables restes sont au tiers de leur grandeur naturelle. Ils furent trouvés lors des fouilles faites dans l'acropole d'Athènes, et paraissent partiellement provenir du primitif temple de Minerve. J'en dois également la communication à M. Hochstetter, qui les a dessinés en 1840. M. C. Poppe les a également publiés.

(2) *Musée Blacas*, par M. T. Panofka, Pl. III.

(3) Parmi ces figures, toutes tirées de l'ouvrage cité de M. de Stackelberg, celle représentée F. IV se trouve actuellement dans le Musée royal de Berlin.

F. v. Tête en terre cuite coloriée, trouvée en Sicile. Le beau caractère de ce fragment fournit un précieux témoignage de la sculpture polychrôme, à une très-belle époque de l'art en Sicile (1).

PLANCHE XV.

F. I. Peinture tirée d'un vase funéraire. Indépendamment de l'intérêt de cette composition comme production d'un peintre ancien, elle est aussi très-remarquable par la stèle en marbre blanc qui y est représentée, et qui montre ce monument avec l'application des couleurs dont il était décoré. Le couronnement, composé d'une palmette, est entouré de feuilles d'aloès recourbées, dont les couleurs offrent les nuances naturelles de cette plante.

F. II et III. Deux ornements peints, tirés de deux vases semblables au précédent, et qui présentent, dans leur dessin et leur couleur, une reproduction de ce genre d'ornements tels qu'on les trouve appliqués aux monuments d'architecture.

F. IV. Autre peinture représentant un homme et une femme prêts à entrer dans la barque de Caron. Cette peinture, tirée aussi d'un vase funéraire, est également intéressante, comme une tradition précieuse de la peinture des Grecs.

(1) Soit que ce magnifique fragment représente, comme le dit M. Bröndsted, une tête de Méduse, ou, comme le pensent plusieurs autres antiquaires avec M. Raoul-Rochette, qu'il ait appartenu à une Io transformée, ce nouvel exemple, où une belle figure humaine symbolisée remplace le terrible masque de la Gorgone ou la tête d'une vache, confirme la continuelle tendance des Grecs d'éviter, en pareil cas, des images hideuses ou des images d'animaux, et de se soustraire par leur sentiment du beau aux influences contraires; sentiment qui porta si loin la prépondérance de leurs œuvres d'art sur celles de tous les autres peuples. La représentation, dans une des métopes de Sélinonte, d'Actéon transformé, au moyen d'une peau de cerf jetée sur le dos du chasseur indiscret, est un autre curieux exemple à l'appui de ce fait. P. O. Bröndsted, *Voyage et recherches dans la Grèce*, livr. II, Pl. XXXIX, pag. 291; et F. Creuzer's *Deutsche Schriften*, vol. I, page 279, et vol. II, pag. 69.

F. v. Élévation de face et de côté d'une stèle en marbre. Elle est surmontée d'une palmette coloriée, représentée en grand sur la Pl. XI, F. viii.

F. vi. Autre stèle peinte sur un vase, et dont la forme et le couronnement offrent, par leur analogie avec la précédente stèle, une nouvelle preuve de l'identité de ces sortes de peintures avec les objets réels qu'elles imitaient.

F. vii. Autre stèle peinte sur un vase : elle est ornée de couleurs, et couronnée d'un fronton surmonté d'antéfixes. Cette représentation d'un monument funèbre, d'une forme autre que celle des précédentes peintures, montre de même l'application de la couleur à ce genre de monuments, ainsi que son emploi général (1).

PLANCHE XVI.

F. i. Angle du mur du pronaos d'un des plus anciens temples dans l'acropole de Sélinonte (2).

F. ii. Angle du mur du pronaos du temple de Némésis, à Rhamnus (3).

F. iii et iv. Décorations, partie en relief et partie peinte, au bas des murs, à l'extérieur de deux maisons de Pompéi.

F. v. Décoration en relief et peinte de la paroi d'un mur, dans l'intérieur d'une maison de Pompéi.

F. vi et vii. Appareils en stuc peint dans les entre-colonnements latéraux et dans la tribune de la basilique de Pompéi.

---

(1) Toutes les figures représentées sur cette planche sont tirées de l'ouvrage cité de M. le baron de Stackelberg.
(2) *Arch. ant. de la Sicile*, Pl. XXIX.
(3) *Antiquités inédites de l'Attique*, ouvr. cité, chap. VI, Pl. IX.

F. VIII. Décoration peinte sur la partie inférieure des murs de la cella du temple dit de Jupiter, dans le forum de **Pompéi** (1).

L'ensemble de cette planche, comme aussi les fig. II et III de la Pl. XVIII, font voir comment le principe de construction adopté primitivement, au bas des murs, dans les temples grecs, et reproduit dans la plupart des temples romains, s'est conservé jusque dans les décorations peintes de Pompéi, qui paraissent, au premier abord, plutôt le produit d'un caprice dont l'imagination fit tous les frais, que la dérivation d'un système de construction créé par la raison (2).

PLANCHE XVII.

F. I. Tombeau dit de Théron, à Agrigente. Dans ce monument, où l'ordre ionique est couronné d'un entablement à triglyphes, la corniche et la pyramide sont restituées (3).

F. II. Façade principale d'un petit temple ou héroon, dit Oratoire de Phalaris, à Agrigente. Il n'existe de ce monument que la cella, avec les quatre antes aux angles, et l'architrave qui porte les gouttes d'un entablement à triglyphes. Ce fait, joint à la richesse des moulures du soubassement, des chambranles, de la corniche de la porte et des chapiteaux des antes, comme aussi à la proportion de celles-ci et au profil attique de leur base, ne permet pas de

---

(1) A l'exception des F. VI, VII et VIII, dont les originaux font partie de la restauration du forum de Pompéi, par M. Callet, architecte, ancien pensionnaire de l'Académie de France à Rome, toutes les autres figures sont exécutées d'après mes dessins, faits sur les lieux.

(2) Dans le chap. LVI, pag. 490 et suiv., il est particulièrement question de ces peintures, et de celles analogues conservées sur des monuments antiques.

(3) *Arch. ant. de la Sicile* (partie non publiée).

douter que la façade principale ne se composât de colonnes à chapiteaux ioniques (1).

F. III. Temple dit « de la Paix, » à Pœstum. Ce monument est un autre exemple de l'emploi, chez les anciens, de l'entablement à triglyphes, avec un ordre encore plus riche que l'ionique. En effet, la proportion des colonnes, leurs chapiteaux qui offrent une rangée de feuilles, avec des volutes aux angles et des têtes humaines au milieu de l'abaque, font, de cet ordre, un genre intermédiaire entre l'ionique et le corinthien; c'est un chapiteau composite, comme l'antiquité en offre si souvent de très-variés et de très-beaux (2).

F. IV. Hypogée, dans la nécropole de Cyrène (3). Ce monument, taillé dans le roc, présente aussi deux pilastres à chapiteaux ioniques, accompagnés de deux antes, et surmontés d'un entablement à triglyphes. Ces chapiteaux offrent une analogie remarquable avec celui trouvé à Sélinonte, dans les ruines du temple d'Empédocle.

F. V. Tombeau dit d'Absalon, situé dans la vallée de Josaphat, près de Jérusalem. Cette façade, taillée dans le roc, qui offre, dans sa partie inférieure, la plus grande analogie avec le monument précédent et avec tant d'autres tombeaux de la Grèce, de la Sicile, de la Cyrénaïque et de l'Italie, présente aussi la frise à triglyphes, portée par des colonnes à chapiteaux ioniques (4).

(1) Il n'y a, je pense, que M. le duc Serradifalco qui ait pu avancer que les colonnes de ce temple ont été primitivement doriques; car tous les architectes de mérite qui ont étudié les monuments siciliens, et parmi lesquels je citerai M. Donaldson de Londres, MM. Théodore et Henri Labrouste, Léon Vaudoyer, et Duc, ces quatre derniers, pensionnaires de l'Académie de France à Rome, sont d'accord avec moi sur l'emploi, dans cet édifice, de colonnes avec des chapiteaux à volutes. Il en est de même de M. Lusson, qui a indiqué également, dans son ouvrage, *Monuments antiques et modernes de la Sicile*, Pl. VIII, des colonnes à chapiteaux ioniques, au devant de la cella de cet ædicule.

(2) *Nouvelles Annales de l'Institut archéologique*, Pl. XIV et XV.

(3) Pacho, ouvr. cité, Pl. XIV et XV.

(4) Casas, ouvr. cité, vol. III, Pl. XXIX.

F. vi. Tombeau appelé « El Deir, » à Pétra. Ce monument offre aussi, dans son deuxième ordre, l'entablement à triglyphes couronnant des colonnes dont les chapiteaux, quoique inachevés, ne laissent, par leur masse, aucun doute sur leur forme ou corinthienne ou composite (1).

F. vii. Arc d'Auguste, à Aosta. Cet arc de triomphe, en grande partie conservé, est un exemple non moins curieux de l'emploi de l'entablement dorique avec des colonnes corinthiennes, dans des monuments autres que des tombeaux et des temples (2).

F. viii. Façade d'un monument sépulcral, élevé dans la Cyrénaïque, près du golfe Nausthalmus (3). Ce tombeau, qui, par la proportion de ses antes et la masse des chapiteaux, paraît appartenir à l'ordre corinthien, offre aussi, dans son couronnement, le mélange d'une corniche à moulures richement sculptées, et d'une architrave dorique, c'est-à-dire ayant des gouttes distribuées à la distance ordinaire des triglyphes. Sous ce rapport, ce monument est un autre exemple de cette longue et naturelle lutte, chez les anciens, entre la conservation et la suppression des triglyphes dans la frise, et des gouttes sur l'architrave, ces éléments caractéristiques de l'entablement dorique. Son emploi avec des chapiteaux autres que ceux de cet ordre a nécessairement eu lieu, pendant une assez longue période intermédiaire entre l'origine et la classification des ordres, et a pu être conservé dans certains édifices pour exprimer la réunion des caractères virils et féminins, tels que l'offraient, je le répète, parmi les divinités païennes, Diane et Pallas, Bacchus et Apollon Musagète; ou bien encore pour caractériser le mélange de

(1) *Voyage en Arabie Pétrée*, par Léon de Laborde et Linant. Ce monument n'est pas le seul, parmi ceux de la ville de Pétra, qui présente ce même emploi de la frise à triglyphe couronnant d'autres colonnes que celles surmontées du chapiteau dorique. L'hypogée donné dans le même ouvrage, et dont le nom de *Tombeau corinthien* indique l'ordre qui y est employé, en est un autre exemple.

(2) Canina, *Architettura antica*.

(3) Pacho, ouvr. cité, Pl. XIX.

la nature divine avec l'origine humaine des demi-dieux ou héros.

F. ix. *Tombeau taillé dans une montagne près de Telmissus.* Ce monument présente des colonnes ioniques, avec des bases d'un profil presque pareil à celui des bases du temple de la Paix, à Pœstum (F. iii), tandis que les antes ont des bases profilées seulement sur la face (1).

PLANCHE XVIII.

F. 1. *Peinture tirée du musée de Naples.* Cette peinture, qui occupe le centre d'une belle composition architecturale, offre les vues de deux temples : celui sur le premier plan, avec des colonnes corinthiennes ou composites, est *monoptère ;* et celui sur le second plan, avec des colonnes ioniques, est *in antis :* il est précédé d'une enceinte sacrée. Ces deux temples sont rendus avec tant de précision et de soin, qu'ils ont certainement été copiés sur nature. Aussi est-il extrêmement curieux et intéressant de voir que le temple *à antes* offre également, au-dessus du chapiteau à volute qui termine l'ante, une corniche à triglyphe ; que les métopes y sont ornées de bucrânes et de patères, sur un fond brun rouge ; et que les triglyphes, comme les autres ornements de la frise, ainsi que le tympan du fronton, sont d'un ton verdâtre. Comme les couleurs de cette peinture ont beaucoup souffert et subi des altérations, il est plus que probable que le brun rouge a été primitivement rouge, et le vert anciennement bleu. Malgré les exemples de ces transformations, il est possible aussi que l'artiste ait imité la couleur du bronze, matière dont les objets d'un ton verdâtre pourraient avoir

---

(1) *Description de l'Asie Mineure*, par Ch. Tessier, Pl. CLXXI; et *Voyage pittoresque de la Grèce*, par le comte de Choiseul-Gouffier, vol. I, Pl. XV.

été exécutés dans la réalité. Cette peinture vient donc ajouter un nouveau témoignage, à ceux déjà cités, de l'emploi simultané, chez les anciens, des éléments doriques et ioniques dans un même édifice, comme aussi une identité presque générale dans la coloration des principales parties d'architecture (1).

F. II. Peinture de la paroi du mur d'une habitation de Pompéi. On y voit, dans la partie supérieure, des espèces de petits temples avec des colonnettes à chapiteaux ioniques et corinthiens, surmontés d'entablements à triglyphes. Cette peinture, que j'ai dessinée d'après nature, avec les couleurs, se trouve aussi, mais gravée en noir seulement, dans l'ouvrage de Gell (2).

F. III. Décoration, partie peinte et partie en stuc, dans la chambre d'une maison, à Pompéi. Cette décoration est encore un exemple remarquable de l'emploi des triglyphes, avec des colonnes à chapiteaux composites. Il n'y aurait rien d'extraordinaire à supposer qu'il ait été dans l'intention du décorateur d'imiter, dans la partie supérieure, ornée de bossages, où se trouvent les colonnes engagées surmontées d'un entablement complet, le second ordre d'un temple, ordre qui est toujours, comme dans le grand temple à Pœstum, dans la tour des Vents à Athènes, et dans les tombeaux de Palmyre, petit comparativement à l'ordonnance inférieure. La proportion des colonnes, les couleurs semblables à celles sur les frises des temples encore existants, c'est-à-dire le bleu pour les triglyphes, le rouge pour les métopes, sont de puissantes coïncidences à l'appui de cette opinion. Sans parler de tant d'autres importantes analogies dont les peintures de Pompéi et d'Herculanum offrent de nombreuses traces, il suffira d'ajouter, pour corroborer cette opinion, que les géants qui supportent la voûte de la grande salle des thermes de Pompéi rappellent, par leur pose et par la place qu'ils occupent,

---

(1) Le dessin original de cette figure est de M. A. Denuelle.
(2) *Pompeiana*, vol. II, Pl. IV.

la disposition probable des figures analogues découvertes dans le temple de Jupiter Olympien, à Agrigente (1).

F. iv. Autre peinture tirée de Pompéi (2). Indépendamment de l'intérêt de cette peinture, à cause de l'entablement à triglyphes qui couronne, ici encore, des colonnes ioniques, elle est très-curieuse comme représentant une décoration théâtrale, c'est-à-dire une de ces scènes peintes dont les anciens faisaient usage avant de les construire en pierre ou en marbre, mais auxquelles ils n'ont jamais dû cesser d'avoir recours lorsque, en l'absence d'un monument durable, ils durent se servir d'un théâtre temporaire construit en bois. Les couleurs du bas du tableau sont presque effacées, ainsi que celles des personnages que l'on voit en action. Heureusement les parties conservées font facilement reconnaître, au milieu, la porte royale ou principale ; à droite, la porte, ici précédée d'un porche, par où les acteurs étaient censés venir de la place puplique et d'autres lieux de la ville ; enfin, sur la gauche, à l'emplacement de la porte par où les acteurs arrivaient de la campagne, la campagne même représentée par un paysage, et séparée de l'entrée du palais par une colonnade. Je ne dirai pas qu'on doive admirer dans cette peinture, quelque riche et agréable qu'elle soit, la reproduction d'une des toiles du célèbre Agatharchus, qui peignit à Athènes les premières décorations pour les tragédies d'Eschyle, et qui, selon Vitruve, écrivit le premier traité sur la perspective scénique (3) ; mais je n'admets pas non plus qu'on puisse y voir une des décorations d'Apaturius d'Alabande, dont parle également

---

(1) Cette peinture, que j'ai également dessinée d'après nature, offre quelques variantes avec celle représentée Pl. XXXIX, vol. II des *Ruines de Pompéi*, par F. Mazois. Je n'ai eu à restaurer que la zone qui se trouve au-dessus des trois panneaux blancs et en dessous de la corniche qui porte les colonnes. Des traces de peintures existantes rendent ma restauration plus probable que celle de Mazois.

(2) D'après un charmant dessin exécuté sur les lieux par M. H. Labrouste.

(3) Vitruve, Préface du livre VII.

Vitruve, à cause de l'extravagance de ses compositions (1). Si la peinture de Pompéi n'offre pas l'image exacte d'une réunion de bâtiments susceptibles d'avoir existé dans la réalité, absolument tels qu'ils sont représentés, toujours est-il que les formes de chacune de leurs parties sont assez exactes, et qu'il n'y a pas de ces invraisemblances choquantes que Licinius reproche à l'artiste Alabandin; car, avec un peu d'interprétation, il serait facile de dresser un plan de la disposition architecturale de cette composition.

F. v. Peinture tirée d'un vase, représentant un monument d'architecture, décoré de deux colonnes à chapiteau ionique portant un entablement à triglyphes (2). Les boucliers ou patères et les autres objets suspendus aux murs de ce monument, comme cela se voit sur nombre de peintures semblables, et en plus grande quantité encore sur les antiques peintures de Pompéi, d'Herculanum, de Stabie et de Rome, sont la reproduction des *ex-voto* que les anciens étaient dans l'usage de suspendre dans les temples, dans les monuments funèbres, dans d'autres édifices publics, et même dans leurs habitations particulières. Quant au sujet principal, composé de deux figures, on doit y voir, comme je l'ai déjà dit p. 95, la reproduction de ces sortes de sujets que les Grecs faisaient peindre sur les tombeaux, et dont Pausanias cite plusieurs exemples.

F. vi. Peinture tirée d'un vase, représentant la façade d'un temple de Diane, en Tauride. Les chapiteaux à volutes y sont aussi couronnés de l'entablement à triglyphes (3).

F. vii. Peinture tirée d'un vase, représentant également un monument d'architecture, avec des colonnes ioniques, surmontées ici d'une corniche à modillons (4). Dans le tympan du fronton sont

---

(1) Livr. VII, chap. V.
(2) *Picturæ Etruscorum*, de J. B. Passerio, vol. I, tom. XXVIII.
(3) Vase trouvé à Rufo. *Monuments inédits de l'Inst. de corresp. archéol.*, vol. II, Pl. XLIII.
(4) *Picturæ Etruscorum*, ouvr. cité, vol. III, T. CCLXXI.

indiqués des ornements pareils à ceux qui, au moyen de la peinture seulement, ou de la sculpture coloriée, devaient décorer beaucoup de monuments existants, et dont plusieurs se trouvent représentés Pl. VIII. La corniche horizontale est ornée de modillons, tandis que les corniches rampantes du fronton en sont privées (1). La comparaison de ces parties avec celles analogues du monument à Telmissus, Pl. VIII, fig. ıx, y fait voir cette même particularité de l'architecture grecque, et donne une nouvelle preuve de l'exactitude vraiment remarquable des peintures sur les vases, avec les objets qu'elles représentaient. Cette exactitude se trouve également ici dans les deux boucliers suspendus au bas de l'architrave, et qui viennent confirmer, comme dans la peinture F. ıv, l'usage de ce genre de suspension de toutes sortes d'objets votifs. Dans cette peinture, le sujet principal, composé de deux guerriers et d'un cheval, est un autre exemple de ces sortes de tableaux que l'on voyait exécutés sur les parois en pierre ou en marbre des tombeaux helléniques. En supposant une des deux figures détruites, on peut complétement appliquer à cette peinture la description que Pausanias donne, liv. VII, 25, 13, du tombeau qu'il vit en allant de Bura à Égine, en Achaïe, et dont ce voyageur dit : « A « droite de la route est un tombeau, et sur ce monument vous « voyez un homme debout auprès d'un cheval, peinture presque « effacée. »

F. vııı. Peinture tirée d'un vase trouvé à Canosa (2). Elle

---

(1) Il est à remarquer que cette absence des modillons dans les parties rampantes des frontons est une règle généralement observée par les Grecs, tandis que c'est le contraire chez les Romains. Les frontons qu'ils construisirent sont ornés des mêmes modillons qui décorent la corniche horizontale, et à chaque monument on voit les efforts inutiles employés pour remédier à l'inconvénient de leur distribution et de leur direction sur les plans inclinés. Le seul exemple romain connu jusqu'alors, qui présente l'application du système grec, est le temple corinthien à Assisi.

(2) *Description des tombeaux de Canosa*, par L. Millin, Pl. III.

représente la partie supérieure d'un temple à colonnes ioniques. La corniche, qui se compose de quelques moulures ornées, est d'une ressemblance presque absolue avec celle du monument de la Cyrémaïque, représenté Pl. XVII, F. VIII. Le fronton est décoré, au centre, ou par un bouclier, ou par un médaillon rond, dans le genre de celui sculpté qui occupait le tympan du fronton des propylées d'Éleusis (1). Sous l'architrave sont suspendues des roues de chars, comme le sont les boucliers et les patères, dans les précédentes peintures. Aux angles, et sur les rampants du fronton, se voient des palmettes et d'autres ornements très-riches, qui, chez les Hellènes et leurs imitateurs, complètent l'ornementation du sommet des temples et des autres monuments (2).

PLANCHE XIX.

F. I. Plan, à l'échelle de $0^m,0025$ pour mètre, d'un des tombeaux creusés dans le roc, et découverts, en 1827, près de Corneto, en Étrurie. Le sol de ce tombeau se trouve à environ $5^m,50$ au-dessous du niveau de la première marche de l'escalier qui y descend, et qui est aussi taillé dans le roc.

F. II. Face intérieure du même tombeau, du côté opposé à l'entrée. On y voit toute la paroi du mur, à partir de $0^m,40$ du sol, couverte de peintures dans le style grec primitif. Ces peintures représentent, dans la zone à fond rouge, haute d'à peu près un

---

(1) *Antiquités inédites de l'Attique*, ouvr. cité, chap. II, Pl. I. La tête peinte dans le fronton du temple d'un autre vase de Canosa, publié aussi dans l'ouvrage précité, Pl. IV, offre encore plus d'analogie avec la décoration des propylées d'Éleusis.

(2) Le charmant couronnement de marbre, en forme de fronton, découvert à Épidaure, et qui terminait sans doute un petit tombeau, donne une idée de la magnificence de ces riches découpures dont le monument de Lysicrate, à Athènes, offre un autre genre d'application.

mètre, un *triclinium*. Six figures, groupées deux par deux, à demi étendues sur trois lits couverts de riches étoffes, la tête ceinte de couronnes, prennent part à un repas funèbre, soit en portant à la bouche des coupes et des fruits, soit en causant entre elles. Trois jeunes gens sans vêtement, mais la tête également couronnée de laurier, debout au pied des trois lits, embellissent le repas du charme de la musique et de la poésie. Les gestes et la pose de deux de ces figures annoncent, en effet, l'action de réciter ou de chanter, tandis que la troisième les accompagne de la double flûte. Au bas des tables disposées devant le milieu de chaque lit, sont peints plusieurs canards, d'une forme et d'un plumage conventionnels. La présence de ces animaux domestiques, que l'on retrouve dans d'autres représentations de pareils repas, où l'on voit à la même place des coqs, des poules, des chats, etc., semble dénoter l'usage des anciens, de laisser ces animaux venir prendre les restes des mets ordinairement dispersés par les convives sur le sol du triclinium. Dans la zone supérieure ou la frise, on voit, au milieu des différentes scènes représentant une partie des jeux funèbres qui furent en usage chez les Grecs, deux chevaux, dont l'un, de couleur blanche, occupant l'arrière-plan, est monté par un personnage coiffé d'un casque, et dont le second libre, sur le premier plan, est colorié en bleu. Aux extrémités, à droite et à gauche, sont placés dans des tribunes différents groupes de spectateurs attentifs aux exercices des combattants. Au-dessous de ceux-ci, d'autres figures couchées semblent attendre leur tour de paraître dans l'arène. Sur l'espace supérieur, d'une forme triangulaire, résultant des deux parties rampantes du plafond, sont peintes, dans les angles, deux grandes figures aussi à demi étendues, et appuyées sur des coussins. Vêtues et couronnées comme celles de la zone inférieure, elles tiennent à la main des coupes. Par leurs têtes tournées vers le centre, leur pose et leur physionomie, elles semblent commander aux deux jeunes gens nus, placés debout au milieu de la composition, de remplir les coupes. Les vases destinés à puiser le vin que ceux-ci tiennent à la main, et le cratère placé derrière eux, complètent cette autre scène d'un repas funèbre, qui se rattache à celle plus étendue peinte dans la partie inférieure (1).

F. III. Décoration peinte sur les parties rampantes du plafond du tombeau précédent. Ce plafond imite l'inclinaison d'une couverture à charpente apparente; et le bandeau, dans le haut, le dessous d'un large faîtage.

F. IV. Plan d'un autre tombeau, également découvert, en 1827, à Corneto. Le sol en est aussi à 5^m,50 au-dessous de la première marche de l'escalier qui y descend.

F. V. Face intérieure du même tombeau, du côté opposé à l'entrée. Cette paroi, qui présente au centre, ainsi que les trois autres parois, une porte peinte, comme répétition de celle qui ferme l'entrée, n'est décorée que d'une seule zone de peinture haute d'environ un mètre, et élevée à 0^m,40 du sol. Ces peintures paraissent représenter, d'un côté, des jeux, et, de l'autre, un cortége bachique. On voit en effet, sur la droite, le commencement d'une danse, et, à gauche, le terme d'une course. Les cavaliers, dont l'un paraît montrer la couronne qu'il vient de remporter, et dont l'autre tient à la main un court bâton, appartiennent à la scène des jeux, tandis que les deux figures dansantes, précédées d'un chien, au milieu desquelles se trouve un joueur de flûte, appartiennent à la représentation partielle d'une fête célébrée en l'honneur de Bacchus. Les inscriptions étrusques qui accompagnent chaque figure, sans en exclure le chien, et le caractère du dessin, d'un style moins

---

(1) La Pl. VI, F. VI de l'ouvrage *Recherches sur les véritables noms des vases grecs*, par Théodore Panofka, qui représente une figure puisant dans un grand cratère d'une forme à peu près pareille à celle du cratère de cette peinture, avec un vase également semblable à ceux que tiennent les deux jeunes gens, fait reconnaître, dans les deux personnages à la belle chevelure, deux de ces beaux éphèbes, si recherchés dans les festins grecs pour mêler le vin et l'offrir aux convives.

élevé et moins pur que celui des figures du précédent tombeau, ne laissent pas de doute sur l'origine indigène de ces peintures, qui offrent, sous ce rapport, un grand intérêt historique. Une large bande de lignes de plusieurs couleurs remplace, ici comme dans la plupart des autres monuments semblables de Corneto, la frise à figures qui orne le grand tombeau. Du reste, on y voit, comme dans toutes les autres grottes, le plafond à deux rampants. Le triangle tronqué qui en résulte est, ici, orné d'animaux, parmi lesquels on distingue des lions et des cerfs. L'encadrement de la porte, ainsi que les traverses et les montants couverts de clous qui la divisent en quatre panneaux, sont une intéressante imitation de ce genre de clôture en bois et bronze, employé par les anciens, et dont les vases offrent aussi de nombreuses reproductions.

F. vi. Décoration peinte sur les deux rampants du plafond du tombeau précédent. Le plafond reproduit également l'inclinaison d'une couverture à charpente apparente, et le bandeau, le dessous du faîtage.

F. vii. Plan d'un troisième tombeau découvert aussi, en 1827, à Corneto, par M. le baron de Stackelberg et M. le conseiller Kestner.

F. viii. Face intérieure, du côté opposé à l'entrée du précédent tombeau. Ici les figures paraissent représenter, sur chacun des murs où elles se trouvent, autant de sujets divers, dont celui que je donne semble être le principal. Ces peintures sont plus élevées au-dessus du sol que dans les autres tombeaux; elles ne commencent qu'à environ un mètre de hauteur, et n'ont que $0^m,75$ d'élévation. Dans le milieu, un homme d'un certain âge, accompagné d'un jeune joueur de flûte, présente une coupe à une femme. Le diadème et la richesse de costume de cette figure ont fait supposer que ce pourrait être une divinité ou une prêtresse. Deux cavaliers, dont un sur un cheval rouge, et l'autre sur un cheval noir, sont disposés symétriquement des deux côtés du groupe principal; ils tiennent à la main un fouet à deux lanières, avec des nœuds aux extrémités.

Au-devant du cavalier de droite est suspendue une couronne, tandis que celle au côté opposé est suspendue derrière le cavalier. Quatre rameaux à plusieurs branches, plantés dans le sol comme des arbres, séparent les cavaliers de l'angle du mur et du groupe central, de même qu'une plante sacrée ou mystique, qui sort de terre entre la femme et l'homme avec l'enfant, sépare ces figures entre elles. Ici, comme dans le tombeau précédent et dans beaucoup d'autres monuments de ce genre, ce sont encore des lignes de différentes couleurs qui occupent l'espace entre les zones peintes et la naissance du plafond, également à deux rampants. La décoration du pignon triangulaire offre de chaque côté, dans les angles, un cheval marin accompagné de deux poissons. Entre ces objets est une surface peinte en rouge, dont la forme, souvent reproduite dans d'autres tombeaux, rappelle celle des motifs qui occupe la même place dans le grand tombeau.

F. ix. Plan d'un tombeau découvert à Canosa, en 1828 (1).

F. x. Coupe sur une des grandes chambres, en regardant la porte du fond fermée par une grosse pierre. Les chambranles de cette porte, ainsi que ceux des portes latérales conduisant dans deux petites chambres, et les simulacres de deux croisées, sont peints en vert, jaune et rouge. Le listel supérieur de la moulure taillée sous le plafond a conservé la couleur rouge. Le plafond de cette chambre, qui est plat, imite la disposition des solives d'un plancher horizontal.

F. xi. Coupe sur la plus grande chambre, en regardant le côté opposé à l'entrée. Ici la porte n'a pas de chambranles; mais à la naissance du pignon triangulaire se voient plusieurs moulures peintes des mêmes couleurs que celles employées aux chambranles des portes et fenêtres.

F. xii. Coupe partielle sur la longueur de la précédente chambre,

---

(1) *Monuments inédits de l'Inst. de corresp. archéol.*, vol. I, Pl. XLIII.

où se voit l'imitation des chevrons en bois d'un toit à deux rampants. Ce tombeau est donc très-intéressant, par les croisées feintes, et par l'imitation d'un plafond plat à solives horizontales, et d'un plafond incliné à chevrons rampants.

F. xiii. Coupe partielle d'un des plus beaux tombeaux de Vulci, avec le plafond rampant, imitant toute la charpente d'une couverture inclinée, construite en bois. Faîtage, chevrons et pannes, tout s'y trouve représenté avec le plus grand soin.

Dans ce tombeau les plafonds de plusieurs autres chambres sont encore des imitations très-curieuses des différentes constructions en bois employées par les anciens; à côté de plafonds rampants, on voit différentes dispositions de plafonds horizontaux, et il offre de plus l'imitation d'une couverture en bois, de forme sphéroïdale (1).

F. xiv. Plan d'un autre tombeau découvert à Canosa en 1813.

F. xv. Coupe sur la grande chambre de ce tombeau. On y voit, comme dans le précédent monument, la même imitation du double rampant, avec les chevrons et le faîtage (2).

F. xvi. Coupe sur la première chambre d'un tombeau, à Athènes, également taillé dans le roc. Elle offre, comme dans les tombeaux précités, un plafond à double rampant, c'est-à-dire l'imitation du dessous d'un comble à charpente apparente. La seconde chambre, creusée à la suite de la première, est couverte avec un plafond plat (3).

F. xvii. Fragment du couronnement d'un pilier carré, dont plusieurs semblables soutiennent le plafond d'un grand tombeau à Corneto. L'ornement en écailles peint sur un quart de rond taillé dans

---

(1) *Monuments inédits* cités, vol. I, Pl. XLI, F. vi; et *Annales de* 1832, pag. 254-279, où se trouve l'intéressante description des monuments sépulcraux de l'Étrurie moyenne, par M. Alb. Lenoir.

(2) *Description du tombeau de Canosa*, ouvr. cité, Pl. I.

(3) H. W. Inwood, ouvr. cité, Pl. XXXIII.

le roc, et qui termine cette espèce de corniche, offre une grande analogie avec l'ornement peint sur les tores du fragment en terre cuite conservé dans le musée du prince de Biscari à Catane, et représenté Pl. X, F. vi et vii. Le cordon en feuillages, entouré de bandelettes dessinées en spirale, qui est peint au-dessous de la petite frise à figures, rappelle de semblables peintures sur des vases représentés Pl. XX, F. viii. C'est une imitation des offrandes composées de feuilles, de fleurs et de bandelettes véritables ou imitées, dont les Grecs ornaient leurs temples, leurs tombeaux et leurs habitations.

F. xviii. Fragment d'une corniche denticulaire entièrement peinte, et qui couronnait les murs latéraux du même tombeau.

F. xix. Coupe et plan partiel d'un des plafonds de ce tombeau, décoré en caissons oblongs, au moyen de poutres et de poutrelles figurées. Les premières sont indiquées par une légère saillie; les autres, par une bande peinte en noir, et représentant l'intervalle entre ces pièces de bois.

F. xx. Détail, au cinquième de l'exécution, des ornements peints dans les angles et sur le fond des précédents caissons. La forme, le caractère et la couleur des ornements sont du plus haut intérêt, par leur analogie avec les ornements que l'on retrouve sur presque tous les monuments de la grande Grèce, de la Sicile et de la Grèce (1).

PLANCHE XX.

F. i. Couronne entourée de perles, accompagnée de deux bandelettes ou ceintures, suspendue à une muraille, comme offrande à Vénus (2).

---

(1) Je dois ces dessins, et plusieurs autres de cette planche, à M. H. Labrouste : cet architecte, son frère, M. Th. Labrouste, MM. Léon Vaudoyer et Duc, furent les premiers à dessiner les tombeaux de Corneto, après qu'eut été levée la défense d'en copier les peintures, défense qui dura une année.

(2) J. Millingen, *Ancient inedited Monuments*, série I, Pl. XIII.

F. II. Bucrâne entre deux boucliers, suspendus dans un temple (1).

F. III et IV. Deux autres bucrânes (2). Ils montrent, avec le précédent et ceux représentés Pl. VII, F. IV et V, les modifications successives de leur forme réelle en une forme conventionnelle. Dans la F. III, on voit, en effet, une imitation presque complète de la tête de bœuf décharnée. Dans la F. IV, où il n'y a que le contour extérieur et les cornes, c'est en effet un dessin conventionnel, tendant à donner à l'objet une forme ornementale. Dans la F. II, enfin, où la masse seule est indiquée avec une légère apparence des cornes, ce n'est qu'une image hiéroglyphique de l'objet imité. Mais ce qui caractérise toutes ces représentations, ce sont les bandes de cuir ou courroies, et les cordes ornées de nœuds et de fleurons qui les accompagnent presque toujours. Fixés aux cornes et sur le front des victimes pour les conduire, ces liens, qui ne quittaient pas leurs têtes, étaient, après le sacrifice, suspendus avec elles aux murs des temples, aux tombeaux, aux autels. Reproduit depuis par la sculpture qui exécutait des bucrânes en ivoire ou en métaux précieux, ornés de bandelettes en étoffes de pourpre et d'or, de cordons en perles de différentes formes, et de guirlandes et chutes de fleurs en émaux de couleurs variées, ce genre d'offrande, imitation, aux yeux des prêtres, plus magnifique et plus précieuse que l'offrande ordinaire, fut ainsi transformé en une création admirable par sa signification et par sa forme. Il devint une des belles décorations de la frise des temples;

---

(1) Hamilton, vol. III, Pl. LX. Dans la description de cette peinture, l'objet que je désigne comme un bucrâne est supposé être un vase conique destiné à contenir l'eau lustrale. En dehors de toute autre considération sur la forme qu'offrent ces sortes de vases dans une quantité de peintures, où ils sont représentés comme des coupes posées sur un pied, il suffit d'examiner les différentes manières plus ou moins conventionnelles adoptées pour la représentation des bucrânes, et de lire la description des bucrânes, F. III et IV, pour ne conserver aucun doute sur la validité de mon opinion.

(2) Idem, vol. II, Pl. XLV, et vol. IV, Pl. XLV.

d'abord, en remplissant heureusement les métopes, à côté des trigliphes, puis en ornant, au moyen d'emblématiques accessoires, tels que guirlandes, patères et instruments des sacrifices, les frises de tous les ordres d'architecture.

F. v. Deux branches d'olivier, entre deux cnémides, offrandes suspendues dans un temple de Minerve (1).

F. vi. Deux bucrânes et deux patères, suspendus aux murs d'un temple de Bacchus (2). Cette peinture tirée d'un vase est surtout intéressante par les deux ouvertures oblongues qui s'y trouvent indiquées à côté des objets consacrés. Elles donnent la certitude que la scène qui est représentée sur le vase se passe dans un pronaos. Je tire cette conclusion du temple de la Concorde à Agrigente. On y voit, dans le pronaos, quatre ouvertures : deux de chaque côté de la porte ; elles servaient à éclairer les deux escaliers placés, comme dans presque tous les temples grecs, à droite et à gauche, en entrant dans la cella (3). Il dut donc y avoir de ces sortes de petites fenêtres dans presque tous les pronaos, où leur présence était indispensable, à cause des escaliers ; et il ne pouvait en exister que là, puisqu'elles n'avaient pas d'utilité ailleurs, dans les sanctuaires d'une disposition ordinaire. Il en résulte que leur représentation sur un vase, ou dans une peinture quelconque, peut difficilement indiquer un autre lieu que le pronaos d'un temple. Ces ouvertures peintes offrent une particularité non moins intéressante : c'est l'encadrement qui les entoure ici, comme sur plusieurs autres vases, et qui indique qu'un chambranle les décorait. Il y a d'autant moins de doute à ce sujet, que des fragments de chambranles en stuc, composés de moulures, qui entouraient la porte du temple dit d'Esculape à Agrigente, corroborent cette induction de la manière la plus

---

(1) Alexandre de Laborde, *Vases grecs du comte de Lamberg*, tom. II, Pl. XXIV.
(2) Millin, *Peintures de vases antiques*, tom. II, Pl. XVI.
(3) Voir Pl. XXII, F. xxii, la moitié de l'élévation du mur de face du pronaos, tel qu'il existe dans le temple de la Concorde à Agrigente.

certaine (1). Du reste, les traces de chambranles rapportés sur les murs en marbre du Parthénon, à Athènes, prouvent d'une manière non moins concluante que de pareils encadrements furent toujours employés autour des portes et des fenêtres des temples, soit qu'on les taillât dans la pierre ou le marbre de la grosse construction comme à la belle porte d'entrée de l'Érechthéion; soit qu'on les fît en stuc dans les temples de pierre, ou en peinture, comme dans plusieurs tombeaux précédemment cités; soit enfin que, pour obtenir une plus grande richesse, par l'emploi d'une matière autre que celle dont étaient construits les édifices, on rapportât, sur les assises de marbre ordinaire, des chambranles en marbre plus beau ou en métal précieux (2).

F. VII. Torsade en feuillages, entourée de perles et de pierreries, peinte sur un vase (3). Les offrandes de fleurs et de feuilles naturelles tressées en torsades, pour en former des guirlandes ou des festons, étaient d'un usage très-fréquent chez les anciens. Mais ces beaux ornements de la nature furent bientôt aussi imités par l'art, soit pour les peindre ou les sculpter sur les monuments, soit pour les reproduire en matières précieuses et durables. Notre guirlande est une de ces imitations où l'on voit les feuilles artistement arrangées et entrelacées. Elle était suspendue au-dessus

---

(1) J'observe que, dans l'ouvrage de M. le duc de Serra di Falco, les quatre ouvertures percées dans le mur du pronaos du temple de la Concorde ne sont pas indiquées, quoiqu'elles aient été constatées, après moi, par MM. Gilbert aîné, H. Labrouste, Duc, et beaucoup d'autres architectes encore. On ne trouve pas non plus dans cet ouvrage l'indice du chambranle en stuc de la porte du temple d'Esculape.

(2) M. Rangabé, dans son intéressante lettre à M. Letronne, précédemment citée, est aussi de l'avis que les chambranles des portes du Parthénon, et du bâtiment en aile des propylées, avaient été primitivement revêtus d'airain. (*Rev. archéol.*, année 1846, p. 235). Il en est de même des fragments d'une porte trouvés dans l'intérieur de l'Érechthéion, et dont les chambranles, grossièrement ébauchés, paraissaient destinés à être ainsi recouverts. *Das Erechtheion zu Athen*, ouvr. cité, pag. 88.

(3) Hamilton, tom. III, Pl. XXII.

d'un autel dans un temple de Diane. Sur d'autres vases, on voit ce même genre d'offrande, composé de larges bandes d'étoffe, encadrées de riches bordures, semées de fleurs et ornées de bandelettes. Souvent aussi ce sont une suite de bouquets et d'attaches qui les réunissent et les séparent à la fois, et dont la disposition permettait de les suspendre aux murs des temples, ou d'en entourer les statues et les autels des divinités (1).

F. VIII. Colonne dorique, dont deux semblables indiquent le portique du palais de Pelée (2). La grande analogie entre la proportion du fût et la forme du chapiteau de cette peinture de vase, avec les mêmes parties des colonnes appartenant aux plus anciens

(1) M. Rangabé ayant publié aussi dans les *Ant. hellén.*, ouv. cité, l'ensemble des inscriptions taillées sur des tables de marbre trouvées à Athènes, et contenant les inventaires des offrandes déposées, selon le savant Hellène, dans le Parthénon, le lecteur pourra juger de la variété des objets conservés dans ce seul sanctuaire, et de leur nombre, en général, par la réunion que je vais en faire aux offrandes énumérées p. 495, d'après les récits de Pausanias et les peintures des vases, dont plusieurs viennent d'être décrites. Ces offrandes se composaient :

1° Parmi les objets précédemment mentionnés : de boucliers, cuirasses, casques, épées, coutelas et haches, en divers métaux ; de carquois en ivoire incrustés d'or, de couronnes et de bandelettes en or, de colliers tressés en fleurs, de coupes en or et en argent, de siéges à dossier, de pliants et lits en bois doré, de lyres en or et ivoire, de cornes en argent, de chevaux en même métal, de statues, telles qu'une jeune fille en or sur une colonne, et une Victoire tenant à la main une couronne, aussi en or, de guirlandes et branches en or.

2° Parmi les objets non mentionnés encore : de fioles, flacons, gobelets, tasses, lampes, aspersoirs, encensoirs, masques et clous, tous objets en or et en argent ; puis de têtes de gorgones et de lions, bustes de griffons, griffons entiers, serpents et dragons en or, en argent et en bois doré ; d'onyx avec des chaînons en or, de poids et de mesures de cette dernière matière.

3° Enfin, parmi les objets non mentionnés dans les inscriptions, mais constatés ailleurs : de lances, cnémides, roues de chars, chars, éperons et proues de vaisseaux, manteaux en matières précieuses, coffres, autels, oiseaux, dents et peaux de sangliers, os et crânes d'éléphants, béliers, groupes divers, trépieds, candélabres, miroirs, bucrânes, tableaux à sujets mythologiques et d'histoire, ou représentant des divinités, des héros et des hommes illustres.

(2) J. Millingen, ouvr. cité, Pl. XXI.

monuments de la Grèce, qui présentent également une diminution exagérée, une grande saillie de l'abaque et de l'échine, ne laissent aucun doute quant à la date de l'édifice dont le peintre a voulu imiter les colonnes, et quant au sujet qu'il a représenté. Sous ce rapport, et sous celui des ornements en forme de petites rosaces sur le gorgerin et sur l'échine, et en forme de canaux sur les faces de l'abaque, qui témoignent de l'emploi primitif de ce genre de décoration peinte pour les chapiteaux, cette colonne est on ne peut plus curieuse. Sans les exemples des plus anciens temples de la Grèce, de la grande Grèce et de la Sicile, parmi lesquels il faut citer ceux de Sélinonte, et surtout le plus grand temple de cette ville, dont beaucoup de colonnes diminuent presque de la moitié du diamètre inférieur, et dont l'abaque a plus du double du diamètre supérieur du fût, on aurait difficilement pu supposer l'existence, chez les Grecs, de colonnes d'un caractère analogue à celui de cette colonne peinte (1). Mais puisque ces exemples existent, ils offrent une preuve de plus à l'appui d'une exactitude relative très-grande, dans la reproduction de tous les objets que l'on voit sur les vases, lors même que leur forme nous paraîtrait étrange et que leur destination nous serait inconnue. En examinant, sur d'autres vases, des peintures

(1) Dans mes recherches sur le grand temple de Sélinonte, qui ne fut jamais complétement achevé, j'ai acquis la certitude que la construction de ce monument a été commencée et abandonnée, puis reprise et abandonnée, à deux époques différentes : d'abord, à celle qui, par la disposition du plan et la proportion d'un certain nombre de fûts et de chapiteaux, est contemporaine de la première prospérité de Sélinonte; ensuite, à l'époque beaucoup plus rapprochée où fut élevé le beau temple désigné par la lettre T, et déjà publié dans l'*Architecture antique de la Sicile*. Cette circonstance, d'un si grand intérêt historique, qui fait que ce temple offrait sur sa façade principale, sur les façades latérales et dans le pronaos, des colonnes d'une autre proportion, des chapiteaux d'un autre profil que les fûts et les chapiteaux de la façade postérieure et du posticum, enfin beaucoup d'autres particularités remarquables, n'est pas relatée non plus dans l'ouvrage de M. le duc de Serra di Falco, où la restauration de ce magnifique sanctuaire est, sous ce rapport comme sous beaucoup d'autres, tout à fait imparfaite et incomplète.

qui offrent des imitations de fûts de colonnes en bois, leur proportion se rapprochant de celle de certains troncs d'arbres, on doit nécessairement y reconnaître les soutiens employés par les Hellènes pour porter le faîte de leurs temples primitifs.

F. ix. Colonne ionique : elle est supposée provenir d'un porche de la demeure des nymphes qui présidèrent à la naissance de Bacchus (1). Cette colonne, presque identique avec la précédente pour la proportion du fût, fait nécessairement remonter l'emploi du chapiteau à volute à une époque aussi reculée que l'emploi de l'ordre dorique le plus ancien. Elle est donc très-remarquable sous ce rapport et sous celui de la forme exceptionnelle des volutes, lesquelles ne prennent pas naissance sous l'abaque, mais au-dessus du gorgerin, au milieu du fût, à peu près comme les volutes angulaires des chapiteaux du temple dit de la Paix, à Pœstum, représenté Pl. XVIII, F. iii, et comme les enroulements d'où sort la palmette de la stèle F. xv.

F. x. Colonne ionique peinte, supposée élevée à un des vainqueurs dans les jeux Olympiques (2). La proportion de son fût, qui ne diminue que d'un cinquième environ, la forme des volutes, les oves placées au-dessous, et surtout la palmette qui orne le gorgerin, donnent à cette colonne, comme à toutes celles analogues qui se voient sur les vases, un aspect de parenté du plus haut intérêt avec les colonnes des temples d'Érechthée et de Minerve Polyade, à Athènes. En effet, l'ornementation au moyen de palmettes, du gorgerin des chapiteaux, telle qu'elle existe pour ces monuments, étant restée jusqu'à présent sans autre exemple en Grèce, la présence de cette particularité dans la peinture prouve, sinon une imitation absolue des ordres de ces sanctuaires, au moins celle des chapiteaux en usage à l'époque où ils furent construits (3).

---

(1) *Nouvelles annales françaises de l'Inst. archéol.*, Pl. IX.
(2) Hamilton, ouvr. cité, tom. I, Pl. LII.
(3) Je ne connais que deux chapiteaux antiques, l'un dans Sainte-Marie Majeure à Rome, et l'autre trouvé dans une villa romaine, qui présentent la particularité

F. XI. **Colonne dorique** (1). L'analogie que j'ai fait remarquer entre les deux colonnes F. VIII et IX, comme devant appartenir à une même époque très-ancienne, se retrouve entre celle-ci et la précédente colonne ionique, comme appartenant à une même époque, mais beaucoup moins éloignée. La proportion du fût, et surtout la forme du chapiteau, dont l'abaque et l'échine sont peu saillants, y offrent, en effet, une réminiscence des colonnes de l'ordre dorique du Parthénon, c'est-à-dire un caractère analogue à celui de la colonne ionique F. X, et peut-être contemporain.

F. XII. **Colonne dorique** (2). Cette représentation peinte d'un monument funéraire isolé, qui montre, avec un caractère voulu de force et de stabilité, une colonne d'une heureuse proportion dans le rapport de son diamètre inférieur à son diamètre supérieur, présente particulièrement dans le galbe de son chapiteau une identité presque absolue avec beaucoup de monuments de la Grèce et de la Sicile, d'une très-belle époque. Mais ce qui rend cette peinture éminemment précieuse, ce sont les ornements peints sur l'échine et le gorgerin. Rien ne saurait être plus concluant, pour admettre l'existence d'embellissements analogues au chapiteau dorique grec, que cet exemple vraiment complémentaire de ce système de décoration peinte. Il est, en effet, difficile d'admettre que, sans un manque absolu d'harmonie, sans un désaccord choquant, cette partie si importante de la colonne ait été, à côté de chapiteaux d'antes et d'entablements couverts d'ornements peints, nue et privée du même genre d'enrichissement.

---

du gorgerin orné : mais, dans le dernier seul, l'ornement composé de palmettes offre quelque analogie avec les chapiteaux de l'Érechthéion. On pourrait toutefois aujouter, comme un troisième exemple, le chapiteau antique, à volutes ioniques, donné par Ph. Delorme, p. 208.

(1) Hamilton, ouvr. cité, tom. III, Pl. LVI.

(2) Millin, *Vases grecs de Naples*; manuscrit de la Bibliothèque nationale, n° 661. La colonne, entourée d'une riche bandelette, s'élève au-dessus de plusieurs gradins sur lesquels sont posés des vases.

F. xiii. Colonne ionique (1). Cette autre reproduction d'un monument funèbre isolé présente également, avec un fût d'une proportion assez belle, un chapiteau où se voit, comme dans la F. x, l'influence des chapiteaux des temples d'Érechthée et de Minerve Polyade; au bas de son fût, la base, figurée sans profil, est richement ornée de palmettes; les moulures seraient à peu près semblables à celles de la base de la colonne F. xiv. Considérée comme un cippe monumental qui constitue par lui-même un tout complet, la richesse exceptionnelle de la base peut avoir servi à mieux caractériser la destination particulière de cette colonne funéraire et commémorative. De même donc que l'on voit dans le chapiteau de cette colonne l'inspiration directe du type des chapiteaux ioniques grecs, dont il existe des exemples, de même on doit voir dans le bas du fût et les beaux ornements qu'on y a peints, la réminiscence de bases en usage chez les Grecs, quoiqu'il n'en soit pas parvenu de semblables jusqu'à nous.

F. xiv. Colonne ionique provenant d'un sarcophage à Volterre. J'ai donné cette colonne, qui est taillée et sculptée en pierre, sous l'aspect d'une peinture de vase, afin de faire voir davantage, par sa comparaison avec la colonne précédente, l'analogie des proportions et du caractère entre la réalité et l'imitation peinte. Je l'ai donnée aussi pour constater la parenté du chapiteau du monument étrusque avec celui du monument dit de Théron, à Agrigente, Pl. XVII, F. 1; avec celui trouvé à Acrée, Pl. VI, F. iv, et les chapiteaux analogues découverts à Pompéi; puis encore, à cause de la particularité qu'offrent la forme et la proportion des cannelures, souvent ainsi représentées sur des vases; enfin, parce que la hauteur et la

---

(1) Millin, *Vases grecs*, Pl. XXXIX. Cette colonne est, comme la précédente, entourée de bandelettes et surmontée d'un vase. Elle est élevée sur trois gradins ornés d'encadrements, comme on en voit aux marches et aux socles de beaucoup de temples antiques.

division des parties composant sa base sont analogues à celles de la précédente colonne et à beaucoup d'autres également peintes; qu'elle est d'une ressemblance absolue avec les bases des colonnes du temple dit de la Paix, à Pœstum, Pl. XVII, F. III; avec celles des colonnes ioniques du tombeau de Telmissus, même planche, F. IX; et jusqu'à un certain point, avec les bases de l'ordre ionique du temple d'Apollon, à Bassæ.

F. XV et XVI. Deux stèles peintes (1). Elles sont, avec beaucoup d'autres représentations semblables, comparées aux nombreuses stèles en marbre trouvées en Grèce, une preuve non moins certaine que dans ce genre de monuments, comme dans les autres imitations peintes d'objets réels, l'identité apparaît, la plupart du temps, absolue et incontestable; elles sont une preuve que si les peintures offrent des stèles de forme particulière et inconnue jusqu'alors, la conséquence que l'on en peut tirer n'est pas que de pareils monuments n'ont pas existé, mais seulement que nous n'en connaissons pas d'exemple.

(1) La F. XV est tirée d'une admirable peinture représentée Pl. XXXI, A, dans les *Monuments inédits de l'antiquité figurée*, par M. Raoul-Rochette. La F. XVI est tirée de l'ouvr. cité d'Hamilton, tom. III, Pl. LI. Quoique j'aie signalé plus haut l'analogie des enroulements de la première de ces stèles avec les volutes d'une forme particulière de la F. IX, je ne pense pas toutefois que cette analogie apparente puisse venir à l'appui de la dénomination de stèle ionique et du caractère funéraire permanent que M. Raoul-Rochette y attache : car, d'un côté, les enroulements des stèles ont presque toujours une forme inverse, et n'offrent alors rien qui ressemble à l'aspect du chapiteau ionique, comme dans la F. XVI; d'un autre côté, la généralité des antéfixes des temples doriques grecs, qui ont, comme au Parthénon, les mêmes enroulements à volutes, d'où sortent également des palmettes, serait donc aussi susceptible de la qualification d'ionique et d'une signification funéraire pour les édifices dont ils couronnent le sommet et les bords des toitures, ce qui ne peut être. D'ailleurs, la colonne funéraire F. XI, qui est dorique, et beaucoup d'autres du même ordre, également funéraires, que l'on voit sur des vases, enfin les tombeaux à colonnes doriques et même corinthiennes dont l'antiquité grecque et romaine offre de nombreux exemples, ne peuvent permettre d'appliquer à l'ordre ionique le caractère funéraire d'une manière aussi générale et aussi absolue que paraît le vouloir cet antiquaire.

F. xvii, xviii, xix, xx et xxi (1). Ornements divers tirés de vases et imitant les ornements peints sur les moulures à bec de corbin, dont, depuis mes premières recherches sur l'architecture polychrôme, on a découvert de si nombreux exemples sur les monuments d'architecture grecque. Il suffit de comparer ces peintures avec les ornements pareils, tels qu'ils sont représentés sur les Pl. VI, VIII, IX, X et XII, tracés et coloriés sur la pierre et le marbre, pour être frappé de leur identité avec ces derniers. Cependant il eût été difficile de faire admettre, avant qu'on ait eu le moyen de le constater, que ces ornements, si vulgaires sur les vases, eussent une origine aussi essentiellement architectonique et monumentale.

F. xxii à xxxi. Différentes formes d'oves, tirées de vases (2). Ici, comme pour les ornements précédents, il suffit de comparer ces oves avec ceux peints des Pl. VII, IX, X, XI et XII, pour se convaincre que toutes les formes, si différentes entre elles, qu'offrent ces peintures, se retrouvent sur des monuments d'architecture existants. Je ferai surtout remarquer la F. xxxi, représentant des espèces d'oves à rais de cœur, dont la ressemblance avec le même genre d'ornement de plusieurs chapiteaux et moulures, découverts à Pompéi, est on ne peut plus grande et curieuse.

Il m'a semblé inutile d'ajouter à ces exemples ceux des méandres ou grecques, dont les nombreux dessins sur les vases sont identiques avec ce genre d'ornement, si souvent appliqué aux monuments d'architecture hellénique, et dont plusieurs sont donnés Pl. VIII, F. i et vi; Pl. IX, F. xii et xiii; Pl. X, F. i, ii, iii, iv, v, viii et ix; Pl. XI, F. iv, ix, xi et xii; Pl. XVI, F. viii; Pl. XXI, F. ii, v et vi.

---

(1) Les F. xvii, xviii et xix sont tirées de la collection citée du comte Lamberg, vol. I, Pl. LXXIII, LXXIV et LIII; les F. xx et xxi, du Musée Blacas, Pl. XVI et XIX.

(2) Les F. xxii, xxiii, xxiv, xxv, xxvi et xxvii sont tirées aussi de la collection du comte Lamberg; les F. xxviii, xxix, xxx et xxxi d'un seul vase de Passeri, vol. I, Pl. LIII.

F. XXXII et XXXIII. Portes peintes sur des vases (1). La reproduction du principe de la construction que donnent ces peintures, avec les accessoires, soit de nécessité, tels que marteau, poignée, entrée de serrure et clous, soit de luxe, comme les ornements rapportés et incrustés en métal ou en autre matière précieuse, démontre l'exactitude de ces images, que confirment les portes taillées dans la pierre ou représentées dans les tombeaux grecs et étrusques.

F. XXXIV et XXXV. Deux ornements, tirés également de différents vases (2). Si les parallèles établis précédemment pouvaient encore laisser des doutes sur l'existence dans les peintures des vases, d'un vaste et riche champ qui offre les plus précieuses reproductions de détails puisés sur les monuments d'architecture les plus remarquables, ces ornements seraient seuls une preuve évidente de ce fait. Comment, en effet, ne pas être étonné de la ressemblance des deux premiers dessins avec ceux représentés Pl. XIII, F. IV et VI? Et comment ne pas être émerveillé de la conformité entre le dernier de ces vénérables fragments en terre cuite, précieux restes de la couronne qui ceignait le front des temples primitifs élevés dans l'acropole d'Athènes, et l'ornement qui décore un vase de terre? Il y a, dans ces curieuses et intéressantes rencontres, une source si féconde de dates précises, un moyen si sûr pour établir des comparaisons entre l'origine, l'adoption et l'usage général de certains motifs de décoration, pour apprécier l'influence permanente des grandes œuvres monumentales sur toutes les productions, même les plus infimes de l'industrie des Héllènes, pour être fixé enfin sur l'origine et la durée des plus anciennes formes, qui commencent avec la Grèce civilisée et finissent avec Rome dégénérée; il y a, dis-je, dans ces rencontres, des éléments de

---

(1) Coll. du comte de Lamberg, tom. I, vign. VI; et ouvr. cité du baron de Stackelberg, Pl. XXXIX.

(2) Hamilton, tom. III, Pl. C. Pour la F. XXXIX, la moitié du deuxième ornement de la première zone; et pour la F. XXXV, l'ornement de la troisième zone.

découvertes si inépuisables, que leur étude spéciale et suivie produira, certainement un jour, les résultats les plus riches et les plus neufs pour la science archéologique (1).

F. xxxvi. Autre ornement peint, tiré d'un vase (2). De même que les dessins précédents montrent les imitations des. formes décoratives employées aux plus anciens monuments d'architecture, de même celui-ci présente le motif originaire de ce genre de décoration peinte employée au Parthénon de Périclès et à d'autres temples de la même époque, tels qu'on en voit sur la Pl. X, F. viii et ix, et sur la Pl. XII, F. xvi. Je dis « *motif originaire,* » parce que le dessin de ce vase n'est pas encore empreint de cette finesse exquise dans l'agencement des lignes, qui distingue l'ornementation de ces monuments et que le progrès de l'art a su y introduire depuis.

F. xxxvii, xxxviii et xxxix. Col d'un vase dans sa forme réelle, et deux autres cols de vase développés (1). Si j'ai été frappé par la ressemblance des précédents ornements avec ceux des temples détruits par les Perses dans la cité de Minerve, une autre particularité de ces ornements, d'un intérêt non moins grand, devait attirer également mon attention : je veux parler des branches d'olivier qui ceignent les précieux fragments des trois cymaises ou chéneaux, Pl. XIII, F. vi, viii et x, et cela de la même manière qu'elles entourent presque généralement le col des vases grecs de toute grandeur et de toute forme. Cette particularité me fit découvrir, dans la disposition des lignes et des ornements qui y sont peints, la plus grande analogie avec l'ensemble des chéneaux des temples athéniens et avec

(1) Il existe encore beaucoup d'autres vases qui présentent des ornements semblables à ceux des F. xxxiv et xxxv. Celui Pl. XXXII, dans l'ouvr. cité du baron de Stackelberg, qui provient d'un vase trouvé à Athènes, est non moins conforme à ceux de la terre cuite représentée Pl. XIII, F. vi.

(2) Passeri, vol. I, Pl. XXXV.

(1) La F. xxxvi est tirée des *Monum. inéd.*, ouvr. cité, de M. Raoul-Rochette, Pl. LXXIII ; les F. xxxviii et xxxix de Passeri, vol. I, Pl. XXII, et vol. II, Pl. CXLII.

plusieurs de ceux qui couronnaient les temples de la Sicile et de la grande Grèce. Si l'on considère en même temps un autre fragment de col de vase avec des ornements en relief, représenté Pl. VI, F. xi, et qui est également une cymaise, si on considère ensuite les parties supérieures d'autres vases en terre cuite, ornés aussi de reliefs, représentés Pl. VII, et qui ont tous la même moulure, richement sculptée, surmontant l'entablement dorique à triglyphe, F. i, et la corniche ionienne à denticules, F. x, xi et xii, il faut bien reconnaître, dans ce concours de faits, une connexité évidente dans les principes et dans les idées. Elle dénote d'une manière certaine, par la forme et les ornements du sommet des vases, la volonté de reproduire la couronne architectonique du sommet des temples. Comme celle-ci était destinée à recevoir les eaux du ciel et à les reverser sur la terre, ainsi les vases servaient à recevoir avec les dons de Jupiter, ceux de Bacchus et de Minerve, pour les verser en onde pure sur le corps des initiés, en gouttes de pourpre dans les coupes des convives, et en huiles odoriférantes sur les autels des dieux.

PLANCHE XXI.

F. i. Ornements peints sur un vase (1). L'analogie du dessin et du caractère de ces ornements, ainsi que celle, plus rare, qu'offrent leurs couleurs avec les ornements coloriés des ornements d'architecture, dont nous avons vu tant d'exemples dans les planches précédentes, donnent un intérêt de plus à cette curieuse peinture.

(1) *Vases grecs inédits de Naples*, rapportés par Millin. Bibliothèque nationale, sous le n° 519.

F. II. Fragment d'une tuile plate, en terre cuite, trouvé à Veïes, en Étrurie (1). La richesse de la décoration de cette tuile, à en juger par les ornements de la partie inférieure, la seule qui soit conservée, témoigne de la magnifique ornementation du monument dont elle provient. Cette richesse ne doit, d'ailleurs, pas étonner, en voyant les cymaises et chéneaux en terre cuite des temples primitifs d'Athènes, représentés Pl. XIII, et les remarquables fragments de même matière découverts par M. le duc de Luynes, à Métaponte. Rien ne s'accorde, en effet, davantage avec les splendides ornements des enveloppes de poutres, Pl. X, F. v, de la cymaise Pl. VI, F. IX, et de la tuile de recouvrement, même planche, F. X, que des tuiles plates ornées, comme celle dont je donne le fragment. Les couleurs rouge et brun foncé, sur un fond blanc jaunâtre, sont les mêmes qui se voient sur les précédents restes de l'art hellénique, Pl. XIII, comme sur la plupart des fragments de ce genre en terre cuite peinte.

F. III. Tuile de front, ou antéfixe, en terre cuite coloriée. Elle a $0^m,29$ de hauteur et $0^m,20$ de largeur. L'identité des couleurs de cette tuile avec celles du fragment de tuile plate de la F. II, et surtout la concordance absolue de la dimension et du dessin de l'ornement qui se voit sur son bord inférieur, comparé au même ornement à redent peint sur l'épaisseur de celle-ci, viennent non-seulement confirmer ma conjecture sur sa primitive destination comme tuile

---

(1) Ce fragment, dont l'original appartient à M. Albert Lenoir, n'a, dans sa partie conservée, que $0^m,22$ de haut et $0^m,04$ d'épaisseur. On voit que toutes les lignes horizontales qui divisent la méandre ont été tracées régulièrement avec un instrument pointu, lorsque la terre était encore ductile : car ces lignes non interrompues sont parfaitement visibles ; mais les divisions verticales ont été probablement faites à l'œil et au pinceau : car il n'y a, pour celles-ci, aucun vestige d'un tracé à la pointe. L'idée que ce fragment avait appartenu à une tuile m'a été suggérée par l'ornement, en forme de redents, peint sur un côté de son épaisseur, et qui n'aurait eu aucun objet avec une autre destination, telle que carreau pour dallage, frise, etc. Cette idée est confirmée d'ailleurs par l'existence de l'antéfixe F. III.

plate; mais cette identité et cette concordance appuient fortement la supposition que les deux fragments ont appartenu au même temple, élevé anciennement à Veïes, et probablement dédié à Junon Caprotine, dont la tête orne cet antéfixe (1).

F. iv. Fragment en terre cuite coloriée, peut-être d'un antéfixe ou tuile frontale, ou d'une tuile de faîtage. On y voit, comme dans les précédents exemples, toujours le même système de richesse en sculptures légèrement modelées et coloriées (2).

F. v. Couronnement du temple d'Hercule, à Agrigente, avec la moulure qui posait sur le larmier. Ce fragment, au dixième de l'exécution, est plus dans le caractère de l'original que le même couronnement, Pl. X, F. ii, tiré de l'ouvrage de M. le duc Serra di Falco; je l'ai donné pour constater la différence qu'il offre avec ce dernier. J'ai voulu aussi faire voir, par sa comparaison avec les autres couronnements de la même planche, trouvés à Civita-Vecchia, F. vii et viii, et à Pompéi, F. ix, l'analogie du systeme decoratif de tous ces ornements, quoiqu'ils appartiennent à des contrées et à des époques différentes.

F. vi. Autre couronnement trouvé dans le temple de Castor et Pollux, à Agrigente (3). Il est au cinquième de l'exécution, et diffère également, dans le sentiment du dessin, du même couronnement tiré de l'ouvrage de M. le duc Serra di Falco, et représenté Pl. X, F. iii. Ce couronnement a, dans le profil et les ornements, beaucoup de ressemblance avec celui du temple de Métaponte, représenté Pl. VIII, F. ix. Son analogie avec les trois couronnements précités de Civita-Vecchia et de Pompéi est non moins évidente.

F. vii et viii. Deux couronnements en terre cuite, trouvés dans les

---

(1) *Terra-Cotten des Königl. Museums, zu Berlin*, par T. Panofka, Pl. X, et pag. 32 et suiv., la savante dissertation sur ce curieux et remarquable monument.

(2) D'après un dessin exécuté sur les lieux par M. Alb. Lenoir.

(3) Ces deux figures ont été gravées d'après des dessins faits en Sicile.

environs de Civita-Vecchia, et tirés du cabinet de M. Falsa Cappa.

F. ix et x. Deux autres couronnements trouvés à Pompéi. Tous ces exemples, quoique de provenances diverses, confirment de nouveau la longue et puissante influence des éléments de l'art grec sur les contrées les plus éloignées de la mère patrie. C'est partout à peu près la même combinaison de formes et de couleurs. Si l'on retrouve dans les F. vii et viii un caractère plus primitif, on reconnaît dans la F. ix la recherche, le sentiment et l'abondance des riches décorations du temple d'Érechthée à Athènes, et enfin, dans la F. x, la reproduction presque identique, pour la forme et la couleur des ornements, de la cymaise et d'autres parties du Parthénon et du temple de Thésée, à Athènes (1).

F. xi, xii, xiii et xiv. Moulures sculptées et coloriées de plusieurs édifices de Pompéi. Quoique, dans leur forme et dans leur caractère, la plupart des ornements de ces moulures soient déjà dégénérés des beaux modèles de l'art grec, ils en offrent néanmoins encore les traces et le système de coloration.

F. xv, xvi et xvii. Deux colonnes et un pilastre, provenant, la première colonne et le pilastre, de la maison dite « du Poëte tragique, » et la deuxième colonne de la maison dite « des Chapiteaux coloriés, » à Pompéi. Ces différents ordres montrent, comme toutes les autres parties de l'architecture monumentale ou particulière de Pompéi, le système de la polychrômie, traditionnellement conservé et employé depuis l'époque la plus reculée, où le génie des Grecs en fit un élément inséparable du complément de l'architecture, jusqu'au temps où, sous la domination romaine, au commencement de l'ère chrétienne, les cendres du Vésuve engloutirent la ville de Pompéi.

F. xviii et xix. Portes tirées des peintures de Pompéi. Elles offrent, de même que la porte du Panthéon à Rome, et comme

---

(1) Cette dernière figure est la reproduction d'un croquis fait à l'École des beaux-arts, d'après le dessin d'un architecte pensionnaire de l'Académie de France à Rome.

devaient en offrir toutes les portes des temples antiques, des parties à jour, qui étaient ou attenantes aux vantaux et ouvrant avec eux, ou détachées des vantaux et formant partie dormante au-dessus. Ce sont donc encore de ces imitations intéressantes qui nous font voir, dans des peintures simplement décoratives d'habitations ordinaires, la fidèle reproduction d'une des parties les plus importantes des temples antiques. Car si les cella tiraient, en grande partie, l'air et la lumière de leurs entrées, il n'en pouvait être ainsi pour les portes principales des maisons, les habitations particulières restant impénétrables à l'œil du passant. D'ailleurs, les bucrânes, ces emblèmes religieux, qui ornent les panneaux de la porte F. XVIII, caractérisent particulièrement celle-ci, comme offrant l'imitation des riches vantaux d'un sanctuaire.

PLANCHE XXII.

F. I. Cymaise d'un des grands temples de Sélinonte, calquée sur la Pl. XX, v. II de l'ouvrage du duc de Serra di Falco.

F. II. Même cymaise, calquée sur la Pl. XLVII de l'*Architecture antique de la Sicile*. Ces figures, mises en parallèle, ont pour objet de faire voir leur identité, à la suite du doute élevé à ce sujet par M. Raoul-Rochette (1).

F. III. Paroi d'un des murs latéraux, dans son état actuel, de l'église de Saint-Urbain, près de Rome. On y voit les peintures chrétiennes exécutées sur la paroi même, par-dessus les peintures antiques originaires (2).

F. IV. Essai d'une restauration de la même paroi, comme ayant appartenu à un temple de Bacchus. Le but de cet essai, expliqué

---

(1) Voir dans le texte, pag. 162 et suiv.
(2) D'après un dessin de M. H. Labrouste, les gravures de d'Agincourt et de J. B. Piranesi.

dans le texte, p. 326 et suiv., n'est pas une restauration architecturale telle qu'une étude approfondie du monument, faite en vue de cette intention, aurait pu la donner. A cet égard, il reste un doute sur la cause et la destination de plusieurs renfoncements visibles sous la frise inférieure, qui pourraient bien, s'ils étaient anciens, provenir de l'emploi primitif de consoles. S'il y avait eu, en effet, au lieu de ces dernières, des pilastres en marbre, comme ceux en maçonnerie qui existent au-dessus, leurs traces auraient dû rester apparentes dans toute la hauteur du mur entre le socle et la corniche, ce qui n'est pas. Quoi qu'il en soit, comme l'admission de l'hypothèse sur l'existence des consoles, la seule probable, n'aurait rien changé au principe de la restauration, qui consiste à placer les offrandes, composées de tableaux et d'objets de sculpture, dans la partie inférieure, à décorer de peintures murales les parois entre les pilastres supérieurs, et à suspendre des *ex-voto* dans la grande frise au-dessus, la solution rigoureuse de cette partie de la restauration n'a ici aucune importance. La couleur cinabre consacrée est étendue sur le visage de la statue de Bacchus, et j'ai expliqué, par la manière de maintenir les peintures portatives sur bois, imitant des œuvres très-anciennes, le moyen de les exposer sans le concours d'aucun crochet ni clou. Elles sont placées sur des supports en bois et en marbre : les uns en forme de tables à deux consoles, les autres sous la forme de figures agenouillées; de ces dernières il en existe d'antiques dans les musées, qui conviennent parfaitement à cet usage, et qui semblent y avoir été destinées.

F. v. Clôture en pierre d'un tombeau à Corneto. Elle présente l'imitation de la porte, probablement en bronze, d'un temple antique. Sa hauteur est de $1^m,668$, et sa largeur de $1^m,430$ (1).

F. vi. Partie de la couverture d'un temple antique. Elle est composée avec le fragment de la tuile plate et avec l'antéfixe, repré-

---

(1) D'après un dessin de M. H. Labrouste.

sentés Pl. XXI, F. II et III, trouvés à Veïes, et provenant, sans aucun doute, d'un sanctuaire dédié à Junon Caprotine. La certitude de la richesse de ce toit en terre cuite peinte, d'accord avec tant d'autres restes analogues non moins richement ornés et provenant de Métaponte et de la Sicile, confirme, chez les anciens, l'application d'un même système décoratif aux couvertures en marbre des plus beaux temples de la Grèce. Les poutres et les antéfixes en marbre de la plupart de ces monuments avaient conservé des ornements peints, à l'instar de ceux des revêtements de poutres et des tuiles frontales en terre cuite : il en résulte indubitablement que cette décoration complémentaire devait avoir également existé sur les tuiles plates et de recouvrement en marbre, puisqu'elle a été constatée d'une manière analogue sur les tuiles plates et de recouvrement en terre cuite, provenant de Veïes et de Métaponte.

F. VII. Paroi d'un hypogée taillé dans le roc, découvert à Pallazzole, l'ancienne Acrée, en Sicile. La haute antiquité de ce sépulcre implique celle de la forme des ouvertures percées dans cette espèce de cloison en pierre. On en voit beaucoup de semblables représentées sur des bas-reliefs, dans des peintures, à Pompéi et à Herculanum, et appliquées à plusieurs portes en bronze provenant de temples antiques.

F. VIII. Partie d'un des murs en marbre du bâtiment en aile des propylées d'Athènes, dit *la Pinacothèque*. A, socle lisse ou anciennement poli. B, espace au-dessus, également lisse. C, bande en pierre d'Éleusis. D, E, moulures d'encadrement. F, surface encadrée, supposée couverte de peintures murales ou de tableaux portatifs (1).

F. IX. Morceau d'enduit peint, provenant de Pompéi. Cette figure et la F. XI ont pour objet d'expliquer les applications successives des différentes couleurs sur le stuc. A, enduit ou stuc blanc. A', partie de stuc blanc lustré, restée apparente comme fond général d'un grand

---

(1) Voir dans le texte, p. 264 et suiv.

panneau. B, couleurs jaune d'ocre et rouge étendues séparément sur le stuc blanc, et sans se recouvrir. C, bande d'un blanc verdâtre appliquée sur le rouge, en réservant la ligne D et l'ornement rouge qui se reproduit de distance en distance. E, zone verte appliquée sur le jaune. F, trait blanc. G et H, traits oranges. I, trait brun, tous appliqués également sur le fond jaune.

F. x. A, mortier. B, stuc.

F. xi. Autre morceau d'enduit peint, provenant de Pompéi. A et B, stuc blanc jaunâtre étendu sur toute la surface du mur. C et D, couleurs noire et rouge irrégulièrement arrêtées, en laissant entre elles la bande B du stuc blanc. E, zone grise bleuâtre ; elle est étendue en lignes droites dans la largeur de la bordure et dans tout le développement, au milieu sur toute la partie B du stuc blanc, et latéralement sur le noir et le rouge. F et G, bandes jaunes étendues sur la zone grise bleuâtre. H, H et I, I, bandes et lignes violettes étendues sur la même zone. Ensuite, sur la bande jaune G, sont superposés : 1° un trait blanc ; 2° une bande orange ayant les deux tiers de la bande jaune ; et 3° un trait brun longeant le trait blanc, moitié moins large que la bande orange. Cette dernière distribution d'un trait jaune à côté d'un trait orange, et de celui-ci à côté du trait brun, a pour but de produire l'effet d'une baguette arrondie. Les couleurs noire et rouge forment ici les fonds de deux champs principaux.

F. xii. A, mortier. B, stuc.

F. xiii et xiv. Quatre fragments de peintures sur stuc, trouvés à Paris, près de Compiègne, à Sens et à Auxerre (1).

F. xv et xvi. Fragments, moitié de la grandeur d'exécution, d'un coffret antique appartenant au Musée britannique, à Londres. On y voit, parfaitement conservées, des peintures à l'encaustique à la cire, appliquées sur l'ivoire gravé au *cestrum*.

---

(1) Ces figures avec les quatre précédentes sont demi-grandeur de l'exécution.

F. xvii. Fragment du même coffret, et à la même échelle. On y distingue la gravure au burin du contour d'une figure, et la manière dont les draperies sont creusées pour recevoir les cires colorées.

F. xviii et xix. Fragments sculptés et colorés d'une colonne isolée et d'une colonne engagée avec l'adjonction d'un pilastre, provenants d'un monument gallo-romain découvert à Champlieu, près de Compiègne.

F. xx et xxi. Moulure et bandeau sculptés et colorés trouvés aussi à Champlieu (1).

F. xxii. Moitié de la paroi au fond du pronaos du temple de la Concorde, à Agrigente. On y voit deux des ouvertures percées dans le mur pour éclairer les escaliers placés l'un à droite, et l'autre à gauche de l'entrée de la cella. Cette figure vient à l'appui de la description de la F. xx, Pl. XX.

PLANCHE XXIII.

Porche du Cirque élevé en 1841, dans les Champs-Élysées, à Paris. Cette planche est donnée comme exemple d'un édifice moderne polychrôme. Le principal but de mes études, qu'elles eussent pour objet les monuments antiques ou modernes, a toujours été de chercher des éléments propres à me servir avec utilité dans la carrière pratique de l'architecture. J'ai donc tâché, partout où la raison m'en démontrait la convenance, d'introduire, dans la distribution, dans les moyens de construction et de décoration des édifices que j'avais à élever, ce que ces études me montraient d'un avantageux emploi. Mais ma sincère admiration pour les œuvres d'art antique ne m'a pas empêché de reconnaître, dans beaucoup de productions des anciens, ou une infériorité individuelle, ou une influence étrangère à l'art et nuisible à sa perfection. Aussi je n'ai jamais fait usage

---

(1) Ces figures, avec les deux précédentes, sont au dixième de l'exécution.

d'un élément antique parce que je l'avais vu employé par les artistes grecs et romains, mais parce que je l'avais jugé bien appliqué par eux, et que son nouvel emploi devait, indépendamment de son origine, amener un résultat satisfaisant. Ce n'est donc point par suite de la découverte de l'application des couleurs à la décoration extérieure des monuments de la Grèce, et à cause de la nouveauté apparente de ce système, que j'ai été porté à m'en servir au Cirque et à son porche, mais par la raison que la peinture est, à Paris plus qu'à Athènes, un moyen de conservation pour nos matériaux; et que si des couleurs aident, sous le ciel de la Grèce, de la Sicile et de l'Italie, à faire distinguer davantage et les sculptures et les parties les plus importantes des formes architectoniques, leur concours est, sous ce rapport, bien plus efficace et plus nécessaire sous un ciel privé de soleil. Il est, en effet, bien plus facile de suivre les contours et les formes d'un ornement ou d'une figure lorsque l'une et l'autre se détachent en clair sur un fond de couleur différente et plus foncée, que sur un fond ayant absolument le même ton. L'absence des ombres et des clairs, par un ciel nébuleux, en confondant toutes les formes, empêche d'en distinguer aucune. Cependant les sculptures de nos monuments sont faites pour être vues, sans quoi elles ne pourraient coopérer ni à leur caractère ni à leur beauté, c'est-à-dire qu'elles ne rempliraient pas leur objet. Ces considérations m'ont fait employer la polychrômie; et son application renouvelée, à une construction de notre époque, a eu un plein succès.

L'impression produite par le Cirque a dissipé bien des préventions, puisque des personnes très-opposantes à la coloration des édifices, qu'elles soutenaient n'avoir jamais existé chez les Grecs et ne pouvoir bien faire, ne s'aperçurent pas, au premier abord, qu'il y eût des couleurs, tant l'harmonie générale et la valeur données aux motifs principaux de l'architecture et de la sculpture les frappèrent avant tout. En effet, la distribution des couleurs adoptée avait eu pour but de donner un ton local clair et uniforme à l'ensemble du monument; de faire valoir, par l'or, l'azur, le rouge, le jaune et le vert, tous les détails, et d'imprimer à l'édifice un aspect de fraîcheur, de gaieté et de richesse qui devait aider à caractériser davantage sa destination; destination qui est d'inviter le public à venir goûter le plaisir des yeux et un agréable délassement, en assistant au spectacle des exercices équestres, pour lequel le Cirque a été élevé.

J'aime à le croire du reste, cette planche prouvera sans aucun doute que l'emploi des couleurs n'a pas été l'unique objet de mes soins dans cet édifice; la disposition de son porche, sa proportion, le choix des détails de l'architecture et des ornements sculptés y ont été non moins sérieusement étudiés.

Le porche, destiné à servir d'entrée et de sortie à une grande masse de monde, ne pouvait avoir la proportion d'un temple tétrastyle; il ne pouvait non plus être disposé à l'exemple des propylées des anciens, où l'entre-colonnement du milieu est le plus ordinairement, comme encore au portique de l'*Agora* à Athènes, plus grand que les autres. Il fallait trois larges passages, et, dans le mur du fond, il fallait non pas une seule porte spacieuse, comme aux temples, ou une baie principale et plusieurs petites, comme aux propylées, mais autant et d'aussi grandes ouvertures qu'en permettaient le nombre et les espacements des colonnes. Il était indispensable encore que ces portes ne fussent pas trop hautes, afin de pouvoir les ouvrir et les fermer facilement, et qu'elles eussent des impostes à jour, pour que, sans en ouvrir les ventaux, l'air et la lumière pussent pénétrer dans le vestibule.

Les quatre soutiens du porche ont la forme octogonale. Comme la décoration architectonique du Cirque est puisée dans le système de sa construction, qui consiste en pilastres aussi à pans et engagés, servant de contre-forts et se reliant au plan polygonal du monument, j'ai voulu que les soutiens isolés du porche rappelassent cette même forme. Ils sont ainsi plus en harmonie avec les autres points d'appui; ils présentent, en raison de leur plus grand écartement, plus de solidité que des supports cylindriques, et offrent une différence sensible entre les soutiens d'un édifice d'une destination moins élevée et les colonnes, ces nobles soutiens consacrés plus particulièrement aux sanctuaires et aux monuments publics. J'ai pensé que, conçu de cette manière, le porche du Cirque, quelle que puisse être sa dissemblance avec les porches des temples et des monuments analogues de l'antiquité, offrait d'autant plus le type des œuvres de l'art grec, que cette dissemblance est le produit de l'application des principes rationnels de l'architecture hellénique, principes entièrement opposés à l'imitation de tout monument dont les matériaux et la destination n'ont aucune analogie avec ceux de la copie. Ensuite, la disposition adoptée me procurait, sur le fond du mur, des places avantageuses pour trois bas-reliefs, représentant, l'un, un écuyer accompagné du chef de l'arène; l'autre, une écuyère précédée du gai bouffon; et le troisième, deux muses entre lesquelles le dieu des arts s'apprête à couronner les vainqueurs dans les jeux équestres. Ces beaux bas-reliefs ajoutent puissamment au caractère de l'édifice (1); il en est de même des sculptures de la frise, où sont distribuées, entre des rinceaux de fleurs et de feuillages, les têtes des animaux qui, dans les arènes antiques, émouvaient par l'indomptable fureur de leurs luttes sanglantes, tandis que, dans les amphithéâtres modernes, ils amusent par leur docile adresse. Le fronton, qui doit être considéré comme l'expression de la forme du comble, et non pas comme particulièrement réservé aux monuments sacrés, offre, dans tous ses accessoires sculptés, la même suite d'allusions au Cirque et à son érection dans Paris. Ainsi, les armes de cette ville sont exprimées par la proue d'un vaisseau, avec l'écusson au coq gaulois; la Seine et la Marne,

---

(1) Ces trois charmantes compositions, et les deux plus grandes qui décorent les frises latérales du vestibule, sont de MM. Duret et Bosio neveu.

qui la baignent de leurs eaux, sont exprimées par des naïades étendues sur des chevaux marins sortant de l'onde et s'élançant vers l'emblème de la grande cité. Ce n'est pas, non plus à cause de la beauté du couronnement que forment, sur les temples grecs, les belles cymaises, que j'en ai également enrichi le porche du Cirque, mais parce que j'y ai trouvé, comme continuation du chéneau horizontal de tout l'édifice, le moyen le plus efficace pour abriter de la pluie les entrées de la façade et les sculptures du tympan. Dans cette cymaise je n'ai pas introduit la palmette, parce qu'elle y est généralement employée par les Grecs, mais parce que, en la disposant, comme je l'ai fait, sous la forme de palmier nain, elle rappelle le pays natal des coursiers arabes, comme la feuille et la fleur de trèfle, placées à côté, rappellent celui des chevaux de l'Occident. Puis, pour terminer l'édifice, et exprimer la puissance de l'homme sur les bêtes les plus sauvages comme sur l'animal le plus noble et le plus fier, le tigre et la panthère, obéissant à des enfants ailés, surmontent les acrotères latéraux ; un fougueux coursier, maîtrisé par une amazone, s'élève sur un piédestal, au sommet du fronton (1).

PLANCHE XXIV.

Porche de l'église Saint-Vincent de Paul, à Paris. Sa reproduction a pour objet de donner un autre exemple de l'application de l'architecture polychrôme à un monument moderne. Quoique livrée au culte en 1844, l'intérieur de cette basilique n'est pas encore

---

(1) Ce beau groupe, les groupes des acrotères et le haut relief du fronton, ont été exécutés par M. Pradier.

achevé. Dans les chapelles, les peintures murales ne sont pas commencées; mais les plus importantes, celles qui doivent décorer la grande frise de la nef et du sanctuaire, ainsi que la voûte de l'hémicycle, sont en cours d'exécution, et confiées, comme je l'ai déjà dit, à MM. Picot et Flandrin.

L'extérieur de Saint-Vincent de Paul n'est pas non plus achevé. Cependant les sculptures statuaires du fronton sont terminées, et on a déjà fixé, sur les parois des murs du porche, l'une des peintures en émail, sur lave émaillée, qui doivent composer sa principale décoration. Il y a donc lieu d'espérer que mes projets seront exécutés, et qu'à une époque peu éloignée l'administration si éclairée de la ville de Paris me secondera pour que le porche de Saint-Vincent de Paul apparaisse tel que le représente cette planche.

Il existe une certaine différence entre l'application de la polychrômie à ce monument et celle qu'on voit au Cirque. Dans ce dernier édifice la coloration est particulièrement employée comme moyen d'aider à faire valoir les formes architecturales, et à faire ressortir davantage la sculpture des ornements aussi bien que celle des bas-reliefs et de la statuaire; tandis qu'ici la peinture domine, et par de vastes compositions historiques religieuses, et par des ornements peints sans le secours du relief. La remarquable découverte, faite par feu Mortelèque, de la peinture sur lave émaillée, procédé dont, je le répète, les produits ne peuvent être altérés par les influences les plus destructives de l'atmosphère, permet seule une pareille application. Il serait peu judicieux de décorer l'extérieur de nos édifices par des peintures monumentales à l'huile, à l'encaustique, à la fresque, lorsque tout prouve que, même en Italie, aucune de ces trois techniques ne peut, ainsi employée, avoir une très-longue durée. Mais avec le moyen de vitrifier les plus belles couleurs sur des dalles de lave, et de peindre sur des plaques d'une grande dimension, l'emploi de la peinture d'histoire, à l'extérieur de nos monuments publics, devient un des éléments les plus rationnels et les plus magnifiques de toute décoration architecturale. Dès que le procédé de la peinture sur lave émaillée fut assez perfectionné pour remplacer avec une incontestable supériorité la mosaïque des anciens, et permettre une application analogue avec une perfection beaucoup plus grande dans l'exécution et la certitude d'une durée bien plus longue, j'eus l'intention de le faire entrer dans la décoration du porche de Saint-Vincent de Paul et des autres parties du monument. Dans celles-ci les bandeaux et les frises des croisées et des portes, ainsi que les frises des entablements des trois ordres de l'édifice, sont disposés pour recevoir l'incrustation de laves émaillées, qui seront décorées d'emblèmes religieux et de riches ornements. Les peintures du porche, doivent offrir des sujets tirés de l'Ancien et du Nouveau Testament; mais il n'y a que la composition, au-dessus de la grande porte, représentant la sainte Trinité, accompagnée de quatre prophètes et des quatre évangélistes, qui soit exécutée. Ce tableau a été peint sur lave par M. Jollivet, et c'est d'après les dessins de cet habile et consciencieux artiste que j'ai donné l'ensemble de tous les sujets.

Le porche a six colonnes de face; il est surmonté du fronton triangulaire, de la croix, et supporté dans son ensemble par douze colonnes. Elles sont la représentation symbolique des douze apôtres, comme étant les véritables soutiens du vestibule du temple de Dieu, appelé anciennement *le paradis terrestre, qu'il fallait traverser pour arriver à la conquête du paradis céleste.*

En formant la principale entrée de l'église d'un porche à l'instar de ceux qui constituaient les façades entières de presque tous les temples antiques, je l'ai fait, non-seulement parce que l'introduction de ce motif est une conquête de l'art moderne sur l'art des Hellènes, et de la religion chrétienne sur le paganisme, mais parce qu'une pareille disposition est l'expression la plus simple, la plus noble et la plus heureuse que l'art puisse employer pour couvrir un grand espace, destiné à l'accès de beaucoup de monde; parce qu'enfin, orné de peintures sacrées, ce porche offrira le lieu le plus propre au recueillement qui doit précéder l'entrée dans un sanctuaire, recueillement augmenté par la principale porte en bronze, sur laquelle sont représentés les apôtres au moment où le Christ, remontant au ciel, leur envoie le Saint-Esprit. Conformément au système dont j'ai établi les principes dans la description de la planche précédente, là, comme ici, aucun détail décoratif n'est copié sur l'antique. Les ornements devant participer tout autant au caractère de l'ensemble d'un édifice que les masses et les proportions générales, et les monuments des anciens n'offrant rien qui ait rapport aux symboles de la religion catholique, c'est dans les emblèmes de celle-ci que j'ai puisé mes inspirations. Les encadrements des portes sont formés de la vigne et du blé, et la frise est ornée de candélabres, de patènes et de guirlandes de fleurs; les chapiteaux offrent la palme avec la croix, et dans la grande frise ce signe de la rédemption alterne avec des têtes d'anges, au milieu d'autres ornements. Enfin, sur la cymaise, toujours employée comme chéneau, se dessinent la crosse du bâton pastoral et la palmette crucifère. Le fronton, dont les belles sculptures sont de M. Nanteuil, est décoré de figures ronde bosse, non parce qu'il en fut ainsi à Athènes et à Égine, mais parce que, rendant plus difficile la superposition des figures, ce système en empêche la confusion, et qu'il est seul en harmonie avec un porche à colonnes isolées (1). Le sujet représente, au centre, saint Vincent de Paul, accompagné de la Foi et de la Charité; à droite et à gauche, les personnages nécessaires pour expliquer la salutaire influence du patron de

---

(1) Il est à remarquer combien ce principe d'harmonie était général chez les Hellènes, puisqu'au temple de Jupiter à Agrigente, dont les colonnes ne sont pas isolées, mais engagées, les figures du fronton n'étaient pas ronde bosse, mais haut relief, et attenant au mur du tympan, comme les colonnes étaient attenantes aux murs de la cella du temple.

l'église sur les prêtres, les gens du monde, les mahométans, les galériens, et exprimer sa puissante coopération aux immortelles institutions des sœurs de la Charité, des asiles pour les enfants trouvés, et des hôpitaux destinés aux malades pauvres.

Pour l'intelligence de cette planche, j'ajoute que les deux parties de parapet au bas du perron représentent les extrémités supérieures des rampes et des escaliers par où les personnes en voitures et à pied montent au parvis, et de là au porche de l'église.

FIN DE LA QUATRIÈME ET DERNIÈRE PARTIE.

TABLE DES MATIÈRES.

	Pages.
Dédicace.	v
Avant-Propos.	vii
Liste des architectes pensionnaires de l'Académie de France à Rome, et des monuments dont ils ont fait les restaurations.	xxv

PREMIÈRE PARTIE.

DE LA DÉCOUVERTE DE L'ARCHITECTURE POLYCHRÔME CHEZ LES GRECS, SUIVIE D'UN PRÉCIS ANALYTIQUE DES PREMIÈRES DISCUSSIONS ET DES PRINCIPAUX ÉCRITS RELATIFS AU SYSTÈME DE SON APPLICATION, ET A L'EMPLOI DE LA PEINTURE DANS LES ÉDIFICES PUBLICS ET PARTICULIERS.

CHAPITRE PREMIER.

	Pages.
Relation historique.	1

CHAPITRE II.

Discussion sur l'architecture polychrôme, dans les cours de M. Raoul-Rochette. Article de cet archéologue sur l'ouvrage : « Architecture antique de la Sicile, » par Hittorff et Zanth. 9

CHAPITRE III.

Mémoire de l'auteur sur l'architecture polychrôme chez les Grecs, lu en 1830 à l'Institut de France, Académie des beaux-arts et des inscriptions et belles-lettres, et publié dans le tom. II des « Annales de l'Institut archéologique à Rome. » 12

CHAPITRE IV.

Mémoire de M. Raoul-Rochette sur les peintures chrétiennes des catacombes, lu en août 1830 à l'Académie des inscriptions et belles-lettres de l'Institut de France. 22

CHAPITRE V.

Article de M. Raoul-Rochette : « de la Peinture sur mur chez les Grecs. » (*Journal des Savants*, juin, juillet et août 1833.)........... 29

CHAPITRE VI.

Brochure de M. G. Semper : « Observations préliminaires sur l'architecture et sur la sculpture peintes chez les anciens. » (Altona, 1834.)...... 33

CHAPITRE VII.

Ouvrage du Dr Franz Kugler : « Sur la Polychrômie de l'architecture et de la sculpture des Grecs, et de ses limites. » (Berlin, 1835.)........ 40

CHAPITRE VIII.

Article de M. Raoul-Rochette sur l'ouvrage de M. le duc de Serra di Falco : « Antichita della Sicilia. » (*Journal des Savants*, janvier 1835.)..... 73

CHAPITRE IX.

« Lettres d'un antiquaire à un artiste, sur l'emploi de la peinture historique « murale dans la décoration des temples et des autres édifices publics et « particuliers, chez les Grecs et les Romains, par M. Letronne. » (Paris, 1835.)... 77

CHAPITRE X.

Opuscule de M. Gottfried Hermann : « Conjectures sur les peintures murales des anciens Grecs. » (Leipzick, 1834.)..................... 112

CHAPITRE XI.

Trois articles critiques de M. Raoul-Rochette : sur la brochure de M. Semper, l'ouvrage de M. Kugler, et le livre de M. Wiegmann : « la Peinture des anciens. » (*Journal des Savants*.) Premier article (novembre 1836).. 119

CHAPITRE XII.

Deuxième article (janvier et février 1837)..................... 155

CHAPITRE XIII.

Troisième article (février 1837)............................ 158

TABLE DES MATIÈRES.

CHAPITRE XIV.

Pages.

Observations de M. Letronne sur le second article de M. Raoul-Rochette. (*Journal des Savants*, mai 1837.). 168

CHAPITRE XV.

Note sur cette question : « Les Grecs ont-ils peint l'extérieur des monuments construits en marbre blanc? » par M. Letronne. (*Journal des Savants*, juin et juillet 1837.). 171

CHAPITRE XVI.

Réponses aux observations précédentes de M. Letronne, par M. Raoul-Rochette. (*Journal des Savants*, juillet et octobre 1837.). 183

CHAPITRE XVII.

Traduction anglaise de l'ouvrage de M. Kugler, insérée dans les « Mémoires de l'Institut des architectes britanniques. » (Londres, 1836.). 185

CHAPITRE XVIII.

Peintures antiques inédites, précédées de recherches sur l'emploi de la peinture dans la décoration des édifices sacrés et publics chez les Grecs et chez les Romains, par M. Raoul-Rochette. (Paris, 1836.). 188

CHAPITRE XIX.

Dédicace à la mémoire de feu Charles Böttiger. 189

CHAPITRE XX.

Introduction : « Exposé des vues générales sur le caractère propre à la peinture des Grecs, d'où résulte la haute importance accordée à la peinture sur bois. ». 191

CHAPITRE XXI.

§ I. Du sens et de la valeur des mots grecs et latins qui servent à désigner les peintures, d'où résulte la preuve philologique qu'elles étaient généralement sur bois. 209

CHAPITRE XXII.

§ II. De l'enlèvement et du transport des peintures grecques dans l'antiquité, d'où résulte la preuve matérielle qu'elles étaient sur bois. 214

CHAPITRE XXIII.

PREMIÈRE SECTION. De la peinture employée à la décoration des édifices sacrés et publics chez les Grecs.

§ I. Des tableaux consacrés dans les temples par un motif religieux, et servant à la décoration des lieux sacrés. 220

CHAPITRE XXIV.

§ II. Des peintures historiques qui faisaient partie adhérente de la décoration des temples, des portiques et d'autres édifices publics. 228

CHAPITRE XXV.

§ III. Des peintures historiques employées à la décoration des édifices d'Athènes. 246

CHAPITRE XXVI.

§ IV. Des portraits ou images, soit en pied, soit en demi-figure, des personnages historiques de la Grèce, exposés dans les lieux publics ou consacrés dans les temples. 275

CHAPITRE XXVII.

§ V. De la pornographie, ou « des peintures licencieuses, » la plupart de sujets sacrés, et exécutées de la main d'habiles maîtres, pour être placées dans les temples ou les édifices publics, et plus tard dans les maisons particulières. 295

CHAPITRE XXVIII.

DEUXIÈME SECTION. De la peinture employée à la décoration des édifices sacrés et publics chez les Romains.

§ I. Des peintures de style historique, exécutées sur mur ou autrement, dans les temples de Rome. 303

CHAPITRE XXIX.

§ II. Des tableaux employés comme ornements dans la décoration des temples et des édifices publics de Rome. 313

CHAPITRE XXX.

§ III. Des portraits des personnages historiques placés dans les temples et dans les édifices privés, et de la manière dont ils étaient disposés, ainsi que les portraits de style historique. 333

CHAPITRE XXXI.

Conclusion. 345

CHAPITRE XXXII.

Appendice aux Lettres d'un antiquaire à un artiste, par M. Letronne. (Paris, 1837.) Avant-propos. 348

CHAPITRE XXXIII.

Lettre à M. F. Jacobs, sur la rareté des peintures licencieuses chez les anciens. 351

CHAPITRE XXXIV.

Lettre à M. A. Böckh, sur les textes relatifs aux arts qu'on prétend avoir été oubliés dans les Lettres d'un antiquaire à un artiste. 352

CHAPITRE XXXV.

Addition. Réponse aux observations critiques de M. Welcker, sur les Lettres d'un antiquaire à un artiste. 359

CHAPITRE XXXVI.

Lettres archéologiques sur la peinture des Grecs, par M. Raoul-Rochette. Supplément aux peintures antiques, par le même auteur. (Paris, 1840.) Avertissement. 360

CHAPITRE XXXVII.

Lettre première, à M. Hermann. 362

CHAPITRE XXXVIII.

Lettre deuxième, à M. Böckh. 386

CHAPITRE XXXIX.

Lettre troisième, à M. Welcker. Questions générales sur la peinture des Grecs. 396

CHAPITRE XL.

Questions spéciales sur l'architecture polychrôme. 411

DEUXIÈME PARTIE.

DESCRIPTION DE LA RESTITUTION DU TEMPLE D'EMPÉDOCLE, DANS L'ACROPOLE DE SÉLINONTE.

CHAPITRE XLI.

Observations préliminaires. 423

CHAPITRE XLII.

Plan du temple; sa forme. 427

CHAPITRE XLIII.

Peinture d'ornement sur le sol du temple. 428

CHAPITRE XLIV.

Façade principale du temple. — Fragments retrouvés des fûts des colonnes de l'entablement et des chapiteaux. 430

CHAPITRE XLV.

Colonnes avec des chapiteaux à volutes, surmontées d'un entablement orné de triglyphes. 435

CHAPITRE XLVI.

Forme particulière du chapiteau. 440

CHAPITRE XLVII.

Proportion de la porte du temple. 443

CHAPITRE XLVIII.

Peinture décorative de la façade principale du temple; ton local; couleur des triglyphes et des métopes. 443

CHAPITRE XLIX.

Ornements peints sur les moulures, les chapiteaux d'antes, les métopes et les tympans. 446

CHAPITRE L.

Fragments en terre cuite, décorés d'ornements en relief, qui ont servi à la restitution de l'entablement du temple d'Empédocle. 448

CHAPITRE LI.

Ornements de l'architrave. 451

CHAPITRE LII.

Ornements de la frise. 453

CHAPITRE LIII.

Ornements de la corniche. 456

CHAPITRE LIV.

Analogie des peintures sur les vases en général, avec les précédents éléments; conclusion sur l'emploi des unes et des autres. 460

CHAPITRE LV.

Ornements du tympan et antéfixes. 462

CHAPITRE LVI.

Encadrement de la porte, et peintures décoratives des murs de la cella. . . 464

CHAPITRE LVII.

Façade latérale du temple; décoration des murs. 469

CHAPITRE LVIII.

Couverture en tuiles coloriées et décorées d'ornements peints. 471

CHAPITRE LIX.

De la restitution de la couverture et de quelques autres parties du Parthénon, par M. Paccard. 473

CHAPITRE LX.

Du caractère varié de l'ordre dorique chez les Grecs. 476

CHAPITRE LXI.

Coupes sur la largeur et la longueur du temple. Plafond à double rampant. . 477

CHAPITRE LXII.

Porte en bronze. 481

CHAPITRE LXIII.

Peintures décoratives. 483

CHAPITRE LXIV.

Peintures historiques et mythologiques exécutées sur mur; leur emplacement. 484

CHAPITRE LXV.

Caractère des peintures murales, par rapport à l'époque de l'érection du temple. 486

CHAPITRE LXVI.

Du choix des sujets des peintures murales.. 489

CHAPITRE LXVII.

Statue d'Empédocle en sculpture polychrôme et chryséléphantine. . . . 491

CHAPITRE LXVIII.

Autel dans le temple. 493

CHAPITRE LXIX.

Offrandes et *ex-voto* ; leur nombre et leur nature. 494

CHAPITRE LXX.

De la disposition des offrandes, et de leur participation à l'embellissement des temples. 496

TROISIÈME PARTIE.

DES MOYENS MATÉRIELS EMPLOYÉS DANS L'ANTIQUITÉ A L'APPLICATION DE LA POLY-CHRÔMIE, TANT A L'ARCHITECTURE QU'A LA SCULPTURE ET A LA PEINTURE MURALE ; DE CEUX PRATIQUÉS DANS LES TEMPS MODERNES, ET DE LA CONVENANCE COMME AUSSI DE LA MANIÈRE D'ADAPTER CES DEUX SYSTÈMES DE DÉCORATION AUX ÉDIFICES DE NOTRE ÉPOQUE.

CHAPITRE LXXI.

Remarques générales. 503

CHAPITRE LXXII.

De la présence de stucs coloriés appliqués sur la pierre, et de couleurs employées sans enduit sur des fragments d'architecture et de sculpture de la Sicile, de l'Italie et d'autres lieux ; de l'usage primitif de ces deux procédés, comme de leur continuel emploi jusqu'à l'extinction de l'art antique. 505

CHAPITRE LXXIII.

Analyses, par M. Chevreul, d'enduits colorés et de couleurs provenant de la Sicile.. 509

CHAPITRE LXXIV.

Analyses d'enduits colorés trouvés à Pompéi. 512

CHAPITRE LXXV.

Analyses d'enduits d'origine romaine, trouvés en 1848 dans le Palais de Justice de Paris. 518

CHAPITRE LXXVI.

Description des fragments de peinture murale trouvés en 1845 dans la villa d'une femme artiste gallo-romaine, à Saint-Médard des Prés, en Vendée. 521

CHAPITRE LXXVII.

Analyses, par M. Chevreul, de deux échantillons de peinture provenant des ruines de la villa découverte à Saint-Médard. 527

CHAPITRE LXXVIII.

Description des matières et ustensiles propres à la peinture, trouvés en 1847 dans le tombeau d'une femme peintre découvert à Saint-Médard. . . 531

CHAPITRE LXXIX.

Résultat des recherches faites, en 1836 et 1837, dans le Musée britannique de Londres, à l'effet de constater si les marbres rapportés de Grèce par lord Elgin avaient conservé des traces de couleurs; suivi d'une relation de M. Bracebridge relative à la constatation de couleurs sur les restes des temples de Minerve Poliade, de Pandros et d'Érechthée, et sur des fragments d'architecture et de sculpture découverts en 1835 et 1836 dans une fouille près du Parthénon, à Athènes. 539

CHAPITRE LXXX.

Analyses faites, par M. Faraday, des enduits et des couleurs rapportés des monuments d'Athènes, par M. T. L. Donaldson. 547

CHAPITRE LXXXI.

Analyses faites par M. Landerer, professeur de chimie à l'université d'Athènes, sur des couleurs provenant des monuments antiques de cette ville. . 548

CHAPITRE LXXXII.

Analyses faites, depuis le commencement de ce siècle jusqu'en 1836, par Chaptal, Humphrey Davy et le professeur Geiger d'Heidelberg, sur des enduits et des couleurs antiques provenant d'Égypte, de Pompéi, d'Herculanum, de Rome, de la villa Adrienne à Tivoli, et de Tusculum. . . 551

CHAPITRE LXXXIII.

Suite des précédentes analyses, faites sur des couleurs et enduits d'Égypte, de Pompéi, de Rome; et remarques sur les couleurs et enduits des tombeaux étrusques, par le professeur J. T. John, R. Wiegmann, W. Abeken, et plusieurs autres savants. 559

CHAPITRE LXXXIV.

Récapitulation des précédentes analyses, et remarques. 568

CHAPITRE LXXXV.

Les enduits et les peintures des anciens, d'après les observations de F. Mazois, relatées dans les deux premiers volumes des *Ruines de Pompéi*. . . 574

CHAPITRE LXXXVI.

La peinture chez les anciens, par M. R. Wiegmann, professeur à l'Académie des beaux-arts de Dusseldorf.

Introduction. Des peintures murales antiques; qualités de ces peintures et des enduits sur lesquels elles sont exécutées. Ancienneté de la peinture sur stuc. 581

CHAPITRE LXXXVII.

De la sculpture polychrôme; de l'emploi des stucs coloriés à l'extérieur des édifices; des véritables peintures employées comme décoration architecturale; de l'encaustique et de la causis. 595

CHAPITRE LXXXVIII.

Du procédé technique de la peinture sur stuc, et des couleurs. 601

CHAPITRE LXXXIX.

Remarques sur la technique de la peinture des anciens, tirées du livre de M. de Klenze : *Aphoristische Bemerkungen*, etc. (Berlin, 1838). 614

CHAPITRE XC.

De la peinture à la résine des anciens, par T. Knirim, professeur de dessin à l'école polytechnique d'Eschwégen (Leipsick, 1839). 628

CHAPITRE XCI.

De la peinture encaustique des anciens, par M. E. Cartier; mémoire inséré dans la *Revue archéologique*, tom. II (Paris, 1845).
Définition de cette peinture; de l'encaustique des vaisseaux; de l'encaustique sur l'ivoire; de la cire et de ses préparations. 634

CHAPITRE XCII.

Des fonds de couleur, du pinceau et de l'éponge. 642

CHAPITRE XCIII.

De l'*Inustion*. Des preuves par les monuments. Histoire de la peinture encaustique. 646

CHAPITRE XCIV.

Résumé des différentes opinions énoncées par les auteurs des précédents ouvrages, sur les procédés de la peinture des anciens. 661

CHAPITRE XCV.

La peinture des vaisseaux, d'après les recherches antérieures, les précédents ouvrages, et l'opinion de l'auteur. 666

CHAPITRE XCVI.

La peinture à l'encaustique sur ivoire, d'après les recherches antérieures, les précédents ouvrages, et l'opinion de l'auteur. 669

CHAPITRE XCVII.

La peinture à fresque sur stuc poli chez les anciens, d'après M. Wiegmann et l'auteur. 675

CHAPITRE XCVIII.

La peinture à fresque sur stuc poli, employée traditionnellement à Milan, à l'instar du même procédé antique. 683

CHAPITRE XCIX.

La peinture à la cire au pinceau et cautérisée, comme procédé employé par les anciens, sous le nom de peinture à l'encaustique. 689

CHAPITRE C.

La peinture à l'encaustique, d'après le procédé Montabert, comme moyen d'appliquer la peinture murale, la sculpture et l'architecture polychrôme aux édifices modernes; de la même technique, d'après les recherches de M. Fernbach; de la stéréochrômie, d'après MM. Fuchs et Schlotthauer; de la convenance et de la limite de ces applications. 715

QUATRIÈME PARTIE.

EXPLICATION DES PLANCHES, AU NOMBRE DE VINGT-CINQ. — ELLES CONTIENNENT, AVEC UN FRONTISPICE ET LA RESTITUTION DU TEMPLE D'EMPÉDOCLE DANS L'ACROPOLE DE SÉLINONTE, LES RESTES D'ARCHITECTURE, DE SCULPTURE ET DE PEINTURE RECUEILLIS A L'APPUI DE CETTE RESTITUTION ET DE L'EXISTENCE PERMANENTE DE L'ARCHITECTURE POLYCHRÔME CHEZ LES GRECS.

	Pages.
Frontispice.	751

PLANCHE PREMIÈRE.

Plan restitué du temple d'Empédocle dans l'acropole de Sélinonte. . . . 759

PLANCHE II.

Élévation principale du temple. 760

PLANCHE III.

Coupe transversale du temple. 760

PLANCHE IV.

Coupe longitudinale du temple. 761

PLANCHE V.

Fragments de pavés en stucs et en mosaïque, de la Sicile et de Pompéi. . 761

PLANCHE VI.

Élévation latérale partielle du temple d'Empédocle, et fragments d'architecture coloriée de la Sicile, de la Grèce et de la grande Grèce. 762

PLANCHE VII.

Fragments de vases en terre cuite, et de monuments en marbre et en pierre. 764

PLANCHE VIII.

Façades partielles du Parthénon et du temple à Égine, avec la coloration que ces monuments avaient conservée ; frontons, frises, et autres fragments d'architecture. 766

PLANCHE IX.

Sarcophages et fragments d'architecture coloriée de la Sicile, en marbre et en pierre, avec et sans stuc. 767

PLANCHE X.

Chéneaux en pierre et ornements en terre cuite de la Sicile et de Métaponte. Restaurations partielles du temple de Thésée à Athènes, et de celui de Némésis à Rhamnus. 768

PLANCHE XI.

Chapiteau et autres parties coloriées de l'Érechthéion et des propylées; stèles et sarcophages d'Athènes. 768

PLANCHE XII.

Moulures peintes des temples et des propylées d'Athènes. 771

PLANCHE XIII.

Chapiteau ionique en marbre, antéfixe et cymaises en marbre et en terre cuite, découverts à Athènes. 775

PLANCHE XIV.

Bas-reliefs, figures et tête en terre cuite coloriée, de la Grèce et de la Sicile. 776

PLANCHE XV.

Figures, ornements et stèles tirés de vases grecs; stèle athénienne en marbre. 777

PLANCHE XVI.

Assises inférieures d'un temple à Sélinonte et du temple de Némésis à Rhamnus; décorations analogues en stuc et en peinture, tirées d'édifices et d'habitations à Pompéi. 778

PLANCHE XVII.

Monuments divers de la Cyrénaïque, de l'Arabie Pétrée, de la Palestine, de la Sicile, de Pœstum et de l'Italie, ayant des colonnes avec des chapiteaux à volutes, surmontées d'entablements à triglyphes. 779

PLANCHE XVIII.

Décorations en stuc, et peintures tirées de vases et de Pompéi, présentant aussi des entablements doriques placés sur des colonnes à chapiteaux ioniques et composites. 782

PLANCHE XIX.

Plans, coupes et détails de tombeaux étrusques et autres. 787

PLANCHE XX.

Offrandes, colonnes, stèles et ornements divers tirés de vases peints. . . 793

PLANCHE XXI.

Colonnes, pilastre, ornements, portes, cymaises, antéfixe et fragments de Pompéi, de la Sicile et de l'Étrurie. 806

PLANCHE XXII.

État actuel et restauration de l'église de Saint-Urbain, près de Rome; partie de la couverture d'un temple à Véies; fragments de stuc colorié de l'Italie et de la France; fragments antiques d'ivoire, peints à l'encaustique; fragments de colonnes et de pilastres sculptés et peints, trouvés en France; porte et cloison en pierre de tombeaux de l'Étrurie et de la Sicile; mur du pronaos du temple de la Concorde à Agrigente; partie de mur du bâtiment en aile des propylées d'Athènes; cymaise d'un des temples de Sélinonte. 810

PLANCHE XXIII.

Porche du Cirque élevé dans les Champs-Élysées, à Paris. 814

PLANCHE XXIV.

Porche de l'église Saint-Vincent de Paul, à Paris. 818

Nota. Des cuivres ont été gravés spécialement pour les reliures du texte et de l'atlas de cet ouvrage. Les sujets de ces cuivres, qui doivent être imprimés sur les couvertures, ont rapport à la description du frontispice (P. 752, n. 2). J'y ai représenté : le candélabre antique surmonté d'un sphinx ; le chapiteau formé de taureaux accroupis, trouvé dans l'île de Délos; enfin le chapiteau surmonté d'une tête de lion, qui provient d'un tombeau de Myra, dans l'Asie Mineure. Sur le dos du texte doit être imprimée une colonne imitée de celles en mosaïque découvertes à Pompéi, colonnes décorées de toute espèce d'objets peints, que les anciens désignaient par le mot στυλοπινάκια, et que M. Raoul-Rochette explique comme indiquant des colonnes avec des tableaux peints sur bois, incrustés dans leurs fûts. Un clou fixé au haut de la colonne, et masqué par une palmette, porte un cadre avec une inscription qui repose par le bas sur une console. Ce sont les seuls moyens par lesquels les anciens ont pu fixer temporairement des tables analogues ou des tableaux sur des corps cylindriques ou coniques, sans en détruire la forme et la solidité (voir p. 291 et 292).

CORRECTIONS ET ADDITIONS.

Page 12, l. 23, qu'elle; lisez : qu'il.
— 24, l. 6, le Latium offre; lisez : le Latium en offre.
— 31, l. 2, qui exclurait; lisez : qui excluraient.
— 32, l. 7, le sont; lisez : sont comprises.
— 35, l. 21, cet ouvrage; lisez : le présent ouvrage.
— 37, l. 20 et 21, cette assertion; lisez : cette dernière assertion.
— 38, l. 16, signalé; lisez : signalée.
— 42, l. 9, complet; lisez : véritable.
— 45, (1) l. 2 (et ailleurs), Stuttgart; lisez : Stoutgard.
— 46, l. 27 et 28, couleur appliquée sur le marbre ou la pierre que l'effet du temps a pâlie, au point de; lisez : couleur, appliquée sur le marbre ou la pierre, et que l'effet du temps a pâlie au point de.
— 64, l. 19, qu'elle n'infirme; lisez : qu'elle ne confirme.
— 65, l. 7, 8 et 9; substituez : aux trois ; des ,.
— 74, l. 30, ne pas être animé; lisez : n'être animé.
— 80, l. 21, de peintures primitives; lisez : des peintures primitivement exécutées.
— 85, l. 15 et 16, à Syracuse, et dans l'Héræum d'Olympie; ceux; lisez : à Syracuse; et dans l'Héræum d'Olympie ceux.
— 90, l. 19 (et ailleurs), Panænus; lisez : Panœnus.
— 92, l. 24, ornés aussi par des sujets; lisez : ornés aussi de sujets.
— 95, l. 1, décorée par des figures; lisez : décorée de figures.
— l. 3 et 4, semblable aux ædicules; lisez : semblable à celles des ædicules.
— 109, l. 29, chaque artiste y exerçait; lisez : chaque artiste exerçait.
— 110, l. 4, Tous y exécutèrent; lisez : Tous exécutèrent.
— l. 27, qu'elle n'est pas indiquée; lisez : que la *Causis* n'est pas indiquée.
— 114, l. 11, ces études doivent; lisez : ces études et ces connaissances doivent.
— l. 20 et 21, qu'elles n'aient pas; lisez : qu'ils n'aient pas.

CORRECTIONS ET ADDITIONS.

Page 135, (1) l. 8, grade; lisez grande.
— 140, l. 9, Paretti; lisez : Peretti.
— 154, l. 1 et 2, qui paraissent; lisez : qui paraît.
— 162, l. 13, de Sélinonte; lisez : di Selinunte.
— 164, l. 25, Pl. XXIV; lisez : Pl. XXII.
— 172, l. 8, mentionnée; que; lisez : mentionnée, que.
— 175, l. 14, et fort enclin; lisez : et il est fort enclin.
— 182, l. 4, de la polychrômie aux monuments; lisez : de la polychrômie appliquée aux monuments.
— 201, l. 23, celle d'Apelle, ; ajoutez : celle de Protogènes et.
— 204, l. 7, aurait dit : « Ne pas nier; lisez : aurait dit, « ne pas nier.
— 240, l. 1, un petit tableau en bois. Il n'y a ; lisez : un petit tableau en bois; il n'y a.
— 244, l. 25, F. III; lisez : F. v.
— 254, l. 16, éconduire; lisez : égarer.
— 264, l. 2, F. VI; lisez : F. VIII.
— 266, l. 15, des Propylées; ajoutez : Voici sur le même sujet d'autres observations faites récemment. M. E. Burnouf, dans un article sur les Propylées d'Athènes, publié dans « *les Archives des missions scientifiques,* » janvier 1850, p. 29 et 30, dit : « Jamais il n'y eut (dans la Pinacothèque) de tableaux fixés aux murs par des tenons, puisque nulle part on ne voit de traces de clous de métal, et que la surface du marbre est partout intacte. » « Le mur de la Pinacothèque n'est point préparé pour recevoir le stuc, il est taillé à la *gradine,* et simplement dégrossi; non-seulement il ne reste aucune trace de stuc, mais une telle surface est impropre à le recevoir. Aux Propylées on voit courir le long des antes une petite bande, légèrement en creux, taillée au ciseau, polie dans toute son étendue, et portant toutes les marques d'un travail achevé, cela veut dire, en architecture, que l'édifice n'a jamais été *fini.* Aussi, toute la surface des murs des Propylées devait-elle être *abattue* au niveau de la bande courante, et cela explique comment elle n'est encore taillée qu'à la gradine. Les jointures des pierres ne sont même pas effacées, parce que, avant de poser la pièce de marbre sur l'assise déjà établie, on en taillait les bords, non pas à angle droit, mais à angle obtus, de peur qu'en la déposant [posant] la pression n'en détachât quelque éclat. Plus tard, la partie obtuse devait être abattue au ciseau, et la surface du mur étant polie, les jointures des pierres disparaissaient. *Nous devons conclure de là,* ajoute M. Burnouf, *que les tableaux vus par Pausanias n'étaient ni peints à l'encaustique sur les parois, ni peints sur des panneaux de bois fixés aux murs : ils étaient donc détachés et indépendants de l'édifice.* » L'auteur appuie son opinion sur celle de M. Desbuisson, pensionnaire de l'Académie de France à Rome, cité, p. XXVI, pour sa restauration des Propylées. Sans contester ni le mérite de ce travail, ni la valeur de l'opinion de cet architecte, il

m'est permis de dire que les consciencieuses études et la restauration du même monument faites par le collaborateur de M. Titeux, M. Chaudet, ont convaincu ce dernier 1° que le soin avec lequel les surfaces des murs de la Pinacothèque sont taillées ne peut faire admettre que ces surfaces durent être abattues ; qu'il n'y aurait pour les terminer, si le marbre avait dû rester apparent, qu'à leur donner la dernière façon du poli ; 2° que les joints taillés à angles obtus n'existent pas comme système général de construction, mais *dans quelques portions d'assises seulement*, sur la paroi où se trouve la porte. M. Chaudet fonde aussi sa conviction sur les faces intérieures des murs latéraux des Propylées proprement dits, où les bandes renfoncées (désignées par M. Rangabé sous le nom de moulures rentrantes et lisses, larges de $0^m,05$) et les tables saillantes existent comme dans la Pinacothèque. Selon M. Chaudet, la nécessité d'abattre ces tables ne saurait se concilier avec la taille préparatoire qu'on y observe, ni avec l'absence absolue des joints à angle obtus, ni enfin avec les faces des architraves doriques, au droit des chapiteaux des antes. Du reste, d'accord en cela avec MM. Rangabé et Burnouf, M. Chaudet dit n'avoir pu trouver non plus aucune trace de clous dans la Pinacothèque, et confirme par conséquent la certitude qu'il n'a pu y avoir eu des panneaux peints fixés aux parois des murs. L'opinion de M. Chaudet relativement aux parois des Propylées et de la Pinacothèque, qui concorde avec les notions de M. Rangabé, vient donc à l'appui de la mienne. En effet, s'il faut admettre que ces parois devaient être conservées dans l'état où elles sont encore actuellement, et si cet état, comme je l'ai expérimenté, est parfaitement convenable pour l'application de la peinture à l'encaustique, cette peinture a pu et a dû y être employée. Les bandes polies, envisagées alors comme un encadrement général, soit qu'elles restassent sans couleur ou qu'elles fussent décorées d'un ton unicolore ou d'ornements colorés, étaient même, dans ce cas, parfaitement motivées. D'ailleurs, comment supposer que, sans nécessité aucune, l'architecte des Propylées eut, avec des frais énormes et en pure perte, fait tailler des surfaces de marbres d'environ 500 mètres carrés, lesquelles, si on avait eu l'idée de les abattre ensuite, auraient pu rester brutes, ou à peu près ? Comment admettre, lorsqu'on connaît la description détaillée des compositions qui existaient dans la Pinacothèque, et lorsque enfin Pausanias désigne ce bâtiment en disant : *à gauche des Propylées est un petit édifice ayant des peintures;* comment admettre, dis-je, sans récuser des notions si formelles, que ces peintures, selon moi murales, et, selon M. Burnouf, mobiles, n'étaient ni exécutées ni exposées sur les murs de cet édifice? Cette conclusion, qui résulte du raisonnement de ce savant, forcerait en outre d'admettre l'absence de tout moyen d'exposer d'une manière convenable et usuelle des peintures dans un édifice auquel les modernes ont donné le nom de *Pinacothèque* ou galerie de tableaux, à cause du nombre des sujets peints que les anciens décrivent, et dont Pausanias dit que les uns étaient entièrement effacés, et les autres en partie conservés. Quant à l'application de la polychrômie aux Propylées, voici ce que dit M. Burnouf dans le même article, après avoir rappelé que le Parthénon était orné de couleurs brillantes, et que les peintures du temple de Thésée à Athènes sont visibles pour tout le monde : « Les Propylées, plus exposés sans doute aux outrages du temps et des hommes, nous sont parvenus dépouillés; et les couleurs antiques ont été remplacées par cet or mat que les siècles déposent sur les monuments de la Grèce. Cependant, dans toutes les parties de l'édifice un œil attentif découvre encore les traces de ces peintures : elles forment çà et là des couches assez épaisses pour être détachées; le dehors de ces peintures s'est recouvert d'une poussière jaunâtre, mais la surface appliquée contre le marbre poli a conservé tout son éclat. Le bleu de ciel, le minium et le vert étaient les couleurs les plus répandues dans la partie supérieure de l'édifice : à l'extérieur, les triglyphes et leurs intervalles, les corniches, les mutules; à l'intérieur, les chapiteaux ioniques, les architraves ornés de moulures, toutes les parties enfin qui, dans ces deux ordres, rappellent, par leurs surfaces arrondies ou la petite dimension de leurs plans, le travail du sculpteur, avaient reçu l'une ou l'autre de ces couleurs éclatantes. On sait aussi que dans les chapiteaux ioniques, et dans certains ornements d'un travail délicat, l'or avait été habilement mêlé aux fonds rouges ou bleus des surfaces plus étendues. »

Page 273, l. 3, 4 et 5; supprimez les guillemets.
— 303, l. 14, chez les Grecs; lisez : chez les Romains.
— 317, l. 7, Creutzer; lisez : Creuzer.
— 330, l. 12, rien ne peut; lisez : rien ne pouvait.
— 332, l. 31, période des arts, si longtemps la seule; lisez : période des arts, cette disposition si longtemps la seule.
— 334, l. 24, artistes général; lisez : artistes en général.
— 364, l. 14, approfondi; ajoutez : les faits relatifs à.
— 373, l. 9, il se reliait; lisez : elle se reliait.
— l. 11, sorti; lisez : sortie.
— 377, l. 21, et dans tous les cas est-il inadmissible; lisez : et dans tous les cas il est inadmissible.
— 380, l. 25, et qu'il n'y a rien de spécieux; lisez : et qu'il n'y a rien que de spécieux.
— 381, l. 30, et de faire croire; et à faire croire.
— 383, l. 22, et où elle pouvait; lisez : et quand elle pouvait.
— 391, l. 26, cet incrustement; lisez : cette incrustation.
— 392, l. 9, qui pussent; lisez : qui puissent.
— 394, l. 28, ne saurait y suppléer; lisez : ne saurait suppléer.

CORRECTIONS ET ADDITIONS.

Page 400, l. 21, à Crète; lisez : en Crète.
— 422, l. 2, d'indulgence; lisez : l'indulgence.
— 460, l. 13, un autre chéneau; lisez : entre un autre chéneau.
— 466, l. 22, il se reflète encore; lisez : il se montre encore.
— 485, l. 15, l'urgence des localités; lisez : l'exigence des localités.
— 504, l. 32, le manque de lumières; lisez : le manque de connaissances spéciales.
— 574, l. 22 (et ailleurs), Carlier et Knerim; lisez : Cartier et Knirim.
— 595, l. 9, encore incomplètes alors; lisez : encore incomplets alors.
— 602, l. 7, pour espérer atteindre; lisez : espérant atteindre.
— 615, l. 29, mais tout aussi supérieur; lisez : mais supérieur.
— 621, l. 25, pratiquée l'invention : d'une; lisez : pratiquée : l'invention d'une.
— 630, l. 25, et qu'il trouve; lisez : et que celui-ci trouve.
— 631, l. 25, elles résument; lisez : il en résulte.
— 649, l. 10, parmi les ouvrages, lisez : parmi ses ouvrages.
— 659, l. 12 et 13, est un perfectionnement attribué à Praxitèle, et des simplifications; lisez : c'est un perfectionnement attribué à Praxitèle, et ce sont des simplifications.
— 665, l. 30, et placé; lisez : mais placé.
— 668, l. 15, que des murailles; lisez : qu'à celle des murailles.
— 676, l. 5, intellectuels; lisez : essentiels.
— 683, l. 22, naître; mais seulement lorsque; lisez : naître, alors que.
— 698, l. 14, des plus anciens; lisez : les plus anciens.
— 709, (1) l. 3, regardées comme invulnérables; lisez : regardées comme irrésistibles.
— 714, l. 17, par leur similitude; lisez : par la similitude de ces derniers.
— 735, l. 2, de s'en prémunir; lisez : de s'en garantir.
— 739, l. 7, comparativement à celle; ajoutez : plus longue mais.
— 743, l. 32, n'étant en possession; lisez : n'étant en la possession.
— 786, l. 8, de l'exactitude; lisez : de l'analogie.
— — l. 10, cette exactitude; lisez : cette analogie.